william

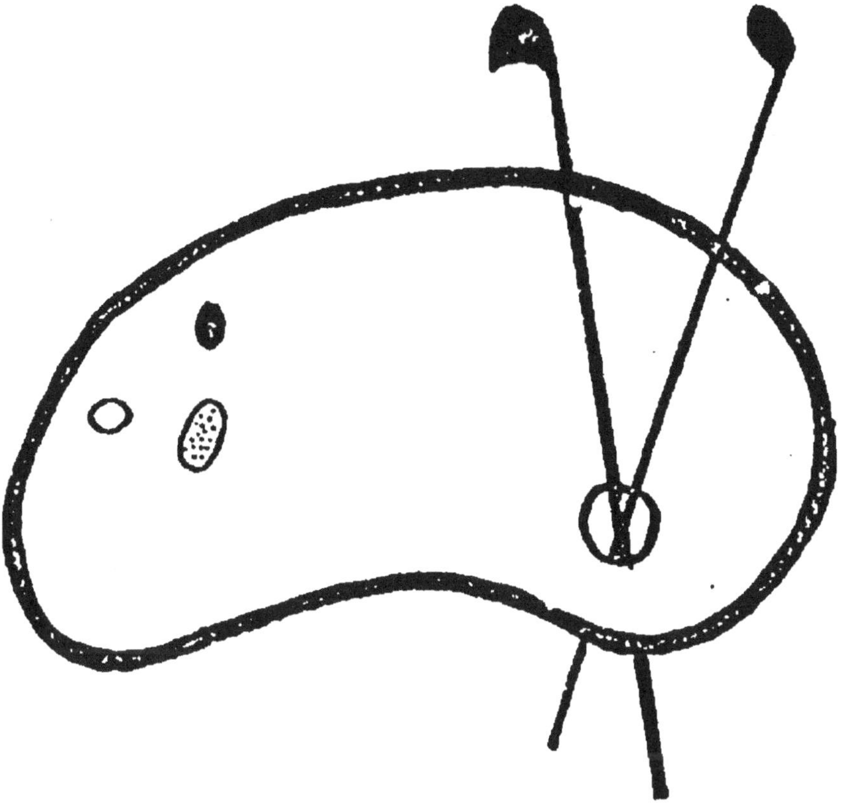

DEBUT D'UNE SERIE DE DOCUMENTS
EN COULEUR

ARCHIVES HISTORIQUES DE L'ALBIGEOIS

PUBLICATION PÉRIODIQUE DE LA SOCIÉTÉ DES SCIENCES, ARTS ET BELLES-LETTRES DU TARN

FASCICULE QUATRIÈME

DEUX
LIVRES DE RAISON

(1517-1550)

AVEC DES NOTES ET UNE INTRODUCTION

SUR LES

CONDITIONS AGRICOLES & COMMERCIALES DE L'ALBIGEOIS

AU XVIe SIÈCLE

PAR

Louis DE SANTI & Auguste VIDAL

PARIS

HONORÉ CHAMPION | A. PICARD & FILS
9, QUAI VOLTAIRE | 82, RUE BONAPARTE

TOULOUSE
ÉDOUARD PRIVAT
45, RUE DES TOURNEURS

1896

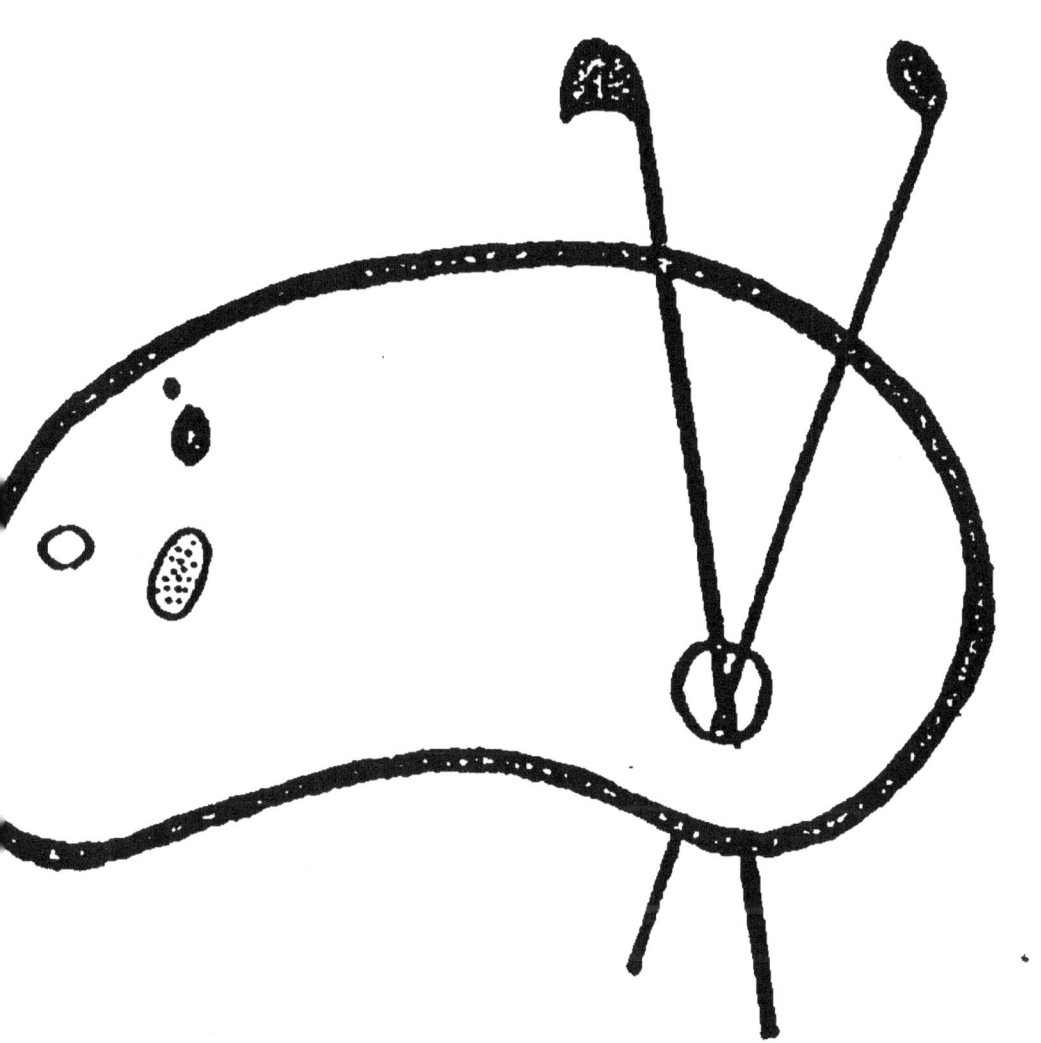

DEUX LIVRES DE RAISON

(1517-1550)

ALBI
IMPRIMERIE G.-M. NOUGUIÈS

MDCCCXCVI

ARCHIVES HISTORIQUES DE L'ALBIGEOIS

PUBLICATION PÉRIODIQUE DE LA SOCIÉTÉ DES SCIENCES, ARTS ET BELLES-LETTRES DU TARN

FASCICULE QUATRIÈME

DEUX
LIVRES DE RAISON

(1517-1550)

AVEC DES NOTES ET UNE INTRODUCTION

SUR LES

CONDITIONS AGRICOLES & COMMERCIALES DE L'ALBIGEOIS

AU XVIe SIÈCLE

PAR

Louis DE SANTI & Auguste VIDAL

PARIS

HONORÉ CHAMPION   A. PICARD & FILS
9, QUAI VOLTAIRE   82, RUE BONAPARTE

TOULOUSE
ÉDOUARD PRIVAT
45, RUE DES TOURNEURS

A M. Léopold Delisle,

Nous dédions ce Livre

en témoignage de notre respectueuse admiration pour ses travaux d'histoire agricole et en remerciement de la sympathie et des encouragements qu'il a bien voulu accorder à notre œuvre.

INTRODUCTION

QUELQUES MOTS DES LIVRES DE RAISON

Parmi les transformations profondes que le xixe siècle a apportées dans les méthodes scientifiques, l'une des plus caractéristiques et des plus fécondes est celle qu'ont subie les Etudes historiques.

Avant la Révolution, c'est-à-dire tant que l'unité du pouvoir fut le dogme du gouvernement, comme la royauté en était la base, l'étude de l'histoire se borna exclusivement à celle des vicissitudes de ce grand tout appelé *l'Etat*, et à la biographie des familles régnantes. C'est à peine si, dans le dernier siècle, quelques esprits curieux et indépendants avaient commencé à soulever les voiles qui enveloppaient notre histoire provinciale et municipale.

A plus forte raison rien de ce qui touchait à l'individu même, c'est-à-dire à la vie sociale, n'avait paru digne d'attirer l'attention des historiographes.

Il fallut la vive clarté répandue par l'Ecole philosophique et surtout par Rousseau, pour qu'on s'aperçût, qu'à côté des faits collectifs, il y a, dans la vie des nations, un sujet d'étude autrement intéressant, l'homme lui-même, l'individu, et pour qu'on comprît que c'est à l'individu, premier rouage, facteur primordial des collectivités, ainsi qu'aux faits contingents à cet individu, — c'est-à-dire à la vie sociale, — qu'il faut demander les secrets de l'évolution historique.

Les historiens cependant ont été lents à se pénétrer de ce principe et cela tient, croyons-nous, à des causes diverses dont la principale a été l'état politique de la première moitié du XIXe siècle.

Sous le coup de la passion politique, les gouvernements ont fermé les dépôts d'archives et n'ont laissé publier par les historiens officiels que ce qui pouvait les servir. Il a fallu en conséquence, non seulement les progrès de la critique historique, mais encore l'apaisement des partis, la sécurité des consciences, un temps très long pour que les dépôts d'archives et les collections particulières s'ouvrissent aux curieux, et leur permissent de refaire peu à peu l'Histoire à côté de la légende.

C'est du reste la raison qui explique la médiocrité de la plupart des historiens antérieurs à ces dernières années. Quand Thiers, pour la première fois, introduisit dans son *Histoire du Consulat et de l'Empire* sa fameuse description de la Prusse, cela parut d'une telle nouveauté, à côté des banalités routinières dont on avait l'habitude, que peu s'en fallut qu'on ne crut qu'il avait révolutionné l'Histoire. Comme si l'Histoire ne devait se borner qu'à l'enregistrement des faits militaires ou diplomatiques, comme si elle ne comprenait pas tout ce qui touche à la vie d'un peuple, sa géographie, son commerce, son agriculture, son génie artistique, ses goûts, ses mœurs, sa culture intellectuelle et, par dessus tout, sa vie sociale !

De quel intérêt, par exemple, n'est-il pas pour le philosophe, pour le moraliste aussi bien que pour l'historien, de saisir l'individu dans ses rapports avec le milieu restreint qui a constitué son époque, c'est-à-dire sa vie privée ? Est-ce que le costume et la mode, pour ne citer que ces deux faits, ne traduisent pas, beaucoup mieux qu'un acte diplomatique, non pas seulement le degré de prospérité économique d'une époque, mais encore ses goûts, ses tendances, ses passions ?

Enfin le groupe primitif, la famille, et l'isolé lui-même, n'ont-ils pas leur existence autonome, comme l'État ? Est-ce que l'homme, le bourgeois, le fonctionnaire, le négociant, l'agriculteur, le contribuable, dans leur lutte pour l'existence, avec leurs joies, leurs espérances, leurs déboires, ou leurs colères, sont moins intéressants à étudier que les princes et les chefs d'Etat, qui le plus souvent ont passé en dehors de la société, en marge de leur temps?

Oui, certes, et c'est seulement par cette étude de la vie populaire, c'est en pénétrant la condition sociale de ceux qui furent nos pères que nous reconstituerons la filière du développement de notre richesse nationale ; c'est ainsi qu'on assistera à la genèse et au progrès de cet esprit à la fois probe, économe, laborieux et frondeur, qui est comme la caractéristique de notre race ; c'est par là seulement qu'on saisira l'éclosion lente de ces idées libérales qui, dispersées par le souffle de la Réforme, et semées de boutique en boutique et d'échoppe en échoppe, devaient engendrer la bourgeoisie de 1789 ; c'est par cette étude enfin qu'on aura l'explication de bien des faits, en apparence mystérieux, de préjugés et de coutumes, de locutions et de dictons, mais aussi de haines ou de sympathies populaires, rancunes ataviques, antagonismes de race qui se transmettent dans l'âme du peuple et y sommeillent obscurément, jusqu'au jour où une catastrophe inattendue les met en lumière et révèle à l'historien pensif la justice immanente des choses.

Or, cette étude est encore à faire. Si, grâce au goût très vif des études historiques qui s'est développé dans ces dernières années, grâce à la multiplicité des travaux et des Revues d'histoire locale, nous connaissons mieux l'évolution politique ou administrative de notre pays, nous sommes encore très peu informés en ce qui concerne sa vie sociale. Cela tient, comme nous l'avons dit, à la négligence et même au mépris des historiens des siècles passés pour l'individu.

Il est cependant une source précieuse de renseignements à ce point de vue, source malheureusement restreinte mais dont notre érudit compatriote, M. Tamizey de Larroque (1), a signalé l'importance et la valeur; ce sont les Livres de raison.

Les livres de raison sont, avec les archives notariales et les inventaires domestiques, les documents qui nous font pénétrer le plus avant dans la vie privée, dans l'intimité des

---

(1) Ph. Tamizey de Larroque. *Livre de raison de la famille de Fontainemarie*. Agen 1889 et *Deux Livres de raison de l'Agenais*, Paris 1893.

siècles passés. Malheureusement bien rares sont ceux qui sont parvenus jusqu'à nous.

A quoi faut-il attribuer leur pénurie ?

Ce n'est pas seulement au dédain des historiens pour les documents d'intérêt privé; car nous avons la preuve que les livres ont été très nombreux.

Il n'était pas en effet, au XVIe et surtout au XVIIe siècle, de chef de famille, de bourgeois à la tête d'un commerce ou d'une exploitation agricole, même peu importants, qui n'eût et peut-être que la loi n'obligeât à tenir un livre de raison. Sans doute le texte légal (1) nous échappe ; mais ce qui est certain, c'est que les livres de raison faisaient foi en justice.

L'un de nous possède la minute d'un des registres d'audience du tribunal de Revel (Haute-Garonne), annexe du Présidial de Castelnaudary, sénéchaussée de Lauraguais, pour l'année 1679. On y voit, en parcourant les comptes-rendus du greffier, que les livres de raison des négociants, médecins et cultivateurs sont invoqués à tout moment comme preuve juridique et leur production ordonnée par les juges (2).

---

(1) Nous pouvons cependant citer le passage suivant de Gab. Cayron (*Styles du ressort de Tolose*, t. , p. 187) à propos des actions en résiliation ou en annulation de contrat :

« Les actions en cancellation d'instrument sont purement personnelles ; néantmoings diverses selon la nature et subjects des obligations.

« La première se peut fonder sur payemens réallement faicts en une ou diverses fois ; il faut que le faict soit précis, à scavoir accorder l'instrument et dire qu'un tel jour il auroit esté faict tel payement, et un autre jour le second ou dernier, en tel lieu et telles espèces, en présence de N..., et ainsi auroit esté *couché sur le livre du créditeur et, si c'est la vérité, demander l'exhibition du livre* ».

(2) En voici quelques exemples :

Audience du 13 avril 1679, par devant M. de Basset, juge (f° 448, r°) : « Requête de Paul Borrel contre Jean Faure, maréchal, assigné. » L'avocat Calcel représente les intérêts de Faure, l'avocat Guilhem Reverdy, ceux de Borrel. « Calcel... demande que la partie Guilhem remette le libre » ; le juge prononce l'appointement : « La partie de Reverdy remettra son libre de raisons (*sic*)... pour en estre tiré extraict par le greffier que nous avons commis. » — La même affaire revient à l'audience du 27 avril (f° 456 r°; M. de Basset, juge, assisté de M. de Gouttes, procureur du roi) ; le livre de raison n'a pas été produit et le juge ordonne de nouveau « que la partie de Me Reverdy remettra par ce jour le libre dont est question pour en estre tiré extraict par N..., greffier, sans autre inthimations ». — Enfin à l'audience du 4 mai

Or, nos aïeux étaient terriblement processifs. L'amour de la chicane était chez eux une véritable épidémie que Molière et Racine ont prise sur le vif et qui, comme la peste, sévissait à tous les degrés de la hiérarchie sociale. De là, pour tout plaideur, la nécessité du livre de raison, argument sans réplique, grâce auquel il pouvait affronter sans crainte les terribles procédures des tribunaux seigneuriaux et des cours royales.

Montaigne, qu'il faut toujours consulter quand il s'agit de mœurs intellectuelles, nous apprend de quel respect on entourait, dans les familles, ces précieux documents :

« En la police œconomique, dit-il, mon père avoit cet ordre que je scays louer mais nullement ensuyvre, c'est qu'oultre le registre des négoces du mesnage où se logent les menus comptes, payemens, marchés, qui ne requièrent la main du notaire (lequel registre un receveur a en charge), il ordonnoit à celuy de ses gents qui lui servoit à escrire un papier-journal à insérer toutes les survenances de quelque remarque et, jour par jour, les mémoires de l'histoire de sa maison ; trez-plaisante à veoir quand le temps commence à en effacer la souvenance et trez à propos pour nous oster souvent de peine : quand fut entamée telle besongne, quand achevée ; quels trains y ont passé ; combien arresté ; nos voyages, nos absences, mariages, morts ; la réception des heureuses et malencontreuses nouvelles ; changement des serviteurs principaux ; telles matières ».

Et, après avoir donné ce sommaire des livres de rai-

(fº 458 vº), le livre ayant été produit, M. de Basset ordonne que « il en sera tiré extraict à l'issue de l'audience par le greffier que nous avons commis, sauf préjudice de dépans frustatoires à prononcer. »

Dans une autre cause « du révérend Père Sindic des Frères Prêcheurs du couvent de Revel contre Philippe de Sérignous » (audience du 9 juin, par devant M. de Gouttes, procureur du roi, fº 468 vº), on lit : « Bourgues, (avocat du syndic) remet le libre. — Calcel (avocat de la partie adverse) conteste le libre comme ne faisant foy que pour le négosse. »

En 1733 du reste, une instance étant pendante devant le lieutenant-principal au siège de Cordes, entre Jean-Baptiste de Bermond, sieur de la Sandarède, et Géraud Massol, celui-ci requit et obtint communication des deux livres de raison du feu père du sieur de la Sandarède. (*Arch. départ. du Tarn*. Cordes, FF. 8.)

son de son époque, le fin lettré, le délicat épicurien d'esprit, songeant au charme de ces chroniques de famille, ajoutait : « Usage ancien, que je treuve bon à refreschir, chascun en sa chascunière, et me treuve un sot d'y avoir failli. » (1)

Quels sont donc, encore une fois, les motifs de la rareté de ces documents ?

On n'en trouve guère qu'un, mais suffisamment explicite : c'est que les livres de raison ne faisaient pas partie des dépôts publics (2).

Les livres de raison se transmettaient en effet avec les papiers de famille. Au bout de deux ou trois générations ils n'offraient plus, pour les héritiers de ceux qui les avaient écrits, qu'un intérêt médiocre et, quand ils ne servaient pas, comme certains parchemins, à recouvrir les pots de confiture des ménagères, ils étaient relégués dans un tiroir, un placard, un bahut ou un vieux coffre et finissaient par prendre place au galetas, dans le bric-à-brac domestique, où l'humidité et la dent des souris les rongeaient peu à peu.

C'est donc l'homme qui a été le plus grand ennemi de ces documents et on peut dire qu'ils ont plus souffert de l'insouciance de leurs possesseurs que de la fragilité de leur matière. Nombreux sont en effet les papiers, vieux de quatre ou cinq siècles, qui nous sont parvenus ; mais si ceux-ci ont échappé aux injures du temps, c'est qu'ils étaient le plus souvent à l'abri des causes de destruction, soit dans des bibliothèques, soit dans des dépôts d'archives, soit dans des études de notaires.

Les notaires en effet, les archivistes, les érudits, les amateurs ont toujours enveloppé d'un saint respect ces fragiles débris du passé et c'est à leur sollicitude, devenue aujourd'hui un goût général, que nous devons la conservation de la plupart des documents manuscrits de notre histoire municipale. Cette protection a manqué aux livres de raison.

(1) MONTAIGNE : *Essays*, t. I, chap. XXXIV.
(2) Il existait cependant des livres de raison tenus par les notaires et conservés par eux au milieu de leurs registres de cèdes. M. Charles Portal, archiviste du département, a bien voulu nous en signaler un trouvé dans le fonds que M° Favarel, notaire de Cordes, vient de verser aux archives départementales.

CHAPITRE PREMIER

Sommaire : *État matériel des manuscrits. — Le livre d'Eutrope Fabre (1517-1538); son écriture. — Le livre de Guilhem Masenx (1518-1550); papier; composition et histoire de ce livre; son écriture. — Ce livre est-il en entier de la main de Masenx? — Révivification de l'écriture disparue.*

Quoiqu'il en soit de ce minuscule problème, les deux livres de raison que nous présentons au public sont tous deux originaires de l'Albigeois et sont l'œuvre de deux bourgeois du pays de Gaillac, vivant au commencement du xvi⁵ siècle : Eutrope Fabre et Guillaume ou mieux Guilhem Masenx.

Mais, tandis que le premier de ces ouvrages est dans un bon état de conservation, le second au contraire est d'apparence très pitoyable.

Il semble à la vérité que le sort ait eu quelque justice à épargner le manuscrit de Fabre, tandis qu'il réservait ses rigueurs au manuscrit de Masenx, vrai grimoire cabalistique, assemblage d'hiéroglyphes en révolte dans toutes ses lignes, dans tous ses mots, dans toutes ses lettres, contre les règles calligraphiques. Le premier est en effet, à première vue, l'œuvre d'un clerc, c'est-à-dire non pas d'un lettré, mais d'un homme auquel la plume est familière; l'écriture en est franche, nette, régulière, respectueuse des lois paléographiques; on y sent l'homme qui écrit avec la conscience de l'acte qu'il accomplit et avec l'espoir peut-être que son œuvre, respectée du temps, parviendra aux siècles futurs.

Le second manuscrit, celui de Masenx, est au contraire

d'une main nerveuse, hâtive, saccadée, avec autant d'abréviations que de mots ; il révèle le commerçant, le banquier surmené par la besogne, en état de perpétuelle agitation, pour lequel l'écriture est une perte de temps autant qu'une nécessité.

L'amateur se sent donc à première vue, en présence de ce contraste, saisi d'une obscure reconnaissance pour le destin dont la patine intelligente sembl avoir doré l'œuvre d'art, tandis que sa dent cruelle ne mordait que le grimoire.

En réalité, et à la lecture, il n'en est point ainsi ; le livre de Masenx est beaucoup plus important, offre pour nous beaucoup plus d'intérêt que le livre de Fabre. Il nous initie en effet intimement aux mœurs commerciales et agricoles du temps ; car Masenx est à la fois un gros négociant et un gros fermier ; on lui pardonne donc de n'être pas un clerc.

Et si d'autre part on songe qu'au XVIe siècle le nombre des lettrés, c'est-à-dire de ceux qui lisaient la lettre moulée, était des plus faibles en France ; que le nombre des clercs, c'est-à-dire de ceux qui écrivaient ou déchiffraient l'écriture, était, en dehors du clergé, plus faible encore ; que les grands marchands de Gaillac n'avaient d'autre comptabilité que la *marque* ou *taille*, règle de bois sur laquelle ils pratiquaient des encoches au couteau (ex. : f° LVIII r°), on se sentira au contraire pénétré d'un pieux respect pour le grimoire et d'une sincère admiration pour son auteur.

Il n'est pas sans intérêt de faire la description des deux ouvrages. Le livre d'Eutrope Fabre (1517-1538) est un manuscrit sur papier de fil de 0m30 de hauteur sur 0m11 de largeur. Il comprenait, à l'origine, outre deux feuillets de garde, 62 feuillets foliotés en chiffres romains, en haut et au milieu du recto, par l'auteur lui-même. Il y manque actuellement 7 feuillets, à savoir les f°s XXX, XXXVIII, XXXIX et L, qui étaient probablement en blanc et les f°s LIV, LV et LIX, qui étaient probablement écrits, car les comptes de Fabre passent brusquement, en cet endroit, de 1533 à 1535.

Ce manuscrit a donc subi des mutilations de la part de

ses propriétaires ultérieurs, soit pour en utiliser les pages blanches, soit pour d'autres motifs.

Il est revêtu d'une couverture de parchemin qui avait déjà rempli le même office pour un autre manuscrit, car elle porte le traces évidentes d'un pliage et de points de couture antérieurs. Cette couverture est un fragment d'un acte de vente de 1360, à Gaillac.

Les feuillets de garde ont été utilisés pour le titre et le répertoire.

Le texte lui-même peut en effet se diviser en quatre parties bien distinctes :

1º Le répertoire alphabétique par noms d'individus : deux feuillets non foliotés.

2º La somme des contrats d'achat de 1517 à 1537 : fº I à XV vº.

3º L'inventaire du mobilier laissé par Fabre, écrit par lui-même vers 1538, avec l'émargement de ses exécuteurs testamentaires : fº XLVII rº à XLIX rº.

4º Le journal des recettes, dépenses, dettes, créances, etc. de 1532 à 1538 : fºs LII vº à LXI.

Un second répertoire, par matières, c'est-à-dire par noms et qualités des terres de Fabre, occupe les fºs LXI et LXII.

L'aspect de cet ouvrage, comme nous l'avons dit, est séduisant. L'écriture en est franche, nette, hardie, régulière; elle trahit l'habileté professionnelle d'un clerc habitué à enregistrer des naissances, des mariages ou des décès et, probablement aussi, habitué à servir de secrétaire à ses voisins ou paroissiens.

Il n'y a donc rien de surprenant à ce que Fabre connut le latin et c'est par un échantillon de cette langue qu'il a ouvert son livre : « *Ihs, Maria, amen! Iste liber est meus, dominus Eutropius Fabri, in quo scripsi numeru(m) omniu(m) rerum tam mobilium quam immobilium q(uas) emi. Deo grasias!* » (1)

---

(1) Ces exergues religieux sont habituels dans les livres de raison. En voici quelques-uns que nous avons relevés :

Au nom de Dieu! (Melchior Blanc, 1591.)

Jésus, Maria! (J. Barbier, 1601).

Hic liber incipiatur in nomine Dei patris omnipotentis et Filii et Spi-

Sans doute ce latin n'a rien de cicéronien ; mais il n'est ni meilleur ni plus mauvais que celui des autres ecclésiastiques de l'époque. Il semble même, par la tournure de la phrase, que Fabre eût des notions de droit. Peut-être les avait-il acquises, au cours de ses transactions, dans le frottement des notaires et des hommes de loi, mais il ne serait pas surprenant que Fabre eût fait ses études au collège de Gaillac dont la création, due au pape Jean XXII, remonte à 1329. Ainsi s'expliqueraient alors naturellement les connaissances diverses qu'il possédait, et l'hypothèse est d'autant plus vraisemblable que les enfants destinés à la profession religieuse étaient ordinairement élevés au collège diocésain.

Chacun des articles de la première partie du livre de Fabre commence, suivant l'usage invariable des recueils du temps, par le mot *Item*. L'I de ce mot constitue toujours, à l'imitation des beaux manuscrits, une lettre ornée, un « cadeau », empiétant sur les premières lignes. C'est tantôt un oiseau au corps gracile et aux ailes éployées, tantôt un paon étalant les yeux de sa queue, tantôt un serpent ou un dragon déroulant plus ou moins gracieusement ses anneaux ; la figure n'est jamais identique à elle-même. Certes il manque à ces dessins la sûreté d'exécution, la finesse du trait, le savoir-faire en un mot des artistes cadeleurs, mais, dans leur gaucherie, ils témoignent d'une certaine éducation artistique, ils plaisent par la sincérité de leur effort et la naïveté de leur grâce.

ritus sancti, amen ! Jésus. (G. Achard, 1628).
Speranti in Domino det meliora Deus ! (le même).
Soli Deo omnis honor et gloria ! (B. Noguères, 1619).
Omnia ad majorem Dei gloriam ! (J. Chabert, 1652).
Laudando Dominum in filiis tuis curca cervicem ! (C. de Berlier, 1698)
Dirige, Domine, gressus meos et eiam iniquitatis amore a me ! (Marc Capus, 1724).

Les exergues des livres des frères Boysset, de Saint-Antonin, sont plus curieux encore : ils font songer aux invocations païennes que l'on trouve sur les lames de plomb des tombeaux : « *Ihs Maria. As honor de Dieu he de la verges Maria he de moss. Sant Anthony he de tota la cort celestial de Paradis... per que pregui a Dieu he lo Sant Esperit que me donen quasanh de bona part.* » (Jean Boysset : 1520).

« *... et la gloriosa verges Maria e tots los sants de Paradis e M. Sant Cristofol me donen quasanh de bona part.* (Hugues Boysset, 1521).

FILIGRANES DES PAPIERS

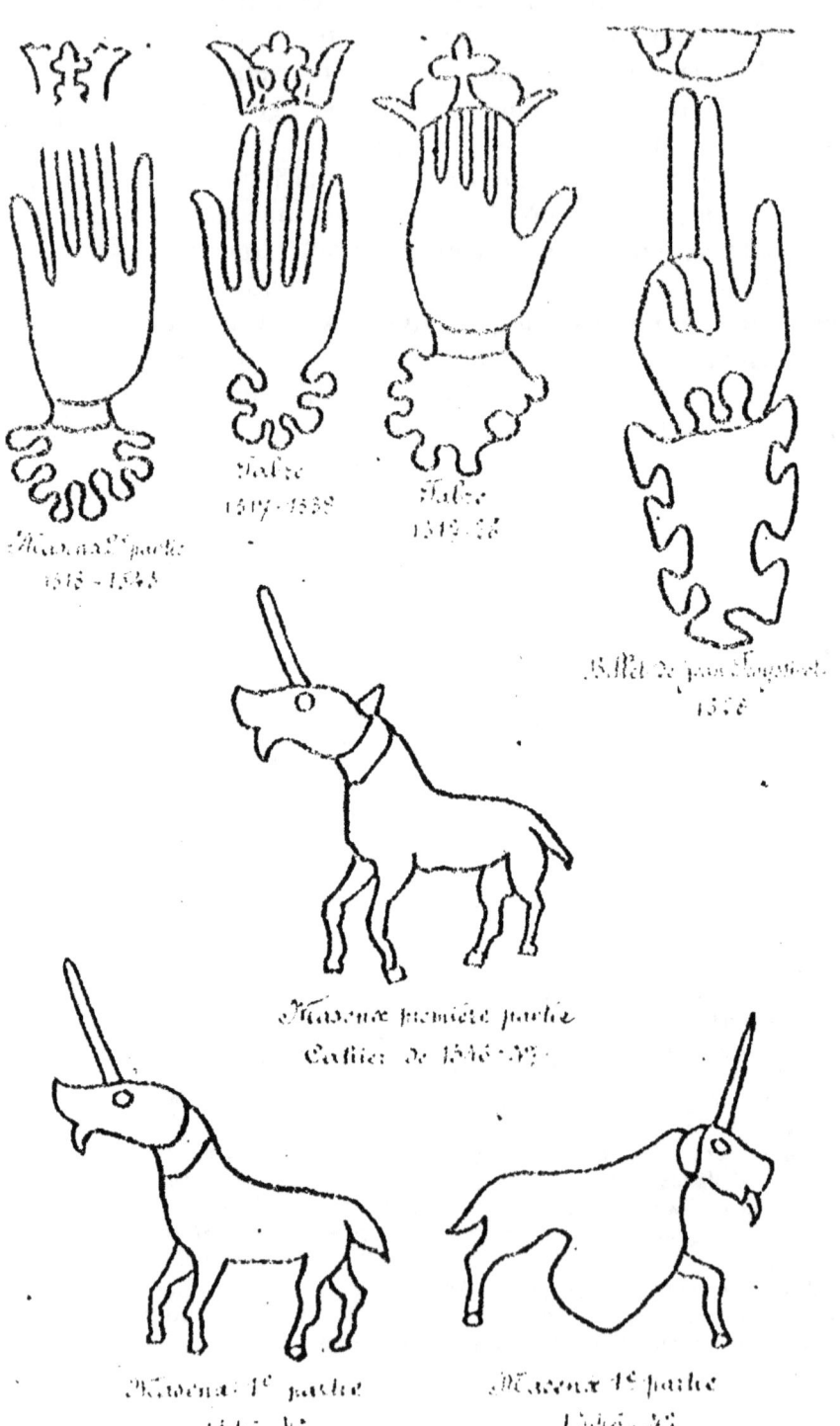

Le livre de Masenx est un petit in-quarto, embrassant la période de 1518 à 1547 et mesurant 0^{m}20 de hauteur sur 0^{m}14 de largeur.

Comme le papier employé par Fabre, le papier employé par Masenx est de pur fil. Il offre les qualités qu'on exigeait autrefois du bon papier, c'est-à-dire qu'il est ferme, pesant, bien collé, sans taches ni rides et « sonnant clair ». Examinés au microscope, des échantillons du papier des deux manuscrits montrent, quand on les dissocie dans l'eau distillée faiblement additionnée d'acide nitrique, un feutrage de fibres ramifiées de chanvre et de lin, sans aucun mélange de coton. En outre ils proviennent de la même fabrique, car ils ont tous deux le même filigrane : une main étendue terminée en couronne à trois fleurons ; c'est le papier dit « *à la main fleurie* » que fabriquaient, dès le xve siècle, les moulins de la Seine.

On trouve aussi dans nos manuscrits les filigranes du papier « *à la Licorne* » et « *à la main* », encore usités aujourd'hui (1). Ces papiers étaient sans doute d'un usage général dans l'Albigeois au xvie siècle ; on les retrouve encore (du moins la *main fleurie*) dans les manuscrits des frères Boysset de Saint-Antonin (2). Les colporteurs auvergnats et limousins s'en approvisionnaient tous les ans à la foire Saint-Laurent, à Paris, et les répandaient dans tous les pays au Sud de la Loire.

Le manuscrit se compose actuellement, sans compter le répertoire, de 10 fascicules qui ont été réunis sous une même couverture, mais qui semblent avoir formé à l'origine plusieurs cahiers séparés.

Ce qui le prouve, c'est qu'on rencontre à tout moment dans les comptes de Masenx des renvois à d'autres cahiers. En général les renvois de ce que nous appellerons *le premier cahier* correspondent exactement aux folios indiqués du *second cahier* ; mais les renvois du second cahier ne cor-

---

(1) Nous donnons le fac-simile de ces filigranes.

(2) E. Forestié : *Les livres de compte des frères Boysset*, Montauban 1892, p. 6. (Extrait du *Bulletin archéologique de Tarn-et-Garonne*).

respondent plus à ce que nous possédons. Évidemment ils se rapportent à un livre qui a été perdu.

Ainsi au f° xxviii v° du second cahier Masenx porte les indications suivantes : *Johan Alvergne... deo... Bileta per Masenx*, f° xxvii, et *Anthony Cesel, fabre, deo... Carta per Masenx*, f° xxvii. Or ces deux renvois ne se rapportent à aucun des cahiers que nous possédons (1). Masenx ajoute d'ailleurs, après cette dernière mention : « *Item deo may al presen libre la soma de...* » Il n'est donc pas douteux qu'il y avait plusieurs livres.

Du reste une dernière preuve c'est que non seulement les divers fascicules dont est composé le livre de Masenx ne se suivent pas dans l'ordre chronologique, mais que Masenx lui-même fait allusion à plusieurs livres qu'il avait (2). Si cependant on réfléchit que l'ensemble des fascicules qui forment le livre actuel relève une suite continue, quoique confuse, d'opérations commerciales de 1521 à 1547 et au-delà, on pensera qu'il faut probablement entendre par *libre*, dans la phrase de Masenx, ce que nous appelons cahiers.

Il est donc certain que Masenx eut plusieurs cahiers commencés simultanément, qu'il appelait ses « livres » et que ces cahiers ont été plus tard réunis en un seul. On verra comment s'est effectuée cette réunion. Les lacunes du foliotage indiquent du reste qu'il en a été ainsi.

Le plus important de ces cahiers est incomplet, ce qui est facile à vérifier, car il est partiellement folioté en chiffres romains de la main de Masenx. Il commence en effet au f° xvii et le foliotage s'en poursuit assez régulièrement jusqu'au f° xcix, où il cesse brusquement. Or, le répertoire qui se trouve au commencement du volume et qui suit pas à pas la composition de ce cahier, indique qu'il a perdu ses 16 premiers feuillets. D'autre part le f° 113, qui correspond au début d'un nouveau fascicule, est en blanc et il est aisé

---

(1) Ces deux créances se trouvent au répertoire, portées au f° xxi. On ne les retrouve ni au f° xxvii, ni au f° xxi.

(2) *Memoria de las biletas que son in lo sac et in los libres...* Masenx : f° 104 v°.

de constater que l'encre du f° 114 est toute différente de celle du f° 112.

On en peut donc conclure, chaque fascicule étant de 16 feuillets (4 feuillets doubles de format petit in-f° pliés en deux), que ce cahier se composait primitivement de 7 fascicules dont le premier a été perdu, c'est-à-dire de 112 feuillets, réduits à 96 par la perte du premier fascicule.

L'auteur, avons-nous dit, n'a mené le foliotage de ce cahier que jusqu'au f° xcviii. Or comme il restait à la fin du cahier 14 feuillets en blanc, il les a ultérieurement utilisés pour y inscrire des notes ou des opérations commerciales.

Quoi qu'il en soit, à ce cahier primitif, qui constitue la partie fondamentale des comptes de Mazenx, sont venus s'ajouter, indépendamment du répertoire, deux autres cahiers, à savoir :

1° En tête du livre, un fascicule de 20 feuillets, gravement altéré par l'humidité, non folioté et contenant des opérations commerciales de 1545 à 1547.

2° En queue du livre, un cahier de trois fascicules, également non foliotés, contenant le premier et le second 16 feuillets, le troisième 24 feuillets, et renfermant des opérations diverses : mentions de vente et d'achat, comptes de fermage, relevé de créances, etc.

Ces divers cahiers formant un total de 10 fascicules, sans compter le répertoire, ont été réunis, à des époques diverses mais peu éloignées de leur formation, en un seul volume grossièrement relié et revêtu d'une couverture.

Cette couverture est en carton avec une mince enveloppe de cuir. Mais cuir et carton ont été en grande partie détruits par les vers ou la dent des rongeurs, et l'on voit que l'enveloppe a été renforcée en dedans par deux feuillets de parchemin arrachés d'un livre d'heures manuscrit. Ce manuscrit est lui-même un joli spécimen du xiv° siècle, de $\frac{110}{70}$ m.m, à écriture gothique, régulière, à grandes marges et à initiales rouges.

En définitive l'ensemble actuel du volume présente la disposition suivante :

1° 2 feuillets de garde dont le premier est collé à l'intérieur de la couverture.

2° 8 feuillets non foliotés et renfermant : *a* les trois premiers, le répertoire par page écrit au recto et au verso, sur 2 et 3 colonnes par page, relatif au livre principal. Ce répertoire, nous l'avons dit, s'arrête au f° xcix ; il contient simplement le nom des clients avec l'indication du folio où se trouve l'article relatif à chacun d'eux. — *b.* les cinq derniers une sorte de bourse ou de porte-feuille. En effet ces cinq derniers feuillets sont en blanc, mais ils sont cousus ensemble sur leurs bords et leurs angles libres à l'exception du bord inférieur, de manière à former, par l'entrebaillement de ce bord, une poche à quatre compart. nents dans lesquels l'auteur plaçait les billets ou reconnaissances de ses débiteurs.

C'est évidemment ce portefeuille que Masenx désigne sous le nom de *lo sac* car nous y avons trouvé deux ou trois *billetas* qu'on lira à la fin de son livre et qu'il a signalées par la formule : *al sac es.*

3° 20 feuillets en un seul fascicule formant le premier cahier dont il a été question. Ce cahier n'était point folioté et nous avons dû le folioter. Sa partie inférieure est maculée et rongée par l'humidité au point de présenter des lacunes considérables que nous avons essayé de combler en révivifiant les caractères. Le r° du folio 17 et les trois derniers feuillets de ce cahier (18, 19 et 20) sont en blanc.

Il contient les opérations de 1545 à 1547, plus les créances impayées à cette époque. Nous l'appellerons LIVRE I ou PREMIÈRE PARTIE.

4° Le cahier principal composé à l'origine de sept fascicules de 16 feuillets chacun, soit 112 feuillets, et folioté par Masenx en chiffres romains jusqu'au f° xcviii. Nous avons dit qu'il manque à ce cahier son premier fascicule, soit les 16 premiers feuillets, de telle sorte que son foliotage commence actuellement au f° xvii ; en outre nous avons continué ce foliotage du f° 99 au f° 112, mais en chiffres arabes.

Le foliotage de Masenx semble avoir été remanié. L'auteur a en outre ajouté au cahier des feuillets intercalaires, de telle sorte que les f°⁸ xlvii et xlviii sont *bis*. Enfin quelques feuillets de cette partie, notamment les f°⁸ xxv, xxvi, xxvii, xxxvii, xxxviii, xlii, xlix et lii, sont en blanc ; nous donnerons plus loin la raison de cette particularité. Il en résulte que ce cahier renferme actuellement 98 feuillets (dont 2 intercalaires), écrits ou en blanc, numérotés de xvii à 112. Il renferme la plupart des opérations de Masenx de 1521 à 1545 et c'est à lui que se rapporte le répertoire. Nous l'appellerons Livre II ou Seconde partie.

5° Trois fascicules formant un cahier de 56 feuillets numérotés par nous de 113 à 168, mais dont les f⁰ˢ 122 et 161 ont été arrachés. Le dernier feuillet (f⁰ 168) est collé à la couverture dont il forme le revêtement intérieur. En outre dans ce cahier un certain nombre de feuillets sont en blanc et il faut noter cette particularité qu'à deux reprises Masenx a renversé le manuscrit. Nous l'appellerons Livre III.

En somme le volume actuel compte dans son ensemble cent soixante-douze feuillets dont 20 appartiennent à la première partie, 98 à la seconde et 54 à la troisième. Il convient d'y joindre 2 feuillets de garde et les 8 feuillets de tête ou liminaires qui contiennent, avec le répertoire, le sac des *billetas*, soit au total 182 feuillets.

On remarquera que le foliotage ne correspond nullement à ce chiffre, ce qui tient à la manière dont l'ouvrage a été composé.

En effet on a vu déjà que le foliotage est tantôt en chiffres romains, tantôt en chiffres arabes, ce qui ne laisse pas de surprendre au premier abord. Nous avons cru cependant devoir adopter cette méthode pour laisser son originalité au livre. Masenx n'avait en effet folioté que certains cahiers de son manuscrit et, comme ce foliotage était en chiffres romains, nous l'avons complété et achevé en chiffres arabes. De la sorte on saura que les feuillets numérotés en chiffres romains l'ont été par Masenx, ceux qui sont numérotés en chiffres arabes l'ont été par nous.

De plus le foliotage est en deux séries : une série (de 1 à 20), en chiffres arabes, pour la première partie; une série (de xvii à 163) pour la seconde et la troisième parties du livre. Comme on le voit cette seconde série se subdivise à son tour en deux parties, l'une, en chiffres romains, de xvii à xcviii, l'autre en chiffres arabes, de 99 à 168.

On comprend que, dans cet énorme amas de renseignements commerciaux, ventes, achats, prêts, quittances, rentes, revenus, etc., il soit de prime abord difficile de se reconnaître. L'auteur ne suit aucun ordre chronologique ni alphabétique ; il semble inscrire au jour le jour et en un point quelconque du livre ses opérations commerciales au fur et à mesure qu'elles se présentent. Il en résulte, pour le lecteur du moins, (car il est probable que Masenx se reconnaissait dans ce dédale), une prodigieuse confusion.

Cependant l'examen attentif du Livre II, celui qui a été folioté par Masenx et auquel il manque le premier fascicule, nous fournit de précieuses indications sur la façon dont l'auteur tenait ses écritures commerciales. Etudions ce livre.

On se rappelle que ce cahier a été le point de départ, le manuscrit d'origine autour duquel se sont successivement groupés les autres cahiers. Or, le Livre II était divisé en sept ou huit chapitres ou sections ; en tête de chacun se trouvait inscrite la paroisse à laquelle appartenait le client de Masenx ou dans laquelle il avait fait ses opérations.

Malheureusement les noms des premières paroisses ont disparu par suite de la perte des 16 premiers feuillets ; il n'y reste que :

Saint-Martin-de-Lespinas (f⁰ xxviii).
Saint-Etienne-de-Brugnac (f⁰ xxxv).
Saint-Jean-de-Montels (f⁰ xxxix).
Saint-Jérôme-de-Tescou (f⁰ xliii).
Saint-André-de-l'Herm (f⁰ xlviii *bis*).
Gaillac et sa banlieue (f⁰ liii).

Toutes ces paroisses appartiennent, comme on le voit, à la région ouest et sud de Castelnau-de-Montmiral, ce qui nous oblige à dire quelques mots de l'organisation ecclésiastique de cette région.

Le massif baigné par la Vère et le Tescou était subdivisé, au xvi⁰ siècle, en une vingtaine de paroisses et en cinq ou six districts ecclésiastiques qui étaient, de Puycelsi à Gaillac :

1° La paroisse Saint-Pierre-de-Laval, sur la rive gauche de la Vère, annexe de Saint-Corneille-de-Puycelsi.

2° L'archiprêtré de la Capelle, limitrophe au consulat de Castelnau, avec sa cure, Saint-Jacques-de-la-Capelle, sur la rive gauche de la Vère, et ses trois annexes : Saint-Martial-de-Prasiats au nord de la Vère, Saint-Jean-de-Montels et Notre-Dame-d'Oustrières au sud de la Vère. L'archiprêtré de la Capelle appartenait à l'église Saint-Salvy d'Albi ; l'archiprêtre était à la nomination de l'évêque.

3° Les paroisses Saint-Pierre-du-Verdier et Sainte-Cécile-du-Cayrou au nord de la Vère, sur la lisière de la forêt de la Grésigne. La première appartenait à l'évêque d'Albi, la seconde au chapitre de l'église Sainte-Cécile d'Albi.

4° La cure de Castelnau-de-Montmiral avec sa paroisse Notre-Dame-de-Montmiral et ses quatre annexes, savoir : Saint-Martin-de-Lespinas, sur la rive droite de la Vère, Saint-Etienne-de-Brugnac sur la rive gauche, Saint-André-de-l'Herm et Saint-Salvy-de-Combirat, au sud de la Vère. La cure de Castelnau-de-Montmiral appartenait au chapitre de l'église Sainte-Cécile d'Albi.

5° La paroisse Saint-Pierre-de-Gaillac avec ses cinq annexes : Saint-Jérôme-de-Tescou, Saint-Pierre-de-Vors, Saint-Jean-de-Celles, Saint-Maurice-de-Candastre et Saint-Pierre-de-Senouillac. Elle appartenait à la Commanderie de Saint-Pierre et Saint-André.

6° La paroisse de Notre-Dame-de-Gradille, annexe de Saint-Michel-de-Gaillac et dont le dimaire était la propriété personnelle de l'abbé de Saint-Michel.

Sur ces 19 paroisses Masenx n'en désigne que 5 ; mais comme il procède de l'ouest à l'est on peut, grâce aux noms des masages qu'il désigne dans son livre, rétablir les noms des paroisses qui figuraient dans les 16 premiers feuillets et rétablir de la sorte la succession des chapitres :

1° Saint-Jacques-de-la-Capelle.
2° Saint-Martial-de-Prasiats.
3° Saint-Martin-de-Lespinas.

4° Saint-Etienne-de-Brugnac.
5° Saint-Jean-de-Montels.
6° Saint-Jérôme-de-Tescou.
7° Saint-André-de-l'Herm.
8° Gaillac et sa banlieue. (1)

Chacune de ces paroisses avait donc un chapitre spécial et il est probable que chacun de ces chapitres formait à l'origine un cahier séparé.

Nous ne voulons pour preuve de ceci que le défaut de correspondance des chiffres du répertoire et du livre à partir du f° XXI jusqu'au f° XLIX. Il est certain que cette portion du répertoire a dû correspondre à un cahier primitif; mais à ce premier cahier Masenx a ultérieurement ajouté des feuillets, intercalé des fascicules, réuni enfin les autres cahiers (sauf le fragment qu'il avait égaré), de telle sorte qu'il a dû, pour s'y reconnaître lui-même, modifier le foliotage du livre ainsi composé. Ce travail de ratures et de surcharges se voit sur les chiffres de nombre de feuillets à partir du f° XXXV (ancien XXVI); seulement l'auteur a négligé de le faire subir parallèlement au répertoire.

La date et les conditions de cette première manipulation peuvent être exactement déterminées par la date de l'article (Michel Taillefer) qui correspond au point du répertoire où les chiffres coïncident de nouveau avec le foliotage. Cette date est 1525. En effet l'article précédent (Guilhem Taillefer, qui est de 1524) est signalé d'une encre noirâtre au répertoire sous le f° XL (XLVIII) (2); l'article de Michel Taillefer au contraire est inscrit au répertoire d'une encre nouvelle, plus pâle (qui est celle de tout le reste de ce répertoire), et sous

---

(1) La circonscription ecclésiastique de Gaillac comptait 12 paroisses, à savoir : la cure de Saint-Michel avec ses cinq annexes, Saint-Jean-de-Tartage, Saint-Laurent-de-Pompirac, Sainte-Cécile-d'Avens, Saint-Martin-de-Villecourtès et Notre-Dame-de-Boissel, et la cure de Saint-Pierre avec ses cinq annexes désignées plus haut. Toutefois Masenx, fermier de la Commanderie de Saint-Pierre et Saint-André, dont presque tous les biens étaient dans la juridiction de Castelnau, se considère comme étant de Castelnau-de-Montmiral et il réserve le nom de *la foresio* de Gaillac aux paroisses suburbaines dépendant de l'abbaye de Saint-Michel.

(2) Les chiffres romains entre parenthèses sont les chiffres rectifiés de façon à donner l'indication actuelle exacte des articles.

son indication exacte, f° XLIX. C'est donc à la date de ce dernier article, 1525, que le manuscrit a été remanié.

Il est résulté de cette manipulation un livre commencé en sept ou huit points différents. Suivant l'importance de chaque paroisse, Masenx lui attribuait un certain nombre de feuillets et, au fur et à mesure qu'un habitant de l'une d'elles faisait affaire avec lui, il l'inscrivait à son chapitre particulier. C'est ainsi que Saint-Etienne-de-Brugnac, Saint-Jean-de-Montels et Saint-André-de-l'Herm eurent un compte de 4 feuillets, Saint-Martin-de-Lespinas et Saint-Jérôme-de-Tescou un compte de 7 et Gaillac occupa le reste du livre. Mais comme ces espaces étaient plus ou moins bien calculés, il est resté généralement entre les chapitres un certain nombre de feuillets en blanc. Telle est l'explication des blancs qui se trouvent à la suite des comptes de chaque paroisse.

Grâce à cette façon de procéder, deux opérations commerciales faites le même jour avec des clients de paroisses différentes, au lieu de figurer sur la même page, se trouvent en deux points très différents du livre, tandis que deux opérations faites à plusieurs années de distance, mais avec des clients de la même paroisse, peuvent se trouver inscrites à la suite l'une de l'autre.

Il est vrai que, pour faciliter les recherches, Masenx avait le soin de tenir un répertoire ; mais ce répertoire, faux jusqu'en 1525, s'arrête en 1543 (f° XCVIII).

De plus dans chaque cahier Masenx avait l'habitude d'ouvrir un compte particulier à chaque client. Suivant l'importance de celui-ci ou des opérations qu'il traitait avec lui, il lui consacrait 1 ou 2 feuillets, une page, une demi-page, etc., de telle sorte qu'on trouve au compte du même individu et à la suite l'une de l'autre des opérations faites parfois à plusieurs années de distance. D'autre part, comme l'espace laissé au compte d'un client était souvent insuffisant ou comme Masenx lui-même ne le retrouvait pas, il lui ouvrait souvent un nouveau compte en un autre point du livre ou surchargeait la page, écrivait sur la marge les opérations nouvelles, faisait des renvois, etc. Il a même dû agrandir, à l'aide de feuillets intercalaires, l'espace consacré à certains comptes devenu insuffisant. C'est ainsi qu'il a ajouté en 1535 au compte de son bordier Ramon Toingne, (f° XLVII) une feuille de supplément et que, par suite, les f°s XLVII et XLVIII se trouvent *bis*.

C'est en effet de 1535 ou 1536 que date la seconde manipulation du manuscrit. Masenx ajouta alors au Livre II, dont nous avons fait l'histoire, outre le compte de Ramon Toingne, trois fascicules de supplément, soit 56 feuillets, en partie indépendants, en partie tirés d'autres cahiers, les uns en blanc, les autres renfermant des comptes. C'est cette addition qui a formé la troisième partie du volume actuel.

La preuve en est facile à donner. Au f° 126 v° et à propos d'un acte passé le 8 novembre 1535, Masenx renvoie au f° 199 du même recueil : *Veses aisy meleis folio II° mens un*. Or le volume actuel n'a que 168 feuillets. Il faut donc supposer que le folio actuel 126 a été tiré, postérieurement au 8 novembre 1535, d'un autre recueil plus copieux que le livre actuel.

Mais ce n'est pas tout. Vers 1517 Masenx dut quitter Gaillac pour s'établir à Castelnau-de-Montmiral. Nous essayerons plus loin d'analyser les motifs qui lui dictèrent cette résolution, mais nous pouvons dire déjà que c'est l'époque à laquelle expira son bail à ferme de la Commanderie ; or, comme ce bail était de 29 ans, on voit que Masenx dut entreprendre son fermage en 1517 ou 1518 et que la période de son activité commerciale s'étend de 1518 à 1546 (1).

(1) On ne trouve, il est vrai, qu'une seule mention (f° 15 v°) de l'année 1518 ; il s'agit de la vente d'un cheval dont Masenx poursuivait encore le paiement en 1545. Mais la rareté des mentions antérieures à l'année 1520, dans les comptes de Masenx, peut fort bien s'expliquer soit par la perte des premiers cahiers, soit parce que Masenx, alors jeune fermier, faisait peu d'opérations et tenait mal ou ne tenait pas encore sa comptabilité. Quoi qu'il en soit, de 1520 à 1546, cette comptabilité ne présente plus de lacunes. Après 1546 il existe çà et là d'assez nombreuses mentions de la main de Masenx ; l'une d'elles porte la date de 1550 (f° 123 r°) et une autre même de 1551 (f° 16 v°). Mais ce ne sont plus que des mentions relatives à des remboursements, à des relevés ou des règlements tardifs de comptes, à des reliquats de paiement ; on n'y trouve plus une seule vente. Nous sommes donc fondés à dire que l'activité commerciale de Masenx cesse en 1547.

Or cette période de 1518 à 1546 se subdivise à son tour en deux périodes secondaires.

Dans la première Masenx écrivit sur le livre que nous avons analysé ses opérations, à savoir : opérations de banque ou de commerce, comptes de taille et de fermage, avances, actes d'achat, polices de métayage, etc.; on y trouve même un relevé, fait vers 1539, de toutes les créances impayées qu'il possédait à cette époque. Cet ensemble touffu (nous avons dit qu'il se composait à l'origine de plusieurs cahiers réunis en 1525) est cependant incomplet puisqu'il y manque le premier cahier, soit les 16 feuillets initiaux : il embrassait les opérations de 1518 à 1544 et correspond à ce que nous avons appelé les Livres II et III du manuscrit. On pourrait chronologiquement l'appeler *première section*.

Mais vers 1545, quand Mazens songeait déjà à se retirer des affaires, cette première section était complète. Force lui fut donc de faire un nouveau cahier, une seconde section sur laquelle il porta ses opérations commerciales de 1545 et 1546 et ce que nous appellerions aujourd'hui ses « comptes de liquidation », c'est-à-dire le relevé de toutes les créances non recouvrées qu'il avait à cette époque. C'est l'origine de ce que nous avons appelé le Livre I qu'il faudrait appeler *deuxième section* du manuscrit.

Il est certain qu'à l'origine ces deux sections formaient deux livres ou cahiers séparés, sinon Masenx n'eût pas assemblé la deuxième section en tête de la première. Mais après 1546, dans les longues années de sa retraite, relisant chaque jour ses comptes et récapitulant ses créances, il est probable qu'il voulut avoir sous la main toutes ses écritures et qu'il réunit alors et relia ses deux livres en un seul volume. Malheureusement il plaça par inadvertance ou pour une autre raison (1), le dernier cahier en tête du premier.

Cet assemblage, ce n'est pas douteux, a été fait, comme

---

(1) Cette raison est probablement que, pour mettre la seconde section à sa place, il eût fallu l'intercaler entre les livres II et III de la première section. Or comme ces deux parties étaient déjà assemblées, Masenx n'a pas voulu les disjoindre et a alors relié la seconde section en tête du manuscrit.

celui de 1525, par Masenx lui-même. On en a la preuve dans l'exactitude des renvois établis de sa main de la 2ᵉ section à la 1ʳᵉ.

De là l'origine du volume actuel. Il se compose en résumé : 1° de plusieurs cahiers réunis en 1525, remaniés et augmentés en 1535 et renfermant les opérations de 1518 à 1544 (IIᵉ et IIIᵉ parties ou première section); 2° d'un cahier réuni vers 1550 et renfermant les opérations de 1545 et 1546 (Iʳᵉ partie ou seconde section).

De là aussi, on le comprend, avec la variété des opérations faites par Masenx, un mélange inextricable, un assemblage touffu de ventes, de paiements, de mémoires, où il est impossible de ne pas se perdre. Tel personnage a dix comptes différents dans le même livre et, sur le même compte, on trouve des opérations faites à dix ans de distance mais inscrites à la suite l'une de l'autre, tandis que deux opérations presque simultanées figurent à deux comptes différents.

Pour donner une idée exacte de ce gachis, le bordier Ramon Toingne a un compte dans la section de la paroisse de Saint-Jérôme, compte qui occupe la majeure partie des fᵒˢ XLVII et XLVII *bis* ; ce compte va de 1527 à 1541. Mais, en 1535, Masenx lui ouvre, comme bordier de Bugarados, un nouveau compte qui occupe, avec le bail de métayage, les fᵒˢ 108 à 112 du même livre ; ce dernier compte va de 1535 à 1553. Mais cela n'empêche pas Toingne d'avoir encore une dizaine d'articles spéciaux disséminés çà et là.

Masenx se reconnaissait-il lui-même dans cette forêt ? — C'est probable, puisqu'il n'a fait de répertoire que pour son livre principal. Il se retrouvait donc dans ces comptes embrouillés et ce résultat, qui fait plus d'honneur à sa mémoire et à sa sagacité qu'à sa méthode, est corroboré par la prospérité de ses affaires. Il ne faudrait cependant pas en être trop surpris ; nous montrerons, en traitant du système de comptabilité de Masenx, qu'il tenait ses comptes en partie double et que le manuscrit qui nous est parvenu n'est autre chose qu'un *manoal* ou *journal*, c'est-à-dire un *brouillard*. Masenx pouvait donc très bien, quand il était embarrassé, recourir à d'autres registres plus méthodiques.

Mais ici se place une question importante : l'ouvrage de Masenx est-il tout entier de la même main ? — Il est certain qu'il y a une différence sensible entre l'écriture de certaines pages et celle du premier cahier par exemple ; celle-ci semble être sortie d'un seul jet, elle est, malgré son incorrection, ferme et assurée ; celle-là, au contraire, est tremblée, hésitante, *pattes-de-mouches*. Mais à un examen attentif on reconnaît que c'est la même main et le même style, avec leurs irrégularités, leurs lacunes, leur état fruste, et que les différences signalées proviennent uniquement de la qualité différente des encres et des plumes.

D'ailleurs il faut faire la part des circonstances : la main a pu être fatiguée, le froid a pu engourdir la plume de l'écrivain et, en vérité, les pages *tremblées* sont assez rares pour qu'on les puisse attribuer à ces causes accidentelles. Enfin l'âge est venu et, de 1520 à 1550, la physionomie de l'écriture de Masenx s'est modifiée ; elle est devenue plus ferme, plus accusée ; mais ses caractères généraux sont restés les mêmes, comme dans les traits de l'homme mûr se retrouvent les traits de l'adolescent.

Or cette physionomie de l'écriture de Masenx est bien personnelle. L'*a* est toujours fait comme un *u* barré dans le haut ; l'*e* est fait comme un *n* ; le *c* est toujours anguleux comme une potence, jamais arrondi ; l'*o* comme une outre suspendue à deux barres transversales, etc. Eh bien ! ces particularités se retrouvent à toutes les pages ; la conclusion est donc forcée.

La question serait donc complètement jugée si, à l'étonnement du lecteur, celui-ci ne relevait parfois des notes commerciales dont la tournure semble indiquer qu'elles ont été écrites par une femme ; l'écrivain s'y exprime au féminin. Ainsi, pour une mention de l'année 1541 (f° 102 r°) ; « .....*j'cy crompada una pessa de terra*..... » ; au f° 131 r° : « *L'an mil v° xxxix lo dernie jorn de: mes de mars, j'cy crompada l 7 et* 1ª *ta de pensio annualla*..... » et au verso : « *L'an mil v° xxxix lo jorn de la flèro de Sant Roc de Cahu-*

*sac, j'ey cromprada l*ᵃ *minada de terra de Vidal del Forn.,...* » Ce qui semble d'ailleurs ne pas faire douter que ce soit une femme qui parle, l'écrivain répète : « *Item may j'ey cromprada l*ᵃ *minada de terra deldet Vidal.....* ».

Il est bien certain qu'un homme écrivant eût dû employer la formule *j'ey crompat* et Masenx lui-même, bien qu'il use le plus souvent de formules impersonnelles, comme *N... me deo per crompra de......*, ou *crompreri, pagueri, presteri, bayleri*, etc., Masenx emploie assez souvent la tournure masculine correcte : *hey baylat, hey preslat*, etc. (par ex : fº 107 et 108.)

Mais si Masenx est peu ferré sur l'art grammatical, encore moins faut-il le chicaner sur la règle des participes. Or, il fait toujours accorder le participe avec son complément, que celui-ci le précède ou le suive ; ainsi il écrira correctement : « *una mina de blat que ha crompada de my et presa lo.....* » (fº XLIX rº) ou : « *una mina de blat que li avio prestada* » (fº 104 rº), et incorrectement : « *j'ey baylada una pipa de vy* » (fº XVII vº) ou *j'ey cromprada una pessa de terra* » (fº 102 rº). Voilà toute l'explication. Ce sont les libertés de langage et d'écriture que prend Masenx avec sa langue maternelle qui font illusion sur son sexe. Mais maintenant était-il dans son droit et n'avons-nous pas tort de vouloir le juger suivant les règles de notre orthographe compliquée ? En tout cas il serait injuste de lui reprocher de n'avoir pas compris les chinoiseries du français (1).

(1) On sait qu'en latin le participe s'accorde toujours. Il n'est souvent, il est vrai, qu'un simple adjectif (puisque le parfait des verbes n'a qu'une forme définie, *emi, dedi, compreri, bayleri*) et qu'il suit la règle des adjectifs, lesquels s'accordent toujours. Dans les langues germaniques au contraire l'adjectif s'accorde ou ne s'accorde pas suivant qu'il précède ou suit le substantif.

Il s'en suit que lorsqu'on introduisit dans le roman, c'est-à-dire le français, la forme allemande du parfait, *j'ai acheté, j'ai donné, hey crompat, hey baylat*, l'adjectif, devenu participe, dut à son tour s'accorder ou ne pas s'accorder avec son complément. Ces savantes chinoiseries ne pouvaient pénétrer dans le cerveau latin de Masenx et nous le comprenons volontiers. Aujourd'hui encore les méridionaux n'emploient presque exclusivement et comme par atavisme, dans le langage, que la forme *j'achetai, je donnai*, et on leur reproche de ne pas dire, — ce qui est, paraît-il, plus élégant, — *j'ai acheté, j'ai donné* !

Quoiqu'il en soit de ce problème, l'écriture et la matière même de l'ouvrage ont terriblement souffert de l'humidité. Toute la partie inférieure et tout le bord libre du premier fascicule étaient, quand nous avons rencontré le volume, d'une teinte grisâtre uniforme sous laquelle il n'était possible de distinguer qu'un fin piqueté de moisissures. L'écriture, sous l'influence de l'hydratation de cellulose, avait entièrement disparu et, aux angles des pages, le papier oxydé s'émiettait en fines cassures.

Disons immédiatement que cette altération était antérieure à l'incorporation dans le volume du premier fascicule et qu'elle avait eu une cause accidentelle; telle qu'un mouillage, à l'époque même de Masenx. En effet cette altération était limitée au premier fascicule et n'atteignait point le feuillet contigu du second cahier. En outre en certains points Masenx avait lui-même reproduit en marge certains chiffres et certaines phrases qui, de son vivant, avaient cessé d'être lisibles. Il est donc bien certain qu'il ne faut pas attribuer cette détérioration à l'abandon ni aux injures du temps.

Il fallait cependant se préoccuper, pour ne pas laisser perdre ce texte, qui pouvait être précieux, de trouver un moyen de revivifier les lignes disparues. C'est la fée moderne, la chimie, qui nous a fourni ce procédé aussi simple que pratique et, comme il peut être utile à ceux qui s'occupent de travaux historiques, nous avons pensé qu'il serait bon de le faire connaître dans ses détails.

Ce procédé, disons-le d'abord, n'est destiné qu'à faire reparaître l'écriture ; il ne saurait rendre au papier devenu cassant par l'oxydation sa résistance et sa souplesse primitives.

Ce procédé nous a été inspiré par la connaissance préalable de ce fait que toutes les encres anciennes sont à base de sel de fer. Tout le monde sait en effet que, dans certaines de ces encres, la quantité de fer est telle que la réaction du métal a rongé le papier, découpant en quelque sorte le tracé de l'écriture sur fond blanc ; dans d'autres au contraire, quand l'encre était aqueuse, le fer, mal protégé, s'est oxydé et l'écriture apparaît alors couleur de rouille. Or, dans l'hydratation lente subie par le papier sous l'influence de l'humidité, l'encre est peu à peu décomposée ; le fer qu'elle renferme, transformée en sel soluble, se diffuse peu à peu dans la cellulose devenue elle-même spongieuse et l'écriture s'efface, tandis que le papier, saturé d'oxyde de fer, prend la teinte jaune-brun et parfois verte des persels et des sous-sels de fer. Malgré cela la partie du papier sur laquelle l'encre a été déposée, sur laquelle la plume a passé, demeure toujours plus chargée de fer que le reste de la feuille. Si donc on trouvait le moyen, par un procédé chimique, de faire reparaître le fer sur le papier, en le colorant, l'écriture devrait reparaître par une teinte plus foncée sur le fond uniformément coloré du papier.

Telle est l'idée théorique qui nous a guidés ; nous l'avons mise à exécution en isolant le fer à l'état de sel à l'aide d'un acide faible (chlorhydrique ou nitrique de préférence) et en le colorant avec du ferro-cyanure de potassium, c'est-à-dire en le transformant en bleu de Prusse.

Quant à la technique, la voici dans sa simplicité. Il suffit de la suivre exactement pour faire très nettement reparaître l'écriture effacée sans aucunement altérer le papier.

Prenez quelques feuilles de papier buvard ou de papier filtre un peu épais ; trempez légèrement une de ces feuilles dans une cuve de photographe renfermant une solution d'acide chlorhydrique au cinquième ou au dixième (1) ; faites égoutter avec soin de manière à ce que la feuille soit simplement humide et non baignée, et appliquez-la sur la page à déchiffrer.

Ici une précaution est indispensable. Sous cette page et sur le papier acidulé il faut avoir soin de glisser un buvard bien sec, qui joue le rôle d'isolateur.

Placez ensuite le tout sous la presse à copier à laquelle vous donnez un tour de levier ; l'acide mord sur la page et met le fer en liberté. Il ne vous reste plus qu'à substituer

---

(1) On peut se passer d'acide en ayant soin d'humidifier préalablement la feuille sur laquelle on opère ; mais l'acide avive la couleur et décèle mieux les traces de fer.

au buvard acidulé une autre feuille de buvard trempée dans un bain de cyano-ferrure de potassium au tiers et à donner un nouveau tour de presse. Les caractères effacés apparaissent alors en bleu sombre sur le fond bleuâtre du papier avec une parfaite netteté.

Sans doute la page dont l'écriture a été ainsi révivifiée est désormais colorée en bleu, mais outre qu'elle avait déjà une tâche jaunâtre, ce qui n'est pas plus agréable à l'œil, on a obtenu le résultat de faire reparaître ce qui n'existait plus. Les avantages compensent donc les inconvénients.

Malgré toutes les difficultés qu'offrait la lecture de Masenx, avons-nous besoin de dire qu'elle n'a pas été sans charme pour nous? Quelque modeste qu'elle soit, une victoire est toujours agréable à l'amour-propre. Or nous pouvons dire que chaque page de Masenx a été un champ de bataille où nous avions à conquérir la saine leçon du texte. De la lutte nous espérons être sortis, sinon toujours victorieux, du moins avec quelque butin ; et si nous avons dû parfois laisser en blanc le mot qui se refusait à nous livrer la clef de l'énigme, on remarquera que le bilan de nos défaites est peu considérable.

CHAPITRE II

SOMMAIRE. — *Causes de la décadence de la langue romane au XVIe siècle. — Le langage et l'orthographe de Fabre et de Masenx; particularités communes. Orthographe de Fabre. Orthographe de Masenx; signes et abréviations.*

Nul travail n'offrirait un intérêt plus passionnant que celui qui suivrait les transformations successives de la langue romane depuis ses lointaines origines jusqu'à nos jours; qui la prendrait, fille aînée du latin, bégayant à son berceau d'origine, à côté d'idiomes barbares, dans les faubourgs des municipes et les colonies agricoles de la Novempopulanie; qui la montrerait déjà formée, au temps des Carolingiens, par l'assimilation de ses éléments Wisigoths et Arabes, puis s'épanouissant tout à coup en prose subtile et en merveilleuses poésies au XIIe et au XIIIe siècles, alerte, souple, précise, imagée, énergique, vraie langue de paladins, pétrie d'un idéal d'art à la fois chevaleresque et raffiné, pour, aussitôt après cette floraison, pâlir et se confondre en partie avec son heureux rival, la *langue d'oïl*.

La lutte cependant fut longue et désespérée. Elle se soutint pendant tout le XIVe et le XVe siècles, et ce ne fut que vers le milieu du XVIe, à l'époque précise à laquelle se rapportent nos livres de raison, que le roman succomba définitivement.

Il succombait en effet comme succombent les nationalités, sous la loi du plus fort; mais, même en succombant, il protestait, au nom du goût, contre ce triomphe de la force. Quelle langue a jamais offert un plus merveilleux exemple de vitalité, que la langue romane, résistant à six siècles de conquête et d'assimilation ? Et à l'époque même qui nous occupe, dans sa pleine décadence, ne lui arrivait-il pas encore bien souvent de détrôner le latin dans les actes publics et ne s'imposait-elle pas si bien à sa rivale, qu'on peut dire que le Français, la jeune langue qui fermentait encore dans le cerveau de Rabelais, s'en imprégna jusqu'aux moelles ?

Le milieu du xvie siècle marque donc en réalité la fin de la nationalité romane. La conquête capétienne, faite par la ruse et dans le sang, spoliatrice des légitimes possesseurs du sol gallo-romain, violatrice de toutes les libertés et surtout de la liberté de conscience, accomplie sous les auspices d'un pouvoir religieux détesté, avait creusé, pendant trois siècles, un fossé profond, un abîme, entre la France du Nord et celle du Midi. C'est l'époque à laquelle le fossé commence à se combler.

Le triomphe de l'unité nationale, opéré par la monarchie aux dépens de la féodalité, portait en effet ses premiers fruits ; il avait profondément transformé la société provinciale et créé ce courant de centralisation dont devaient à la fois bénéficier la royauté et la langue française (1). Dans la confraternité des luttes qui marquèrent la seconde moitié de la guerre de Cent ans, — luttes auxquelles le Midi prit une si grande part, — les défiances d'origine s'étaient assoupies, les vieilles haines, remontant à la Croisade albigeoise, s'étaient éteintes. Sous le gouvernement des officiers de la couronne, la noblesse méridionale s'était inspirée d'un esprit nouveau, royaliste ou mieux loyaliste, de *féal service* comme on disait alors, mais auquel l'espoir des honneurs et des faveurs n'était pas étranger. Le peuple lui-même s'était rapproché de ses vainqueurs ; il commer-

---

(1) On peut même affirmer que, cinquante ans à peine après l'invasion du Midi par les hordes de Simon de Montfort, l'Albigeois avait complètement oublié les comtes de Toulouse pour lesquels il avait si énergiquement combattu ; il repoussait la tutelle épiscopale que le conquérant avait implantée dans le pays et se réclamait du roi contre l'évêque. A ce point de vue la transaction dite de Saint-Louis, intervenue en 1264, entre les consuls d'Albi et Louis IX, est curieuse à étudier.

çait avec les négociants du Nord, se mêlait aux compagnies recrutées par les barons français, acceptait leur langage, épousait leurs querelles et oubliait de la sorte, avec ses vieilles rancunes, ses coutumes et sa langue.

L'habileté de François Ier, son esprit chevaleresque, ses voyages dans le Midi, ses malheurs même, firent le reste. On sait par exemple que la nouvelle de la captivité du roi à Pavie fut un deuil pour le Languedoc (1) et que cette province fournit la majeure partie de sa rançon. Dès lors

---

(1) « Un marchand, que des habitants de Pamiers avaient rencontré à la foire d'Avignonet, leur dit que le roi de France et le roi de Navarre avaient été tués à la bataille de Pavie. L'émotion fut si grande que plusieurs pleurèrent en entendant cette nouvelle. Le consul J. de Costa, courut à la grange de Bonrepaux, où était M. de Lusiès, qui lui apprit que le roi de France s'était rendu au roi de Naples et le roi de Navarre au marquis de Pescaire et que le connétable de Bourbon les avait visités fort honnêtement. Mais cette catastrophe n'en laissa pas moins la ville dans de grandes anxiétés. » (DE LAHONDÈS : *Annales de Pamiers*, t. I, p. 402, année 1521. Voir également à ce sujet le registre de la ville de Toulouse pour l'année 1521 DU MÈGE : *Institutions de Toulouse*, t. II, p. 222). A défaut de l'histoire, la légende du reste nous renseignerait sur la popularité de François Ier en Languedoc; les femmes y furent pour beaucoup. Voir à ce sujet, outre les multiples légendes de la Belle Paule et de Jeanne la Perle, le rondeau qu'on attribue au roi :

    Belle Flora, la jeunette sayson
    Le beau printemps mène ainsi qu'enfançon.
  ..... Et, comme Zéphyrus à l'haleine embaumée,
  Voudroys vous suyvre en douce fruition,
    Belle Flora !

et surtout la délicieuse ballade qu'on chante encore aux environs de Toulouse :

« *Lou nostre Rey qu'aymet une goujato...* C'est dans cette chanson qu'on voit Jeanne vendre chez les argentiers ses bagues et ses colliers pour la rançon du roi,

  ..... Et léou que se met en campagno
  Per trobar lo Rey en Espagno.
    A Madrid en pauc arribec,
  Dins la cambro del Rey entrec :
  « Donc pour vous j'arrive de France,
  De vous ay tousiours souvenance!
    « Qu'aurois-je fait de tant d'atours
  Quand gémissès, ô mes amours ?
  — Rien, — et vous porte ma chevance
  Pour que tôt revenez en France. »

C'est le souvenir, non seulement de Paule de Viguier et de Jeanne la Perle, mais de cette exquise Marguerite d'Alençon, la sœur du roi qui traverse cette chanson.

la langue romane fut oubliée, dégénéra, devint un patois.

Un moment cependant à cette époque les amis du roman — s'il y en eut, hélas ! — eurent quelque espérance. Ce fut lorsqu'un toulousain, Jean de Bertrand ou Bertrandi, plus tard garde des sceaux, alors député des États de Languedoc auprès du roi, obtint de celui-ci que les notaires continueraient à rédiger leurs actes en langue vulgaire (1532). C'était en quelque sorte la reconnaissance officielle du langage roman.

Le triomphe fut bien éphémère. Dès l'année suivante, en 1533, lors du voyage de François Ier à Toulouse, tous les régents de l'Université, pédants farcis de latin, qui avaient à leur disposition la langue la plus claire, la plus sonore et la plus grammaticale de l'Europe, vinrent féliciter le roi en français barbare. N'est-ce pas l'un d'eux, Pierre Daffis, qui, à propos de la promotion de Blaise d'Auriol au rang de chevalier, louait son confrère d'avoir su s'exprimer éloquemment en français « genre d'écrire que personne n'avait encore connu auparavant » ? L'Université de Toulouse était bien toujours la fille théocratique de Blanche de Castille et du cardinal Romain de Saint-Ange.

Aussi l'ordonnance de 1539, qui porta le dernier coup à la langue romane, ne surprit-elle personne. Elle fut la conséquence logique d'une évolution politique déjà accomplie et, à dater de sa promulgation, le patois prit la place du roman. Peu à peu depuis lors, au contact du français et au hasard d'idiomes locaux, il s'abâtardit, s'altéra chaque jour davantage, dégénéra en dialectes et en sous-dialectes et en arriva progressivement à son état actuel (1).

Le langage de Fabre et de Masenx est donc intéressant à étudier parce qu'il marque le moment précis de cette transformation. S'il n'est plus lui-même qu'un écho affaibli de l'harmonieux instrument du XIIIe siècle ; s'il porte en lui

---

(1) Cela ne veut pas dire que la révolution de 1539 se soit faite sans difficultés. Nous en avons surpris la trace dans un registre des Instruments du notaire Estienne Pommiers (Fonds LAPAGE, non encore inventorié, *Arch. départ. du Tarn*). Ce registre, qui comprend les actes reçus en 1514, 1515 et 1516, est une vraie tour de Babel ; le notaire y écrit en trois langues, en roman, en latin et en français.

des germes profonds de décadence, il renferme néanmoins encore des restes vigoureux que les mains pieuses des fervents de la langue romane aimeront toujours à recueillir. C'est à ce titre qu'il nous a paru mériter une étude particulière.

D'ailleurs le vocabulaire des auteurs de nos deux manuscrits est assez restreint. Les idées qu'ils expriment sont à peu près les mêmes du premier au dernier feuillet.

« Tel jour de tel mois, de telle année, j'ai acheté de un tel une terre, un bois, un pré, une vigne, sis à tel endroit et ayant tels confronts, au prix de... Témoins un tel et un tel. » Voilà Fabre traduit en français dans la partie principale de son manuscrit. Quelquefois, au lieu d'acquérir, il fait un échange (*biscambi*), avec ou sans soulte.

Masenx est encore moins compliqué : « Un tel, de tel mas ou de telle paroisse, me doit telle chose et promet de me payer à telle époque. Billet pris par N..., notaire, ou présents un tel et un tel. »

Telles sont les formules qui se déroulent, dans leur monotone uniformité, à travers les deux manuscrits. On comprend que les particularités philologiques ne poussent pas dru dans ce champ aride ; mais l'objet de la vente ou de l'acquisition varie à chaque article et, sous l'uniformité de la formule, éclot une merveilleuse variété d'expressions.

Nous n'avons pas évidemment la prétention de faire ici une étude de philologie. Outre que la compétence nous manquerait, nous encourrions le reproche de faire de l'érudition inopportune ; nous nous sommes donc contentés d'établir un vocabulaire des mots usités par Fabre et par Masenx, en donnant autant que possible l'étymologie de ces mots, et nous renvoyons le lecteur à ce vocabulaire (Pièces annexes : n° 1). Nous voulons seulement dire quelques mots de l'orthographe et des abréviations de nos manuscrits.

Ici deux remarques préalables sont nécessaires.

La première, c'est qu'il ne faudrait pas appliquer à nos pères nos jugements en matière de style ou d'orthographe. Ils sont non seulement peu familiers avec la plume, mais la méthode, l'exercice, l'habitude n'ont point discipliné leur pensée ; il en résulte qu'il y a fréquemment lutte chez eux entre les deux instruments. Au milieu d'une phrase une idée nouvelle, suscitée par un mot, se greffe sur l'idée première et la fait perdre de vue à l'écrivain ; ou bien au contraire c'est la plume, trop lente, qui égare la pensée. De là ces omissions si fréquentes et, par dessus tout, ces digressions, ces incohérences, ces redites qui font parfois d'un texte banal un véritable rébus ; delà la difficulté qu'il y a à suivre le fil 'embrouillé et souvent rompu de la pensée de l'écrivain.

Un exemple entre cent, pris dans Masenx, montrera mieux que nos développements quel travail ces négociants presque illettrés étaient obligés de faire pour traduire graphiquement leur pensée. Au folio LXIII r°, il a voulu écrire dans un compte : « *Promet de paga per la festa de Tos Sants un escut petit per cascun an* » ; mais le compte se rapportait à une vente de drap (qui se vendait, comme on le sait, par *canne* et *pan*), sa plume l'a trahi et il a mis *per cascun pan*, ce qui changeait beaucoup le sens. Alors il a corrigé et écrit *per cano*, ce qui pouvait à la rigueur convenir, car la canne de drap, coûtant 25 s. 6 d. pouvait représenter à peu près la valeur d'un écu petit. Mais cette correction lui a fait perdre le fil de son idée première, qui était de répartir les paiements par année ; alors il a ajouté après *per cano* : « *et cascun an un autre escut petit* »; seulement les mots *et* et *an* sont restés au bout de sa plume. Telles sont les étapes du curieux travail auquel s'est livrée sa pensée et que sa plume rebelle a suivi avec peine.

L'autre remarque est relative aux abréviations que ce que nous venons de dire rendait nécessaires dans l'écriture ; il ne faudrait pas croire que toutes ces abréviations existassent dans le langage. Si nous ne les avons pas toujours indiquées dans le texte, c'est que leur répétition même fût devenue fatigante, car elles reviennent à chaque article ; telles *deo* pour *dero*, *tra* pour *terra*, *deme* pour *delme*, *brica* pour *barrica*, *sema* pour *semena*, *jorl* pour *jornal*. On disait en réalité *dero, terra, delme, barrica, se-*

mena, jornal; de même que, si on écrivait *bilela* on prononçait *bilela.* L'orthographe de nos manuscrits pourrait donc, jusqu'à un certain point, en défigurer la langue si l'on n'était prévenu de ce fait.

Une première particularité s'impose à la simple lecture des deux livres de raison ; c'est que Masenx — peut-être parce qu'il est moins lettré — a conservé la terminaison archaïque du mot à rime féminine. Il dit le plus souvent *somma, feda, festa, fiera, Madalena, la mia boria, una pessa de terra,* etc.; l'*a* muet, que nous avons métamorphosé en *e,* est resté tel chez lui qu'au temps de la jeunesse de la langue, avec sa forme latine, grave, qui en permet, dans les *Cansos,* l'accouplement multiple en finales monorimes.

On trouve bien à la vérité aussi dans Masenx *borio, fiero, Madaleno,* etc., mais cela est beaucoup plus rare ; ce n'est que dans les dernières années de son fermage, quand il a adopté le langage élégant de la ville, qu'il emploie ces formes. Fabre au contraire, qui est presque un érudit, ne manque pas de suivre la mode, c'est-à-dire la tendance auvergnate qui déjà substituait l'*o* à l'*a*; il écrit toujours *sommo, mio, fedo, festo, sennorio, pertenenso, uno pesso de terro,* etc.; et il applique cette règle jusqu'aux noms et aux prénoms féminins dont l'*a* final semble la caractéristique : ainsi *Johanno Palastrisso, Ceselio Fabro, Anthonio Sirrento.* Du reste il lui arrive souvent de substituer l'*o* à l'*a,* non seulement à la fin, mais même dans le corps des mots ; ainsi il dit *po* pour *pa, flol* pour *flal, Bonoviolo* pour *Bonaviala, la Besordio* pour *la Besardio, ofermo* pour *aferma,* etc.

Ainsi cette transformation de l'*a* muet en *o,* prise en flagrant délit sur nos manuscrits, est certainement contemporaine de leur époque.

C'est du reste l'un des caractères intéressants de la langue qu'écrivent Fabre et Masenx que l'archaïsme ou l'état primitif, si l'on peut ainsi dire, de cette langue déjà abâtardie. Ainsi, à l'exemple du latin et des écrivains romans du xiie siècle, nos auteurs (Masenx surtout) ne redoublent pas leurs consonnes ; ils écrivent *bilela, soma, tera, pesa, raca, barica, boraso, rosy, mosen, teiscire, quebrusel*, etc. De même pour les lettres mouillées la mouillure n'est pas toujours indiquée ; ainsi on trouve *Galart, Galac, Senolac, dalayre, molie*, etc.

Voyons maintenant les différences individuelles principales de l'orthographe des manuscrits.

Fabre, que les gens du pays appelaient *Mossen Stropi*, est un lettré ; il a reçu dans un collège des règles orthographiques précises, qu'il applique de son mieux.

Cela ne l'empêche cependant pas de prendre avec ces règles certaines libertés. Signalons par exemple l'ignorance où il est de la valeur relative de certaines finales, du *m* et du *n*, du *t* ou du *c* finals. Il écrira par exemple régulièrement *an* pour *am* (avec) et tantôt *preslet* ou *preslec* suivant l'inspiration du moment. De même il confondra le *c* et le *q*, le *g* et le *j*, écrivant *quiero* pour *cuiero, marcua* pour *marqua, manga* pour *manja*, et indifféremment *cart* ou *quart, cant* ou *quant*, et *Pajeso, Pageso* ou même *Paieso*.

Malgré cela — et c'est ce qui rend attrayante et relativement aisée la lecture de son livre — il a une orthographe fixe, invariable, bien à lui ; ses mots se retrouvent avec la même physionomie.

Ce qui caractérise surtout cette physionomie personnelle, c'est l'emploi de la lettre *h*, correspondant à une aspiration du langage. Fabre la prodigue libéralement à la façon du roman et de l'espagnol ; ainsi il écrit *he* pour *el, hun* pour *un* et c'est là pour lui une règle immuable. Par suite, dans les lettres mouillées, quand il indique la mouillure, il n'emploie que les formes espagnoles *lh* et *nh* (auxquelles devaient, après les guerres de religion, se substituer les formes italiennes *ll* et *gn*); ainsi : *Galhart, Galhac, Senolhac, malholio, latho, talhado, politho, bandretho, palhaso, vinho, Castanhie*, etc.

Enfin au milieu ou à la fin des mots il prodigue l'*h*, adoptant par suite la forme archaïque de ces mots : *marcuha, lenhahe, miech, puech, liech, mach, trach, sach*, etc. tandis qu'on verra Masenx, moins logique ou moins savant, adopter la forme vulgaire *mice, pec, liet, sac*.

Pour l'orthographe de Masenx cependant il est plus malaisé d'établir des règles fixes. Il semble même, au premier coup d'œil, que Masenx n'ait pas d'orthographe; les mêmes mots il les écrit tantôt d'une façon, tantôt d'une autre, ainsi *blad, blat* ou *blacl, compra, crompa* ou *crompra, Tols sans, tolsans, lossans, los sas* et même *losas* etc.

Cependant on s'aperçoit bientôt que cette orthographe a une clef ou du moins qu'elle obéit à certaines règles générales, qu'un travail patient et méthodique permet de découvrir.

Ainsi tout en usant beaucoup moins que Fabre de la lettre *h*, Masenx ne répugne pas non plus à l'aspiration des voyelles; il écrit le plus souvent *el, un, are, argen, apela, Olivie*, etc.; mais on trouve aussi dans son manuscrit *hare, hagul, hargen, hapela, esplcha, haresta, Holivie*, etc.

Pour les mouillures cependant il n'emploie pas l'*h*. Le plus souvent il n'indique pas la mouillure, il écrit par exemple : *Galac, Senolac, Espalac, molié, rina, senoria*, ou bien, pour l'indiquer, il redouble la lettre mouillée, ainsi : *Gallac, Sennollac, Espallac, mollié, rinna, sennoria*. Presque jamais on ne trouve chez lui la forme archaïque ou romane de Fabre : *Galhac, Senolhac, Espalhac, molhie, rinha*, etc. Enfin on a vu qu'il supprime l'*h* à la fin des mots : *mice, pec, sac*, etc.

Le *n* à la suite d'une voyelle est ordinairement supprimé mais non remplacé, suivant la coutume de l'époque, par un tiret qui surmonte la voyelle; ainsi Masenx écrit *ces* pour *cens, Tos sas* pour *los sans, rene* pour *renen*, etc.

Mais ce qui contribue surtout à troubler son orthographe c'est qu'il a adopté pour son usage particulier, une sorte de sténographie basée sur quatre expédients principaux, des contractions et des abréviations de mots, des superfétations et des transpositions des lettres.

En ce qui concerne les contractions de mots, il écrira par exemple : *una nela* pour *una a(g)nela, Santana* pour *Santa Anna* ou bien encore : *brica, brea* ou *bra* pour *barrica, bilal blat* ou *bat* pour *baillat, bla* pour *billela, tra* pour *torna, fre* pour *febrie, Ard* pour *Arnaud, Brd* pour *Bernad, Grd* pour *Guiraud, Gry* pour *Germany*, etc.

Quant aux abréviations elles existent pour ainsi dire à chaque mot. Elles sont littérales ou syllabiques.

Les abréviations littérales portent non seulement sur les lettres doubles ou les lettres mouillées (*m* et *n*), exemple : *bilela* pour *billela*, *soma* pour *somma*, *cao* pour *cano*, *Ramon* pour *Ramon* etc., mais encore sur presque toutes les lettres de l'alphabet.

Ce sont généralement les voyelles qui sont supprimées ; ainsi : *mrs* pour *mars*, *my* pour *may*, *jornl* pour *jornal*, *prs* pour *pres*, *tra* pour *ter(r)a*, *vel* pour *viel*, *trna* pour *torna*, etc.; mais la suppression peut aussi porter sur les consonnes, exemple : *doba* ou *dola* pour *dobla*, *seal* pour *segal*, *ful* pour *fust*, *rela* pour *resta*, *fao* pour *favo*, etc.

Les abréviations syllabiques ont lieu au commencement, au milieu ou à la fin des mots; ainsi, au commencement des mots : *Selio* pour *Ceselio*, *ta* pour *carta*, etc ; au milieu des mots : *sebre* pour *setembre*, *vota* pour *volonta*, *Cariu* pour *Cariven*, *Sollac* pour *Senollac*, etc ; à la fin des mots : *p* pour *per*, *q* pour *que* (1), *par* pour *paret*, etc.

Bien souvent ces abréviations sont doubles, ce qui, pour les littérales, aboutit à une simple contraction (ainsi : *tra* pour *torna*) mais, pour les syllabiques, rend le mot incompréhensible, ainsi *Bor* pour *Laborda*.

Les superfétations ne sont pas moins curieuses et elles ne contribuent pas peu à embrouiller l'orthographe de Masenx. Le plus souvent elles consistent en des jambages multipliés ou introduits çà et là dans les mots, de telle sorte qu'on croirait rencontrer des *i* ou des *c* inattendus, particulièrement après la lettre *a* : ainsi *blacl* ou *blait*, *baillail*, *prail*, *fail*, *caiscun*, *saint*, *Cailret*, etc.; d'autres fois cependant c'est une lettre qui est redoublée ou ajoutée dans le mot, ainsi *Santta* pour *Santa*, *Lumman* pour *Luman*, *Turata*, pour *Turla*, *Feloresta* pour *Floresta*, etc.

Mais ce sont surtout les transpositions de lettres qui donnent au langage de Masenx son caractère particulier. Ces

(1) Dans l'abréviation de la conjonction *que*, Masenx fait toujours suivre la lettre *q* d'une sorte de zigzag ou de *z* qui la transforme en un sigle : *qz*.

transpositions toujours accidentelles sont de deux ordres, phonétiques et graphiques.

Les phonétiques sont en général des adoucissements de langage, ainsi *Tros* pour *Tors*, *brodie* pour *bordie*, *pres* pour *pers*, *prat* pour *part*, *vret* pour *vert*, *fron* pour *forn*, etc. Cependant on trouve, par opposition, *ferbie* pour *febrie*, *Gergory* pour *Gregory*, *formen* pour *fromen*, *formatge* pour *fromatge*, et même *calva* pour *clava*, *falssada* pour *flassada*, etc. Ce sont là des transpositions simples ou littérales.

Mais on rencontre aussi des transpositions syllabiques ; elles peuvent s'énoncer ainsi : Dans les mots de trois syllabes qui comportent une voyelle syllabique médiane, celle-ci peut emprunter la consonne de la syllabe suivante, qui devient à son tour voyelle syllabique, ainsi : *Perie* pour *Peire*, *feria* pour *flera*, etc. La phonétique de cette altération est la suivante : *Pe-i-re*, *Pe-ri-e* ; *fl-e-ra*, *fe-ri-a*.

Les transpositions graphiques sont plus complexes ; elles peuvent cependant être ramenées à quatre cas :

1º Quand une consonne est entourée de deux voyelles, celles-ci peuvent se transposer ; exemple : *Farel* pour *Feral*, *Melati* pour *Maleti*, etc.

2º Quand une voyelle est entourée de deux consonnes, celles-ci peuvent se transposer ; exemple : *cas* pour *sac*, *Viral* pour *Vilar*, *Bolet* pour *Lobet*, etc.

3º Dans les diphtongues les voyelles peuvent se transposer ; exemple : *fiat* pour *fait*, *vialet* pour *vailet*, *Piere* pour *Peire*, *cluas* pour *claus*, *pruo* pour *prou*, etc.

4º Dans les syllabes brèves (association d'une voyelle et d'une consonne), surtout à la fin des mots, les deux lettres peuvent se transposer ; exemple : *Tural* pour *Turla*, *dobal* pour *dobla*, *conet* pour *conte*, *alabreda* pour *albareda*, etc.

Qu'on ajoute maintenant à ces altérations les omissions et les répétitions et on aura un tableau à peu près exact des difficultés que nous avons eues à surmonter avec l'orthographe de Masenx (1).

(1) Il nous était impossible dans la reproduction du texte d'indiquer toutes ces altérations et tous ces expédients sténographiques ; il eût fallu pour cela des parenthèses à presque tous les mots. C'est pourquoi nous avons cru

Ce n'est pas tout encore. Masenx use, pour une foule de mots, en particulier pour l'expression des monnaies, poids et mesures, de signes conventionnels ou sigles qu'au premier abord on croirait être complètement de fantaisie, mais qui néanmoins s'expliquent quand on veut bien les étudier. (Voir, à la fin de l'*Introduction*, le tableau des signes et abréviations.)

Ainsi la livre-monnaie, c'est-à-dire la *livre tournois*, unité monétaire depuis Philippe-Auguste, est *Ll. (libra turonensis)*.

Le sol d'argent est représenté par une sorte de R majuscule dont la boucle inférieure, ouverte, descend au-dessous de la ligne ; mais ce sigle, en apparence fantaisiste, n'est en somme que le double *s*, usité au moyen-âge et qui a été conservé dans certains alphabets, notamment en Allemagne.

Le denier enfin est représenté par l'initiale *d*, écrite le plus souvent sous sa forme grecque *(delta)*.

Quant à l'écu, monnaie d'or, qui portait la figure d'un soleil (écu au soleil, écu-sol) ou d'une couronne (écu à la couronne, écu petit) il est désigné par un sigle qu'on rencontre souvent dans les comptes de cette époque, notamment dans les comptes municipaux de Moissac (1), à savoir une sorte de triangle équilatéral ou de ∆ majuscule. Seulement, tandis que dans les comptes de Moissac le *delta* a sa pointe en haut, dans le livre de Masenx il a sa pointe en bas; ce qui est plus rationnel, puisqu'il n'est autre chose que l'*écu*, bouclier triangulaire des chevaliers, qui se portait la pointe au bas. Quand il s'agit d'un *écu petit*, Masenx l'indique par un *p* à droite du triangle, ainsi ▽ *p*.

La livre, unité de poids, est représentée par l'abréviation

---

devoir entrer ici dans quelques développements sur l'orthographe de Masenx, et nous nous sommes contentés de mettre entre parenthèses, dans le texte, les suppressions ou omissions les plus caractéristiques, ou de rétablir en italiques les mots les plus altérés.

(1) Lagrèze-Fossat. *Etudes historiques*, t. I, p. 370 et 453. Dans ces comptes l'écu à la couronne (petit de Masenx) est l'écu courant; il est représenté par ∆ ou ∆ *daur*. L'écu au soleil est représenté par ∆∆ c'est-à-dire par deux triangles accolés.

Lb. (libra), l'once par *o*ç ; mais le quintal, le vieux poids qui s'est perpétué jusqu'à nos jours, est figuré par le sigle *q* dont le milieu de la queue est orné d'une boucle ou d'un *c* (cent) dont la panse est à droite et la concavité regarde à gauche (1).

Pour les mesures de capacité des céréales Masenx recourt également à des abréviations ou à des sigles.

Le setier, en raison sans doute de la consonnance du mot que Masenx pense dériver de *septem* ou *septarius* et non de *sextarius* (dans nombre de pays on écrit *septier*), le setier, disons-nous, est représenté par une sorte de 7, chiffre arabe, dont la queue est retournée vers la droite (2).

La cartière ou quart du setier (*carta* et *carto*) est représentée par l'abréviation finale du mot, *ta* ou *to*; ainsi Iª *ta* signifie *una carta*.

La demi-cartière (*mieja-carteyra*, d'où le vocable actuel *megieyra*) est exprimée par ʒª *ta* ou ʒª Iª *ta*. — Ce sigle ʒ pour désigner notre 1/2, paraît avoir été usité couramment dans le Rouergue, l'Auvergne et le Limousin. M. A. Thomas l'a signalé dans un registre des *Archives communales de Saint-Flour* de 1376 à 1467 (3). « L'abréviation, dit-il, qui dans le manuscrit signifie *demi*, est à peu près semblable à un ʒ cursif à queue projetée de gauche à droite »; c'est à peu près le sigle de Masenx, qui cependant a le plus souvent sa queue dirigée à gauche ou en zigzag. Le ʒ est généralement suivi d'un petit *e* ou d'un petit *a* qui sont la désinence de *miee* ou *mieja* (4).

Du reste il arrive souvent à Masenx de désigner la demi-cartière, qui était la mesure la plus usitée à son époque,

---

(1) On trouve aussi l'abréviation qt pour *quintal* (f° xcii v°).

(2) On trouve aussi 7tio pour *sestié* (f° 106 r°).

(3) A. Thomas. *Annales du Midi*, juillet 1892 n° 15, p. 383, note. Dans le registre portant nomenclature des fiefs de la Commanderie de Saint-André, ce sigle zta s'est converti en xta.

(4) L'assimilation du ʒ de Masenx à notre 1/2 n'est pas douteuse ; ainsi il écrit (f° 131 r°) : *et me costa* xii V ʒª, « il m'en coûte 12 écus 1/2. » De même au compte de son métayer Ramon Toingne (f° xlvii r°) il marque 2 setiers 1/2 de blé : ii 7 ʒª *blat* et à celui de Jean Carivenc (f° liii r°) : iii *pans et* ʒe *de cordelat blanc..... et* xi *pans* ʒe *de cordelat del païs*.

par le seul mot de *mieja* (1) et il la représente indifféremment par s^a, s^a *la*, s^a *l^a ta* et même s^a *carta* (2).

Enfin le boisseau (*boissel*), qui représente en général la moitié de la demi-cartière, est figuré par un *b* ou par l'abréviation b^l (3).

Les autres mesures sont en général exprimées en toutes lettres ou en abrégé. On voit néanmoins que l'interprétation de ces divers signes n'a pas laissé d'ajouter quelques difficultés à la lecture comme à la reproduction intelligible du texte. Nous espérons cependant être arrivés à en donner la saine leçon.

(1) Ainsi au compte de Ramon Algay (f° xl r°): *deo may lo des la soma de tres miejas mestura et l. ta mosola* ; et sur le compte détaché de Bernard Fabre (6° article) : *Item may per tres miejas palmola...... xxviii doblas.*

(2) Ainsi au compte de Guilhem Ricart (f° lxxiv v°) : *deo per crompa de vii s^{as} cartas de blat.*

(3) La notation de ces unités est typique dans un compte des héritiers de Arnaud Johan (f° xxx r°) : *decon de blat prestat la somma de vi s^{as} iii b, et de segal v s^{as} l b.*

CHAPITRE III

Sommaire. — *Eutrope Fabre : sa famille. — Les Fabre de Senouillac et les Fabre de Candastre. — Preuves de l'état ecclésiastique d'Eutrope. Les Tables du Purgatoire. — Sa culture littéraire. Le collège de Gaillac. — La Maladrerie de Gaillac. — La fortune de Fabre; son administration; son genre de vie; sa maladie; sa mort.*

⁂

Eutrope Fabre naquit, probablement dans la paroisse de Candastre (commune actuelle de Gaillac) et tout au moins d'une famille de Candastre, dans la seconde moitié du XVe siècle (vers 1470).

Il avait sans doute, dès l'enfance, été destiné à l'église, car il avait reçu le prénom d'un des évêques les plus populaires et les plus vénérés au moyen-âge dans le sud-ouest de la France (1).

A cette époque deux ou trois familles du nom de Fabre, probablement originaires ou créatrices du *mas des Fabres*, commune de Senouillac, ancienne paroisse de Candastre, à un kilomètre N.-E. de l'église de Candastre, existaient dans la région.

L'une, la branche aînée, qui continuait à habiter les Fabres, est désignée par Masenx sous le nom de *Fabre de Senouillac*. Elle se composait, au commencement du XVIe siècle, de Guilhem Fabre et de ses deux fils, Anthoine et Jean.

---

(1) Saint Eutrope fut évêque de Saintes. Il y avait, non loin de Monclar en Agenais, une église qui lui était consacrée, où, dit-on, se faisait de nombreux miracles, et où, pour la fête du saint, les pèlerins se rendaient en foule.

Guilhem Fabre, qui vivait encore en 1530 (F. f° XI r°), avait de nombreuses propriétés, aux Albarils, aux Clausets, et à Canals (F. f° II r° VI r°, etc.). C'était donc un homme riche. C'est lui du reste qui acheta de Ramon Fabre, le frère d'Eutrope, et céda ensuite à Eutrope, pour le même prix, la terre de l'Hôpital.

Ses deux fils nous sont aussi connus, car ils figurent non seulement à plusieurs reprises dans les comptes de Fabre (F. f° X r° et XI r°), mais encore dans ceux de Masenx (M. f° LXXX r°, LXXXIV r° et LXXXIX r°).

L'aîné, Antoine Fabre, qui habitait les Fabres en 1541, fut un personnage sérieux et considéré ; il était en relations étroites avec Eutrope (F. f°s LVI r° et LX r°) et peut-être associé avec celui-ci pour un fermage. C'est lui du reste qui est désigné, en 1539, comme l'un des exécuteurs testamentaires d'Eutrope (f° XLIX r°) et nous avons la preuve par Masenx qu'il sut remplir dignement son mandat (M. f° LXVI r°). Il avait probablement un fils du nom d'Antoine, car Eutrope désigne son ami sous le nom d'*Anthony Fabre may riel*, et certainement deux filles mariées l'une à un certain Rest, l'autre à un certain Audebal.

Le cadet, Jean, dit *Toutel*, fit avec Masenx d'assez nombreuses affaires. C'est lui qui, en 1539, pour le mariage de sa nièce avec Audebal, offrit à celle-ci 12 pans de drap gris pour une robe (f° LXXX r°).

Le tableau généalogique de cette branche est donc le suivant :

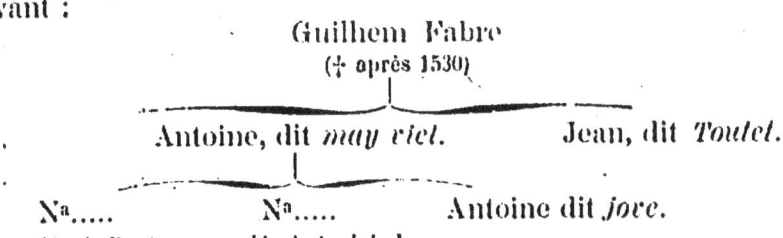

La branche cadette des Fabre, dite *branche de Candastre*, habitait la paroisse de ce nom et particulièrement les tènements de Canals et de Puechausy où elle avait nombre de terres. Elle descendait au XVe siècle d'un Fabre qui avait eu deux fils, Pierre et Jean.

Pierre Fabre est le père d'Eutrope. Nous savons peu de chose de lui, car il paraît être mort de bonne heure, laissant quatre enfants.

1º Antoine, qui mourut vers 1525. Il laissait deux enfants en bas-âge, Jean et Marguerite, qui eurent pour tuteur leur oncle Ramon (F. fº IX rº et X rº) mais qu'Eutrope recueillit ensuite et prit à son service en 1537 (F. fº LVIII rº). On voit par les notes de Fabre et de Masenx que ces enfants étaient riches ; ils avaient nombre de terres à Canals ou Puechausy et payaient 6 sols de taille (F. *passim* et fº LVIII rº) ; dans la directe des Pitanciers de Saint-André seule ils possédaient 19 cartonnades de terre (F. *in fine*) qui payaient aux Pitanciers 5 cartières de blé de rente annuelle (M. fº LIV rº) en 1532.

2º Cécile, qui épousa un personnage dont le nom ne nous est pas connu (1). Ce mariage était sans doute une mésalliance car Eutrope, qui fait souvent allusion à son beau-frère, se contente d'écrire *Ceselio Fabro lle son marit*, sans jamais désigner autrement celui-ci. D'ailleurs Cécile dut quitter Candastre pour aller vivre ailleurs avec son mari, car elle vendait par parcelles, de 1529 à 1531, à son frère Eutrope, tout ce qu'elle possédait à Canals et à Puechausy, à savoir : terres, vignes, pré, jardin, cellier et maison d'habitation.

3º Eutrope, que nous ferons connaître plus amplement.

4º Ramon. Celui-ci semble avoir été le plus jeune des quatre enfants de Pierre Fabre. Il fut, à la mort de son frère Antoine, tuteur des enfants de celui-ci, puis, à la mort d'Eutrope (1539), exécuteur testamentaire et l'un des héritiers de ce dernier. Il ne paraît pas avoir eu d'enfants.

Ramon Fabre était lui-même un enfant gâté. Vaniteux, passionné pour les belles étoffes et les beaux vêtements (ce qui était le luxe de l'époque), sans ordre ni économie, il était absolument incapable de gérer ses propriétés.

---

(1) Les preuves de la parenté de Cécile Fabre avec Eutrope et ses frères se tirent surtout des confronts des terres qui formèrent sa dot (F. fºˢ VI vº, VIII vº, IX et X). On voit que ces terres provenaient d'un partage effectué entre Antoine, Eutrope, Ramon et Cécile Fabre.

On verra qu'il fut aussi sans délicatesse et ne fut probablement bon qu'à « paroître ».

On comprend aussi que ces qualités négatives l'aient conduit, dans ses relations avec Masenx, à la misère. Encore ne peut-on s'étonner que d'une chose, c'est de la mansuétude, de la longanimité de Masenx à son égard. Évidemment celui-ci est, avant tout, un banquier de son époque, un négociant peu scrupuleux, — disons le mot, un usurier, — mais on sent qu'il garde envers Ramon Fabre, sans doute en considération de son frère Eutrope, une indulgence inaccoutumée ; il lui eût été facile de ruiner cet écervelé en quelques mois ; il met 18 ans et des ménagements pour le faire.

C'est en effet en 1528 que Ramon entre en relations d'affaires avec le fermier de la Commanderie de Saint-André. Il le connaissait depuis longtemps déjà, car il payait à la Commanderie, pour ses terres de Candastre et de Senouillac, une censive annuelle de 1 cartière et demie de blé (M. f° LIV r°). On devine ce que furent ces relations : des achats d'étoffes et des emprunts.

Eutrope du reste ne dut guère se faire illusion sur la valeur morale de son frère et, s'il ne put s'empêcher de le désigner pour son exécuteur testamentaire (1), il dut lui laisser du moins la plus petite part possible de son héritage.

En effet, dès 1530, Ramon, gêné et n'osant sans doute s'adresser à Eutrope, avait dû se débarrasser de la belle terre de l'Hôpital, d'une contenance de 13 cartonnades, et l'avait vendue à Guilhem Fabre de Senouillac pour la somme de 3 *ll* 10 *s*. Seulement cette manne dura peu. En 1532 Ramon était obligé de vendre à son frère Eutrope 3 boisselées de terre à Canals au prix de 2 *l*. 15 *s*. et Eutrope poussa la libéralité jusqu'à racheter à beaux deniers, de Guilhem Fabre, la terre de l'Hôpital, stipulant seulement

---

(1) Ramon, quoique désigné à la suite de l'inventaire d'Eutrope, comme exécuteur testamentaire de celui-ci (F. f° XLIX r°) ne put remplir ces délicates fonctions, car une note de Masenx nous apprend qu'il fut remplacé, dans la liquidation de la succession, par Antoine de Roch (M. f° LXVI v°).

que Ramon lui était débiteur sur le prix du rachat de 2 *l*. 1 *s*. 8 *d*. (F. *f*° x r° et xi r°).

La situation de Ramon se maintint donc assez bonne jusqu'à la mort d'Eutrope ; mais à partir de ce moment (1539) elle déclina rapidement. Nous étudierons plus loin les rapports commerciaux de Ramon Fabre et de Masenx ; il suffira donc de dire ici que, dès 1539, Masenx prenait gage sur la propriété de Puechausy, que ce gage s'accroissait peu à peu, devenait possession et qu'en 1546 Masenx, devenu à son tour propriétaire de tout ce que Ramon possédait à Candastre, avait comme bordier ou colon, pour la culture de ces terres, leur ancien maitre Ramon Fabre.

Mais nous avons dit que Pierre Fabre, le père d'Eutrope, avait eu un frère Jean.

Ce Jean Fabre, qui était mort en 1531 (F. *f*° ix r°) fut le chef d'une seconde famille des Fabre de Candastre. Il eut en effet deux fils, Bernard et Jean.

Bernard fut en toutes choses l'émule, le rival et le portrait de son cousin Ramon. Comme lui il eut des terres fertiles à Canals et à Puechausy (F. *f*ᵒˢ ix et x), comme lui il aima le confort et le luxe de la toilette, comme lui il fut imprévoyant et désordonné, comme lui il eut recours à Masenx et comme lui enfin il fut réduit à la misère. Nous donnerons plus loin sur ce naufrage quelques renseignements à propos des opérations de banque de Masenx. Bernard eut un fils, du nom d'Antoine, qu'il entraîna probablement dans sa ruine.

Jean Fabre, fils de Jean, ne nous est connu que par quelques brèves citations d'Eutrope (*f*ᵒˢ iv r° et x r°). Nous savons seulement qu'il possédait à Candastre nombre de terres voisines de celles de son frère Bernard et qu'en 1532 il fit avec Eutrope un échange de prés à Canals (*f*° xi r°).

Un dernier personnage du nom de Fabre, Antoine Fabre dit *Penche* ou *Penchou*, est désigné par Eutrope (*f*ᵒˢ ii v° et iv r°) ; il exerçait la profession de serrurier à Candastre ; mais il est difficile de déterminer ses liens de parenté avec les précédents.

Telles sont les notions biographiques restreintes que

4*

nous avons pu recueillir dans nos livres sur la famille d'Eutrope Fabre.

Eutrope lui-même fut, avons-nous dit, très probablement ecclésiastique (1) ; en effet, bien qu'aucun texte formel n'indique cette qualité, tout semble la démontrer.

C'est d'abord ce titre de *mossen*, « mossen Stropi », qui est donné à Fabre et sous lequel les gros bourgeois et les gens d'église étaient alors désignés, par opposition à *senhor* ou *mossenhor*, qui était appliqué aux nobles, aux dignitaires ecclésiastiques et aux officiers royaux. Puis nous savons qu'il est célibataire, qu'il a une *sirvicial*; or le célibat, chez un laïque, eut été une exception d'autant plus extraordinaire que Fabre avait quelque bien (2).

D'ailleurs la culture littéraire, l'instruction, l'écriture, le style de Fabre trahissent en lui l'homme d'église.

On sait déjà par exemple que Fabre connait le latin. Cela résulte non seulement de l'invocation et du titre latin

(1) Ces lignes étaient écrites depuis longtemps, lorsque M. Charles Portal, archiviste du Tarn, découvrit le testament d'Eutrope qu'il voulut bien mettre à notre disposition. Ce document confirme absolument, sur ce point tout au moins, nos suppositions. Si nous laissons subsister les deux ou trois pages qui vont suivre, c'est pour prouver combien ces suppositions étaient logiques.

(2) Il faut en effet se rendre compte que le mariage à cette époque était moins une affaire de sentiment que d'intérêt. C'était le moyen légitime d'arrondir un domaine, d'asseoir une fortune, de se créer une influence ou une situation. Aussi lorsque un jeune homme était arrivé à l'âge de vingt ans, il se préoccupait avant tout de trouver, non une femme, mais une dot ; les sympathies, les goûts, les différences d'âge, les imperfections physiques ou morales, les convenances sociales même ne venaient qu'en seconde ligne. On voit la part que les intérêts de famille ou de voisinage jouaient dans ces unions. Aussi dès que le veuvage avait rendu la liberté à l'un des époux, s'empressait-il de se remarier. L'église n'y voyait point de mal et y avait tout bénéfice ; au bout de deux ou trois veuvages un homme arrivait à peu près sûrement à la fortune. Dans la *Revue critique de littérature et d'histoire* (1894, 1er vol., pp. 237, 238, article de Tamisey de Larroque, sur une « Famille bourgeoise de l'Agenais du XVIIe au XVIIIe siècle » par Mlle de Bellecombe), on lit : « La plupart des veufs ou veuves de cette époque ne tardaient pas à se remarier ; il n'était pas rare qu'ils le fissent plusieurs fois ». Nous qui avons fouillé aussi beaucoup de papiers du Sud-Ouest, nous pouvons confirmer et compléter l'assertion de Mlle de Bellecombe. Les veufs et surtout les veuves, dans la période comprise entre 1550 et 1750, convolaient avec entrain en secondes et troisièmes noces, et nous avons même eu l'occasion de rencontrer, soit dans la noblesse, soit dans la bourgeoisie, plus d'une femme avec quatre maris successifs.

qui commencent son livre, mais aussi de l'emploi d'une foule d'expressions familières aux latinistes : *sire, solvi, penultime jorn, pecunia numerado, grossatum est per dominum...... notarium*, etc., et de certaines tournures de mots qui sentent le rudiment : telles *pam* pour *pan, sanct* pour *sant, pacte* pour *pate, abprial* pour *abrial*, etc.

Dans ce latin, la notation toute ecclésiastique de certains mots suffirait à faire deviner le clerc, ainsi : *numerū, omniū, dominū, Petrū, notariū, grossatū*, etc.

Un autre indice, plus vague il est vrai, c'est que le seul signet qui se trouvât dans son livre provient d'un fragment marginal de Livre d'heures in-18º, imprimé sur papier en caractères gothiques, rouges et noirs, du xvɪᵉ siècle.

Heureusement d'autres présomptions plus sérieuses peuvent être relevées. C'est d'abord le costume de Fabre.

Fabre laisse en effet, d'après son inventaire, indépendamment de ses vêtements de dessous (chausses, hauts-de-chausses et bas-de-chausses), trois robes, deux sayons et un chapeau frisé ; c'est une garde-robe d'ecclésiastique.

Le sayon en effet n'était autre chose qu'une longue blouse qui s'est conservée pour les prêtres sous forme de manteau long ; le chapeau frisé était le chapeau de cérémonie du clergé (par opposition au bonnet, qui était la coiffure ordinaire) ; quant à la robe elle est caractéristique.

La robe, en effet, n'était plus guère portée, au xvɪᵉ siècle, par les laïques, que comme vêtement d'intérieur (robe de chambre) ; elle était réservée comme costume aux femmes et aux ecclésiastiques.

Or la robe est le principal vêtement d'Eutrope ; non seulement il en laisse une très belle, puisqu'il l'évalue, bien qu'à demi usée, à 3 liv. t. « *huno raubo de viollet miejo uso*, dit-il, *tres Lt.* », mais encore on le voit en céder une, le 2 novembre 1537, à son neveu Jean Fabre à des conditions qui semblent un tant soit peu hébraïques, mais qui du moins témoignent que le vêtement était en bon état et que le valet dut y trouver largement de quoi se vêtir (fº LVIII rº). Enfin on voit encore Fabre, en propriétaire économe, réserver, sur les produits de l'année 1534 ou 1535, 39 livres de laine en suint « *de que*, dit-il, *volí fa raubo* » (F. f° LVII r°).

Une nouvelle présomption peut être tirée de deux passages du manuscrit.

Dans l'un (F. f° LVIII r°) Fabre écrit, à propos de son valet : « *Item pagueri x d. per lo confessa.* » — Ce passage est très significatif si, comme nous le croyons, les ecclésiastiques du XVI° siècle faisaient payer le sacrement de pénitence (1). Il se peut néanmoins qu'Eutrope, pour une raison quelconque, ait demandé une dispense pour confesser son valet. Peut-être enfin, parce que la mention précédente coïncide avec l'entrée en service de Jean Fabre, s'agit-il d'un autre sacrement, première communion ou confirmation ; les 10 deniers représenteraient alors les frais de la cérémonie. Quoiqu'il en soit ce scrupule de ne vouloir prendre son valet en apprentissage qu'après l'avoir blanchi par un sacrement, est bien d'un ecclésiastique.

Le second passage est relatif aux fonctions de syndic de la Table du Purgatoire de Castelnau-de-Montmiral, que Fabre remplissait encore en 1537. (F. f° LXI r°.)

Les *Tables du Purgatoire* dont l'existence nous est aujourd'hui rappelée par le « Tronc des âmes du Purgatoire » étaient, à cette époque, des « œuvres » annexées à presque toutes les confréries ou les églises en vue du rachat des âmes du Purgatoire. Il n'était pas, au XV° siècle, d'église, si modeste qu'elle fût, qui n'eût sa Table du Purgatoire et il n'est presque pas de testament à cette époque où elle soit oubliée. Aussi certaines Tables du Purgatoire étaient-elles fort riches ; celle de Montans en

---

(1) Il n'est pas douteux en effet qu'au XV° et au XVI° siècles la confession ne fut pas gratuite, ou du moins que certains prêtres faisaient payer la confession. Olivier Maillard, qui a fustigé avec tant de violence les vices de son époque, s'écrie : « Quand le diable ne peut empêcher le pécheur d'aller à confesse, il s'efforce de l'adresser à un prêtre ignorant pour que sa confession ne lui serve de rien. Supposez en effet un pécheur qui ait sur la conscience des cas de restitution difficiles, par exemple des contrats usuraires, des exactions, des fraudes : comment cet ignorant comprendra-t-il cela ? Ou bien encore le diable tâchera de l'envoyer à un confesseur qui, quoique instruit, n'aura nul souci du salut des âmes, *mais seulement de l'argent qu'il touche pour ses confessions* ». (*Sermons d'O. Maillard. Carême de Nantes.* Serm. XL, f° 71 v°.)

particulier possédait 322 fiefs relevant en partie de l'hôpital St-Jacques de Clarieux et elle faisait de ce chef à l'hôpital une rente de 1 setier et 6 rases de blé (1).

L'administration de la Table était, dans certaines églises, confiée à *l'obra*, c'est-à-dire à la Fabrique. Il semble même parfois que ces deux mots *l'obra* et *la laula* soient synonymes. Mais souvent aussi la Table jouissait d'une vie propre, autonome, indépendante ; elle avait ses fiefs, ses revenus, son syndic particulier, et ce syndic pouvait être, comme les officiers municipaux, à la nomination de la ville ; c'est ce qui se passait par exemple à Lavaur.

Il nous faudrait donc connaître la constitution particulière de la Table du Purgatoire de Castelnau-de-Montmiral pour tirer de la désignation de Fabre comme syndic de cette œuvre un argument certain en faveur de son état ecclésiastique. Mais, ajouté à d'autres, cet indice n'est pas sans valeur parce que les fabriques ou les communautés choisissaient autant que possible pour syndics de ces œuvres pies, des gens d'église ou des clercs, jouissant de l'estime et de la considération publiques.

Enfin le dernier argument qui nous semble établir le caractère ecclésiastique d'Eutrope est que celui-ci ne payait pas de taille foncière. Il n'est cotisé en effet, dans le reçu du collecteur Antoine Turlan pour l'an 1537, que pour « *sos afaires* » ou pour « *los afaires* », tandis que son ami Antoine Fabre est cotisé « *per los sens* (2) *et per los afaires* (3) » ; la nuance est sensible (Cf. page 45, note).

---

(1) *Monogr. Comm.*, t. II, p. 30 et 305. Les guerres de Religion portèrent un coup mortel à ces œuvres. Dès le xviie siècle on ne les appelle plus que le « Bassin du Purgatoire »; ainsi dans son testament (11 avril 1618) Pierre Masenx lègue 5 sols au Bassin du Purgatoire de Castelnau-de-Montmiral.

(2) Le mot *cens* signifie toute redevance, toute contribution périodique. Ici il est pris pour censive, c'est-à-dire impôt foncier. Du reste, par une législation particulière au pays d'Albigeois, non seulement les terres, mais aussi les rentes foncières étaient cotisées pour la taille (Cf. DESPEISSES : *Traité des tailles*, t. III, art. xiv, sect. i, n° 46, et LAROCHE-FLAVIN : *Arrests notables*, édit. 1620, p. 297).

(3) La signification du mot *afaire* est ici quelque peu douteuse ; en général ce mot est pris pour commerce, fermage, régie, exploitation ; exemple : *ome d'afaires*, homme d'affaires, fermier, intendant. Mais on désignait aussi

Or on sait qu'en vertu de l'adage *Leges romanæ Sacerdotes cæterosque ecclesiasticos ab omnibus tributis, tam prædiariis quam patrimonialibus subsidiis, exemerunt* », les clercs, sauf dans le cas de nécessité pressante, étaient exempts de la taille foncière. (1).

Nous estimons en conséquence qu'Eutrope Fabre était ecclésiastique.

On peut en inférer qu'il avait fait ses études dans ce collège de Gaillac (2), que les consuls avaient arraché à l'évêque et qu'ils surveillaient avec un soin jaloux « pour les pauvres écoliers, tant de la ville que des paroisses circonvoisines » (3).

On sait que, moyennant une rétribution modique (4), on y apprenait les quatre arts, autrement dit la lecture, l'écriture, la grammaire (c'est-à-dire le latin) et la logique. Or l'ensemble des connaissances de Fabre nous donne une idée assez exacte de cette encyclopédie scholastique à la fin du XVe siècle.

Qu'il nous soit permis à ce propos d'ouvrir une importante parenthèse. Nous croyons qu'Eutrope Fabre est, non pas l'auteur, mais le transcripteur ou mieux l'*adaptateur* des mystères en langue romane récemment publiés par

sous le nom de *talha de afaires* (littéralement : taxe pour les affaires de la ville) certaines taxes municipales. Ainsi, lors du passage de François 1er à Gaillac, en 1533, les consuls décidèrent d'imposer une taille : « *sia faicta et mesa sus tot incontinen una talha de affares intorno la soma de xii Li......, la quala se lecara per los senhors cossols o autres per els deputats...... et no se empausara sino per lo dit affaire.* » (Délibérations consulaires *Arch. municip.*)

(1) Voir là-dessus de nombreux arrêts rapportés par Laroche-Flavin. *Arrests notables*, édit. 1620, p. 606 et 609.

(2) Rappelons que ce collège fut créé, le 1er février 1320, par la célèbre bulle *Super specula* de Jean XXII.

(3) Voir *Monogr. Comm.*, t. II, p. 586 et 587, la bulle d'institution et les statuts du Collège. Les considérants de la bulle sont célèbres : « *Attendentes igitur quam sit donum sapientiæ pretiosum, quamque illius desiderabilis et gloriosa possessio (per quam ignorantiæ tenebræ profugantur ac erroris funditus, eliminata caligine mortalium curiosa solertia, suos actus et opera disponit et ordinat in lumine veritatis,) magno desiderio ducimur......* »

(4) *Monogr. Comm.*, t. II, p. 207.

MM. Jeanroy et Teulié (1). Or ce fait, s'il était démontré, aurait une importance considérable non seulement comme témoignage de la culture intellectuelle d'Eutrope, mais surtout comme donnant un spécimen du degré d'instruction d'un bachelier du Collège de Gaillac à la fin du xve siècle. Essayons donc de le démontrer.

D'abord le manuscrit des Mystères et le Livre de raison d'Eutrope Fabre proviennent tous deux, comme le livre de Masenx, d'un fonds commun de manuscrits et d'archives de famille dont l'origine albigeoise ou rouergate est incontestable.

L'orthographe en est identique. On y remarque en particulier ces formes *he, ho, hun*, etc., et cette profusion d'aspirations, si caractéristique dans Fabre ; on y remarque les mêmes désinences : *fach, miech, liech, puech, escrich*, etc., et, à la suite du *l*, la même substitution du *z* au *s*, par exemple dans *lotz, crotz, pretz*, etc. ; enfin les mêmes mouillures : *salhir, falha, senhor, companhia*, etc., et les mêmes incorrections : *manga* pour *manja, dana* pour *dama* (2), *bayla* pour *bailla*, etc.

L'écriture et le papier en sont les mêmes. A la vérité l'écriture du manuscrit des Mystères est plus ferme, plus jeune que celle du livre de raison ; elle doit correspondre à la jeunesse de l'auteur (1490 à 1510), mais c'est bien la même gothique, droite, ferme, hardie, régulière, que nous avons décrite.

Le papier porte le filigrane « à la main », une main bénissante à manchette godronnée, que nous retrouvons sur le billet de Jean Frayssinet (Page 46).

La syntaxe enfin en est la même ; elle n'en diffère que sur un point. C'est que, tandis que le livre de raison donne à l'infinitif des verbes sa forme dégénérée vulgaire *a* (pas ex : *paga, aresta, apela, semena*, etc.), le manuscrit des Mystères lui conserve la forme romane *ar* (*pagar, arestar*,

---

(1) *Mystères provençaux du xve siècle*, publiés pour la première fois par A. Jeanroy et H. Teulié. Toulouse, in-8°, 1893.

(2) L'un des lieux-dits du domaine de Vors portait encore au xviie siècle le nom de *Fon de la Dano* pour fontaine de la dame.

apelar, semenar), intermédiaire au patois et au latin, *pagare, arrestare, apellare, semenare*, etc. (1).

Est-ce à dire que Fabre ne soit pas l'auteur du manuscrit ? — Non certes, pas plus que nous ne voudrions prétendre qu'il soit l'auteur des Mystères. Mais il y a une solution qui concilie tout, c'est qu'il a travaillé d'après un manuscrit plus ancien qu'il a recopié et en partie transformé.

Ce manuscrit était-il *le Livre* auquel il fait de nombreuses allusions et auquel même il renvoie dans sa version ? Ce manuscrit était-il en roman de la bonne époque ou en langue vulgaire ayant déjà subi des altérations locales ? Etait-ce, comme semblerait le croire M. Jeanroy, la *Passion gasconne* du manuscrit Didot ou un recueil plus complet du même cycle ? — A cela il serait difficile de répondre.

Mais ce qui nous paraît vraisemblable, c'est qu'au lieu de reproduire servilement l'œuvre primitive qui lui servit de source, Fabre chercha à l'améliorer. Il lui donna d'abord son orthographe, qu'il considérait comme plus correcte, mais il en laissa persister les formes romanes dont l'archaïsme, voisin du latin, ne le choquait pas encore : car c'est là, il ne faut pas l'oublier, une œuvre de jeunesse. Surtout il remania les passages dont la facture, et peut-être la théologie, l'interprétation ou le développement scénique ne lui paraissaient pas bons.

De là les corrections et les variantes qu'on rencontre dans le manuscrit. De là aussi, en particulier dans le *Jugement de Jésus*, cet échantillon de la procédure et de la jurisprudence albigeoises, que l'auteur étale si complaisamment et qu'il avait évidemment puisé dans l'enseignement du collège (2).

(1) On verra que l'*r* à l'infinitif des verbes est conservé par nombre de contemporains de Fabre, notamment par Jean de Paulhe dans son *Livre de raison* (voir à la fin du chap. VIII le bail à métayage de celui-ci).

(2) « Ce n'est plus un débat, dit justement M. Jeanroy, mais un véritable procès où sont observées, avec une exactitude dont la rigueur touche à l'enfantillage, toutes les formes de la justice d'alors ». Et en effet les trois juridictions différentes devant lesquelles comparaît Jésus (Loi, c'est-à-dire tribunal de Nature, tribunal d'Écriture, tribunal de Grâce) représentent, avec

Ce manuscrit est donc une œuvre mixte. C'est la réédition, à la fin du xve siècle, revue, corrigée, remaniée et peut-être diminuée par un ecclésiastique, d'un texte plus ancien.

Quel serait l'âge de ce texte ?

On a vu que M. Jeanroy attribue l'inspiration de certains passages des Mystères à la *Passion* dont le manuscrit incomplet qui nous en a transmis la version gasconne est datée de 1345 (1). Il se pourrait toutefois que la date de sa composition fut plus reculée encore (2).

La version albigeoise des Mystères n'en témoigne pas moins, si elle est l'œuvre de Fabre, d'un certain degré de prospérité littéraire du collège de Gaillac. Elle correspondrait d'ailleurs par sa date à l'époque où cet établissement

leurs formes judiciaires si caractéristiques, les trois juridictions criminelles (Judicature d'Albigeois, Sénéchal et Parlement de Toulouse) devant lesquelles le Christ eût comparu s'il eût vécu à Gaillac au xve siècle).

(1) Petit de Julleville : *Les Mystères*, t. ii, p. 351.

(2) Il faut, en effet, se rappeler que, dès 1290, on jouait des miracles à Cahors (Petit de Julleville, t. i, p. 185 *note*). Or on trouve dans le texte même du manuscrit des mystères, au vers 5029, dans l'épisode de *Joseph d'Arimathie*, une date dissimulée. La lettre écrite par le notaire, sous la dictée du rabbin Annas, au chevalier Jaffet de Jaffa est datée de 5233.

« *Escrich en nostra sieutat de Jherusalem.*

« *L'an* v *mila dos* ccxxxiii. »

Faut-il voir dans cette date une simple allusion à l'âge du Christ, 33 ans ? — C'est possible, mais alors il faudrait admettre que le computateur plaçât la Création 5200 ans avant l'ère vulgaire ; or ce dernier chiffre ne s'explique plus.

On sait que, dès le moyen-âge, il s'était opéré dans tous les esprits un étrange mouvement de curiosité biblique, préparateur de la Réforme, et que, par suite, nombre de clercs s'étaient mis à compter de l'ère de la Création. Il n'y a donc rien d'étonnant à ce que l'auteur du manuscrit agisse de la sorte. Mais, sur le grand nombre de calculs auxquels l'âge des patriarches, seule source alors connue, a donné lieu pour évaluer l'espace qui sépara la Création de la naissance du Christ, celui de 5200 serait le moins compréhensible.

Les plus connus de ces calculs du reste, comme celui d'Usserius (4004 ans), ne se produisirent que pendant et après la Renaissance. Jusque-là on ne supputait guère le temps que d'après l'*ère juive*, plaçant la Création au 7 octobre 3761 av. J.-C., et l'on n'admettait que la tradition, évaluant l'ère biblique à 4000 ans. Il est infiniment probable que l'auteur primitif des Mystères a suivi ce dernier système et, s'il en est ainsi, la date de la composition ou de la première représentation des Mystères serait 1233.

Quant à la date 5233, il est vraisemblable que Fabre et les copistes qui l'ont précédé l'ont reproduite sans la comprendre.

jeta le plus vif éclat (et ce n'est pas là un argument négligeable en faveur de notre thèse) car le beau règlement qui nous est parvenu du Collège fut délibéré par les Consuls de Gaillac et leurs assesseurs le 25 juin 1510 (1).

Quoi qu'il en soit de ce problème, essayons de fixer l'incertaine physionomie d'Eutrope. Et d'abord qu'était-il ?

D'après son livre il est aisé de conclure qu'il n'était pas titulaire d'une cure importante : on n'y trouve, en effet, aucune allusion à la perception des dîmes. D'autre part pas plus la note du chapelain Garric, à la fin de l'inventaire (p. 32) que la quittance d'Antoine Turlan (p. 45) ou le billet de Jean Frayssinet (p. 46) ne lui donnent de titre. Nous avions pensé tout d'abord qu'il était le *capela* d'une de ces nombreuses chapellenies, rameaux parasites des églises et des communautés, qui poussaient si dru sur le sol albigeois. Heureusement un document découvert par M. Charles Portal fait disparaître toutes nos incertitudes. Dans le testament d'un autre Eutrope Fabre du 19 juillet 1525 où il figure comme témoin, il est désigné sous le titre de *conricarius de Candastre* (2).

En outre il ne nous semble pas douteux qu'Eutrope ait tenu de son vivant, par un lien quelconque, à l'hôpital Saint-Jacques de Clarieux, c'est-à-dire à la Maladrerie de Gaillac. En fut-il *majornal* (administrateur) ou chapelain ? En fut-il simplement tenancier ou fermier des revenus ? C'est ce qu'il serait fort difficile d'élucider, les archives de la Maladrerie ayant été brûlées en 1568, avec l'église Saint-Jean de Tartage, lors de la prise de Gaillac par les protestants.

Tout ce que nous savons, c'est qu'en 1220 Ramon Vidal, riche bourgeois de Gaillac, fit construire dans les faubourgs du château de l'Om, au lieu de la Viocave (*via cava*), auprès de l'église Saint-Jean de Tartage et sur le ruisseau de Clarieux, non loin de l'embouchure de ce ruisseau dans le Tarn, une hôtellerie pour les pèlerins des Lieux-Saints. Il dota cet établissement de revenus importants auxquels vin-

---

(1) *Monogr. Comm.* t. II, p. 387.

(2) Archives dép. du Tarn Registre des cèdes de Louis Viguié, notaire de Mauriac ; fonds Favarel non encore inventorié.

rent s'ajouter, en 1265, l'église Saint-Martin de Mauriac et les mas et terre des Albarils, don de l'évêque Guilhem Petri; puis encore, en 1331, des fiefs considérables à Montans, don de Guilhem Guitard. L'établissement prit alors le nom de *Commanderie et Hôpital Saint-Jacques de Clarieux* ou *de la Viocave* et fut, comme tel, confirmé par lettres patentes du 25 février 1355 (1).

Cet hôpital dut loger d'abord, pendant un certain nombre de jours et gratuitement, les pèlerins et les lépreux (car la lèpre était considérée comme apportée d'Orient par les Croisés), mais dans la suite il paraît avoir servi d'hôpital d'incurables et d'asile pour les passants pauvres. Les lépreux eux-mêmes étaient logés dans une dépendance de l'hôpital, une fort belle maison, dit Blouyn, appelée *La Christine* ou *habitation des Pauvres ladres*; mais, dans le langage ordinaire, on confondait l'ensemble de la Commanderie sous le nom générique de « *los Ladres* » ou « la Maladrerie ». Nous avons dit que cet établissement fut rasé par les protestants en 1568 (2).

Or la Commanderie de Saint-Jacques tirait une bonne part de ses revenus de l'église de Mauriac, dont elle possédait partie des dîmes (3), et du domaine des Albarils, sis dans Mauriac et dans Senouillac; et, comme on ne trouve, ni dans Fabre ni dans Masenx, le nom du fermier de ces revenus, il nous paraît possible que Fabre ait été ce fermier, du moins en partie (4).

(1) *Monogr. Comm.*, t. II, p. 302. M. E. Rossignol donne (p. 306) une liste très imparfaite des Commandeurs de cet établissement.

(2) Il fut remplacé en 1652, à la suite de la peste de cette année, par une chapelle consacrée à saint Roch.

(3) Une partie seulement des dîmes de Mauriac appartenait à l'hôpital; l'autre partie, provenant de la donation de Ramon-Guilhem de Penne (1249); appartenait à l'Évêque. La cure était à la collation de l'archidiacre de Castelnau; mais elle ne semble pas avoir été pourvue; il est probable que Fabre, comme chapelain, en assurait le service. Plus tard il fut assuré par Labastide de Montfort dont la paroisse de Mauriac devint une annexe; elle payait de ce chef au curé de Labastide une pension de 6 *lt.* 16 *s.* (*Monogr. comm.* T. II, p. 132.)

(4) Il est fait fréquemment allusion en effet, dans nos livres de raison, à certains membres des familles Guy (de Senouillac) ou Roques (du Gayou),

Il payait en effet, en 1537, une patente de fermier assez élevée dont le reçu nous a été conservé et, à partir de 1531, c'est de Mauriac qu'il date presque toutes ses acquisitions.

A la vérité le livre d'Eutrope Fabre, que nous possédons, n'a trait qu'à ses acquisitions personnelles et les comptes qui le terminent ne se rapportent qu'aux charges et aux revenus de sa maison ; mais il a dû également avoir un livre de fermage. Malheureusement ce dernier ne nous est pas parvenu.

Ce qui est certain, c'est qu'Eutrope avait acheté, en octobre 1518, la métairie de Jean Audebal à Candastre (F. f° I r°) ; mais l'acquisition de cet immeuble fut suivie de beaucoup d'autres.

Il achetait par exemple, en octobre 1521, une portion de maison (*cambra*) de Jean de Roch, à Mauriac (f° I r°), portion qu'il échangeait, en février 1525, contre la maison de Ramon Guy, à Senouillac (f° IV r°) ; enfin le 8 janvier 1528 il échangeait ce même *ostal de Senolhac*, contre diverses terres, avec Jean Bonnet, de Sirvals (f° V r°).

En juillet 1523 il achetait encore une maison à Mauriac, de Jacques Calvet (f° III r°) ; puis, en novembre 1526, une nouvelle portion de maison, de Pierre Calvet, toujours à Mauriac (f° IV v°).

Il était donc insensiblement attiré vers Mauriac ; mais ce n'est, semble-t-il, que vers 1530 (1) qu'il se décida à aller habiter ce village, soit dans un immeuble de la Commanderie de Saint-Jacques, soit dans l'ancienne maison de Jacques Calvet. Toujours est-il qu'à partir de 1531 il ne bouge plus de Mauriac et c'est de ce lieu qu'il date ses dernières acquisitions.

qui habitaient les Albarils ; mais ceux-ci ne sont que des bordiers. Il est toutefois probable qu'à l'époque de Fabre les possessions de l'hôpital Saint-Jacques étaient déjà fort réduites et en partie démembrées ou aliénées, puisque les Albarils relevaient partiellement de la Commanderie de Saint-André et puisqu'on voit Ramon Fabro vendre, en 1530, une *terre de l'Hôpital*. (F. f° XI r°).

(1) Le testament découvert depuis que ces lignes sont écrites nous permet de préciser ce point avec plus de rigueur. En effet en 1528 Eutrope teste à Mauriac.

C'est à Mauriac en effet qu'il achète, le 8 janvier 1532, la métairie de Puechausy à Cécile Fabre (f° x v°) ; c'est là que Jean Roques doit lui apporter, à partir de 1535, les revenus de la Carbonnière (*rendut en mon granié à Mauriac*, f° LVII r°) ; enfin c'est là que paraissent écrites les notes relatives aux vendanges de 1538, là qu'il a son *tinel* et qu'il fait porter sa vendange (V. pages 46 et 47), là évidemment qu'il mourut peu après.

Le caractère d'Eutrope se déduit sans peine de ce que nous savons de lui. C'est un laborieux, mais surtout un homme doux, grave, réfléchi, pondéré, ordonné, en un mot aussi correct dans son esprit que dans sa tenue. Ce qui domine chez lui, c'est l'esprit d'ordre, de méthode et, par suite, d'économie. Rien d'étonnant par conséquent à ce qu'il laisse ce qui, à l'époque, pouvait passer pour de la fortune.

Cette fortune, dont il a tenté vainement, à la fin de son livre de raison, de faire l'estimation totale (1), se monte, outre divers immeubles à Mauriac, à 10 séterées, 1 carterée, 1 cartonnée et 1 2 boisselée de terres, acquises parcelle par parcelle, plus deux métairies, Candastre et Puechausy. Le tout lui a coûté, avec les frais d'acte et de notaire, 452 *ll*. 2 s. 1 d. (f° XIV r°), auxquels il faut encore joindre 4 l. 10 d. pour la soulte d'un échange (f° XV r°) et 9 s. 3 d. *per lo canabal del Molinal* (f° XV v°), soit un total de 457 *ll*. 1 s. 4 d. Mais il y faudrait ajouter les terres qu'il possédait en propre, par suite de l'héritage de ses parents. Nous savons en outre par une note de Masenx qu'il laissait, indépendamment des meubles qui figurent à son inventaire pour un total de 78 *ll*. 8 d. (F. f° XLVIII v°) et d'une certaine quantité de laine, de chanvre et de lin (*ibid.*), de l'argent monnayé — 80 livres au moins — qui servit à désintéresser Masenx (M. f° LXVI v°). Tout cela représenterait aujourd'hui une grosse somme.

Par quel prodige d'économie arriva-t-il à réunir cette fortune ? — C'est ce que nous apprennent ses comptes

---

(1) Voir F. f° LXII v°. Fabre n'a pu arriver à établir le calcul exact que de ses vignes : 2 séterées, 2 cartonnées et 1 boisselée.

domestiques. Il y note avec minutie, non seulement ce qu'il a récolté, prêté, emprunté, reçu ou payé, la provenance, la nature, la quantité et la qualité des denrées, mais encore jusqu'au poids de la laine ou du chanvre qu'il envoie au tisserand ; et quand celui-ci lui rapporte le tissu, il le pèse de nouveau et indique le prix qu'il en a payé, l'usage qu'il en a fait, le nombre de draps, de serviettes ou de tabliers qu'il en a tiré.

Les comptes de ses serviteurs sont particulièrement curieux pour l'étude de cet esprit d'économie qui fit et fait encore le fonds de notre bourgeoisie rurale. Fabre commence par poser les conditions acceptées de part et d'autre, par exemple : « Tel jour, j'ai loué comme servante Marie Pagès pour un an complet et révolu ; je lui donne une cotte de drap de paysan, une paire de chausses, une paire de souliers deux fois ressemelés, une bourasse tricotée, une chemise, un tablier et dix sols tournois » (1534) ; ou bien : « Je lui donne, à son choix, 4 *ll.* sans autre chose, ou 3 *ll.* avec chemise, bourasse et tablier » (1537). Puis il note — et avec quelle rigueur ! — les vêtements qu'il a fournis, les réparations qu'il a payées, les menues sommes qu'il a avancées : 3 sols pour les pièces (*lacos*) des souliers, 10 deniers pour les demi-manches, 5 deniers pour une réparation aux chausses, 2 *s.* 6 *d.* pour faire teindre une robe, 10 deniers pour aller à Castelnau.

Il n'est pas plus large d'ailleurs pour ce qui concerne son valet ou sa servante que pour sa *streletal*. Il a, il est vrai, donné un habillement complet à Marguerite Fabre (f° LVIII r°), mais il note : *Pagueri II s. I d. per fa lo sato he las margas de Margarido*, et ne va-t-il pas jusqu'à compter 10 deniers pour la confession de son valet et jusqu'à lui faire payer 15 sols en retour d'une vieille soutane, troquée contre un mouton ! Tout ceci sent furieusement l'avarice.

Et cependant Fabre n'est pas avare ; il a seulement sur le *cuique suum* les idées de son époque, idées où perce un terrible égoïsme ; mais personnellement il est obligeant, il est même généreux.

On a la preuve de son obligeance par les avances qu'il

fait, par l'aide qu'il prête à ses voisins, à Pierre de Mandinelli, à Loys Scorbiac, etc.; et on remarquera que c'est là une aide désintéressée, car, soit en raison de son caractère ecclésiastique, soit plutôt par scrupule de conscience, il ne commerce pas, ne prend pas d'intérêt, comme Masenx.

Quant à sa générosité, elle est manifeste. Elle éclate par la protection morale dont il couvre son neveu et sa nièce au sortir de la dangereuse tutelle de son frère Ramon (1537), par les services pécuniaires qu'il rend à ce même Ramon.

Il n'est pas étonnant qu'avec ces qualités Eutrope ait eu des amis. Nous en connaissons quelques-uns, tels Antoine Fabre, fils de Guilhem Fabre, de Senouillac, Antoine de Roch, Marola, son exécuteur testamentaire, et un ecclésiastique, Jean Frayssinet, qui était, en 1530 et 1532, frère hospitalier de Saint-André et, en 1538, date du billet qu'il écrivait à Eutrope, recteur de la paroisse d'Andillac (1).

Eutrope Fabre fut donc un honnête homme et ce n'est pas là, pour l'époque où il vivait, un médiocre éloge, d'autant plus que l'instruction qu'il avait reçue lui avait mis en main une arme terrible dont il eût pu abuser. Sans doute à cette moralité supérieure à son temps, une part revient à son fonds religieux, mais une part non moins grande doit être rapportée à son éducation, à ce collège de Gaillac où il s'était formé; et c'est là un titre de plus au respect ému dont nous entourons le souvenir des maîtres méconnus qui, les premiers, jetèrent sur ce sol meurtri par la conquête et l'invasion le grain libérateur de la pensée.

Cette honnêteté de Fabre, ce souci de ne faire tort à qui que ce soit d'une parcelle de son droit, se manifestent surtout par les dispositions qu'il prend, en vue de sa mort, dans les dernières années de sa vie. Ce sont d'ailleurs ces dispositions qui nous ont valu son livre de raison puisque ce livre n'est, dans sa partie principale, qu'un règlement, une récapitulation.

Fabre y a d'abord porté et écrit, tout d'une haleine, d'après ses notes au jour le jour, ou d'après d'autres cahiers

---

(1) On sait qu'Andillac est la patrie de Maurice et d'Eugénie de Guérin et qu'Eugénie y a son tombeau.

qui ne nous sont pas parvenus, ses acquisitions ; il a noté, pour chaque terre et chaque immeuble, les possesseurs antérieurs, la date de l'achat, la contenance, la valeur, les charges, les confronts, etc., désignant toujours pour le contrôle le notaire qui a passé l'acte, le clerc qui l'a grossoyé et même parfois le folio du registre notarial où il se trouve (1). Il a même fait tant bien que mal, à la suite de cette copie, l'évaluation en surface et en argent de ses propriétés et il a terminé ce travail, pour qu'il ne pût y avoir de fraude, par l'inventaire de son mobilier. Ne sent-on point déjà là l'homme qui, sur le point de quitter la terre, fait ses préparatifs dans l'espoir d'une équité supérieure qu'il a prise pour modèle !

Dès le mois de septembre 1537, Fabre est gravement malade ; cela se comprend à ses notes domestiques. Il règle sa situation comme s'il craignait de ne pas aller plus loin. C'est ainsi qu'il paie, avant même la fin de l'année, sa servante, à laquelle il donne en quelques jours 3 *Ll.* 12 *s.* Il emprunte même, lui si rangé, si économe, en vue de quelque autre règlement, 10 *doblas* à Antoine Fabre (f° LVI r°). Il se survécut cependant, cloué dans son lit par la maladie, jusqu'à la fin de l'année suivante et c'est évidemment dans ce repos forcé qu'il mit ordre à ses affaires, qu'il écrivit ou compléta son livre de raison, sans que nulle défaillance de la main, nulle hésitation du cerveau soit venue trahir son agonie.

La maladie à laquelle il succombait est du reste facile à reconnaître. C'était une maladie de cœur, probablement consécutive à des rhumatismes ; Fabre en souffrait donc depuis longtemps ; mais c'est en 1537 seulement qu'elle entra dans sa période d' « *asystolie* », c'est-à-dire que c'est à partir de 1537 que le cœur affaibli ne put suffire à sa tâche, que les troubles respiratoires et circulatoires apparurent,

---

(1) Et cependant, malgré le soin scrupuleux qu'il apportait à la rédaction de son Livre de raison, quelques erreurs s'y sont glissées. C'est ainsi que le *biscambi* du f° VI v°, daté du 3 février 1528, est du 3 février 1525. Nous devons à M. Ch. Portal la communication de l'original de cet acte où Eutrope est qualifié de *presbyter* (Fonds Favarel non encore inventorié).

que l'albuminurie et l'œdème des jambes condamnèrent le patient à l'immobilité. Cette longue durée du mal peut donc expliquer jusqu'à un certain point la sérénité avec laquelle Fabre envisageait la mort.

Son médecin était cependant un habile homme. C'était un docteur en médecine (chose assez rare à cette époque) qui pratiquait avec succès à Gaillac, *mossen Jacques Turgis*. Il jouissait évidemment d'une grande considération, car, en 1533, lors du passage de François Ier à Gaillac, il avait fait partie, le premier sur la liste, de la commission chargée d'organiser la réception du roi (1). Nous ajouterons que sa réputation était justifiée, car sa consultation, que nous a transmise le billet de Jean Frayssinet (p. 46), ne serait pas désavouée aujourd'hui par la plus docte faculté. On peut même dire qu'elle est extraordinaire pour l'époque.

Au commencement de 1538 (l'année commençait alors le 25 mars) Fabre vivait encore. Cloué au lit, il ne put aller porter au percepteur Antoine Turlan sa taille de l'année précédente et ce fut encore son ami, Antoine Fabre, qui lui rendit ce service, comme en témoignent les deux reçus de Turlan (p. 45). Le billet de Jean Frayssinet, quoique non daté, doit se rapporter à la même époque ; il signifie du reste que Fabre était dans l'impossibilité de se lever, puisqu'il avait chargé le recteur d'Andillac de consulter pour lui le médecin de Gaillac.

Cette agonie se prolongea jusqu'après les vendanges de 1538, puisqu'on trouve, au dos des quittances de Turlan et du billet de Jean Frayssinet, le compte du *trolié* et des notes sur la récolte de cette année. Nous pensons donc qu'Eutrope Fabre mourut, à Mauriac, dans les derniers mois de l'année 1538 ou, au plus tard, dans les

---

(1) Les membres de cette Commission, qu'on retrouvera presque tous dans nos livres de raison, étaient : « *Mossen Jacques Turgis*, doctor en medecine, mossen Ramon Decila, licenciat en leys, senhor Johan Treillas, senhor Johan Barutel, senhor Ramon Sabuc, senhor Anthoni Arago, senhor Johan Spia, senhor Johan de Paule, Peire Cariten et mestre Guilhem Raffin » (délibération consulaire du 21 juin 1533) ; on ajouta, le 26 juin, à cette liste « mossen de la Motta ». Cf. Monogr. comm. t. II, p. 362.

premiers de 1539 (1538 en ancien style). C'est en juin 1539 en effet que ses exécuteurs testamentaires soldèrent à Masenx les sommes dues par la succession (M. f° LXVI v°).

Ainsi que nous l'avons déjà dit, notre travail était terminé, lorsque l'érudit archiviste du Tarn, M. Charles Portal, eut la bonne fortune de mettre la main sur le testament d'Eutrope. Il confirme généralement les renseignements biographiques que les *Livres de raison* nous avaient fournis. Cet acte, reçu par Loys Viguié, qui paraît avoir été le notaire en titre de Fabre, et daté du 3 décembre 1528, nous vient à point pour parachever l'esquisse que nous avons dessinée du convicaire de Mauriac.

La date du testament provoque une réflexion toute naturelle. En 1528 Eutrope n'était pas déjà si vieux qu'il dût songer à mettre ordre à ses affaires. Il est donc certain qu'il ressentait depuis quelque temps déjà la maladie de cœur qui devait l'emporter dix ans plus tard. Dans tous les cas on remarquera qu'il tient le lit quand il dicte au notaire ses dispositions testamentaires.

Voici, sans plus de commentaires, le testament dont nous abrégeons le préambule :

Testamentum discreti viri domini Eutropi Fabri. Anno domini millesimo quingentesimo XXVIII et die tercia mensis Decembris, regnante domino nostro domino Francisco etc. Noverint universi etc. quod apud locum de Mauriaco et in domo infrascripti testatoris etc., ac in mei notarii etc. Coneguda causa sia que lo discret homme mossen Eutrope Fabre, capela del dit loc etc., jasens se an son liech etc., instituit et ordenet son testament en la forma que se ensech. Premieyramen senhen se del sinhe etc. In nomine patris etc. Comendet son arma à Dieu etc. Item vole stre sevelit dins la gleyza de St-Maurici, en pres del benediche (1) de la dicha gleysa et en aysso fasen vole, donet et laysset à la luminaria de notre segne Jhus Xrst la soma de XX s. t. pagados per una (*vegada*). Item vole et laysset que son héritier déjots scrit apelle lo jorn que son cors sera portat en la dicha gleyza sevelit seyssanta capelas. Item lo jorn de la novena autres LX capelas. Item lo jorn del

(1) Bénitier.

cap de lan autres LX capelas donen a cascun capela dos s. sans reffection. Vole en sa sepultura VI torchas pesan una lieura. Item al bassi del purgatori de Candastre dotze d. t. pagados (una vegada). Vole que cascung jorn de la novena sia dicha messa au nota (1) per los cappelas et los vicaris etc. et que sia donat à cascung xxx d. sans reffection. Item per amor de Dieu donet al bassi del purgatori de la gleyza de St-Peire de Senolhac XII d. Item al purgatori de la gleysa de St-Marti de Mauriac x d. Item al bassi del purgatori de Saletas XII d. Item al bassi del purgatori de Boissel VII d. Item a la luminaria de Sancta Maria de Gatenx XII d. per una vegada. Item donet al bassi del purgatori de St-Marti de Mauriac una rauba de (gris?) et sas caus(s)as. Item son missal al servici de la gleysa. Item donet al purgatori de Candastre la sia rauba del vieulet (2). Item a cascung ordre de pauretat z^{ta} formen. Item en caritat tres cesties formen et una pipa de vy pagadors dins tres ans apprep son trespas a Mauriac davan la porta deste mayso coma es de costuma. Item may vole et laysset de una autra caritat de tres cesties formen et una pipa de vy pagadors dins tres ans aprep son trespas davan la porta de sa mayso de Candastre coma es de costuma. Item donet et laysset a Cezelio Fabre sa neboda, filha de Anthony *quondam* son frayre so es una pessa de vinha et de talhada laquala a conquisida de Catharina Sirventa alloc dit als Clausets (3) (suivent les confronts) per sa vida tan soloment provisit que non puesco pond vendre et donar. Item donet et laysset a cascung sos filhols et filhiolhas v s t. Item donet per drech d'institutio a Margarida Fabre sa sor et molhe de Johan Sotsol de Brugnac v s t. Item donet per drech d'institutio à Anthonia Fabre sa sor molhe relayssada de Ramond Sotsol *quondam* sinc sols t. Et en totz sos autres bes mobles et immobles presens et endevenidors lo d. mossen Eutropi Fabre testador dessus dit son héritier universal et général fec, instituit, ordonet et de sa propra boca deligit Ramon Fabre son frayre. Et se era cas que lo d. Ramon Fabre son frayre et heritié universal moria sens hers legitime mascle, en aquel cas avenen cas vole que sos bes veguo ves totz sos bes que so a la perroquia de Sanct

---

(1) C'est-à-dire haute.

(2) Est-ce la robe violette qui figure à l'inventaire et qui est *mieio uso*?

(3) C'est probablement la vigne qui figure à la page 6 du Livre de Fabre, bien que Sirvente y soit prenommée Johanna.

Maurici de Candastre al bassi del purgatori de Candastre ; et totz sos bes que so a la perroquia de Sanct Marti de Mauriac al bassi del purgatori de Mauriac. Et per far et complir et tener et fermar totas las causas en son presen testament, el fec, instituit per exequtors a so es mossen Jacme Alboy (peut-être Albrespy) capela de Cahuzac, mossen Johan Gasche, son cosi de Labastida et mossen Marola de Feyssac, volen que sia donat als d. exequtors per cascung jorn que vacaran a exequtar son presen testament sinc sols t. provesit que se vego a chaval et que se ero a pe II s VI d. volen et ordonen que los d. exequtors, en los cas que son heritier sus dit non volgues point compli son testamen que puescon vendre de sos bes p. far compli son present testament.

Les témoins qu'Eutrope avait prié de l'assister dans cette circonstance solennelle étaient : Jean Deval, un autre Jean Deval, fils de Pierre, Jean Garic, Durand Marti jeune, Heliolas Viguier, Louis Descorbiac, de Mauriac, Pierre de Lafon, tisserand de Senouillac, Jacques Viguier, du mas de la Morene, et Pierre Quentis, fils d'autre Pierre.

Ce testament facilite l'établissement du tableau généalogique des Fabre de Candastre :

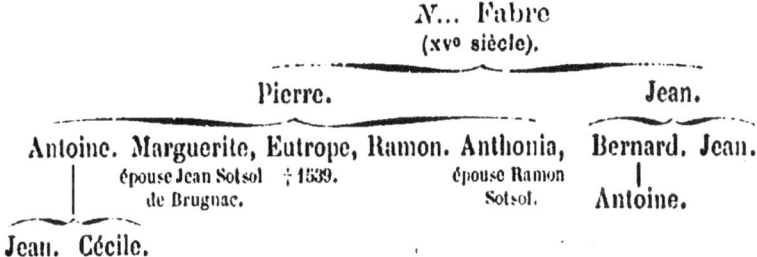

Ce tableau contredit en partie les renseignements contenus au commencement de ce chapitre. Nous avons préféré, par respect de la vérité historique, nous contredire un peu que de laisser subsister une erreur même sans importance.

CHAPITRE IV

Sommaire : *Guilhem Masenx ; sa famille. — Les Masenx de Castelnau-de-Montmiral et les Masenx d'Albi. — La Commanderie et les Pitanciers de Saint-André. — Fermages de Masenx ; son activité commerciale ; son industrie ; son caractère. Sa retraite et sa mort.*

Guilhem Masenx, marchand et bourgeois de Gaillac, fermier de la Commanderie et des Pitanciers de Saint-André, est l'une des physionomies les plus curieuses à étudier pour l'histoire des mœurs rurales de l'Albigeois au xvie siècle.

Sa famille, très répandue dans l'Albigeois, paraît remonter à une très haute antiquité, probablement même à l'antiquité latine, car ce nom de Masenx, *Masencius* ou *Mascencius*, n'est autre que le nom romain de Maxence.

Nous avons adopté pour son orthographe la forme Masenx, qui est celle donnée par l'auteur du livre de raison ; mais cette orthographe n'a rien d'absolu et, suivant le hasard des familles, des temps et des lieux, le même nom s'est écrit Masenx, Mazenx et Mazens. Ainsi, dans une série d'actes que nous possédons relatifs à la famille Masenx de Castelnau-de-Montmiral, le nom des successeurs de notre marchand est orthographié *Masenx* jusqu'au milieu du xviie siècle ; dans un acte de 1618 il devient *Mazenx*. De même les Archives départementales du Tarn (1) possèdent une liasse de titres relatifs à la famille Masenx d'Albi ; on y remarque que jusqu'en 1670 ce nom est orthographié

(1) *Archives civiles*, E. 257, liasse.

Mazenx, mais qu'à partir de cette date il s'écrit *Mazens*.

Quoiqu'il en soit, cette famille ne fut pas étrangère aux luttes de l'indépendance du Midi, car nous voyons le sénéchal de Toulouse, Eustache de Beaumarchais, confisquer sur deux hérétiques, Ramon Bernard et Guilhem Masenx, le fief de la Bégonié et en attribuer, sur les revenus, 100 sols caorcens et 10 setiers de blé à l'abbé de Gaillac. Cette donation fut confirmée en 1285 par le roi Philippe III (1).

Au XVe et au XVIe siècles deux branches de cette famille sont installées, l'une à Castelnau-de-Montmiral, l'autre à Gaillac. C'est à cette dernière qu'appartient le notaire Antoine Masenx, garde-scel du lieutenant du juge à Gaillac, dont il sera si souvent question dans nos comptes. Toutefois, comme il ne nous a pas été possible d'établir sûrement le lien de parenté (2) des deux branches et comme Guilhem Masenx, notre héros, appartient à la branche de Castelnau, c'est de cette dernière seulement que nous nous occuperons ici.

Quant à la branche d'Albi dont il a été question plus haut, elle se sépara dans les premières années du XVIIe siècle seulement de la branche de Castelnau, de telle sorte que son étude ne peut être dissociée de celle-ci.

La famille Masenx de Castelnau-de-Montmiral comptait à la fin du XVe siècle trois frères : Antoine, Guilhem ou Guiraud et André Masenx.

1° *Antoine* ne nous est guère connu que par le billet de son neveu, le chapelain Guilhem Masenx (appendice M.) ; mais nous savons par cette note qu'il était prêtre, — sans doute attaché à l'une des chapellenies de Castelnau, — et qu'il

---

(1) *Monogr. Comm.*, t. II, p. 161 et 238.

(2) Cette parenté est cependant certaine et le notaire Antoine Masenx, s'il n'était pas originaire de Castelnau, avait du moins des intérêts dans cette ville, car nous voyons, le 12 avril 1546, Masenx lui avancer, en présence du meunier André Canoles et du procureur Raphael Brou, un setier de blé au prix de 4 lt. 10 s. (M. f° 7 r°). Masenx, il est vrai, n'indique pas si cette opération s'est faite à Castelnau ou à Gaillac, mais Canoles et Brou sont deux habitants de Castelnau.

mourut en 1539, laissant un legs de 5 liv. tournois à notre marchand, Guilhem. Sans doute le chapelain Guilhem Masenx, de Castelnau, fut son légataire et exécuteur testamentaire. Nous savons en outre qu'il possédait un vignoble et une cave estimés, car en 1527 son neveu Masenx cédait à Guilhem Hartrou, contre 700 briques ou tuiles, une pipe de vin vieux *de la botega de Mossen Anthony Masenx*, (*f°* XVII *v°*).

2° *Guilhem* ou *Guiraud* fut le père de notre marchand. Nous ne savons rien de lui, sauf qu'il paraît avoir eu trois fils : Pierre, Jean et, probablement d'un second lit, Guilhem Masenx.

a. Pierre Masenx vivait encore en 1543, puisqu'il assista comme témoin, à cette époque, à un accord entre son gendre et Guilhem Masenx (M. *f°* 101 *r°*). Il avait en effet une fille, Peirota, mariée à Antoine Guy, fils d'Olivier, du mas de Fonlada; elle dut recevoir en dot (*vreciero*) certaines terres de valeur, puisqu'elle les engagea pour répondre des dettes de son mari ; mais Masenx fit casser l'engagement.

Il semble d'ailleurs que Pierre Masenx avait dû venir habiter avec sa fille le mas de Fonlada, car en 1540 Grégoire Guy, oncle d'Antoine et débiteur de Masenx, paie à celui-ci une somme de 8 sols par l'intermédiaire de Pierre Masenx (*per las mas de Peire Masenx*, *f°* LXXI *v°*).

b. Jean Masenx vivait encore en 1539. Il possédait des terres à proximité du lieu de Sainte-Vèle (commune du Verdier?) et avait une fille du nom de Jeanne (M. *f°* 132 *v°*).

Nous voyons en outre, en 1537, Masenx vendre à Guilhem d'Estaviale le fourrage d'un pré appartenant à sa nièce Jeanne (*f°* L *v°*).

c. Guilhem Masenx est l'auteur de notre livre de raison ; nous lui consacrerons une étude spéciale. Il n'eut pas de postérité directe.

3° *André* Masenx nous est peu connu ; il était marchand et mourut probablement de bonne heure. Il est cependant désigné comme témoin, en 1527, dans la *billeta* d'Antoine

Repaus (append. M.), ce qui prouve qu'il habitait Castelnau. Il laissa deux fils, Guiraud et Guilhem.

a. Guiraud, dont le nom revient fréquemment, à partir de 1510, dans les comptes de Masenx, habitait la paroisse de Saint-Jérôme du Tescou. Il est probable qu'il y fut appelé, après la mort de son père, par son cousin Guilhem, et qu'il succéda, comme bordier de Saint-Jérôme, à Antoine Toulouse. Il est en effet en compte-courant avec Masenx (f°ˢ LXXVI r°, XCVIII r°, 105 r°, 118 r° et la note finale du livre). Il devait encore quelques avances ou redevances quand il mourut, en 1544 ou 1545, et ses héritiers durent en tenir compte à Masenx (f° 2 r°).

b. Guilhem Masenx, frère du précédent, fut, comme son oncle Antoine, l'un des nombreux chapelains de Castelnau-de-Montmiral. (1)

Nous ignorons duquel de ces bénéfices fut titulaire Guilhem Masenx ; mais ce qui est certain, c'est que le billet de 1540 dans lequel il reconnait devoir « à Guillaume Masenx, marchand de Gaillac, son cousin, cinq livres tournois pour un legs que lui a laissé messire Antoine Masenx, auquel Dieu fasse miséricorde », est signé : *G^m Masenx, cappella*. D'ailleurs notre marchand, avec lequel il demeura en relations constantes, lui donne toujours son titre de *mossen*, messire.

C'est ce personnage en effet qui est désigné, en 1539 et

---

(1) On comptait, en effet, à Castelnau, indépendamment du curé et de ses quatre vicaires, trois chapellenies, ce qui, avec les desservants des annexes de la paroisse, soit Saint-Salvi de Combirat, Saint-André de l'Herm, Saint-Martin de Lespinas et Saint-Étienne de Brugnac, faisait plus d'une vingtaine de bénéficiaires.

Les chapellenies étaient : le prieuré de Saint-Michel de Montmiral, qui donnait à son titulaire 20 à 25 setiers de blé ; il appartenait à l'abbé de Saint-Michel de Gaillac, et le dernier prieur fut, en 1790, Honoré de Lastic de Saint-Jal, neveu de l'avant-dernier abbé de Gaillac (*Monogr. Comm*, t. III, p 376). — le prieuré de Saint-Blaise, qui donnait environ 20 setiers et 2 gélines de revenu ; — et la chapellenie de Saint-Roch, qui donnait environ 12 setiers 6 gelines et 6 liv. tˢ à partager entre quatre desservants.

Ajoutons qu'un cinquième vicaire, chargé d'une *messe matutinale*, fut créé au commencement du XVIIIᵉ siècle, ce qui donne une étrange idée des obligations paroissiales des autres (Cf. *Monogr. Comm*. t. III, p. 374).

1542, comme témoin des paiements de Jean Gelabert, tailleur du Verdier (M. f° LXIV r°), d'Arnaud Blanc, du Causso (f° LXXI r°) et de Guiraud Bertrand, fils d'Arnaud, charpentier de Castelnau (f° XCVI r°). C'est lui qui, vers la même époque, fait parvenir 3 *ll.* à son cousin, au nom d'un débiteur, Raymond Couly (f° XXII v°). C'est lui enfin qui emprunte à Masenx pour payer une commande de vin et pour le délai d'un mois, une somme de 10 *ll.* en 1542 (f° LXXXI v°). Il avait une sœur mariée à un certain Durand, dont le fils, Jean Durand, intervint dans cette dernière transaction.

Nous avons dit que le fils aîné d'André Masenx, Guiraud, était mort vers 1545, laissant des héritiers. Deux de ceux-ci nous sont connus, Guilhem et François Masenx.

a' Guilhem Masenx, que le livre de raison désigne parfois sous le nom de *Guilhem de Masenx* (c'est-à-dire *de l'ostal de Masenx*) et, à partir de 1546, pour le distinguer de son fils, sous celui de *Guilhem Masenx may viel*, exerçait à Saint-Jérôme l'importante profession de charpentier.

On sait qu'au XVIᵉ siècle cette profession se confondait avec celle de tonnelier (*fustié*) et, comme Masenx faisait un important commerce de vin, c'est lui évidemment qui avait mis son neveu à la tête d'un atelier de tonnellerie. En effet il a fréquemment recours à ses services ; ainsi le tonnelier est présent aux réceptions du merrain de Masenx, il en jauge les piles et en examine les douves (M. f°ˢ LXXIII r° et LXXXII v°).

Ce charpentier semble, au demeurant, avoir reçu une certaine instruction ; il ne sait peut-être pas écrire, mais il sait signer (f° 6 v°), ce qui est quelque chose à cette époque. En revanche il ne paraît pas plus fortuné que son père. Il doit emprunter ou acheter en 1542 à Masenx une barrique de vin dont il n'a pas encore rendu la futaille en 1543 (f° XCVIII v°) ; en 1544, c'est une cartière de blé valant 14 *s.* (f° 105 v°) ; en 1546, trois cartières de blé et une demi-cartière de vesces, sur le prix desquelles il ne peut donner qu'un acompte (probablement 2 *ll.*), car il demeure débiteur de la somme de 2 *ll.* 9 *s.* 4 *d.*, pour laquelle il fait un billet (f° 6 v°).

Du reste ce qui prouve sa pauvreté et sa dépendance à l'égard de Masenx, c'est qu'ayant acheté, le 12 juin 1542, 10 pans de cordelat blanc au prix de 20 sols (sans doute pour se marier) et ayant promis de payer cette somme dans un délai de 40 jours, il ne put y arriver et dut, pour se libérer en partie, faire à son créancier, lui, ouvrier d'art, 3 journées de fossés, qui lui furent comptées à 2 s. 6 d. chacune (f⁰ˢ xcv v⁰ et xcvi r⁰).

Il semble néanmoins que Guilhem Masenx et son frère aient possédé quelques vignes; car en 1545, après la mort de leur père, ils obtinrent de Masenx de payer sous forme de vin, après l'hiver suivant, une somme de 21 *doblas* (9 s. 2 d.) due par leur père pour avance de grains. (M. f⁰ 2 r⁰).

b' François Masenx, frère du charpentier Guilhem, embrassa, comme son oncle Guilhem et son grand-oncle Antoine, la carrière ecclésiastique. Sans doute même il succéda à celui-ci, vers 1510, dans le bénéfice qu'il avait à Castelnau. Ce qui est certain, c'est que, dès 1541, Masenx le désigne sous le nom de *mossen Franses Masenx, de Castelnuou*, ce qui prouve qu'à ce moment il était déjà prêtre et habitait Castelnau. Il avait du reste une servante ou gouvernante, *la Cadessona* (cadette), ce qui est caractéristique.

François Masenx ne figure sur les comptes de notre marchand que dans deux articles : le 5 avril 1541 il achetait 2 cartières et demi de blé qu'il n'avait pas encore payé en 1543 (f⁰ 116 v⁰) et, le 6 mars 1544, il faisait prendre par sa gouvernante une émine de blé, que lui portait Jean Delpech (f⁰ 104 r⁰).

Nous ne connaissons point, les comptes de Masenx s'arrêtant en 1546, le nom des enfants du charpentier Guilhem. Nous savons toutefois, d'après son surnom de *Guilhem may viel*, que celui-ci eut un fils du nom de Guilhem, *Guilhem joue*.

C'est cet enfant, né vers 1543 à Saint-Jérôme et dont notre marchand avait sans doute été le parrain (ce qui explique pourquoi il porte le même nom que son père), c'est cet enfant qui fut très probablement l'héritier de l'auteur du livre de raison. Il réunit donc sur sa tête, avec son humble patrimoine, l'opulente fortune des Masenx et devint de la sorte le plus riche bourgeois de Castelnau.

Il vit, à l'abri des solides murailles de la ville catholique, se dérouler, sans dommage pour lui sinon sans crainte, les sanglants épisodes des guerres de Religion (1) et les pièces que nous possédons témoignent que ces événements ne l'empêchèrent pas d'arrondir et d'augmenter sa fortune. Il achetait encore en effet, en 1592, du cordonnier Pierre Tyssonnières, une maison à Castelnau et, d'Antoine Pougès de Saint-Jérôme, une pièce de terre à Vors (2) ; il avait alors 49 ans. Nous ignorons à quelle époque il mourut.

C'est des fils de Guilhem Masenx le jeune que date au commencement du xviie siècle, la séparation des branches d'Albi et de Castelnau. L'un des fils en effet, *Guilhaume*, vint s'établir à Albi où il fonda un important commerce de pastel ; il devint la souche des Masenx d'Albi dont une partie des titres de famille se trouve, comme nous l'avons dit, aux Archives du Tarn. L'autre fils, N... (très probablement François) continua la lignée des Masenx de Castelnau.

Nous serons brefs sur la fin de ces deux maisons.

A. Branche d'Albi. Guillaume Masenx, fondateur de la branche d'Albi, fut père de Guillaume, marchand du Bout-du-Pont, à Albi, lequel épousa en 1638 Marie de Jalguet, fille de Jean, aussi marchand, et d'Anne de Cardon.

Guillaume II mourut vers 1648, laissant de Marie de Jalguet, cinq enfants : Guillaume, Jean, Pierre, Marguerite et Françoise. Tous ces enfants étaient valétudinaires et ne cessèrent, suivant la mode du temps, d'être purgés,

---

(1) Pour les évènements dont Castelnau-de-Montmiral fut le théâtre de 1562 à 1595, voir *Monogr. Comm.* t. III, p. 360.

(2) Ces deux actes, sur parchemin, sont datés de « régnant Charles, dixième du nom » (le duc de Mayenne). Le premier (du 27 mai 1592, Antoine Loubet, notaire) est passé en présence d'Antoine Pelleprat et de Philippe Taillefer ; le second (du 3 août 1592, Jean Gaubert, notaire) est passé en présence d'Antoine Ricard, de Jean Caminade, de Jean Gros et de Jean Journés, fils de feu Bérenger.

saignés et médicamentés (1). Jean paraît être mort dans l'enfance.

Pierre, avocat au Parlement, eut de nombreux procès avec son frère aîné au sujet de la succession paternelle. Nommé juge de Saussenac en Albigeois, il épousa en 1682, Marguerite de Laurency, fille de Jean, lieutenant principal en la judicature royale d'Albigeois, et de Françoise de Chassan, et mourut sans prospérité en 1684. Il laissait comme héritier son neveu Ignace Masenx.

Guillaume III, frère aîné de Pierre, fut le dernier du nom. Il était né en 1638, avait épousé en 1663 Marianne de Metgé, fille de Pierre et de Claire de Rougé, avait été l'un des plus gros négociants du Midi et mourut le 16 janvier 1681, ne laissant qu'un seul enfant, malingre et chétif, Ignace.

La veuve de Guillaume, Martianne de Metgé, se hâtait alors de liquider un fonds de commerce de plus de 20.000 coques et de 17.000 livres de pastel en balles pour se remarier, en 1686, avec François Breuil, juge de la Temporalité.

Ignace Masenx, ou mieux *Mazens*, né en 1673, fut donc, semble-t-il, le dernier aboutissant de cette maison. Fut-il marié ? eut-il des enfants ? — C'est ce qu'il nous est impossible de dire. A la vérité il vivait encore en 1720 et on trouve à Albi, à la veille de la Révolution, un apothicaire du nom d'Ambroise Mazens (1) ; mais rien ne prouve qu'il descendît d'Ignace.

D'une santé débile, Ignace Masenx fit ses études à l'Université de Cahors, puis se fixa à Albi. Le dernier document le concernant qui nous soit parvenu est un mémoire de son barbier (pièce 16 de la liasse) qui, outre un abonnement « à la rasseure » à 6 liv. par an, lui réclame le prix de nombreuses saignées.

---

(1) Voir, au dossier des Archives du Tarn (E. 257, pièces 15 et 21), deux volumineux mémoires de l'apothicaire Blonde présentés à Mlle de Mazens, veuve, en 1657 et 1668.

(2) *Archiv. départ. du Tarn*, B. 409. Registre.

B. Branche de Castelnau. Le second fils de *Guilhem Masenx jore* continua, avons-nous dit, la branche de Castelnau.

Il eut pour fils Jacques, qui mourut peu avant 1648, après avoir eu 4 enfants, à savoir :

a. François, né vers 1620, marchand, qui épousa Anne de Boisset dont il eut une fille, Catherine. Il paraît être mort de 1650 à 1660.

b. Marthe, morte, comme son père, vers 1647.

c. Catherine, qui épousa Nicolas Bourgery ou Bourguery, maître-chirurgien.

d, Pierre, né en 1627, mort phthisique dans les premiers jours de juillet 1648 à Castelnau. Il instituait, par son testament que nous possédons, pour son héritier universel, son frère François qui lui survécut peu.

La fille de ce dernier, Catherine, réunit donc à son tour, vers le milieu du xviie siècle, la fortune des Masenx et il est possible que ce soit elle qui en ait apporté les débris, avec le livre de raison qui nous occupe, dans l'une des familles de Fajole ou de Sambucy.

Cette décadence précipitée d'une race plébéienne, après une période de brillante prospérité, sous l'influence évidente des alliances aristocratiques et de la phthisie, résume toute l'histoire de la bourgeoisie pendant deux siècles.

En somme, le tableau généalogique des Masenx peut, à peu de chose près, être reconstitué comme il suit :

INTRODUCTION

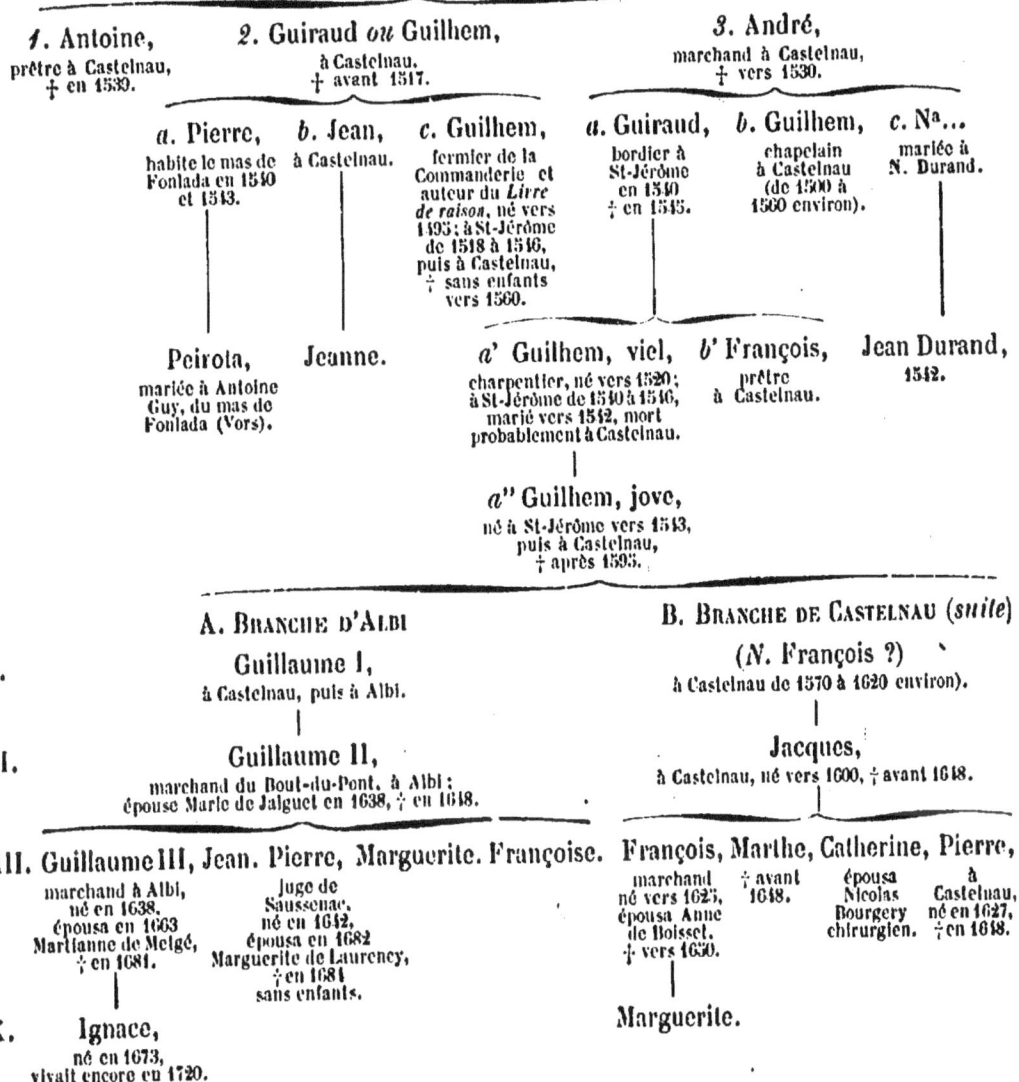

Nous ne savons rien des débuts de Guilhem Masenx, l'auteur du livre de raison; mais on peut supposer qu'il naquit à Castelnau entre 1490 et 1495. Il est probable qu'il fut d'abord destiné à l'Église, ce qui expliquerait pourquoi il reçut une instruction très supérieure à celle de ses frères.

Cette instruction se borna d'ailleurs à la lecture, à l'écriture et au calcul. On sait déjà que Masenx écrit fort mal, qu'il ignore l'orthographe ou du moins qu'il s'est fait une orthographe personnelle et qu'il ne connaît pas le latin ; c'est ce que nous appellerions aujourd'hui une instruction primaire. Ce ne fut donc pas au Collège de Gaillac, dont les études étaient beaucoup plus fortes, qu'il la reçut ; il y a lieu de présumer qu'il fut confié, avec son cousin Guilhem, le fils d'André Masenx, à un ecclésiastique, peut-être à l'oncle Antoine, prêtre à Castelnau, qui apprit aux deux enfants le peu qu'il savait.

Mais tandis que le fils d'André persévérait dans sa voie, Guilhem, que la mort de son père avait émancipé de bonne heure et qui ne se sentait probablement pas la vocation religieuse, se tourna vers le commerce.

Il se maria assez jeune et dut faire un mariage avantageux. Nous supposons qu'il épousa, vers 1516, à Saint-Jérome du Tescou, la fille d'un fermier de la Commanderie de Saint-Pierre et de Saint-André dont le bail allait expirer et qui avait besoin d'un gendre capable de tenir ses comptes. Cela du moins expliquerait comment, en 1517 ou 1518, Guilhem Masenx devint lui-même fermier de la Commanderie ; malheureusement nous ignorons le nom du fermier qui précéda Masenx à Saint-Jérôme et lui-même, bien qu'il parle très souvent de son beau-père, ne le désigne jamais par son nom de famille. Une fois seulement, en 1528, il l'appelle *mossen Ramon* (f° xxii r°).

Mossen Ramon habitait, avec sa famille composée de sa femme et de ses deux filles, le mas de Saint-Jérôme et cette famille devint bientôt et exclusivement celle de Masenx. Celui-ci en effet, par son activité, son intelligence, son instruction, son instinct commercial, ne devait pas tarder à en devenir le chef incontesté. On verra qu'il y régna en maître et que, non seulement après la mort de son beau-père, survenue en 1536 (f° lviii r°), mais même du vivant de celui-ci, il régentait avec autorité tout ce petit monde et que *sogre, sogra, conat, conada* et *molhé* furent pour lui des auxiliaires précieux et des collaborateurs dévoués. Tout ce que nous savons du mari de la seconde fille de mossen Ramon, c'est-à-dire du beau-frère de Masenx, c'est qu'il s'appelait Jean (f° 8 r°).

Le fermage des domaines de la Commanderie se faisait ordinairement par arrentement (1) de 29 en 29 ans ; mais il y avait à cette règle de nombreuses exceptions motivées par la contingence et les éventualités de l'afferme, de telle sorte que, le plus souvent, la durée comme l'importance du fermage se débattaient amiablement entre le fermier et les administrateurs de la communauté. (2)

Ces administrateurs étaient au nombre de deux, nommés à chaque mutation du Commandeur et pris parmi les frères hospitaliers (statuts de 1364). Ce fut d'eux en conséquence que Masenx dut recevoir, en 1517, le fermage qu'il ambitionnait et, comme ses comptes de fermier embrassent sans interruption une période de 29 ans, de 1518 à 1546, il est certain qu'il souscrivit un arrentement de 29 ans.

Il ne faudrait pas en inférer toutefois que Masenx fut, pendant 29 ans, fermier de tous les domaines de la Commanderie ; il ne fut au début fermier que du domaine de Saint-Jérôme.

Les domaines de la Commanderie de Saint-Pierre et de Saint-André étaient en effet nombreux et considérables et si l'on ne consultait, relativement à leur importance, que les documents qui nous sont parvenus, on risquerait fort de les apprécier inexactement.

On sait en effet qu'en 1568 les titres de la Commanderie furent pillés et brûlés, ainsi qu'il résulte d'un acte de notoriété du juge royal de Castres et de Lombers en date du 10 novembre 1584 (3), et que les feudataires ou tenanciers de la Commanderie, enhardis par l'impunité que leur

---

(1) Fermage ou arrentement sont des mots synonymes. Cependant on appelle généralement *arendier* ou *tenancier* celui qui a affermé pour 29 ans et *fermier* celui qui a souscrit un moindre engagement.

(2) Ces administrateurs portaient le nom de procureurs.

(3) *Monogr. Comm.*, t. II, p. 289.

assurait l'occupation de Gaillac par les protestants, s'en prévalurent pour refuser de payer les rentes, de renouveler leurs reconnaissances et pour se prétendre légitimes possesseurs de leurs fiefs (1).

Il fallut une enquête, ordonnée par le roi Charles IX aux sénéchaux de Toulouse et de Carcassonne, pour forcer les détenteurs de fiefs à passer de nouvelles reconnaissances conformément aux cahiers de recette de 1557 à 1560. Les fermiers durent alors produire leurs anciens livres de comptes pour établir les droits des plaignants et une partie du mal put être réparée (2). C'est de la sorte qu'en 1625 — 29 ans après la fin des guerres de Religion (3) — les Parlements d'Aix et de Toulouse condamnaient encore les feudataires à payer les arrérages de leurs rentes. Beaucoup néanmoins échappèrent à la restitution et conservèrent des biens usurpés sur les communautés.

Cela explique en partie pourquoi les biens-fonds de la Commanderie de Saint-André, qui donnaient avant 1562, suivant la déclaration du Commandeur Pierre Doucet (1667), plus de 400 setiers de blé et de 100 écus de rente, ne donnaient plus au XVIIe siècle que 20 setiers par an (4).

Essayons de reconstituer le bilan des domaines de la Commanderie au milieu du XVIe siècle.

---

(1) De ce fait on trouve la preuve dans le Registre des reconnaissances à la Commanderie de 1572 ; chaque reconnaissance se termine en effet par les formules suivantes : *Portat* (le cens en nature) *dins Ga^c et granye dels d. fraires collegiats, de ces et renda directa cascun an pagados à la festa de la St-Jolhia et an (x) denies de acapte et aultan darreire acapte quant sescairan. Et teny me per compten de touts arreirages del d. ces acapte et aultre al jour present...* (Arch. Départ. Fonds de la Commanderie de Saint-André, non inventorié.)

(2) Les livres de Masenx auraient dû par conséquent être produits à cette époque et ils eussent été d'un grand poids pour l'éclaircissement des litiges. S'ils ne le furent point, c'est qu'évidemment Masenx était mort à cette époque et que ses héritiers s'abstinrent prudemment d'intervenir dans un débat qui pouvait allumer contre eux de terribles colères.

(3) Les arrérages des rentes n'étaient pas en effet exigibles au delà de 29 ans.

(4) *Monoj. Comm.* t. II, p. 289 L'effroyable misère de la Fronde entra aussi pour beaucoup dans ce résultat. On verra en effet qu'à la fin du XVIIe siècle les revenus étaient de nouveau très importants.

Ces domaines se composaient essentiellement de la paroisse Saint-Pierre avec ses annexes, c'est-à-dire des églises Saint-Pierre de Gaillac, Saint-Pierre de Senouillac, Saint-Maurice de Candastre, Saint-Jean de Celles, Saint-Pierre de Vors et Saint-Jérôme du Tescou, avec leurs dîmes, leurs rentes et leurs biens-fonds.

Les biens-fonds se trouvaient en effet groupés par lots ou domaines affectés à une église, englobant une et quelquefois deux paroisses, qu'on peut rétablir de la sorte :

1º Le *domaine de Gaillac* comprenant, outre nombre de parcelles et d'immeubles affermés ou loués dans la ville et les faubourgs et outre les revenus de l'église Saint-Pierre, la *mouline Saint-André* ou *moulin des Pauvres*. Ce moulin, situé sur le ruisseau de Crouchou, auprès du château de l'Om, était encore affermé, en 1785, 950 livres, plus 6 paires de canards, 6 paires de poulets et 6 paires de chapons.

3º Le *domaine de Senouillac et de Candastre*, englobant, avec les dîmes des églises de Saint-Pierre et de Saint-Maurice, nombre de rentes et de biens-fonds situés dans ces paroisses. Les *mas de Gayou* et *des Albarits*, ainsi que le moulin qui porte encore le nom *du Commandeur* en dépendaient en tout ou en partie. Ce domaine donnait en 1700 près de 200 setiers de blé, 150 *ll.* de fermage du carnenc et 14 paires de gélines de rente.

3º Le *domaine de La Borio* ou *la Borio d'En Pé de Gaillac*, comprenant les dîmes et rentes de l'église Saint-Jean de Celles et les terres de la Commanderie situées dans cette paroisse. C'est dans un pré de ce domaine que, pendant l'épidémie de peste de 1529, le Conseil de ville de Gaillac s'assemblait pour délibérer. Ce domaine rapportait, en 1700, 138 setiers de blé, 46 *ll.* de fermage du carnenc et 10 paires de gélines ; en 1781 il donne également 136 et, en 1790, 137 setiers de rente.

4º Le *domaine de Vors*, le plus étendu peut-être des domaines de la Commanderie, comprenant, avec l'église et le hameau de Vors, les mas de Fargues, de Fonlada et tout ou partie des *mas de Pierre Milhas, de la Vernière* et *des Anglades* (1). Cet ensemble disparate de terres et de rentes foncières, en partie situé dans Gaillac et Montmiral, a été évalué à 200 hectares (2); mais son revenu n'était pas en rapport avec son étendue. Ainsi, en 1506, le fermage de Vors ne donnait que 16 setiers de blé, 16 d'avoine, 20 *ll*. 3 porcs, 6 oies et 12 gélines. En 1790 la rente de Vors était encore de 16 setiers de blé.

5° Le *domaine de Saint-Jérôme* enfin, sur lequel nous reviendrons, englobant, avec les dîmes de l'église Saint-Jérôme, un grand nombre de mas, de rentes et de fiefs situés sur les paroisses Saint-Jérôme du Tescou, Saint-Jean de Montels, N.-D. de Castelnau, Saint-Martin de Lespinas, Saint-Etienne de Brugnac, et jusque sur les paroisses excentriques de Saint-Pierre du Verdier, Sainte-Cécile du Cayrou, Saint-Jacques de la Capelle, N.-D. d'Oustrières, etc... La dîme seule du domaine de Saint-Jérôme rapportait, en 1700, 662 *ll*. 15 *s*.; mais il ne donnait, comme revenu foncier, que 60 setiers de blé environ (53 en 1781, 63 en 1790) et 10 paires et demie de gélines de rente.

La Commanderie possédait encore nombre d'autres fiefs éloignés ou excentriques et par conséquent difficiles à rattacher aujourd'hui aux domaines qui précèdent (2), comme ce fief de *la Peramondié*, situé dans la seigneurie de Rivières et Lacourtade, dans lequel Masenx installe un bordier en 1540 (M. f° 102 r°) et comme les fiefs attachés aux nombreuses chapellenies fondées dans l'église Saint-Pierre (3). Toutefois cette répartition domaniale suffit à

---

(1) Beaucoup de mas de cette région ont été détruits, d'autres ont changé de nom, d'autres ont été créés; il est donc assez difficile de les identifier aujourd'hui. Cependant *la Vernière* et *les Anglades* existent encore, *Fonlada* et *Milhas* s'appellent *les Fontanelles* et *Milhacet*; quant à *Fargues* Masenx ne le mentionne pas, mais on le trouve dès le xvii° siècle dans la liste des lieux-dits du domaine de Vors. Il existe du reste actuellement deux *mas de Fargues*, évidemment baptisés par la migration ou l'essaimage d'une même famille de colons, l'un à côté de Vors, l'autre à côté de Saint-Jérôme.

(2) Le nombre des fiefs de la Commanderie était de 3.000 environ.

(3) *Monogr. Comm.* t. II, p. 290. On verra par exemple qu'à Candastre certaines terres de Ramon Fabre payaient censives et tailles à la chapellenie de Puechauzy. (M. f° 132 r°.)

faire comprendre l'importance territoriale et la richesse des possessions de la Commanderie ; elle montre surtout combien la Communauté sortit apauvrie de guerres de Religion.

C'est donc du domaine de Saint-Jérôme que Masenx se rendit fermier vers 1517. Nous n'en donnerons pour preuve que la continuité de sa résidence et le groupement de sa famille à Saint-Jérôme dans la première moitié de son afferme. Si lui-même alla habiter Gaillac pour être plus à la portée de ses affaires, il ne s'éloigna guère de Saint-Jérôme et il y revint à tout moment. Ce fut sa demeure de prédilection. A peine d'ailleurs fit-il, en avril 1539, un court voyage à Toulouse avec Antoine Aragon (f° LVIII r°) ; il habita toujours Gaillac ou Saint-Jérôme.

Quant à ses parents, son beau-père ne quitta jamais Saint-Jérôme où il mourut ; sa belle-sœur et son beau-frère y demeurèrent jusqu'en 1545 ; sa femme, sauf une courte apparition à Gaillac en 1540 (f°s LXVI r° et LXII r°), n'en bougea pas jusqu'en 1547, époque à laquelle Masenx se retira à Castelnau. Seule sa belle-mère, et l'on verra bientôt pour quel motif, habita, à partir de 1530, le domaine de Senouillac.

Tous ces personnages, comme nous l'avons dit, sont pour Masenx des auxiliaires précieux ; ils le représentent, font exécuter ses ordres, surveillent ses ouvriers, vendent son vin ou son drap, livrent son blé, reçoivent l'argent des paiements ou le grain des récoltes, etc.

On conçoit qu'une pareille organisation économique donnât à notre fermier une grande liberté d'allures et lui permit d'embrasser des affaires étendues. Il était d'autre part habile et entreprenant. Il n'est donc pas étonnant que successivement et sans doute au fur et à mesure que se produisirent des vacances dans les fermages des autres domaines, les administrateurs de la Commanderie lui aient confié une part de plus en plus grande de la gestion de leurs propriétés. C'est de la sorte qu'à son afferme de Saint-Jérôme Masenx put ajouter, vers 1530, celle de Senouillac, et, vers 1535, celle de Vors.

Le domaine de Candastre et de Senouillac, réuni plus tard en un seul bloc (1), formait au commencement du xvıᵉ siècle, du moins pour l'exploitation, deux domaines distincts. On verra par le livre de Fabre qu'en 1517 et 1518 Jean Landes était fermier de Candastre (F. f° ı r° et r°) et qu'il eut pour successeur, en 1522, Pierre Carivene (f° ıı r°). Sans doute à cette époque la pénurie de gros entrepreneurs avait forcé la Commanderie à n'affermer que de 3 en 3 ans, ou bien Landes et Carivene n'étaient-ils que des sous-fermiers. Mais, à partir de 1525, le fermier de Candastre est Jean Barutel, notable bourgeois de Gaillac (F. f° ııı r° et ıv r°) et, comme celui-ci est encore fermier en 1535 (F. f° xıv r°), il y a lieu de supposer qu'il avait affermé pour 29 ans (de 1523 à 1552), de telle sorte qu'il est impossible que Masenx lui ait succédé comme fermier.

Au contraire pour Senouillac, dont Jean Marolet est *arendié* en 1522 (F. f° ıı r°), nous ne trouvons plus de nouveau fermier ; mais en 1530 déjà la belle-mère de Masenx habite Senouillac (M. f° lxııı r°) et elle y demeure sans interruption jusqu'en septembre 1542 (M. f° xcv r°), surveillant *los afas* de son gendre. En outre, dès 1532, Masenx reçoit d'un *payès* de Senouillac, Pierre Brayer, des *sennorias* au titre de la Commanderie (f° xc r°) et, en 1539, il prend le même Brayer comme bordier à Senouillac (f° xc r°); celui-ci est encore, en 1545, à *la borta de Sennolac* (f° ı r°). Nous en concluons que Masenx dut prendre vers 1530 l'afferme de Senouillac.

Le domaine de Vors avait été arrenté pour la dernière fois en 1506 (2) ; le bail du dernier fermier expirait donc en 1535. C'est en effet à partir de cette année (M. f° 15 r°) que

(1) Il s'y ajouta même en 1695, quand les biens de l'hôpital Saint-Jacques furent réunis à ceux de la Commanderie de Saint-André, l'église Saint-Martin de Mauriac. On désigna alors sous le nom de *domaine de Mauriac et Senouillac* ou, plus simplement, sous celui de *domaine de Senouillac*, les possessions réunies des trois églises Saint-Martin de Mauriac, Saint-Pierre de Senouillac et Saint-Maurice de Candastre. Le nouveau domaine ainsi constitué donnait, en 1700, 203 setiers de blé, 177 *lt.* 2 *s.* 6 *d.* de fermage du carnenc, 60 *lt.* de fermage du vin, 20 quintaux de foin de rente aux *terres des Fabres* et 14 paires de gélines. (*Monogr. Comm.* t. II, p. 295, note.)

(2) *Monogr. Comm.* t. II, p. 289.

nous voyons le nom de Vors apparaître dans les comptes de Masenx. Avant cette date il n'y figurait qu'une seule fois en 1521 et à propos d'une gazaille (f° XLVIII bis r°) ; après cette date il y revient à tout moment (1). Masenx prit donc l'afferme de Vors vers 1535. Il eut pour bordiers à Vors, Armand Varen, jusqu'en 1540 et, à partir de 1540, Thomas Capus. (2).

Quant à la mouline Saint-André et au domaine de la Borio, Masenx ne s'en occupe pas ; il est seulement en relations d'affaires avec Bernard Thomas, le fermier de la Borio, qu'il appelle au répertoire *mestre Thomas* (3). On voit en effet en 1524 le beau-père de Masenx arrêter un compte avec Thomas et la *billeta* de ce compte est établie par *mossen Johan Benasec, de Gaillac*, sans doute l'un des frères de la Commanderie. Masenx lui vend encore du *cordelat* en 1525 (f° LIII r°).

Ce n'est pas tout. La Commanderie de Saint-André possédait, indépendamment de ses fiefs et de ses rentes sans affectation déterminée, une annexe importante dont il a été plusieurs fois question, les *Pitanciers de Saint-André* (4).

(1) Notamment en 1536-38 (f° XLVII v°), en 1539 (f° LXVII r°), en 1540 (f° LXXI r°), en 1541 (f° 116 r° et 119 r°), en 1542 (f° LI r° et XCIII r°), en 1543 (f° XCVIII r°).

(2) L'agglomération de Vors était assez importante puisqu'on y remarque un cabaretier, Johan Verne (f° XCVIII r°). Le fils d'un des habitants du hameau, Mandret, emprunte aussi du blé à Masenx (f° 119 r°).

(3) (Voir 1er feuillet v°.) C'est probablement le même personnage que *Thomas de Malfetas* désigne au 1er feuillet r°.

(4) Qu'était-ce que les Pitanciers ? — La réponse est difficile.

Au moyen-âge, lorsque les communautés religieuses s'organisèrent, la claustration et la vie commune en furent regardées comme la base nécessaire. En conséquence les organisateurs de ces sociétés fixèrent, pour chaque membre qui y participait, une *pitance quotidienne*, nous dirions aujourd'hui une *pension* ou *ration alimentaire*, et assignèrent à la production de cette rente en nature et en argent, une partie des biens de la communauté.

Ces biens constituèrent *le Pitancier* de la communauté (de *Pita*, pite, parce que la rente fut au début d'une pite par jour) et ils furent administrés par un officier claustral qui prit aussi le nom de *pitancier*. Le pitancier ou dépensier vient, dans l'état-major des communautés, immédiatement après l'abbé.

Les statuts de 1390 pour l'hôpital de Saint-André, en vigueur depuis 1364,

Au XVIᵉ siècle le Pitancier ou les Pitanciers (c'est-à-dire biens des Pitanciers) de l'hôpital Saint-André de Gaillac, comme les Pitanciers de l'abbaye de Saint-Michel, constituent un groupement séparé, au point de vue administratif, de la Communauté. Ils sont, il est vrai, dans une dépendance étroite de cette communauté, mais ils ont une vie propre, indépendante, comme la Table du Purgatoire dans certaines fabriques. Leurs revenus ayant une destination spéciale, ils ont des administrateurs spéciaux, un fermier, un syndic, un notaire, une personnalité civile ; en un mot ils sont une *annexe*.

Or les Pitanciers de Saint-André formaient un domaine considérable dont la majorité des fiefs et des revenus se trouvaient dans les paroisses de Candastre et de Senouillac. On verra par exemple qu'Eutrope Fabre leur paie la plupart de ses censives ; et il en est de même d'un autre propriétaire de Senouillac, notable personnage et contemporain de Masenx, Jean de Paulhe, dont le livre de raison se trouve aux Archives départementales. (1).

nous apprennent que la pitance était, pour les frères et sœurs infirmes, de « *uno pane seu micha de majoribus, medio pegario vini meri et media pessia mutonis aut ejus calore pro toto die* », ce qui laisse supposer que la pitance des frères valides était plus copieuse encore. Nous savons en outre par ces statuts que les « frères vicieux » étaient privés de la pitance quotidienne et que cette punition pouvait être occasionnellement infligée à ceux qui se dissipaient au chœur ou qui parlaient au réfectoire. Pour l'abbaye de Saint-Michel, un règlement de 1478 nous apprend que la *pitansa cotidiana* était en argent et fixée à 20 deniers par religieux et par jour. (*Monogr. comm.* t. II, p. 163, note.)

Mais quand disparut, du XIIIᵉ au XVᵉ siècle, la vie commune, l'affectation spéciale des pitanciers disparut dans certaines maisons religieuses, persista dans d'autres. Il dut se passer pour celles-ci quelque chose d'analogue à ce qui s'était passé pour les manses des évêchés. On sait qu'au XIᵉ siècle, quand la communauté du chapitre se disloqua, les revenus de la manse capitulaire furent distribués par tête aux chanoines ; de là l'attribution des prébendes : prébende de 18, de 15, de 12, etc., c'est-à-dire prébende de 18, 15 ou 12 liv. selon le chiffre primitif du revenu.

(1) Livre de *Senhor Johan de Paulhe, merchan de Galhac*. Arch. départ. partie non inventoriée. On y lit, à l'article de ses terres :

Seguen se los fleus due fan ce(n)s a las Pitansas de Sanct Andrieu :

Terra *al barri del castel* (la Bonnette).......... XII d.
Terra *a Bosc redon*........................... XII d.
Terra *a la costa de Candastre*................ III d.

Ce domaine des Pitanciers de Saint-André était affermé comme les autres domaines de la Commanderie, et Fabre nous apprend que le fermier en était, en 1529, le notaire Bernard Batifol (F. f° vii r°). Or B. Batifol eut pour successeur Guilhem Masenx, qui afferma le 20 juin 1530 pour une période de 3 ans, ainsi qu'il résulte de la note suivante de son livre (f° 137 r°) : *L'an v° xxx et lo xx del mes de jun hay arendadas las pitansas de Sant Andrio de Gallac per lo terme de tres ans, coma apar per carta presa per mestre Johan de Roflaco.*

Ainsi 29 ans pour le domaine de Saint Jérôme, 15 ans pour celui de Senouillac, 9 ans pour celui de Vors, 3 ans pour celui des Pitanciers, tel paraît être le bilan des fermages de Masenx dans sa laborieuse carrière à la Commanderie de Saint-André.

On comprend qu'avec de pareils états de service Masenx soit devenu, dans les derniers temps de son arrentement, une sorte de fermier-général, le factotum de la Commanderie. Mais, pour bien saisir l'importance de sa situation, il est nécessaire de pénétrer dans quelques détails sur le mode de gestion de ces domaines.

En ce qui concerne la Commanderie proprement dite, Masenx est indépendant de tout contrôle. Il a un traité, un bail par lequel il s'engage à donner annuellement aux

Vigne a *Candastre*, au lieu de *la Galanda*	vi d.
Terre *a Lobaressas*	iiii d.
Terre *a Lobaressas*	vi d.
Terre pres de *la boria* (Candastre)	ii d.
Terre *a Lobaressas*	v d. iii p.
Terre près de *la boria*	ii d. iii p.
Terre a Candastre	i* ta form^n
Terre a qui meteys	xii d.

Los quals fleus dessus nommatz ieu Johan de Paulhe ey reconneguts lo quart iorn de nocembre mil cinq cens et xvi. Instrumen pres per Cariten.

Il semble d'ailleurs, d'après ce livre, que nombre des biens du Pitancier de Saint-Michel fussent aussi situés dans la région, car Jean écrit (f° ci. r°) : *Paga may lo susdet de Paulhe per l'an m v° xxv, per los sens deguts tant a Monsg' de Gathac que a las pitansas de son monastier : detz souls.* Et ailleurs (f° cxli r°) : *Las pitansas de Sanct Miqual fa de cens,...* etc.

administrateurs de la communauté une somme déterminée en argent ou en nature ; cela suffit, il cultive comme il veut. Les déficits de récolte étant à sa charge et les excédents à son bénéfice, on peut être sûr qu'il s'arrangera pour faire donner au sol son maximum de rendement.

Quant au contrôle relatif à l'épuisement des terres, capital aujourd'hui pour nos fermages, il était inutile à cette époque. En effet le régime des assolements étant inconnu, les terres — sauf les terres vierges — produisaient peu ; il en résultait que le prix de l'afferme, relativement à l'étendue des terres cultivables, était très modéré et que, pour avoir un bénéfice, le fermier n'était pas obligé de forcer la production. D'autre part l'importance des portions en friche ou boisées permettait de déplacer fréquemment la culture et de laisser longuement reposer le sol (1). Enfin le bail du fermage étant en général à long terme, l'arrendier avait tout intérêt pour l'avenir à ne pas tuer la poule aux œufs d'or, c'est-à-dire à ne pas épuiser le sol qui l'enrichissait.

Comme conséquence de tout cela le fermier était le maître absolu de sa culture. Il pouvait sous-affermer en tout ou en partie pour une période moindre que le bail qui lui restait à courir (tout en demeurant dans ce cas responsable vis à vis du seigneur), ou bien il pouvait faire valoir.

Dans ce dernier cas il avait recours au *métayage* (colonnage partiaire) ou à l'exploitation directe.

Le métayage est le mode de culture le plus usité par Masenx ; il est simple et se pratique par deux procédés différents, les bordiers ou les ouvriers à moitié. Dans le

---

(1) Le propriétaire lui-même tenait compte de cette situation quand il arrentait, non un domaine, mais une terre, ou même plusieurs terres qui ne constituaient pas un seul tènement. Le 9 novembre 1525, Johan de Paulhe baille — a mena — à Marty et Johan Soquiès frères, cinq terres situées dans la juridiction de Labastide *als passes dels sols*. Les conditions du bail sont: *Et so per lo terme de sieys ans sive tres culhidas prox de cenens et ensegudas et a miejas de toutz fructz que Dieu y donara a parti al sol a le mieja carta.* (Livre de raison de Johan de Paulhe ; Arch. Dép. Fonds de l'abbaye de Saint-Michel, non inventorié.)

premier cas un domaine est partagé en deux, trois, quatre secteurs dont les terres sont groupées autour d'un mas ; dans ce mas le fermier installe pour 3, 6 ou 9 ans, une famille de *métayers* ou *bordiers* qui cultivent ; le fermier fait les avances nécessaires et recettes et dépenses sont partagées intégralement entre lui et le bordier.

Dans le second cas, auquel Masenx a recours quand il ne trouve pas de bordiers, au lieu d'un bien ou d'un groupe de terres, le colon n'a à cultiver qu'une ou deux pièces de terre ; par suite, il ne réside pas sur la terre, il n'est pas *bordier*. C'est le plus souvent un petit tenancier ou un paysan du voisinage, souvent un artisan, parfois même un bordier d'un autre domaine. Dans tous les cas les conditions sont les mêmes que pour le bordier : le propriétaire (ou le fermier) fait les avances, la récolte est à moitié.

Quant à l'exploitation directe, c'est-à-dire à la culture telle que nous la comprenons aujourd'hui par le fermier lui-même, soit à l'aide de sa famille, soit à l'aide de serviteurs loués à l'année, Masenx ne la pratique pas. A son époque toute culture comporte une association, la participation aux risques, c'est-à-dire aux pertes comme aux bénéfices.

On voit que le fermier pouvait, sur la terre arrentée, passer tous bails et marchés, instituer toutes conditions, créer toute industrie et toutes gazailles, faire toutes avances qui lui semblaient convenables. Il y a plus, il était aux yeux de tous les habitants du domaine, quels qu'ils fussent, tenanciers, bordiers, colons ou locataires, le représentant du Seigneur. C'est ainsi qu'on voit Masenx recevoir pour la Commanderie les censives, tasques et droits seigneuriaux (*sennorias*, droits de mutation des tenanciers), percevoir les rentes, toucher les loyers, etc...

Collectait-il également les dîmes des églises de ses domaines ? — A cela nous ne pouvons répondre avec certitude. On sait que les grands domaines ecclésiastiques étaient, pour la levée des dîmes, divisés en secteurs ou *dimaires* dans lesquels des employés spéciaux, des *décimateurs*, recueillaient l'impôt sous la surveillance et même l'autorité des recteurs ou curés des paroisses. On a vu par exemple que le dîmaire de Saint-Jérôme fournissait près de 700 liv. de revenu. (1). Il est donc probable que Masenx ne s'occupait pas de la perception des dîmes.

Il fait çà et là cependant, en particulier dans ses comptes avec Guilhem Taillefer (f° XLVIII *bis* r°) et Ramon Toigne (f° 111 r°), allusion à des dîmes. Il fait même, en 1537, à Jean d'Hébrail, curé de Montans, l'avance (qui ne lui fut probablement pas remboursée) de la dîme pour une terre que celui-ci devait posséder dans la directe de la Commanderie. Mais tout cela n'est guère probant ; *deime* a pu signifier *dîmaire* et l'avance a pu être un prêt gracieux. Si donc Masenx collectait des dîmes, ses comptes à ce sujet ne nous sont pas parvenus.

Ce que nous venons de dire de la Commanderie s'applique également aux Pitanciers, mais néanmoins avec une différence. Les Pitances de Saint-André étaient un bénéfice fixe, à la collation du Commandeur, pour certains membres de la Communauté qui constituaient un groupe distinct ; ce groupe avait pour le représenter un syndic, pitancier lui-même (on voit pas une quittance de Jean de Paulhe que ce syndic était en 1525 Clément Féral). Or le syndic — qui probablement était élu par les Pitanciers eux-mêmes et renouvelé tous les ans — n'avait pas, comme les administrateurs de la Commanderie, d'intérêt à grossir les revenus des Pitanciers, puisque ce revenu était fixe ; il s'appliquait donc uniquement à assurer le paiement régulier de chaque pitance. Par suite le fermier n'avait point à subir d'exigences de la part des pitanciers ; son traité l'obligeait seulement à payer intégralement les pitances et il gardait pour sa part l'excédent des revenus, quel qu'il fût. On voit que le fermage des Pitanciers était une bonne opération (2).

---

(1) Les décimateurs de la Commanderie de Saint-André étaient des frères hospitaliers désignés par le Commandeur.

(2) Dans le mémoire, dressé en vue du procès pendant entre le Commandeur Pelrous et les consuls de Gaillac, on lit aux premières lignes : — Jacoit que despuis un très long temps il eut esté faicte grande bresche es préjudice à l'observation des d. statuts en ce que les percepteurs du d. hospital

Par suite aussi, au lieu d'avoir affaire au syndic et de lui payer les revenus en bloc, — ce qui eût obligé ce syndic à une comptabilité, — le fermier avait affaire individuellement à chacun des bénéficiaires, auquel il ouvrait un compte. On trouvera ces comptes, pour l'exercice de Masenx, aux folios 141 et suivants de son livre.

On entrevoit maintenant quel énorme maniement d'affaires, quelle comptabilité d'achats, de ventes, d'avances, d'emprunts, de paiements et d'arriérés représentait, avec des paysans illettrés, une pareille entreprise. On comprend aussi quelle influence devait en retirer celui qui pouvait s'y livrer et, grâce au commerce de denrées et d'argent qui en résultait, avec quelle facilité il pouvait s'enrichir.

Masenx ne s'en fit pas faute. A la vérité il aida la fortune ; mais si ses procédés, que nous étudierons plus loin, sont d'une orthodoxie commerciale douteuse et si la probité actuelle les réprouve, on peut dire, pour son excuse, que ces procédés étaient ceux de l'époque, que Masenx ne fut ni pire ni meilleur que les autres fermiers de son temps... et peut-être du nôtre.

Il faut se représenter en effet dans quelle situation privilégiée, en un temps où les moindres transactions étaient hérissées d'entraves, la paresse des détenteurs des bénéfices ecclésiastiques mettait ces grands fermiers.

Ne possédant pas leurs fiefs, n'en recueillant que l'usufruit, n'ayant pas d'ailleurs, comme les seigneurs terriers, d'intérêt successoral direct, les évêques et les chefs de communauté se préoccupaient peu en général des intérêts temporels de leurs successeurs. Leur objectif était de tirer, sans trop de souci, de gros revenus de leurs apanages ou de leurs bénéfices et, pour cela, ils laissaient toute latitude à leurs fermiers.

affermoint le reveneu d'ycellui et chargeoint les fermiers de satisfaire à toutes les charges, nourrir les pauvres, les fraires, payer toutes pensions et décimes et si en retirent-ils encore cent cinquante ou deux cens escus par an, et si le plus souvent s'en retirant s'en enrichissent, tant ce reveneu estoit notable. — Ne dirait-on pas que l'auteur du mémoire, qui est de 1606, avait la gestion de Masenx sous les yeux, lorsqu'il écrivait ces lignes. (*Arch. dép.* Fonds de la comm. Extrait des donations.)

On a vu que ceux-ci n'avaient aucun contrôle de leur gestion. Il y a plus. A une époque où les formalités judiciaires étaient le plus grand obstacle à la justice, ils étaient, comme représentants des couvents, chapitres et communautés, c'est-à-dire d'établissements de fondation royale, judiciairement privilégiés. Ils pouvaient, par exemple, sur simple requête au roi ou au sénéchal, obtenir des *lettres de committimus* qui, sans autres formalités, les rendaient inviolables et insaisissables et, au contraire, mettaient leurs débiteurs à leur merci. On verra que Masenx ne se fait point faute d'user envers ses voisins de cette prérogative.

Il n'était pas jusqu'à la jurisprudence admise en matière de fermage qui ne leur fut favorable. Ainsi, en cas fortuit de « perte advenant aux fruicts, tel que guerre, gresle, tempeste, gelée ou inondation » — et l'on verra combien ces cas étaient fréquents au XVIᵉ siècle ! — la dénonciation de ces dommages était faite par le fermier au seigneur et non seulement il en était tenu compte, sur le dernier terme du fermage, « à raison de 25 s. par sestier de blé et de 4 *lt.* par pipe de vin », mais encore, sur la demande du fermier, le bail pouvait être résilié. (1)

Comment veut-on que de pareils avantages les fermiers n'abusassent pas ?

Ils en abusaient d'autant plus que l'instruction leur avait mis en main une arme terrible, meurtrière, dont ils pouvaient user à leur profit en véritables corsaires et dont les illettrés avaient une peur diabolique, l'écriture. Que pouvaient-ils craindre en effet ? — Leurs comptes ne disaient que ce qu'ils voulaient et disaient tout ce qu'ils voulaient ; leurs livres faisaient foi en justice ; ils avaient pour eux le patronage ecclésiastique, c'est-à-dire l'ascendant moral, la protection royale, c'est-à-dire la force, et la complaisance des juges, c'est-à-dire le droit !

---

(1) Gab Cayron : *Style des requêtes. Des affermes.* Toulouse 1630, p. 313. Plus tard, au XVIIᵉ siècle, l'évaluation des dommages fut, du moins dans le Lauraguais, plus élevée encore. Ainsi à Caraman, dans les cas de grêle, gelée ou main-forte, le blé était décompté à 3 liv. le setier, l'avoine à 30 *s.*, le maïs à 2 liv. et le vin à 3 liv. la barrique, mesure de Gaillac, soit 6 *lt.* la pipe.

Voilà la situation qu'il faut saisir si l'on veut comprendre Masenx.

Le xvi° siècle est, comme l'a dit Michelet, un siècle de fer. Aux difficultés matérielles de tout ordre créées par la guerre étrangère, les impôts, le gaspillage des rois, puis par la guerre civile et les violences, s'ajoutèrent d'effroyables calamités, des famines, des pestes dont le résultat fut, principalement dans les campagnes, une misère noire. Masenx exploita cette misère.

Il avait du blé et de l'argent ; il les prêta, c'est-à-dire qu'il fit la banque de l'argent et des céréales.

Il prit gage sur les terres et sur les bras de ses débiteurs, c'est-à-dire qu'il devint à son tour propriétaire, et à bon compte.

Il profita de ce qu'il était en contact journalier avec les paysans, à une époque où les communications étaient difficiles, pour leur vendre les objets de nécessité première. Il avait d'ailleurs à Gaillac un magasin tout trouvé, le grenier de la Commanderie. Il fut donc marchand.

Fermier, banquier, propriétaire, marchand, voilà donc les quatre principales physionomies de Masenx et chacune d'elles aura son étude particulière. Mais il en a d'autres encore ; il joint à ces quatre professions quelques métiers secondaires.

C'est ainsi que, comme il a tous les ans un fort placement de vin, une clientèle d'acheteurs, il a créé à Saint-Jérôme, pour diminuer ses frais, un atelier de tonnellerie dirigé par son neveu Guilhem, le *fustie*. C'est là qu'avec le châtaignier et le noyer de ses terres il fait confectionner les *codras* ou cercles de barrique qui lui sont nécessaires ; c'est là qu'avec le chêne de ses forêts ou le merrain acheté en gros à ses débiteurs, il fait fabriquer ou réparer sa vaisselle vinaire. Mais meules de *codras*, pipes ou barriques et même planches ou madriers, il vend tout cela à beaux deniers ; il est donc charpentier-tonnelier (les deux professions n'en font qu'une à cette époque.)

De même pour la tuile. Comme il a sans cesse besoin de matériaux pour construire ou réparer ses bâtiments d'exploitation, pour recouvrir ou entretenir ses toitures, il installe à Palmata, auprès de Saint-Jérôme, une briquetterie mais il en vend aussi les produits : il est donc briquetier.

Enfin il est à l'occasion homme d'affaires. Il met, contre espèces, son habileté professionnelle et son expérience juridique à la disposition de ses bordiers, de ses voisins, de ses amis ; en un mot il donne des consultations, et ses avis, comme on le verra, sont en général excellents.

Vraiment si en trente ans d'une pareille activité cet homme, que les scrupules ne gênaient pas, ne s'était point enrichi, il aurait joué d'une singulière malechance.

Masenx n'eut pas d'enfants. Peut-être n'eut-il pas le temps d'en avoir. On comprendra donc que cette fébrile existence d'entreprises, cette course effrénée après la fortune l'aient usé de bonne heure.

En 1547, quand expire son bail de Saint-Jérôme, il est à bout, sinon d'énergie, au moins de forces. Il ne renouvelle donc pas son bail, mais il liquide sa situation et se retire, avec sa famille, à Castelnau-de-Montmiral.

C'est là qu'il mourut, très vraisemblablement, avant 1560. La dernière mention de sa main sur son livre de raison est en effet de 1554 et il est certain qu'il était déjà mort en 1568, lors de la prise de Gaillac par les protestants, car la Commanderie de Saint-André put en partie hériter de lui.

Il ne vit donc pas se déchainer l'épouvantable orage politique et religieux dont il avait, sinon favorisé, au moins pressenti avec sympathie les débuts. Masenx faisait en effet partie de cette aristocratie bourgeoise et industrielle, de ces drapiers qui furent les premiers adeptes et les plus fermes soutiens de la Réforme en France ; ce qui a fait dire à un historien catholique du temps que « les premières ordures de Calvin... induisirent peu à peu à cette croyance quelques gens de mestier, la pluspart cardeurs de laine et drapeurs-drapans, rencontrez au cabaret, qui, le verre à la main, apprindrent l'air et la notte des pseaumes de Bèze et de Marot et mirent en vogue cet air nouveau : *Lève le cœur, ouvre l'oreille*, etc. » (1).

Quoi qu'il en soit on verra que Masenx assista en 1537, dans la maison d'Antoine Aragon, au premier essai de

(1) LESCAZES. *Mémorial historique.* Chap IX Toulouse, 1611.

Pour l'origine des troubles religieux du xvie siècle on n'a pas suffisamment insisté sur les relations qu'eut la Réforme avec l'hérésie albigeoise. Les deux tentatives procédaient du même principe, le rationalisme, et se touchaient singulièrement. Elles avaient d'ailleurs les mêmes causes, à savoir la vénalité des offices ecclésiastiques et le relâchement des mœurs du clergé. Il ne faut pas oublier en effet qu'en 1511 et 1512 le procureur-général près le Parlement de Bordeaux demandait à la Cour la répression des délits commis par les religieux des abbayes « gens mal vivants, vagabonds, dissolus, ne vaquant aucunement au service divin et allant, nuit et jour, piller, vagabonder, paillarder, portant arbalètes et autres harnois. » Le terrible procès si audacieusement fait par Henri Estienne au clergé de son époque dans l'*Apologie pour Hérodote* (1566) n'est plus à refaire. Malheureusement ce n'était pas, comme on l'a prétendu, un pamphlet furieux. Estienne n'avait pas emprunté en effet ses arguments aux ennemis de l'Eglise ; c'était, chose grave, aux meilleurs amis de cette Eglise, aux prédicateurs, qu'il les prenait.

Les prédicateurs étaient alors, depuis saint Bernard, et comme l'est aujourd'hui la presse, les grands agitateurs des foules et c'est en flétrissant et attaquant les vices de leurs contemporains que saint Vincent Ferrier et Olivier Maillard obtenaient ces prodigieux succès de popularité dont quelques journalistes de notre temps ont connu la puissance. Or, de même qu'il faudra plus tard chercher dans la presse actuelle le secret de nos passions et de nos vices, de même, quand il s'agit du xve et du xvie siècles, nul tableau ne pourrait être plus fidèle, plus vivant que celui tracé dans leurs sermons par Ferrier et Maillard. Tous deux ont prêché à Albi, le premier en 1416, le second en 1494. Ils ont donc l'autorité nécessaire pour parler du clergé albigeois. Ignore-t-on dans quels termes ils le font ? Olivier Maillard en particulier ne traite-t-il pas les prélats de son époque de « chasseurs, rufiens, ribaulx, ignorans, ambicieux, aveugles les yeux bandés et hujus modi »; et ne leur reproche-t-il pas de dissiper le bien des pauvres « cum turpibus personis, meretricibus ac lenonibus » ? Ne dénonce-t-il pas leur hypocrisie : « concubinas habent quas vocant commatres, eisque jocalia ob hoc et alia ampla ecclesiastica bona conferunt » ? Ne leur applique-t-il pas en face les sanglantes épithètes de « sacrilegi presbyteri putridi ! Spurcissimi ecclesiastici ! » et ne leur lance-t-il pas la terrible invective de saint Jérôme : « Dic, sacerdos, quomodo labiis et manibus audes tangere Filium virginis quibus attrectasti carnem meretricis » ? (Carême de Nantes d'Olivier Maillard. *Opus quadragesimale.* Paris, Jean Petit, 1506.)

Or, dans la première moitié du xvie siècle, le Midi frémissait encore de la prédication de Maillard. Le farouche franciscain était même revenu mourir à Toulouse en 1502 et sa *Chanson piteuse* était le ralliement de toutes les confréries.

Mais il y a plus. Malgré et peut-être en raison de l'injustice et de l'atrocité de la répression au xiiie siècle, le Valdéisme n'avait jamais disparu complè-

propagande réformiste qui paraît avoir été fait à Gaillac et qu'il s'y trouvait en bonne compagnie (M. f° LVIII r°). Mais, plus heureux que ses amis et que les fils de ses amis (les

tement de l'Albigeois, ni du Languedoc. On le retrouvait toujours vivace dans les vallées des Pyrénées et dans les déserts des Cévennes, où s'étaient réfugiés les débris vaincus du Catharisme, et les fils des faidits et des martyrs de l'Inquisition n'avaient jamais cessé d'être en relations avec Genève et les vallées vaudoises, dernier asile de l'Albigéisme avant de devenir la Terre Sainte et le Refuge de la Réforme.

Pour l'Albigeois en particulier le souvenir des violences de la Croisade y était demeuré longtemps vivant, et le levain du rationalisme n'en fut jamais extirpé. « Un saint évêque, dit La Roche-Flavin, s'en allant à Rome pour recevoir l'honneur du chapeau, rencontra près des montagnes d'Alby un vieil paysant des champs, avec lequel discourant des nouvelles du pays, ce vieillard lui dit : qu'il y avoit une multitude infinie de pauvres gens, couverts d'un sac rempli de cendres, vivans de racines parmi les déserts de ces montagnes, comme bestes brutes, lesquels on appeloit Albigeois, et que la guerre continuelle de cinquante ou soixante ans qu'on leur avoit faite et le meurtre de plus de cinquante mille hommes n'avoient servi que de semence pour les faire croistre et augmenter et qu'il n'y avoit moyen de les tirer de cet erreur, sinon par la prédication de quelque excellent personnage... » (*La Roche-Flavin.* Treize livres des Parlements de France, p. 1020).

Cette persistance du levain hérétique dans l'Albigeois est si vraie que les premières victimes de la Réforme en France furent de ce pays. Du reste il n'est pas douteux que, si le terrain était préparé, il ne fut pas moins bien ensemencé. La politique de la maison de Bourbon, opposée à celle des Valois, en devait faire la protectrice naturelle de la Réforme et le Béarn avec ses annexes, le comté de Foix, l'Albret, l'Armagnac, l'Agenais, allait devenir le foyer de l'opposition religieuse. On sait comment Henri IV soutint ce rôle, quelle habileté il y apporta ; mais il fut en cela admirablement secondé par sa mère et par sa femme. Deux hommes en outre, deux proscrits, avaient longtemps à l'avance, de 1530 à 1560, c'est-à-dire à l'époque même qui nous occupe, préparé le mouvement ; l'un était le docte et éloquent Gérard Roussel, abbé de Clairac, l'autre le patriarche même de la Réforme en France, Lefèvre d'Etaples. A ces noms il faudrait joindre encore ceux de Jérôme Vindouin, d'André Mélanchton, de Charles Sarrazin et de J.-C. Scaliger. Bien que celui-ci soit mort catholique et ait été inhumé dans l'église des Augustins d'Agen, il est certain qu'il professa ouvertement les idées nouvelles auxquelles sa réputation ne donna pas un médiocre relief. C'est lui d'ailleurs qui, sommé de comparaître devant l'Inquisiteur de la Foi, Louis Rochette, religieux jacobin et grand théologal de Toulouse et devant le commissaire royal Geoffroy de Cassaigne, conseiller au Parlement de Bordeaux, pour répondre à une accusation d'hérésie se défendit et surtout défendit l'humaniste Sarrazin, son ami et le précepteur de son fils, avec une telle éloquence, que non seulement les accusés furent absous, mais encore que l'Inquisiteur embrassa la Réforme (1538).

Ce ne fut donc pas de Genève seulement que vinrent les prédications. Il se forma de bonne heure un foyer local, méridional de protestantisme, si

Sabuc, les Pasquet, les Cabrol, les Vialard, les Barutel, etc.), qui presque tous disparurent dans la tourmente, il ne vit que l'aurore ou l'aube de cette révolution.

Il mourut du reste en bon catholique et fut inhumé dans la nef de l'église Notre-Dame de Montmiral, où ses descendants devaient reposer après lui (1).

Son testament ne nous est pas connu. Il est cependant à présumer qu'il y instituait pour héritier son petit neveu Guilhem Masenx *jove*, alors âgé de 15 à 18 ans, fils du tonnelier Guilhem *viel* et arrière petit-fils d'André Masenx, le frère de son propre père. Nous avons déjà dit que cet enfant était vraisemblablement son filleul. Il ne dut pas non plus y oublier un autre filleul, l'un des enfants d'Arnaud Taillefer, tisserand de Brugnac, qu'il cite en 1538 (f° xxxv r°), ni sa servante, Antoinette Bouffilh ou Bonnefille qu'il cite en 1546 (f° LXIII r°). Il est certain du moins qu'il n'y oublia pas l'établissement qui avait été l'instrument de sa fortune, c'est-à-dire la Commanderie de Saint-Pierre et de Saint-André.

Etait-ce l'expression d'un sentiment de reconnaissance ou d'un remords obscur ? Etait-ce une restitution ? — On choisira entre ces hypothèses. Toujours est-il que Masenx laissait à l'hôpital Saint-André la majeure partie des terres qu'il avait acquises de Ramon et de Bernard Fabre à Candastre, ainsi qu'une rente de 20 quintaux de fourrage à prendre sur ses riches prairies de Senouillac. Ce sont ces terres qui figurent dans le tableau des revenus de la Commanderie pour 1700, sous les noms de *terres des Fabres* et *terres de Masenx* (2).

---

bien qu'on a pu dire de Nérac, Tonneins et Clairac qu'elles furent les Genèves de la France.

Comment veut-on que, dans ces conditions, le grain de la Réforme n'ait pas germé dans l'Albigeois ?

(1) « Je veulx que, quand il playra à Dieu que l'âme de mon corps soict séparée, qu'il plaise à sa miséricorde la colloquer à son royaume de Paradis et que mon corps soict inhumé à ecclésiastique sépulture et au tombeau de mes prédécesseurs, qui est dans la nef de l'esglise dudit Montmiral et en icelle esglise mes honneurs funèbres estre faictes selon la qualité de nostre maison. » *Testament de Pierre Masenx*, 1618.

(2) *Monogr. Comm.* t. II, p. 295 *note*. M. E. Rossignol toutefois a lu *Faders* pour *Fabres* et *Marenx* pour *Masenx*.

Phénomène curieux et étrangement suggestif que ce legs ! car il nous ouvre des horizons inattendus sur la manière dont se maintenait et s'accroissait la temporalité des Communautés, malgré l'effroyable gaspillage de leurs chefs, l'incurie de leurs administrateurs et la piraterie de leurs fermiers (1). Tel qui s'était engraissé durant sa vie entière de vols faits à une maison religieuse, lui restituait d'un seul coup, de peur d'être damné, autant et plus qu'il n'avait pris. Ainsi, en dépit de ses vices et par la seule force de son prestige moral, la prospérité matérielle de l'Eglise ne se laissait jamais entamer, grandissait même avec sa corruption..... Combien de milliards, enlevés de la sorte à l'épargne individuelle, c'est-à-dire au progrès économique, l'Eglise, dans les dix derniers siècles, n'a-t-elle pas stérilement gaspillés ?

(1) Il est passé sous nos yeux une multitude de testaments des xve, xvie et xviie siècles ; il n'en est pas un qui ne contienne des legs pies : au prêtre qui ensevelira le testateur, au clerc qui portera la croix à l'enterrement, aux lampes qui brûlent dans les chapelles des églises de la région, aux Ordres mendiants, aux Hospices. On peut donc dire que l'Eglise avait fait du legs pie une si étroite obligation qu'il était devenu une sorte de dogme nouveau. Les portes du Ciel ne s'ouvraient qu'à celui qui n'avait pas oublié l'Eglise dans ses dispositions testamentaires. C'est si vrai que, lorsque une personne mourait intestat, ses proches testaient pour lui. Voici le préambule d'un de ces testaments que l'on pourrait appeler posthumes.. « Noverint... quod, quia Bernarda Trilha, quondam habitatrix de Revello, diu est dies suos clausit extremos, nullis legatis pro anima sua dimissis, prout est consuetum..... Ea propter, Guillelmus Rudello, habitator dicti loci de Revello, gener dicte Bernarde, constitutus in mei notarii publici et testium infrascriptorum presentia, amore Dei et in redemptionem peccatorum dicte Bernarde Trilha et pro anima ejusdem fecit et dimisit legata personnis et locis qui secuntur. Suit la nomenclature des legs pies... » (Testament du 26 avril 1401, d'Anglés, notaire à Lavaur). Les testaments de cette nature sont plus fréquents qu'on ne pourrait le supposer. M. Edmond Cabié, dont l'érudition est bien connue, nous en a cité de nombreux exemples. Aussi pourrait-on dire que les legs pies sont l'étiage de l'influence de l'église sur les âmes.

CHAPITRE V

Sommaire : *Les transactions commerciales de Fabre et de Masenx. — La question de l'intérêt au XVIe siècle ; importance du capital-terre. — Mécanisme des transactions : les notaires ; les billettes ; les livres de commerce. — Coutumes et privilèges de l'Albigeois.*

⁂

Fabre est et reste propriétaire. Il inscrit au jour le jour sur son livre de raison ses comptes domestiques, vente ou achat de récoltes, de denrées, du produit de ses bestiaux, baux à louage, terres acquises ou échangées, etc. S'il se livre à un acte de commerce, c'est par hasard.

Ainsi, le 5 février 1538, il vend à Loys Scorbiac, avec lequel il est en compte courant (c'est sans doute son bordier), une barrique de vin que lui-même avait achetée : *que compreri de la sor de Diode* (1). Peut-être ne faut-il voir là qu'un acte de pure complaisance.

Ne perdons pas de vue d'ailleurs que les lois canoniques interdisaient, sous peine d'anathème, tout commerce aux gens d'Eglise (2) et que Fabre est dans la cléricature.

---

(1) *Diode* pour *Dieudonné* (Deodatus), d'où est venu *Daydé*. *Darde* et *Dorde* ont la même étymologie.

(2) *Ne clerici vel monachi negotiis secularibus se immisceant* (Décrétales de Grégoire IX). La même interdiction concernait les magistrats et les nobles, quoique ceux-ci pussent sans déroger se livrer au commerce en gros et aux entreprises de mer. Et cependant, comme le fait remarquer M. Delisle, combien de prêtres, combien même de dignitaires ecclésiastiques ne surent pas s'abstenir de trafics illicites ! Fabre est, en ce qui le concerne, un rigoureux observateur de la règle. A la vérité il paraît, quoiqu'il ne le dise pas, avoir affermé certains biens de la Maladrerie ; mais il n'était pas bénéficiaire de cet établissement et le Parlement de Toulouse interdisait seule-

Cependant il prête quelquefois de l'argent ; *me deu Loys Scorbiac la soma de* xi *s. prestats de ma borso* ; mais c'est uniquement pour obliger Scorbiac.

La même expression *me deo per argen prestat* revient plus fréquemment dans les comptes de Masenx sans que cependant, pas plus que dans le livre de Fabre et pas plus que dans les comptes des frères Bonis ou des frères Boysset, il y soit fait mention d'un intérêt quelconque. Le prêt est donc toujours, du moins en apparence, une avance gratuite et gracieuse.

La raison de ce fait est facile à donner. C'est qu'au moyen-âge la loi civile, d'accord avec la loi religieuse qui l'inspirait, interdisait rigoureusement le prêt à intérêt. Il a fallu la lente révolution économique provoquée en Europe par la progression adéquate du commerce et du crédit pour faire revenir l'état laïque à une appréciation plus saine du rôle du capital monnayé.

C'est Calvin le premier qui osa publiquement battre en brèche ce dogme de l'Église catholique ; mais il ne réussit qu'à l'ébranler. Cependant un jugement de Rouen de 1593 autorisa le prêt à intérêt des deniers pupillaires. Moins d'un siècle plus tard, en 1662, Louis XIV empruntait cinq millions au denier 18 (1).

Il fallut cependant la Révolution pour émanciper complètement le crédit et donner à l'argent sa puissance actuelle. Un décret de l'Assemblée nationale du 12 octobre 1789 donna au prêt à intérêt, qui jusqu'alors n'avait vécu que par tolérance, son existence et sa sanction légales.

---

ment aux ecclésiastiques de se rendre fermiers dans leur bénéfice (LAROCHE-FLAVIN. Arrests notables. Édit. 1610, p. 6).

(1) On sait que l'école janséniste saisit l'occasion avec empressement et qu'elle renouvela, avec une rigueur farouche, la vieille condamnation du prêt à intérêt. On trouve un curieux écho de ce retour d'intolérance dans le passage suivant du *Livre de raison de Jean-Pierre de Berluc* : « J'ay fait une exacte recherche des livres de raison de mes devanciers, tous gens de bien, pour savoir si, dans leur simplicité, ils n'auroient pas exigé des interests sans titre, ce qu'ils auroient pu faire dans un temps où l'on ne preschoit point que l'usure fut deffendue, dans une espèce de bonne foy qui, à mon avis, n'excuseroit pas tout à fait devant Dieu, parce que l'ignorance du droit naturel n'excuse personne » (Cité par Tamisey de Larroque. *Livre de raison de Fontainemarie*, 1889, p. 113.

Ce court exposé suffirait à démontrer quelle est l'erreur monstrueuse de l'école sociale qui, de nos jours, condamne l'intérêt de l'argent. Revenir en cette matière à la prohibition serait non seulement renier l'une des plus grandes conquêtes de la Révolution, et faire un retour au Moyen-Age, ce serait encore méconnaître la loi du progrès dans ce qu'elle a de plus essentiel, c'est-à-dire dans la nécessité de la production et de l'activité du capital.

Et cependant, à regarder les choses de près, l'interdiction légale de l'intérêt eut longtemps sa raison d'être. Pendant de longs siècles, soit par suite de la difficulté des communications, soit parce que le besoin des échanges commerciaux ne se faisait pas sentir encore, l'Europe a ignoré le commerce. Les peuples vivaient du sol et sur le sol qui les avait vu naître et la terre natale satisfaisait peu ou prou à leurs modestes besoins. Est-ce que la terre, en effet, ne leur donnait pas le vivre, le couvert, le vêtement ?

C'est vers cette terre en conséquence que se tournaient tous les intérêts, que se tendaient tous les bras et toutes les intelligences, vers la terre, nourricière féconde, qui se laissait arracher ses trésors sans compter.

Or l'Eglise romaine, exploitant cette nécessité de la vie, poussa les peuples de tout son pouvoir vers la culture de la terre. Les couvents furent au moyen-âge, selon l'expression de Mignet, de grandes républiques agricoles. On a dit que si l'Eglise avait frappé de ses foudres le prêt à intérêt, c'était pour obéir à cette parole du Christ rapportée par Saint-Luc : « Faites le bien et prêtez sans en rien espérer ». C'est possible. Le Christ, comme tous les agitateurs socialistes, a bien pu se prendre au mirage du prêt sans intérêt et vouloir, par une doctrine plus large, flétrir la morale étrange du Deutéronome, qui condamne l'usure quand elle est faite du frère au frère, mais non quand elle est faite de l'étranger à l'étranger. Mais il est bien plus rationnel de penser que l'Eglise, par sa proscription, a voulu favoriser la culture de la terre, en un mot consacrer toutes les ressources financières et intellectuelles du pays au défrichement et à la mise en valeur du sol.

Ce furent en effet les ordres monastiques qui, dans la barbarie féodale, entreprirent comme moyen de salut le défrichement de ce sol, alors couvert d'immenses forêts. Leur œuvre malheureusement s'arrête au XIe siècle; mais il n'y a pas à nier que cette œuvre fut féconde; elle fut telle qu'au XIIIe siècle déjà la France jouissait d'une véritable prospérité et qu'à l'avènement des Valois, — à l'époque même qui nous occupe et que nous dépeignent Fabre et Masenx, — cette prospérité était à son maximum. La France comptait alors 25 à 26 millions d'habitants, chiffre qu'elle n'avait pas encore dépassé en 1789. Les guerres de Louis XIV réduisirent ce chiffre, au commencement du XVIIIe siècle, à 20 ou 21 millions, et il n'était plus que de 16 ou 17 millions en 1740 !

On comprend donc que, dans les conditions économiques où se trouvait l'Europe, le capitaliste, pour trouver un emploi lucratif de son stock monnayé, n'eût qu'un seul expédient, la terre. Seule elle lui donnait la solution de ce problème, vivre de sa richesse métallique sans l'entamer ou, si l'on veut, faire produire à son argent un intérêt que ni l'Eglise ni l'Etat ne condamnaient.

Aussi la terre fut-elle à cette époque l'objet de toutes les convoitises, le but de tous les efforts, l'espoir de tous les travailleurs. On l'aima non seulement comme une mère d'autant plus généreuse qu'on la déchire davantage, mais encore comme un gage de repos et de stabilité, comme la matérialisation de la fortune acquise et, par suite, la source de toute aristocratie. Peut-être est-ce même à ce sentiment d'affection égoïste pour le sol qu'il faut attribuer l'éveil précoce du sentiment de la nationalité française.

Quoi qu'il en soit, noble, bourgeois ou manant, clerc ou laïque, dès qu'il se trouvait à la tête d'un capital quelconque, achetait de la terre ; aujourd'hui un lopin, un autre l'année suivante, puis un pré, un mas, une vigne, etc. ; peu à peu cela faisait un domaine.

En vérité, à moins d'acheter la seigneurie, il n'en avait que la jouissance, le fief, et c'est là ce qui explique la différence de prix des terres seigneuriales et des terres féodales. Une terre qui se paie aujourd'hui 3.000 francs l'hectare s'acquérait alors pour 2 ou 3 liv. t. ; mais c'était une terre serve, féodale, dont le feudataire était tenu envers le seigneur direct à l'hommage, au ban, à l'impôt et parfois même à des obligations très dures.

Mais dans l'Albigeois en général ces conditions étaient douces. Elles se résumaient en une rente annuelle (*cens*) et, à chaque changement, en une reconnaissance et un droit de mutation (*senhoria*). D'autre part la loi sauvegardait assez bien le feudataire contre les caprices ou l'arbitraire de son seigneur. Le fief était donc, sauf certaines restrictions, la propriété du feudataire ; il pouvait le cultiver à sa guise, y bâtir, le louer, l'affermer, le céder, l'aliéner, le revendre ou le transmettre, avec ses charges, à ses enfants (1).

Aussi quand, soit inaptitude à la culture, soit pour tout autre motif, le feudataire ne pouvait cultiver lui-même la terre qu'il venait d'acquérir, alors, par l'arrentement perpétuel, de 29 en 29 ans, ou par l'arrentement à terme, il déléguait, contre un revenu fixe, à un voisin que n'effrayait pas le rude labeur de la terre, la gestion de sa propriété.

(1) Le Languedoc était d'autant plus privilégié à ce point de vue qu'il était *pays de franc-alleu*, c'est-à-dire que le principe « nulle terre sans seigneur » n'y était pas admis. Au contraire les Constitutions spécifient que « toutes choses de leur nature y sont estimées franches et libres », *omnia prædia censentur libera, nisi probetur servitus*. Ce n'était donc pas au cultivateur à prouver son affranchissement, mais au seigneur à prouver la servitude de ses vassaux.
On comprend cependant que, lorsque la Révolution eut brisé les entraves féodales et rendu la souveraineté du sol accessible à tout le monde, il se soit produit dans l'âme du paysan, en Languedoc comme ailleurs, un réveil terrible, une recrudescence passionnée de son amour pour la terre. C'est ce sentiment que le grand romancier E. Zola a si puissamment évoqué dans *la Terre* ; sentiment terrible en effet, devant lequel recula la Restauration, malgré l'illégalité flagrante de la situation des détenteurs de biens nationaux.
Un autre résultat de l'émancipation de la propriété en 1789 a été de donner au sol, pendant un siècle, une valeur fictive, très supérieure à sa valeur réelle. Nous nous en apercevons aujourd'hui cruellement et c'est là la cause principale, primordiale du marasme dont souffre l'agriculture. Tel domaine qui a été payé 100.000 fr. de 1820 à 1850 en vaut à peine 20.000 aujourd'hui !

Ce voisin était alors un *tenancier*. Ce tenancier, — en général un *pagés* (petit propriétaire de fief), — pouvait être un fermier, un bordier ou un colon. Dans tous les cas le capital-argent du propriétaire, converti en capital terre, lui donnait un bénéfice suffisant pour vivre et lui permettait, sur ses vieux jours, de liquider son commerce et de se retirer sur sa propriété. C'était l'intérêt sous une forme déguisée.

Quand les économies péniblement amassées, accumulées à la sueur de son front (les risques commerciaux et autres étaient autrement grands à cette époque qu'aujourd'hui) ne lui permettaient pas l'achat d'une terre, il jetait son dévolu sur une vache, sur une douzaine de brebis commandées par un bélier; brebis et vache, il donnait le tout « à gazaille » (notre bail à cheptel) et capitaliste et gazailler prenaient chacun la moitié des profits.

Les acquisitions de fiefs, les baux à arrentement, à ferme ou à métayage, les gazailles remplissent les registres notariaux de l'époque; c'est aussi ce que nous trouvons dans nos livres de raison. Maseux en particulier donne de nombreux exemples de gazaille, qui du reste ne diffèrent pas sensiblement de ceux du xiv° siècle, publiés par M. E. Forestié (1).

Or capitalistes et pauvres hères trouvaient leur compte dans cette façon de procéder. Pour les premiers c'était l'intérêt assuré de leur capital; pour les autres l'outil qui leur permettait, non seulement de gagner le pain quotidien, mais encore et surtout d'acquérir à leur tour un capital en accroissant la richesse nationale. Sully n'a-t-il pas dit que labourage et pâturage sont les deux mamelles de la France ?

L'arrentement faisait en effet du paysan le vrai propriétaire du sol arrenté. Aussi avec quelle ardeur, avec quel amour il fouillait la terre qui devait le faire vivre, lui et les siens, après prélèvement de la rente due au propriétaire!

---

(1) E. Forestié. Les Livres de comptes des frères Bonis, de Montauban. Introduction p. cxciv et suiv.

Avec quelle sollicitude il veillait sur ce troupeau dont la moitié des produits constituait sa fortune!

Cette question de l'intérêt de l'argent n'est donc pas une digression inutile; il fallait la traiter pour bien mettre en lumière les opérations agricoles de Fabre et de Masenx.

Fabre et Masenx, en effet, dès qu'ils ont réalisé un bénéfice, fait une épargne de quelques écus, se hâtent d'acheter de la terre, souvent ils profitent de l'embarras d'un malheureux voisin, et pour sa part, on le verra, Masenx ne se fait pas faute, afin d'acheter à de meilleures conditions, de contribuer à cet embarras.

Dans tous les cas ces achats se font par devant notaire et leur transcription forme le fonds ordinaire des livres de raison. On verra en effet qu'une bonne partie du livre d'Eutrope Fabre (les 15 premiers feuillets) et 8 feuillets du livre de Masenx (du f° 125 au f° 133) sont consacrés à ces mentions d'achat, qui pour le propriétaire et pour ses héritiers, constituaient de précieux répertoires.

C'est également grâce à ces transcriptions que nous connaissons un grand nombre de notaires ou de clercs de la région Gaillacoise au XVIe siècle. On sait combien, à une époque et dans un pays où très peu de gens savaient écrire, ces officiers ministériels étaient nombreux. Les frères Boysset en mentionnent, dans la seule région de Saint-Antonin, 19 en 1521 (1); Fabre et Masenx en désignent une quarantaine (2).

---

(1) E. FORESTIÉ. — *Les Livres de comptes des frères Boysset, marchands de Saint-Antonin de Rouergue au XVIe siècle. Bull. archéol. de Tarn-et-Garonne.* 1892. Broch. in-8) *Montauban*, p. 15. — M. Forestié estime que tous ces notaires sont de Saint-Antonin. C'est peu probable, car on retrouve parmi eux plusieurs des notaires de Fabre ou de Masenx, notamment un *Albrespy* et *Ant. Germain*, que nous savons avoir exercé à Castelnau-de-Montmiral. *De Bosio* ou *de Bosco* est probablement un notaire d'Albi désigné aussi par Masenx (f° 130 v°).

(2) NOTAIRES MENTIONNÉS PAR FABRE DE 1517 A 1535

1. *Darde Albrespy*, à Cahuzac (?)............... 1521-23.
2. *Antoine Bacbec*, à Gaillac.................... 1529-30. — Celui-ci est aussi mentionné par Masenx.
3. *Bernard Batifol*, à Gaillac .... 1529-31, aussi mentionné par Masenx.

La résidence de ces notaires est souvent incertaine, mais la plupart sont de Gaillac. Quelques-uns ajoutent à leur ministère des fonctions spéciales ; ainsi Louis Viguier est,

4. *Pierre Carrère*, (Carreri).................... 1517-18.
5. *Clément Courbassier* (Corbateri)............. 1530-31.
6. *Pierre Falgayrac*............................ 1518.
7. *Pierre Loubat*, (Lobati), à Cahuzac......... 1535.
8. *Jean Pénard*................................ 1525-29.
9. *Raymond Dupin*, (Pinnavis)................. 1521.
10. *Pierre Ricupeyroux*, à Cahuzac............. 1527-33.
11. *Guillaume Turlan*, à Gaillac............... 1531-35, aussi mentionné par Masenx.
12. *Louis Viguier* (Viguié)..................... 1521-28.
13. *Bernard Viguier* ou *Viguerie* (Vigeri)...... 1531.
14. *Pierre de Vital* (de Vitalis) à Cordes (*)... 1528.

NOTAIRES MENTIONNÉS PAR MASENX DE 1518 A 1546

1. *N... Brau* (Brausi), au Verdier............. 1534-38.
2. *Antoine Babec, Bacbec* ou *Batbec* (Babecas), à Gaillac................................... 1531-33, déjà signalé.
3. *Bertrand Batifol*, à Gaillac................ 1524-38 ; il est aussi appelé Bernard. C'est évidemment le même qui est désigné par Fabre.
4. *Antoine Cantalause*, à Castelnau-de-Montmiral...................................... 1520-45.
5. *Pierre Caricenc*, à Gaillac................. 1521-32.
6. *Raymond Caricenc*, à Gaillac............... 1523-43.
7. *Bernard Clauzel*, à Gaillac................. 1539 41.
8. *Antoine Germain*, à Castelnau.............. 1518-30.
9. *Bernard Loubat*, à Cahuzac................. 1539.
10. *Aymar* ou *Azémar Loubet* (Lobeti), à Castelnau..................................... 1525-39 (un acte de 1592, que nous possédons, donne le nom de son successeur, Antoine Loubet).
11. *N... Massoutié*............................ 1518-1530.
12. *Antoine Masenx*, à Gaillac................. 1520-1542.
13. *N... Malet* (Maleti), à Cahuzac............ 1521-43.
14. *Bernard Moret* (Moreti), à Gaillac......... 1530-40.
15. *N... Pélissier* (Peliceri ou Periceli), à Gaillac. 1532.
16. *Antoine Régières* (Regieyras).............. 1523-24.
17. *Jean de Roufflac* (de Roflaco), à Gaillac... 1530.
18. *Jean Rosières*............................. 1522-32.
19. *Laurent Tricas*............................ 1522-28.
20. *Guillaume Turlan*, à Gaillac............... 1542 ; déjà signalé.
21. *Jean Turlan*, à Gaillac.................... 1531-45.

(*) C'est probablement le fils de ce personnage qui est désigné par Blouyn sous le nom de Pierre Vitalis, avocat et substitut du procureur du roi à Gaillac. Le ministre Salicet descendit chez lui en 1562.

en 1521, procureur du vicomte de Paulin, à Mauriac (F. f° I r°); Jean de Rouffiac est, en 1530, notaire des Pitanciers de Saint-André (M. f° 137 r°); Antoine Masenx est, en 1543, garde-scel du lieutenant du juge à Gaillac (M. f° 101 r°). Quelques-uns au contraire semblent n'avoir été que de simples clercs qui ont soit grossoyé des actes, soit rédigé des *billetas* pour Masenx ou ses clients.

En effet, dans tous les actes notariés qu'il fait établir, Fabre distingue soigneusement l'*Isturmen*, c'est-à-dire la minute, la cède inscrite au registre notarial, de la *grossa*, c'est-à-dire de la copie ou expédition qu'il se fait délivrer. Or, tandis que la minute ne coûte que 5 à 10 deniers, mais doit être établie par le notaire, la grosse peut être établie par un clerc quelconque, mais coûte beaucoup plus cher, de 4 à 6 sols, sans doute à cause du parchemin et du soin apporté à sa calligraphie. Il est d'ailleurs probable que le prix de ces actes se débattait à l'amiable entre le notaire et le client, car ce prix n'est nullement en rapport avec l'importance de l'acquisition ni avec la longueur de l'acte.

Le plus souvent c'est le même notaire qui établit la minute et la grosse; mais souvent aussi il y a deux notaires différents, l'un pour la minute, l'autre pour la grosse; exemple au folio VI de Fabre, où les cèdes sont établies par Loys Vignier et les grosses par Rieupeyroux ou Pierre de Vital.

Les registres de cèdes constituent aujourd'hui le fonds principal des archives notariales où ils sont faciles à consulter (1). Quant aux grosses, c'est-à-dire aux expéditions sur parchemin des actes d'achat, il n'est personne qui n'en

22. *N... Devas* (Devasis), à Gaillac............ 1510-11.
23. *Pierre Valières*, à Gaillac................. 1516; (appelé Pons dans un procès-verbal de 1562.)
24. *Jean Viguier*........................... 1521.
25. *Bernard Vilar*, à Brens.................. 1539.

(1) Sans doute les notaires ne font pas de difficultés quand on leur demande de laisser fouiller dans leurs archives. Mais comme il est long et souvent difficile d'y faire des recherches ! C'est dans les Archives départementales, où ils seraient un jour ou l'autre inventoriés, que ces documents devraient être versés. Les notaires ne feront jamais l'inventaire de leurs registres de cèdes, d'abord parce qu'ils n'en ont pas les loisirs, ensuite parce qu'ils ne sauraient

ait vu; elles étaient en effet conservées précieusement, comme titres de propriété, par les intéressés qui nous les ont transmises avec leurs archives de famille.

Telles étaient les garanties de la transaction pour les affaires d'importance, comme les achats de terres ou d'immeubles; mais on comprend que pareille procédure était trop complexe et trop coûteuse pour s'appliquer, sans les entraver, aux transactions courantes, aux modalités infinies de l'offre et de la demande.

Examinons donc, pour le petit commerce, où le vendeur et le prêteur (car les deux termes sont synonymes à l'époque qui nous occupe) trouvaient les garanties de leur vente ou de leur prêt.

D'abord, comme nous venons de le dire, l'acheteur se transformait presque toujours en emprunteur, car il ne payait pas comptant la marchandise; et c'est là une circonstance heureuse, puisque nous lui devons la plupart des livres de raison qui nous sont parvenus. Ce phénomène était la conséquence à la fois et de la rareté du numéraire et de la difficulté des communications. Il ne faut pas oublier du reste qu'en jetant sur un marché restreint le stock des marchandises produites dans la région, ces mêmes conditions amenaient nécessairement la consommation locale et par conséquence l'échange des marchandises. L'échange était donc l'un des modes les plus fréquents de transaction commerciale.

Mais quand l'acheteur n'avait pas de marchandise à échanger, ce qui était le cas le plus ordinaire, il devenait emprunteur. Parfois en effet il donnait un acompte et, pour le reste du paiement, prenait de longs délais; le plus souvent il « promettait de payer ». Comme on le voit, la promesse s'était déjà substituée au serment; l'acheteur s'engageait simplement soit à rembourser la valeur de l'objet à une

---

lire dans ces grimoires. D'un autre coté, ils ne sont que simples dépositaires de ces richesses historiques.

Aussi ne pouvons-nous que nous associer à la campagne que le regretté M. Emile Jolibois a si longtemps et si vivement menée en faveur du dépôt dans les Archives départementales des registres des cèdes antérieurs à 1790.

époque déterminée, soit à le solder par échéances fractionnées et à termes espacés. Ce dernier mode de transaction était le plus usité; par exemple, sur une fourniture de 10 écus, l'acheteur promettait d'en payer 2 chaque année à l'une des fêtes de la Toussaint, de la Madeleine, de la Saint-Jean, etc.

Ces longs délais de paiement montrent combien l'habitude d'acheter à crédit et à très long terme, qui existe encore dans nos campagnes, a des origines anciennes. Il est permis d'en conclure, dit M. Forestié, « que les marchands du xive, du xvie, comme ceux du xixe siècle, prévenus de cette tendance, vendaient leurs marchandises à des prix permettant *un guasanh de bona part*, un gain honnête » (1).

En général c'était à l'une des grandes fêtes de l'année, à Pâques, à la Toussaint ou à la Noël, ou bien à la fête d'un apôtre ou d'un saint de marque, Saint Jean, Saint Luc, Saint Michel, la Madeleine, etc., que s'effectuaient ces paiements. Ils étaient le plus souvent calculés de façon à échoir dans la période qui sépare la moisson des semailles, ainsi à la Madeleine (23 juillet), à la Saint Julien (12 août), à la Saint Michel (29 septembre) ou à la Saint Luc (18 octobre). Mais les foires étaient également des dates importantes pour les échéances.

C'est que, pour les agriculteurs de cette époque, les foires étaient non seulement des nécessités commerciales, mais encore des repères précieux et des occasions solennelles. C'est là seulement que le paysan pouvait se procurer les objets manufacturés qui lui étaient nécessaires, là qu'il apprenait les nouvelles, voyait ses parents ou ses amis, s'informait du cours des denrées. C'est là surtout que les transactions faisaient sortir et circuler du numéraire, invisible pendant tout le reste de l'année ; aussi tout le monde s'y rendait-il et, avec l'argent d'une vente, le débiteur y réglait l'arriéré de ses créanciers (2).

---

(1) E. FORESTIÉ. Les livres de comptes des frères Boysset, p. 13.
(2) Voici le tableau des principales foires du Gaillacois au xvie siècle :
    20 janvier,   Saint-Sébastien,   foire à Cahuzac.
    25 janvier,   Saint-Paul,   —   Castelnau.

L'acheteur offrait, comme sanction de sa promesse, plusieurs sortes de garanties, à savoir : sa parole, le serment, le témoignage et le billet (*billeta*), c'est-à-dire une reconnaissance écrite de sa dette.

Nous dirons plus loin quelques mots du serment, déjà peu usité du temps de Masenx et qui n'avait guère de valeur que quand il était certifié par un notaire. Quant à la parole d'honneur de l'acheteur, elle avait encore moins de crédit. On en trouve cependant un exemple dans Masenx (f° XLIX r°), mais l'acheteur était dans ce cas le propre bordier de la métairie de Saint Jérôme, Antoine Toulouse, auquel Masenx paraît avoir accordé une certaine confiance. Encore n'est-ce pas sur la parole d'honneur du débiteur que Masenx se risque, mais sur la sienne propre. Ainsi, pour une cartière de moussolle que Toulouse lui a empruntée, il écrit : *deo torna tan de blat et a ma parola en gage*, c'est-à-dire « Je me porte garant pour lui ».

La présence de témoins était, on le comprend, un mode autrement usité de garantie dans une population d'illettrés. Dans ce cas l'acheteur amenait deux ou trois témoins avec lui, ou bien le vendeur requérait ses voisins au moment de la livraison de la marchandise, ou bien encore on prenait d'autres acheteurs à témoin et, si le vendeur savait écrire, il faisait pour mémoire mention de la transaction, ainsi que du nom des témoins, sur son livre de raison.

Parfois, comme on le voit au f° XCIV v° de Masenx, le vendeur ajoutait à cette mention le nom et l'adresse, c'est-à-dire la signature de son client et transformait alors

1er mai,	Saint-Jacques	foire à Gaillac.
11 juin,	Saint-Barnabé,	— Castelnau.
29 juin,	Saint-Pierre et Saint-Paul,	— Cahuzac.
1er août,	Saint-Pierre-ès-liens,	— Castelnau.
16 août,	Saint-Roch,	— Cahuzac.
29 septembre,	Saint-Michel,	— Gaillac.
13 novembre,	Saint-Brice,	— Cahuzac.
22 novembre,	Sainte-Cécile,	— Castelnau.
21 décembre,	Saint-Thomas.	— Gaillac.

Comme on le voit ces foires étaient échelonnées sur le courant de l'année et suffisamment espacées les unes des autres pour convenir à tous les besoins.

la note de son livre en une véritable reconnaissance écrite de la dette ; seulement la reconnaissance était faite par lui-même et non par le client, peut-être même à l'insu de celui-ci.

Cependant la reconnaissance écrite se faisait le plus ordinairement du consentement et avec la participation des deux parties. Elle était alors en général rédigée sur un morceau de papier et constituait la *billeta* (billet ou billette).

Aujourd'hui que tout le monde sait écrire, rien n'est plus simple que la conception du billet : l'acheteur ou l'endosseur s'engage sur sa signature et cette signature établit la valeur légale de la reconnaissance. Il n'en était plus de même, comme on va le voir, au xvie siècle où les illettrés formaient l'immense majorité et où le nombre de ceux même qui savaient signer était très restreint.

Quand il s'agissait de clients honorables, de bonne foi, ou quand l'affaire était peu importante, la *billeta* était rédigée indifféremment par l'acheteur, par le vendeur ou par un tiers. C'est pourquoi l'on trouve fréquemment dans Masenx ces mentions : *Billeta per* un tel ; *Billeta de sa ma* ou *sinada per luy* ; *Billeta per my* ou *per de my*, etc.

Mais, quand il s'agissait d'une transaction importante ou vis-à-vis des illettrés, pour ménager leur défiance légitime et garantir leurs intérêts, la *billeta* était écrite par un notaire devant lequel l'acheteur prêtait serment.

Les frais de cette opération devaient être très minimes. Peut-être même était-elle un acte de complaisance de la part du notaire, car les *billetas* qui nous sont parvenues sont d'informes reconnaissances, en général illisibles, sur de minuscules chiffons de papier. On devine qu'elles ont été faites à la hâte, pendant une foire ou un marché, et que le notaire a utilisé, pour les écrire, tous les bouts de papier qu'il a pu se procurer. Souvent le papier en est prélevé sur une page blanche du livre de raison du vendeur, ce qui nous explique pourquoi on y trouve tant de lacunes, de feuillets absents ou déchirés. Parfois même le feuillet sur lequel a été écrite la *billeta* n'a pas été détaché du livre et l'on rencontre alors, pêle-mêle avec les mentions commerciales du vendeur, des reconnaissances notariées (Exemple : M. f° LXXIV r° et 120 r°).

Ces *billetas* portaient généralement, à la façon de nos traites commerciales, en tête ou en marge, le chiffre de la somme exigible ; elles ne comportaient pas de minute, c'est-à-dire pas de transcription sur le registre notarial, et par conséquent n'avaient pas de valeur légale.

Du reste bien que le billet fût, à une époque où le numéraire était fort rare, une nécessité commerciale, il ne se négociait pas. Le créancier le conservait et ne s'en dessaisissait, entre les mains du juge, que lorsque le recouvrement de sa créance nécessitait des poursuites.

Masenx avait l'habitude de conserver ses *billetas* soit dans ses livres, soit dans ce qu'il appelle « le sac », c'est-à-dire dans le portefeuille formé par les premiers feuillets cousus de son livre de raison. Cela nous explique le titre d'un des principaux chapitres de son livre, dans lequel il récapitule ses créances (f° 164 v°) : « *Memorio de las biletas que son en lo sac et en los libres* », et aussi la note suivante maintes fois reproduite à la suite de la mention d'un billet : *Al sac es*. Nous avons déjà dit que ce sac renfermait encore, quand nous l'avons exploré, quelques *billetas* qu'on trouvera à l'Appendice.

On sait déjà que la *billeta* n'avait pas de valeur légale. C'était plutôt un acte de complaisance du notaire qu'un acte d'état civil ; c'est pourquoi elle avait pour base essentielle le témoignage. En conséquence non seulement elle était établie en présence des témoins devant lesquels le débiteur avait promis de payer, mais encore elle relatait avec grand soin les noms, professions, domicile de ces témoins, le lieu et les conditions de la transaction, etc.

Nous avons dit en outre que, pour plus de sûreté et quand le vendeur savait écrire (ce qui était le cas pour Masenx), il reproduisait sur son livre de raison le contenu de la *billeta*, notant aussi avec exactitude le jour, le lieu, les circonstances de la vente et désignant surtout les assistants qui pourraient être appelés à en témoigner.

La *billeta* et le livre de raison faisaient donc double emploi et ceci nous explique pourquoi, comme le fait remarquer M. Forestié (1), le billet était souvent, quand le vendeur avait un livre de raison, conservé par le débiteur. En réalité pas plus le livre que la *billeta*, tout en ayant au point de vue judiciaire une grande importance, n'ont de valeur par eux-mêmes; il n'ont que la valeur qui résulte du témoignage et des indications qu'ils évoquent, noms des témoins, nature et jour de la transaction, circonstances particulières, etc.

Il n'en est plus de même de la *carta*. Avec la *carta* nous retombons, à peu de chose près, dans le cas que nous avons étudié pour les achats de terres, celui d'une opération faite par devant notaire, avec insertion de l'acte au registre notarial.

La *carta* n'est en effet que l'expédition courante et très abrégée de la cède, délivrée par le notaire même qui a établi celle-ci. Elle diffère donc sensiblement de la *grossa*, mais peut être facilement confondue avec la *billeta* dont elle a la forme, l'apparence et la rédaction sommaire ; ajoutons que comme la *billeta* elle est toujours sur papier. En revanche elle se rapproche de la *grossa* en ce qu'elle porte l'indication du folio du registre notarial où l'acte est inséré; on peut voir par exemple cette indication sur la reconnaissance d'Antoine Durand à Antoine de Roch, dressée par le notaire Moret, qui se trouve à l'Appendice.

Il en résultait que la *carta*, inversement à la *billeta*, avait une valeur légale. Malheureusement, comme *carta* et *billeta* se ressemblent absolument, Masenx les confond assez souvent, ce qui semblerait à tort faire supposer que les deux termes sont synonymes.

Le prix de la *carta* devait se confondre avec celui de l'acte qu'elle résumait ; en tous cas il était sensiblement moindre que le prix de la *grossa*, puisque la *carta* ne comportait ni parchemin ni calligraphie. Masenx, qui compte toujours à ses clients les frais d'actes ou de transac-

(1) E. Forestié. Les Livres de comptes des frères Boysset, p. 16.

tions, nous renseigne à peu près sur le coût d'une pareille transaction ; ainsi Guiraud et François Journès ayant répondu, en 1510, pour leur beau-frère Pierre de Sainte-Croix, d'une dette de 2 ll. 4 s. 9 d., il ajoute à cette somme, en leur passant la créance, 4 s. 4 d. pour la *despensa*, c'est-à-dire pour les frais d'acte et de *carta* (M. f° LXXIX r°). On voit que c'est 10 °/₀ dans le cas actuel, mais il est probable que les frais étaient indépendants de l'importance de la transaction.

Les honoraires des notaires leur étaient payés directement. Il ne semble pas que, comme au xiv° siècle (1), ceux-ci donnassent des abonnements à l'année. Fabre comme Masenx font en effet établir des actes, la même année, par l'un quelconque des notaires de Gaillac, de Castelnau ou de Cahuzac ; il est probable qu'ils s'adressaient au plus voisin comme au meilleur marché.

La plupart des établissements, les communautés et les confréries religieuses, avaient cependant des notaires attitrés auprès desquels ils devaient bénéficier de prix de faveur. Les Pitanciers de Saint André ont pour notaire, en 1516, Pierre Carivenc (livre de Jean de Paulhe) et, en 1530, Jean de Roufliac (M. f° 137 r°) (2).

Le paiement des notaires se faisait, comme les autres paiements, à longue échéance et le plus souvent en denrées. Aussi le notaire demeurait-il longtemps en compte-courant avec son client. Nous voyons par exemple, de 1530 à 1533, Masenx, fermier des Pitanciers de Saint-André, régler, pour le compte de chaque bénéficiaire, soit en blé, soit en argent, un grand nombre de notaires, A.

---

(1) Le légiste Arnaud de Riblay, de Montauban, recevait des frères Bonis, pour les actes faits ou à faire pendant un an, une somme fixe de 60 sols. E. Forestié, Les livres de comptes des frères Bonis, t. II, p. 282.

(2) Le notaire de la Commanderie de Saint-André était à titre. On lit en effet dans les statuts du 24 février 1390 (vieux style). Statuimus insuper quod idem preceptor, de voluntate et concensu omnium fratrum aut majoris partis eorumdem. ... provideat .... in eodem hospitali de uno probo et honesto viro, publico notario, qui, primo prestito corporali juramento de fideliter et bona diligentia in suo officio adhibenda, recipiat omnia et singula instrumenta idem hospitale et ecclesiam tangentia, (Arch. de la Comm. non inventoriées).

Bacbec, J. de Rouffiac, G. Rodière, J. Turlan, P. Carivenc, B. Moret, etc. (M. f° 142 à 152). Quelquefois aussi on faisait des cadeaux aux notaires ; ainsi Antoine Ancel, de Gaillac, achète à Masenx une paire de chausses en cordelat de Foix pour l'offrir à Jean Rosières (M. f° LV r°).

Ces modes de transaction garantissaient, comme on le voit, le prêteur d'une façon suffisante, à la condition bien entendu que l'emprunteur eût du bien, une certaine surface. Les mauvais payeurs n'avaient plus en effet, comme au XIVe siècle, la ressource d'émigrer dans une *Bastide* pour éviter un paiement ou pour se soustraire à la contrainte.

Néanmoins, dans certains cas où Masenx ne peut ou ne veut pas faire intervenir, l'officier de l'état civil, il se contente de faire prêter serment à son débiteur. La garantie est médiocre, mais l'histoire suivante montre bien que ce n'est qu'une sorte de pis-aller : en 1537 Masenx était en contestation avec Antoine Algay, dit Barutel, du *mas de la Genebreira*, au sujet d'une futaille vide que celui-ci n'avait pas rendue et qui valait bien 10 sols ; on prit un arbitre qui condamna Algay à payer, pour ce vieux fût, 25 sols ; on comprend que Masenx ne se soit pas soucié de faire sanctionner ce singulier jugement par un notaire ; il fit simplement jurer à son débiteur, en présence de deux témoins, de payer les 25 sols. Celui-ci jura tout ce qu'on voulut, *atal jurec* ; il paya même, mais 20 sols au lieu de 25 (M. f° XLVI r°).

Ainsi la valeur morale et matérielle du serment, si grande au moyen-âge, est fort réduite au XVIe siècle. S'il n'est pas enregistré par un notaire, le serment est considéré comme nul. Du reste on ne le prête plus ; *atal jurec* est simplement une formule d'usage chez les clercs. En réalité l'acheteur ne *jure* pas, il *promet* seulement de payer.

C'est là un signe des temps, signe grave qui prouve combien en deux siècles a diminué l'autorité morale de l'Eglise et combien la Réforme est proche. Or il en est de la sanction pénale comme de la garantie.

Quand, au XIVe siècle, les frères Bonis rencontrent un débiteur récalcitrant, indélicat, ils le dénoncent à l'official ;

le tribunal ecclésiastique fulmine alors contre le mauvais payeur une sentence d'excommunication que le curé lance de la chaire ; cela suffit à effrayer les plus effrontés. Mais au XVIᵉ siècle et à Gaillac en particulier, ville et fief ecclésiastique, de la temporalité de l'évêque, les foudres de l'Église sont déjà émoussées.

Si en effet à Saint-Antonin de Rouergue, ville moins avancée, les frères Boysset recourent parfois encore à l'officialité contre leurs débiteurs (1), il n'en est plus de même à Gaillac. On peut parcourir tout le livre de Masenx sans y trouver une seule allusion à cette juridiction spirituelle.

Quels étaient donc, à cette époque, les recours du créancier ? — Ces recours n'étaient qu'au nombre de deux, l'arbitrage et la contrainte judiciaire.

L'arbitrage est, en cas de difficultés, un procédé de conciliation très usité par Masenx (2). Cela se comprend du reste, les arbitres lui sont toujours favorables ; n'est-ce pas là l'éternelle question du capitaliste et de l'ouvrier ? et n'y a-t-il pas lieu de s'étonner, dans ces conflits, non point de la régularité avec laquelle les pauvres diables sont bernés, mais du respect avec lequel ils accueillent ces jugements suspects ?

Quoiqu'il en soit on trouve dans Masenx deux sortes d'arbitrage : l'arbitrage amiable, en quelque sorte familial, comme dans le cas précédemment cité d'Antoine Algay, et l'arbitrage solennel, fait par des notables ou prud'hommes contradictoirement choisis et payés par les parties (fᵒ LXXXIII rᵒ). Dans ce dernier cas la décision des arbitres est minutée par un notaire et les frais équivalent à ceux d'un procès.

Les poursuites judiciaires envers les débiteurs n'étaient pas aussi fréquentes qu'on pourrait le croire au premier abord. Masenx lui-même, malgré son âpreté, y répugne manifestement. C'est que non seulement elles étaient

---

(1) E. FORESTIÉ : *loc. cit.* p. 14.

(2) Sur les pouvoirs des arbitres, voir le chapitre *Des Arbitrages* dans G. CAYRON : Styles de Tolose. 1630. p. 397.

coûteuses et n'aboutissaient souvent, pour celui qui les entreprenait, qu'à un surcroît de dépenses et d'ennuis, mais encore c'est que, comme nous le démontrerons, le non-paiement rentrait dans le cadre du risque commercial de l'époque et que le bénéfice du vendeur était calculé de façon à n'en pas tenir compte.

Quand néanmoins le créancier se décidait à poursuivre, il s'adressait généralement à un procureur (ce procureur est, pour Masenx, Raphaël Brou, de Castelnau), qui citait le débiteur soit devant les consuls, si ceux-ci avaient droit de justice, soit devant le juge royal ou particulier de la juridiction ou son lieutenant.

A Gaillac, le jugement était rendu par le lieutenant du juge royal d'Albigeois et signifié à l'intéressé par un sergent de justice, accompagné en général du procureur poursuivant. C'est de la sorte qu'on voit Masenx en compte avec le sergent Pierre Gay et qu'on trouve le nom de Raphaël Brou fréquemment associé à celui de Pierre Gay.

Il en est de même du reste pour les frères Boysset à Saint-Antonin où la justice était administrée par les consuls ; ils sont en compte avec un officier de police judiciaire appelé *bayle* ou *lieutenant de bayle* et dont les fonctions ne semblent pas différentes de celles du sergent de justice.

Dans tous les cas, en vertu de la déclaration de 1490 (1), nul débiteur ne pouvait être exécuté en Languedoc pour

---

(1) Cette déclaration n'est que la confirmation des fameux privilèges accordés par Charles VII, le 1er mars 1432, aux habitants du Languedoc et qui furent depuis renouvelés par tous les rois.

En voici les principaux articles :

Le pays est régi par forme de droit écrit, comme il était d'ancienneté.

Les habitants ne sont justiciables que du Parlement de Toulouse.

Les libertés et franchises anciennes (y compris le droit franc-allodial) sont conservées.

Les nobles ni leur bétail ne sont imposés aux tailles.

Dans la répartition des tailles les Commissaires royaux sont subordonnés aux députés des Etats du pays.

Les bêtes et outils nécessaires de labourage ne peuvent être ni engagés ni saisis, *pour les tailles ni autrement*.

Ces privilèges étaient la magnifique récompense de l'appui donné par le Languedoc au dauphin pour l'expulsion des Anglais.

une somme inférieure à 30 liv. de capital ou 10 liv. de revenu (1), et encore, dans ce cas, fallait-il obtenir du juge le *sceau de rigueur* ou *de clameur*, dit *Petit scel de Montpellier*, autorisant la saisie (2). Malheureusement, comme on le verra, la loi féodale présentait trop de fissures pour que ces précieuses garanties ne pussent être tournées ou violées.

Dans d'autres cas, relatifs à des contestations de fermage ou de culture, on voit intervenir certains agents inférieurs du juge, sorte de commissaires-enquêteurs que Masenx appelle (sans doute d'après un sobriquet populaire) des *crompa-miseras*. Nous dirons un mot de ceux-ci à propos des fermages de Masenx.

Quoiqu'il en soit, en ce qui concerne les débiteurs, non seulement les chartes locales de l'Albigeois et du Rouergue, mais encore la constitution monarchique étaient plus libérales en bien des points que la constitution actuelle.

Dans un très petit nombre de communautés seulement le créancier pouvait prendre gage, de sa propre autorité, sur son débiteur, et encore à la condition que la dette fût inférieure à 2 sols tournois. Dans tous les autres cas — et même pour 2 s. de dette — il fallait l'intervention de la justice (charte de Labessière-Candeil).

Le gage était en effet très commun à cette époque, soit qu'il fût saisi par le créancier en garantie de la dette, soit qu'il lui fût accordé par la justice, soit qu'il fût consenti de plein gré, au moment de la transaction, par le débiteur lui-même. Ce dernier mode d'opération était même le plus commun, de telle sorte que la plupart des prêts et même des

---

(1) G. CAYRON, loc. cit. p. 66.

(2) « Le petit Scel de Montpellier, dit Cayron, qui est dans le ressort de ce Parlement de Tolose, est tellement rigoureux qu'on peut faire procéder par emprisonnement de la personne des débiteurs obligez à iceluy, tant dedans que dehors le Royaume, ensemble par fraction et ouverture de portes, chambres, cabinets et coffres de leurs maisons, desplacement et vante des meubles à l'enquant et cry public, sans intermision ny délay... Et si encores estoient subjects les débiteurs contre qui telles rigueurs sont exposées de payer au Roy la décime de la somme portée par l'obligation et les frais de l'exécution : qui causoit la ruine de plusieurs ». G. CAYRON, loc. cit. p. 66-67.

ventes n'étaient que des prêts sur gage. Cela se comprend du reste, puisque l'acheteur ne payait jamais comptant et que rien n'était plus aléatoire que l'époque et même que la possibilité du paiement. Dans les livres des frères Bonis les gages se rencontrent à chaque page.

A Labessière-Candeil le créancier était cru sur son serment jusqu'à 10 sols ramondins, à Villefranche jusqu'à 20 sols cahorsins.

Quand le débiteur reconnaissait sa dette il avait 14 jours pour s'acquitter. Passé ce terme, il était forcé de payer sans nouveau délai, même par saisie; mais il arrivait aussi comme aujourd'hui que le mauvais payeur, sentant venir la saisie, avait déjà vendu ce qu'il possédait à des tiers.

Toutes les coutumes font défense de saisir le lit, les draps de lit, les vêtements, les instruments de travail, les animaux de labour, les socs de charrue, le blé de semence et celui qui est destiné à la mouture. Ces dispositions, confirmées par les Edits royaux de 1570 et 1595, figuraient déjà dans les privilèges de la province prohibant « de faire exécution sur les chevaux, bœufs, harnois et ustencilles des laboureurs, vignerons et manœuvres, servant à labourer et cultiver les terres pour debtes, *ny mesme pour deniers royaux* » (1).

Quand il y avait gage, dans certaines communautés — à Graulhet par exemple — le juge mettait, à l'échéance, le gage entre les mains d'un prud'homme qui le retenait 14 jours; après ce délai le créancier avait le droit d'exiger la vente à l'encan. Il semble qu'il en ait été de même à Castelnau-de-Montmiral, car, dans le cas de Jacques Favarel, il est nommé un séquestre (*custos*) qui n'est autre que Jean Favarel, le père même ou le frère du débiteur. (M. f° XXXIX v°).

Dans tous les cas le gage ne pouvait se garder plus d'un mois. Ce délai passé, si le débiteur ne s'acquittait pas, le le gage était mis à l'encan en présence de témoins et même en présence du débiteur *qui devait toujours être informé de l'encan.*

Masenx nous donne (f° 130 v°) une idée très nette de ce qui se passait pour ces ventes. Jean Carivenc-Laborde, de

---

(1) G. Cayron. Styles. p. 68.

Senouillac, était poursuivi par noble Vidal del Fron ou Delforn, seigneur de la Bonnette ; celui-ci obtint du juge d'Albigeois un décret d'exécution et, en 1528, la vente fut faite à l'encan de Gaillac en présence du lieutenant du juge Guillaume Raffin, des consuls de Senouillac et de Jean Soulages, ancien consul et procureur de Laborde. C'est là que Masenx acheta, après les avoir libérés de leurs charges, l'*ostal de la Calayo* et une pièce de *Canabal*.

Les frais d'exécution et d'adjudication, que Jean Boysset appelle « *la adjsecutio et lo drech de l'encantaïre* », étaient à la charge du débiteur. Si le produit de l'enchère était supérieur à la dette, le surplus lui revenait ; dans le cas contraire la différence restait due.

A Rabastens le débiteur récalcitrant était, sur la plainte du créancier, assigné le jour même. S'il reconnaissait sa dette il avait les 14 jours d'usage pour s'acquitter, mais, après ce délai, il était, en cas de non-paiement, passible d'une amende de 15 sols tournois. Cette amende n'était que de 5 sols ramondins à Castelnau-de-Lévis et à Monclar.

A Albi le créancier ne pouvait prendre gage si l'évêque, seigneur temporel, ou l'administration municipale déclaraient le débiteur digne de confiance et si celui-ci faisait serment de payer sa dette à l'échéance. On ne recourait à ses biens que dans le cas où il ne s'acquittait pas à la date fixée (1).

Les frais de justice sont déterminés dans un grand nombre de chartes. A Castelnau-de-Lévis ils ne peuvent excéder 12 deniers et à Saint-Sulpice 6 deniers par livre de dette. D'après les comptes de Masenx, ils sont à Castelnau-de-Montmiral, de 10 deniers à 1 sol par livre de dette. (M. f° XXXIX r° et LXXXVIII r°).

En définitive les coutumes de l'Albigeois et les privilèges du Languedoc, tout en protégeant le débiteur contre l'arbitraire des poursuites, garantissaient d'une façon absolue, quoique différente, les dettes reconnues. Masenx pouvait donc en sécurité prêter son argent et ses marchandises. On va voir qu'il ne s'en fait pas faute.

(1) Voir sur cette question : E. JOLIBOIS, *Revue du Tarn*, t. XI, p. 147.

CHAPITRE VI

Sommaire : *Corruption morale du xvi*e *siècle. — Olivier Maillard et les libres prêcheurs. — L'usure, la punition des usuriers dans les Mystères. — Causes de l'immoralité des commerçants : le milieu social, l'instruction, la multiplicité des opérations. — Comptabilité de Masenx.*

Il existe une école d'esprits paradoxaux, pseudo-historiens et demi-moralistes, vaguement teintés de littérature et surtout épris de scepticisme, qui, de très bonne foi, professent que le progrès intellectuel va à l'inverse du progrès moral, qui opposent aux brillantes conquêtes de la Révolution les solides qualités morales de la vieille société française, qui surtout affirment que la vertu, la probité, la loyauté, la foi religieuse ou conjugale n'ont jamais été plus répandues, plus universellement florissantes qu'au *bon vieux temps*. L'école n'est pas nouvelle. C'est celle qu'Horace appelait « *laudatores temporis acti* ».

Loin de nous, fils respectueux d'un passé qui eut sa grandeur, la pensée de reprendre, à l'encontre de cette école, la thèse jacobine de 1793 ; mais il faut bien avouer que, lorsqu'il s'agit du xvie siècle, l'argument est au moins étrange. Au point de vue du droit, le siècle s'ouvre par la plus cynique violation du droit des gens, c'est-à-dire par les guerres d'Italie. Au point de vue de la religion, il donne le spectacle d'une papauté sanguinaire et débauchée, de dignitaires ecclésiastiques avilis, d'un clergé chez lequel la luxure, le vol, l'inceste et la simonie sont passés en habitude. Au point de vue moral c'est pire encore : la démoralisation est partout ; les républiques italiennes sont des écoles de tyrannie et Machiavel fera de César Borgia le modèle des politiques ; le pape établit, après le rachat des âmes en purgatoire, le grand marché des indulgences, la « foire aux âmes » ; les grands corps électoraux laissent mettre sans protester l'Empire à l'encan par des banquiers ; le connétable de Bourbon renouvelle les exploits d'Alaric et de Genséric ; le roi des paladins, le preux des preux, François Ier lui-même, viole, dès qu'il est en liberté, les engagements du traité de Madrid ; les princes pillent l'État, les grands pillent les princes, le peuple est foulé de toutes parts..... Vraiment, il semble que, dans le cataclysme qui emporte la société féodale, tout ait sombré, honneur, justice, loyauté, dignité, humanité, foi chevaleresque..... S'étonnera-t-on maintenant de la Réforme et des guerres de Religion ?

Non, la Réforme n'a pas été, comme l'ont dit Bossuet et Voltaire, un incendie rageusement allumé par un moine frustré de la publication des indulgences ; elle n'a pas éclaté davantage, comme l'a écrit Chateaubriand (1), « a i sujet de quelques aumônes destinées à élever au monde chrétien la basilique de Saint-Pierre » ; elle a été l'expression, la manifestation spontanée de la conscience humaine réagissant contre l'iniquité des lois et des mœurs contemporaines. Quand Luther affichait à la porte de l'église de Wittemberg, la veille de la Toussaint 1517, ses 95 propositions contre la doctrine des indulgences, c'était l'Allemagne entière qui s'insurgeait par sa bouche, de même qu'à l'abri du large rire de Rabelais, c'était la France entière qui bafouait et tuait, sous les coups d'une impitoyable hilarité, la société corrompue dont elle avait souffert. Chaque peuple en cela a pris l'arme qui lui convenait et Luther comme Rabelais n'ont été que les béliers, — machines inconscientes peut-être, — qui ont sapé le vieux monde. L'Église, coalisée avec les monarchies de droit divin, soutenue par les grands officiers de la

---

(1) Analyse raisonnée de l'Histoire de France.

couronne qui ne virent dans la Réforme qu'une occasion de rapines ou de confiscations, l'Église opposa à ce mouvement les anathèmes et les bûchers : de là les guerres religieuses.

Mais si, pour juger plus complètement la moralité de l'époque, nous descendons à ce que furent, dans la première moitié du XVIe siècle, la famille et l'individu, en un mot à la vie sociale dans ses trois degrés, privée, municipale et provinciale, le spectacle n'est pas plus consolant.

Pour ce qui est des mœurs proprement dites, nous sommes pleinement édifiés par les historiens comme Brantôme, par les *Contes de la reine de Navarre*, par les ordures de Rabelais, de Beroalde, de Bonaventure des Périers, par les *Cent nouvelles nouvelles*, par les romans licencieux comme le *Petit Jehan de Saintré*. Il n'y avait plus ni mœurs ni retenue : la foi conjugale et la foi religieuse étaient également mortes.

Quant à la justice, à la vénalité des charges et offices, nous sommes renseignés par les sévérités des justices et des Parlements, par les doléances même de certains magistrats. N'est-ce pas le chancelier Michel de l'Hospital qui faisait au Parlement de Rouen cette sévère remontrance : « Vous jurez à vos réceptions de garder les ordonnances et, entrés à vos charges par serment, jurez et promettez garder et faire garder. Les gardez-vous bien ? — La plus part d'icelles est mal gardée et en faites comme de cire et ainsi qu'il vous plaist ».

N'est-ce pas Jean de Mansencal, le pieux et modeste président du Parlement de Toulouse, qui prenait hardiment la défense de l'arrêt de 1549, enjoignant à l'archevêque de Toulouse et à l'abbé de Saint-Sernin, comme aux sénéchaux, juges-mages, viguiers et consuls du ressort, « de promptement et diligemment, sans dissimulation ni exceptions de personnes, procéder..... contre les personnes ecclésiastiques de la Ville et Diocèse de Toulouse, tant chanoines, hebdomadiers, prébendiers et autres..... qui sont ou seront notez, diffamez ou suspects de malverser ou abuser avec aucunes femmes, extirper et abolir les cohabitations et suspectes conversations d'icelles personnes..... », parce que, dit Mansencal, ces scandales quotidiens et notoires « induisent le peuple à condamner et à mespriser la religion », « troublent la tranquillité et l'honnesteté publique » et sont le principal argument des modernes sectes de Luthériens (1).

A ce point de vue toutefois rien ne saurait être plus instructif que de parcourir les sermons d'Olivier Maillard. Le fougueux franciscain, on le sait, ne peut contenir son indignation devant la corruption de son époque. Ce qu'il voit, il faut qu'il le dise. Tantôt avec des éclats sublimes, tantôt avec une triviale éloquence, toujours avec un souffle puissant d'inspiré ou d'illuminé, il fustige, il châtie, il met à nu les vices de chacun. Car rien ne l'arrête ; marchands, bourgeois, seigneurs, gens d'armes et de justice, tous passent sous sa verge, jusqu'au roi, dont les exactions fiscales l'exaspèrent.

Faut-il rappeler le célèbre sermon de Bruges, prononcé le 5 avril 1500 en présence de l'archiduc Philippe et de l'infante qui fut Jeanne la Folle, le père et la mère de Charles-Quint ? « Or levez les esprits : qu'en dites-vous, seigneurs ? Êtes-vous de la part de Dieu ? Le Prince et la Princesse, en êtes-vous ? Baissez le front !..... — Vous autres, gros fourrés, en êtes-vous ? baissez le front ! — Les Chevaliers de l'Ordre, en êtes-vous ? baissez le front ! — Gentilshommes, jeunes gaudisseurs, en êtes vous ? baissez le front ! — Et vous, jeunes garces, fines femelles de cour, en êtes-vous ? baissez le front ! Vous êtes escriptes au livre des damnés, votre chambre est toute marquée avec les

---

(1) Mansencal est plus hardi : il dit nettement au roi que le cas de Guillaume du Bec, le prêtre qui vivait maritalement avec une femme, et à propos duquel le Parlement avait rendu son arrêt, n'est pas le seul, qu'il faut faire cesser ces scandales, qu'il y a « concurrence et affluence de notoires adultères et concubinats de personnes ecclésiastiques, tant à Toulouse qu'aux lieux circonvoisins ». Il désigne ainsi l'évêque de Montauban, Jean de Lettes, grâce à l'influence duquel l'arrêt du Parlement de Toulouse fut cassé à Paris. On trouvera les pièces de cette grave affaire dans *Lafaille*, t. II, p. 158 et Preuves p. 222.

diables ! Dites-moi, s'il vous plait, ne vous êtes-vous pas mirées aujourd'hui, lavées, époussetées ?

— « Oui bien, frère.

— « A ma volonté que vous fussiez aussi soigneuses de nettoyer vos âmes. »

Et pour bien marquer ceux qu'il vise, le terrible prédicateur n'hésite pas à les désigner du doigt : « Je vous assure, seigneur, qu'il ne suffit mie d'être bon homme ; il faut être bon prince, il faut faire justice, il faut regarder que vos sujets se gouvernent bien. Et vous, dame la princesse, il ne suffit mie d'être bonne femme ; il faut avoir regard à votre famille, qu'elle se gouverne bien, selon droit et raison ».

Or, il y a trois catégories de pécheurs qu'en raison de leur fréquence Maillard prend sans cesse pour têtes de turc, qu'il fustige, raille, fouaille, injurie sans pitié ; ce sont les mauvais prêtres, les mauvais juges et les mauvais marchands.

En ce qui concerne les mauvais prêtres, il est d'une violence et d'une crudité dont l'Eglise a maintes fois rougi. Nous en avons cité des exemples, mais il revient sans cesse sur ce sujet qui l'obsède : ces *sacerdotes fornicarii*, « *tenentes concubinas à pain et à pot* » le font écumer. « O gros goddons, leur crie-t-il, damnés infâmes, écrits au livre du diable, larrons et sacrilèges, comme dit saint Bernard, pensez-vous que les fondateurs de vos bénéfices vous les aient légués pour ne faire autre chose que paillarder et jouer au glic ?..... Et vous, messieurs les ecclésiastiques, qui, avec vos bénéfices, nourrissez des chiens, des chevaux, des ribaudes et des ruffians,..... demandez à saint Etienne si c'est en menant la vie que vous menez qu'il a gagné le paradis, en faisant orgie, en étant toujours en festins et banquets, en donnant les biens de l'église et du crucifié aux ribaudes, aux ruffians, en nourrissant des chiens et des faucons du bien des pauvres ? Il vous vaudrait mieux être morts dans le ventre de vos mères que de mener tel scandale ! » (1).

(1) La plupart de ces citations sont en vieux français d'H. Estienne, qui les

Et qu'on ne croit pas que Maillard soit un isolé, un excentrique au jugement suspect : tous les grands prédicateurs, ses contemporains, Gabriel Barletta en Italie, Michel Menot en France, laissent tomber les mêmes censures, le surpassent même en invectives et en violences (1).

Pour les gens de justice, juges, avocats, procureurs, le tableau n'est pas moins douloureux. Les avocats, dit Maillard, « *prennent a dextris et a sinistris.....* ils jurent de respecter l'assise, laquelle leur défend de plaider des causes injustes ; de chercher des incidents ou des délais frustratoires ; de produire de faux témoins, de fausses allégations, de faux contrats et de fausses signatures ; de prendre de l'argent des deux parties ; de livrer à l'adversaire les secrets de leur client. Mais, *proh dolor !* où est l'avocat qui observe son serment sur tous ces points ? Qu'on le montre, et je me charge d'en faire l'éloge !..... » Et il continue : « Vous, messieurs les avocats, n'alléguez-vous pas les lois pour renverser le droit jugement ! Ne corrompez-vous pas le témoignage tant qu'il vous est possible ? Ne formez-vous pas des appels contre Dieu et contre votre conscience pour ruiner votre adversaire ! Ne requérez-vous pas le juge de donner sentence contre l'équité ? Ne prenez-vous pas argent des deux côtés ?..... Quant à vous, damoiselles qui êtes mariées à des avocats et portez des ceintures dorées, fruit des rapines de vos diables de maris, et des chaînes d'argent, et des rubans, avec des patenôtres d'or et de jais, il vous vaudrait mieux

---

a données dans l'*Apologie pour Hérodote*, chap. VII. Voir pour la bibliographie de Maillard, A. *de la Borderie* : Œuvres françaises d'Olivier Maillard. Nantes, 1877, in-8º.

(1) *Gab. Barletta* ou *Bareletta*, Sermones quadragesimales et de Sanctis. Caracteribus Jacobi Britannici Brixiani-Brixiœ, 1497-98, in-4º goth. à 2 col.

Fratris *Michaeli Menoti...*, ordinis minorum, Sermones quadragesimales..... Paris, 1519. — Nous en possédons une jolie édition du commencement des guerres de religion (vers 1560), in-12 goth. titre rouge et noir, s. l. n. d, au nom de Pierre Gandoul (Galiot du Pré). Menot, né vers 1440, mourut à Paris en 1518.

On consultera avec fruit à ce sujet l'ouvrage d'*Antony Meray* : Les libres prêcheurs, devanciers de Luther et de Rabelais, Paris-Claudin, 1860.

avoir épousé des bouviers !..... Vous, femmes de tels conseillers, avocats, maîtres des requêtes, il vous vaudrait mieux être femmes d'un bourreau !..... » Car il n'épargne personne : « Et vous, nosseigneurs du Parlement, qui donnez sentence par antiphrase (contre la vérité), mieux vaudrait pour vous être morts dans les entrailles de vos mères » ; puis, dans une magnifique apostrophe : « Mesdames et Messieurs, vous avez tous vos plaisirs ; vous portez de belles robes d'écarlate ; mais je crois que si on les serrait bien au pressoir, on en verrait sortir le sang des pauvres gens dans lequel elles ont été teintes » (1).

Pour ce qui est du peuple, ce qu'il devient dans tout cela c'est Menot qui nous l'apprend : « Sa misère est telle que, grâce, aux tailles, gabelles, rapines et extorsions, il meurt de faim ; et à moins d'avoir sa peau on ne pourrait le faire souffrir davantage (*et nisi dimittat pellem non poterit amplius aliquid pati*). »

Quant aux marchands et aux usuriers, Maillard les excommunie en bloc. Le commerce pour lui n'est qu'une occasion de fraude. A peine le grand commerce, les entreprises de mer, qui portent sur « non modicam quantitatem » et se font sans intermédiaire trouvent-ils grâce devant lui. En outre dans sa célèbre paraphrase du petit Zachée « qui était leveur de gabelles et de maltotes », il pose le premier, pour l'absolution de la fraude, la nécessité de la restitution, non pas à l'Église, mais à la victime du dol ; morale très large, vraiment chrétienne. « Rendez à chacun ce qui lui est dû, s'écrie-t-il, car il ne sufit nullement, pour être sauvé, de confesser ses péchés, il faut aussi restituer le bien mal acquis. Entendez-vous cela, avocats qui plaidez des causes injustes, no-

---

(1) Il est probable que cette vigoureuse invective fut crachée par Maillard à la face du Parlement de Toulouse. Le père Niceron rapporte en effet que, prêchant contre les mauvais juges devant cette assemblée, Maillard offensa tellement deux magistrats que l'Archevêque dut l'interdire. Le lendemain le prédicateur alla se jeter aux pieds des offensés, leur demanda pardon, mais leur fit aussi une si terrible peinture de la punition qui les attendait, que ces deux magistrats se démirent de leur charge et passèrent le reste de leur vie en expiation ; l'un d'eux même entra dans un ordre monastique très sévère. — On juge par cet épisode combien profondément la prédication de Maillard dut bouleverser le Midi.

taires falsificateurs, marchands fraudeurs, ouvriers qui trompez sur le travail, et vous tous, en général ou en particulier, qui vous êtes appropriés le bien d'autrui, il faut restituer. Certes voilà un mot terrible, mais il est plein de vérité : Rendez à chacun ce qui lui est dû ! »

Mais le plus curieux et ce qui surtout nous intéresse ici, c'est que Maillard dénonce les principaux genres de fraude usités de son temps et que ces fraudes nous les retrouvons, telles qu'il les décrit et à peine dissimulées, dans Masenx.

Ainsi Maillard s'élève principalement contre ce qu'il appelle l'*usure palliée* ou *dissimulée*, par opposition à l'usure avouée, et il en cite des exemples. Un homme, dit-il, qui a besoin d'argent va trouver un banquier sur lequel il a une assignation de mille écus ; le banquier lui répond qu'il les lui donnera, mais pas avant quinze jours parce qu'il faut qu'il reçoive de l'argent ; le pauvre homme qui est pressé, se désole, dit qu'il ne peut attendre. Alors le banquier, comme pour lui rendre service, lui dit : « Eh bien donc je vous donnerai une partie en argent et l'autre en marchandise » et, si la marchandise vaut cent écus, il la lui compte pour deux cents. Autre exemple : un patron de barque emprunte cent livres, mais le prêteur ne lui avance la somme qu'à la condition que, si la marchandise arrive à bon port, il aura, outre les cent francs, la moitié du bénéfice ; dans le cas contraire il aura toujours ses cent francs. « *Et sic quotiens*, dit le prédicateur, *ponitur capitale in lucro et lucrum sub dubio, ibi est usura palliata* ». Or ce mode d'usure est précisément celui de Masenx.

Ce n'est d'ailleurs pas Maillard seulement qui nous révèle les pratiques dolosives de Masenx ; Barletta et Menot les connaissent aussi bien. Barletta, par exemple, dénonce tel usurier qui, pour 10 qu'il prête, fait mettre 16 ou plus sur le billet, et il cite le cas d'un notaire de Crémone qui, de son temps, ayant consenti, pour dix mesures de blé prêtées par un usurier, à mettre quinze sur la *billela*, eut le poignet droit coupé, tandis que l'usurier avait ses biens confisqués. « O combien, s'écrie-t-il, y a-t-il de gens qui, depuis quelques années, partis de rien, sont arrivés à de grandes richesses *per fas et nefas !* Tel pauvre homme a acheté un fromage duquel il n'a jamais goûté, tel autre a acheté du drap duquel il ne s'est jamais vêtu ! » Tout cela on le verra dans Masenx.

Pour Menot, les usuriers « *sunt fugiendi sicut diaboli* » et il croit que si mille diables tombaient sur une paroisse ils y accumuleraient moins de ruines qu'un seul usurier. L'usure du blé l'exaspère surtout : « O misérables usuriers, s'écrie-t-il, ce sont vos maltotes qui ruinent les pauvres gens et les jettent tout nus dans la misère ; vous n'avez ni pitié ni bon sens. Cette année, dites-vous, sera un paradis quand vous voyez que le blé manquera partout et, en effet, vous vendrez le vôtre aux pauvres deux fois plus que vous ne l'avez acheté. Vos greniers seront pleins et le peuple crèvera la faim !... » Et plus loin : « Savez-vous comment font ces usuriers pour tromper les pauvres gens ? Ils leur avancent du blé, mais c'est pour arriver à les exproprier, *ut tandem possint habere suam hereditatem* ». Et Menot nous montre ce même gros usurier, à l'exemple de Masenx, disant à ses débiteurs, les années où la récolte a été abondante et où le blé est bon marché : « Non, je n'ai pas besoin d'argent : vendez votre blé ou servez-vous-en » ; puis, quand les malheureux ont tout vendu ou consommé et quand le blé est redevenu cher, les épiant au passage et leur réclamant en bloc tous les arrérages, « à quoy ne pouvant fournir, sont contraints, au lieu du bled, donner leurs héritages en paiement » (1). Ces pratiques en effet sont celles de Masenx. Mais c'est bien plus, quand Menot ajoute : « Mes usuriers, vous pensez vous en tirer en disant : c'est vrai, je fais l'usure, mais c'est dans l'intention de fonder une chapelle à ma mort ! » Ne croirait-on pas qu'il a connu Masenx ?

Cette usure Maillard la reproche encore aux gens d'église qui font banque avec le blé de leurs bénéfices, aux changeurs qui prêtent dix écus sur une terre pour en jouir comme gage, aux marchands qui donnent pour argent des marchandises dont ils surfont la valeur. Alors, en

---

(1) H. Estienne. *Apologie*. Chap. vi.

présence de cette fraude universelle, de cette corruption de son siècle, son indignation déborde : « Il faut, s'écrie-t-il, qu'on nous dise la vérité. Les avocats, les notaires, les officiers, collecteurs des tailles, des gabelles ou des péages et tous, mangeurs de peuple de même acabit *(consimiles populi comestores)* (1), d'où vous viennent ces fourrures, ces soies, ces velours, tous ces ornements précieux dont vous vous couvrez, vous, vos femmes et vos enfants ? Il faut nous le dire. Est-ce de vos revenus et des gages de vos offices ? N'est-ce pas plutôt de vos rapines, de vos fraudes, de vos exactions en tout genre ? Dites-nous aussi, femmes de ce temps, qui portez des colliers précieux, des chaînes d'or....., dites-nous avec quoi vous avez payé tout cela, si c'est au prix de votre chair (j'ai honte de le dire) livrée ou tout au moins promise par vous-mêmes. » Et, songeant que l'Eglise couvre de sa vénale indulgence toute cette boue, il ne peut s'empêcher de jeter ce cri magnifique : « Croyez-vous que cet usurier gorgé de la substance des misérables et chargé de mille milliers de péchés en obtiendrait la rémission pour six blancs mis au tronc ? Il m'est dur de le croire, mais il me serait plus dur de le prêcher ! » (2).

En ce qui concerne l'immoralité du xvi° siècle, les témoignages sont donc unanimes. — Le mal du reste venait de plus loin ; ainsi toutes ces fraudes en matière commerciale, cette usure déguisée, ces dissimulations d'intérêt de l'argent que stigmatisent les libres prêcheurs et que nous verrons s'étaler dans les comptes de Masenx, se trouvent signalés dans la *Somma pastoralis* de Raymond de Pennaforti, et le savant historien de l'agriculture au Moyen-Age en a donné une analyse très détaillée (3).

---

(1) C'est à Maillard, on le voit, que Rabelais a emprunté ses « chats fourrés » et ses seigneurs « Humevesnes ».

(2) Luther n'a pas plus dit, et quelle différence entre l'éloquence enflammée du prêcheur et la dogmatique proposition du théologien : *Errant itaque indulgentiarum predicatores ii, qui dicunt per Papæ indulgentias hominem ab omni pœna solvi et salvari.* (Thèse xxi).

(3) *Léopold Delisle.* Etudes sur la condition de la classe agricole en Normandie au Moyen-Age, p. 203.

Nous pourrions donc arrêter là ces citations, s'il ne nous avait paru intéressant de rapprocher des renseignements qui précèdent un passage des *Mystères provençaux* où il est question des usuriers et de la punition qui les attend.

Ce passage est d'autant plus curieux que, comme nous l'avons dit, la version qui nous est parvenue des *Mystères* est contemporaine de nos livres de raison, de même origine qu'eux (puisqu'elle est probablement de la main d'Eutrope) et que, par conséquent, elle doit réfléter exactement en matière d'usure, les pratiques et les plaintes populaires du temps.

C'est au chapitre du *Jugement général* (1) qu'on voit *Avaricia* comparaître au tribunal de Dieu et s'écrier, sous le coup des tourments que lui infligent les démons :

« AVARICIA : Ho bonas gens, tant mal me va
He aisso per ma malvada regla
Que j'ay tenguda tota ma vida
Hen bratarias (2) he en usuras,
En faisifican mercadarias ;
Pueys j'ey destruchas gran cop de gens
En lor prestan del argent
A la usura, lo sapiatz...... »

Avarice fait donc sa confession au public et termine par cet avis charitable :

« He per so a totses he totas ieu dic
Que no vulhatz pas seguir mon cami,
Quar sertanamen, se ho fatz,
Totz he totas seretz da(m)pnatz.

« *Aras*, dit le manuscrit, *vengua Mamona* (3), *lo diable, de infern he vengua davant Avaricia he digua :*

---

(1) Mystères provençaux du XVᵉ siècle. Toulouse 1893. p. 258 ; du vers 7292 au vers 7395.

(2) *Barata*, changer et, par extension, faire l'usure ; on trouve plus loin *barat*, change, usure. C'est l'origine d'une foule de noms ou de surnoms méridionaux : Barat, Baratte, Baratier, etc... On trouve un personnage du nom de *Ramon Barateros* ou *Baratieros* dans Masenx.

(3) Il y a évidemment une intention dans le choix du nom de ce démon, Mammon étant, dans les mythes sémitiques, la personnification de l'or, de la puissance, le *veau d'or*, tandis que Baal est la force, le courage, la divinité sanguinaire.

Hor sa, mestre bratayre que vos etz,
Escotatz me aisi hun pauc.
Vos vos etz tot jorn perforsat
De prestar vostre argent à b(a)rat,
Blatz, vis, safras he autras mercadarias
Per destruire las gens maridas.
He per aquel prest que fach avetz
Gran mal vos suffertaretz
Quar no ho (a)vetz pas fach per caritat
Mas, per mantener vostre barat;
A la usura prestat avetz ;
En prestan vostres deniers
Paubras gens destruchas avetz
He tot ses los bes dostatz lor avetz.
He per so te dic ieu sertanamen.
Que el te qual p(r)en(d)re turmen
Dels bes que as preses en lo monde.
He per so vos badaretz
He aquest argent fondut vos beuretz.
Que vos aleugara lo estomac
He vos baisara la vianda ;
Quar no i aura serpen ni blanda
Que vos fasa degun mal.
He, per so, badatz he faretz que satge. »

Après cette raillerie, le diable fait ouvrir la bouche à Avarice et lui verse *am una cassa granda*, de l'argent fondu dans la gorge ; puis, le saisissant au col, il le secoue comme si c'était un sac dans lequel il veut entasser des écus et lui dit :

« B(a)ratayre, saquega te, saquega,
Quar tu no saquegues pas tant be lo sac
Quant baylavas ton blat
A la usura a las paubras gens
Coma ieu te saquegarey mantenen.

« *Aras, lo saquege Mamona he, quant lo aura lays(s)at, digua Avaricia :*

« Helas paubre !..... »

Comme on le voit, indépendamment du côté moral et de la peur salutaire de l'enfer que l'auteur cherche à inspirer aux maltotiers, il suit de très près dans son mythe les pratiques usuraires que nous connaissons déjà et que nous verrons plus ou moins employées par Masenx, à savoir : usure, c'est-à-dire prêt de l'argent à intérêt ; falsification ou tromperie sur la valeur marchande des denrées ; avances intéressées de blé, de vin, de safran, de marchandises ; ruine finale et spoliation des pauvres gens.

Qu'en faut-il conclure, sinon que c'est là une preuve de plus de l'origine albigeoise des Mystères et que les procédés condamnés étaient d'un usage général dans le pays au xve siècle ?

En voilà plus qu'il ne faut, croyons-nous, pour démontrer que le milieu moral dans lequel vécut Masenx est essentiellement différent du nôtre. A son époque la bonne foi et la probité commerciales n'existent pas et peut-être même sont considérées comme une duperie, une marque d'infériorité. Les transactions commerciales sont une lutte entre vendeur et acheteur et la victoire reste, non au plus honnête, mais au plus habile.

Alors quoi ? fera-t-on un crime à Masenx d'avoir été le plus habile ? Dira-t-on, comme Maillard, que, puisque le commerce ne va pas sans la fraude, il n'eût pas dû se livrer au commerce ? — Certes, c'est un argument ; mais, dans ce monde, rien n'est plus relatif que la morale. En quoi consiste la morale en effet, sinon dans l'exécution du devoir, et qu'est le devoir lui-même, sinon l'intérêt général d'une collectivité ? Or est-ce que cet intérêt ne varie pas avec les collectivités, avec les siècles, avec les milieux ? Alors ce qui est licite ou illicite ne devient-il pas une affaire de convention ? Vérité en deçà des Pyrénées, erreur au delà, a-t-on dit ; combien est-ce plus vrai d'un siècle à l'autre ! En réalité les milieux créent des atmosphères artificielles dans lesquelles la raison la plus ferme se perd. Comment établira-t-on dans ces conditions la ligne de démarcation du bien et du mal, du vrai et du faux, du du juste et de l'injuste et même du beau et du laid ?

Si donc en analysant les sources multiples de la fortune de Masenx, il nous arrive de mettre en lumière des opérations suspectes, il n'en faudrait pas conclure que notre marchand fût dépourvu de tous scrupules. Non, Masenx n'est pas un usurier au vrai sens que nous donnons aujourd'hui à ce mot; il est seulement de son temps et, en ce temps, la lutte pour l'existence empruntait aux nécessités matérielles et sociales de la vie une âpreté et un égoïsme qu'elle a aujourd'hui perdus.

Et cependant, en cherchant bien, combien ne trouverait-on pas encore — principalement dans nos campagnes où ces conditions se sont perpétuées, — combien ne trouverait-on pas de négociants pires que Masenx ? Combien n'en voit-on pas tous les jours qui, sans avoir son excuse, mais connaissant admirablement le code et profitant de ses lacunes, vivent de notre société en véritables flibustiers et estimés, honorés, enviés, cités pour leur probité, marguilliers de leur paroisse ou conseillers municipaux de leur cité, laissent en mourant, avec un nom respecté, une fortune ramassée par des moyens d'une délicatesse et d'une probité douteuses !

Le milieu, l'époque sont donc la grande excuse de Masenx; mais il en a d'autres. En première ligne il faut citer l'instruction qu'il a reçue.

Nous avons déjà dit qu'au XVIe siècle tout homme qui savait écrire avait en mains une arme terrible, dont il lui était bien difficile de ne pas abuser. Et en effet, en dehors du clergé, combien trouvait-on à cette époque de gens capables d'écrire ou de déchiffrer l'écriture ? — Un pour cent peut-être. — Et encore sur ce chiffre il faut prélever le personnel des charges et offices et les notaires. Parmi les gentilshommes, surtout à l'armée, la grande majorité étaient illettrés; combien plus la bourgeoisie et la classe pauvre, qui n'avaient pas les mêmes moyens d'instruction, devaient-elles en compter ! Antoine Aragon, notable bourgeois de Gaillac, gros négociant, charpentier et marchand de bois, personnage considérable puisqu'il est désigné en 1533 pour faire partie de la commission chargée d'organiser la réception du roi, ne sait pas écrire; il tient ses comptes sur une taille (M. f° LVIII r[o]). En réalité, sauf chez les clercs

— et c'est là ce qui explique en partie l'influence conservée par le clergé jusqu'à ces derniers temps — presque personne ne savait écrire. Or, comment veut-on qu'avec une législation toute imprégnée de la lettre et de la forme latines, uniquement basée sur des textes, l'écriture ne donnât pas une supériorité énorme à quiconque pouvait en user ? Comment celui qui avait cette arme n'aurait-il pas été tenté de s'en servir ?

Cela est si vrai que le paysan, l'illettré, sachant à l'avance que ses témoignages, ses protestations ne prévaudraient pas contre un bout de papier accusateur, avait de l'écriture une frayeur dont le souvenir n'est pas encore effacé dans nos campagnes. Ces caractères bizarres, qui donnaient toujours raison à ses exploiteurs, étaient pour lui quelque chose de cabalistique, un grimoire, un sortilège auquel le diable n'était pas étranger ; et cela explique aussi le respect, la créance que l'homme des champs a conservés au papier, à tout ce qui est écrit ou imprimé.

S'étonnera-t-on après cela de lire dans les mémoires de Benvenuto Cellini ce passage révélateur : « En France on a coutume de compter gagner un procès contre toute personne qui semble mettre de la négligence à se défendre. Dès qu'une de ces affaires présente quelque avantage on trouve à la vendre. On a même vu des gens dont la profession consiste à acheter des procès ou à en accepter pour dot ? » (Livre VI, chap. II.)

La dernière des conditions grâce auxquelles le commerçant au XVIe siècle s'enrichit facilement est que, dans la multiplicité des opérations auxquelles il se livre, il échappe à tout contrôle. Ce serait miracle que, dans toutes les affaires qu'il brasse, il ne sût pas faire naître et ne saisît pas les occasions favorables. Mais comment dans la foule des ventes, achats, avances, paiements, emprunts et arriérés de toute sorte qui s'entremêlent dans ses comptes, comment ira-t-on démêler ce qui est correct de ce qui ne l'est pas ? Nous avons vu, en effet, que Masenx est à la fois fermier, régisseur, propriétaire, banquier, marchand, fabricant, homme de loi ; dans chacune de ces professions il est une sorte de maître

Jacques, vendant de tout, achetant de tout, réalisant partout et sur tout des bénéfices. Peu lui importe la matière, pourvu qu'il y gagne ; argent, drap, denrées, chevaux, briques de four, consultations, tout lui est bon ; il brocante, échange, remplace, comme il vend ou il achète.

Prenons par exemple sa boutique ; il ne faudrait pas croire qu'il y passe sa journée, paisiblement occupé derrière son *contadou* à auner de la toile ou du drap. Non, il y vend aussi des vêtements confectionnés, des tuiles, des bois, des planches, des cercles de barrique, des essieux de charrette, des bâts pour cheval, etc., et, comme ses clients ne le payent pas toujours en argent, il reçoit d'eux également toutes sortes de marchandises dont il tire profit. C'est de la sorte qu'il prend pour gage, au forgeron Alliet Nègre, pour la somme de 13 sols, une arbalète que le forgeron avait lui-même achetée à Vidal Delforn et qu'il la lui repasse de nouveau quand il est payé. (M. f° XXIX v°).

Quand il n'a pas un objet dans sa boutique, il court chez le marchand voisin ou chez le fabricant, achète l'objet et le revend à son client avec un *guasanh*. Ainsi il n'a pas dans sa boutique de denrées d'épicerie ; mais lorsque Jean Carivenc-Laborde qui veut faire un cadeau (M. f° LVIII v°), va lui demander 10 onces de safran, notre marchand achète le safran à Antoine Barrebrise et le facture à son client (f° LIII r°). De même quand Philippe Florestan, de Lagarrigue, va lui demander 3 cannes et 6 pans de drap *nadieu*, Masenx, qui ne vend pas cette variété (*per so que ne tenio pas aceste*), va l'acheter chez le fabricant, l'*obrador* Barutel (f° LXIII r°).

M. E. Forestié a également, dans son compte-rendu des Livres des frères Boysset (1), cité des fragments du journal de Jean Boysset qui donnent une bonne idée de la variété des transactions opérées par les marchands de cette époque. Or cette variété même avait, pour le marchand, une conséquence nécessaire, à savoir la tenue d'une comptabilité commerciale. Etudions donc la comptabilité de Masenx.

On se figure volontiers que la tenue des livres est, com-

(1) Loc. cit. p. 17-18,

me les méthodes scientifiques, d'invention récente ou, du moins, qu'elle n'existait pas encore au xvi⁰ siècle. Et de fait c'est, comme nous l'avons dit, l'impression première qui résulte de l'apparente confusion des comptes de Masenx ; mais cette impression ne résiste pas à un examen approfondi ; on s'étonne au contraire bientôt de découvrir dans ce dédale une véritable méthode.

Masenx a d'abord un registre ou mieux une série de cahiers sur lesquels il porte, au fur et à mesure, sans grand souci de l'ordre ni de la chronologie, toutes les opérations qu'il fait. Ce registre que les Bonis appellent le *Manual* et les négociants d'aujourd'hui *Journal* ou *Brouillard*, est précisément celui qui nous est parvenu. Masenx l'appelle *Libre* et on appelle *Libres* les divers cahiers qui le composent. On sait déjà que dans la portion principale de ce livre, Masenx avait essayé d'apporter de l'ordre. Il avait établi pour chaque paroisse un cahier particulier et, sur ce cahier, il avait affecté une page ou une demi-page à chaque client. Il tenait en outre (au moins pour l'un de ces cahiers), une *table des matières* ou *répertoire des noms inscrits* par folio. Il est probable, en effet que, pendant longtemps, ces cahiers ou fascicules ne furent pas assemblés, mais étaient seulement réunis dans une même enveloppe.

Quoiqu'il en soit, l'attribution paroissiale ne fut jamais très exactement observée et quand, en 1525, Masenx réunit ses divers cahiers en un seul volume, il ne s'en préoccupa plus. Il se contenta, à partir de cette époque et jusqu'en 1543, de tenir assez imparfaitement le répertoire, ne s'apercevant même pas que, par suite du remaniement du manuscrit, toute une partie de ce répertoire ne correspondait plus au foliotage. Il inscrivit donc au fur et à mesure ses opérations, soit à la place primitivement réservée à chaque client, soit à la suite du livre, sans aucun ordre.

A la vérité le répertoire n'était mis à jour que par à-coups, tous les deux ou trois ans, ce qui permettait nombre d'interpolations sans nuire à la concordance du texte et de la table. Mais outre que ce système nuisait à l'utilité de la table, comme il arrivait souvent que, faute de place ou par un autre motif, Masenx inscrivait de nouveaux articles dans l'intervalle de parties déjà repérées, une foule d'articles ne pouvaient figurer au répertoire.

C'est pourquoi, dès 1513, Masenx abandonna définitivement et le répertoire et le foliotage de son livre.

On comprend sans peine qu'il soit résulté de tout cela un ensemble assez incohérent ; mais cette incohérence ne pouvait compromettre les intérêts de Masenx parce qu'il avait, pour se rendre compte de ce qui lui était dû, un guide sûr, formant la seconde partie de sa comptabilité, le *registre des billetas*.

Ce second registre ne nous est pas parvenu, mais son existence n'est pas douteuse. Masenx, en effet, y fait de nombreuses allusions et de nombreux renvois, le désignant, tantôt par les mots *al libre* (f⁰ˢ XXIII r⁰, XLVII r⁰, LIII r⁰), tantôt par *al petit libre* (f⁰ˢ XXX r⁰, XXX v⁰, XXXIX r⁰, LVI r⁰).

Or ces renvois ne se rapportent pas au manuscrit que nous possédons ; ils ne peuvent davantage se rapporter (comme les indications portées sur les *cartas*) à un registre notarial, car la plupart des billets dont il est ici question n'ont pas été établis par un notaire (c'est ainsi par exemple qu'au f⁰ LVI v⁰, Masenx renvoie, pour un billet établi par le recteur de Carlus, « *per sa ma* », au f⁰ LXIII d'un autre recueil. Ce ne peut être un recueil notarial puisqu'il n'est pas intervenu de notaire dans cette transaction). Il faut en conclure que ces renvois se rapportent à un ou à plusieurs registres perdus de Masenx, sur lesquels il portait au fur et à mesure les reconnaissances d'achat de ses clients, c'est-à-dire ses créances.

Nous savons (f⁰ XXXIX r⁰) que l'un de ces registres, le *petit libre*, comptait, à la date du 15 mars 1524, cent feuillets d'écriture au moins. Il est probable que ces registres étaient tenus avec ordre et méthode ; c'est du moins de la sorte qu'on s'explique que, considérés comme précieux par les héritiers de Masenx, il ne nous soient pas parvenus, tandis que le *brouillard*, protégé par sa médiocre apparence, oublié dans la poussière, a été moins exposé aux causes de destruction.

On remarquera que, grâce à ce procédé, la comptabilité

de Masenx se trouve établie, non pas en partie double, mais en partie triple, puisqu'il a comme traces de sa créance trois titres : la *billeta*, la mention de celle-ci au livre-journal et sa transcription au registre des *billetas*. Ce que le procédé perd en simplicité, il le gagne donc en sécurité.

Pour les *cartas* établies par des notaires, nous avons dit qu'elles portaient toujours l'indication du folio du registre notarial sur lequel était minutée la transaction. Par suite Masenx n'a pas besoin de reproduire la *carta* au registre spécial de ses créances ; il se contente alors de la mentionner au journal en y ajoutant le renvoi à la minute du registre notarial. Dans ce cas encore il a trois titres de sa créance : la *carta*, la mention de celle-ci au livre-journal et le registre notarial qui renferme la minute. Voici quelques exemples faciles à vérifier de cette comptabilité en partie triple :

DATE de la TRANSACTION	NOM du DÉBITEUR	NOM DU NOTAIRE qui a établi la *carta* *	FOLIO du REGISTRE NOTARIAL où se trouve la minute indiquée par la *carta*.	INDICATION du LIVRE-JOURNAL de Masenx.
29 juin 1525	Paul Bru	Aymar Lobet	F° ccccIII	XVIII v°
5 mars 1526	Ant. Gambros	?	ccccXII	XIX r°
24 avril 1527	Ant Bru	Cariven	cxII	id.
20 avril 1520	Johan Alvergne	Ant. Masenx	XXVII	XXVIII v°
26 avril 1520	Ant. Coset	id.	id.	id.
?	Mafre Perbosc	Massotié	XVII	XXIX v°
10 juillet 1524	Johan Perbosc	Cantalausa	LX	XXIX r°
12 juin 1520	Johan Algay	?	ccccXX	XXXIX r°
1527	Ram. Barateros	Cariven	LXV	XL r°
1530	Ant. Miramon	Ant. Masenx	ccccXXV	XLIII v°
12 novembre 1525	G^m Taillefer	?	ccccIV	XLVIII *bis* v°
14 avril 1527	Johan Espallac	?	LXXI	LVI v°
?	Ant. Guy	B. Batifol	V	LXI v°
3 décembre 1535	Jacq. Larroque	id.	cXVI	CXXV r°
23 juin 1536	Johan Algay	id.	ccXCIII	CXXVI r°
8 novembre 1535	Peire Guy et Johan Guy	id.	cXCV	CXXVI v°
22 juin 1537	Johan Gros	id.	ccCLXXX	CXXVIII r°
14 novembre 1531	Ant. de Roch	B. Moret	ccXXX	Appendice.

* Beaucoup de ces reconnaissances sont appelées à tort *billetas*, par Masenx.

Quant aux *billelas* et aux *carlas* elles-mêmes, c'est-à-dire aux reconnaissances, elles constituaient pour Masenx un dernier élément de comptabilité; c'est pourquoi il les conservait précieusement, soit dans ses livres, soit dans ce qu'il appelle le *sac*, c'est-à-dire dans le portefeuille formé aux dépens des premiers feuillets cousus de son livre-journal. Quelques-unes de ces reconnaissances sont encrassées et usées comme si elles avaient été longtemps portées dans la poche d'un vêtement.

C'est principalement à l'aide de ces reconnaissances que Masenx établit, à certaines époques, la récapitulation de ses créances; car cela n'est pas douteux, Masenx fait des *inventaires*.

Certainement il n'a dans ces inventaires, ni la précision ni la minutie d'Eutrope Fabre, qui va, lui, jusqu'à totaliser le nombre de sols et de deniers que représentent ses achats, ainsi que le nombre des seterées, carterées, cartonades et boisselées que représentent ses terres; il n'effectue pas non plus, comme les négociants actuels, des récapitulations annuelles ou périodiques; il ne perd pas de temps à savoir ce qu'il a gagné ou ce qui lui a été payé, mais il sait fort bien — et c'est là l'essentiel — se rendre compte de ce qui lui est dû.

Des deux inventaires de Masenx que nous possédons, l'un fait vers 1539, occupe les folios 159 à 164 de son livre et porte ce titre significatif : « *La memorio de las biletas que son en lo sac et en los libres s'en segon* ».

L'autre fut composé en 1545 et 1546, quand Masenx ayant terminé son premier livre (2ᵉ et 3ᵉ parties actuelles du manuscrit), en commença un second (la 1ʳᵉ partie actuelle) qu'il réunit ultérieurement aux précédents. Il reporta alors sur le nouveau cahier les créances impayées qui se trouvaient sur le premier, mais, au lieu de les inscrire dans un chapitre spécial comme il l'avait fait en 1539, il les dissémina au hasard des noms et des folios de son cahier. Voilà pourquoi la première partie actuelle du manuscrit, qui ne renferme en réalité que les opérations commerciales de 1545 à 1547, contient aussi des rappels de créances qui remontent jusqu'à 1518.

Quoiqu'il en soit, ces inventaires sont pour nous des documents précieux. Ils nous permettent, en les comparant, d'une part aux mentions (on pourrait dire aux factures ou aux articles) de vente que Masenx porte sur son brouillard lors de chaque opération, d'autre part aux paiements et aux *restas* de chaque compte particulier, ils nous permettent de suivre pas à pas les opérations commerciales de Masenx et de nous faire une idée exacte des bénéfices qu'il réalisait.

Quand il était payé de son compte, Masenx le barrait ou l'annulait à l'aide de deux grands traits diagonaux en forme de croix de Saint André : c'est ce qu'il appelle croiser (*crosa*) un compte ou une *billetta*. Nous avons indiqué en marge à l'aide d'un astérisque (*) ceux de ces comptes qui sont croisés ; on pourra de la sorte vérifier qu'ils sont relativement peu nombreux.

Quand il recevait un acompte, Masenx l'inscrivait à la suite de l'article ou en marge : « *Paga lo* (la date)... », puis la somme payée et souvent la désignation de la personne qui a reçu le paiement. Exemple : « *Paga lo* xx *de setembre* xxvii *s. per las mas de ma molle.* »

Quelquefois pour préciser qu'il s'agissait d'un acompte, il ajoutait : *en deisso de mage somma*, en déduction de plus forte somme, ou : *en protestan de mage somma*, en promettant de payer le surplus (1).

En outre, à certaines époques, Masenx établit le relevé particulier de certains clients ; il inscrit alors au dessous ou en marge du compte le résultat de l'opération : *Resta...* (la somme qui reste due). Quand la balance est exacte ou quand il a pris des arrangements particuliers avec son débiteur, il croise et ajoute : *Contal es*, c'est compté.

Parfois il ouvre un nouveau chapitre auquel il reporte le reste ou il ajoute le reste à un autre compte ; il écrit alors au dessous du compte primitif barré : *Es autra part*, voir ailleurs.

Enfin il donne souvent à son débiteur, quand il a reçu de l'argent en acompte de celui-ci, un reçu qu'il appelle

---

(1) On trouve même dans Fabre l'expression : *en rebatamen*, en déduction.

aussi *billeta* ; il a grand soin alors de mentionner ce reçu sur son journal par ces mots, qui suivent la mention du versement : *et n'a billetta*, et il en a reçu. Ainsi Antoine de la Croix qui lui devait une assez forte somme, lui ayant remboursé en 1538 un écu sol, soit 45 sols, et sa femme ayant ajouté à ce paiement 15 sols, Masenx délivre à son débiteur un reçu de 3 *ll.* et écrit : *n'a billetta de* III *Lt.* (fº XIX rº.) Dans d'autres cas au contraire, comme à l'égard de Repaus, il écrit : « *Paga* X *s. que n'ay pont (fait) de billeta,* payé 10 sols dont je n'ai point donné de reçu (fº XXXI rº).

Dans quelques cas même, quand il s'agit d'un compte important, comme celui de Berenger Journès (fº 100 rº), Masenx l'établit en double et en remet une expédition à son client. Il note alors sur son *manoal* : *el n'a lo doble*, et il en a le double.

Tout cela, on le voit, est très régulier et s'éloigne peu de la comptabilité commerciale de nos jours. Étudions maintenant Masenx sous ses diverses incarnations.

CHAPITRE VII

SOMMAIRE : *Le Banquier.* — *Banque de l'argent ; nécessité et difficultés du commerce de l'argent : brièveté de l'échéance.* — *Mariages.* — *Prêt sur gage.* — *Prêt à intérêt.* — *Dissimulation de l'intérêt : fraudes et usure.* — *Bénéfices sur le change.* — *Banque des céréales : agiotage sur les grains ; équivalence du blé et de l'argent. Opérations sur le blé, sur le vin, sur les denrées de tout genre.* — *Caractère particulier des transactions de l'époque ; dissimulations typiques ; caractère de l'intérêt.*

La rareté du numéraire au XVIe siècle résultait de deux causes : d'une part de la faiblesse du stock monnayé à cette époque ; d'autre part et surtout de l'accaparement qui en était fait par certains individus.

L'argent en effet, l'argent monnayé, était la seule forme sous laquelle l'ouvrier, l'employé, le marchand, le bourgeois, surtout dans les villes où il ne pouvait acheter de la terre, réalisât des économies. Il entassait un à un, dans un coffre, dans un vieux vêtement ou dans une cachette les écus, les sous d'argent, les testons et les deniers ; cachait soigneusement son trésor et le laissait dormir improductif jusqu'au jour où ses héritiers se le partageaient, à moins qu'une catastrophe ne le lui eût déjà enlevé.

Il en résultait une pénurie générale du numéraire qui condamnait le petit commerce à se faire presque exclusivement par voie d'échange. Mais, comme conséquence, certains négociants d'une intelligence plus ouverte, au lieu de laisser leurs capitaux improductifs, les mettaient à la disposition de leurs clients.

C'est ce qui explique qu'à cette époque le marchand fût souvent doublé d'un banquier.

Du reste cette profession était une nécessité. Elle avait d'abord été abandonnée aux Juifs, puis aux Lombards, qui avaient obtenu l'autorisation de résider à Montpellier, à Nîmes et à Cahors (de là le nom de Cahorsin, synonyme d'usurier); mais malgré toutes les persécutions, les expulsions, les spoliations, la race, ou du moins la profession, le commerce d'argent, avaient persisté (1). Au XVIe siècle l'usure, le change *(barat)* se confondent presque avec le commerce.

Tant qu'il ne s'agissait en effet que de vendre les denrées nécessaires à l'existence, l'échange ou le prêt pouvaient suffire; mais qu'un propriétaire ou un fermier eût à faire une dépense sortant de ce cadre étroit, qu'il mariât un de ses enfants, qu'il eût un voyage à effectuer, un notaire à payer, aussitôt, comme il n'avait pas chez lui un sol monnayé, il était obligé de recourir au changeur. Voilà pourquoi nous voyons des personnages assez considérables, comme le notaire Antoine Germain (M. f° LX r°) ou le frère hospitalier Georges Gaubiel (f° 6 r°) emprunter certaines sommes à Masenx. Il n'est pas douteux cependant que celui-ci s'exposât beaucoup en prêtant de l'argent. L'interdiction ecclésiastique et civile de l'usure était comme une épée suspendue en permanence sur la tête du banquier, épée que le bon plaisir d'un seigneur ou d'un juge royal ou la rancune d'un débiteur influent pouvait détacher d'un moment à l'autre. Ainsi, près de cent ans plus tard, la Chambre de l'Édit à Paris, par arrêt du 4 août 1611, défendait encore à toute personne qui ne serait pas autorisée par les Ordonnances de prêter de l'argent, sous peine de confiscation de la somme. — Il est vrai aussi qu'en cette

---

(1) Ce sont les Lombards qui avaient en effet généralisé dans le Midi l'habitude du prêt sur gage ; ils ne prêtaient que sur gage, à 20 0/0 d'intérêt, et si, au bout de six mois, le gage n'était pas retiré, il devenait leur propriété.

matière les tribunaux n'appliquaient pas souvent la loi. En 1675 un marchand de Nimes, Jean Audiffret, ayant tiré des lettres de change sur noble Antoine de Langlade, sieur de Clarensac, pour la valeur de 433 *Lt.*, celui-ci allégua que cette somme ne provenait pas du négoce et refusa de la payer. Le débat fut porté devant le Parlement de Toulouse qui, par deux arrêts, du 6 octobre 1676 et du 1ᵉʳ juin 1677, le condamna au paiement.

Quoiqu'il en soit, quand il prête de l'argent, Masenx s'entoure de toutes les garanties possibles pour que sa créance ne soit pas contestée ; il indique presque toujours sur ses comptes, en regard de la somme avancée, l'emploi que son client en prétendait faire « *que lo volio per fa raubo a sa filla* » ou « *que lo volio dona à..... »*, etc.

Ainsi Guillaume Hartrou, le tuilier, a répondu pour son valet, Marc Arnaud, de la somme de 3 sols qui a été empruntée à Masenx; celui-ci inscrit la mention : *Item me deo III s. per responsa fata per Marc Arnaud son vailet l'an vᵉ xxxv* (M. fᵒ xviii rᵒ); ou bien il précise les conditions, le lieu dans lequel il a avancé ou reçu cet argent, exemple : *It. may deo II Lt. que ly ay bailladas en Tolosa lo x de abrial vᵉ xxxix. —* « *Paga v Lt. cant forec le cat de l'an do mon sogre.* » — « *Paga x s. que me bailec per paga las sarallas que comprei* » (fᵒ lviii rᵒ); ou bien encore : « *It. deo II Lt. v s. per un escut que me bailec Peirolo de lo Bastio cant me crompec lo segel* » (fᵒ liii vᵒ). Cela rendait, par la précision même du titre, la contestation plus difficile.

D'ailleurs Masenx ne prête ou n'avance qu'en présence de témoins; il est vrai qu'en général il n'a rien à craindre de ces témoins, ce qui laisse présumer qu'il les choisissait avec soin, ainsi : « *Me deo Johan Fabre, fil de Guilhem, de la perocio de Candastre la soma de IX Lt. que las ly ey prestadas en IIII esculs del solel el me les deo torna per d'aysi lo premic jorn de Caresme. Fat lo xxii del mes de janié, présen son fraire Anthony* » (fᵒ lxvi vᵒ).

On pourrait s'étonner, dans cet exemple, de la courte échéance à laquelle est fait le prêt, si l'on ne savait qu'il en était habituellement ainsi dans les prêts d'argent. En effet, il y a, à ce point de vue, une grande différence entre les ventes de marchandises, les avances de céréales et les prêts d'argent : les premiers se faisaient à des délais presque indéfinis (on a vu par exemple qu'un achat de 10 livres se soldait en 4 ans) ; les avances de blé ou de denrées agricoles se faisaient d'une année à l'autre, du moins jusqu'à la récolte prochaine ; l'argent au contraire, en raison de son importance et de sa rareté, ne se prêtait qu'à court terme, 90, 60 ou 40 jours en général. C'est l'échéance de l'exemple précédent.

Parfois même Masenx prête à 30 jours et au-dessous. En 1512, par exemple, il prête à son cousin Guilhem Masenx, chapelain de Castelnau, 10 *Lt.* et il fait suivre, sur son livre, la mention de ce prêt de la note suivante : « *Promet de torna dins un mes après segen* (f° LXXXI r°). Il est plus exigeant encore envers Arnaud de Roch, de Lagarrigue ; il prête à celui-ci, en 1546, 3 *Lt.* 7 s. 6 d. sous les espèces de 6 demi-cartières de froment, payables à huitaine : « *Item may deo lo des per* VI *s*ᵃˢ *formen qu'a pres lo jorn de sant Johan de may (una somma que) monta* III *Lt.* VII *s.* VI *d. (et) deo paga d'aysi* VIII *jorns* » (M. f° 1 r°). Il faut dire aussi qu'Arnaud de Roch est un mauvais payeur : déjà Masenx lui avait prêté, en septembre 1515, par devant le notaire Turlan, une somme de blé et d'argent montant à environ 5 livres tournois qu'Arnaud s'était engagé à rembourser à la Saint Jean-Baptiste suivante (probablement le 6 mai, c'était donc un prêt à six mois, exceptionnel chez Masenx); mais comme le livre ne fait aucune mention de ce remboursement, il est probable qu'il n'avait pas été effectué. Au contraire, c'est précisément le 6 mai, jour de la première échéance, qu'Arnaud sollicitait un nouvel emprunt. On comprend donc que Masenx fut assez mal disposé envers ce client qui d'ailleurs ne paraît pas lui avoir payé davantage ses 3 *Lt.* 7 s. 6 d.

Vis-à-vis des mauvais payeurs ou de ceux dont la position est obérée, Masenx réduit en effet les délais du remboursement ; il va même jusqu'à se servir pour eux d'une formule cruelle, sans rien stipuler : « *Deo paga a ma volontat* », ou « *Deo paga de jorn en jorn* ».

L'une des occasions à laquelle on empruntait le plus généralement de l'argent était un mariage. Nous voyons donc, à plusieurs reprises, Masenx avancer à ses colons de l'argent pour payer des frais de noces, achat de *jucias*, de vêtements, de victuailles, frais de contrat, etc... Il semble même que ces cérémonies fussent assez coûteuses pour les pauvres gens. François Frayssinet, de la Bastide, un pauvre homme qui ne peut même fournir, en 1545, le grain de ses semailles, emprunte en 1546, 3 *Ll*. pour marier sa sœur Catina (f° 17 r°); — Darde Miramon, un pagès plus aisé, emprunte, pour le mariage de sa fille, outre un mouton et 9 demi-cartières de blé, 4 livres tournois (f° 107 r°); — Armand Taillefer (f° XI r°) et Mafre Perbose (f° XXIX r°) empruntent pour payer les *jucias* de leurs sœurs; — Jean Fabre, dit Toutet, achète à sa nièce, fiancée à Audebal, 12 pans de drap gris *per fa raubo* (f° LXXX r°); — de même Jean Algay, quand il marie sa fille à G^m Selié, lui achète, avec son beau-père G^m Johan, 2 cannes de drap bleu *per fa raubo*, au prix de 4 *Ll*. (f° 159 r°); — enfin Jean Verne, pour marier sa fille, achète du vin vieux à 3 *Ll*. la barrique (f° XCVIII r°).

Le prêt sur gage est une forme habituelle d'opération chez Masenx. En voici un exemple typique, dans lequel le prêteur prend garantie, non point sur un objet possédé, mais sur l'objet que l'emprunteur veut racheter : « *Guiraud Algay de la perocio de Sant-Geromy me deo la som(m)a de IV Ll, que ly ay prestadas per recobra lo prat que havio vendut a mossen Estienne Algay, et me deo torna l'argen ho bayla lo prat per Sant Johan proda venen. Fat l'an v° XLVI lo XXV abrial* ». (f° 9 r°). On remarquera que *Sant Johan proda venen* signifie la fête de la décollation de Saint-Jean-Baptiste, c'est-à-dire le 6 mai, de telle sorte que le prêt est simplement à dix jours. Or, pour qui sait lire entre les lignes, voici ce que signifie la note précédente : Guiraud Algay, pressé d'argent, avait engagé à son cousin Etienne Algay, bourgeois et tailleur de Castelnau, un pré de l'héritage paternel ; il lui manquait pour libérer (*recobra*) son gage une somme de 4 *Ll*. que Masenx lui avance, en stipulant toutefois que si dans 10 jours il n'est pas remboursé, le pré lui appartiendra. Nous laissons au lecteur le soin d'apprécier la moralité de l'opération : elle démontre du moins qu'au XVIe siècle et dans l'Albigeois le prêt sur gage était florissant.

Mais comme les gages pris par Masenx sont généralement des terres et comme ses prêts sur gages se confondent par suite avec ses acquisitions de biens, nous renvoyons l'étude de ces opérations au chapitre consacré à Masenx propriétaire.

Le gage n'était pas d'ailleurs le seul bénéfice que Masenx réalisât dans ses opérations ; d'abord il arrivait souvent que le gage fût libéré ; ensuite le banquier ne prêtait pas toujours sur gage. Dans ces deux cas quel était son bénéfice ? Autrement dit prêtait-il à intérêt ?

La réponse à cette question n'est pas douteuse. Assurément, comme nous l'avons dit, aucun intérêt n'est jamais stipulé dans les opérations de Masenx, mais il est difficilement admissible qu'il se privât bénévolement de ses capitaux et courût le risque de ne point les recouvrer sans en retirer un avantage direct. M. Delisle a supposé que les banquiers du Moyen-Age prêtaient à intérêt, mais que, comme le prêt à intérêt n'était pas reconnu, ils n'en laissaient pas trace sur leurs livres ; c'était pour eux le moyen de se mettre à l'abri des censures ecclésiastiques. (1). On verra en effet que Masenx use communément de cet artifice.

Mais il y a plus ; Masenx n'ignore pas l'intérêt ; il lui arrive, quelque soin qu'il mette à le dissimuler, d'en parler dans ses comptes, de l'avouer, de le stipuler ; c'est ce qu'il appelle *la paga*. On lit par exemple au v° du 2e feuillet de garde de son manuscrit une note à demi effacée avec ces mots : « P{a} *Johan*..... *del pral*..... x s. *de paga* » et, au f° 119 r°, le compte ci-après, bien plus caractéristique : *Lo fil de*

---

(1) C'était en particulier le procédé des Cahorsins, qui faisaient, sans aucune stipulation, payer des intérêts dont le taux était consacré par l'usage. Ce taux était, sous Philippe-Auguste, de 2 *d.* par livre par semaine, soit plus de 43 0/0 par an. (*L. Delisle*, Étude sur les Conditions de la classe agricole. p. 203.)

Mandret, de Vors, me deo la soma de VII $\mathfrak{z}^{\mathrm{as}}$ *de blat que li ay prestat l'an* v $^\mathrm{e}$ XLI *lo* X *del mes de juliet* (*et*) *deo torna lo del blat per la Madalena proda venen* », et, au-dessous : « *P*$^\mathrm{a}$ VII $\mathfrak{z}^{\mathrm{as}}$ *et* $\mathfrak{z}^\mathrm{a}$ *la per paga* ».

Cette fois l'intérêt est avoué et $\mathfrak{z}^\mathrm{a}$ *la per paga*, c'est-à-dire une demi-cartière d'intérêt, 1 7 ou 14 % de la somme prêtée en 12 jours, du 10 au 23 juillet, c'est coquet, c'est même plus fort que les Cahorsins.

Il est rare néanmoins, exceptionnel, que Masenx avoue ainsi l'intérêt qu'il prend à ses clients ; il a manifestement peur de la censure. Cela se comprend du reste ; il est fermier de biens ecclésiastiques, il a des livres ; aussi dissimule-t-il cet intérêt et faut-il parfois, pour le découvrir, démasquer les plus curieux stratagèmes.

On trouvera plus loin, en ce qui concerne la banque des céréales, des exemples typiques de ces dissimulations. En voici néanmoins quatre qui sont caractéristiques : ce sont des dissimulations faites, la première à l'aide d'une transformation de chiffre, la seconde à l'aide d'une erreur apparente de calcul, la troisième à l'aide d'une omission, la quatrième à l'aide d'un lapsus.

1. — Jean Calvet, du Mas des Anglades, a pris en 1512, à la métairie de Saint-Jérôme, 10 quintaux de foin à 5 sols le quintal ; il paie, 2 mois après, 25 sols et, au bout de quelque temps, autres 25 *s.* à la femme de Masenx : il ne doit donc plus rien. Mais Masenx avait exigé ou stipulé 4 *s.* de bénéfice ou d'intérêt sur l'opération ; pour masquer ce bénéfice il a recours à une manœuvre enfantine ; il transforme le chiffre 25 du dernier paiement en 20 et inscrit à la suite : *P*$^\mathrm{a}$ III *s.* Calvet, qui lui a donné en réalité 54 sols, paraît de la sorte n'en avoir payé que 49. Malheureusement le compte est *croisé*, ce qui prouve que Masenx a été intégralement payé, et par là se découvre la supercherie (*f*° XCVI *r*°).

2. — En 1527 ou 1528 Jean Carivenc-Laborde a acheté à Masenx 10 onces de safran à 5 *s.* l'once et a fait un billet pour cette somme (*f*° LVIII *r*°). A ce billet s'ajoute une somme de 3 *lt.* 10 *s.* pour des censives dont Masenx a fait l'avance, ce qui porte la dette à 6 *lt.*

En 1530 Jean Carivenc, frère du débiteur, garantit la dette et, sur le total, donne un acompte de 30 sols ; il ne reste donc plus à payer que 4 *ll*. 10 *s*. ou, si l'on veut, Jean Carivenc a soldé 6 onces de safran sur 10 (*f*° LVIII *v*°).

Néanmoins au relevé des créances de 1539, Masenx, après avoir inscrit les 3 *ll*. 10 *s*. de censives qui lui sont dues, porte : *Il may deo per v onsas de safra xxv s. (de) l'an v° xxvii* (*f*° 161 *r*°). Ainsi, il y a là une erreur d'une once, soit v sols, erreur volontaire puisque, au relevé de 1516 (*f*° 16 *r*°) Masenx porte au compte des héritiers de Jean Carivenc-Laborde le chiffre exact, 4 *ll*. 10 *s*.

3. — Jean Couhet, de Castelnau, doit à Masenx, en 1542, un reliquat de compte de 3 *ll*. 12 *s*. 3 *d*. Or il paie successivement, de 1542 à 1545, 20 *s* + 13 *s* + 2 *ll* + 2 *s*. 3 *d*., c'est-à-dire un total de 3 *ll*. 15 *s*. 3 *d*., supérieur de 3 sols à sa dette. Ces trois sols représentent évidemment un intérêt. Comment Masenx le dissimule-t-il ? — d'une façon fort simple : en inscrivant pour le 2° paiement : « *Paya Johan Cohet xiii lo xxvi de novembre* », c'est-à-dire qu'il n'indique pas si c'est 13 sols ou 13 deniers qu'il a reçus. Pour la censure c'est 13 *d*. en réalité c'est 13 *s*. Le chiffre xiii est du reste raturé : il y avait primitivement xx, de telle sorte qu'il se pourrait que l'intérêt ait été plus élevé encore (*f*° xciv *v*°).

4. — Barthélémy Daires est débiteur, en 1530, de 28 doblas, soit 23 *s*. 4 *d*. pour achat d'une barre de fer (*f*° XLIX *v*°). Au relevé de 1539 cette somme, portée au compte de son neveu Bertrand, s'est transformée en 28 sols : bénéfice 4 *s*. 8 *d*. (*f*° 163 *r*°). — Un fait du même ordre est à relever pour Guilhem Ricard. Celui-ci a pris, en 1538, 3 quintaux de foin (*f*° XLV *r*°) ; au relevé de 1539 cette quantité s'est tranformée en 5 quintaux (*f*° 161 *v*°)

Ces opérations sont déjà d'une délicatesse et d'une orthodoxie commerciales douteuses, mais elles pourraient être mises au compte d'une erreur. Le malheur est que ces erreurs, qui fourmillent dans les comptes de Masenx, sont toujours à son bénéfice, jamais à son détriment. D'ailleurs les erreurs de Masenx ne portent pas seulement sur des chiffres, elles portent aussi sur la nature de certaines opérations suspectes, et ici on pourrait difficilement alléguer un lapsus. Voici un exemple de ce mode de dissimulation :

Antoine Larroque, de Broze, a consenti à Masenx, en 1536, une rente annuelle de 3 cartières de blé sur gage (on verra que ces rentes sont toujours usuraires ; il ne peut payer cette rente et, en 1538, Masenx pour s'en couvrir, lui établit un *compte fait*, c'est-à-dire un relevé, et lui fait signer une *billeta* (f° 129 r°). Croit-on qu'il indique sur cette reconnaissance que le blé qui lui est dû provient d'une rente suspecte ? — Non, certes ; il inscrit : *per crompra de blat*, pour achat de blé, absolument comme les usuriers actuels quand ils prêtent de l'argent inscrivent sur le billet : valeur reçue en marchandises. Et cette dissimulation Masenx la répètera quand il fera refaire, 4 mois après, en vue d'une autre opération, le billet de sa victime (f° LXI r°).

Nous avons dit que les erreurs de Masenx sont toujours à son bénéfice. En voici des exemples caractéristiques avec l'indication des bénéfices que procurent ses altérations de chiffres :

Guy de Bonfontan achète, vers 1520, une paire de bœufs pour le prix de 11 *Lt*. Il paie, en diverses fois, 6 *Lt.* + 1 *Lt.* + 1 teston (10 sols) ; c'est-à-dire 7 *lt.* 10 sols et ne se trouve par conséquent débiteur que d'un reliquat de 3 *Lt.* 10 s. Or Masenx inscrit à son compte : *Resta* 4 *Lt.* (f° XXIX r°) (1).

Un aubergiste de Senouillac, Antoine Jean, l'aîné, doit à notre marchand, pour achats divers, une somme de 6 *ll.* 2 s. 6 d. Il verse en 1530, entre les mains de la belle-mère de Masenx, 30 sols ; en 1533 il lui donne un setier de blé compté à 33 s. 4 d. seulement (tandis que le setier vaut environ 50 sols cette année) ; il a donc versé en réalité 3 *Lt.* 3 s. 4 d. et il ne lui reste à payer que 2 *ll.* 19 s. 2 d. Or Masenx marque à son compte : *Resta* 3 *ll.* (f° LXIII r°).

Antoine de la Croix, fils de Bertrand, a acheté à Masenx,

---

(1) On pourrait croire que le reste a été calculé avant le paiement du teston et n'a pas été ensuite modifié, ce qui expliquerait l'erreur ; mais il n'en est rien. Le reste à payer est écrit d'une encre plus récente que tout l'article et par conséquent a été calculé après tous les versements qui précèdent.

en 1537, un petit bien — maison, terre et vigne pour une somme sur laquelle il demeure débiteur de 25 *l.*. Il paie encore à diverses reprises 4 *l.* + 2 *l.* + 15 *s.* + 2 *l.* 5 *s.* + 2 *l.* 5 *s.* + 2 *l.* 1 *s.* 10 *d.* + 2 *l.* 5 *s.* + 2 *l.* 5 *s.*, c'est-à-dire 17 *ll.* 16 *s.* 10 *d.* Il ne lui reste donc à payer que 7 *l.* 3 *s.* pour se libérer entièrement. Or Masenx écrit en marge de son compte et au bas d'une addition fantaisiste : *Resta* VII *ll.* IX *s.* Bénéfice 6 sols (*f*⁰ XCI r⁰).

Même opération avec bénéfice plus modeste à l'égard d'Antoine Aragon, le charpentier de Gaillac. Masenx lui a vendu en 1537, 12 meules de cercles de pipe et 2 meules de cercles de barrique, à savoir : 6 meules de cercles de pipe à 31 deniers la meule, 6 meules de cercles de pipe à 27 deniers la meule et 2 meules de cercles de barrique à 15 deniers la meule ; le total fait 31 *s.* 6 *d.* Or Masenx compte, non 31, mais 32 *s.* 6 *d.* Bénéfice 1 sol (*f*⁰ LVIII r⁰).

De même enfin pour le bordier Ramon Toingne. Celui-ci est en compte avec Masenx. Le total des sommes qu'il doit en 1543 est de 23 *ll.* 5 *s.* sur lesquelles il faut déduire 9 *ll.* 2 *s.* que Toingne a payées en diverses reprises ; il ne demeure donc en réalité débiteur que de la somme de 14 *ll.* 3 *s.* Or, au bas de la page où se trouve son compte, d'une écriture plus récente que ce compte, on lit : *Resta* : XV *ll.* Bénéfice 17 sols (*f*⁰ 112 r⁰).

Ainsi bénéfice de 10 sols sur la première opération, de 10 deniers sur la seconde, de 6 sols sur la troisième, de 1 sol sur la quatrième et de 17 sols sur la dernière : ces cinq erreurs représentent pour Masenx un gain frauduleux de 34 *s.* 10 *d.*

Faut-il maintenant mettre ces bénéfices sur le compte d'un accord préalable entre les parties, ou Masenx profitait-il de l'ignorance en matière de comptabilité de ses clients pour majorer les frais ? — Les deux opinions sont également soutenables. Si la première a chance d'être vraie quand il s'agit de personnages tels que M. de Bonfontan, la seconde est bien probable vis-à-vis des paysans illettrés comme Antoine Jean ou Raymond Toingne. — A la vérité puisque Antoine Aragon lui-même est, malgré sa situation sociale et l'importance de son commerce, un illettré, il est probable que M. de Bonfontan n'était guère plus instruit.

Mais continuons cette intéressante vérification : nous arrivons maintenant à des faits d'un ordre plus délicat.

Masenx a vendu, en 1518, à Mafre et à Jean Tournon un cheval bai sur lequel il lui demeurait dû une somme de 5 *lt*. 4 *s*. 2 *d*. (f° LI r°). Pendant 27 ans cette dette demeure impayée ; mais en 1545, quand Masenx fait sa liquidation, il récolle la créance en y portant, non plus 5 *lt*., 4 *s*. 2 *d*., mais 5 écus 4 *s*. 2 *d*. (f° 15 r°). Est-ce une erreur ? est-ce une fraude ? est-ce une dissimulation d'intérêt ? A la vérité Masenx peut alléguer un lapsus de transcription ; à la vérité aussi le bénéfice qu'il réalise par cette opération, 33 *s*. 2 *d*., représente exactement, pour 5 *ll*., un intérêt annuel de 16 deniers. Mais, comme on le verra, l'intérêt n'était pas proportionnel à la longueur de l'échéance ; d'autre part Masenx est très suspect. On a déjà vu, par un phénomène analogue, dans le cas de Barthélemy Daires, les *doblas* se transformer en *sols*. Il est donc probable qu'il y a fraude.

Cette opinion fâcheuse pour la mémoire de notre banquier se trouve malheureusement corroborée par un des rares faits sur lesquels nous sont parvenus tous les éléments d'information, à savoir la *billeta* originale et les diverses notes de Masenx. Voici l'histoire :

Antoine Repuos ou Repaus, du mas des Merles, paroisse Saint-Martin-de-Lespinas, achetait en 1527 à Masenx un âne vieux, de poil noir, avec son bât. Masenx portait l'achat sur son livre à la date du 4 septembre et ajoutait : *Billetta per Cantalausa : al sac es. Paga* x *s*. (*de*) *que ay pon de billetta* (f° XXXI r°), c'est-à-dire que Repaus n'avait pas de reçu pour son acompte et pas de titre établissant le chiffre de sa dette. Or cette petite observation est terriblement suggestive. En effet, par un hasard étrange la *billeta* de Repaus a été conservée dans le sac ou portefeuille de Masenx (voir à l'appendice) et nous y constatons : 1° Que la vente a été faite, non pas le 4 septembre, mais le 4 novembre 1527, ce qui n'a pas d'importance ; 2° que le prix de la vente était de 3 écus et 20 sols, c'est-à-dire 4 *ll*. 2 *s*. 6 *d*. Or Masenx a porté sur son livre 5 *ll.* 2 *s.* 6 *d.*, c'est-à-dire qu'il a profité de la transcription pour majorer le compte de 20 sols. Ce n'est pas tout. Repaus n'a pu faire honneur à ses engagements, mais il a du moins payé ce qu'il a pu — peut-être plus qu'il ne devait (1) — ; Masenx lui compte en 1539 un reliquat de 2 *ll.* (f° 163 r°). Or veut-on savoir à combien, en 1516, se monte ce reliquat ? — A 3 *ll.* 10 *s.* c'est-à-dire qu'il s'est augmenté de 30 sols (75 °/°) d'intérêt ! (f° 11 v°). C'est, on le voit, l'usure unie à la fraude et l'on peut se demander si cette exploitation, familière à tous les marchands, n'est pas une des causes des guerres de religion.

Une des fraudes ou l'un des bénéfices habituels de Masenx, dans ses opérations de banque, est celui qu'il retire du change.

Rien n'était en effet plus arbitraire et plus variable, comme on le verra, que la valeur de certaines monnaies, telles l'écu, le teston, la double ou carolin, etc..... A la vérité la valeur de ces monnaies était déterminée par les ordonnances ; mais les usages locaux et l'arbitraire des banquiers étaient plus puissants que les règlements. En conséquence écu, teston ou double avaient, quand il s'agissait d'un crédit, une valeur supérieure ; quand il s'agissait d'un encaissement une valeur inférieure.

Enfin certaines de ces monnaies, du moins les monnaies d'or, étaient rognées et le prix dans ce cas s'en débattait, à l'amiable et après pesée, entre les parties. On juge si dans ces conditions les banquiers pouvaient se livrer à des opérations fructueuses !

Voici quelques exemples de bénéfices réalisés par Masenx sur les monnaies :

L'écu au soleil vaut 45 sols et au-dessus. Antoine Taillefer doit, en 1576, 5 *ll.* 10 *s.* pour achat de drap (2) qu'il s'est

---

(1) Il faut noter que Repaus était gazailler de Masenx et que celui-ci devait le berner dans ses comptes ; il avait en effet une ânesse en gazaille, pour laquelle il payait une cartière de blé de mise annuelle (f° 11 r°).

(2) Cette somme était, en 1512, de 6 *ll.* (f° xcv r°), mais Masenx l'a réduite en 1516 à 5 *l* 10 *s.* (f° 17 r) : il est possible qu'il ait consenti une diminution, mais il est plus probable que cette transformation de chiffre cache une opération illicite.

engagé à payer en deux échéances, le 1er novembre 1542 et et le 1er novembre 1543. Or il ne paie pas la première, mais, pour la seconde il apporte à Masenx un écu au soleil. On ne sera pas surpris que celui-ci trouve l'écu rogné et ne le lui compte qu'à 43 sols ; nous croirions plus volontiers que les 2 *sols* de différence représentent un intérêt déguisé et d'ailleurs il est probable, comme nous le dirons plus loin, que Masenx, se couvrait aussi, par cet artifice, du risque commercial, au cas où la seconde échéance (ce qui était à redouter) ne serait pas payée.

Pour la *dobla*, c'est pire encore ; cette monnaie d'argent vaut 10 deniers, mais elle fait prime en général à l'époque de Masenx de telle sorte que sa valeur dans les comptes se trouve souvent haussée à 11 deniers, 11 deniers et demi et même 1 sol.

Or Raymond Badel doit, en vertu d'un compte arrêté le 10 octobre 1541 par la femme de Masenx, 4 *ll.* ; il paie, en déduction de ce compte et à diverses reprises, 20 *s.* + 10 *s.* + 14 *s.*, c'est-à-dire 2 *l.* 4 *s.*, de telle sorte que Masenx clot son compte, en 1542, par : *Resta* xxxvi *s.* Néanmoins il verse encore en 1543 une somme de 10 *doblas* et Masenx lui compte un reste de 28 *s.* 4 *d.* ; il a donc pris ici la *dobla* à la valeur de 9 deniers. Le bénéfice est de 2 *s.* 4 *d.* (*f°* LXXXVII *r°*).

Ramon Fabre, surpris par l'abondance de vin en 1542 et qui n'a pas eu la prévoyance de se munir de vaisselle vinaire suffisante, achète, au mois de septembre de cette année, 3 barriques vides à Masenx que celui-ci lui fait payer 40 doubles, soit 11 *s.* 1 *d.* la pièce. Notons que ce sont de vieilles futailles ayant perdu la moitié de leur valeur, que la futaille neuve revient à peine à Masenx à 10 *s.* la pièce et qu'il fait par conséquent de ce chef un bénéfice de 5 sols au moins par barrique. Néanmoins il se fait rembourser les 40 doubles, non plus à 33 *s.* 3 *d.*, mais à 34 *s.* 9 *d.*, de telle sorte que les fûts vendus à 11 *s.* 1 *d.* lui sont payés 11 *s.* 7 *d.* Bénéfice de ce chef : 1 *s.* 6 *d.* (*f°* XCVI *r°*).

Jacques Valière, de Montels, est également débiteur envers Masenx, pour achat de blé, de 54 *ll.* 7 *s.* 6 *d.* Il rembourse 47 *ll.* et par conséquent reste devoir 7 *ll.* 7 *s.* 6 *d.* ;

mais Masenx porte à son compte 7 *ll.* et 11 *doblas*. En comptant ainsi 11 *doblas* pour 7 *s.* 6 *d.*, il donne à la *dobla* une valeur fictive de 8 *deniers*, ce qui lui permet de réaliser, sur la valeur réelle, un bénéfice de 1 *s.* 10 *d.* et sur la valeur commerciale de la dobla (jusqu'à 1 sol) un bénéfice de 3 *s.* 8 *d.* (f° LXV r°).

Il est probable que ces bénéfices ne sont d'ailleurs autre chose qu'une forme nouvelle, au moyen de la variabilité de valeur des monnaies, de dissimulation de l'intérêt de l'argent.

L'argent n'est cependant pas la principale matière avec laquelle Masenx fait ses opérations de banque ; on a vu qu'il prêtait des grains, des céréales de toute sorte. Or la banque des grains est pour lui une source infiniment plus fructueuse de gain que le commerce de l'argent.

Les grains, le blé en particulier, sont encore aujourd'hui dans les campagnes l'objet de transactions qui enrichissent la plupart de ceux qui s'y livrent. A plus forte raison au XVI° siècle, époque à laquelle la rareté du numéraire et l'importance du blé donnaient à cette denrée une valeur particulière, le commerce du blé fut-il une véritable banque. Suivant les récoltes, suivant les nouvelles, suivant aussi les spéculations de quelques gros négociants, le blé subissait, d'une année à l'autre et d'un mois à l'autre, des hausses et des baisses formidables, et ce déplorable agiotage fut l'une des plaies de l'agriculture à cette époque.

Le mal était d'autant plus grave que les producteurs, paysans ou petits propriétaires, étaient obligés de passer par les mains du négociant, c'est-à-dire de l'accapareur. C'était la conséquence à la fois de la rareté du numéraire qu'il fallait se procurer à la caisse du gros commerçant et des charges nombreuses de l'agriculture qui obligeaient le cultivateur à réaliser sa récolte sans aucun délai. Quand en outre le tenancier ou le colon avaient donné au propriétaire de leur champ sa part de récolte ; quand ils avaient payé les droits divers de seigneurie, de censive, la dîme, la taille, les mises, les rentes, etc.; quand ils avaient remboursé sous forme de paiement en nature les avances du marchand d'épices et du meunier; quand ils avaient réglé de la même façon le curé, le médecin, le vétérinaire, le charron, etc., il ne leur restait rien en général et ils devaient s'estimer heureux si, avec le produit de leur récolte, ils pouvaient acheter quelques pans de drap et s'ils n'étaient pas obligés de satisfaire à leurs échéances par un emprunt. Quand donc arrivait l'époque des semailles, il fallait revenir chez le marchand de grains et c'est là que celui-ci attendait ses victimes.

Jamais le marchand ne refusait l'avance demandée ; jamais il ne spécifiait un intérêt ou une rémunération pour ce service : il donnait au paysan besogneux, comme au riche, ce qui lui était nécessaire, en stipulant simplement que la même quantité de grain lui serait rendue à la récolte soit au *sol* (c'est-à-dire sur l'aire), soit à la Saint-Jean, à la Madeleine, à la Saint-Michel ou à la Toussaint.

Il semble donc, quand on feuillette les comptes de Masenx, que le banquier fût, pour le cultivateur, une sorte de bienfaiteur, fournissant paternellement le grain des semailles et se contentant de reprendre à la récolte ce qu'il avait avancé. En réalité il n'y eut pas de pire usure que celle-là et il faudrait un volume entier pour mettre en lumière les bénéfices de Masenx dans les opérations de ce genre. Nous nous contenterons de signaler seulement quelques-uns des procédés qu'il employait et de les appuyer de quelques exemples.

Remarquons d'abord que blé et argent sont similaires en banque; que le blé est, en raison du besoin universel de cette denrée, une matière précieuse, de telle sorte que Masenx prête, paie ou reçoit indifféremment en blé et en argent. Cette équivalence, qui ouvre la porte aux abus, était tellement dans les mœurs que Masenx écrit : *la somma de dos sesties de blat* comme il aurait écrit : *la somma de v Ll*, et il n'est pas rare de voir tel client prendre à la fois chez lui du grain et de l'argent, l'un en complément de l'autre. Ainsi, quand il achète à Jean Algay, en 1536, un bien à Vayssière, Masenx lui paie 50 livres tournois et 2 setiers de blé (f° 126 r°). Le blé en réalité est une monnaie.

Il n'y a donc rien d'étonnant à ce que le blé soit prêté à intérêt, à six mois, à un mois et même à quelques jours de délai.

Ici toutefois une distinction est nécessaire parce que toutes les avances de Masenx en denrées agricoles ne sont pas commerciales. Il a un grand nombre de bordiers, colons, locataires, etc., et ces pauvres gens (qui, en général, au moment des semailles, étaient dépourvus de grains, mais que leur contrat obligeait à ensemencer pour le compte du maître) il fait l'avance nécessaire en *blé de semence*. Il la fait d'autant plus volontiers qu'il est sûr, à la récolte, de rentrer dans ses débours et qu'il ne s'abstient peut-être pas à ce propos des spéculations dénoncées par Menot. Dans ce cas l'avance est faite pour un an ou du moins jusqu'à la récolte, en général jusqu'à la Madeleine (22 juillet).

Il n'en est pas de même quand il s'agit de *blé de spéculation*, prêté à des étrangers ou avancé pour vivre à de pauvres diables; et Dieu sait si ce cas est fréquent dans les années de famine! Alors le blé produit les mêmes intérêts usuraires et se prête aux mêmes délais que l'argent.

Quoiqu'il en soit Masenx a trois façons de réaliser des bénéfices sur le blé : ou bien il se fait rendre à la récolte ou à l'échéance, une quantité de grain supérieure à celle qu'il a prêtée; ou bien il se fait rendre un grain de qualité supérieure à celui qu'il a avancé, par exemple du froment pour du méteil; ou bien enfin — c'est l'opération la plus commune — il ne prendra le grain rendu en même quantité et qualité, qu'à un prix très inférieur au prix de cession.

Pour le premier procédé l'exemple que nous avons rapporté du fils Mandret de Vors est caractéristique : Masenx lui prête 7 demi-cartières de blé; quelques jours après il s'en fait rendre 8 (f° 119 r°). En voici un second exemple : Guiraud Masenx, le cousin germain de notre banquier, lui a emprunté, — en 1511, — un setier de blé *a rendre blat per la Madalena proda venen, bitela per*

Mestre Johan Turla. Au-dessous de ce prêt Masenx a écrit : *Paya* VII ^{ʒas} III b^s $ʒ^a$, c'est-à-dire « payé 7 demi-cartières et 3 boisseaux et demi *(f° 118 v°)* (1).

Pour le second procédé, quand Masenx a avancé une certaine quantité de grains à bas prix, par exemple de vesces, orge, seigle ou avoine, il inscrit à la fin de sa note et en regard de sa créance ces simples mots : « *A rendre blat* » ou « *a rendre tan de blat* » Ainsi : « *Paul Bru deo* III *minas segal et* I^a *mina blat. Deo rendre tan de blat* » *(f° 99 r°)* — « *Item me deo may* (Pierre Pailhès) *la soma de* VI $ʒ^{as}$ *mestura ha rendre en blat (f° 122 r°)*. On conçoit que, dans les années où le blé se vendait jusqu'à 6 ou 7 livres le setier, cette petite opération dût rapporter gros.

Il ne faut pas oublier que le mot *blat*, dans la langue de Masenx (2) signifie toute céréale qui sert à faire du pain : blé, seigle, orge, méteil et même vesces. Il faut même dire à la louange de Masenx que parfois, lorsqu'il a avancé du blé ou du froment, il se contente de recevoir du seigle en remboursement. C'est ainsi par exemple qu'il agit, en 1538, envers Raymond Algay et Guiraud Pailhès. Cela ne veut pas dire qu'il y perde.

Raymond Algay, en effet, lui avait emprunté 3 émines de méteil et 1 émine de touzelle, c'est-à-dire 2 setiers de grain ; Masenx inscrit en regard de la créance : *deo torna tant de segal (f° 13 r°)* ; mais les cours du seigle, du méteil et de la touzelle étaient cette année presque identiques.

De même Guiraud Pailhès lui doit, pour un vieil arriéré de compte (drap et blé), 25 sols, plus 1 setier de seigle avancé en 1537. Masenx, en 1538, lui fait d'abord payer en argent le

---

(1) Bien que la date du prêt ne soit pas indiquée par Masenx, il est facile, d'après la mention qui précède et la similitude des encres, de la fixer au mois d'avril 1511. Cela fait donc 1 boisseau et demi d'intérêt pour 3 mois. Il est probable que, dans ce cas, le boisseau est compté à sa valeur d'usage, 1/16 de setier, de telle sorte que l'intérêt, pour 3 mois, est supérieur à 10 0/0. Nous reviendrons plus loin sur cet exemple.

(2) Au XVIe siècle, on donnait au mot *blé* la même signification que Masenx. On lit en effet dans l'inventaire de la succession de noble Dupuy, sgr de Lalagade, (mort le 9 avril 1590) : Item autre instrument dachet de dix cestiers bled, savoir cinq moussolle, cinq seigle. (Not. Jean de Luco. Fonds Lafage, Arch. Départementales, non encore inventorié).

setier de seigle, puis lui fait donner, pour les 25 sols, 2 émines, soit un setier de seigle (f° XLV r°). Cette combinaison est un chef-d'œuvre d'ingéniosité. En effet la récolte avait été mauvaise en 1538, le blé avait manqué et, par suite, le prix des grains avait subitement augmenté cette année ; Masenx eût donc pu se contenter du bénéfice de 10 à 15 sols que lui donnait la majoration du cours du seigle de 1537 à 1538 ; et c'est ce qui fût arrivé si Pailhès avait remboursé son setier de seigle en nature et ses 25 sols en argent. Mais cela eût été trop ingénu. Masenx, auquel il n'est dû en équité qu'un setier de seigle et 25 s. soit, en 1537, environ 65 sols, se fait rendre 1 setier de seigle en argent, soit au cours de 1538 environ 50 sols, plus pour l'arriéré, un setier de seigle en nature ; au total 5 ll. Le bénéfice est de 35 sols.

Comme on le voit, il ne faut pas se prendre à l'apparence des générosités de Masenx et il se pourrait bien que lorsqu'il inscrit dans ses comptes des stipulations telles que *deo torna lan de fe*, alors qu'il a prêté du foin, ou *deo torna lan de palmola*, alors qu'il a avancé de la paumoule, il se pourrait que ces formules ne fussent qu'un trompe-l'œil et une simple mesure de précaution à l'égard d'une dénonciation ou d'une accusation d'usure.

Le troisième procédé est celui dont Masenx use le plus couramment et il en use, non seulement à l'égard du blé, mais à l'égard de toute autre denrée ou marchandise prise en remboursement. Ainsi, qu'il ait avancé du grain, s'il reçoit du blé en paiement, c'est toujours au-dessous du prix auquel il a lui même donné ce grain ; si le blé lui est porté en remboursement d'argent, il ne le prend qu'au dessous du cours. C'est là une règle à laquelle on trouvera peut-être des exceptions, mais qui peut néanmoins être considérée comme le principe des opérations commerciales de Masenx ; règle parfaite d'ailleurs, puisque le bénéfice des opérations trouvait toujours une excuse possible dans les fluctuations du prix des denrées.

Il en découle pour nous une conséquence importante : c'est que, dans la détermination du prix des denrées ou des salaires, il ne faut jamais accepter comme chiffres normaux les prix marqués par Masenx pour les denrées qu'il reçoit ou pour les ouvriers qu'il fait travailler en remboursement d'une créance. Ainsi si le blé est à 4 *ll.* le setier ou du moins si Masenx le vend à ce prix (et il est probable qu'il vendait au prix courant), le blé qu'il prendra en remboursement sera à 2 ou 3 *ll.* le setier. Et comme les paiements en nature étaient les plus fréquents, comme Masenx avait un commerce des plus variés et des plus étendus, comme il appliquait cette échelle proportionnelle à presque toutes ses opérations, on ne s'étonnera pas qu'il ait pu réaliser en 30 ans de gros bénéfices.

Voici des exemples caractéristiques de ces opérations à l'égard du blé.

Masenx, vers l'année 1545, semble avoir une rancune contre les Guy, ses voisins du Mas de Fonlada (1) ; c'est pourquoi il la leur fait payer. Il avance, le 24 mars 1545, à Jean Guy, fils d'Olivier, 3 émines de blé *moussolle* (touzelle blanche) au prix de 4 *ll.* 10 *s.* le setier, soit à 6 *ll.* 15 *s.* L'année suivante son débiteur lui rend 2 setiers de blé, c'est-à-dire une émine de plus qu'il n'avait emprunté. Croit-on que Masenx se considère comme remboursé ? — Non, il compte ce qu'il a reçu à 2 *ll.* le setier et, par conséquent, porte au *debet* de Guy un reliquat de 2 *ll.* 15 *s.* (f° 5 v° et 6 r°).

On pourrait, il est vrai, dans ce cas, alléguer que Masenx avait livré de la touzelle, c'est-à-dire du froment supérieur, tandis que Guy ne lui avait rendu qu'un grain grossier. Mais il faut remarquer que l'année 1546 est précisément l'une de celles où ce grain s'est vendu le plus cher, jusqu'à 5 livres le setier ! Du reste, la même année 1545 et presque au même moment, Masenx vendait à François Guy, frère de Jean, 3 émines de blé — non plus *moussolle*, mais blé ordinaire — à raison de 5 *ll.* 6 *s.* le setier ! Il faisait donc sur Jean Guy un bénéfice de 4 *ll.* en un an sur une simple avance de 6 *ll.* 15 *s.*

Notons d'ailleurs que Masenx ne se comporte pas diffé-

---

(1) A cette époque son frère Pierre habitait le mas de Fonlada où Peirota Masenx était mariée à Ant. Guy.

remment envers François Guy. Non content de lui faire payer le blé à 5 *l.* 6 *s.*, alors que le cours moyen de 1545 n'est qu'à 4 *l.* 13 *s.*, il lui facture, la même année, 3 demi-cartières de fèves (dont la valeur courante est de 43 *s.* 4 *d.* le setier) à 3 *l.* 13 *s.* 4 *d.* soit à 18 *s.* 4 *d.* la cartière. Bénéfice sur François Guy : 30 *s.* 6 *d.*

La même opération se reproduit encore en 1546 avec Jean Guy. Masenx lui a prêté, le 16 janvier, 1 setier de blé à 4 *ll.* 10 *s.*, remboursable à la Saint-Julien (12 août). Jean Guy restitue le setier de blé, mais Masenx le lui compte à 2 *ll.*, de telle sorte que le malheureux est encore débiteur de 2 *ll.* 10 *s.* (f° 7 v°). On voit que, grâce à ce système, il ne fallait pas longtemps à Masenx pour devenir propriétaire des champs de ceux auxquels il avançait du grain (1).

Continuons ces exemples.

En 1523 nous ne connaissons pas exactement le cours moyen du blé, mais ce cours dut être voisin de 2 *ll.* 12 *s.* le setier, puisqu'il était de 2 *l.* 15 *s.* en 1522 et de 2 *l.* 10 *s.* en 1524. Or cette année, Guilhem Gay ou Algay, dit Fitou, débiteur de Masenx, porte à celui-ci, en remboursement, 6 demi-cartières de blé ; Masenx les prend à 22 *s.* 6 *d.*, c'est-à-dire à 30 *s.* le setier. On voit que son bénéfice est de 16 *s.* 6 *d.* (f° XXVIII r°).

En 1541, Jacques Favarel, débiteur depuis longtemps envers Masenx du prix d'un âne, porte à son créancier 1 setier de blé. Le blé est, il est vrai, cette année, bon marché et l'on est au mois de juillet, c'est-à-dire à l'époque de la récolte. Néanmoins Masenx compte le blé reçu à 22 sols le setier,

---

(1) Il semble cependant que François Guy ait fini par se révolter contre cette exploitation. Masenx lui avait avancé 5 setiers de blé plus 1 émine et 1 demi-cartière de vesces, denrées qu'il évaluait ensemble, en mai 1546, à 11 *lt.* 5 *s.* 10 *d.* Le cours des vesces étant cette année à 4 *lt.* le setier, cela mettait le blé prêté à 1 *lt.* 12 *s.* 6 *d.* le setier — Guy rend les 2 setiers de blé (probablement à la récolte), que Masenx évalue à 2 *lt.* chacun ; restait dû par conséquent 5 *lt.* 5 *s.* de blé et 2 *lt.* 10 *s.* de vesces. Sans doute Guy protesta et son créancier finit par admettre qu'ayant avancé 2 setiers de blé il se trouvait remboursé par 2 setiers de blé, car on ne trouve plus, après cette première *paga*, que la suivante, sans doute relative aux vesces :

Paga II lt per las mas de Johan Guy, jore, fils d'Olirie (f° 9 v°).

c'est-à-dire qu'il fait sur cette opération un bénéfice d'au moins 14 sols. (f° XXXIX r°).

En 1534 le blé est à 3 *ll.* le setier : Masenx le compte 33 *s.* 4 *d.* à son débiteur, Antoine Jean, le père, qui lui en apporte un setier (f° LXIII v°).

Le 15 avril 1540 le forgeron Guilhem Taillefer, de Castelnau, emprunte 1 setier de blé au prix de 3 *ll.* 3 *s.* 4 *d.* et s'engage à le rendre à la Madeleine suivante, c'est-à-dire en 3 mois. Il apporte en effet un setier à la date convenue, mais la femme de Masenx ne le reçoit qu'à 2 *l.* 3 *s.* 4 *d.* Bénéfice en 3 mois, 1 *ll.* (f° LXIX r°).

Opération identique avec Jacques Toingne. Celui-ci avait emprunté, le 28 avril, un setier de blé au prix de 3 *l.* 3 *s.* 4 *d;* il le restitue à la Madeleine ; mais le setier ne lui est compté que 2 *l.* 6 *s.* 8 *d.* d'où bénéfice pour Masenx de 16 *s.* 8 *d.* (f° LXIX v° et LXXV v°).

Les opérations de ce genre abondent, comme nous l'avons dit, dans les comptes de Masenx. Nous en citerons cependant encore deux exemples :

Un aubergiste, André de Ste-Croix, est en compte avec Masenx et lui achète d'assez grandes quantités de vin ; il est donc son débiteur. Pour se libérer en partie, il lui cède, en 1542, 2 setiers de seigle valant au cours 33 *s.* le setier. Masenx compte le setier à raison de 16 *s.* 4 *d.* et diminue simplement le compte de son client de 32 *s.* 8 *d.* d'où bénéfice 50 0 0 (f° LXXIII r°).

Enfin Bernard Fabre, de Candastre, est un des principaux clients de Masenx. Celui-ci arrête son compte, vers 1531, sur une feuille de papier, à 13 *ll.* 13 *doblas* ; mais il ajoute au bas de la feuille : *Paga* xx *doblas per blat* r *la et tela* ii *canos*, c'est-à-dire que de ce malheureux à demi ruiné il a pris une cartière de blé valant au cours 1 *ll.* 2 *s.* et deux cannes de toile d'une valeur de 11 sols, pour 20 doubles, moins de 17 sols ! (compte de B. Fabre : intercalaire).

Ces exemples suffisent pour faire comprendre le mécanisme des opérations de banque de Masenx sur les céréales et pour expliquer ses bénéfices. Il faut y joindre sans doute certains artifices dont nous n'avons pas la preuve ; ainsi, il est probable que, quand il avance une cartière de blé, il écrit sur son livre 3 demi-cartières pour légitimer le surplus qui lui sera rendu ; ou bien quand il prête trois demi-cartières, il n'en livre que deux. Ce sont procédés habituels aux usuriers de tous les temps. Ainsi, avec une apparence de probité, avec l'appui et la considération des honnêtes gens, il pressure abominablement le pays, il étrangle ses clients, il fait suer aux cultivateurs l'or qu'il encaisse. N'est-il pas réellement « l'usurier gorgé de la substance des misérables » dont parle Maillard ?

Mais Masenx ne spécule pas uniquement sur les grains ; toutes les denrées lui sont matière à spéculations.

Ainsi Arnaud Gambres lui doit, en 1524, pour achat de drap et de vêtements, une certaine somme de laquelle il s'acquitte assez régulièrement. Parmi ses versements il envoie à son créancier une barrique de vin, dont le prix était assez régulièrement alors de 2 *lt*. ; Masenx néanmoins ne la prend que pour 1 *lt* (f° xx r°).

Même opération avec Jean Johan de Laboscarié. Celui-ci doit 3 *lt* pour achat de 2 cannes de drap noir ; il fournit en paiement 3 émines d'avoine, que Masenx compte 15 sols (soit à 10 *s.* le setier !) et 1 barrique de vin que Masenx prend à 1 *lt*. En conséquence il clot son compte par ces mots : *Resta 25 sols* (1) (f° xxi r°).

Pour la *toile* on a déjà vu que Masenx la prenait en paiement à moitié valeur environ. Il est probable qu'il en est de même des *noix* qu'il prend en remboursement, en 1521, de

---

(1) Ces mots sont significatifs. Ils expliquent en partie les faits qui nous surprennent dans les mœurs commerciales du temps. En effet, d'une part le client, persuadé que son créancier l'exploite en lui prenant au-dessous du cours les denrées qu'il donne en paiement, ne se presse pas de solder son compte et conserve un reliquat, un *resta* compensateur ; d'autre part le négociant dans la crainte de ce *resta*, c'est-à-dire des paiements incomplets, habituels à cette époque, majore le plus possible son bénéfice sur les premiers remboursements et prend les denrées au plus bas prix. C'est une lutte sans issue, un cercle vicieux qui aboutit aux errements les plus étranges.

Il faut toutefois retenir de ceci que les *resta*, qui figurent si souvent au fond des comptes n'étaient généralement pas payés. On en a la preuve par le petit nombre de comptes qui sont barrés (*crosats*) et c'est là à la fois la raison et l'excuse des bénéfices de Masenx.

Darde Algay au prix de 10 sols le sac (*f° XLVIII bis r°*) et des planches qu'il prend, en 1540, de Jean Fournier, de Castelnau. Celui-ci lui devait une somme de 15 sols pour une cartière de blé et devait payer en planches ; Masenx lui prend sans scrupules 4 cannes de planches, soit environ 15 mètres carrés, pour ce prix, ce qui mettrait la valeur de la planche à 4 deniers le mètre carré (*f° LXXII r°*).

Enfin un dernier exemple qui prouve avec quelle désinvolture Masenx traitait ses clients, est le prix qu'il donne de deux cochons. Évidemment il y a cochon et cochon, mais le prix ordinaire de cet animal était de 3 *lt*. Or quand Antoine d'Estaviale, pour se libérer d'un compte assez lourd, lui vend deux porcs « *dos tessos* », Masenx lui en donne simplement 2 *lt.* 2 *s.*, c'est-à-dire 21 sols de chacun. (*f° L r°*).

Ces opérations à la vérité sortent de la banque pour rentrer dans le simple commerce, mais elles se relient les unes aux autres par une chaîne si serrée qu'il était impossible de les dissocier et, au demeurant, qu'est la banque, sinon le commerce de l'argent, et qu'est le commerce, sinon la banque des denrées ?

Or Masenx se livrant à tout espèce de commerce, tout est pour lui matière à banque et à bénéfice. Il vend, achète, revend ou échange, peu lui importe, pourvu que ce ne soit pas à perte. C'est de la sorte que nous le voyons vendre des objets si divers et si disparates, du merrain, des futailles, des cercles de barrique, des ânes bâtés et non bâtés, des selles, des essieux de charrette, etc ; c'est de la sorte qu'il achète encore une arbalète d'occasion.

L'achat de cette arbalète est même profondément suggestif en ce qui concerne les conditions commerciales d'alors ; c'est plutôt un gage qu'un achat. Voici le fait.

Masenx a vendu au forgeron Alliet Nègre, de Brugnac, en 1528, une vache pour le prix de 5 *l.* 3 *s.* 2 *d.* (3 écus, 20 sols et 8 deniers). Ce prix est probablement un peu surfait parce que Masenx sait qu'il aura de la peine à se faire payer en totalité, ou du moins qu'il ne sera payé totalement qu'après des années. Mais le forgeron n'ignore pas non plus que ce prix est exagéré et il en profite pour prendre ses aises ; il paie 2 ll. le 10 juin, puis 10 sols le 22 juillet et encore 20 s. le 28 novembre 1528 ; puis jusqu'en 1534, pendant six ans, il ne paie plus rien. Il est cependant encore débiteur envers son vendeur de 33 s. 2 d. (Masenx calcule 33 s. 4 d.) dont *billetta* a été prise par maître Laurent Trivas ; mais Nègre considère sans doute que Masenx est assez payé. Tel n'est pas l'avis de celui-ci qui, probablement, avait maintes fois réclamé son dû. De guerre lasse, le forgeron consent à un nouveau versement. Il avait une arbalète d'occasion, probablement aussi reçue en paiement ou achetée l'année précédente (en 1533) à noble Vidal Del Forn ; cette arbalète va servir de gage. On fixe sa valeur, pour le cas où le gage ne serait pas réclamé, à 13 *doblas* (10 s. 10 d.); mais il est évident qu'elle vaut plus ; le gage est toujours estimé au-dessous de sa valeur, sinon le débiteur n'aurait pas intérêt à le dégager et il resterait entre les mains du créancier, qui ferait une mauvaise affaire. L'arbalète vaut donc plus de 13 doblas, elle vaut même plus de 33 sols, la somme en litige. Aussi Nègre, au bout d'un certain temps, la retire-t-il en payant les 13 doblas. « *La balesta ha cobrida* », écrit Masenx sur son compte (f° XXXIX v°). — Reste donc en 1535, au compte du forgeron, une dette de 22 s. 4 d. Ce *resta*, il ne le paiera plus, c'est le déchet, le *caput mortuum* de l'opération. Masenx ne l'ignore pas ; mais comme il est aussi peu scrupuleux et aussi intéressé que son client, il tâchera cependant de s'en faire rembourser et même de se faire payer plus qu'il ne lui est dû. Il a en mains en effet la *billetta* de Laurent Trivas, établie avant l'affaire de l'arbalète et qui porte le chiffre de 33 sols 4 d ; en conséquence il inscrira sans vergogne à son relevé de 1546 (f° 12 v°) : « *Alliel Negre, fabre de Brunac, del mas de la Crosalario, me deo la soma de XXXIII s. IIII d. per resta de una vaca presa l'an v^e XXVIII lo premie de aoust. Carta per mestre Laurens Trivas.* »

Voilà l'histoire qui se lit entre les lignes frustres et irrégulières de Masenx ; elle est peu édifiante et nous ouvre sur la moralité de l'époque un jour étrange ; mais elle a l'avantage de nous préciser la situation réciproque du vendeur et de l'acheteur, de mettre au point en un mot les conditions commerciales de cette époque, trop oubliées pour que nous les saisissions bien de prime abord.

Nous avons dit que Masenx a une peur évidente de la censure et que cela l'amène parfois à voiler d'étrange manière ses bénéfices. Voici quelques exemples de ces dissimulations en ce qui concerne les céréales. Ce sont de véritables tours de passe-passe.

Guiraud Masenx, avons-nous dit, lui a payé en 1541, pour une avance de 1 setier de blé, 1 boisseau et demi d'intérêt en 3 mois, ce qui fait plus de 40 0/0 par an (f° 118 r°). Masenx a un moyen très simple pour dissimuler cette usure : il n'indique pas s'il s'agit du boisseau mesure légale ou du boisseau mesure d'usage ; il écrit simplement I^{a} vii 3as m^{bs} 3^{c}. Or le boisseau, dans la mesure d'usage, était compté à 1/4 de cartière ou 1/16 de setier (2 pour une demi-cartière); dans la mesure légale il n'était compté qu'à 1/8 de cartière ou 1/32 de setier (4 pour une demi-cartière); dans le premier cas 7 demi-cartières + 3 boisseaux et demi signifient 1 setier et 1 boisseau et demi, c'est-à-dire 1 boisseau et demi d'intérêt (c'est certainement ainsi que Masenx a calculé) ; dans le second cas ces chiffres signifient un setier moins un demi-boisseau. En n'indiquant pas la valeur du boisseau Masenx peut prétendre qu'il s'agit de la mesure légale et que, par conséquent, loin d'avoir perçu un intérêt usuraire, il n'a pas été intégralement remboursé par son débiteur.

Pour Guiraud Journès la dissimulation est moins habile. Celui-ci avait emprunté, le 25 mai 1541, à Gaillac, un setier de blé en remboursement duquel il avait donné 1 setier et 1 cartière de blé. Pour faire disparaître l'écart entre ces chiffres Masenx a tout simplement, au moment du paiement, surchargé le chiffre de l'avance en y ajoutant I^{a} *la*. L'altération est facile à reconnaître, car tandis que l'article lui-même est d'une encre roussâtre, la surcharge et le paiement sont seuls d'une encre noire (f° 117 r°).

Voici enfin un exemple plus complexe ou plus délicat. — Nous avons dit qu'en 1538 Masenx avait fait signer ou établir à son débiteur Antoine Larroque un billet chez le notaire Turlan. Ce billet de 17 *l.* 2 *s.* 6 *d.*, est daté du 7 octobre 1538 et était à l'échéance du 1ᵉʳ novembre, soit à 24 jours (f⁰ 129 r⁰). Bien entendu, Larroque ne put le payer ; le malheureux dut au contraire à l'échéance emprunter, pour se nourrir, un nouveau setier de blé que Masenx lui factura par un nouveau billet (chez le notaire Malet, cette fois) au prix de 3 *l.* 3 *s.* 4 *d.* Quelques jours après, le 9 février, Masenx fait renouveler le billet Turlan ; il y porte le chiffre primitif de la créance, 17 *ll.* 2 *s.* 6 *d.*, c'est-à-dire qu'il n'en modifie pas la valeur, mais il y majore la quantité des denrées inscrites de 1 setier et demi de blé et de 1 émine de vesces (f⁰ LXI r⁰).

Le but de cette manœuvre est difficile à saisir de prime abord, mais c'est uniquement de substituer à un premier billet d'apparence usuraire un billet d'apparence très modérée. L'opération est faite probablement avec le consentement du client ; qu'importe, en effet, à celui-ci, puisque le chiffre de la dette n'est pas modifié ? Quant à Masenx, grâce à ce maquillage, il est en règle avec la censure ; il semble même avoir fait bénéficier sa victime d'une réduction. Du reste cette complaisance coûte cher au malheureux Larroque, car Masenx maintenant n'a plus aucune raison de le ménager. En veut-on la preuve ? Quand il s'agit du règlement des comptes de l'année 1539, comme Larroque n'a pu payer ses 3 cartières de blé de rente (la récolte a été nulle cette année) son créancier lui compte ces 3 cartières à 10 *ll.* 5 *s.*, c'est-à-dire au prix fabuleux de 13 *ll.* 13 *s.* 4 *d.* le setier ! (f⁰ 129 r⁰) (1). C'est la morale de cette opération.

En somme, si Masenx prélève un intérêt, et un intérêt généralement élevé, dans ses opérations de banque, le taux de cet intérêt n'a rien de fixe ; il n'est calculé sur aucune règle arithmétique et est seulement déterminé par le caprice du banquier, par le caractère, la richesse ou la solvabilité du client.

De même, ce qui paraîtrait de nos jours très anormal, l'intérêt ne se cumule pas, il ne croît pas proportionnel-

---

(1) Voir la fin de cette affaire à la partie de notre travail relative aux pensions annuelles, chap. VIII.

lement à la durée du prêt ; il est fixé au début de l'opération ou à sa liquidation sur les bases variables que nous venons d'indiquer, mais c'est tout. La même somme prêtée dans les mêmes conditions rapportera le même intérêt en 3 ans qu'en 3 mois.

C'est là un fait dont il est facile de se rendre compte en jetant un coup d'œil sur le tableau suivant dont nous empruntons les éléments aux relevés de créances impayées établis par Masenx en 1539 et 1546.

DETTE INITIALE				DETTE EN 1539		DETTE EN 1546	
Créance	Année	Chiffre	Indicon folios	Chiffre	Indication	Chiffre	Indication
Ant. de la Croix....	1528	2 lt.	XIX v	....	....	2 lt.	fo 14 vo
Pierre Colomblcr...	1524	4 lt.	XX ro	....	....	4 lt.	14 ro
Ramon Algay.......	1537	31.13s.6d.	XL ro	31.13s.8d.	fo 163 ro	31.13s.6d.	13 ro
Guilhem Toulouse..	1529	20 s.	XLIII vo	20 s.	163 ro	20 s.	14 ro
Michel d'Austries...	1532	35 s.	LVII vo	35 s.	162 vo	35 s.	15 ro
Ramond Baralière..	1527	25 s.	XLI vo	25 s.	161 vo	25 s.	12 vo

Rien du reste n'est plus arbitraire que la durée des prêts ; on a vu que Masenx prête depuis 8 jours jusqu'à 1 an et plus. Mais cela ne veut pas dire qu'il soit remboursé à cette date. En réalité le banquier prête, fixe un délai pour l'échéance, mais ne sait jamais quand il sera et même s'il sera remboursé. Il court donc, indépendamment de l'immobilisation toujours à craindre et à long terme de son capital, un risque formidable duquel, en bon commerçant, il cherche à se couvrir, en majorant au maximum les bénéfices contingents de l'opération. C'est, comme nous l'avons déjà dit, la raison et presque l'excuse de son usure.

CHAPITRE VIII

SOMMAIRE : *L'agriculteur. Conditions de la propriété au XVIe siècle. — Masenx fermier. Détail de ses fermages ; Saint-Jérôme et Vors. — Masenx propriétaire. Formation de son domaine. Mode d'acquisition de ses terres. La* pensio annualla *et la* may-valensa. *— L'exploitation agricole. Colonage parliaire ou métayage ; les bordiers de Masenx. Conditions du métayage au XVIe siècle. Baux de métayage.*

Nous avons déjà indiqué la différence sensible qu'il y a, pour les roturiers, entre la propriété avant 1789 et la propriété après 1789. Dans le premier cas le propriétaire, toujours dépendant du seigneur terrien, n'a qu'une sorte de droit d'exploitation sur un sol qui, légalement et héréditairement, appartient à son seigneur. Dans le second il en a la souveraineté absolue.

On comprendra que cette différence ait dû modifier sensiblement les conditions d'acquisition de la propriété. Aussi, au XVIe siècle, les terres (nous parlons des terres féodales) sont-elles à plus bas prix que de nos jours. Il faut dire aussi qu'à cette époque l'argent a un pouvoir beaucoup plus considérable, au moins 12 fois supérieur à son pouvoir actuel, de telle sorte que le rapport entre une quantité donnée de terre et sa valeur en argent a dû croître proportionnellement. Enfin à cette époque l'exploitation est plus difficile, une partie du sol est en friche ou couverte de forêts, les chemins n'existent pas, le régime des assolements n'est pas réglé, les capitaux et le matériel agricole sont rares. Tout cela a dû nécessairement réagir et sur la valeur marchande de la propriété et sur le sentiment qui rattache le propriétaire à sa terre.

En effet, quelle que soit l'affection du paysan pour le sol, ce sentiment n'a pas, au xvi° siècle, l'ampleur, l'égoïsme, l'âpreté qu'il a aujourd'hui. On sera surpris par exemple, en parcourant les comptes de Masenx, de voir avec quelle facilité la terre passe d'une main à l'autre. Tel individu, hier colon, aujourd'hui propriétaire, redeviendra demain colon du bien qu'il a possédé. La propriété se vend et s'achète, se prend et se quitte avec une égale facilité ; elle devient une marchandise banale, soumise aux multiples fluctuations des opérations commerciales. On la vend, l'achète, la troque, la loue, l'engage comme un objet quelconque.

C'est là le résultat des conditions particulières que nous avons exposées, mais c'est aussi la conséquence d'un mal plus général, de l'insécurité du siècle. On a vu que celui qui thésaurisait n'était pas sûr de retrouver le lendemain son trésor dans la cachette où il l'avait serré la veille ; que celui qui prêtait de l'argent ou vendait à crédit avait à craindre de n'être jamais remboursé ; encore moins le cultivateur était-il certain de lever la récolte du champ qu'il avait ensemencé et de la conserver. Rien n'est sûr à cette époque, pas plus la vie que la fortune ; les guerres, les famines, les pestes, les violences et les exactions de toute sorte en font un *alea* journalier. Et le petit propriétaire ne devait-il pas compter aussi avec l'arbitraire des seigneurs, la vénalité des gens de justice ?

Terrible époque en vérité et qui explique bien les tendances mystiques, l'espèce de désenchantement ou de détachement des biens de ce monde que l'on observe au fond de cette société bouleversée. Albert Dürer l'a si bien compris qu'il fait de sa *Mélancholia* l'allégorie même du siècle. Et Dürer n'est pas un isolé : « Aujourd'hui riche, demain pauvre », c'est la formule générale, universelle ; elle n'est pas seulement proclamée par ceux que l'Église a honorés du nom de saints, elle s'applique à tout le monde, depuis le laboureur jusqu'au roi, et elle donne la clef de la philosophie résignée avec laquelle, au xvi° siècle, les esprits même vulgaires envisageaient la possession des richesses.

Quoi d'étonnant alors que le lien étroit qui rattache le paysan à la terre se soit relâché ? Il n'y avait plus de liens. — Quoi d'étonnant à ce que la terre soit devenue une marchandise banale qu'on prend et qu'on revend, sans souci de ses forces créatrices, sans un regret pour les sueurs dont elle fut arrosée, sans un souvenir pour l'âme des ancêtres qui vit en elle ?

La propriété n'est donc pour Masenx qu'un commerce ou une banque. Telle terre qu'il achète un jour sera revendue le lendemain, et il n'a pas plus tôt réalisé les rentes en nature de ses gazailles qu'il se hâte de vendre ses bestiaux ou de créer une autre gazaille. On peut dire qu'à ce point de vue ce paysan a devancé son siècle ; ses capitaux ne sont jamais inactifs.

D'autre part, il est impossible, dans l'amas de notes sommaires que Masenx nous a laissées, de déterminer avec exactitude ses richesses comme propriétaire. Il résulte de tout cela une physionomie de propriétaire incertaine, troublante, difficile à fixer.

Heureusement Masenx n'est pas seulement propriétaire : il est aussi et avant tout fermier. Or, s'il nous est difficile d'inventorier avec précision les éléments de sa fortune territoriale, nous sommes mieux documentés en ce qui concerne ses fermages.

Etudions donc d'abord le tenancier, c'est-à-dire le fermier (1).

Nous avons dit sommairement ce qu'étaient les domaines de la Commanderie de Saint-André et dans quelles conditions Masenx en devint tenancier. Le point de départ et en quelque sorte le noyau de la fortune de Masenx fut l'arrentement de Saint-Jérôme, qu'il conserva sans interruption de 1518 à 1547.

Le domaine de Saint-Jérôme comprenait alors, indépendamment de trois ou quatre mas situés dans la paroisse de Saint-Jérôme du Tescou, un grand nombre de rentes et de

---

(1) Nous renvoyons à un chapitre spécial (chap. xii) le fermage ou mieux la régie des Pitanciers.

fiefs dispersés dans les paroisses circonvoisines. C'étaient :
1° dans Saint-Jérôme.

A. La métairie de Saint-Jérôme, *la boria de Sant-Geromy*, qui servait d'habitation au fermier et à sa famille ;

B. Les mas voisins de *Palmata* ou *Paul Matha* et de *la Rengado*, habités par des colons, et peut-être aussi le *mas de Lavros* ;

C. Des terres nombreuses sur les quartiers du *Gay*, de la *Genebreira*, de *Vialars*, de *Lassalle*, de *Lasserre*; de *Vaissière*, etc.

2°. — Hors de Saint-Jérôme :

D. L'importante métairie de Luman, dans la paroisse Saint-Martin de Lespinas.

E. Un grand nombre de terres éparses dans les paroisses de Saint-Jean de Montels, N.-D. de Castelnau, Saint-Martin de Lespinas, Saint-Étienne de Brugnac, Saint-André de l'Om, et jusque dans Saint-Beauzile et Puycelsi.

Le mas de Saint-Jérôme, aujourd'hui disparu, devait être au voisinage immédiat de l'église. C'était, comme nous l'avons dit, l'habitation du fermier ; aussi est-ce là que Masenx se maria et qu'il continua d'habiter (ou du moins que la famille de sa femme continua d'habiter) jusqu'à la fin de son fermage. Lui-même en effet, obligé par ses fermages à de nombreux déplacements à Vors, à Senouillac, à Castelnau, à Luman, habitait le plus souvent Gaillac où il avait ouvert boutique. On sait déjà qu'il appela comme bordier de ce mas de Saint-Jérôme, vers 1510, son cousin Guiraud Masenx. C'est de cette propriété qu'il prête un setier de blé à Ramond Toingne en 1539 (f° XLVII *bis* r°) ; c'est le foin de cette propriété qu'il vend en 1539 à Ramon, en 1541 à Guiraud Toingne et en 1542 à Jean Calvet et à Guiraud Masenx (f° XLVII *bis* r°, XCVI v° et XCVII r°) ; c'est sur cette propriété que Guiraud Pailhès, du mas voisin de la Rengado, doit, en 1545, 25 sols pour sa rente en blé (f° 1 v°) ; c'est là enfin que Masenx a son atelier de tonnellerie.

Le mas de *la Regado* ou *la Rengado* n'existe plus aujourd'hui du moins sous ce nom. Il en est de même de celui de

Paul Matha ou *Palmata*; mais il se pourrait que ces deux feux aient été remplacés par les mas actuels de *Rousselou* et de *Fargues* qui se trouvent à moins d'un kilomètre de Saint-Jérôme, au sud-ouest de l'église. Quoi qu'il en soit nous savons qu'en 1525 Masenx avait une briqueterie (*obrado*) à Palmata (f° XVII r°) et qu'en 1528 il y fit bâtir et réparer un *ostal* (f° LVI r°).

Quant au mas de *Lavros*, auquel il est fait parfois allusion (f°s LIII r° et LXXXV r°), peut-être faut-il entendre sous ce nom la métairie de Vors, que Masenx écrit couramment *Vros*; mais il se peut aussi que ce nom désigne un autre masage voisin de Saint-Jérôme, par exemple *Lavol* à 1 kilomètre au nord de l'église.

Enfin le *mas de Luman* faisait également partie du domaine. C'était une agglomération importante sur la rive droite du Tescou, à la lisière de la forêt de la Grésigne, comprenant une habitation dite *château* (f° XVII r°) et une métairie attenante, avec des terres fertiles à l'entour. Au dessous du château (*jos lo castel*) s'étendaient des noiseraies et des châtaigneraies qui formaient une sorte de parc ou de futaie abondante, bordant d'anciens fossés et desquelles Masenx tirait en grande partie les matériaux de ses *codras* (f° 109 r°). Le nom de la métairie attenante au château (*de tros lo castel*) (f° XVII r°) était *Bagarados* ou *Bugarados* et Masenx nous a conservé le bail ou police du bordier qu'il y installa en 1535; cependant il se pourrait que ce nom de Bagarados désignât aussi la métairie de Saint-Jérôme, auquel cas la description qui précède se rapporterait non à Luman, mais à Saint-Jérôme.

Nous nous sommes même demandé, en présence des termes usités par Masenx dans le préambule de la police « *bailert la mia boria de Bugarados part a miejas* », si cette métairie de Bugarados n'était pas une propriété personnelle de Masenx. C'est peu probable, d'abord parce que Masenx, comme on l'a vu, était parti de rien et qu'on ne trouve rien dans ses comptes qui se rapporte à cette acquisition, ensuite parce que les tenanciers ou fermiers à long terme se considéraient comme propriétaires des biens qu'ils avaient loués ou affermés. Il est donc probable que Bugarados était une dépendance du domaine de Saint-Jérôme et appartenait à la Commanderie.

Il ne faut pas oublier du reste que les tènements compris sous ces divers noms n'offraient pas un ensemble continu comparable à celui de nos propriétés actuelles, mais constituaient seulement des groupements plus ou moins disparates, plus ou moins éloignés, de parcelles autour d'un mas. Un grand nombre de parcelles même, trop excentriques, situées dans des paroisses voisines ou éloignées, ne pouvaient être rattachées à une *boria* ou à un *mas* du domaine : elles étaient désignées par le nom du lieu dit et données en culture ou en afferme aux colons et aux tenanciers du voisinage. Nous ne pourrions ici énumérer ces parcelles et cette énumération incomplète n'aurait d'ailleurs aucun intérêt ; nous nous contenterons, au fur et à mesure que nous les rencontrerons, de les signaler.

Pour le domaine de Senouillac, dont Masenx fut fermier de 1530 à 1545, pour celui de Vors, dont il fut fermier de 1535 à 1544, et pour les Pitanciers de Saint-André, qu'il afferma de 1530 à 1533, les renseignements que nous avons déjà donnés au chapitre IV suffisent pour en apprécier l'importance. Ajoutons cependant quelques mots relativement au domaine de Vors.

L'importance de ce domaine a été parfaitement appréciée par M. Rossignol (1), grâce à un important document qui se trouve aux archives du Tarn ; c'est un ancien *despartement* du domaine de Vors, qui ne contient pas moins de 222 pages in-folio. L'écriture en est du xviie siècle, de telle sorte qu'il est permis de supposer qu'à l'époque où il a été établi le domaine était moins considérable qu'au temps de Masenx, c'est-à-dire avant les guerres de religion ; néanmoins cet état renferme encore une soixantaine de mas, terres ou biens-fonds exploités par des colons ou des tenanciers divers. En voici le premier article :

(1) *Monogr. Comm.* II. 289.

« *Gibert Vayre len ung prat (alloc) appelat à Fon Foyna, (que) confronte am lou prat de Vincens Vayre (sul) camy que va del mas de Vors al mas de Journe(s et) conten une cartha, une palade et miege, quart et micch* (1), *cy...* II z^{ta} 1 p^a 3 p^a ».

Nous y relèverons seulement la liste des biens-fonds exploités ; on verra que la plupart de ces lieux-dits se retrouvent dans les notes de Masenx :

Fon Foyna, — les Pradels, — Pech-Sarrazi, — le Sol, — le Rial (ruisseau), — la Plane, — le Segalar, — la Croux, — Tescou, — Fargues, — la Loubatarié, — las Boygues, — le Colombié, — Dejouts lous Claus, — les Escachous, — la Castanial, — la Vernhieyra (la Vernière), — le Pech d'en Carles, — le Coustat de Fargues, — les Voquiers, — la Ponche (la pointe : pièce de terre au confluent, elle confronte au ruisseau de Riol), — le Claus, — le Pas de Gaillac, — la Gourgue de Fargues, — le Noguié micch et mieje, — le Vialaron, — Dejouts lous horts, — la Cime del Coulombié, — la Sieget, — las Gamasses, — la Boyga, — Jouts lous Hortets, — la Plan'basse, — le Mas de Vors, — le Nouguié patté (2), — les Hortets, — la Fon de Fargues, — la Boyga Naulta, — les Bruguets, — les Peyrades, — le Cami de la Gleiza, — la Fon dels prats de Fargues, — le Pomié, — la Espentarié, — les Couderes del Mas de Vors, — le Cami de la Sieget, — le Pesquié, — la Fon de la Motte (même lieu que les Hortets), — le Prat de Nivonière, — le Breton (la terra del Breton), — la Fon de la Damo, — le Mas de Peire Milhas, — las Anglades (paroisse Saint-Jérôme), — le Rieu de Tescou.

Cette nomenclature est non seulement instructive au point de vue de l'étendue et de la topographie du domaine

---

(1) La palade valait 1 cartonnade. On remarquera que le colon n'est plus, au XVII⁰ siècle, à moitié ; il est au quart et demi, c'est-à-dire qu'il a part aux 3/8 de la récolte.

(2) La dénomination de ce lieu-dit, comme de celui qui précède, le *nouguié micch et mieje*, nous indique qu'on plantait à cette époque des noyers pour limiter les champs ; dans le Toulousain c'était des cognassiers (v. page 21, note).

de Vors, elle nous apprend aussi combien la culture y était variée et les agréments répandus. Ainsi il y avait non seulement un colombier, un vivier (*pesquié*) et de nombreux jardins (*horts*) ou jardinets (*hortets*) (1), des enclos (*claus*) et des dépaissances (*couderes*), il y avait aussi des arbres fruitiers, pommiers, noyers et châtaigniers servant à la fabrication des *codras*, il y avait surtout de fraîches prairies, des fontaines, des eaux vives, des mares un peu partout.

Ce qui caractérise, en effet, le domaine de Vors et ce qui fait sa richesse, c'est son irrigation. Il est traversé par le Tescou et le Riol (ce dernier ruisseau, qui prend naissance à la fontaine de Fargues, va se jeter dans le Tarn à Gaillac); il contient, outre *Fonlada* (les Fontanelles?), quatre sources abondantes, la *fon Foyna*, la *fon de Fargues*, la *fon de la Molhe*, et la *fon de la Dame*; il a, outre ses potagers et ses vergers, des bas-fonds irrigués (*jots tous hortets*, la *Plan'basse*, etc.), des prairies, des viviers, des gourgues (mares), etc. On ne s'étonnera donc point que Masenx récolte et vende de grandes quantités de fourrage.

Comme propriétaire Masenx fait moins grande figure, car il ne possède que des parcelles achetées à droite et à gauche, ou plutôt arrachées à l'imprudence et à l'infortune de ses clients. Cependant, comme on va le voir, il avait fini par créer, lopin par lopin, autour de la métairie de Puechauzy prise comme centre et dans les paroisses de Candastre, Senouillac et Broze, un domaine de réelle importance.

Le noyau de ce domaine est la *terro de Guilhem Masenx*, sise à Senouillac dans le tènement des Albarils, sur le chemin de Mauriac à la Garrigue, qu'Eutrope Fabre a mentionnée en 1530 (F. f° VIII r°). Elle s'appelait *la Mallolio*; mais Fabre nous apprend (f° XIV r°) que les désignations de *la Mallolio* et *la Carboniero* s'appliquent au même lieu. C'était donc un terrain également propre à la culture de la vigne (*malleolus*, v. du Cange) et du chanvre (*carbe*).

Cette remarque nous permet de préciser la date de l'ac-

---

(1) Ces mots doivent être pris pour *potager* et non jardin d'agrément.

quisition de Masenx. En 1523 il avait acheté, en effet, à l'encan de Gaillac, de Jean Carivenc-Laborde, poursuivi à la requête de noble Vidal *del Forn* (ou *del Fron* ou *de Fronte*), seigneur de Senouillac, une maison, dite *ostal de la Calayo* et *una pessa de canabal*, c'est-à-dire une chenevière (f° 130 r°) pour le prix total de 55 *l*. 13 *s*., à savoir 43 *l*. 10 *s*. d'achat, 8 *l*. 13 *s*. de *sennorias* et 3 *l*. 10 *s*. de censives arriérées. Il revendit plus tard la maison, car nous voyons, vers 1538, Antoine Guy, de Senouillac, lui devoir 3 *ll*. 10 *s. per resta de renda de un ostal* (M. f° LXI r°), mais il garda la terre autour de laquelle vinrent successivement se grouper de nouvelles acquisitions.

En 1530, en effet, Masenx a pour voisins ou confronts de sa propriété de *la Mallolio* Eutrope Fabre (plus tard remplacé par son frère Ramon), Jean Roques, fils de Pierre, et les héritiers de maitre Robert del Forn (F. f° VIII r°). On va voir qu'en quelques années il s'est substitué à tous ces possesseurs.

Dès 1539, l'année même de la mort d'Eutrope, il acquérait de son frère et héritier, Ramon Fabre, une portion de Puechauzy « *que se ten am lo caml et am las terras des Fabres* » (M. f° 132 r°) et de Bernard Fabre, cousin d'Eutrope, une pièce de terre « *qu'es jos los pans del det mas* » (Puechauzy) (M. f° 131 r°). Mais il y ajoutait bientôt après la terre de *Resals* (f° 4 r°) et, dès la fin de 1546, il était seul propriétaire de Puechauzy (f° 10 v°).

A l'égard de Jean Roques des Albaris, fils de Pierre Roques, Masenx n'opérait pas différemment. Ce Jean Roques, dit le jeune, était dans une situation gênée, car il avait déjà vendu en 1530, une partie de sa terre de *la Mallolio* (F. f° VIII r°) et, en 1535, son domaine de *la Carbonière* à Eutrope Fabre, dont il était devenu le métayer (F. f°s XIV r° et LVII r°). Ces terres passées en 1539 à Ramon Fabre, étaient devenues comme on l'a vu, de 1539 à 1546, la propriété de Masenx. Mais ce n'est pas tout. Celui-ci achète encore au même Jean Roques *may jore*, en 1538 et 1539, les terres qui lui restaient à la *Carbonnière* (f° 128 v°) ainsi qu'une pièce « *de terra et ribas contenen tres car-*

tayrados alloc appelat a las Lissas » (1) (f° 128 r°). Puis, en 1510, il acquiert encore de Jean Roques l'aîné (*may riel*) une éminée de terre au lieu-dit *à l'Hort*, au milieu de prairies (f° 132 r°).

A l'égard des seigneurs de la Bonnette, même substitution. Masenx achète, en effet, le vendredi saint 1539, à Vidal del Forn, 2 setérées de terre attenantes au moulin des Roques (f° 130 r°), puis une éminée à la foire de Saint-Roch, à Cahuzac (f° 131 r°), puis une seconde éminée, puis encore une setérée, au total 4 setérées de terres excellentes et contiguës (f° 131 r°) dans les paroisses de Candastre et de Senouillac.

En 1511 il achète encore au même Vidal del Forn la terre *del Valat*, dans les dépendances du Gayou (f° 133 r°); il a donc acquis peu à peu les terres de ses voisins et formé à leurs dépens un domaine.

Ce domaine s'était encore accru des terres du *Peric-Balegal* acquises en 1535 sur Pierre et Jean Guy des Albarils (f° 126 r°) et, de 1535 à 1539, de plusieurs autres terres importantes situées dans la communauté de Broze. En effet, à cette époque, Mazenx avait acheté sur gage à Jacques Larroque une terre confrontant à Gazou (f° 125 r°), à Antoine Larroque les terres de Saint-Germain (f° 125 r°) et de *Malpas* (f° 129 r°), et à Jean Gros, de Broze, une terre voisine du colombier de Gazon (f° 128 r°).

Telle était, en 1546, la constitution du domaine qui devait plus tard, dans les archives de la Commanderie, porter le nom de *terre de Masenx*. Il s'étendait, irrégulièrement il est vrai, en échiquier, depuis Gazou (entre Broze et Mauriac, empiétant ainsi sur le consulat de Cahuzac) jusqu'au sud de Candastre et de Lagarrigue, mais la plupart des terres en étaient situées sur le bord du ruisseau qui longe actuellement la ligne de chemin de fer de Gaillac à Capdenac.

C'étaient des terres d'alluvion, des prairies grasses et fertiles, des bas-fonds (*ribas, lissas, canabals, carbonières,*

---

(1) On appelle *lissa* ou *lisa*, dans les vallées de l'Hers et du Tarn, les terres à surface lisse formées, au fond des causses, par le lavage et le coulage moléculaire des boulbènes. Ce sont des vases dépourvues d'humus.

etc.), aptes aux meilleures cultures, depuis le chanvre et le fourrage jusqu'à la culture maraîchère. Le ruisseau qui les traversait débitait à cette époque un volume d'eau considérable puisqu'il actionnait plusieurs moulins en amont desquels s'étaient formés des dépôts limoneux abondants (*canabal del molinal*) ; l'un de ces moulins, au niveau du mas de Gayou, appartenait à la Commanderie de Saint-André et était exploité par les Roques ; Masenx l'appelle pour cela *Moly des Rocas* (f° 130 r°) ; c'est probablement le même qui est aujourd'hui désigné sous le nom de *Moulin du Commandeur*.

Quoiqu'il en soit le fonds était de premier ordre et, ce qui le prouve, c'est non seulement la ténacité avec laquelle Masenx l'a arraché, parcelle par parcelle, à ses précédents propriétaires, c'est aussi le prix qu'il a payé les terres, jusqu'à 25 *lt.* la setérée. Et cependant à quelles conditions onéreuses les prend-il encore ! Il laisse à Vidal del Forn le droit de rachat, en totalité jusqu'à 20 ans, à moitié jusqu'à 25 ans ; il lui laisse toute la récolte en blé et maïs pour l'année présente (1539) et la moitié pour l'année suivante (1540) ; il est vrai aussi qu'il ne fera, cette année 1540, que la moitié du travail (f° 130 r°). Ce sont là conditions qui indiquent des terres de choix.

Mais Masenx ne possède pas seulement ce domaine ; il a aussi, profitant des occasions, arrondi d'autres possessions autour de Saint-Jérôme, acheté des terres isolées, des parcelles excentriques, même des mas en dehors de Candastre et de Senouillac. C'est ainsi qu'en 1526, ayant déjà pris gage sur les terres de Jean Algay, il achète à celui-ci, avec la *may valensa* du gage, une pièce de terre et bois « *que se ten am la terra et prat de Paul Mala* » et « *un ostal et patis situat al mas de Vayssiera en la juridisio de Castelnuou.* » (f° 126 v°). — En 1539, c'est la terre de Sainte-Vèle qu'il achète aux frères Journès (f° 132 v°). — En 1541, il achète encore, à Antoine Cressotas et à Jeanne Liestat, sa femme, la terre du *Fresquet*, dans la seigneurie de Lacourtade (f° 102 r°). — En 1545, il prend gage sur une terre de Pierre Pailhès (f° 121 r°). — En 1516 enfin, c'est une prairie que

Guiraud Algay lui engage dans la paroisse de Saint-Jérôme (f° 9 r°).

Le procédé par lequel Masenx fait ces diverses acquisitions de terres est simple et toujours identique à lui-même : c'est le prêt sur gage. On en a vu un exemple typique au chapitre précédent à propos du pré de Guiraud Algay (f° 9 r°) : Masenx spécifie que si, en 10 jours, les 4 ll. qu'il a avancées pour dégager le pré ne lui sont pas rendues, ce pré lui appartiendra.

Cependant ce n'est pas généralement ainsi que Masenx procède. Avec Guiraud Algay il a affaire à un emprunteur de seconde main, acculé à une échéance, prêt à tout pour sauver son gage et il ne se gêne pas pour le faire passer par les fourches caudines d'une usure peu déguisée. Avec ses autres clients il dissimule mieux en général son usure, il la pallie, suivant l'expression de Maillard ; en tous cas il la cache sous un nom spécial, la *pensio annuala*.

Le prêt sur gage revêt, en effet, dans Masenx deux formes différentes, le prêt simple et la rente annuelle.

Le prêt simple, qui est celui de l'exemple précédent (Guiraud Algay), se pratique quand il s'agit d'un simple emprunt, quand l'emprunteur n'est pas déjà un débiteur. Un individu par exemple, sans compte avec Masenx, a besoin d'une somme d'argent ; il va le trouver, reçoit la somme, mais donne gage de cette somme sur une terre. En conséquence le prêteur s'empare de la terre, la fait produire pour son compte et si, au bout du temps fixé pour le recouvrement du gage, il n'a pas été remboursé de la somme avancée, la terre lui appartient. Tout cela est simple, sinon honorable. Mais le temps fixé pour le recouvrement du gage varie suivant les cas ; parfois il est illimité, mais c'est fort rare ; le plus souvent, quand il s'agit de clients de marque, de personnages puissants, comme noble Vidal del Forn, seigneur de Senouillac, Masenx laisse de longs délais pour le recouvrement, 20 ans pour le rachat total, 25 ans pour le rachat à moitié (f° 130 r°). Au contraire, quand il s'agit de petites gens, paysans, pagès ou bourgeois, comme Guiraud Algay, le terme peut être très court, 10 jours seulement (f° 9 r°). En général le terme est de 3 à 6 ans.

La rente annuelle est tout autre chose : elle se pratique surtout, comme procédé de liquidation ou de régularisation, vis-à-vis de certains débiteurs (car elle très onéreuse pour ceux-ci), mais elle peut être consentie par le débiteur à tout amateur. Elle ne diffère du reste du prêt sur gage que sur un point, c'est que le prêteur ne s'empare pas immédiatement de la terre de son débiteur ; il n'en jouit pas, il la lui laisse pendant un temps déterminé, mais en revanche le débiteur s'engage pendant ce temps à faire une rente, une pension, dont la garantie est précisément la terre engagée. Quant aux conditions de la *pensio annuala*, elles sont les mêmes que celles du prêt sur gage.

Lorsqu'en effet un propriétaire est gêné, — et cela n'arrive que trop souvent, puisque, de 1520 à 1545, il y eut en France trois famines provoquées par les mauvaises récoltes et que l'une d'elles dura 4 ans (voir chapitre XIV le tableau des prix du blé) — ce propriétaire vend, non point sa terre en général, mais une partie du revenu de cette terre, c'est-à-dire que, contre argent comptant, il cède à un tiers, généralement à son prêteur, une rente (*pension annuelle*) en blé ou autres grains. La terre est le gage de la rente. L'opération, comme on le voit, est détestable pour l'emprunteur, excellente pour le prêteur ; ce n'est au fond qu'une double usure, le prêt sur gage et le prêt à gros intérêt combinés ; aussi quand Masenx dira par exemple qu'il a acheté « une émine de blé de pension annuelle sur une terre à Broze », on saura ce que cela veut dire.

La pension annuelle une fois consentie, le propriétaire arrive parfois à se débarrasser de cette lourde chaîne, c'est-à-dire à rembourser son créancier et à reprendre sa liberté. C'est ce que Masenx indique par ces mots : « *recobert es* », c'est recouvré, ou « *ha cobrit* », il a recouvré. Mais cela est d'autant plus rare que, comme on l'a vu, le temps laissé pour cette libération est en général rigoureusement limité. Ainsi on lira au bas de certaines mentions de ces opérations : « *a recobri per IV ans* » ou bien « *recobri per V ans* », ce qui veut dire que si, au bout de 4 ou 5 ans, le prêteur n'est pas remboursé, le gage lui appartient.

Il arrive parfois qu'un propriétaire ayant consenti une rente sur une terre, c'est-à-dire ayant diminué d'une certaine quantité au profit d'un tiers le revenu annuel de cette terre, cède le surplus du revenu, c'est-à-dire la terre elle-même (1), à ce tiers. C'est la vente de la *may ralensa* (plus value). Or l'acquéreur de la *may ralensa* est parfois un autre personnage que le titulaire de la *pensio annuala* ; c'est ce qui se passe, par exemple, dans le cas de Pierre et Jean Guy, qui ont vendu en *pensio annuala* 3 carterées de terre à Jean Solage et qui cèdent la plus-value de cette terre à Masenx (f° 126 r°).

Il est probable que dans ce cas l'acquéreur de la plus-value remboursait son avance au prêteur et libérait le gage dont il devenait entier possesseur. En tous cas sa propriété demeurait grevée des droits du premier créancier. Nous ignorons toutefois si celui-ci pouvait juridiquement s'opposer à cette substitution de débiteur : c'est bien douteux.

Cette acquisition des terres des Guy, de Senouillac, est d'ailleurs si instructive au point de vue des coutumes de l'époque, que nous devons en dire quelques mots. Les terres du *Perie-Balegat* appartenaient en fief à Pierre Guy, fils de Jean, et à son fils Jean. Pour en faire l'acquisition, Pierre Guy avait dû emprunter et devait encore à un certain Guillaume Dupont une somme de 12 *ll.* qui grevait sa propriété d'une lourde hypothèque. Gênés en conséquence, les deux Guy avaient consenti à Jean Solage ou Soulage, ex-consul de Senouillac, une *pensio annuala* sur 3 carterées de leur bien. Il est probable qu'en 1535 le délai de l'engagement allait expirer, c'est pourquoi Masenx leur achète la plus-value des 3 carterées engagées pour 1 setier de blé et 1 cartière de maïs évalués au prix de 4 *l.* 7 *s.* 6 *d.*, mais en réalité ne valant au cours réel des denrées que 2 *ll.* 17 *s.* 6 *d.* (d'où bénéfice pour Masenx de 30 sols); en outre il leur prête la somme de 12 *ll.* qui servira à désinté-

---

(1) Il ne faut pas oublier, en effet, que, pour le roturier, c'est le revenu qui constitue la propriété. Qu'il soit emphithéote ou feudataire, il n'est jamais le maître absolu du sol. Il n'y a d'exception à cette règle que pour le franc-alleu.

resser Guillaume Dupont et qui, pour ce motif, est versée entre les mains du notaire Combettes. Les Guy ont quatre ans pour rembourser cette somme ; si au bout de ce temps ils n'ont pas payé, toute la terre sera à Masenx. C'est ce que celui-ci appelle « acheter le reste de la terre du Perié-Bategat » ; en réalité c'est un achat conditionnel, un prêt sur gage.

Si maintenant nous étudions de plus près les conditions de ces opérations, nous verrons qu'elles étaient une des plaies qui rongeaient le plus vivement l'agriculture à cette époque.

Supposons par exemple un cultivateur, pliant sous les charges multiples de sa profession, mais escomptant toujours une bonne récolte, qui ait emprunté, au moment des semailles, 2 setiers de blé à rendre l'année suivante à la Madeleine. — On sait ce que signifie ce mot *rendre*. — Ce malheureux est, à peu près fatalement, à la merci de son créancier. Si en effet la récolte est exceptionnellement abondante, il pourra se libérer. Si la récolte est moyenne, il aura juste, une fois qu'il aura satisfait à ses charges, de quoi vivre et ensemencer de nouveau et sa dette demeurera, dans l'attente toujours d'une année exceptionnelle. Mais si, ce qui est le cas ordinaire, la récolte est mauvaise, le pauvre homme non seulement ne pourra rendre ce qu'il doit, mais il aura même, pour satisfaire à ses charges, pour vivre, pour ensemencer de nouveau, à faire de nouveaux emprunts ; les 2 setiers de blé monteront alors à 5 ou 6 et, en raison de la mauvaise récolte, le prix en sera triplé. A partir de ce moment l'emprunteur est perdu : il lui faudrait, chose impossible, plusieurs années de bonne récolte pour s'acquitter.

La conduite de Masenx, comme créancier, vis-à-vis de semblables situations, est caractéristique. Si son débiteur est un pauvre diable, tenancier, bordier ou colon, sans un pouce de terre au soleil, il lui accorde les délais les plus extraordinaires, vingt ans et plus (non toutefois, quand il le peut, sans un certain intérêt de la somme due) ; que lui servirait la rigueur dans ce cas? Il semble même parfois passer philosophiquement sa créance au chapitre des profits et pertes ; mais qu'on ne s'y trompe pas, en réalité il ne renonce jamais à l'avenir ; il attend simplement des temps meilleurs.

Si au contraire ce débiteur a des terres et surtout si ces terres peuvent arrondir, en s'y emboîtant, une propriété de Masenx, alors c'est différent ; il propose au débiteur de lui céder, contre une certaine somme et sur une terre déterminée, une rente annuelle. Par exemple, pour une somme de 5 *ll.* le débiteur s'obligera à faire tous les ans une rente d'un setier de blé et sur la promesse de cette rente il engagera une terre. C'est la *pensio annuala*.

A cela Masenx a un double avantage. D'abord il retient le prix d'achat de la pension pour se payer de ce qui lui est dû et il rentre ainsi dans une partie ou dans la totalité de ses avances ; ensuite le malheureux qui lui a consenti une rente annuelle est entièrement à sa merci. Comment en effet cet homme, qui ne pouvait faire face à ses charges, pourrait-il se tirer d'affaire avec une charge nouvelle, avec cette pension qui lui enlève tous les ans le plus clair de son revenu et souvent même tout le bénéfice de sa récolte ?

Ajoutons que les conditions de la *pensio annuala* sont celles du gage lui-même et que par conséquent sa durée est rigoureusement limitée. Si donc, dans l'exemple précédent, au bout de 4 ou 5 ans, la somme de 5 *ll.* n'avait pas été remboursée au prêteur, la rente devenait définitive ; dans certains cas même la terre passait au prêteur. Elle y passait plus sûrement encore si la rente n'était pas payée et l'on conçoit que, pour échapper à cette obligation presque fatale, à cette pension ruineuse qu'il traînait comme un boulet et au bout de laquelle il voyait l'expropriation, le débiteur abandonnât le gage à son créancier. Il lui en cédait en effet, au bout de peu de temps, la plus-value, c'est-à-dire la nue propriété, contre une rétribution modique et souvent même pour rien, pour s'en débarrasser.

Dans tous les cas la terre sur laquelle était inscrite la rente ne tardait pas à tomber dans les mains du prêteur.

Un exemple entre dix prouvera avec quelle aisance Masenx manie cette arme perfide de la pension annuelle. Nous avons déjà, à deux reprises, dans le chapitre précédent, fait allusion à ses relations avec Antoine Larroque, de Broze ; l'histoire complète vaut la peine d'être contée.

Vers 1535, Masenx avait pour clients deux cultivateurs de Broze, Jacques Larroque, fils de Guilhem, et Antoine Larroque, fils d'Antoine. Ils lui avaient déjà consenti l'un et l'autre, le 3 septembre 1535, une pension annuelle, le premier d'une émine de blé sur une terre à Broze, le second de trois cartières sur une terre à Saint-Germain (f° 125 r° et v°). Néanmoins Antoine Larroque continuait à faire des affaires avec Masenx et, en 1538, il lui devait une somme assez importante, à savoir 4 setiers de blé de rente arriérée, 1 cartière de vesces, 1 barrique et 1 baril de vin, le tout évalué à 17 *l*. 2 *s*. 6 *d*.

Le 6 octobre 1538, Masenx mène son débiteur chez le notaire Turlan, à Gaillac, et lui fait accepter son billet pour la somme en question, en ayant soin toutefois de mettre sur le billet *per compra*, comme s'il s'agissait d'une reconnaissance de vente (f° 129 r°). Mais, comme cela ne donnait pas à manger au pauvre diable, il emprunte de nouveau, le 21 décembre 1538, un setier de blé pour la somme de 3 *l*. 3 *s*. 4. *d*. et renouvelle le 9 février 1539, (en nouveau style) le billet Turlan (f° LXI r°).

Nous avons dit par quel tour de passe-passe Masenx avait su à cette occasion donner au billet renouvelé une apparence de modération et d'honnêteté qui défiait toute censure ; de ce jour il ne craint plus Larroque et ne le ménagera plus. Les récoltes de 1539 et 1540 furent déplorables ; impossible de payer les rentes ; force était donc au malheureux cultivateur de recourir à l'usurier. Or sait-on à quel prix Masenx compte alors à son débiteur les 3 cartières de blé de rente « qui restaient dues de l'année 1539 » ? — à 10 *ll*. 5 *s*., ce qui met le setier de blé à 13 *l*. 13 *s*. 4 *d*. !

On ne s'étonnera donc plus de voir Antoine Larroque céder à son créancier, le 24 mars 1539 (1540 en nouveau style), chez le notaire Turlan, une nouvelle pension annuelle d'un setier de blé sur sa terre de *Malpas* (f° 129 r°). Bien entendu

Masenx retint en dédommagement de ce qui lui était dû, le prix de la pension, 13 *ll.* 15 *s.*, de telle sorte que Larroque n'en eut pas un denier, et cela ne l'empêcha pas de faire établir, le même jour, par le notaire, le reliquat de compte de son débiteur. Il inscrit, en effet, sur son livre, le 24 mars, au compte d'Antoine Larroque, une somme de 8 *l.* 15 *s.* 10 *d.*, *per resta de blat et argen*, payable au 1ᵉʳ novembre suivant (*f°* 129 *r°*).

On voit dans quel terrible engrenage l'usure du blé faisait alors passer les cultivateurs. Antoine Larroque cependant parvint à s'en tirer et, grâce aux bonnes récoltes des années 1541, 1542, 1543 et 1544, il paya son arriéré ; il réussit même à recouvrer, en la dégageant, sa terre de Saint-Germain, car Masenx a ajouté, à la suite de la mention de l'engagement de 1535, la courte note suivante : « Recobert es l'an vᶜ xlv lo mes de setembre » (*f°* 125 *r°*).

Or bien d'autres durent passer par les fourches de Masenx et n'eurent pas le même bonheur ou la même résistance qu'Antoine Larroque. On trouve, en effet, dans les comptes de notre fermier la mention d'un assez grand nombre de pensions annuelles. Citons en particulier celles qui lui sont consenties en 1537 par Jean Gros (*f°* 128 *r°*), en 1539 par Bernard Fabre (*f°* 131 *r°*) et en 1545 par Pierre Pailhès (*f°* 121 *r°*).

Toutes ces histoires se ressemblent. Jean Gros, de Broze, par exemple, a consenti à Masenx, le 22 juin 1537, une première *pensio annuata* de 1 setier de blé touzelle (*mossola*), sur une terre sise auprès du colombier de Gazou, dans le consulat de Broze; il doit porter sa rente chaque année, à la Saint-Julien, à Gaillac et le terme de recouvrement est fixé à 5 ans (*f°* 128 *r°*). Bien entendu il ne paie pas, car le 15 novembre 1538, il doit déjà 5 *ll.* 6 *s.* 3 *d.* de grains qu'il s'engage à solder à la Madeleine suivante (*f°* 129 *r°*). Conserva-t-il toutefois son gage? Masenx s'en empara-t-il? Tout cela est douteux. Il semble cependant qu'il y ait eu entre eux à ce propos des difficultés et que la justice ait donné raison à Masenx, car, dans un accord intervenu le 28 mai 1546 devant maître Pierre Vallières, notaire de Gaillac, Jean Gros s'engage à payer à la Toussaint suivante la somme de 4 *ll.* pour un setier de blé *que derlo de la renda* et pour les frais *per las despensas* (f° 10 r°). Or Masenx a ajouté à cette note : *Paga cant me rendec la renda*, ce qui veut dire que, postérieurement au mois de mai 1516, Jean Gros dut souscrire une nouvelle *pensio annuala*.

Mais Masenx n'achète pas seulement des pensions annuelles, c'est-à-dire des rentes sur gage foncier il achète aussi la *may valensa* du gage, c'est-à-dire la terre grevée de la pension annuelle.

On a vu plus haut un achat de ce genre fait à Pierre et à Jean Guy pour les terres du Perié Bategat à Senouillac ; en voici un autre exemple non moins curieux.

Jean Algay, du mas du Gay, et sa sœur (ou sa femme) Gaillarda Ricard avaient engagé à Masenx (celui-ci dit vendu), comme garantie d'une pension annuelle, plusieurs pièces de terre pour un prix qui ne nous est pas connu. Le 23 juin 1536 ils lui vendent encore une maison avec pâturage, ainsi qu'une pièce de terre et bois, sis au mas de Vaissière, paroisse de Saint-Jérôme, juridiction de Castelnau, et contigus au mas de Palmata ; mais en outre ils lui cèdent la *may valensa* des pièces précédemment engagées, « *de lotas las terras que me an rendudas*, dit Masenx, *de lotas las pessasque son estadas sios.* » Le prix de cette triple acquisition se monte au chiffre élevé de 50 *ll.* et 2 setiers de blé, soit environ 55 livres.

Ainsi vente totale, cession partielle du revenu et vente du fonds engagé, telles sont les trois formes de transaction, en matière foncière, ici réunies dans le même article, que l'on rencontre dans Masenx. La principale, la plus usitée est la *pensio annuala* et, comme elle n'est qu'une variété de prêt sur gage, comme elle est usuraire au premier chef, comme elle entraîne presque fatalement la ruine des pauvres gens, on s'explique facilement les invectives de Menot à l'égard de ceux qui la pratiquent.

Maintenant si nous analysons à un autre point de vue l'opération, faut-il conclure que, dans l'état actuel de nos mœurs, elle serait considérée comme coupable ? — C'est difficile. Tel cultivateur gêné emprunte aujourd'hui ; est-ce que le particulier qui a prêté ne prend pas gage, c'est-à-dire hypothèque, sur le fonds de l'emprunteur ? est-ce que l'intérêt de l'avance n'est pas, pour le prêteur, une pension annuelle ? est-ce que, quand l'emprunteur ne peut pas faire face à cette charge nouvelle, son gage n'est pas saisi ? est-ce qu'il n'est pas obligé, en dernière ressource, de vendre la *may ratensa* du bien hypothéqué, que le prêteur achètera en général à vil prix ? — Certes la loi a apporté des tempéraments, des règles de proportion dans la cynique procédure du xvie siècle, mais au fond la moralité de l'opération demeure la même. Le Crédit Foncier n'opère pas autrement que Masenx, à cette différence près que la loi est pour lui.

Étudions maintenant les procédés d'exploitation rurale.

Au temps de Masenx le propriétaire, dès que son bien a une certaine importance, ne cultive pas lui-même ; il préfère retirer de sa propriété, sans peine et sans risques, un bénéfice moindre qui lui permet d'exercer une fonction, une profession ou un métier. Il donne en conséquence ce bien à arrentement, c'est-à-dire en emphythéose de 29 en 29 ans, ou en afferme. A la vérité tenancier et fermier se ressemblent beaucoup ; il n'y a entre eux qu'une différence de durée de l'engagement ; quand par exemple un bail à ferme, comme celui de Masenx pour Saint-Jérôme, est à longue durée, il n'est pas autre chose qu'un arrentement.

Or, comme nous l'avons dit, tenancier ni fermier, pas plus que le propriétaire, ne font valoir directement, à la manière dont nous entendons ces mots aujourd'hui. Ils ont bien des serviteurs loués à l'année, valets et servantes, mais ceux-ci n'ont qu'une part minime dans l'exploitation ; ils sont, dirions-nous aujourd'hui, en apprentissage. L'exploitation proprement dite est en effet confiée à des *colons partiaires*, c'est-à-dire gagés sur le principe de la participation (de *partire*, partager).

Ces colons sont de deux ordres, les uns résident sur le

bien qu'ils exploitent, habitent la *boria* du domaine, d'où leur nom de *bordiers* (aujourd'hui métayers ou maîtres-valets), les autres ne résidant pas sur le bien (colons auxiliaires, estiveurs, ouvriers partiaires, etc.)

L'origine du colonage partiaire est manifestement romaine, ce qui explique son développement et sa persistance dans le midi de la France. Elle date non seulement de Constantin, comme on l'a enseigné, mais tout au moins de Commode, au IIe siècle de notre ère. Les fouilles récentes de Tunisie nous ont, en effet, appris que les domaines impériaux de ce pays, les *saltus* comme on les appelait, étaient cultivés à cette époque, non par des esclaves, mais par des colons libres, « *Coloni, nonnulli cives etiam romani* », dont les droits et les obligations étaient fixées par un règlement appelé « *forma perpetua* » ou « *lex Hadriana* » (1).

Or M. le docteur Carton a pu retrouver, à Aïn-Ouassel, une partie du texte de la *lex Hadriana* (2) dont voici les principaux articles.

Le sol appartient à l'empereur : nul de ses habitants (*occupatores*) n'a le droit de le posséder, d'en jouir ou d'en disposer par testament et ce droit ne peut leur être conféré par les *conductores* ni les centeniers (chefs d'exploitation).

Les colons doivent des prestations en nature et des « *partes agrariæ* » ou « *partes fructuum* » que le *conductor* (fermier) ne peut augmenter ; les prestations consistent en 2 journées de labour, 2 journées de sarclage et 2 journées de moisson ; les *partes agrariæ* sont le tiers de la

---

(1) Inscription de Souk-el-Kmis, tome VIII du *Corpus Inscript. lat.*, n° 10,570. Pour les commentaires de cette célèbre inscription, voir : Mommsen : *Hermès*, t. XV, p 385 ; — Fustel de Coulanges : *Recherches sur quelques problèmes d'histoire*, p. 53 ; — Cagniat et Fernique : *Revue archéologique*, 1880 ; — Gaston Boissier : *l'Afrique Romaine*, p. 163 ; — Jean Cruveilhier (thèse de doctorat) : *Du colonage partiaire, du métayage*, Paris, Arthur Rousseau, 1893.

(2) *Revue archéolog. 1891*. — L'inscription d'Aïn-Ouassel, postérieure de quelques années à celle de Souk-el-Kmis (193 à 211), a été commentée par M. Mispoulet (*Nouvelle Revue historique*, 1892) et par M. J. Cruveilhier.

récolte. « *Quisque ex possessoribus occupaverit..... tertias partes fructuas dabit.* »

Ces rentes étaient payées au fermier du domaine sur lequel se trouvait le colon, « *in cujus conductione agrum occupaverit* ».

Toutefois, pour les terres nouvellement défrichées ou mises en culture ou pour celles qui étaient abandonnées depuis plus de dix ans, « *ex rudibus agris et iis qui per decem annos continuos inculti sunt* », le colon ne doit point de céréales (*partes aridas fructuum*) avant 5 ans, ni fruits (*poma* : raisins, figues. etc.) avant 7 ans, ni olives, ni huile avant 10 ans.

Ainsi le colonage était au début une société de participation dans laquelle le colon gardait les 2/3 du produit des terres et donnait 1/3 au propriétaire. Au Moyen-Age la proportion est de la moitié pour chacun (1); de nos jours le colon n'a généralement que le tiers et donne les 2/3 au propriétaire. La réduction de la part du colon forme, à travers les âges, une échelle proportionnelle à la mise en valeur des terres et aux facilités de l'exploitation.

A l'époque de Masenx le colon est généralement à moitié « *a miejas* », mais il peut aussi, comme un fermier, cultiver à ses risques en fournissant au propriétaire une redevance annuelle fixe (2). Ainsi Pierre Brayer, pour une terre à Senouillac, paie 3 cartières et demie de blé par an (f° 90 v°); Antoine Laporte, bordier de la Peramondié, paie 5 setiers et 1 cartière de moussolle, 1 émine de vesces et 1 émine d'oignons par an (f° 102 r°); au contraire, Ramon Toingne, à Bugarados, a tout à moitié, terres, vignes, prairies et même l'enclos qui borde le château « *tot a miejas* » (f° 109 r°).

En principe le louage des colons partiaires est annuel,

---

(1) C'est de là qu'est venu le mot *métayer* (*mitaderius, meytadaria, métairie*).

(2) Inversement aujourd'hui la plupart des métayers reçoivent des gages fixes, du moins en ce qui concerne le blé et le vin. En Lauraguais, par exemple, le colon a le moitié du produit de l'élevage et de la récolte des maïs et menus grains, mais il reçoit des gages fixes annuels pour le blé et le vin.

mais cette règle s'applique surtout aux colons auxiliaires qui ne cultivent qu'une parcelle ou des terres isolées. Pour les bordiers, pour les bons serviteurs que le maître ou le fermier tiennent à conserver, à attacher à la terre, il est stipulé des contrats d'une certaine durée. Ainsi Eutrope Fabre a tout intérêt à conserver comme colon à la Carbonnière l'ancien propriétaire de ces terres, Jean Roques, qui les connait admirablement ; il lui donne ces terres pour 3 ans contre une rente d'une cartière et demie de blé (F. f° LVII r°). Masenx de même, qui connait de longue date Ramon Toingne, puisqu'il l'a eu comme colon à La Treille et à la Barthe, et qui veut le fixer comme bordier à Bugarados, lui impose un engagement de 6 ans (f° 109 r°). En revanche pour Pierre Brayer aucune durée n'est stipulée ; il est dit seulement qu'il paiera tant aussi longtemps qu'il sera bordier de Senouillac « *tan que y tendra los afus* » (f° 90 r°) ou « *que tendra la boria* » (f° 90 v°).

Il ne semble pas, d'après Masenx, qu'il y eût une époque fixe pour les changements de colons ; du moins ses contrats sont rédigés à toutes les époques de l'année et ne stipulent pas le jour auquel commence l'engagement. Cependant il est probable que cette date était la Noël. C'est celle, en effet, qui est fixée dans un contrat de Jean de Paulhe, pour l'année 1525, que nous publierons plus loin. Cette date est aujourd'hui la Saint-Martin (11 novembre) pour l'Albigeois. Le Toulousain et le Lauraguais, au contraire, ont conservé leur ancienne date des mutations à la Toussaint (1er novembre).

Tous les contrats de louage pour métayer ou colons stipulent des charges ou des réserves spéciales. La plus constante de ces charges est l'obligation pour le bordier de porter au grenier du maître sa portion de récolte (F. f° LVII r°, — (M. f° 102 r° et 109 v°). A l'égard de Toingne, Masenx se réserve même une charretée de foin des prairies de Bugarados, qui devra lui être portée chaque année à Gaillac (f° 110 v°).

La réserve principale de Masenx à l'égard de ses métayers est relative à son commerce de cercles de barriques. On sait que ces cercles (*codras*) se fabriquaient à Gaillac, avec du bois de noyer et de châtaignier. Aussi Masenx interdit-il à ses colons de couper aucunes *codras* sur ses terres, et même aucune espèce de bois (*legno*) ; il ne fait d'exception qu'en faveur d'Antoine Laporte qu'il autorise à prendre le bois des *rebias* ou *rebiaderas* (ramiers) du mas de la *Peramondié*, sur les bords du Tarn (f° 102 r°) (1).

Le bois de chauffage est fourni aux métayers par la *legno*, c'est-à-dire les fagots, provenant de la *ramo* ou émondage des arbres.

Ces arbres étaient, comme aujourd'hui, placés le long des fossés qui bordaient ou séparaient les champs. Annuellement on faisait leur toilette (*recurado*) et les branchages qui en provenaient (*la ramo*), réunis en fagots, servaient de fourrage d'hiver pour les bestiaux, en particulier les moutons, puis, passés à l'état de *legno*, c'est-à-dire dépouillés de leurs feuilles, servaient au chauffage du four et aux usages domestiques.

En aucun cas les colons ne pouvaient s'emparer du bois d'œuvre et, par conséquent, couper un arbre ; il n'y avait d'exception à cela que pour les menus bois (broussailles, buissons, genêts, bruyères, aubépines, haies, etc.) qu'ils étaient autorisés à couper pour le chauffage du four et qui comptaient comme *legno*. On voit qu'il y a une sensible différence entre les mots *legno* et *bois* et cela explique les diverses stipulations de Masenx dans ses contrats (f° 102 r° et 109 r°).

A l'égard de Toingne, Masenx se réserve aussi, comme Jean de Paulhe à l'égard de son métayer Bousquet (voir à la fin du chapitre), les noix du parc ; « *no deron pont prendre de las noses de las terras dejos lo castel* ». Les noiseraies (*nogaredas*) étaient, en effet, à cette époque d'un rapport important, tant comme comestible d'hiver que pour la fabrication de l'huile ; aussi étaient-elles très répandues (2). On a vu que le domaine de Vors renfermait aussi nombre de noyers.

---

(1) La raison de cette exception est facile à donner, c'est que les arbres qui croissent en abondance dans les ramiers, saule, aulne, peuplier, ne donnent que des *codras* de qualité inférieure.

(2) LAGRÈZE-FOSSAT : *Etudes historiques sur Moissac*, t. II, p. 69.

Les stipulations du bail *a micjas* sont identiques à celles qui se font encore aujourd'hui pour ce mode de métayage. En voici la brève analyse :

Les terres doivent recevoir deux labours au moins : le métayer doit dans ce but se pourvoir des animaux nécessaires.

Il doit, à ses frais, semer, cultiver, récolter, battre, vanner, cribler et engranger le grain, puis en porter, en argent ou en nature, sa part au propriétaire. Le seul avantage que celui-ci lui consente est l'avance — parfois assez coûteuse, on l'a vu — de la semence. Toutes les semences cependant sont, comme les récoltes, à moitié.

Le métayer doit, à ses frais, biner, tailler et vendanger la vigne dont les sarments sont partagés.

Les réparations de la *boria* sont à la charge du bordier ; mais le maître en fournit les matériaux.

En ce qui concerne l'élevage, le métayer est généralement aussi gazailler. C'est pourquoi nous en parlerons plus loin. La volaille et les œufs sont à moitié. Le métayer doit en outre nourrir et engraisser à ses dépens une truie achetée par le maître et dont les produits sont seuls partagés.

Enfin des stipulations importantes, qui se retrouvent de nos jours et dans les mêmes termes dans toutes les polices de métayage, sont l'interdiction de faire pâturer les bestiaux dans les blés et les vignes, l'interdiction de vendre aucune paille ni fourrage, et l'obligation d'employer sur la propriété tous les fumiers qu'elle produit. Ainsi la production du sol lui était intégralement restituée et l'épuisement qui eût fatalement résulté de l'excédent des recettes (récoltes) sur les dépenses (engrais) se trouvait conjuré.

Les frais du contrat, quand ce contrat était notarié, sont portés par Masenx au compte du colon. Ainsi quand, en 1525, il prend Guilhem Tolosa comme bordier, il lui compte, pour ces frais, 20 sols, que Tolosa n'a pas encore payés en 1545 (*f*^{os} 14 *r°* et XLIII *r°*). De même pour le bail de Toingne il retient à celui-ci 3 *l.* 3 *s.* 4 *d.* de frais qu'il a avancés (*f°* XLVII *r°*).

Nous connaissons, pour les mas du domaine de la Commanderie, un certain nombre de bordiers de Masenx. Ce sont, à Saint-Jérôme, Guiraud Masenx de 1541 à 1544; à Bugarados, Raymond Toingne de 1535 à 1541, puis Paul Brun en 1543; à Vors Arnaud Varen ou Varennes de 1535 à 1540, puis Thomas Capus de 1540 à 1545, à Senouillac enfin Pierre Brayer de 1539 à 1545.

Voici maintenant la teneur de quelques contrats relevés dans Fabre et dans Masenx. Le plus simple de ces accords est celui du bordier de Senouillac, Pierre Brayer : « Le dit Brayer me donnera 7 demi-cartières de blé par an pour les terres de la maison de Senouillac, aussi longtemps qu'il en sera bordier. Fait l'an 1539 le 12ᵉ de mai » (fº 80 rº).

Le contrat suivant d'Eutrope Fabre est déjà plus explicite : « Item, l'an 1535 (1536 nouv. st.) et le 4ᵉ jour du mois de février, j'ai donné à Jean Roques le jeune les terres de la Carbonière, que j'avais acquise du dit Roques le 25 octobre 1535, instrument retenu par maître Pierre Loubat, et je les ai données pour trois ans ; il me donne en retour trois demi-cartières de blé par an, à la Saint-Julien, rendu en mon grenier à Mauriac tant pour les fruits (*fruts*) que pour les produits (*enfruts*) (1) des dites terres : Présents Raymond Fabre et Marie Pagès. » (F. fº LVII rº).

En 1540, Masenx, qui paraît être à cette époque le factotum de la Commanderie, établit un bail pour le métayer d'un petit domaine situé dans la seigneurie de Rivières, sur les bords du Tarn. Les revenus de ce fief, dit de *la Peramondie* ou de *Pierre Ramond*, semblent avoir été donnés à la Commanderie par une certaine Philippine Ramond (*Philippa Ramonda*) et peut-être Masenx en établit-il le premier bail de métayage, que voici : « Antoine Laporte, du mas de la Peramondié, seigneurie de Rivières, doit chaque année à Guillaume Masenx 5 setiers et 1 cartière de moussolle, 1 émine d'oignons et 1 émine de vesces pour les terres dont Philippine Ramond est tenancière dans la seigneurie de Rivières et Lacourtade ; il lui

---

(1) *Fruts* et *enfruts* : voir la note de la page 198.

est interdit d'y prendre des *codras*, et d'y faire aucune espèce de bois, sauf dans les ramiers; il devra biner (1), façonner et préparer les vignes avec soin; il devra porter le blé à ses frais à Gaillac. Fait l'an 1540, le 14 juin. » (f° 102 r°).

Mais le bail le plus complet que l'on trouve dans Masenx est celui de son bordier Ramon Toingne.

« L'an 1535 et le 14ᵉ (jour) du mois de décembre, je donnai ma métairie de Bugarados part à-demi à Raimond Toingne et à son fils Guiraud pour le terme de six ans et avec les conditions qui suivent : les terres, vignes, prairies ainsi que les deux pièces de terre qui sont sous le château, le long du chemin, sont entièrement à moitié, à la condition que le métayer ne retirera aucun bois de ladite métairie, sauf l'émondage des arbres des fossés, et qu'il ne pourra prendre ni noix, ni codras aux terres qui sont sous le château.

« Il est convenu que ledit Toingne doit tenir les bestiaux (nécessaires) pour labourer (les terres de) ladite métairie, sans que ledit Masenx soit tenu de les lui bailler, s'il ne les a pas.

« Il est convenu que ledit Toingne doit labourer les terres avec soin et deux fois (par an).

« Il est convenu qu'il doit avec soin sarcler, moissonner, battre les blés et les porter au sol (à l'aire), le tout à ses dépens; qu'il doit également en porter ma portion là où il me plaira (de la faire porter), soit à Gaillac, soit à Castelnau à ses frais.

« Il doit tailler (*poda*), façonner, biner vignes et arbres, vandanger et porter ma portion (de vendange) à ses dépens, ainsi que ma part de sarments.

« Il est convenu que ledit Toingne doit fournir la moitié de toutes les semences.

« Il est convenu que ledit Toingne portera aux terres de ladite métairie, sans en pouvoir porter autre part, tous les fumiers qui se feront (sur la métairie).

« Il est convenu que ledit Toingne fera recouvrir à ses dépens la dite métairie, quand elle en aura besoin, mais que je dois lui fournir la tuile (nécessaire).

« Il est convenu que ledit Toingne doit mettre autant de volaille

(1) Au lieu de *bina*, il faut peut-être lire *bima*, planter des osiers.

que moi dans ladite métairie et que tous les produits (poulets) et œufs seront à moitié.

« Item je dois lui donner un certain nombre de brebis à élever à la métairie pendant ledit terme et, au moment du partage, j'en retirerai le même nombre de vieilles, tandis que le reste se partagera. Les profits (produits), laines et fromages, seront partagés,

« Toutes les pailles (qui existeront) resteront à ladite métairie à la fin du terme.

« Le foin qui proviendra de mes prairies demeurera à ladite métairie en fin de terme.

« Il est convenu que ledit bordier doit nourrir une truie (m'appartenant); les produits qu'il en vendra seront partagés, mais il doit engraisser ladite truie à ses dépens.

« Il est convenu que tous les fruits (1) de ladite métairie seront à moitié et seront partagés après que ledit Toingne les aura récoltés.

« Il est convenu que ledit Toingne ne doit pas faire paître les blés ni les vignes par ses bestiaux, ni en vert, ni en maturité.

« Item je me réserve une charretée de foin des prairies de la métairie, qui sera portée, chaque année, à Gaillac.

« Instrument retenu par maître Antoine Masenx l'an 153(5), le 14 du mois de décembre, en présence de Darde Couly et de Jean Algay, fils de Pierre. » (f° 109-110).

La police de Toingne est immédiatement suivie de l'inventaire des outils et instruments aratoires, ainsi que des locaux (immeubles par destination) dont le métayer a pris charge ; on y remarquera des planches, des briques, une charrue, un joug avec ses courroies (juillas), une charrette à essieu en fer et divers outils (M. f° III r°).

Mais au point de vue de l'outillage d'une ferme à l'époque qui nous occupe un document beaucoup plus important est l'inventaire d'Eutrope Fabre (F. f° XLVII r°). Cet inventaire nous montre avec les prix estimatifs, quelle était, au XVIe siècle, la composition d'un matériel d'habitation et d'exploitation rurale. Nous renvoyons à ce document pour ne pas étendre indéfiniment ces remarques.

---

(1) Les fruits (*frutz* et *fruthas*) sont les produits de la terre qui se consomment directement. Les *enfrutz* sont les produits de consommation indirecte, les arbres, bois, paille, lin, fourrages, etc.

Il nous a paru intéressant de mettre en présence de ce rudiment d'acte trois contrats de métayage provenant de régions différentes, l'un en latin, l'autre en roman, le dernier en français mais contemporains de ceux de Fabre et de Masenx, auxquels on les comparera avec fruit :

1° Contrat des frères Rouquet de Beaulieu (Corrèze), 7 juin 1502. (*J. Cruveilhier. Du métayage, thèse de doctorat, p. 211*).

« Coram me et testibus infra scriptis, constituti prudentes viri Johannes et Petrus Roquet, fratres, burgenses Belliloci, etc... conduxerunt et pro modo lege (sic) et meytadarie, sive a mieshas, et ad medium lucrum tradiderunt Johanni del Bruelh, alias Pinto, habitatori mansi de Delmazanas, parrochie de Mercorio, diocesis Tutellensis, videlicet res, fasiones et possessiones sequentes :

Suit l'énumération des immeubles.

......« Et premissa dicti Roqueti tradiderunt eidem Pinto presenti, id (est) meytadariam et ad tempus sicuti ipsi de Roqueto placuerint (sic) et non alias, quas quidem res et possessiones; idem Johannes Bruelh promisit bene et fideliter regere et gubernare, terras aptas ad laborandum laborare, nemora non defraudare nec deteriorare, de medietate usus fructuum eisdem de Roqueto bonum et legale computum reddere et repliqua facere..... quemadmodum meytaderii facere tenentur ; et debent in similibus, ut moris est, cum hoc pacto quod, cum erit tempus seminandi bladum, dicti Roqueti tenebuntur tradere medietatem de semenhalia.

« Et premissa dictus Johannes del Bruelh tenere promisit, nomine precario, ad opus et commodum dictorum de Roqueto, tantum quantum eisdem de Roqueto placuerit. Et predictas possessiones dicti Roqueti, pro se et suis, eidem Johanni del Bruelh garentire promiserunt, tantum quantum dictam meytadariam tenebit et iisdem de Roqueto placuerit. »

2° Contrat de Jean de Paulhe, bourgeois de Gaillac, 11 décembre 1525 (*Livre de raison de Jean de Paulhe*. Arch. départ. du Tarn)

« L'an mila v° xxv et lo unzieme jorn del mes de decembre, a Galhac, senhen Johan de Paulhe, merchant deldit Galhac, bayliet a Anthony Bosquet et Ramon Bosquet et Johan Bosquet, payre et filhs, de la parroquia de Nostra-Dama-de-Boyssel, juridiction de Galhac, presens, so es assaver : una sua boria situada en la juridiction de Galhac et en la parroquia de Sant-Maurici-de-Candastre am sas autras terras ap(ar)tenensas a la da boria, per lo terme de sieys ans, comensadas a la festa de Nadal propdavenen et finidors semblable jorn, revoluts et accomplits losd sieys ans, et so a mena a miejas de totz frutz que Dieu y donara en la forma et manyera et am los pactes que s'en segon :

« I. Et premieramen es pacte que losd Bosquetz laboraran lad boria et seran tenguts de labora coma verais bordiés et faran valats, terras et crussetz.

« II. Item es pacte que losd Bosquetz forniran et seran tenguts fornir tota la semensa que calra p(er) cubrir et semenar lad. boria et terras cascun an. Et ses cas que losd Bosquets no ajan point de blat p(er) semenar ni cabal lo premier an, lod de Paulhe lor suplira et se pagara en blat a la festa de Magdalena seguen.

« III. Item es pacte que totas las garbas et autres blats, tant menuts que autres, se portaran al sol de lad^a boria deld de Paulhe, et se batran aqui al despens delsd Bosquetz, apelat lod de Paulhe al batre, et aussi encontinent que auran segat, per saber lo nombre de lasd garbas ; et sera tengut lod de Paulhe de baillar ung home al batre, loqual vieura al despens delsd Bosquetz et lod de Paulhe pagara los journals.

« IV. Item es pacte que losd Bosquetz seran tenguts de portar la part des blatz deld de Paulhe en son granie a Galhac a lors despens.

« V. Item es pacte que las palhas de lad boria se poyriran et s'espandiran à lad boria et que totz femps sorassens et que se faran a lad boria se portaran a las terras de lad boria, reservat que lod de Paulhe penra et poyra prendre de las palhas per son despens et losd Bosquetz las ly portaran a Galhac.

« VI. Item es pacte que totz los fes p(ro)venens dels pratz ap(er)tenens a lad boria seran *insolidum* deld de Paulhe, et losd Bosquetz los ly portaran a Galhac.

« VII. Item es pacte que los rebotabres (émondage des arbres) seran delsd Bosquetz p(er) alimenta lo bestial laboran lad boria.

« VIII. Item es pacte que la mitat del fe p(ro)venen del prat de la Garissola damorara a lad boria p(er lo) despendar aqui, tant p(er) lo bestial delsd Bosquets que p(er) lo chaval deld de Paulhe quant l'aura a lad boria.

« IX. Item es pacte que totas las galinas, auquas, pintas et autra polalhe que se noyrira a lad boria seran megieyras, exceptat los paus et capos que portara lod Paulhe a lad boria.

« X. Item es pacte que losd Bosquetz baillaran et seran tenguts baillar cascun an ald de Paulhe, a la festa de Sant Marti, dos porcs grasses, et amb'aquo losd Bosquetz poyran menar dos autres porcs a lad boria p(er) noyrir.

« XI. Item es pacte que totas las nozes dels noguies de lad boria seran deld de Paulhe, am dos sacs de lasd nozes que lod de Paulhe (baillara) alsd Bosquetz p(er) so que le ajudaran a debatre losd noguies.

« XII. Item es pacte que losd Bosquetz no poyran pont vendre de la frucha de lad boria ny (en) prene, sinon per la boca et per lor manjar et de lors gens.

« XIII. Item es pacte que losd Bosquets seran tengutz de fotjar (piocher) una vegada l'an toutz los pès dels albres domeges (fruitiers?) de lad boria et (de) podar los trelhatz de lad boria.

« XIV. Item es pacte que, se lod de Paulhe met a lad boria degunas fedas, que losd Bosquetz ny poyran metre autantas et seran megieyras et lo frutch que ne sortira se partira a la fi deld terme.

« XV. Item es pacte que losd Bosquetz no poyran prene lenhas de lad boria sinon lenhas mortas.

» XVI. Item es pacte que tantas de palhas coma trobaran losd Bosquetz a lad boria quant y intraran, que autanta n'y laissaran.

« XVII. Item es pacte que losd Bosquetz baillaran cascun an ald de Paulhe, à la festa de Nadal, tres parels de galinas de lor part.

« XVIII. Item es pacte que tota la lenha que lod de Paulhe fara a lad boria (es) per porta a Galhac p(er) son calfatge. Losd Bosquetz la ly portaran et carrejaran a lor despens, exceptat los despens del boye, a Galhac.

« XIX. Item es pacte que, p(er) soque lod de Paulhe a bailhadas a menar p(er) certan temps alcunas terras de lad boria a alcuns autres, que aquels que las menon las menaran et poyran tenre per lo terme que las an a mena et tenre ; et apres losd Bosquets las menaran am los pactes dessus dels, losquals pactes losd de Paulhe et Bosquetz prometount de tener et observar de points en points, yprotecans lors bes..... etc.

« de Roffiaco, not(ary). »

— Ces deux contrats sont de pur métayage. Ils stipulent

pour le métayer la moitié des fruits comme gages de son travail. Néanmoins il semble que, dans le Toulousain, la coutume fut déjà autre. Du moins, dès la fin du xvi⁰ siècle, le métayer — ou plutôt le bordier — y recevait des gages fixes sauf pour la volaille qui demeurait à moitié fruit. C'est ce que prouve la police suivante :

3° Contrat de Jean Contard, du Burgaud (H¹ᵉ Garonne), 20 octobre 1585 (*Rameau :* La famille Contard. Rev. des Pyrénées, t. vi 1894, p. 599.)

« Le xxᵉ d'Octobre mil vᶜ LXXXV, au Burgaud, (entre) Jean Contard et Guil. Magry ont esté faitz les pactes suivants scavoir que led Magry sera tenu résider en sa métairie pour l'espasse d'ung (an), a commencer à la prochaine feste Toutz Sainctz et finissant à mesme jour ; pendant lequel temps led. Magry sera teneu de servir led. Contard en tout ce qu'il ly commandera licite et honeste, et por ce faire led. Contard donne aud Magry neuf émines mixture, une barrique de bon vin et deux barriques revin (vin de presse), troys livres (?) huille d'olive, troys livres (?) huille de lum (huile à brûler), six b(o)yssels sal et quatre escutz en argent, le totz payable durant l'année et led. Contard sera teneu bailher aud. Magry deux tessons jusque à quatre livres et led. G. Magry sera tenu les norrir et, à fin de glandaiges, partira par mitié. Tout l'aujan (la volaille) sera à demy-profit et le jardin devant la borde sera aussi à demy-fruyt, réservé que led. Contard se réserve cinq taules (carrés) devant le pesquier. Et ont promis lesd. parties tenir se dessus sur obligation..... Present sire Massonié..... Pierre Pons, P. Gravié qui ont signé. Led. Magry a dit ne scavoir. »

CHAPITRE IX

Sommaire : — *L'agriculteur* (suite). — *Ouvriers à gages* : *Valet et* sirventa. Sirvicial. — *Les gouvernantes des ecclésiastiques.* — *Petit métayage* — *Ouvriers à la journée et culture au rabais.* — *Les gazailles et leurs conditions ; gazailles de Masenx. La* mise. — *Démêlés de Masenx avec ses colons : Les* crompa-miseras.

Nous avons dit que l'exploitation des propriétés ne se faisait qu'exceptionnellement, au temps de Masenx, à l'aide d'ouvriers gagés, loués à l'année moyennant un salaire fixe.

Quand cependant une famille de bordiers n'était pas suffisamment nombreuse pour faire face à tous les besoins d'une exploitation, elle louait à l'année un ou deux *valets de ferme* pour se procurer les bras nécessaires au travail des champs.

La situation de ces valets était toute spéciale. Le plus souvent c'étaient des enfants ou mieux des adolescents, souvent des orphelins ou des abandonnés, qui faisaient leur apprentissage d'agriculture. Jusqu'à leur mariage et jusqu'à ce qu'ils pussent eux-mêmes, soit isolément, soit associés à des parents, conduire une métairie ou prendre une afferme, ils entraient ainsi en condition chez un voisin ou chez un parent, l'aidaient dans ses travaux et recevaient de lui en échange l'enseignement pratique indispensable à la vie rurale.

Beaucoup de parents du reste imposaient à leurs enfants ce rude apprentissage, qu'ils considéraient comme la meilleure des préparations à l'exploitation agricole, et les propriétaires recherchaient en général comme métayers ceux qui avaient accompli ce stage. Il en résultait qu'il n'y avait pour ainsi dire pas de ferme, pas de métairie, pas d'exploitation où il n'y eût un valet ; c'est de la sorte qu'en décembre 1542, Masenx a pour valet Pierre Durban (f° xcvi r°).

Souvent, quand le valet était sans famille, il demeurait chez le bordier qui l'avait loué au même titre que les enfants de celui-ci ; la famille du bordier devenait alors la sienne. Quelquefois aussi le valet était un vieillard ou un homme d'âge mûr, colon malheureux ou veuf sans enfants, que la misère et les épidémies avaient rendu solitaire.

Quoi qu'il en soit, du jour où il était entré dans la maison, le valet faisait partie de cette maison. Nulle différence entre lui et les membres de la famille ; il avait même table, même lit (1), mêmes droits ; seulement comme il ne participait pas aux revenus (*las presos*), il recevait des gages annuels fixes, en principe destinés à lui fournir le vêtement, mais qui lui permettaient généralement d'amasser un petit pécule.

Comme on le pense, ces gages étaient peu élevés. Dans les régions où cette institution a persisté, par exemple en Lauraguais, le valet n'a pas encore aujourd'hui plus de 200 à 220 francs de gages. On verra d'après les comptes d'Eutrope Fabre (f° LVIII r°) que son valet, indépendamment de *ses droits* (nourriture et logement), avait pour gages 4 moutons 1/2, soit environ de 3 à 5 *lt*.

Quand le valet possédait de la terre, comme c'est le cas pour celui d'Eutrope, un véritable contrat d'association intervenait entre le maître et le valet. C'est ainsi qu'il est spécifié avec Jean Fabre que celui-ci cultivera à la fois et sans distinction ses terres et celles du maître, y compris

---

(1) Il y aurait une intéressante étude à faire sur le mobilier des *borias* à l'époque que nous étudions. En ce qui concerne le lit, il était des plus primitifs ; on peut lire dans l'Inventaire de la succession de noble Pierre Dupuy, sgr de Lalagade, mort le 9 avril 1590 : « serois allé..... a aultre mettarie..... appelée de Puychernier, ou..... ay trouvé *troys lietz sur des bancs garnys de coette, et cosin et deux linceuls*. Dans toutes les autres métairies, dont le mobilier est inventorié, on rencontre le lit posé sur des bancs. (Arch. départ. du Tarn, fonds Lafage, non inventorié.)

les vignes, mais qu'il pourra user pour ces cultures des bestiaux du maître et que le maître lui achètera même un cheval ; le valet, en outre, sera nourri du pain et du vin du maître, mais il ne gagnera pas autre chose ; il se contentera de ses prises, c'est-à-dire du revenu particulier de ses terres. « *Item es pacte entre nos que se ieu compri rossi, que el deu mena sas terros am mon bestial como las mios, he la vinho, am mon po he am mon vy, he tira sas presos, he aysso fasen no gananho re plus* » (F. f° LVIII r°).

On a vu du reste que la générosité du maître envers son valet ne dépassait pas les bornes stipulées au contrat. Jean Fabre par exemple est de la parenté d'Eutrope ; celui-ci possède une vieille robe que convoite son valet ; il la lui cède contre un mouton, c'est-à-dire contre le quart de ses gages et, non content de cela, « *per so que la raubo valio may que le moto* », il se fait donner en retour 15 sols qu'il déduira des 38 ou 39 sols qu'il doit à son valet. Et, bien entendu, il rédige aussitôt, en présence d'un témoin, le protocole de l'échange (F, f° LVIII r°).

Pour les femmes, on désignait sous le nom commun de servante (*sirventa*) et la fille de ferme et la domestique de la maison. Fabre cependant fait une différence très nette entre ces deux catégories, appelant la première servante et la seconde *sirvicial* (fille de service).

Il est probable en effet que, si les fonctions de ces deux femmes ne différaient pas sensiblement, leurs conditions d'engagement et surtout leurs gages étaient très différents. La *sirvente* en effet était, comme le valet, une sorte d'auxiliaire ou d'apprentie pour l'exploitation rurale et, comme telle, elle était intéressée à certains élevages, par exemple à ceux de la volaille ou du troupeau, comme aussi elle était rémunérée pour certains travaux dont elle se chargeait. Ainsi nous voyons, en 1537, Marie Pagès tondre et marquer 14 brebis et, ajoute Fabre, « *lac de lano per cadaun* XVI *Lb* », ce qui veut dire que la servante en eut la moitié, ainsi que de la laine d'agneaux (F. f° LX r°).

Au contraire la *sirvicial* est exclusivement confinée dans des travaux d'ordre intérieur, cuisine, dépense, lessives, couture, entretien de la maison, etc..... Or Fabre, probablement parce qu'il était malade, avait à la fois *sirvento* et *sirvicial*; il désigne notamment celle-ci en 1535 (f° LVI r°) et nous le voyons en 1537 faire confectionner avec sa laine et son chanvre, des tabliers, chemises et bourrasses pour sa servante Marie Pagès et sa sirvicial Fanneto (f° LX r°).

Nous connaissons d'ailleurs un certain nombre des domestiques féminins d'Eutrope Fabre. Ce sont, en 1522, Jourdaine Rossignol (f° LIII r°) ; de 1534 à 1537 Marie Pagès (f° LVI r° et LII v°) ; à partir de 1537, Marguerite Fabre (f° LVIII r°).

Les gages de la *sirvicial* sont faciles à déduire des comptes d'Eutrope pour 1537 ; il lui paie, en effet, en 4 reprises, du 8 septembre au 18 octobre, 3 liv. 12 sols (f° LVI r°).

Cette somme est à peu près équivalente au prix des fournitures en nature qu'il donne à Marguerite Fabre. En effet, ayant réglé, comme on l'a vu, sa *sirvicial* Fanneto, Eutrope Fabre prit, pour la remplacer, Marguerite. Le contrat de celle-ci est daté du 11 juillet 1537, mais ne dut compter que de la Toussaint puisque le dernier règlement de Fanneto est du 18 octobre.

Ce contrat stipule simplement que Marguerite devra servir pendant un an, moyennant quoi elle aura les droits de son frère — c'est-à-dire la nourriture et le logement — et recevra une robe (gannach), une chemise, un tricot, un tablier et une paire de sabots (f° LVIII r°).

Quant aux gages des *sirventas* nous sommes mieux informés. En 1534, en effet, le 29 mai, Eutrope prend pour servante Marie Pagès aux conditions ci-après :

Elle s'engage pour un an complet et révolu et recevra pour gages : une cotte de drap de paysan, une paire de chausses, des souliers déjà ressemelés deux fois (*sabatos taconados dos cops*), un tricot (*borasso flaladiso*), une chemise, un tablier et 10 sols tournois. (F. f° LVI v°).

En 1537, nouvelles conditions ; elle recevra à son choix 4 liv. tournois ou bien une chemise, un tricot, un tablier (*faudal*) et 3 ll. (f° LII v°). On a vu qu'il se joignait à cela des bénéfices accessoires sur l'élevage et les travaux de la ferme.

En somme, les gages des servantes étaient estimés par Fabre lui-même, indépendamment des travaux supplémentaires qu'elles s'imposaient, à 4 *ll.* au maximum. Ces gages sont aujourd'hui de 150 fr. environ.

A Masenx, au contraire, nous ne connaissons qu'une servante, Antoinette Bonnefille ou plutôt Bonfils, qu'il désigne en 1542 (M. f° LXIII r°). Cela se comprend du reste ; Masenx, avec sa femme, sa belle-mère et sa belle-sœur, avait, sans compter les femmes de ses bordiers, un personnel féminin assez nombreux pour vaquer à tous ses besoins domestiques. Il n'avait donc pas besoin de louer des servantes étrangères et, en fait, il semble n'en avoir pris qu'assez tard, quand l'âge, la maladie ou les séparations eurent éclairci son personnel.

Du reste, quel que fût l'état de santé d'Eutrope Fabre, il ne faudrait pas s'étonner de lui voir des servantes ; Eutrope était ecclésiastique et, par leur isolement même, les ecclésiastiques étaient condamnés à avoir des gouvernantes. Ajoutons que la discipline de l'époque ne formulait pas, au sujet des servantes d'ecclésiastiques, la condition quadragénaire de nos jours, ou du moins qu'il y avait à ce sujet de nombreuses tolérances. C'est ce qui explique que Fabre prenne pour servante une fille âgée de 15 ans. C'est aussi ce qui explique les sarcasmes et les malicieuses observations des libéraux de l'époque, comme les invectives des prêcheurs, à l'égard de ces « *commaires* ».

Quoi qu'il en soit, au XVIe siècle comme aujourd'hui, la *sirventa* joue un grand rôle dans la vie des ecclésiastiques. C'est elle qui achète, échange, vend les denrées, touche les rentes, gouverne en un mot. Ce rôle en particulier est nettement accusé dans les comptes de Masenx pour les Pitanciers de Saint-André. Ce sont les gouvernantes de ceux-ci qui d'ordinaire touchent les revenus de la Pitance.

En conséquence tout ecclésiastique qui se respecte a sa gouvernante ; François Masenx, le neveu de notre fermier, à *la Cadessona* (Cadette ou Catissou — f° 104 r°) ; Jean

Favier a *la Baslièro* (f° 141 r°); Georges Gaubiel a *Bertranda de Bota* (Bertrande Bot — f° 148 r°) ; le curé de Carlus a *Gausseranda Gardana* (Gausserande Gardes), sans doute une parente de *Mossen Gardes* son collègue aux pitanciers (f° 142 r°) ; Mossen Gardes lui-même a une certaine *Margarita* (f° 141 r°) ; Antoine Selier, une Barnabea (f° 144 r°), Jean Landes *la Moirissa* (f° 145 r°). Pour d'autres, comme Colas Feral, Masenx se contente d'appeler leur gouvernante la *sirventa* (f° 142 r° et 143 r°), mais tous, comme on le voit, ont des commères.

Les travaux des champs sont donc exécutés, dans les fermages comme dans les propriétés particulières de Masenx, par trois catégories d'ouvriers : les colons résidents (bordiers), les colons non résidents et les ouvriers gagés (valets).

Nous n'avons pas insisté sur la seconde de ces deux catégories (quoiqu'elle fût la plus nombreuse) parce que les colons non résidents étaient en réalité, sauf l'habitation à la *boria*, de véritables métayers et qu'ils étaient soumis, pour les terres qu'ils cultivaient, aux mêmes conditions que les bordiers.

C'étaient en général, comme nous l'avons dit, de petits propriétaires, des tenanciers, des colons ou même des ouvriers qui, se trouvant au voisinage d'une terre de la Commanderie, prenaient cette terre à moitié aux conditions ordinaires du métayage. C'est de la sorte par exemple que Pierre et Jean Guy exploitent la terre de *la Granièra* à Senouillac (f° LXXXII r°), que Jean Roques du Gayou cultive, en 1542, du pastel sur les terres du Puechauzy (f° XCVII r°). Leur bail toutefois n'était que d'une année.

Ces conditions du reste se sont perpétuées en Lauraguais où, sur chaque bien, il y a, indépendamment des bordiers, de petits colons partiaires, exploitant à la moitié ou au tiers un certain nombre d'arpents de terre. Seulement comme ces colons sont obligés de prendre part aux travaux de l'été, notamment à la moisson, on les appelle *estiveurs*.

Or presque tous les voisins de Masenx sont de la sorte employés, comme colons partiaires, à la culture parcellaire de ses terres, et vouloir les énumérer ce serait passer en revue toute la population masculine du consulat de Montmiral de 1520 à 1545. Citons néanmoins, parmi ceux dont le nom revient le plus souvent dans les comptes de Masenx, les Algay et les Ricard du Gay, les Miramon de Lacort, les Pouget du Pouget, les Johan de la Boscario, les Repaus de Merles, les Badel de la Plassarié, les Roques du Gayou, les Guy des Albarils, les Fabre de Candastre, les Estaviale, les Taillefer, les Journès, les Soubsol, etc…

Mais il est une dernière catégorie d'ouvriers dont nous n'avons pas parlé et que Masenx emploie fréquemment à la culture de ses terres, ce sont les ouvriers à la journée.

On sait que, soit par insuffisance de leur personnel, soit par urgence des travaux, les agriculteurs doivent souvent recourir à la main-d'œuvre auxiliaire, aux ouvriers à la journée. Peut-être Masenx ne trouva-t-il pas toujours, pour la culture de ses terres, les bordiers et les colons qui lui étaient nécessaires ; quoiqu'il en soit il a souvent recours à cet expédient et il semble même qu'une bonne partie de ses travaux agricoles soit exécutée de la sorte.

Mais pour Masenx, nous l'avons dit, tout est matière à bénéfice. Comme il a un grand nombre de débiteurs qui ne peuvent le payer, comme tous les cultivateurs, de Castelnau à Gaillac, ont quelque reliquat de compte à régler avec lui, les bras ne lui manquent jamais. Il fera travailler ses débiteurs à son compte et déduira de leur créance les journées de salaire *au rabais* qui lui seront fournies. Ainsi au couvreur il fera réparer ses toitures, au tisserand il donnera du fil, au possesseur d'une paire de bœufs il demandera des labours, à celui qui a une charrette il fera transporter son vin à Gaillac, aux journaliers il fera faire les travaux de la saison. C'est pourquoi nous lisons presque à chaque page de ses comptes : *Paga per laura…* tant, ou *per dailla…* tant.

En veut-on des exemples ?

Paul Brun et Pierre Toulouse lui doivent des denrées ; ils ont des bœufs, ils feront chacun une journée de labour. « *Deo* m *doblas ho un jornal de araire* », dit-il du premier (f° XXIII r°) ; « *paga un jornal a laura alla boria de l'ors* », écrit-il pour le second (f° LI r°).

Pierre Journès doit 3 *ll.*; il moissonnera : « *Paga* II *s.* VI *d. per* I *jornal per dailla* » (f° XLIV r°).

D'autres, par exemple Guilhem Masenx (f° XCV r°), Guiraud Bertrand (f° XCVI r°) et Pierre Brayer (f° XC r°) seront employés à curer et à recreuser les fossés des champs : « *Paga* X *s. per* III *jornals de fa las bros* » (f° XCVI r°). Le tisserand Antoine Roussel, de Castelnau, doit 5 *ll.* ; Masenx lui donnera à tisser 30 cannes de toile et 25 cannes d'*estopa* (f° XCV r°).

Bien entendu ce sont les voisins immédiats de Masenx qui sont le plus fortement mis à contribution. Ainsi Antoine Vialard, de Saint-Jérôme, a acheté, en 1545, 6 quintaux de foin à 5 sols le quintal et n'a pu payer que 10 *s.* 5 *d.* ; Masenx lui fait faire un transport à Gaillac : « *Paga per un riage de carela a Gallac* V *sols* » (f° 107 r°). De même Pierre Roques, du Gayou, qui avait acheté à Masenx du drap en 1532 et du foin en 1533, est obligé, pour se libérer, de labourer les terres et de couvrir les toitures de son créancier, et à quel prix !

« *Paga lo des* III *jornals per laura* : XV *doblas.*

« *Paga* III *jornals per repara la teulada, monta* III *sols am lo despens* » (f° LXII r°).

Ainsi 5 doubles pour une journée de labour, 1 sol pour une journée de maçon. Ce ne sont point là, on en conviendra, des prix rémunérateurs. Encore faut-il remarquer que dans le dernier chiffre sont compris, avec le salaire de l'ouvrier, les frais de Masenx (achat de matériaux ? nourriture de l'ouvrier ?), de telle sorte que si Pierre Roques a reçu 10 deniers pour sa journée, c'est tout ce qu'on peut estimer.

De plus, comme on le voit, Masenx fournit dans certains cas des denrées, peut-être même des vivres ou des boissons, à ses ouvriers et l'on juge qu'il n'y doit pas perdre. Ainsi quand il a fait bâtir ou réparer le *mas de Palmata*, il retient 10 *s.* 10 *d.* au maçon Jean Brière ou Barière, de Gaillac « *per despensa fata el conte fait cant bastio l'ostal de Palmata* » (f° LVI r°).

En somme Masenx profite de sa position de créancier ; il a la culture au rabais.

On sait ce qu'il faut entendre par *gazailles* ou *gazaillers*. Le gazailler est celui qui se charge, moyennant partage des produits, de l'élevage des troupeaux du maître ; la gazaille est le troupeau confié au gazailler.

Le gazailler n'est pas un pasteur nomade, un pauvre diable sans feu ni lieu ; c'est habituellement un petit propriétaire ou un colon qui prend en pension (à profit) les bestiaux d'un autre propriétaire.

Or Masenx avait de nombreuses gazailles. Dès 1521 déjà il avait à Vors un gazailler qui lui rendait une barrique de vin de mise (f° XLVIII *bis* r°) ; nous relevons après cela une dizaine de gazailles dans ses comptes.

Ainsi en 1527 il a une ânesse (*saumo*) en gazaille chez Antoine Repaus (f° 11 r°) et des bœufs chez Mafre Perbosc (f° XXIX r°) ; en 1529 il donne à Guilhem Taillefer, du mas de Lasserre, 17 brebis en gazaille et il a en outre des gazailles semblables avec un certain Delvren (ou Del Vergne) et avec le bordier de Trésières (f° XLVIII *bis* r°) ; en 1530 il a une gazaille de vaches et d'autres bestiaux chez Antoine Miramon, du mas de Lacourt (f° XLIII r°) ; en 1535 il prend Raymond Toingne à la fois comme bordier et comme gazailler de Bugarados et il lui donne un troupeau de 31 bêtes à laine (f° III r°) ; en 1538 il a une vache en gazaille avec Guilhem Pouget (f° 44 r°) ; en 1543 Pierre Bringuier ou Berenguier (Vringuié) et Jean Varenne (Varen) lui donnent chacun, comme gazaillers, une barrique de vin de mise (f° XCVIII v°) ; enfin en 1545 il fait avec Bernard Taillefer, du mas del Rodelas, la liquidation d'une importante gazaille (f° 123 v°).

Il nous est possible et facile, grâce à ces nombreuses indications, d'étudier la constitution des gazailles de Masenx. Notons d'abord que, comme les contrats de métayage, la gazaille est un contrat de durée déterminée. Guilhem Pouget, par exemple, prend une vache pour 4 ans ; Raymond Toingne prend le troupeau de Bugarados pour 6 ans : « *ly devi bailla serlas fedas per lenc a la boria per lo det terme* » (f° 110 r°). Quant aux conditions du contrat, elles nous sont bien indiquées dans le bail de Toingne et surtout dans les comptes de gazaille de celui-ci (f° 111 r°) et de Guilhem Taillefer (f° XLIII bis r°).

On y voit que le bailleur fournissait les bestiaux dont estimation était faite et que le preneur était débiteur de la moitié du prix d'estimation : « *et me deo la mitat de so des, de las fedas del cabal* » (f° XLIII bis r°).

En conséquence si une des bêtes venait à mourir, le gazailler en supportait seul la perte (1) ; c'est ce que Masenx a soin de spécifier quand il dit : « *Jo li deri bailla serlas fedas per tene a la boria per lo del terme et jo (en) deri prendre tantas, cant se partiran, de las plus viellas.* » (f° 110 r°).

Quant aux profits, c'est-à-dire à la plus-value des animaux, à leurs produits, aux laines, fromages, etc., tantôt ils sont partagés (c'est le cas pour Toingne qui est à la fois gazailler et métayer), tantôt répartis suivant arrangement. Ainsi Guilhem Taillefer a droit à la moitié des produits, mais il ne doit à Masenx qu'une quantité fixe de 5 livres de laine et 5 livres de fromage par an (2).

---

(1) Cayron spécifie cependant que le gazailler ne doit, en cas de mort, payer une bête que si celle-ci s'est perdue par la faute du gardien : « Et de tout le perdu ou mort casuellement, en doit rapporter certificat ou en monstrer les peaux au maistre dans trois ou huict jours après, pour estre vendues à la diminution du prix ; aultrement il en sera tenu entièrement ». G. CAYRON : *Styles*, p. 45.

(2) Nous empruntons encore à M. Rumeau (*La famille Contard, du Burgaud.* Rev. des Pyrénées, 1894, t. VI, p. 597) deux baux de gazaille de la région toulousaine qu'on pourra comparer à ceux de Masenx. Malheureusement le texte en semble souvent incorrect et l'auteur n'a point voulu mettre les originaux à notre disposition. C'est d'autant plus regrettable que le Livre de raison des Contard est très intéressant et que son interprétateur paraît peu familiarisé avec l'agriculture, et même avec le patois du XVIe siècle ; il traduit par exemple *garofo* (gesse chiche, pois chiche, jarosse) par vesce ; il ignore la valeur des monnaies et s'étonne qu'au XVIe on sût « utiliser le lait de brebis » pour en faire des fromages ! Quoiqu'il en soit voici les contrats donnés par M. Rumeau :

I. « Sapian totz quy le present legiran ni ausiran que l'an mil ve xxxvii he le ve jorn deu mes de haost coma jo, Guilhermy Contart, mendre de jorns, baill(er)y IX caps de aholhos a Ramon Puihos, dit Topi, a gazailha he non de gazailha, per le espassy de tres ans rebolutz per le pretz de quatre

Mais l'usage était dans certains cas d'exiger du gazailler, avec ou sans les conditions précédentes, une rente annuelle en nature que certaines coutumes appellent *boage* ou *bladage*, d'autres *moisson* ou *meisso* et que Masenx écrit *miso*. C'est le *localicum* ou *collaticum* des légistes. Cette rente s'appelait *mise* en Albigeois, et *bladade* en Toulousain, parce qu'elle se payait en blé (1).

La mise variait avec la gazaille et pouvait, dans l'Albigeois, consister en toute sorte de denrées. Ainsi quand le gazailler prenait des animaux de labour, bœufs ou vaches, elle consistait en blé ; quand il prenait des brebis, elle consistait en agneaux, moutons, etc ; enfin c'était souvent du vin, du seigle, des produits quelconques.

escutz petits, contan xxvii sols vi deniers per scut. Et au cap des tres ans ledit Contard ti(ra)ra lesdits ix caps so y son, lo so que y sera de abantage partiran (partiren ?) peu miech ; lo ledit Puihos sera tengut de la regi et goberna ni plus ni me(n)s que so eron suas prop(r)ias. Et ataou ac juro lo promet en presencia de Antoni Porque, Moreu (Marc ?) lo Johan de Bonafont (et) de mi dejos scriut.

« B. BOYSERIA, caperan. »

Les gasconismes de ce texte indiquent suffisamment l'origine du chapelain Boissière, qui l'a rédigé.

Le second contrat est en latin ; le texte est en abrégé.

II. « Anno Domini millesimo quingentesimo xviiº et die xxviiiº mensis decembris, in barris Brugalli, regnante domino Francisco..... personaliter constitutus videlicet Petrus Ucay dit Petonet (Peronet ?), Brugalli habitator, qui gratis..... recognovit tenere in gazailham et per nomen gazailhe a Guillelmo Contard juniori presenti..... videlicet decem capita ovium per spatium trium annorum completorum et revolutorum incipiendo terminum in festo sancti Andreæ elapso et finiendo simili die, sub capitali pretio quinque scutorum parvorum. Quas oves dictus Ucay recognovit habuisse a dicto Contard..... et, finito termino, dicte partes tenebuntur desgazalhare ad dictum et ordinem gazalharum et hoc totum sub expressa ypotheca..... promisit bene regere et gubernare dictus Ucay..... et dictus Contard uti, gaudere, facere dictas oves..... sub obligatione..... juraverunt..... De quibus..... in presencia Galhardi de Laberia, Johannis de Bonafoy, Brugalli habitatorum, et mei notarii infrascripti.

ESCLAFFER (Eschalfer ?) not »

(1) Voir *Rameau* : La famille Contard, p. 582, « une baque et un brau pel rouge », à capital de prix de 12 escuts petits sur *la bladade* de 7 pugnerées de froment, mesure de Grenade » (1510). Plus tard (1618) une paire de bœufs est mise en gazaille moyennant 66 lt. de capital et 10 pugnerécs de blé de bladade annuelle « que ledit métayer est tenu de donner le jour et feste de Saint-Barthélemy » ; une vache de poil *castan* estimée 24 lt., donne 1 setier de blé par an, etc.

On comprend que les gazaillers soumis à cet impôt annuel supplémentaire protestassent vivement contre la coutume qui l'avait établi. C'est pourquoi les tribunaux furent fréquemment saisis de leurs plaintes et la mise condamnée comme usuraire. L'opinion des jurisconsultes à ce point de vue, de Petrus de Ubaldis, de Vivius, de Bertrand, est formelle et, le 18 juin 1538, le Parlement de Toulouse lui-même, saisi de la question à propos d'un contrat de gazaille d'une paire de bœufs dans lequel le bailleur, un marchand de Grenade, avait stipulé une bladade, déclara nuls les contrats de ce genre et condamna le marchand à l'amende (1). L'arrêt du Parlement est rapporté par Laroche-Flavin et son commentateur, Graverol, n'hésite pas à son tour à déclarer que la gazaille est usuraire, si, avec le partage du croît, elle assujettit encore le preneur à une mise.

Or Masenx paraît s'être peu soucié de l'opinion des jurisconsultes et des arrêts du Parlement. Toutes les fois qu'il donne des animaux en gazaille, il prend une mise. Mafre Perbose pour ses bœufs lui donne, en 1527, 3 setiers de blé et, l'année suivante, encore 1 setier, de telle sorte qu'il y a lieu de supposer que sa mise était d'un setier par an ; Antoine Miramon, pour des vaches et pour « *lo resta del bestial* » donne également un setier par an ; Guilhem Pouget, pour une vache, donne une cartière de blé ; Antoine Repaus, pour une pauvre ânesse, est taxé à une émine de blé en deux ans, soit aussi à une cartière par an. Les gazaillers pour bêtes à laine donnent en général des brebis ; c'est ainsi qu'en 1529 Masenx augmente les 14 bêtes qu'il donne en gazaille à Taillefer de deux brebis provenant de la mise

---

(1) *Laroche-Flavin* : Arrests notables. Liv. II, tit 3. — Cependant Cayron (Liv. I, tit. III, p. 45) établit à ce point de vue une distinction entre les gazailles de bœufs et de moutons. Si, dit-il, « le bétail inutile et qui ne travaille point » ne peut que « se bailler à moitié profit et perte, selon les conditions qui se font à l'approbation de justice et coutume du pays », il n'en est pas de même du gros bétail ; car « quant aux bœufs, vaches ou jumens, mulles et chevaux qui sont baillez pour labourer et charroyer, pour tant qu'ils vont toujours en diminuant et travaillent pour autruy, il est permis d'en prendre quelque rente au hazard sus dit, pourveu que cela n'excède pas un cestier de bled pour teste » G. *Cayron* : Style de Tolose. 1630. *Bails a bestiaux, a mestires, lauze ou gazaille*.

de del Vergne et d'une brebis provenant de la mise du bordier de Trésières (f° XLVIII *bis* r°). Enfin d'autres lui donnent simplement une barrique de vin de mise. C'est ainsi que Masenx vend, en 1521, à Darde Algay une barrique de vin provenant de la mise de Vors et, en 1543, à Jean Cassaing et à Darde Varen, deux barriques provenant des mises de Pierre Bringuier et de Jean Varen.

On voit par ces exemples que les gazailles étaient pour Masenx la source de sérieux bénéfices, d'autant plus que tout animal provenant soit de la mise, soit du produit, était immédiatement, s'il n'était pas vendu, mis en gazaille. La façon dont Masenx constitue les gazailles de Taillefer et de Toingne est à ce point de vue significative.

Pour la première il fournit un *cabal* de 14 bêtes et il y en ajoute 3 autres provenant de deux mises (f° XLVIII *bis* r°). Pour la seconde il fournit aussi un capital — qu'il appelle cette fois *precal* — de 12 bêtes provenant sans doute du gazailler précédent : « *Ly ay bailladas lo precal de* XII *bestias, lan fedas que motos, que fueron de Bernard Debesol* » ; puis il ajoute « *dos ahollos del deime de mando de luy* », c'est-à-dire deux brebis déjà dues par Toingne pour quelque dime ; « V *ahollos de Johan (de) Tresieros del deime de l'an* V° XXXIII *per* V° XXXIV » ; une brebis et un mouton tirés du troupeau de Guilhem Taillefer, à Lasserre, et dus par celui-ci pour « *lo deime de mando* » de 1534 ; six bêtes prises par le même Guilhem à l'étable de Castelnau, en présence de Jean Benac et provenant des dîmes de Gazou, Lescussa et Sol pour 1533 et 1534 ; deux brebis de la dîme de Trésières pour 1535 et enfin, pour la dîme de Toingne de 1535, deux brebis, au total 31 bêtes (f° 111 r°) (1).

(1) Ce passage, très obscur dans le texte, semblerait faire supposer que Masenx pouvait collecter des dîmes. Mais, d'une part, l'expression « *lo deime de mando* » peut avoir une signification qui nous échappe ; d'autre part *deime* peut vouloir dire *dimaire* au lieu de *dîme* ; enfin il faut peut-être lire *dere* au lieu de *deime* ; dans ce dernier cas *lo dece* serait le produit du croît du troupeau, de telle sorte que la gazaille de Jean de Trésières se serait accrue de 10 brebis en 2 ans (1533 et 1534).

Il n'est pas douteux que dans le diocèse d'Albi dont dépendait Gaillac, les bestiaux eux-mêmes, comme toutes les récoltes, fussent sujets à la dîme. (Cf. Monogr. Comm. II, 253). On peut admettre, si on adopte l'hypothèse

Comme on le voit, les capitaux de Masenx, argent, blé ou bestiaux, ne s'immobilisent jamais et fructifient toujours. Aussi les bénéfices sont-ils appréciables. Le 25 juin 1545, Masenx liquide avec Bernard Taillefer, du Rodelas, un compte de gazaille et le gazailler lui demeure redevable, sur le prix de la vente du bétail, d'un reliquat de 9 écus, plus, pour une vache que Taillefer conservait chez lui, 5 écus et 1 *ll.*, soit au total 20 *ll.* 5 *s.* (f° 123 r°).

Bien d'autres questions seraient encore à traiter ici pour nettement mettre au point les conditions de l'agriculture albigeoise au XVIe siècle ; mais le cadre de cette étude ne nous le permet pas et nous devons nous borner à l'interprétation de nos livres de raison. C'est pourquoi, bien que la question des poursuites judiciaires doive trouver place au chapitre suivant, nous nous contenterons de dire ici quelques mots des démêlés de Masenx avec ses bordiers, ses colons et ses débiteurs de rentes foncières.

On sait déjà que, parmi ces derniers, Jean Gros, de Broze, qui avait consenti, en 1537, une *pensio annuala* de 1 setier de blé à Masenx, dut comparaître devant le juge pour non-paiement de cette rente et qu'il fut condamné, puisque Masenx lui compte les frais, *las despensas*, de la citation (f° 10 r°).

C'était, en effet, devant le juge royal, ou mieux devant son lieutenant à Gaillac, que se vidaient ordinairement les contestations entre propriétaires et colons ou débiteurs.

Dans les villes où les consuls avaient droit de justice, le consul désigné faisait appeler les parties et, au besoin, se rendait sur les lieux, puis, après avoir entendu les explications de chacun, tranchait le différend. Mais à Gaillac il n'en était pas ainsi ; le juge était un gros personnage qui ne se dérangeait pas facilement. En conséquence pour les affaires de minime importance, il déléguait en pareil cas des agents inférieurs chargés de faire l'enquête ; c'étaient en

---

qu'il s'agit ici de dîmes, que Masenx s'entendait avec les décimateurs pour leur rembourser ou avancer les dîmes de ses bordiers et gazaillers et qu'il percevait celles-ci directement ; dans cette hypothèse la gazaille de Jean de Trésières aurait produit 50 brebis en deux ans.

quelque sorte des commissaires de justice que la rancune populaire avait flétris du nom de *crompa-miseras*.

Ceux-ci se rendaient sur les lieux, vivaient largement aux frais des parties, prenaient ou ne prenaient pas connaissance de l'affaire ; mais comme en général le propriétaire les traitait et les abreuvait, parfois même les achetait plus largement que le paysan, c'est toujours à celui-ci, au plus pauvre, qu'ils donnaient tort. On comprend donc la haine que nourrissait contre eux le paysan des campagnes.

Dans l'affaire de Masenx avec Toingne, celui-ci, qui devint plus tard, en 1535, fermier de Bugarados, n'était alors, en 1533, que colon de la terre de Labarthe (f° XLVII r°). Il est probable que les conditions du partage de la récolte furent mal définies, car une contestation s'éleva à ce sujet entre le fermier et le colon. Citation, intervention des *crompa-miseras* et condamnation du plus faible, tout cela ne prit qu'un moment ; Toingne s'exécuta. C'est ce que nous explique cette brève mention de Masenx : « *Item me deo la soma de* VII ll., *per los sens et darairages de la terra de la Barta, coma es estat del per los compra-miseras. Fait l'an* V° XXXIII ».

Dans l'affaire de Jean Guy il s'agissait d'une terre, dite *de la Granièra*, que Guy avait prise à moitié. Toutefois, ne pouvant probablement la cultiver seul, Jean Guy s'était associé, pour cette exploitation, son père Pierre Guy, du mas des Albarils. Cette fois encore il est vraisemblable que les conditions de l'association furent mal définies entre le père et le fils car un procès s'éleva entre eux. Comme conséquence Masenx ne fut pas payé et, frustré de sa part de récolte, ne pouvant s'entendre avec son métayer, il envoya les *crompa-miseras* à celui-ci.

Le résultat était prévu; Jean Guy fut condamné, car c'était à lui que Masenx avait loué la terre. Toutefois le fils protestait et renvoyait Masenx à son père, qui probablement avait retiré une trop grande part de récolte ; le père, de son côté, se dégageait, si bien que, pour en finir, on convint d'un arbitrage.

Les arbitres furent le notaire Bertrand Batifol et Antoine

Aragon, notable commerçant de Gaillac. Ils décidèrent, le 27 avril 1541, que Jean Guy laisserait à Masenx la terre en litige toute ensemencée et sans en pouvoir retirer aucune récolte ; qu'il lui verserait en outre une indemnité de 7 *ll.* payables 4 *ll.* à la Madeleine (22 juillet) et 3 *ll.* à la Toussaint (1er novembre) ; enfin que chacune des parties payerait sa part des frais d'arbitrage. Cette sentence fut enregistrée par le notaire Turlan en présence de deux témoins, Jean Bruyère et Antoine Ricard.

Mais ce n'est pas tout ; restait la carte à payer, et Masenx n'entendait pas la solder tout entière. Il compta donc à son colon la moitié des vacations des agents de la justice : « *Item me deo lo des, per sa part del escol des crompra-miseras, la somma de* XVI *doblas* » (f° LXXXIII v°).

Si, comme semble l'indiquer le pluriel de Masenx, les *crompa-miseras* étaient au nombre de deux, cela fait une assez forte vacation (un peu plus de 13 sols) pour chacun, de telle sorte qu'on peut croire que l'enquête avait duré plusieurs jours ou qu'elle s'était compliquée de frais accessoires.

CHAPITRE X

SOMMAIRE : *Le Marchand. La profession de marchand. La boutique de Masenx.* — *Étoffes et draps en usage : la fabrication des draps en Languedoc ; les prix de vente.* — *Tissus et vêtements confectionnés.* — *Marchandises diverses : Jucias ; bâts ; barres de fer.* — *Caractère des opérations commerciales de Masenx.* — *Risques commerciaux.* — *Poursuites.*

Le Moyen-Age avait, dans un but de protection mal entendue, enveloppé l'industrie de telles entraves qu'il semblait que le commerce, du moins le commerce de gros, fût impossible à cette époque.

En effet chaque métier avait sa spécialité bien définie ; des statuts très explicites déterminaient avec soin quels objets le maître ouvrier pouvait fabriquer, comment il devait les fabriquer ; mais il lui était interdit de débiter ou seulement de posséder chez lui les marchandises étrangères à sa fabrication parce qu'alors il empiétait sur le monopole d'un autre métier (1).

Il avait donc fallu de bonne heure, pour remédier à cette étrange situation commerciale, faire une exception en faveur d'une corporation, ou mieux créer un corps spécial de marchands, organisés d'après des statuts absolument contraires à ceux qui régissaient les autres communautés. Toute fabrication leur était interdite, mais ils pouvaient en revanche vendre toute espèce de produits et d'objets fabri-

(1) A. FRANKLIN, *Les magasins de nouveautés*, t. I, p. 3

qués, récoltés ou importés. Cette corporation fut celle des gens de marché, *mercants* ou *merchants* dans le Midi (de *mercat*, marché), *marchands* ou *merciers* dans le Nord.

Le trafic des merciers prit rapidement une énorme extension, si bien qu'au xiv⁰ siècle, qui forme l'apogée de leur prospérité, leurs boutiques « représentaient exactement, à part le luxe et l'étendue, nos grands magasins de nouveautés » (1). Il suffit, en effet, pour se rendre compte de l'universalité du commerce de ces marchands, de parcourir le catalogue des objets vendus par les frères Bonis à Montauban (2); on y trouve de tout, épicerie, confiserie, droguerie, pharmacie, draperie, confections, parfumerie, armes, ustensiles, outils aratoires, bijoux, etc. Mais un document non moins significatif à ce point de vue, est une petite pièce de 169 vers, en français du xiv⁰ siècle, « *Le dit d'un Mercier* », qui se trouve à la Bibliothèque Nationale (3). Le marchand y fait, pour achalander sa clientèle, l'éloge de tout ce qu'il vend et cette énumération nous révèle le monde inconnu dans lequel se sont agitées pendant des siècles la coquetterie de nos aïeules et la vie privée de nos pères.

A la vérité il n'en est plus de même au xvi⁰ siècle. — Avec le progrès la marchandise s'est spécialisée et la boutique de Masenx est loin de renfermer l'universalité des produits qu'on trouvait dans celle des Bonis. Il n'y a plus en particulier ni épices, ni drogues, ni médecines, ni confitures, ni dragées, ni cosmétiques ; mais, telle qu'elle est, elle paraît encore assez bien approvisionnée. Ce qu'elle renferme surtout ce sont des étoffes, des tissus ou des vêtements confectionnés ; Masenx est avant tout un *mercier*, un « marchand de nouveautés ».

Mais avant d'inventorier ses richesses, disons un mot de la boutique elle-même.

La boutique se composait essentiellement d'une pièce (*cambra*) au rez-de-chaussée, ouverte sur la rue par une

---

(1) A. FRANKLIN : *Les magasins de nouveautés*, I. 4.
(2) E. FORESTIÉ : *Les livres de comptes des frères Bonis — passim.*
(3) Fonds français. Manuscrits, n⁰ 19152. M. Franklin qui a désigné ce morceau en donne une analyse détaillée dans son livre.

large baie généralement cintrée, sans portes ni fenêtres. Le jour et la lumière pénétraient dans cette pièce par la baie dont les volets, fermés pendant la nuit, se rabattaient pendant le jour extérieurement de façon à former des éventaires ou *tabliers*, « *taulas* », sur lesquels le marchand étalait sa marchandise.

Grâce à ce système le chaland ne pénétrait pas dans la boutique : il devait faire son choix à l'extérieur parmi les marchandises exposées ou apportées sur l'éventaire et le marchand lui-même ne pénétrait chez lui qu'en enjambant l'étalage. Cette dispostion, qui a été conservée par les marchands juifs et musulmans, avait pour but de prévenir les vols ; elle était même le plus souvent rendue plus efficace par un exhaussement en maçonnerie qui barrait le tiers ou la moitié inférieure de la baie et qui restreignait encore l'accès de l'air et de la lumière dans la boutique. Mais cet exhaussement avait l'avantage de servir de point d'appui aux *tabliers* mobiles, que des crochets de fer fixaient d'autre part à la muraille.

Toutefois, par un abus que la municipalité de Gaillac avait toléré, l'usage s'était établi pour les commerçants de cette ville de faire bâtir devant leurs boutiques des tabliers de pierre ou de maçonnerie, c'est-à-dire de faire prolonger en forme d'étal l'exhaussement du seuil de la boutique. Ces constructions avançaient sur la rue qu'elles barraient presque, gênant la circulation, interceptant la lumière, favorisant la malpropreté ; et, non contents de cela, les marchands, aux jours de marché et pour faire plus grand étalage, les prolongeaient encore avec des tabliers volants, c'est-à-dire avec des impostes surajoutées. C'est ce qui explique que, lors de la venue de François Ier à Gaillac, en 1533, la municipalité dut faire démolir les auvents et tabliers qui obstruaient les rues que devait parcourir le cortège royal (1).

(1) « Es estat may demonstrat lo temps passat comen las carrieyras della presen(ta) villa de Galhac son opacas, strechas e occupadas per los taulies, a causa que los edificis del temps passat son estats faits strechamen e (que), nonobstant aquo, despey ensa los taulies so(n) estat(s) mes, e (que) los

Du reste, qu'ils fussent en planches ou en maçonnerie, les tabliers payaient à la ville un droit de *taulage* (droit de banc ou d'étalage) qui était un des meilleurs revenus de la municipalité. Indépendamment de cela, ils payaient aux coseigneurs de la ville des droits importants en nature et en argent ; enfin les tabliers de la grande et de la petite boucherie (*masel*) appartenaient aux consuls qui les affermaient tous les ans à l'encan, sauf deux tabliers de la grande boucherie appartenant par indivis au roi et à l'abbé de Saint-Michel et que celui-ci affermait (1).

Les marchandises demeuraient sur les tabliers ou étaient rangées dans la boutique sur des bancs, des étagères, dans des coffres ou des bahuts ; quelques-unes étaient accrochées aux murs ou suspendues au plafond. Le seul meuble

que son per l'entorn de la plassa ne fan lor propri, licet que los cossols per priviletge e costuma anciena an ung privilege prescrit e conflrmation, mes a causa de (pour que) alcuns habitants per favor los ungs dels autres s'e(n) son layssats basti e ung cascun ne fa son propri, e (que) nonobstant los dits taulies incaras davantage meto(n) autres taulies per davan losdits taulies dins la plassa publica, de las qualas auci ne fun lor propri e occupan grandamen ladita plassa publica, combien que encaras aya plusiors gens de Galhac que ayant vist e sabon de perfecta sciensa que losdits taulies bastits no eran pas bastits et no hy solia habe que una post de pardessus..... per so demando si on deu fare de)atre losdits taulies, los postats, e retira tots los taulies que so(n) inherans a las maysos per afinque la villa no sio point occupada a la venu(d)a du Roy.
« Conclus..... que, tochan los taulies e forages de teulados e postes del torn de la plassa, qui attendut la gran occupation que fan e las gran maladios que se engendro(n) tots los ans dins la villa a causa dela occupation del her (sic), que los taulies (que) son inherans a las maysos tots e chacun sian rausats tro a ung palm del stant là on aura carrieyra longa (sans doute *larga*), e, là on sera plus estrecha et occupada, que sian rausats tro aras del stant et que tots los taulies del torn de la plassa sian dostats..... » (Délibérations du conseil de ville de Gaillac, 1 juillet 1533. Cf. Rossignol. *Monog. Com.* t. II, p. 366.)

Les tabliers *del torn de la plassa*, auxquels il est fait allusion ci-dessus, étaient les éventaires du *masel*, dont les consuls avaient la surveillance. C'est sur un de ces étaux que fut égorgé, en 1562, le marchand Vialar. « Il fut enlevé, dit Gaches, par un voiturier nommé Pouloy, qui alla l'allonger sur un tablier, assisté de quelques autres et l'égorgea comme une brebis. » (*Mémoires de Gaches*. Edit. Pradel, p. 21).

(1) Pour ces droits et cette question voir *Monogr. Commun.* t. II, p. 171 et 175. La Commanderie de Saint-André avait la directe d'un banc de masel (Registre des fiefs ; Arch. Dép.)

important de cette pièce était le *contadou* ou comptoir, dans lequel le marchand tenait ses livres et serrait son argent.

Masenx qui, à n'en pas douter, possède une boutique (M. f° LXII r° *Peire Rocas... me deo... per sa part de sertan drap pres de ma botega*), a aussi un comptoir. C'est ainsi qu'il paye, le 25 septembre 1531, comme fermier des Pitanciers, au curé de Carlus un setier de blé « *en argen al contado* » (f° 144 r°).

Quant à l'*obrado* (atelier), nous avons dit que les marchands n'étaient pas fabricants et par conséquent n'en pouvaient avoir. Mais chez les gens de métier, comme le drapier Barutel, l'*obrado* se confondait avec la boutique ; aussi Masenx écrit : « *pres de l'obrado de Barutel* » (f° LXIII r°) ou « *Item may me vendec all'obrado de lo frayre de mossen Feral 1ª emina* » (f° 149 r°).

Où était située la boutique de Masenx ? Il ne donne à ce sujet aucune indication ; mais on peut facilement le conjecturer par le fait qu'il ne possède aucun immeuble à Gaillac.

D'ailleurs, il ne faut pas l'oublier, Masenx n'est marchand que par occasion. Il est avant tout cultivateur et fermier ; mais comme il est obligé, pour ses règlements de compte, de venir à tout moment à la Commanderie, comme sa gestion des Pitanciers l'oblige à résider à Gaillac, comme il a à sa disposition les greniers de la Commanderie, des magasins et des locaux immenses, il a jugé qu'il pourrait utiliser tout cela pour, dans ses loisirs à Gaillac, adjoindre à son industrie agricole un commerce d'objets de première nécessité.

N'a-t-il pas du reste, dans ses voisins, dans les paysans, les colons, les tenanciers, les ouvriers avec lesquels il est journellement en contact des consommateurs toujours prêts, des chalands assurés pour l'écoulement de ses marchandises ? Ne pourra-t-il pas aussi, en payant en marchandises le travail de ses ouvriers, réaliser de nouveaux bénéfices ? Évidemment ces réflexions Masenx les a faites et, comme conséquence, il s'est installé à la Commanderie même.

C'est là que, pour n'avoir pas de loyer à payer, il a ouvert boutique. Il y résida seul du reste, car, sauf en 1540 où sa femme dut faire une courte apparition à Gaillac, on ne relève dans ses comptes que des ventes opérées par lui-même.

Nous avons dit que la boutique de Masenx n'est plus le bazar immense des frères Bonis. La marchandise s'est spécialisée, le marchand est devenu mercier (1). En conséquence, on y trouve surtout des étoffes, des tissus, des vêtements.

A priori, quand on parcourt les Livres de vente de Masenx, on est frappé de deux observations. C'est d'une part l'importance du costume ou vêtement dans la bourgeoisie du xvi⁰ siècle; d'autre part, le goût de nos ancêtres pour les étoffes voyantes, pour les couleurs éclatantes.

Le vêtement est le luxe des roturiers. C'est la marque de la décence, de la considération, de la supériorité sociale. Aussi voit-on de petits personnages consacrer à leur costume des sommes relativement énormes; certains même, comme Bernard Fabre, s'y ruinent. On sait du reste que cette tendance au luxe des vêtements fut, de tout temps, combattue, réfrénée et règlementée par les ordonnances royales. Du temps de Masenx encore, en 1524, à propos du désastre de Pavie, la reine régente crut nécessaire de les rappeler au Corps de ville de Toulouse par l'organe de maître René Ragueneau (2).

Quant à la seconde observation, elle avait été déjà faite par M. Forestié à propos des frères Bonis (3). Rien n'avait donc changé à ce point de vue au xvi⁰ siècle. De simples paysans se chaussent encore de bas violets, leurs femmes portent des *margas* rouges, Eutrope Fabre a des soutanes violettes, etc... C'était là un goût si général qu'en 1578, le Parlement de Toulouse se crut obligé d'intervenir; il rendit, le 8 mai, un arrêt qui « afin d'obvier aux désordres,

---

(1) Plus tard la mercerie devait encore se subdiviser en mercerie proprement dite et bonneterie (mercier et chaussetier).

(2) LAFAILLE. *Preuves* du t. II. p. 5. 21 mars 1524.

(3) *Livres de comptes des frères Bonis*. Introduction p. LIV.

scandales et confusion, dissolution et corruption des bonnes mœurs et méconnaissance des personnes d'Estat et qualité, qui procède du désordre et indifférent usage des vestemens, accoustremens et habits... a prohibé et deffendu, prohibe et deffend à toutes personnes ecclésiastiques, de quelque qualité et condition qu'elles soient, et aux magistrats, juges, officiers et ministres de justice de robe longue et aux collegiats estudians... de porter d'ores en avant robes, sayons, manteaux et chausses de couleur rouge, jaune, verd ou bleu... »

Quoi qu'il en soit l'expression de ce goût se trahit aussi bien dans les livres des frères Boysset de Saint-Antonin que dans les comptes de Masenx. Nous l'avons en outre relevée, pour l'époque même qui nous occupe, dans quelques documents faisant partie des Archives départementales du Tarn, de telle sorte qu'il nous est possible, grâce à ces divers documents, d'établir la liste assez complète des draps et étoffes en usage dans l'Albigeois au XVIᵉ siècle.

Masenx n'offre pas une très grande variété d'étoffes. Cependant on trouve dans sa boutique des *draps bleu* et *pers*, du drap *noir*, du drap *blanc*, du drap *gris*, du drap *nadieu*, du drap *mescalat*, du drap *grossier du pays*, du *cordelat* blanc, noir ou violet, du *cordelat de Foix*, du cordelat du pays, du *cadis*, de l'*estopa*, de la *toile* et de la *tirelaine*.

Dans les comptes des frères Boysset on relève du drap gris de Saint-Antonin (1), du drap de Clairac, du drap bleu foncé de Castres, du drap rouge de Castres, du *brunel* (drap brun) de Felletin, du drap violet de Felletin, du drap pers de Mazères-sur-Salat, du drap gris de Villefranche,

---

(1) C'était l'étoffe à la mode dans le Rouergue vers 1520 ; elle coûtait 20 sols la canne (la canne de Saint-Antonin valant 760 ᵐᵐ). Le drap violet sombre de Felletin coûtait 4 lt. la canne, soit 10 s. le pan ; la saye noire renforcée, pour habit 16 s. 8 d. la canne. Enfin dans une vente de 1521 Hugues Boysset livre 2 cannes de drap de Clairac, 22 pans de drap bleu foncé de Castres et 3 pans de drap rouge de Castres, pour 7 écus (8 lt. 12 s. 6 d.).

E. FORESTIÉ : *Les livres de comptes des frères Boysset, de Saint-Antonin,..... passim.*

du drap *nadicu*, du drap *buffié* blanc et du drap *mescladis*.

L'un de nous a relevé quelques autres variétés, avec leur prix, dans l'inventaire d'un marchand drapier de Lavaur, Mathieu Vidal (1586) (1). Ce sont :

Le drap jaune de Sorèze à 3 *ll.* la canne ; le drap céleste (bleu) de Sorèze à 3 *ll.*; l'*estamel* céleste à 4 *ll.*; l'estamet vert à 4 *ll.*; l'estamet rouge à 6 *ll.*; l'estamet dit noyer (brun) à 4 *ll.* 5 *s.*; le cordelat violet à 24 sols ; les cordelats bleu, vert, jaune ou noyer à 28 *s.* la *canne*.

Enfin nous avons trouvé dans le registre des cèdes d'un notaire de Lavaur, M⁰ Cornon (1519), une importante série de ventes d'étoffes qui complète ces renseignements. Ce notaire avait pour principale clientèle des marchands drapiers et dressait les *cartas* de leurs actes de ventes, que son registre nous a conservés. On y trouve des draps noir et rouge du pays, des capes blanches (en drap blanc), du drap *sorbrun* du pays, du drap gris de Puylaurens, du cordelat blanc, du drap noir de France (drap de Rouen), des chausses de drap violet à l'usage des femmes, du drap gris et du drap d'entre-deux de Revel, du *camelot* couleur Saint-Jean, du drap rouge de Paris, du drap noir et violet de Paris, du drap de Villefranque (2), de la toile noire d'Allemagne, du drap de Revel couleur vicomte, etc.

On remarquera dans ces listes l'importance considérable qu'avait à cette époque, la fabrication des draps en Languedoc. Sur toute la lisière de l'Albigeois et du Lauraguais, à Puylaurens, Revel, Sorèze, Castres, Mas-Cabardès, fonctionnaient des métiers dont les produits se répandaient dans la France entière et dont la réputation égalait celle des draps de Saint-Genoux (Saint-Geniez, Aveyron) et de Felletin (Creuse) (3).

---

(1) *Revue du Tarn*, t. X, f⁰ 163.

(2) C'était du drap blanc fabriqué à Rodez et à Villefranche-d'Aveyron.

(3) Ce sont ces draps de Felletin qui, connus d'abord à Paris sous le nom de *draps d'Ussel* (Corrèze) devinrent plus tard *draps d'Usseau, Dusseau* et enfin *du Sceau*. Ménage (Dictionn. étymologique) pensait que ce nom venait d'un sceau royal apposé comme marque sur ces draps. Furetière, trompé par le nom d'*Issel*, qui est celui d'un village de la Montagne-

Les guerres de religion portèrent un coup terrible à cette industrie. Elle se relevait cependant au xviie siècle en même temps que, sous les efforts de Nicolas Cadeau (1646) et de Josse Van Robais (1665), s'élevaient les manufactures de Sedan et d'Abbeville, quand la révocation de l'Edit de Nantes (1695) la ruina définitivement. Les tentatives faites par le Hollandais Görse (1698) et par ses successeurs, les Marcassas de Puymaurin (1712), pour créer à la Terrasse, près de Toulouse (commune de Carbonne) un nouvel établissement ne réussirent pas à enrayer la décadence de l'industrie drapière, et durant tout le xviiie siècle les laines de l'Albigeois et du Lauraguais passèrent pour être filées en Italie, en Angleterre et en Hollande. Ce ne fut qu'au commencement de ce siècle que les manufactures de Castres, Mazamet et Saint-Pons remirent en honneur dans la Montagne Noire la fabrication des draps qui avait fait, au xvie siècle, la réputation du Languedoc.

Quoi qu'il en soit, voici, relevés dans Masenx, les prix auxquels il vendait ses étoffes :

Drap bleu :

1522. . . . 2 *l*. 10 *s*. la canne (1 vente)
1531. . . . 2 *l*.   —   (2 ventes)
    moyenne (3 ventes) : 2 *l*. 5 *s*.

Noire, non loin de Castres et de Revel, a écrit que c'était du drap « manufacturé dans un village du Languedoc près de Carcassonne » ; Littré et Ed. Fournier, renchérissant encore sur cette explication, désignent le village, *Usseau* près de Carcassonne, et même le fabricant, « un certain de Varennes ». Le malheur est que, comme le dit M. Franklin, il n'y a jamais eu de village d'Usseau près de Carcassonne et qu'à Issel, où l'on fabriqua de tout temps des poteries de terre, il n'y a jamais eu de drapiers. En revanche Ussel dans la Corrèze vendait et fabriquait des draps de Felletin, de telle sorte que la note de Brossette, sur la 10e satire de Math. Regnier (Edit de 1729, p. 155) critiquée par M. Franklin, se trouve exacte. Regnier avait dit :

« Sa ceinture honorable ainsi que ses jartières
« Furent d'un drap du *Seau*, mais j'entends des lizières »

et Brossette avait ajouté :

« Drap du Seau, ainsi nommé d'une petite ville appelée Le Seau (Ussel) dans le Berry. » (Voir sur cette question A. *Franklin. Les magasins de nouveautés*, t. II, p. 281).

Drap noir :

1523. . . . . 1 l. 10 s. la canne (1 vente)
» . . . . 1 l. 5 s. — (1 vente)
1528. . . . 1 l. 5 s. 2 d. — (1 vente)
1529. . . . 1 l. — (1 vente)

moyenne (4 ventes) : 25 s la canne (1)

Drap blanc :

1527. . . . 1 l. 8 s. la canne (1 vente)

Drap gris :

1524. . . . 1 l. 10 s. la canne (1 vente)
1527. . . . 1 l. 7 s. 6 d. — (1 vente)
1528. . . . 1 l. 12 s. — (1 vente)
» . . . . 1 l. 7 s. — (1 vente)
1535. . . . 1 l. 6 s. — (1 vente)
1539. . . . 1 l. 10 s. — (1 vente)
1540. . . . 1 l. 10 s. — (1 vente)
1541. . . . 1 l. 10 s. — (2 ventes)
» . . . . 1 l. 8. s 4 d. — (1 vente)
1542. . . . 1 l. 8 s. — (1 vente)
» . . . . 1 l. 10 s. — (1 vente)

moyenne (12 ventes) : 29 s. la canne.

Drap nadieu :

1527. . . . 1 l. 5 s. 6 d. la canne (1 vente)

Drap mescalat :

1527. . . . 1 l. 10 s. la canne (1 vente)

Drap (sans autre désignation) :

1522. . . . 1 l. 6 s. 8 d. la canne (1 vente)
1523. . . . 2 ll. — (1 vente)
1527. . . . 1 l. 4 s. — (1 vente)
1530. . . . 1 l. 17 s. 8 d. — (1 vente)
1532. . . . 1 l. 1 s. — (1 vente)

moyenne (5 ventes) : 30 s la canne.

---

(1) Ce drap était probablement d'une qualité plus légère que les autres draps de Masenx, car, à qualité égale, il eût dû coûter, en raison de la teinture, plus de 30 sols. Du reste Masenx a soin de dire (f° LXXX r°) que c'est du drap pour robe de femme « *que lo rolio per fa rauba ha sa neboda* ».

Nous n'avons indiqué dans ce tableau que les prix dont on pouvait être certain, car il arrive souvent à Masenx de ne pas indiquer, dans les formules de vente, la quantité de drap vendu, comme aussi pour plusieurs marchandises de ne donner qu'un prix d'ensemble. En résumé le prix moyen du drap est de 30 *s.* la canne : le drap noir est un peu moins cher, 25 *s.* la canne : le drap bleu est la qualité la plus coûteuse, 45 *s.* la canne.

Disons maintenant un mot de ces variétés. On appelait *mesclo, mescalat* ou *mescladis* un drap fait de laines mélangées de diverses couleurs, ce qui lui donnait un grain grisâtre bariolé. On en fabriquait une variété locale appelée *mescalat del païs*, mais c'étaient le plus souvent des draps de la Corrèze ou du Limousin, qui portent aujourd'hui encore le même nom.

Le *nadieu* était un drap, ordinairement rayé, dont la chaîne et la trame étaient du même fil (1) ; on l'appelait dans le Nord *nays, nayf* ou naïf. Il était très usité dans le Midi au XVIe siècle et même au XVIIe, comme le prouve la phrase suivante d'un monitoire de l'évêque de Pamiers, relatif à l'assassinat de Lescazes, en 1647 : « *entre autres habilz, un nadif garny de galons de soye noire et un chapeau* » (2).

Toutefois la variété la plus recherchée dans l'Albigeois était le *cordelat*.

Cette espèce de drap, encore si usité dans nos campagnes et dont on s'approvisionnait à Revel et à Castres « *Deo may vi pans de cordelat de Castros* » (M. fº XXXIX rº), était une

---

(1) Voir le *Livre des métiers*, titre L., art. 25, et Franklin ; *Les magasins de nouveautés*, t. II, p. 255. Ducange au mot *nadicus* cite un texte de 1218 « *de panno cero nadico qui fit in ipsa procincia in qua quisque moratur* », qui fait croire à M. Doublet que *nadicus* et *naticus* sont synonymes, de telle sorte qu'il faudrait entendre par *nadieu* ou *nadif* tout drap de fabrication locale. Nous pensons, au contraire, qu'il s'agit d'une variété, d'un tissu qui se faisait dans tous les pays. La phrase précédente s'explique mieux de la sorte, de même que celle d'Innocent III à propos des chanoines réguliers : « *Capas nigras singuli de mantellario habeant vel nadiro...* »

(2) G. Doublet. — *Le meurtre du curé de Lescazes*, p. 9. Supplément à la réimpression du *Mémorial historique* de Lescazes. Foix, 1891.

étoffe côtelée qui se débitait généralement en deux couleurs, blanc et noir. Voici les prix qu'en indique Masenx :

Cordelat blanc :

1521. . . . 12 s. la canne (1 vente)
1522. . . . 11 s. 8 d. — (1 vente)
» . . . . 12 s. — (1 vente)
1524. . . . 12 s. — (1 vente)
1542. . . . 16 s. — (4 ventes)

Moyenne (8 ventes : 14 s. la canne (1).

Cordelat noir :

1527. . . . 20 s. la canne (1 vente)
1528. . . . 16 s. 8 d. — (1 vente)

Moyenne (2 ventes) : 18 s. 4 d. la canne (2).

Mais on fabriquait également à Gaillac un cordelat, *cordelat de pays*, que Masenx vend, en 1522, environ 8 s. à 9 s. la canne (f° LIII r°).

Le cordelat blanc était porté au teinturier qui lui donnait, au goût du client, la couleur à la mode, violet, bleu, rouge ou noir.

Voici encore quelques variétés d'étoffes qu'on relève dans Masenx ou dans Fabre.

L'*estopa* (bure, bureau) était une étoffe grossière fabriquée avec les résidus de laine ou avec un mélange de laine et d'étoupe (3) ; Masenx lui donne les prix suivants :

1521. . . . 2 s. 11 d. la canne (1 vente)
1529. . . . 2 s. 8 d. — (1 vente)
1531. . . . 2 s. 8 d. — (1 vente)

Moyenne (3 ventes) : 2 s. 9 d. la canne.

Le *cadis*, gros drap de laine non peignée, fabriquée à Castres, se plaçait comme valeur, entre l'*estopa* et le *cordelat*. Masenx le vend, en 1528, *8 sols la canne.*

Le *trelis* ne devait pas beaucoup s'éloigner du treillis actuel.

---

(1) A Lavaur, le cordelat blanc valait 29 s. 4 d. et 30 s. la canne.

(2) Il valait 30 s. à Lavaur.

(3) Nous savons par une note de Masenx (f° XCV r°) que le prix du tissage de l'*estopa* était, à Castelnau, de 1 s. la canne.

La toile (*tela*) vendue par Masenx était de deux qualités. L'une, toile première (prima) ou toile fine, valait 5 *s.* 6 *d.* la canne (1523), la seconde, ou toile ordinaire, valait 5 *s.* la canne.

Enfin le *turitayno* ou *tiretaine* était un tissu grossier, probablement analogue à notre toile d'emballage et qu'on fabriquait avec le *respal*, c'est-à-dire avec les résidus du peignage du lin et du chanvre. Nous ne savons point quel était le prix de cette étoffe, mais comme le tissage en coûtait moitié moins que le tissage de la toile (1), il est probable qu'elle ne coûtait que la moitié du prix de la toile, environ 2 *s.* 6 *d.* la canne. C'était, comme l'*estopa* un tissu inférieur :

> « La tiretaine dont simple gent
> « Sont revêtus, de pou d'argent. » (2)

Il existait cependant une tiretaine de laine et même de soie. Celle-ci était classée parmi les étoffes précieuses (3). C'était la *bourre de soie* actuelle.

Mais Masenx ne vendait pas seulement des étoffes, il tenait aussi des vêtements confectionnés et des couvertures. Ses comptes nous offrent par exemple un grand nombre de ventes de chausses (*caussas*).

On sait ce qu'il faut entendre par *chausses* et *chaussetier*. Le chaussetier était notre bonnetier actuel ; les chausses étaient la partie du costume qui recouvrait les jambes. Seulement au XVe siècle les chausses, portées très longues, s'élevèrent jusqu'à une sorte de court caleçon qu'on appela *haut-de-chausses*, tandis qu'elles prirent elles-mêmes le nom de *bas-de-chausses* et, par abréviations *bas* (*denautz*, *debasses*). Hommes et femmes, au XVIe siècle, portaient des chausses.

Voici les prix que Masenx leur donne :

---

(1) Le tissage de la toile coûtait 8 d. la canne; celui de la *turitayno* 4 d.

(2) Dit du Lendit, f° 261.

(3) A. FRANKLIN. *Les magasins de nouveautés*. II. 260.

Chausses (sans autre qualification).

1521	28 s. 7 d. la paire (1 vente)
1522	27 s. 6 d. — (1 vente)
1524	40 s. — (1 vente)
1525	27 s. — (1 vente)
1527	25 s. — (1 vente)
»	30 s. — (1 vente)

Moyenne (6 ventes) : 30 s. la paire.

Chausses en drap.

1527. . . . 4 s. 8 d. la paire (1 vente) (1).

Chausses en cordelat.

1527	25 s. la paire (1 vente)
»	27 s. 6 d. — (1 vente)
1528	23 s. — (1 vente)

Moyenne (3 ventes) : 25 s. 2 d.

Chausses en cordelat blanc.

1528	23 s. la paire (1 vente)
»	25 s. — (1 vente)
»	27 s. 6 d. — (1 vente)

Moyenne (3 ventes) : 25 s. 2 d.

Chausses en cordelat noir

| 1525 | 5 s. 7 d. la paire (1 vente) (2). |
| 1527 | 30 s. — (1 vente) |

(1) Il s'agit probablement ici de chausses en *estopa* ou en tout autre tissu grossier, à moins qu'il ne s'agisse, comme nous le dirons plus bas, d'un vêtement défraîchi.

(2) Quelle explication peut-on donner de ce prix, très inférieur aux autres ? — Nous avons pensé d'abord qu'il s'agissait d'un vêtement déjà porté, mais, précisément dans ce cas, la vente est faite à une cliente de marque, la femme du seigneur de Corduriès (f° xx v°) ; il est difficile de supposer que cette dame consentit à porter de vieux vêtements et surtout des vêtements de dessous ayant servi. D'un autre côté, le cordelat noir coûtant 18 s. la canne et comme il faut une canne d'étoffe pour des chausses, on ne peut supposer que Masenx ait voulu perdre sur l'article. On ne trouve donc que deux hypothèses satisfaisantes ; ou il s'agissait d'un article depuis longtemps en magasin et dont Masenx voulait se débarrasser ; ou il a fait un prix de faveur à sa cliente. Cette dernière supposition est la plus vraisemblable, car elle est assez dans les habitudes de Masenx. On verra, par exemple, qu'il vend d'autant plus cher que son client est moins solvable et que sa situation sociale est moins élevée. C'est la conséquence du risque commercial.

Chausses en cordelat violet.

1524. . . . 2 *ll.* la paire (1 vente)

Chausses en cordelat de Foix.

1527. . . . 35 *s.* la paire (1 vente)

Chausses violettes.

1524. . . . 30 *s.* la paire.

En résumé, le prix ordinaire d'une paire de chausses est d'un écu petit (27 *s.* 6 *d.*) ; mais il y a aussi des articles plus chers, par exemple des chausses en *cordelat de Foix* et en *cordelat violet* qui coûtent 35 et 40 *s.*, et des articles meilleur marché, comme ces chausses en drap grossier (*estopa* ou *turitayno*), que Fabre achète à sa servante Marie Pagès le jour de la Saint-Mathieu et qu'il paie 6 *s.* 3 *d.* (F. f° LVI r°).

Les chausses en drap, que Masenx vend au prix de 4 *s.* 8 *d.* étaient probablement du même genre.

Rappelons enfin que Fabre note, dans son inventaire, une paire de chausses neuves en *treillis* « comme du cadis blanc » qu'il évalue à 25 *s.*

Les manches ou *margas*, que Masenx tenait également dans sa boutique, étaient d'une vente moins facile. On en trouve cependant deux ventes, l'une à 8 *doblas*, soit à 6 *s.* 8*d.* (15 sept. 1524), l'autre à 7 *s.* 6 *d.* (1527). Ces manches étaient en drap rouge ; mais il faut supposer que, de même que pour les chausses, les pauvres portaient des manches à meilleur marché. C'est ainsi que Fabre en achète une paire à sa servante à 3 *s.* 4 *d.* (F. f° LVI r°).

Ces manches étaient indépendantes des vêtements et se vendaient par paires, comme les chausses. On les attachait par des aiguillettes (lacets) au justaucorps. Du reste il semble qu'il y ait eu, à cette époque, plusieurs variétés de ce vêtement. Fabre distingue les manches des demi-manches : *Las miejos-margos, que aital ha rolgut, x d.* », dit-il avec quelque humeur. Il parle encore de *mansos*, mais il est probable qu'il ne faut voir dans ce mot qu'un synonyme de *margas*.

Le *Sarrau* ou *Sayon* (*sayo*) était un vêtement assez usité à l'époque de Masenx, mais il ne se vendait pas confectionné.

On achetait la toile ou l'étoffe nécessaire et on le faisait comme nos ménagères font aujourd'hui les blouses. C'est pourquoi Masenx écrit : *Il. deo may lo des per drap la somma de* XXX *s., que lo rolio* (il s'agit de Ramon Fabre) *per fa un saïo* » (f° LIV r°) et de même Eutrope : « *Item pagueri dos sols 1 d. per fa lo saïo he las margas de Margarido* » (F. f° LVIII r°) (1).

La *cape* (*capa*) était un manteau à capuchon, généralement en drap (2) ; elle était très usitée et on estimait particulièrement, en raison de leur beauté et de leur solidité, les *capes du Béarn*. Masenx en vend plusieurs :

Capes béarnaises :

1524. . . . 2 *ll.* 5 *s.* (1 vente)
» . . . . 2 *ll.* 14 *s.* (1 vente)
1529. . . . 1 *ll.* 15 *s.* (1 vente)
moyenne (3 ventes) 45 *s.*

On remarquera que la dernière vente est faite à un gazailler de Masenx, avec lequel celui-ci est en compte-courant, ce qui explique pourquoi le prix en est inférieur (M. f° XLVIII *bis* r°). On peut donc dire que la valeur moyenne de ce vêtement, qui s'est conservé de nos jours sous le nom de *limousine*, était d'un écu-sol (3).

Enfin Masenx vend encore bon nombre de couvertures de laine (*flassadas*). On sait que ces couvertures portent encore dans tout le Languedoc, ce nom de *flassada* et que les *Flessadiers* étaient encore au XVIIe siècle au nombre des corporations ouvrières de Toulouse. Voici les prix auxquels Masenx vend les *flassadas*.

---

(1) Pour le mot *lobat* ou *lobet* (jupon), voir le vocabulaire. Fabre mentionne encore dans son Inventaire, des robes de drap gris et violet, une robe de cadis, des sayons de drap gris et de *mesclo*, un chapeau frisé, un haut et des bas de chausses, et, dans ses comptes, divers autres vêtements : *coto* (cotte), *faudal* (tablier), *borasso* (justaucorps), *gannach* (tunique), *sabatous* (souliers); mais les prix en sont assez arbitraires. Nous nous contenterons d'en dire un mot à mesure que nous les rencontrerons.

(2) On désignait sous le même nom la chappe des ecclésiastiques, mais celle-ci prenait alors le nom de *capa messal* ou *missal*.

(3) A Lavaur, une cape blanche de Béarn coûtait 50 sols.

Flassadas :

1525. . . .	33 s. 4 d.	(1 vente)
1526. . . .	33 s.	(1 vente)
»	39 s. 2 d.	(1 vente)
1527. . . .	25 s.	(1 vente)
»	35 s.	(2 ventes)
1530. . . .	35 s.	(1 vente)

moyenne (7 ventes) : 33 s. 8 d. (1)

Pour la teinture nous avons dit que les étoffes achetées chez le marchand étaient souvent portées par le client même au teinturier. On teignait donc à cette époque comme aujourd'hui les vêtements confectionnés, ce qui nous explique la phrase de Fabre : « *Item li pagueri* II s. VI d. *per fa lenge la rauba* » (F. f° XLIX r°).

Mais le fabricant ou le marchand teignaient également et, dans ce cas, le prix de la teinture peut être déduit de la différence de prix des étoffes.

Ainsi, la canne de cordelat noir valant 18 s. et la canne de cordelat blanc 14 s., on peut estimer à 4 s. le prix de la teinture d'une canne de cordelat.

Mais les teintures les plus usitées étaient le rouge (*roya* ou garance), le bleu (pastel) et le mélange de ces deux couleurs qui produisait le violet. C'était dans le pays même que se récoltaient la garance et le pastel. Or la teinture en bleu paraît sensiblement plus coûteuse que la teinture en noir, car on a vu que le drap bleu coûte 45 s. la canne, soit environ 15 s. de plus que les autres draps. Il en est de même de la teinture en violet ; en effet, en 1527, une paire de chausses en cordelat écru coûte 25 s. et, la même année, deux paires de chausses en cordelat violet sont vendues 4 *ll.*, soit 40 s. la paire, d'où encore 15 s. de différence pour la teinture.

Il est également possible, d'après certaines indications éparses dans les comptes de Fabre, de déterminer le prix de la façon de ces vêtements.

Ainsi la façon d'une robe grossière, que Fabre fait faire à

---

(1) La *flassada* vaut, à la même époque, 30 sols à Lavaur, 40 s. et même 45 s. à Saint-Antonin.

sa servante pour la Toussaint, coûte 1 s. 8 d. (f° LVI r°); la façon d'une paire de demi-manches 10 deniers (ibid.), la façon d'une paire de manches et d'un sarrau 2 s. 1 d. (F. f° LVIII r°).

Si on compare ces prix à ceux qui représentent la valeur des vêtements confectionnés ou de la matière première des vêtements, on voit qu'ils sont tantôt comme 1 à 8, tantôt comme 1 à 4 ; c'est-à-dire que la façon d'un vêtement coûtait approximativement le sixième de la valeur marchande des étoffes nécessaires à ce vêtement (1).

Mais Masenx, avons-nous dit, n'est pas seulement marchand d'étoffes. Il vend aussi, indépendamment des bois bruts, planches, douves et cercles de barrique, dont nous parlerons dans le prochain chapitre, certains objets manufacturés, tels que des *jucïas*, des bâts pour bêtes de somme et même de la quincaillerie.

La signification du mot *jucïas* est celle du mot français actuel « joyaux ». Nous avons déjà dit que, dans la monotomie de l'existence des paysans au XVI⁰ siècle, à l'époque où le spectre d'une famine, toujours à craindre, condamnait le riche comme le pauvre à la sobriété quotidienne, les mariages étaient l'une des occasions où l'on rompait sans scrupules avec l'austérité de la vie.

Or l'un des objets considérés comme indispensables à la célébration de tout légitime mariage étaient les *jucïas*. C'était en quelque sorte, avec un costume neuf, la dot de la mariée. Ces bijoux ne consistaient ordinairement qu'en un anneau d'argent, quelquefois même de cuivre argenté et une paire de boucles d'oreilles sans aucune valeur artistique ; mais la fourniture des *jucïas* appartenait au marchand. Les frères Bonis, de Montauban, au XIV⁰ siècle, (2) et les

---

(1) Cette proportion a été en partie établie à l'aide d'autres sources que celles fournies par nos Livres de raison, mais nous la croyons exacte. On pourrait d'ailleurs, pour compléter ce paragraphe, indiquer la valeur d'un certain nombre d'objets énumérés par Fabre, tels que serviettes (*mantersos*), draps de lit (*lensols*), souliers, chemises, tabliers, etc , mais ce serait perdre de vue le but spécial de ce chapitre. On trouvera d'ailleurs ces prix dans un autre paragraphe (à propos des salaires).

(2) « *Gauselin Catala, pelisier de Montalba, deu per resta de l comte*

frères Boysset, de Saint-Antonin, en vendent comme Masenx. C'est ainsi qu'on relève dans les comptes de Boysset des jueïas à 2 *l*. 8 *s*. 4 *d*., à 25 *s*. 10 *d*., à 22 *s*. 6 *d*., à 38 doubles (31 *s*. 8 *d*.) et même à 19 doubles (15 *s*. 10 *d*.) (1). Ce dernier prix est à peu près celui auquel Masenx vend *unas jueïas* à Arnaud Taillefer pour le mariage de sa sœur avec Pierre Blanc, de Belpech (M. f° 11 r°).

Les *bâts pour âne* ou pour cheval (roussin) étaient un des objets les plus nécessaires à l'exploitation rurale d'autrefois. En effet d'une part la rareté des véhicules et le mauvais état des chemins rendaient le transport par bêtes de somme indispensable, d'autre part le prix élevé d'une selle de cuir, avec armature en bois, faisait réserver presque exclusivement aux gens de guerre ce harnachement (2).

En conséquence le bât était fait uniquement de bourre (*bora*), de grosse toile et d'une boucle (*singla*) ; on appelait *bastié* le bourrelier qui le fabriquait. Des deux côtés du bât on suspendait généralement, en guise de paniers, des hottes en bois en forme de tonnelets ouverts par le haut. C'étaient les *barriols* ou *barriels* qui figurent dans l'inventaire de Fabre.

Masenx nous a conservé un compte de *bastié* (V. appendice) qui prouve que, comme la plupart des fournitures de ce temps, les fournitures de bât étaient le plus souvent avancées par l'acheteur : l'ouvrier ne faisait que les utiliser.

Exemple : « *L'an v*° *xxxii m'a fait lo bast del rossi et ly ey fornit bora et tela et la resta, se tan la singla* (sauf la boucle) ». D'autre part le bât se recouvrait indéfiniment : « *L'an des me a recobrat lo bast de l'ase, mas jo ly ey fornit tot* ».

Enfin telle était la nécessité du bât pour les transports,

..... *per las jueias de sa nora* II *lt.* VIII *s.* I *d* ». Livres de comptes des frères Bonis, t. I, f° 45 v°.

(1) Livres de comptes des frères Boysset, loc. cit.

(2) C'est ainsi qu'on lit, dans le journal de Jean Boysset, le passage suivant :

« *Item presteri a Mademaysella una sela de rossi per ana a la borio cant son fil ero a la garniso. et cant forec tornat la cambiet am una autra.* »

qu'à cette époque l'âne et le bât ne se séparaient pas. On vendait le plus souvent l'âne bâté et, comme il se vendait alors un peu plus cher que sans bât, de là est venue l'expression classique. Ainsi, sur 7 ventes d'ânes ou d'ânesses qui figurent dans les comptes de Masenx, on en trouve 3 d'ânes bâtés.

Or le prix moyen d'un âne bâté était de 5 liv. t., tandis que celui d'un âne sans bât n'était que de 4 *ll.*; on en peut déduire que le prix d'un bât déjà usagé pour un âne était d'environ 1 *ll.*, soit à peu près 25 *s.* à 30 *s.* pour un bât neuf.

Pour les chevaux le prix du bât était naturellement un peu plus élevé. C'est ainsi que Masenx ayant vendu, en juillet 1511, un bât pour roussin tout neuf, le fait payer 40 doubles, soit 33 *s.* 4 *d.* (M. f° 101 r°).

Parmi les autres objets manufacturés de la boutique de Masenx, il faut distinguer particulièrement un *ays*, barre de fer ou essieu de charrette, qui est vendu en 1530, *28 doblas* (M. f° XLIX r°).

La plupart des charrettes au XVIe siècle, comme naguère encore dans certains cantons, n'avaient que des essieux en bois et le fer était regardé comme assez précieux pour que les essieux de fer fussent considérés comme objets de grand luxe. C'est pourquoi dans ses inventaires d'outils aratoires (f° XLVIII bis r° et 111 r°) Masenx a grand soin d'indiquer, quand ses charrettes sont munies d'essieux de fer (*garnidas de ays de fer*), non seulement la nature, mais encore le poids de ses essieux : « *ays pesan* LIII *Lb.* »

En revanche on ne trouve dans Masenx — ce qui est assez surprenant — aucune vente d'outils aratoires ni de *calels*. (1)

---

(1) Le *calel* ou *candilh*, encore usité dans tout le Languedoc est la lampe à queue de l'époque gallo-romaine. Elle est en laiton et se compose essentiellement d'un réservoir en forme de cœur dont la pointe, terminée en bec, est munie d'une gouttière pour recevoir la mèche. Ce réservoir est fermé à sa partie supérieure par un couvercle à charnière, appelé *tampadou*, de même forme. Enfin, à la partie postérieure du réservoir est fixée une lame de laiton qui se recourbe en haut, parallèlement au réservoir, et à l'extrémité libre de laquelle est un trou dans lequel passe une tige terminée en crochet qui sert à suspendre l'appareil. La lampe a environ 10 centimètres de hauteur et la tige de suspension 15 centimètres ; un peu d'huile et une mèche

La conclusion c'est, comme nous l'avons dit, que Masenx vend de tout, jusqu'à de la viande salée (*carn salado*) (f° XLIII r°).

Les bénéfices de ces opérations étaient, on l'a vu, variables mais surtout chanceux, toujours à longue échéance. En admettant que Masenx finit par être intégralement payé de ses marchandises, il avait toujours au dehors, dispersées entre ses divers clients, des sommes considérables dont la loi lui interdisait de tirer aucun intérêt. Il n'est donc pas étonnant qu'il couvrit, par la surélévation du prix de vente, l'immobilisation de son argent et ses risques commerciaux.

Ces risques étaient autrement grands au XVIe siècle qu'aujourd'hui, mais ils variaient avec la durée probable du payement, c'est-à-dire avec la solvabilité, la situation et la valeur morale du client, ce qui explique les différences parfois notables qu'on constate dans les prix de vente d'un objet au même moment.

Ainsi le prix du drap gris est, vers 1527 et 1528, de 27 à 28 *s.* la canne. Quand, en 1528, Ramon Fabre, le frère d'Eutrope, dont la situation est déjà compromise et qui se trouve débiteur envers Masenx de sommes assez élevées, lui achète 2 cannes et 5 pans de ce drap, Masenx porte à son compte une somme de 4 *ll.* 2 *s.* 6 *d.*, c'est-à-dire qu'il lui fait payer près de 32 *s.* la canne (f° LIV r°). Au contraire,

---

de coton sont le combustible qu'elle exige. — Disons encore que la tige de suspension est articulée de telle sorte que le crochet qui la termine puisse servir à avancer la mèche, quand besoin est. Tel est le *calel* que Fabre achetait 20 deniers au compte de sa servante, Marie Pagès.

Le *calel* a subi ultérieurement de nombreux perfectionnements. Aujourd'hui il se compose :

1º du *lum* ou *calelho*, récipient pentagonal, en cuivre, ouvert et évasé à sa partie supérieure et muni de cinq becs formés par les replis du métal ;

2º de l'*escaleto*, support formé d'une bande de cuivre qui se termine à sa partie supérieure par une tige de suspension analogue à celle que nous avons décrite ; le récipient est fixé à la partie moyenne de ce support à l'aide de deux crémaillères dentées (*escaletos*) qui permettent de l'éloigner ou de le rapprocher ;

3º de la *coupelho* ou *crasset*, sorte de godet rond, plus petit que le *lum*, et fixé, au-dessous de celui-ci, à la partie inférieure du support, de façon à recevoir les éclaboussures et les scories du bec.

il vend la même année le même drap à Bernard Fabre 27 sols la canne (f° LIV r°).

Même exemple en 1542 avec Antoine Taillefer et Antoine Roussel (f° XCV r°); le premier paie le drap gris 28 s., le second 30 s. la canne. C'est que non seulement Taillefer est un ancien colon de Masenx, bon payeur, tandis que Roussel est un nouveau client, mais encore c'est que Roussel est tisserand et que Masenx a du chanvre à faire tisser; or plus il vendra cher, plus il pourra demander de travail à Roussel. Donc rien d'étonnant à ce que Roussel paie plus cher.

Au contraire quand le client est un personnage considérable, un noble ou un fonctionnaire, qui fera honneur à ses engagements, le risque est moindre et Masenx vendra à meilleur marché pour s'assurer cette clientèle. Tel est le cas, que nous avons cité plus haut, de madame de Corduriès (f° XX v°); tels sont encore les cas d'Antoine de Bonfontan, seigneur de Lagarde (f° XL v°) et de Jean Carivenc, sergent de Gaillac (f° LIII r°), qui paient la canne de cordelat blanc 11 s. 8 d. au lieu de 14 sols.

On a vu du reste, quand il s'agissait de denrées à valeur variable, comme les céréales, et quand Masenx avait affaire à des clients dans une situation dépendante ou obérée, comme ses bordiers, ses colons, ses débiteurs, par quelle majoration des prix de vente il compensait alors l'accroissement du risque.

C'est qu'en effet il fallait faire entrer dans le risque commercial non seulement les longs délais de paiement, mais encore la probabilité d'un paiement incomplet, c'est-à-dire d'un *resta* impayé, et même la possibilité d'un non-paiement. De là la nécessité de vendre cher et de tirer des premiers acomptes du client un bénéfice suffisamment rémunérateur pour négliger le reste.

Masenx sait, en effet, par expérience que les poursuites judiciaires, dangereuses avec les puissants, sont, vis-à-vis des pauvres gens, inutiles et onéreuses. Aussi n'a-t-il que rarement recours à la contrainte; il passe en général ses créances impayées au chapitre des profits et pertes et laisse volontiers en repos ses clients insolvables. C'est ainsi qu'après avoir poursuivi longtemps le recouvrement de trois créances de Paul Brun, qu'il conserve précieusement du reste (f° XVIII r°). il écrit au bas de ce compte : « *n'en aurai pas res* », je n'en tirerai rien. Mais bien entendu cela entrait en compte dans l'évaluation des risques et devait se retrouver sur les autres clients.

Rien ne saurait d'ailleurs mieux donner l'idée des difficultés et des risques de la profession de marchand que la petite histoire suivante. Le 9 février 1541 (1542) Masenx avait avancé à Hugues del Forn, personnage considérable du pays, seigneur de la Bonnette et de Senouillac, deux setiers de blé que l'emprunteur s'était engagé à payer à la Pentecôte. Masenx était tellement sûr de ce remboursement et probablement aussi tellement honoré de ce client, qu'il négligeait d'indiquer sur son livre les témoins de la transaction — (*presens los prestados*, écrit-il simplement) — et que, se fiant à la promesse de son débiteur, il inscrivait, à la suite d'un espace laissé en blanc, à la fin du compte, la rubrique courante : *el billeta per sa ma*. Or le billet promis et escompté ne vint pas et Masenx, très penaud probablement de sa crédulité, se vit contraint, longtemps après, d'intercaler, avant le mot *billeta*, la formule *deo fa*, ce qui faisait : *El deo fa billeta per sa ma*

Il n'est pas douteux que cette intercalation soit postérieure à la rédaction de l'article, car elle est d'une encre différente ; en tous cas elle laisse deviner toute la déconvenue et toute l'impuissance de Masenx. Ajoutons que le compte n'est pas *crozat*, ce qui veut dire que Hugues del Forn ne paya jamais. (f° XCI v°).

A l'occasion néanmoins et vis-à-vis de certains débiteurs, Masenx savait fort bien user de rigueur.

On a vu qu'il avait agi de la sorte à l'égard de Jean Gros, de Broze (f° 10 r°) à propos d'une rente que celui-ci négligeait de payer. Voici deux autres exemples de contrainte.

Masenx avait vendu en 1524, à Jacques Favarel, un âne bâté au prix de 4 *l.* 7 *s.* 6 *d.*. En 1541 il n'était pas encore payé de cette somme ; c'est pourquoi il poursuivait le fils de son débiteur, Ramon Favarel. Une saisie fut faite chez celui-ci par le sergent Pierre Gay, mais elle ne donna qu'un setier de blé qui fut remis entre les mains d'un sequestre, Jean Favarel. A l'expiration du délai le setier fut vendu et produisit 22 sols « *presens P^e Gay, sergen, et Johan Favarel qu'ero custos* ». Masenx ajoute en note : « *J'ey pagal per las despensas 3 s. 4 d.* », c'est-à-dire que la vacation du sergent et les frais divers avancés par le poursuivant montèrent à ce chiffre (f° xxxix r°).

De même, au mois de novembre 1541, notre marchand avait vendu à Jean Martin et à Pierre Durban une vache pour la somme de 5 *ll.* 10 *s.* payable 10 ou 12 jours plus tard. Ce paiement toutefois fut difficile ; il exigea plusieurs interventions du procureur Raphaël Brou et du sergent Pierre Gay, et il se clôturait, le 30 juin 1542, par la mention suivante : *Resta de la vacca* xxxvi *s.* vi *d.* Or comme le total des sommes payées jusque là par les débiteurs s'élève à 3 *l.* 18 *s.* 6 *d.*, on peut supposer que la différence entre 31 *s.* 6 *d.*, *somme due*, et 36 *s.* 6 *d.*, somme réclamée par Masenx, c'est-à-dire 5 *s.*, représente la vacation du sergent (f° lxxxviii r°) (1).

Il est encore fait allusion à quelques autres frais de justice dans les comptes de Masenx ; mais l'une de ces mentions (f° lxxix r°) paraît se rapporter à des frais d'acte dans une garantie de dette — Voir chap. V — et l'autre concernant Berenger Journès (f° 124 r°) sera étudiée au chapitre suivant.

(1) La vacation du sergent de justice n'éxcède jamais 5 sols pour les sommes supérieures à 5 lt. ; au-dessous elle paraît être de 10 d. à 1 s. par livre tourn. de dette.

CHAPITRE XI

Sommaire : — *L'Industriel. — Planches et madriers. — Industrie de la tonnellerie — merrain ; cercles de barriques ; futailles. — Industrie de la brique : briques et tuiles. — L'Homme d'Affaires : consultations légales : procès et procédures.*

L'industriel et l'homme d'affaires ne sont pas moins curieux à étudier chez Masenx que l'agriculteur, le banquier ou le marchand. Masenx est, en effet, comme nous l'avons dit, une sorte de maître Jacques et fait tous les métiers, pourvu qu'il y gagne de l'argent.

Or à son commerce d'argent, de denrées et de marchandises, il avait jugé profitable de joindre certaines industries, en particulier celle de la tonnellerie et celle de la brique.

La matière première pour ces deux industries, à savoir le chêne et l'argile, ne lui manquait pas, car il habitait au centre d'une région boisée, riche en boulbènes et nombre de ses clients le payaient en bois. D'autres le payaient en travail et il avait aussi la main-d'œuvre. Il fut donc de bonne heure marchand de bois.

Cette profession à cette époque — ce qu'on appelait l'industrie de la cognée — touchait à la fois à la charpente (grande cognée), à la menuiserie et à la tonnellerie. C'est dans cette dernière spécialité que Masenx, qui habitait un pays vinicole, se cantonna.

On trouve cependant dans ses comptes quelques ventes de bois d'œuvre, planches ou madriers, qui relèvent de la grande cognée. C'est de la sorte qu'en 1536 il cédait au charpentier Ant. Aragon pour la réfection des portes de la ville de Gaillac, *dos postes grandes de garic*, deux grands madriers de chêne (f° LVIII r°).

Pour les *planches*, bien que la profession de scieur de long (*ressegaire*) se rencontre chez l'un des clients de Masenx (f° LXI r°), il ne semble pas que celui-ci fit débiter les arbres de ses propriétés. Mais, comme il recevait fréquemment en paiement des planches et des bois débités, il en livrait également à ses clients. C'est de la sorte qu'il fournit, vers 1520, à Martin Soubsol, la charpente (*fustada*) et les planches (*plancas*) nécessaires à la construction d'un pigeonnier (f° XXIX r°) et, en 1525, à Paul Brun la charpente d'un hangar à fourrage (*fenal*) qui avait appartenu à Raymond Brun (f° XVIII r° et XXIII r°).

Le prix de ces fournitures est peu élevé en général. Ainsi Masenx a cédé, en 1530, au meunier Jean Gardes, 10 cannes de planches à 1 sol la canne, soit à 10 s. (f° XXX r°). En 1539, n'ayant pas encore été remboursé, il reporte la créance de Jean Gardes à son relevé (f° 160 r°), mais il y inscrit la date de 1538 au lieu de 1530 et la somme de 12 s. 6 d. au lieu de 10 s., ce qui porte le prix de la canne à 15 d. Évidemment c'est là un intérêt déguisé, mais on peut en conclure que le prix de la canne de planches variait de 12 à 15 deniers. Or la valeur de la *canne postan* étant de 3^{mq} 591, cela met le prix de la planche à environ 4 d. le mètre carré.

Ce prix paraît être le prix courant pour les planches en bois blanc (saule, aulne, peuplier) d'un usage si commun ; car, en 1540, Jean Fournier, de Castelnau, ayant acheté à Masenx une cartière de blé avec la stipulation qu'il paierait en planches avant deux mois (f° LXXII r°), il fournit à son créancier 4 cannes de planches pour 5 sols, soit également au prix de 15 d. la canne-postan et d'environ 4 d. le mètre carré.

Mais les planches de bois dur (chêne et ormeau) étaient d'un prix sensiblement plus élevé et Masenx en débitait certainement. Ainsi, indépendamment des madriers de chêne qu'il cède à Antoine Aragon, Masenx a vendu, en 1536, à Gaudibert Fabre, de Brunac, deux barriques de vin au prix de 4 ll. 3 s., et il reçoit en paiement 4 cannes de planches (f° 12 r°). Ces planches valaient donc 29 sols la canne, c'est-à-dire 5 s. 8 d. le mètre carré ; évidemment ce ne sont plus des planches en bois blanc, comme les précédentes.

L'industrie de la tonnellerie a toutefois pour Masenx une bien autre importance que celle du bois d'œuvre. C'était une industrie toute gaillacoise.

Nous dirons plus loin, en étudiant le vignoble de Gaillac, quelle importance les consuls attribuaient à la récolte et à la préparation du merrain, à la fabrication et à la marque des tonneaux. Il suffit de savoir ici que, du XIVe au XVIIIe siècle, ce fut le consulat de Gaillac, avec les régions voisines riveraines de la Garonne (Bas-Quercy, Rouergue, Lomagne, Agenais) qui fournirent aux vignerons du Centre, de l'Ouest et du Nord de la France, et jusqu'en Normandie, la vaisselle vinaire qui leur était nécessaire. Si les preuves matérielles de ce fait n'existaient pas, on pourrait les déduire de certaines expressions, manifestement empruntées aux tonneliers du Languedoc, que l'on rencontre à chaque ligne dans les comptes des vignerons normands au XVe siècle, telles *molles de cercles, seillos*, etc. (1).

(1) Exemples :
« A Robin Carraby, tonnelier, pour sa peine et sallaire d'avoir fait, aux despens de Monseigneur..... IIc IIIIxx (280) molles de cercles à queue des bois d'icellui seigneur..... IIII lt. XIII s. IIII d. — « ..... pour ..... quatre seillos a couller, chargier, pucher et entonner vins..... »
(Comptes du vignoble de l'archevêque de Rouen à Gaillon, 1409-1410. Léop. Delisle : *Etudes sur la condition de la classe agricole en Normandie, au Moyen-âge.* 1851, p. 457.)
Disons que la queue de Normandie équivalait à peu près à la pipe Gaillacoi e, de telle sorte que les molles de cercles à queue ne sont autre chose que les *molas de codras de pipa* de Masenx. Quant à la *seillo* (qui a encore conservé ce nom en Lauraguais) c'est le grand entonnoir de bois muni d'un embout de fer que Fabre appelle *enfounlis* et qui servait à remplir les tonneaux de vin.
La Normandie se mit assez tard à faire du vin. On sait, en effet, que Domitien avait fait arracher presque toutes les vignes des Gaules pour les remplacer par des céréales. Depuis lors elles n'avaient pas été replantées dans le nord de la France, quand, vers le XIIe ou le XIIIe siècle, les religieux normands tentèrent d'opérer cette reconstitution. A ce moment les vignobles du Gaillacois et du Bordelais étaient en pleine prospérité ; ils les prirent natu-

C'est qu'en effet, dans le Gaillacois, tout paysan était doublé non seulement d'un vigneron, mais aussi d'un tonnelier. Il n'était pas un propriétaire, fermier ou bordier qui n'eût dans son mas, à côté de ses outils aratoires, un atelier ou du moins un établi pour la réparation, et même pour la fabrication de ses ustensiles vinaires. Cuve, fouloir, entonnoirs, comportes, barriques, il fabriquait ou du moins réparait tout. C'est ce qui nous explique que, dans un inventaire comme celui d'Eutrope Fabre, on rencontre un outillage complet de tonnelier.

Or Masenx, qui avait installé, comme nous l'avons dit, un atelier de tonnellerie à Saint-Jérôme et qui faisait diriger cet atelier par son neveu Guilhem Masenx, le *fustié*, qui récoltait sur ses terres des bois de tonnellerie, des *codras* et des osiers en abondance, qui enfin se faisait souvent rembourser par ses débiteurs en merrain et en cercles de barriques, Masenx fait un commerce important de ces matériaux. Il vend des futailles confectionnées, des cercles (*codras*) et du merrain.

Commençons par le *merrain*.

Le merrain était en bois de chêne. Il se vendait en gros, c'est-à-dire en tas appelés *piles* (*pialas*), et au détail, c'est-à-dire en pièces ou douves (*pessas*).

On distinguait, suivant leur force, les douves en *pessas de mairam de pipa* et *pessas de mairam de barrica*, quoique le prix des uns et des autres fût le même. Une distinction plus importante est celle du merrain long (*mayram lonc*), c'est-à-dire des douves de côté, et du merrain court (*mayram cort*) ou douves de fond. On appelait aussi celles-ci *mayram de fonçaillo*. La pièce de merrain long avait une canne

---

rellement comme modèles et firent venir de ces pays les matériaux d'exploitation et les ouvriers qui leur manquaient. C'est ce qui explique qu'ils aient conservé à ces matériaux leurs noms méridionaux. Du reste, la tentative ne réussit pas, et, dès le xvi⁰ siècle, le cidre se substitua au vin en Normandie.

Une particularité qui nous est révélée par les Comptes de l'archevêque de Rouen, c'est que, contrairement à ce qui se passait dans les vignobles de Gaillac, il fumait ses vignes, et fortement. Ainsi on trouve dans ces Comptes un grand nombre de « *carrectées de fiens pour femer les vignes* ». (L. Delisle, *loc. cit.*, p. 453.)

(environ 1 m. 80) de longueur ; celle de merrain court environ 6 pans (1 m. 35).

Masenx nous indique le prix du merrain de barrique en 1536. Il reçut à cette époque d'André de Sainte-Croix 100 pièces de merrain de barrique au prix de 20 sols, ce qui fait environ 2 deniers 1/2 la pièce (f° LXXIII r°).

Quant aux *pialas* elles avaient une composition moyenne de 720 pièces, à savoir 400 longues et 320 courtes, devant fournir au tonnelier 20 futailles (f° 108 r°), ce qui fait pour chaque futaille, 20 pièces de merrain long et 16 de merrain court. Il est facile d'après cela de calculer le prix du merrain de pipe.

Masenx, en effet, vend en 1540, à Jacques Roques, fils d'Antoine, 2 piles de merrain de pipe bon et marchand, rendues à Gaillac, qui lui ont coûté, dit-il, 15 *ll.*, soit 7 *ll.* 10 *s.* la pile (f° LXXXII r°). Quelque temps après Jacques Roques lui rendit 320 pièces de merrain long et 120 de merrain court « *pesat per G^m de Masenx, fustié, que lo pesae* ». A 720 pièces par pile, cela met exactement le prix de la pièce à 2 d. 1/2. Il n'y a donc pas de différence entre le prix du merrain de pipe en gros et le prix du merrain de barrique au détail. Il est probable d'ailleurs que le prix du gros et du détail variait très peu, de telle sorte qu'on peut admettre que le prix de la pièce de merrain était sensiblement le même dans toutes les conditions, environ 2 d. 1/2.

D'après ce chiffre la valeur du merrain d'une futaille serait exactement de 7 s. 6 d.

Les *cercles de barrique* constituaient, à côté du merrain, une exploitation locale non moins lucrative. On les appelait — et on les appelle encore — *codras* ; en outre comme ils étaient vendus par paquets affectant la forme circulaire et l'épaisseur d'une meule de moulin on appelait ces paquets « meules de cercles », *molas de codras*. Ce sont les « feuillards » en bois de châtaignier que le Limousin et la Corrèze exportent aujourd'hui encore en si grandes quantités. Seulement, au XVIe siècle, cette industrie, que les cercles de fer sont en train de faire disparaître, était localisée sur les bords du Tarn et de la Garonne (1).

On distinguait ces cercles en cercles de pipe, *codras de pipa*, et cercles de barrique, *codras de barrica*.

Or, tandis que la plupart des *codras* de la région de Montauban et de Moissac étaient en bois d'aulne ou de saule, c'est-à-dire en bois blanc, léger, cassant et facilement attaqué par les vers, les *codras* de la région de Gaillac étaient en frêne, en châtaignier ou en noyer, c'est-à-dire en bois dur et résistant, qui leur assurait une conservation presque indéfinie. C'est pourquoi les cercles de Gaillac jouissaient d'une très grande réputation et faisaient prime sur tous les marchés (2).

On comprend donc que Masenx n'ait pas négligé leur exploitation. Ses polices de métayage nous ont déjà appris qu'il interdisait à ses colons de prélever aucune espèce de *codras* sur ses terres et même de couper aucune espèce de bois, sauf pour l'émondage des arbres en bordure des fossés (f° 109 r°) ; il autorise cependant Antoine Laporte, de la Peramondié, à recueillir des *codras* dans les ramiers des bords du Tarn, ce qui signifie seulement des *codras* en bois blanc (f° 102 r°). Quant aux noiseraies et châtaigneraies, qui fournissaient les meilleurs matériaux pour la confection des cercles, il se les réserve en totalité (f° 109 r°).

En outre le complément indispensable de la *codra* était l'osier (*bim*), avec lequel se liaient les extrémités du cercle. Il ne semble pas qu'il y eût, au temps de Masenx, des oseraies de grande étendue, mais, comme aujourd'hui, les bas-fonds des vignes étaient garnis de quelques rangées d'osiers. C'est ce qui nous explique la phrase suivante de Masenx

---

(1) Voir par exemple *Livres de comptes des frères Bonis*. Glossaire et table, t. II, p. 627 au mot *codra de tonels*.

(2) Nous extrayons par exemple le passage suivant du *Livre de raison de François Berthomieu*, de Saint-Jory (Inédit. f° 86) :

« Le 27 octobre M. Mourraud cadet m'a prêté une meule de cercles de Gaillague (sic) et deux poignées d'osier. Le 3 novembre l'ai paié.

« Du ..... 1731 je dois à M. Mourraud cadet deux meules de cercles de Gaillague et trois poignées d'osier. L'an 1734 lui ay payé ce que dessus ».

On voit que la réputation des cercles de Gaillac se maintint longtemps dans le Midi.

dans le contrat d'Ant. Laporte : « *Deo fare el bima la rinho el ben l'apresta* ». (1)

Quoiqu'il en soit, Masenx nous indique pour son époque le prix des meules. En 1534 François d'Estaviale lui doit encore sur la vente d'un cheval faite dix ans auparavant, 16 s. 3 d. ; il envoie, par son fils, à son créancier 4 meules de cercles (Masenx n'en indique pas la qualité) qui sont comptées 10 sols. Le prix moyen de la meule est donc 2 s. 6 d. (f° 159 r°).

En 1537, Masenx vend à Antoine Aragon 12 meules de cercles de pipe et 2 meules de cercles de barrique ; 6 meules de cercles de pipe sont comptées à 31 deniers, soit 2 s. 7 d. la meule ; les 6 autres meules à 27 deniers, soit 2 s. 3 d. la meule (moyenne : 2 s. 5 d.) ; enfin les deux meules de cercles de barrique sont comptées ensemble à 2 s. 6 d., soit à 1 s. 3 d. la meule (f° LVIII r°). Ce dernier prix est assurément très faible, mais il se peut qu'il se soit agi, dans ce cas, de cercles de mauvaise qualité, en saule ou en aulne ; d'ailleurs, comme nous l'avons dit, Masenx se rattrape sur l'addition en majorant le total d'un sol.

La meule de cercles valait donc, suivant la qualité des *codras*, de 1 s. 3 d. à 2 s. 6 d.

Enfin le commerce de la futaille donne à Masenx d'importants bénéfices. Nous relevons par exemple dans ses comptes les ventes suivantes :

1539 : 1 pipe		25 s. la pièce		(f° XC r°)
1542 : 3 barriques à		17 s.	—	(—)
» 1 pipe et 1 barrique neuves :				
40 *doblas* (33 s. 4 d.)	soit à	16 s. 8 d.	—	(XCV r°)
» 3 barriques, 40 *doblas*,	soit	11 s. 1 d.	—	(XCVI r°)
1543 : 1 barrique à 15 *doblas*,	soit.	12 s. 6 d.	—	(XCVIII r°)
» 1 — 15 — —		12 s. 6 d.	—	id.
» 1 — 15 — —		12 s. 6 d.	—	id.
» 1 — 15 — —		12 s. 6 d.	—	(XCIX r°)
» 2 — 40 s.	soit à	20 s.	—	(—)
» 3 — 45 *doblas*,	soit.	12 s. 6 d.	—	(—)

Total : 18 futailles, à 270 s., soit en moyenne 15 s. la futaille.

---

(1) On pourrait certainement lire *bina* (biner) au lieu de *bima* ; mais outre que Masenx a écrit *bima* (*byma*), l'expression *bina* ferait double emploi avec *fare la rinho*.

Si on recherche la différence des prix de vente de la pipe et de la barrique, on trouve :

Barrique, prix moyen : 14 *s.*

Pipe. . . . . 21 *s.*

Mais ces différences ne sont point certaines, car elles sont basées sur un petit nombre de chiffres, et on a vu d'autre part que le prix du merrain de pipe et du merrain de barrique différaient peu.

En revanche le prix moyen des futailles vendues par Masenx est sensiblement plus élevé que celui des futailles achetées par Eutrope Fabre.

On lit, en effet, au f° LVI r° du livre de Fabre, la note suivante : « *Peire...., carpentier del castel de l'Om,... me vendel dos fustes de pipos he dos fustes de baricos, loscals fustes devon estre prestes per lo festo de la Mario Magdaleno produ venen, descals pagueri dos Lt.....* », c'est-à-dire que Fabre a payé ses futailles neuves au prix moyen de 10 *s.* chacune.

La différence vaut la peine d'être expliquée. Elle tient à un double motif. D'abord à ce que Fabre n'est pas commerçant. Il ne vend pas comme Masenx ; il indique simplement le prix auquel lui revient sa futaille tandis que Masenx réalise un bénéfice sur celle qu'il vend. Ensuite Fabre fait faire des futailles sur commande et à longue échéance par un tonnelier et il paie d'avance. Ainsi pour une livraison au 22 juillet il paie le 11 mai. Il n'est pas surprenant que, dans ces conditions, il paie bon marché.

Il découle de cette observation que, si le prix de Masenx (15 *s.* le fût) est le prix de vente, le prix de Fabre (10 *s.*) est le prix de fabrication. Or on sait que la matière première d'une futaille coûte 7 *s.* 6 *d.* ; il en résulte que le prix de la main-d'œuvre du tonnelier était de 2 *s.* 6 *d.* par futaille.

Mais Masenx, bien qu'il fasse un bénéfice de 5 *s.* par futaille sur la vente, gagne encore sur la fabrication. On sait en effet qu'il récoltait ou achetait en gros *codras* et merrain : il n'avait donc que l'ouvrier à payer. Or cet ouvrier était à son service ; c'était son neveu, Guilhem Masenx.

Il ne faut pas oublier d'ailleurs qu'à cette époque les tonneliers, comme tous les ouvriers, ne travaillaient guère à bénéfice. Trop pauvres pour garder des matériaux improductifs, il fallait, ou, comme Fabre, leur faire l'avance de l'argent nécessaire à l'achat du merrain, ou, comme Masenx, leur fournir la matière première ; dans les deux cas ils gagnaient juste de quoi se nourrir. La conclusion de cela, c'est qu'en vendant sa futaille 15 s. en moyenne, Masenx réalisait sur chaque fût un bénéfice de 6 à 7 sols (1).

Mais Masenx ne vend pas, à ce prix, que des fûts neufs. On sait qu'il ne néglige aucune occasion de gagner de l'argent ; aussi profite-t-il de la gêne momentanée d'un client ou du besoin pressant d'un vigneron pour facturer au premier et passer au second de vieilles futailles à des prix fort respectables.

Ainsi le vin était vendu par pipe (408 litres) ou par barrique (204 lit.), non compris le fût, (ce que les négociants actuels appellent *non logé*). L'acquéreur était tenu en conséquence de retourner avant les vendanges le fût vide au vendeur, ce qu'il faisait généralement ; mais il arrivait aussi qu'il ne pût le restituer. Dans ce dernier cas Masenx lui facturait généralement le fût non retourné à 15 doblas, soit 12 s. 6 d. (Ex : f° xcviii r°, xcix r°) ; mais parfois aussi il exigeait un prix plus élevé. C'est de la sorte qu'Antoine Algay, de la Genevrière, ayant négligé de lui rendre le contenant d'une barrique de vin, probablement en assez mauvais état, Masenx le fit condamner par un arbitre, Antoine Guy, fils d'Olivier, c'est-à-dire par un compère, à lui payer 25 sols (f° xlvi r°).

Enfin il arrivait que des propriétaires imprévoyants ou

(1) Dans les Comptes du vignoble de l'archevêque de Rouen à Gaillon, en 1410, rapportés par M. Delisle, on lit :

« A Robin Carraby, tonnellier, pour sa paine d'avoir relliées, enffonssées et rendues toutes prestes vii^{xx} xiii (151) queues et iii poinçons comptés pour deux queues, pour meittre et entonner les vins du creu d'icelle vendange, par marchié fait à luy, xii d. pour chaque queue, avecque les despens de luy et ses perchonniers à l'ostel de Monseigneur, ès mois d'aoust, septembre et octobre, l'an dessus dit, vii lt. xvi s. ». Or la queue ayant à peu près la contenance de la pipe, on voit que le salaire des tonneliers était à cette époque en Normandie, y compris la nourriture, de 1 sol per pipe. (L. Delisle, *loc. cit.*, p. 157).

sans avances fussent surpris au moment des vendanges avec une vaisselle vinaire insuffisante ; force leur était alors de s'adresser à Masenx qui leur passait à bon prix sa vieille futaille. Il faut reconnaitre cependant qu'il n'abuse pas de cette situation avec Ramon Fabre, auquel il vend de la sorte pour 40 *doblas* (33 s. 4 d.), en septembre 1542, 3 vieilles barriques (f° xcvi r°); mais il en abuse avec son bordier Pierre Brayer, auquel il vend, le 10 septembre 1539, un fût de pipe pour 25 sols (f° xc r°).

Briques.

L'industrie de la brique, à laquelle Masenx se livrait concurremment avec celle de la tonnellerie, a existé de tout temps dans l'Albigeois. Elle est d'ailleurs toute latine, romaine même, et peut-être sa généralisation a-t-elle pu illusionner les archéologues locaux sur l'abondance des ruines dites romaines.

Quoiqu'il en soit les coteaux argileux, les grasses boulbènes du Tescou et de la Vère, avec leurs revêtements boisés (forêts de Civens, de Gradille, de la Grésigne, etc.) se prêtaient admirablement à cette industrie et l'on conçoit qu'elle y ait été particulièrement florissante.

Masenx nous cite en particulier (f° xvii v°), un fabricant de briques du mas des Brougues, Guilhem Hartrou, avec lequel il a été en relations suivies et aujourd'hui encore la carte signale bon nombre de tuileries sur le territoire de la paroisse de Saint-Jérôme.

Du reste on n'ignore pas combien la pierre était rare dans le Toulousain et l'Albigeois. Toutes les constructions s'y faisaient nécessairement en briques, témoins Sainte-Cécile et Saint-Salvy à Albi, Saint-Étienne, les Jacobins, les Cordeliers, le Capitole à Toulouse. La brique était donc un objet de première nécessité. Elle servait aux transactions rurales comme monnaie courante et, dans le but même de prévenir l'accaparement de ces matériaux, les pouvoirs publics durent prendre des mesures particulières (1).

---

(1) Le Parlement de Toulouse par exemple avait défendu aux maîtres-tuiliers de posséder plus d'une tuilerie et un arrêté des Capitouls avait taxé

Disons immédiatement que le mot *teule* signifie aussi bien « brique » que « tuile », de telle sorte que *lo teule* comprend toutes les variétés de briques, de tuiles et de carreaux fabriquées avec l'argile cuite. Masenx en désigne quatre variétés, à savoir :

La brique ordinaire, brique à bâtir ou brique de four, que les Bonis appellent *teule pla* et qu'il désigne sous le nom de *pessa de teule* ou simplement *pessa*. Exemple : *Item serlana cantila de teule, tant pessas que autre, la somma de* v^e (f° 111 r°).

Le carreau ou demi-brique carrée, plus mince et plus compacte que la brique de four, à surface lissée, qui servait au carrellement. Masenx, comme les frères Boysset, l'appellent *vialetta*, parce qu'elle était généralement faite d'une argile dure, violette.

La tuile-canal, *imbrex* des latins, qui recouvre encore toutes les toitures méridionales. Les frères Bonis l'appellent *teule can*, les Boysset *canculat*, Masenx l'appelle simplement *teule*.

Enfin une dernière variété que Masenx appelle *croha* ; nous pensons que c'est une espèce de tuile à crochet ou de brique à rebord.

Le prix variait suivant qu'il s'agissait des unes ou des autres.

A l'époque des frères Bonis (xive siècle) la tuile-canal, qui est celle sur laquelle nous sommes le mieux renseignés, avait, à Montauban, une valeur uniforme de 2 sols et demi à 3 sols le cent (1). Les frères Boysset, à Saint-Antonin, lui donnent en 1520, une valeur de 7 s. le cent ; Masenx en 1531 et 1535 indique comme valeur moyenne 7 s. 6 d. ; à Toulouse, en 1553, le prix officiel est 12 s, et il atteint 28 s. en 1630 (2). La progression, on le voit, est sensible ; mais il y

---

la brique au prix de 6 lt. le millier (12 s. le cent). Un tuilier nommé Fargues, adjudicataire de travaux municipaux, ayant contrevenu à ces dispositions et ayant vendu sa brique à 7 lt., fut condamné de ce fait, en 1553, à 2,000 briques d'amende envers la ville et, une seconde fois, en 1577, à 10,000 briques.

(1) *Livres des Bonis*, t. II, p. 146, 229 et 429.
(2) *Comptes de Jean Perès*, tuilier de Pibrac. Documents particuliers.

a lieu de ne retenir ici que le prix de Masenx, 7 s. 6 d. le cent. Ce prix résulte des fournitures faites, à titre de remboursement, par le tuilier G^m Hartrou : « *Paga per* IIIe L (450) *teules a la boria de tros lo castel*, XXX s. », « *Paga per* I^e (100) *teules per l'ostal de Saint-Geromy*, X *doblas* » (f° XVII r°), c'est-à-dire 6 s. 8 d. et 8 s. 4 d. le cent. Remarquons toutefois qu'il s'agit d'un remboursement et qu'il est probable, dans ce cas, que Masenx prenait la marchandise à un prix de faveur.

La valeur de la brique, qui est à peine de 1 sol le cent à l'époque des Bonis (1), n'est pas donnée par Masenx ; en revanche il indique celle de la *vialetla* : « *Paga*, dit-il, *per* IIIe (400) *rialetas présas per Daros* XVI *doblas, l'an* Ve XXXIIII. », et en 1535 : « *Paga per* IIIe (300) *rialetlas* X s. » (f° XVII r°). Cela met dans les deux cas le prix des carreaux à 3 s. 4 d. le cent, ce qui ferait supposer qu'ils étaient de petite dimension.

Enfin le prix de la *croha* semble un peu plus élevé. On voit, en effet, Masenx céder à Guilhem Hartrou, en 1534, une pipe de vin vieux « *de la bolega de Mossen Anthony Masenx* » en échange de 700 *crohas*, ce qui met approximativement le prix de la *croha* à 8 ou 10 sols le cent (f° XVII r°).

En somme 3 s. 4 d. pour les carreaux, 7 s. 6 d. pour les tuiles, 8 à 10 s. pour les *crohas*, tels sont, dans le Gaillacois, vers 1535, les prix du cent de *teule* neuf.

La tuilerie de Masenx était située dans la paroisse de Saint-Jérôme, à ce mas de Paul Matha ou Palmata (Fargues ? Rousselou ?) dont le nom a disparu. Cela résulte nettement de la note suivante : « *Item deo may G^m per un comte fait de forfat a luy per resta de blat, fait l'an* Ve XXVII *lo* (la date est omise) *al obrado de Palmata* XXVI s. » (f° XVII r°).

On remarquera ce mot *obrado*, qui en réalité signifie « atelier » (Masenx l'emploie dans ce dernier sens au f° LXIII r°), pour tuilerie, briqueterie. De même le travail du briquetier s'appelle *obrage* ; ainsi Masenx, qui emploie parfois Guilhem Hartrou chez lui, lui avance en 1535 une

---

(1) *Livres des frères Bonis*, t. II, p. 371.

émine de blé au prix de 15 sols « *per so que lo devio conta al obrage* » (f° XVIII r°).

L'origine de ces mots est intéressante. On sait qu'au début on appela *obra* tout travail de maçonnerie ou de construction ; de là est venue l'*obra* des églises, fondation pieuse destinée à la construction, à l'entretien et à la réparation de l'édifice. Mais, à l'époque du grand essor des constructions religieuses, chaque *obra* d'église dut compter une ou plusieurs tuileries dont l'administrateur de l'œuvre, l'*obrier*, fut le directeur. Le mot « fabrique » qui a remplacé celui d'*obra* ne semble pas avoir d'autre origine ; en tous cas les noms d'*obrage* et d'*obradou* (fabrique, d'où *brique*) en sont restés, dans certains pays, à l'industrie du briquetier » (1).

Masenx au demeurant ne fait pas que vendre son *teule* ; il en emploie beaucoup pour ses constructions, ses réparations et surtout l'entretien de ses toitures. C'est ainsi qu'il fait recouvrir à Luman (f° XVII r°), à Candastre (f° LXII r°) et que, dans le bail de Ramon Toingne à Bugarados, il spécifie que le bordier doit recouvrir la métairie, mais que lui Masenx fournira la tuile nécessaire (f° 109 r°). D'ailleurs dans l'inventaire de prise de possession de ce fermier, il a soin de marquer qu'il lui laisse *sertana cantita de teule, tant en pessas que autre la somma de* v° (f° III r°).

---

(1) Il y a plus encore : le verbe *obrar*, au xiv° siècle, signifie aussi modeler, de telle sorte qu'il y a, à côté de l'*obra de teule*, l'*obra de sera*. Ainsi les Bonis appellent *sera en obra* la cire modelée, travaillée, transformée en chandelles (*Livres des frères Bonis*. Glossaire, au mot *obra*) et *obradors* les ateliers dans lesquels se fait cette opération (t. I, p. 61 et II, p. 145). M. Ed. Forestié, qui a fort bien vu ce dernier sens, semble avoir négligé le premier, ce qui l'a peut-être conduit à une interprétation trop étroite du mot *obra*. Ainsi nous croirions volontiers que les mots *obra del mostier*, qui reviennent souvent dans les comptes des Bonis (II, 318, 419), signifient plutôt « tuilerie du couvent » qu' « œuvre de l'église » et que, grâce à cette lacune d'interprétation, le traducteur n'a pas saisi le passage (II, 318) où se trouve le mot *malecat. Maleca*, en effet, signifie emprunter et le passage en question : « II milhiers teule pla, loscals arien malerat de la obra del mostier » nous semble devoir être lu : « 2 milliers de briques que nous avions empruntés à la tuilerie du couvent ». En tous cas il n'est pas douteux que les Frères mineurs de Montauban, dont il s'agit ici, fabriquassent de la tuile ; ils en vendaient même à la ville (II, 522).

D'autre part la tuile et la brique sont, comme nous l'avons dit, une sorte de monnaie rurale ; elles se prêtent, se donnent et se reçoivent en paiement. C'est de la sorte que Masenx clot, en 1548, le compte de Berenger Journès : « *Me deu may C leules vieillas à la boria de Poget.... Resta C leules, cens plus* » (f°s 100 r°, 103 r° et 124 r°).

Enfin Masenx est en compte-courant avec les tuiliers du voisinage ; il reçoit de G^m Hartrou, en paiement de diverses denrées nombre de *leule* ; mais, quand celui-ci en a besoin, il lui avance également les tuiles nécessaires à ses fournitures. C'est ce que prouvent les deux mentions suivantes : « *Item deo lodet G^m I^c leules (presas) per P^o Mical, son vailet, l'an v^c xxvii que me en respondec* » et « *Item deo I^c leules (presas) per Tolny son vailet que en respondec l'an v^c xxxiiii* » (f° xviii r°).

La dernière physionomie, et non certes la moins curieuse, sous laquelle nous apparaît le multiple et changeant personnage de Masenx est l'homme d'affaires, le praticien.

Il a, en effet, tant vu de choses dans sa vie, tant brassé d'affaires, tant coudoyé de procès, tant fréquenté de robins, de notaires ou d'avocats, qu'il a acquis de la procédure et de la jurisprudence locales une expérience consommée. Pas un procureur, pas un greffier ni huissier de la basoche ne connaît comme lui l'arsenal des rouëries judiciaires, le fond du sac de la chicane, la stratégie des tribunaux ; et naturellement avec son esprit pratique, il a songé à tirer parti de ce talent, à battre monnaie de cette expérience.

Il n'a point un cabinet de consultations, mais cela importe peu. A ses côtés la silhouette chafouine de son compère, le procureur de Castelnau, Raphaël Brou, s'efface et disparaît ; le premier rôle est à Masenx.

Ce rôle d'ailleurs rend bien compte de l'importante situation du fermier à la Commanderie de Saint-André. Il est, à n'en pas douter, le conseil officieux, le guide juridique de la Commanderie. Que du reste un voisin en mal de procès, un parent ou un ami enlisé dans une affaire délicate viennent le prendre pour confident, il ne leur refusera pas, contre espèces sonnantes, le conseil qui changera la face de l'affaire.

C'est en 1543 pour la première fois que nous voyons Masenx intervenir de la sorte dans les litiges judiciaires. Opérait-il pour son propre compte ou pour le compte de la Commanderie ? C'est ce qu'il serait difficile de décider. Il avait, en effet, avec Guiraud et François Journés, auxquels il avait acheté une pièce de terre en 1539 (f° 132 v°), de nombreuses relations d'affaires. Ceux-ci avaient même, en 1543, répondu pour une dette de leur beau-frère, Pierre de Sainte-Croix (f°s LXXIX v°, LXXXII r° et 103 r°) ; mais cependant ce n'est pas avec eux, c'est avec leur cousin, Bérenger Journés, que Masenx a cette fois des démêlés.

Or, tout en ayant eu aussi de nombreuses relations avec Bérenger, Masenx ne lui a rien acheté. D'autre part tous les Journès habitent le mas de Journès contigu à Saint-Jérôme, enclavé dans les terres de la Commanderie. Ils cultivent même comme colons une partie de ces terres. Il est donc probable que, si Masenx les poursuit, c'est comme fermier de la Commanderie.

Quoiqu'il en soit Masenx, en 1543, était en désaccord avec Bérenger Journès pour un règlement de comptes. Il n'avait pas affaire cette fois à un pauvre hère que des *crompamiseras* pouvaient effrayer, mais bien à un pagès, à un petit propriétaire, tenancier ou même feudataire, qui connaissait ses droits et pouvait les faire respecter. — Que faire ? — Se lancer dans un procès ? L'issue pouvait en être douteuse et même coûteuse. Masenx eut bientôt fait de trouver la solution convenable : il se rappela que la Commanderie était un établissement privilégié et, en conséquence, il sollicita et obtint contre son adversaire des *lettres de committimus*.

Ces lettres, appelées aussi *lettres sur requête*, étaient en principe délivrées par le roi sur requête des intéressés. Mais les maîtres de requêtes du roi ne pouvant donner ordre à toutes les demandes qui leur étaient adressées, il avait été créé, d'une part au Parlement de Paris, en 1338, une Chambre des Requêtes et, d'autre part, les sénéchaux du roi avaient reçu le pouvoir de délivrer, pour les affaires peu importantes et en dehors du ressort du Parlement de

Paris, des lettres de *committimus*. Cela toutefois n'avait pas suffi encore et, en attendant qu'il fût créé au Parlement de Paris une seconde Chambre des Requêtes (ce qui advint en 1580), le Parlement de Toulouse venait de se voir doté d'une Chambre semblable. C'est précisément dans cette année 1543 dont il s'agit ici que fut créée la Chambre des Requêtes du Parlement de Toulouse. Mais supprimée en 1547, rétablie et supprimée ensuite plusieurs fois, cette Chambre ne fonctionna régulièrement qu'à partir du 22 novembre 1574. Ce n'est donc point à cette juridiction que Masenx a pu s'adresser et, partant, c'est à la Cour du Sénéchal, à Toulouse, qu'il dut adresser sa requête.

Les lettres de *committimus* ne pouvaient être délivrées qu'aux personnes privilégiées, en particulier aux officiers royaux; mais les couvents, chapitres et communautés y participaient comme étant de fondation royale. Elles contenaient deux clauses essentielles, la maintenue provisoire du suppléant dans tous ses droits pendant un an et la contrainte envers ses débiteurs. Elles dispensaient donc Masenx d'obtenir un jugement et une autorisation de saisie contre son débiteur.

Le malheureux Journès dut s'avouer vaincu et s'exécuter. Il reconnaissait, en effet, le 18 juin 1541, par un acte fait en partie double, en présence du sergent Pierre Gay et de deux témoins, devoir 7 *ll.* 15 *s.* 6 *d.*, plus un cent de briques vieilles (f° 100 r°) et, le 25 février 1518 (nouv. st. 1549), en présence de Durand Pouget, Masenx lui donnait quittance (f° 124 r°).

Mais le vaincu payait aussi les frais de la guerre. Masenx lui comptait, en effet, indépendamment des sommes en litige, les frais ci-après, qu'il détaille complaisamment dans une note de son livre (f° 100 r°) :

Pour la sommation . . . . 5 *s.*
Pour les lettres de committimus et le sceau 24 doblas,
       soit. . . . . 17 *s.* 6 *d.*
Pour les honoraires du procureur Raphaël Brou. 5 *s.*
Pour la vacation du sergent Pierre Gay. . . . . . 4 *s.*
Au notaire pour frais divers. . . . . 5 *s.*

Au total 36 s. 6 d., c'est-à-dire environ 73 francs de notre monnaie. Ce sont, à peu de chose près, les frais indiqués par Cayron dans les instances auprès des sénéchaux et présidiaux du ressort de Toulouse (1).

Les autres affaires dans lesquelles Masenx est intervenu, mais seulement à titre de conseil, paraissent être des affaires de famille. Il fait une brève allusion à la première, en 1543, dans un compte avec Antoine Guy, fils d'Olivier, du mas de Fonlada : « *comte fait*, dit-il, *cant feren cansela lo esturmen del deute de la vreciero de Peirola Masenca ma boda a mestre Antony Masenx* » (f° 101 r°).

Cette courte note suffit à nous révéler un petit drame domestique qui offre, au point de vue des mœurs de l'époque, un certain intérêt. Elle nous indique d'abord qu'Antoine Guy était, en 1543, le mari de Pierrette Masenx, fille de Pierre, l'un des frères de Masenx. Nous savons du reste que Pierre Masenx habitait avec la famille de son gendre le mas de Fonlada.

Cet Antoine Guy, apparenté probablement aux aubergistes Bernard Soubsol et Raymond Badel avec lesquels il fait des affaires de vins, ne semble pas avoir été très sympathique à Masenx ; il faisait d'ailleurs d'assez mauvaises affaires. Probablement il avait des dettes et, pour se tirer d'affaire, il engagea une partie de la dot ou des biens dotaux de sa femme. L'expression *deute de la vreciero* est, à ce point de vue, significative.

Cette hypothèse est du reste confirmée par la cancellation de l'acte notarié (*esturmen*) qu'il avait passé en empruntant. Il faut savoir, en effet, que la cancellation (par le détenteur du sceau de la juridiction) d'un contrat de vente, d'un contrat d'afferme ou d'une obligation était la condition préalable de la résiliation, de l'annulation ou de la modification de cet acte, de telle sorte que le terme *cancella* équivaut à annuler ou résilier un contrat.

Or la cancellation n'était admise que dans quelques cas bien déterminés (2) et l'un de ces cas était précisément

(1) G. Cayron, *Styles de Tolose*, p. 206.
(2) Voir à ce sujet Cayron, *Styles de Tolose*, p. 187 et 313.

l'obligation de la femme pour les dettes de son mari. On n'ignore point, en effet, que, sous le régime dotal en vigueur en Languedoc, le mari ne pouvait toucher à la dot de sa femme et par conséquent ne pouvait l'engager pour ses dettes personnelles.

Il est donc vraisemblable qu'Antoine Guy ou sa femme, dans un sentiment assez peu délicat, demandèrent à Masenx le moyen d'éluder leur obligation. Le conseil de celui-ci fut de faire annuler le contrat.

Justement la juridiction devant laquelle le scel devait être demandé était celle du juge d'Albigeois représenté par son lieutenant à Gaillac, et le chancelier ou garde-scel de cet officier était le notaire Antoine Masenx. L'affaire ne souffrit donc aucune difficulté.

Nous trouvons la trace d'une dernière intervention de Masenx, à peu près à la même époque, dans la note suivante, relative au bordier du mas de Tricou, Jacques Toingne : « *Item me deo may 2 ll. per ma peno cant les acorderi am sa sor* » (f° 103 r°).

Le caractère et la participation de Masenx à cette affaire se déduisent naturellement de ces mots. Évidemment Jacques Toingne était en difficulté avec sa sœur et Masenx fit entendre raison à celle-ci. Or il ne faut pas oublier que la sœur dont il s'agit était mariée à l'un des Guy (Antoine) et que Masenx semble avoir eu quelque animosité envers ceux-ci.

Quoiqu'il en soit, l'aide qu'il prêta dans la circonstance à Jacques Toingne ne fut pas désintéressée, car on lit dans une autre note : « *Item m'a payat l'an* v°xliii *un escut del solel que m'erio tengut per ma peno della raso de sa sor lo* xii *de octobre, et n'a bileta* » (f° 112 v°). 45 sols, cela équivaudrait aujourd'hui à environ 90 francs ; on voit que c'est un joli prix pour un accommodement.

CHAPITRE XII

SOMMAIRE : *Le Régisseur : Fermage des Pitanciers de la Commanderie de Saint-André ; le Domaine : ses charges ; relations des Pitanciers avec le fermier. — Opérations d'ensemble de Masenx : ses relations avec Ramond et Bernard Fabre de Candastre ; comment il devint propriétaire de Puechausy. — Charges de l'agriculture au XVIe siècle. Tailles et droits féodaux ; censives.*

Nous avons dit que Masenx avait affermé pour trois ans, en 1530, les biens des Pitanciers de l'hôpital Saint-André et nous avons sommairement expliqué l'origine et la consistance de ce domaine (chap. IV, p. 85 et suiv.). En réalité ce fermage n'est qu'une régie. Ce n'est d'ailleurs qu'un hors-d'œuvre dans la carrière de Masenx ; cependant comme il nous permet d'étudier un côté tout particulier du personnage, il est nécessaire d'en faire une étude spéciale.

Il serait fort difficile de reconstituer aujourd'hui, même approximativement, le domaine des Pitanciers tel qu'il était en 1530 ; cependant il est possible de glaner à ce sujet, dans Masenx, quelques indications qui ne sont pas sans intérêt.

Il a fait précéder, en effet, le chapitre de son livre qu'il consacre aux comptes individuels des Pitanciers d'une brève énumération des revenus de ces frères et de l'indication de leurs tenanciers (f° 133 à 135). Ces notes sont évidemment très incomplètes, puisqu'à côté des censives dues par Jean de Paulhe, par les Audebal, par les Florestan de la Garrigue et même par frère Jean de Rey, le futur successeur d'Eutrope Fabre, elles ne mentionnent pas les redevances de celui-ci, bien qu'elles fussent, comme on le verra assez élevées et bien que ses terres fussent contiguës et même enclavées dans celles de Jean de Paulhe.

Nous voyons cependant par ces notes que le domaine des Pitanciers se composait essentiellement de rentes féodales et de parcelles de terre sans cohésion, possédées ou arrentées par une foule de particuliers. Les principaux de ces personnages nous sont connus ; on a même lu, dans une note précédente (chap. IV, p. 85-86) le détail des fiefs dont maitre Jean de Paulhe fit, en 1516, la reconnaissance aux Pitanciers : le total de ses censives monte à 5 *s.* 5 *d.* 6 pites et 1 cartière de blé. — Eutrope Fabre également payait aux Pitanciers, en 1538, 5 deniers plus 1 setier et 3 boisseaux 1 2 de blé (F. *f*os LXI et LXII). Un autre personnage, que Masenx désigne sous le nom de *mestre Falip Delfay* était tenancier *al Fo* (ce lieu-dit nous est inconnu) de terres, prés, vignes et bois pour lesquels il payait un setier et demi (f° 135 v°). Citons encore parmi les tenanciers plusieurs Brun (*Bru*), plusieurs Anjos, le frère Jean Favier, pitancier lui-même de la Commanderie, un bourrelier du nom de Pierre Olier ou Houlié, un bourgeois de Rivière, Augier Maurel, un ecclésiastique *Mossen Arnaud Beletha* et enfin un personnage, Pierre Pasquet, dont les fils devaient devenir célèbres pendant les guerres de religion (M. f° 134 v° et 135).

Y avait-il des métairies dans ces possessions ? — C'est probable, mais elles n'avaient pas une grande importance ; Masenx cite cependant la *borta des Brumas* (auj. la Brumarié) dont le tenancier payait 3 sols et 6 setiers et demi de blé par an (f° 135 v°) et la *boria de Rueyres* qui payait 30 sols de taille en 1532 (f° 139 v°).

En outre il y avait une foule de rentes, d'immeubles et de lopins de terre dans Gaillac et sa banlieue, tels : une rente de 8 deniers sur une maison de la place à Gaillac, attenante à l'hôtel des Carivenc et au logis de Thomas Aymes et louée à Jacques Combette (f° 133 v°) ; une rente de 6 deniers sur un jardin du faubourg Saint-Paul, contigu au jardin de Jean Barrau, tenancier maitre Jean Penard (ibid) ; une rente de 6 deniers sur une vigne à Ronac, tenancier maitre Jean Barutel (ibid) ; une autre vigne arrentée à maitre Guilhem Delmas (f° 134 v°), etc...... Enfin des possessions pour lesquelles les Pitanciers eux-mêmes payaient des tailles ou des censives.

En effet, les comptes de Masenx permettent d'établir qu'à côté de leurs revenus les Pitanciers avaient certaines charges assez lourdes. C'est de la sorte que le fermier paie au collecteur François Barrau, la somme de 3 *ll.* 4 *s.* 4 *d.* pour la « taille de la ville » de l'an 1529 ; au collecteur Guilhem Garrau 1 *ll.* 11 *d.* pour la « taille de *las garisos* » de la même année ; au collecteur Jean Col 3 *l.* 1 *s.* pour les tailles de 1530 et 1 *ll.* 10 *s.* 8 *d.* pour celle de 1531 (M. f° 137 r°). Il paie de même, en 1532, les censives de la terre de Lacoste en même temps que l'obit de Jean Teysseire (f° 152 v°).

Les obits étaient, comme on le voit, au nombre de ces charges. On sait que c'étaient des fondations pieuses destinées à faire dire des messes pour les trépassés. Or les Pitanciers avaient un obit général, collectif, dont Masenx paie les termes au mois de mars et au mois d'août — c'est une rente annuelle de 4 *ll.* 10 *s.* (f°s 137 r°. 138 r° et 139 r°) — plus des obits individuels fondés par des frères ou légués aux Pitanciers. C'est ainsi qu'il est vraisemblable que *mossen Johan Teysseire* est un ancien pitancier qui avait légué à la Communauté, vers 1528, à charge d'un obit, sa terre de Lacoste. En 1532 Masenx donne 3 setiers et demi de blé (environ 12 *ll.*) pour cet obit et pour 3 années de censives pour la terre (f° 152 v°).

Quel était le chiffre exact des Pitanciers ? — Il est assez difficile de répondre exactement à cette question ; néanmoins il semble que ce fut le tiers environ des frères de la Commanderie. En effet Masenx, qui désigne nominativement les Pitanciers, n'en indique annuellement pas plus d'une douzaine.

Ce sont, en 1530, le prieur de Marolle, le curé de Carlus, le vicaire de la Commanderie et les frères Georges Gaubiel,

Jean Landes, Pierre Vayssière, Jean Favier, Gardes, Georges Sinolas, Joseph Maurel et Clément Féral ; il faut y joindre le sacristain Etienne Coudere.

En 1531 le prieur de Marolle et Georges Sinolas sont remplacés par les frères Barthélemy Selier ou Solier et Jean Fraissinet. (On a vu que ce dernier était, en 1538, recteur d'Andillac, p. 46). En 1532 le vicaire de la Commanderie est remplacé par le curé de Parisot.

En somme il y a toujours, dans les comptes de Masenx, 12 pitanciers, y compris le sacristain, mais il ne faut pas oublier que ces comptes ne concernent que les avances faites par le fermier.

Quoiqu'il en soit chacun de ces personnages recevait des mains du fermier, en trois termes annuels appelés *poghèses* ou *pougèzes*, sa part de pitances. Les pougèzes étaient celle de la Saint-Jean, celle de la Noël et celle de Pâques.

Cette part de pitances est facile à établir d'après les paiements en argent et les avances individuelles de Masenx ; elle se composait de 2 *ll.* en argent à chaque pougèze, soit 6 *ll.* par an pour chaque frère (1). Il n'y avait pas de rente de vin. En outre le sacristain n'avait que 20 sols par pougèze (3 *ll.* par an) et point de blé. En somme le fermier devait donner aux Pitanciers environ 70 *ll.* et 150 setiers de blé par an, plus payer les charges de la Communauté : le reste était son bénéfice.

Il est probable que ce bénéfice était largement rémunérateur, car Masenx se montre envers les frères d'une inépuisable complaisance ; seulement on comprend qu'il n'ait pas cherché à renouveler son bail, car ce fermage exigeait,

---

(1) Cette pension se rapproche sensiblement de celle qui fut stipulée, en 1689, entre le Commandeur de l'hôpital Saint-André et le *Bureau des pauvres*, héritier des biens de la Commanderie. Par cet accord le bureau faisait au Commandeur et aux sept frères une rente de 120 setiers de blé (36 pour le Commandeur, 12 pour chaque frère), 50 pipes de vin (15 pour le Commandeur, 15 pour chaque frère), et 700 *ll.* (210 pour le Commandeur et 70 pour chaque frère (*Monogr. Comm* t. II, p. 293). — En effet 6 *ll.* en 1530 et 70 liv. en 1689 représentaient environ 300 fr. de notre monnaie. On remarquera seulement qu'en 1530 les Pitanciers n'ont pas de vin.

outre une comptabilité prodigieuse, une assiduité, une attention, une docilité de tous les instants.

Disons d'abord que ces Pitanciers constituaient l'élite intellectuel non seulement de la Commanderie, mais encore du clergé diocésain. Sortes de prêtres libres, ils pouvaient, à la faveur de leur bénéfice, habiter Gaillac et se contenter de faire gérer leur cure ou leur prieuré, quand ils en avaient un, pour se livrer à leurs goûts agricoles ou littéraires. Ainsi l'on verra que Georges Gaubiel, Jean Favier et Jean Landes sont des fermiers ou des cultivateurs. Celui-ci est même fermier de Candastre pour la Commanderie en 1518 ; Jean Fraissinet est l'ami d'Eutrope Fabre ; le curé de Carlus cultive avec succès la poésie légère (v. append. p. 230) ; le prieur Marolle ou de Marolle paraît appartenir à une famille considérable de Gaillac ; Clément Féral jouit d'une grande autorité ecclésiastique (1).

Ces prêtres, comme nous l'avons dit, ont des gouvernantes qui tiennent leur ménage et gèrent peu ou prou leurs affaires ; mais ils ont en outre des serviteurs ou des parents, en général des frères et des sœurs, qui leur rendent le même service et tout ce monde donne assez bien l'impression de parasites obligeants qui s'agitent autour de Masenx.

Celui-ci, en effet, pour épargner au syndic la tenue d'une comptabilité, ouvre à chaque Pitancier un compte particulier ; il lui sert en quelque sorte de banquier. En conséquence quand un Pitancier a une note à payer, un créancier à satisfaire, il s'adresse à Masenx et celui-ci, après avoir réglé, inscrit la vente au compte de la prochaine poghèse pour en faire la retenue à l'intéressé.

C'est de la sorte que les comptes individuels des Pitan-

(1) Ce personnage est syndic des Pitanciers en 1525. On le retrouve en 1561 vicaire perpétuel de la Commanderie. C'est lui qui figure sous le nom de *Clément Ferrailh* dans le procès-verbal des dégradations de l'église Saint-Pierre publié par M. de Rivières à la suite des mém. de Blouyn (*Chron. de Languedoc*, t. II, p. 27). On voit par ce document qu'en l'absence du Commandeur (Sébastien de la Guiche), son procureur civil était Jean de Paulhe et son procureur ecclésiastique Jehan Cariven, prêtre collegié de l'église Saint-Pierre.

ciers se réduisent à des formules d'avances uniformes presque toujours en blé : remis à la servante Bastiera, Gauceranda ou Bertranda, tant ; remis au neveu ou au frère ou à la sœur du bénéficiaire, tant ; avancé au tailleur, au cordonnier, au chaussetier, à l'aubergiste, à l'apothicaire, au chaudronnier ou au potier d'étain, tant ; remboursé à telle maison, tant ; rendu à la paneterie (*pastisseria*) de la Communauté une avance de blé, tant, etc..... Souvent ce sont des notes d'honoraires que Masenx paie de la sorte, par exemple aux notaires Bacbec, Cariven, Combettes et Rodières. D'autres fois ce sont des tailles, des censives ou des rentes pieuses qu'il acquitte : ainsi une censive d'une demi-cartière de blé sur un pré pour le vicaire (f° 142 v°) ; un rente d'un setier de blé à l'église Saint-Pierre pour le curé de Carlus (f° 142 r°), un setier de blé au maître de banc pour Jean Landes (f° 143 r°).

Et comme ce blé provient tantôt du grenier de Gaillac, tantôt des bordiers de Vors ou de Bugarados, tantôt des clients de Masenx, comme il est souvent avancé pour les semailles à des parents ou des colons du Pitancier, cela nécessite une comptabilité minutieuse, touffue, inextricable.

Masenx s'en acquitte du reste avec autant de patience que de galanterie ; il avance, il solde, il rembourse sans hésiter ; peut-être même parfois y est-il de sa poche. En tous cas on sent que, dans ce rôle de factotum, s'il compte avec ses clients, il tient du moins à leur être agréable. Évidemment les bénéfices en valaient la peine.

En prenant l'afferme, au mois de juin 1530, Masenx avait immédiatement payé la poghèse de la Saint-Jean (24 juin) ; il n'avait donc pas à payer celle de la Saint-Jean 1533. Il la paye cependant (f° 140 r°), sans doute en vertu d'un accord avec son successeur, qui dut lui rembourser cette avance Mais on comprend qu'avec la multiplicité de ses occupations il ne pouvait continuer une gestion aussi absorbante. Il ne renouvela donc point son bail.

Du reste, les années 1530 et 1531 avaient été ruineuses pour l'agriculture ; la sécheresse avait désolé l'Albigeois et le blé était monté, en 1531, jusqu'à 5 *lt.* le setier.

Il est probable que ces considérations ne furent pas étrangères à la détermination de Masenx. On remarquera d'ailleurs qu'il n'acheva de payer complètement la rente en blé de certains frères, par exemple de Joseph Maurel et de Barthélemy Solier, que dans les premiers jours de 1531 (1533 anc. style, f° 149 r° et r°), ce qui corrobore cette hypothèse.

En somme le caractère de Masenx, malgré ses multiples aspects, agriculteur, fermier, régisseur, marchand, banquier, industriel, homme d'affaires, se dégage maintenant avec une certaine netteté du tableau d'opérations confuses qu'il a amassées dans son livre. Nous pourrions donc arrêter ici cette étude. Mais il nous a semblé qu'il ne serait pas inutile, après avoir étudié séparément les diverses branches de l'activité de Masenx, de les montrer sous leur ensemble. Il nous a paru intéressant d'examiner comment il combine et par quel jeu il fait fonctionner à son profit les instruments complexes de sa fortune.

Nous prendrons pour cette démonstration les relations de Masenx avec les Fabre de Candastre. Cet exemple aura en outre l'avantage de faire connaître comment l'héritage d'Eutrope passa des mains de son frère Ramon à celles de Masenx et comment se constitua le domaine de Puechauzy.

Les premières relations de Masenx avec les Fabre paraissent dater de l'année 1528. Du moins c'est à cette époque que nous voyons apparaître pour la première fois les noms de Ramon Fabre, frère d'Eutrope, et de son cousin Bernard Fabre dans les comptes de Masenx.

Celui-ci n'était encore, à cette époque, que fermier du domaine de Saint-Jérôme, mais il avait déjà une boutique de marchand à Gaillac, et il méditait l'afferme de Senouillac et des Pitanciers. C'est, semble-t-il, une circonstance fortuite qui le mit en relations avec les Fabre : il avait acheté à l'encan une chenevière au lieu de la *Carbonnière*, près des Albaris, et était devenu de la sorte le voisin immédiat, le confront de la famille Fabre (M. f° 130 v° et F. f° VIII r°). Aussi, le 8 avril 1528, vendait-il à Ramond Fabre 2 cannes et 5 pans de drap gris au prix de 31 sols la canne, soit à 4 l. 2 s. 6 d. (f° LIV r°).

Il est probable que Ramon fut satisfait de l'acquisition et qu'il fit part de sa satisfaction à son cousin, car, quelque temps après, Bernard Fabre achetait à son tour 2 cannes et demie du même drap. Or, on a vu que Masenx flairant sans doute un client d'importance avait consenti un rabais notable ; il avait laissé le drap à 27 s. la canne, soit à 3 *l.* 7 *s.* 9 *d.* (f° LIV v°). C'est le commencement de l'engrenage dans lequel vont passer, avec le plus liquide de la fortune des deux cousins, les économies et les terres, acquises pièce à pièce en l'espace de vingt années, d'Eutrope Fabre. Suivons la filière pour chacun des personnages,

(a) *Ramon Fabre*. — Dès qu'il eut fait son acquisition, Ramon Fabre se mit en devoir de la solder. Il donnait, en effet, le 20 novembre 1528 (6 mois après), 10 sols à son créancier et, l'année suivante, il lui remettait une première fois 19 *doblas* (16 sols) et une seconde 1 écu (27 *s.* 6 *d*) ; il n'avait donc qu'un reste à ce moment d'environ 29 sols.

Mais Ramon, comme tous les bourgeois de cette époque, paraît avoir eu un soin particulier de son habillement (1). Le beau drap, les fines étoffes étaient, en effet, l'orgueil des roturiers. On ne s'étonnera donc pas de voir, en 1530, Ramon acheter pour 6 *ll.* de drap, environ 300 fr. de notre monnaie (f° 163 r°). Il reconnut cette somme par un billet du notaire Turlan en date du 7 avril 1530.

Malheureusement la récolte des années 1529, 1530 et 1531 fut déplorable. Tout ce que put faire Ramon fut de donner, en 1530, une barrique de vin à son créancier (f° 163 r°) ; il avait cependant, comme on l'a vu, vendu cette année même sa terre de l'Hôpital à Guilhem Fabre et touché de ce chef une somme de 3 *ll.* 10 *s.* Il est vrai que Masenx se montrait si accommodant, si peu pressé d'être payé que notre homme grossissait sa note sans défiance. Il prenait encore en 1531 pour 25 *s.* 10 *d.* et pour 25 *s.* de drap dont il laissait *billeta* (f° 160 v°) et, de plus, comme la récolte avait manqué, il s'approvisionnait chez Masenx du blé qui lui était néces-

---

(1) Il faut se rappeler que c'est l'époque de l'*Entrevue du Camp du drap d'or* (1520), où toute la noblesse de France se ruina en costumes et équipements de luxe.

saire. C'est ainsi que nous trouvons dans les comptes de 1531 deux dettes pour *resta* de blé, l'une de 20 s. 6 d. (blé pris le 15 avril, f° 160 r°), l'autre de 12 s. 6 d. (Billeta par Turlan, f° LIV r° et 142 r°).

Ce n'est pas tout. Comme la disette était générale, Masenx dut encore faire non seulement à son client, mais même aux neveux de celui-ci, héritiers de feu Antoine Fabre, l'avance en blé des censives de 1531 et 1532.

Ces censives montaient, nous apprend Masenx, à 3 demi-cartières par an pour Ramon et à 5 cartières pour les enfants d'Antoine Fabre, en tout 13 cartières (3 setiers 1/4) pour 2 ans ; mais il est probable que Ramon dut payer ou rembourser une partie de sa quote-part, car le billet qu'il fit faire à ce sujet par Turlan ne porte qu'une somme de 6 l. 6 s. pour 3 émines de froment de *resta* (f°s LIV r° et 142 r°).

Que se passa-t-il de 1532 à 1539 ? — Nous l'ignorons. Les comptes de Masenx sont muets à l'égard de Ramon Fabre dans cette période. — Paya-t-il ? — A coup sûr il eût pu le faire, car, en 1532, Eutrope était intervenu pour tirer son frère d'embarras et il y eut d'ailleurs, de 1532 à 1538, une série de bonnes récoltes ; mais il est certain qu'il ne le fit pas, puisque Masenx avait encore, en 1539, les *billetas* impayées de 1530 et 1531. Seule la *billeta* de 6 l. 6 d. (par Turlan) dut être payée en partie, car elle ne figure plus, dans la transcription de 1539, que pour 2 l. 2 s. 9 d. (f° 142 r°).

Masenx néanmoins, dans toute cette période où il eût pu facilement être remboursé, se garda de réclamer quoi que ce fût, et c'est là ce qui nous révèle son but ; il attendait Ramon à la prochaine disette.

Cette mauvaise récolte ne tarda pas. Elle se produisit, sous forme d'une véritable famine, deux années de suite, en 1538 et 1539.

En 1539 d'ailleurs Eutrope Fabre venait de mourir, laissant pour héritier son frère Ramon ; le moment était favorable, car la succession était assez embrouillée.

Eutrope laissait, en effet, indépendamment de ses legs

pieux, un certain nombre d'affaires non liquidées et Ramon avait besoin d'argent pour payer soit les frais, soit les dettes de la succession ; donc il s'adresse à Masenx qui, intéressé aussi à la question, mit sa bourse à sa disposition. C'est ce qui résulte des mentions suivantes : « *Es memorio que se jo ey baylat may que de* III *ll* 2 *s.* 6 *d. a mossen Duran Falip per lodet Ramon, que el me deo so que sera a my* » ; et : « *Deo may* (Ramon) *per mossen Estropy, son fraire, las senorias de las terras que ha crompadas des Gaïos, pres de Candastre* » (*f*° LXVI *r*°).

Autrement dit Masenx se chargea, pour demeurer seul créancier de la succession, de désintéresser d'une somme de 4 *l.* 2 *s.* 6 *d.* un certain Durand Philippe ou Philippe Durand, créancier de Ramon Fabre, et il réclama à la succession, comme représentant la Commanderie de Saint-André, les frais de mutation (*sennorias*) qu'Eutrope avait négligé de payer.

En outre Masenx avançait à Ramon la portion de censives dues aux Pitanciers de Saint-André pour ses terres et celles d'Eutrope. Ces censives consistaient en blé, en argent et en gélines (volailles), ce qui explique la mention suivante du Livre : « *Item deo may lo det Fabre sa part del argen del sens de las Pitansas et de las galinos* » (*f*° 66 *r*°) (1).

Enfin il réussissait à se faire rembourser, le 7 juin 1539, par Antoine de Roch et Antoine Fabre, de Senouillac, les sommes qui lui étaient dues par la succession. Ces sommes s'élevaient à 80 *ll.* Elles furent prélevées sur les fonds trouvés par les exécuteurs testamentaires, mais il resta dû à Masenx 6 *ll.*, c'est-à-dire qu'il ne reçut que 74 *ll.* Il y eut sans doute contestation pour ces 6 *ll.*, car les exécuteurs consignèrent entre les mains de deux notables, amis de Masenx, Antoine Aragon et Alliet Florestan, une partie de la monnaie d'argent « *tots los testos et carolis* » laissée par Eutrope (*f*° LXVI *r*°).

Masenx ne fut peut-être pas satisfait de cette solution,

---

(1) Eutrope Fabre, par exemple, payait, comme on le verra, soit à la Commanderie, soit à ses Pitanciers, environ 2 setiers de blé, plus 1 géline et 11 deniers de censive annuelle.

car il présentait 15 jours après, le 23 juin, à Ramon Fabre son compte final qui se balançait par un découvert de 2 *lt.* 17 *s.* Ramon reconnut cette dette par un billet de Turlan et s'engagea à la rembourser en totalité avant la fête de Noël prochaine (f° LXVI r°).

Il est probable toutefois que le malheureux ne se trouvait guère en mesure, car, quelques jours avant l'échéance, le 18 novembre 1539, il engageait, c'est-à-dire vendait à Masenx, pour le prix de 12 *lt.*, une pièce de terre à Puechauzy « confrontant au chemin et aux terres des Fabre et à ses propres terres ». Il fut convenu en outre que l'arriéré des trois années de cens et de taille dû sur cette terre serait payé par le vendeur à la chapelle de *mossen Georges Rey*, successeur d'Eutrope Fabre (f° 132 r°). C'est en considération de ce règlement que Masenx bâtonnait, en 1540, le compte de son débiteur et écrivait au-dessous cette formule laconique : « Payé : nous sommes en compte pour ce qui précède » (f° LIV r°).

Voici donc Masenx arrivé à ses fins ; il a un pied à Puechauzy. A la vérité il n'y possède qu'un champ, mais ce champ va devenir un centre d'attraction et autour de lui vont se grouper terres, vignes, prairies de façon à constituer un domaine.

Quant à Ramon, il vécut probablement une partie de l'année 1540 de l'argent retiré de sa vente, car, comme nous l'avons dit, il n'y eut pas de récolte en 1539. Seulement tout s'épuise, surtout l'argent.

La récolte de 1540 fut abondante, mais il fallait y arriver. Ramon, qui venait encore d'acheter 30 *s.* de drap pour se faire un sayon (f° LIV r°), dut encore recourir à Masenx. Le 8 avril il lui emprunta pour vivre, en attendant la récolte, 6 demi-cartières de blé qui lui furent livrées par Jean, le beau-frère de Masenx, au prix de 3 *lt.* 6 *s.* Il promettait de payer de jour en jour (f° 8 r°), mais il était déjà enlisé ; il ne va plus que s'enfoncer davantage.

Malgré l'abondance de la récolte il ne peut, en effet, payer les legs de son frère à la Table du Purgatoire et, pressé par les administrateurs, il est obligé d'emprunter en février

1540 (nouv. st. 1541) un setier de blé au prix modeste de 50 s. (f° 114 r°) ; puis, la même année 1541, c'est un second setier qu'il emprunte et, quelques jours après, un troisième setier, ainsi qu'une demi-cartière de vesces qui lui sont remis par la femme de Masenx (f° 117 r°). Il devait payer tout cela à la Noël.

Paya-t-il ? — Nous l'ignorons, mais il est encore permis d'en douter. Il semble en effet très découragé. Ses terres sont mal cultivées, ses récoltes de blé lui fournissent à peine de quoi payer les gages de ses créanciers. Les vendanges de 1542 le surprennent sans qu'il ait même préparé une vaisselle vinaire suffisante et il est obligé, au mois de septembre, de demander à Masenx trois futailles vides que celui-ci, naturellement, lui fait payer un bon prix (f° xcvi r°). En cette même année 1542, se reproduit du reste ce qui s'est déjà passé en 1539. Ramon propose à son créancier de lui céder de la terre. Peut-être se sentait-il incapable de supporter le poids de sa propriété, trop lourd pour ses épaules ; peut-être aussi avait-il prévu le résultat de cette lutte inégale entre le capital et la main-d'œuvre. Nous sommes bien obligés de procéder par induction, Masenx ne nous ayant pas laissé le texte de l'accord intervenu entre son débiteur et lui. Ce qu'il y a de certain, c'est que, égoïsme ou philosophie de la part de Ramon, il y eut un accord.

A partir de 1543, en effet, Masenx partage avec son débiteur le produit des récoltes de celui-ci et, en conséquence, il exerce un contrôle sur ces récoltes. Cela n'est possible que si on admet un contrat d'engagement (pension annuelle). Ainsi, en 1544, Masenx se plaint que son engagiste ait pris, au moment du partage, tout le blé de la récolte de 1543, sous prétexte qu'il n'y en avait pas assez pour payer le gage — et cela devait être vrai puisqu'il avait manqué à ce partage un setier de touzelle. — En conséquence le compte se termine par cette formule grosse de menaces : « *Ha fa tot le conte et deu paya de jorn en jorn* » (f° 101 v°).

Mais Ramon était probablement décidé à ne pas payer du tout ; car, la même année, nous trouvons trois articles qui le concernent, et non seulement il néglige de payer les *pensios*

INTRODUCTION

annualas qu'il a consenties, non seulement il dispose de la récolte des terres engagées, mais encore il emprunte sur son gage même. L'un de ces articles concerne, en effet, une dette de 1 émine de vesces valant 20 *doblas* « *que ha presas del gage l'an des en mars* » (f° 104 v°), et le second a trait à un emprunt de 5 émines de blé valant 5 *lt.* et 15 doblas « *que a pres al gage de ladela boria l'an des* » (1543), mais qui ont été avancées par Pierre Brayer, le bordier de Senouillac. De ce dernier emprunt Masenx a une *billetta* du notaire Clausel ou Clusel, en date du 20 juin (f° 104 v°).

Enfin le troisième article se rapporte à un emprunt de 3 émines de blé froment pris à Gaillac le 30 avril « *que monta 3 lt. 12 s.* » (f° 104 v°), de telle sorte qu'en 4 mois Ramon s'est endetté de 10 *lt.* 7 *s.* sur son gage.

Dans ces conditions le gage ne pouvait durer longtemps. Dès 1546, en effet, Masenx s'est fait céder la terre de *Resals* (1) : cela résulte nettement des deux mentions ci-après de son livre de raison : « *Ramon Fabre me deo la soma de* xx *lt. per blat prestat l'an* v° xlv *lo mes de jun..... Paga cant me rendec la terra de Resals* » (f° 4 r°) ; et : « *Ramon Fabre me deo la soma de* iii *lt.* vii *s.* vi *d. per* vi *s^as blat pres l'an* v° xlvi *lo* xviii *del mes de abrial..... Paga cant me rendec la terra.* » (f° 8 r°). Quelque temps après il est le seul propriétaire de Puechausy et c'est Ramon Fabre qui cultive pour son compte, comme colon, les terres qu'il a possédées.

C'est là, en effet, la conclusion qu'il faut tirer de la note suivante qui clot, en 1546, les relations commerciales de Ramon Fabre et de Masenx : — « *Ramon Fabre, del mas de Pecaussy, me deo la soma de* xxv *s.* vi *d. per crompra de l'erba de un prat que j'ey alloc del la Besardio, que se ten am la Capellanio, et deo paga per Tossans proda venen* » (f° 10 v°). Or nous savons que *la Besardio* est synonyme de *Puechausy* et que la terre dont il s'agit avait été acquise par Eutrope Fabre en 1533. Masenx fut donc en réalité le successeur d'Eutrope Fabre à Puechausy.

---

(1) C'était une terre de la contenance de 3 demi-carterées qui avait été acquise en 1528 de Jean Tausiès par Eutrope Fabre (F. f° v v°).

(b) *Bernard Fabre*. — On se rappelle que les relations de Masenx avec ce personnage commencèrent le 6 octobre 1528, par une vente de drap gris au prix modéré de 27 s. la canne.

C'était, comme nous l'avons dit, un prix de faveur ; aussi Bernard qui, plus encore que Ramon, paraît avoir eu le goût de la toilette, achetait-il l'année suivante (26 avril 1529) 6 cannes de toile et 2 cannes d'*estopa* pour 35 sols. Ces deux créances furent établies par des billets de Cariven ; Bernard cependant se contenta de payer 10 sols en 1528 (f° LIV v°) et la créance de 35 sols de toile et d'*estopa* était encore impayée en 1539 (f° 142 v°).

Il semble d'ailleurs qu'à partir de ce moment Bernard Fabre, dont l'intelligence ne paraît pas avoir été très ouverte, ait été pris d'un vertige de dépense ; il achète sans compter, accumule les dettes, ne donne que des acomptes insignifiants.

Le 10 mai 1529 il prend 5 s. de maïs sur lesquels il paiera 1 s. (f° LIV v° et 160 v°) ; le 20 avril 1530 il prend 2 setiers et 1 cartière de touzelle au prix de 5 ll. 10 s. et il en fait faire contrat par Moret (f° LIV v°) ; en 1531 il prend 3 demi-cartières de paumelle et 1 émine de méteil sur le prix desquelles il a un *resta* de 28 *doblas* (f° LIV r°). Et toujours simultanément des étoffes : 2 ll. 17 s. de drap et 25 s. de toile une première fois (f° 160 v°), encore 25 s. de toile en 1530 ; puis 1 émine et 1 boisseau de paumelle « *presa a la boria* » en 1531 pour 25 s. (f° 160 r°) et jusqu'à un jeune mouton dû à Masenx et que celui-ci consent à ne compter que 20 doblas ! (f° 160 r°). Si bien que le compte de notre homme, établi par Masenx, sur une feuille séparée, en 1532, se clôt par la balance suivante :

Somma : 13 ll. 13 dob.
Paga : 20 *doblas*.

Mais comme Fabre a encore pris pour 21 *doblas* de paumelle (3 demi-cartières), il doit, au 10 mai 1532, 13 ll. 14 *dobl.* (environ 680 fr. de notre monnaie).

Cela ne l'émeut nullement, au contraire. Du reste Masenx continue à lui prêter avec la même complaisance. En 1532 il lui compte, au cours de l'année (3 *ll.* 13 *s.* le setier), 5 *ll.* 10 *s.* pour 3 émines de blé ou de méteil (f° LIV r° et 160 v°) ; il lui prête encore du blé en 1533 (f° LIV v° et 160 v°) ; si bien qu'en 1538 il faut en venir à une liquidation.

Cette liquidation se fit, au mois de mai 1538, comme devait se faire celle de Ramon Fabre, par une *pensio annuala.* Bernard Fabre vendit à son créancier, pour la somme de 11 *ll.*, une rente annuelle de 10 demi-cartières (1 setier et 1 cartière) de blé sur sa propriété (f°s LIV r° et LV r°).

Seulement, comme Fabre devait à Masenx 14 *ll.*, il ne toucha rien de cette vente et demeura encore débiteur de 3 *ll.* envers son créancier. Cela explique que, le 31 mars 1539, une nouvelle vente sur gage soit intervenue ; Bernard cédait cette fois, pour une somme de 12 écus et demi (16 *ll.* 10 *s.*) une nouvelle rente de 1 setier et 1 cartière de blé et engageait pour cela les terres qui avoisinaient immédiatement la métairie de Puechausy *(jos los pans del del mas)* (f° 131 r°).

Comme on le voit, il sortait chaque fois un peu plus appauvri, plus chargé d'obligations, de ces terribles opérations, et il est douteux même qu'il en retirât un bénéfice immédiat. Mais cela lui importait peu ; il était dans un état d'esprit spécial ; il comprenait qu'il était perdu et sacrifiait sans remords les débris de son patrimoine.

Ce qui surprend davantage, c'est que Masenx, à partir de ce moment, soit par pitié, soit par un autre motif, n'ait pas cherché à tirer un meilleur parti de la situation. Il avait déjà prêté, au mois de mai 1538, une émine de blé au fils de Bernard Fabre (f° LV r°) ; en 1541 il avançait encore à son débiteur 5 cartières de blé et 1 demi-cartière de vesces (sur lesquelles il lui fut remboursé la valeur d'un setier de blé) (f° 146 r°) ; en 1542 il prêtait 27 *doblas* de foin, à solder à la Toussaint (f° LV r°) ; en 1543 enfin il avance encore 3 demi-cartières d'orge pour les semailles (10 février), à rendre *au sol* (f° 144 r°) et 1 setier de blé à rendre à la Madeleine (f° LV r°) Et cependant les rentes annuelles impayées continuaient à s'accumuler, car, au mois de février 1515, Masenx écrivait encore : « *Bernard Fabre me deo la soma de* xxv *ll. per* vi *s* l*a* l*a formen que me devio et deo paga en dos ans. Carla per Turla, notary* » (f° 4 r°).

Ainsi Masenx, qui eût pu recourir déjà aux mesures de rigueur, temporisait, donnait des délais, continuait à faire des avances.

Fut-il payé ? — Ce n'est pas probable. Bernard cependant donna quelques acomptes, car la note précédente est suivie de l'inscription deux fois répétée : « *Paya* xxvii *s.* vi *d.* », c'est-à-dire qu'il paya deux écus petits. Mais c'est tout. Le nom de Bernard Fabre ne se retrouve plus dans les comptes de Masenx.

Il n'en résulte pas moins, on le comprend, qu'à l'heure du règlement définitif, Bernard Fabre ou son fils Antoine durent désintéresser leur créancier et certainement ils ne le purent qu'en lui abandonnant la majeure partie de leur patrimoine.

On a vu (Chapitre VIII) que les propriétaires voisins de Ramon et de Bernard Fabre ne furent pas mieux traités, et ainsi s'explique la constitution, aux dépens des riches « terres des Fabre » et d'une foule de parcelles contiguës, de ce « domaine de Masenx » que son fondateur devait léguer en majeure partie à la Commanderie de Saint-André et dont les Archives de cet établissement ont conservé le souvenir. Il était intéressant de voir par quel jeu multiple de combinaisons, de prêts, d'avances, d'engagements et d'achats, Masenx était arrivé à le constituer.

Il nous resterait pour être complets sur ce chapitre, à étudier les charges de l'agriculture au xvie siècle ; mais outre que c'est là une question fort ardue et sur laquelle ni Fabre ni Masenx ne nous donnent de grands éclaircissements, elle nous entraînerait hors des limites de cette étude. Nous n'en dirons donc que quelques mots.

Les charges imposées aux agriculteurs, outre le logement des gens de guerre, les réquisitions militaires et les levées ou corvées extraordinaires, consistaient en deux modes principaux d'impositions, les tailles ou *la taille*, qui se payait au roi, et les droits féodaux qui se payaient aux seigneurs de la terre.

La taille, dont la quotité était annuellement déterminée, pour chaque Communauté, par les États provinciaux d'après la somme d'allivrement portée au Compoix de la Communauté, et dont le chiffre augmentait d'ailleurs tous les ans (on appelait *mande*, dans l'Albigeois, la somme à laquelle les États taxaient chaque communauté), était le plus lourd de tous ces impôts.

Partie en effet, au XIVe siècle, du *fouage* (impôt par feu) intermittent et variable, elle était devenue fixe et annuelle sous le nom d'*aide*, puis s'était peu à peu augmentée de l'*octroi*, de la *crue*, du *taillon* et de l'*équivalent* ; elle devait encore s'enrichir, après les guerres de religion, de l'impôt des *dixièmes* du revenu et de l'industrie, des *vingtièmes* ou du *sou par livre* des marchandises vendues, du *don gratuit de capitation* et des *intérêts des emprunts royaux* sur la province. On voit que, dans la taille, les impôts faisaient la boule de neige.

Or, chose curieuse, cet impôt écrasant ne pesait que sur les roturiers, c'est-à-dire sur les bourgeois, commerçants et cultivateurs ; les nobles et le clergé en étaient exempts, ou du moins ne le payaient que dans le cas de nécessité urgente. C'est à ce titre que ni Fabre, comme ecclésiastique, ni Masenx, comme tenancier des biens d'une communauté, ne paient de taille.

Ce n'est pas que cette monstrueuse exception ne gênât beaucoup les rois de France, mais ils n'osaient s'attaquer ouvertement aux deux ordres principaux sur lesquels reposait leur pouvoir. En veut-on la preuve ?

En 1528 le Languedoc avait déjà fourni au roi sa contribution annuelle de 235.000 *ll*., plus une crue extraordinaire de 59.800 *ll*. Avant la fin de l'année, le Roi lui demande une seconde crue du même chiffre pour soutenir Lautrec en Italie et pour continuer sa lutte contre l'Empereur. Il écrit donc au maréchal de Montmorency, gouverneur du Languedoc, d'asseoir et d'imposer cette somme « avec les frais raisonnables, modérés et y appartenans le plus justement et esgallement que faire se pourra, le fort portant le faible, sur toute manière de gens laïcs, exempts et non exempts, privilégiés et non privilégiés..... excepté toutes fois gens d'esglise, nobles nés et extraicts de noble lignée, vivans noblement, suivans les armes..... non marchandans, vrays escoliers, estudians ez universités sans fraude, pour degré et science acquérir, et pauvres mendians » (1).

Ainsi, abstraction faite du clergé, de la noblesse, des universités et des indigents, c'est sur le marchand et le cultivateur que retombaient tous les frais !

A la vérité le robuste appétit de Gargantua devait trouver cruelles ces restrictions fiscales en faveur du clergé et il ne se fit pas faute de les amoindrir. On sait par exemple qu'il trouva le moyen d'imposer de 4 décimes le clergé des diocèses (cet impôt fut réparti en 1541 sur les cloches et clochers). Il ne serait donc pas étonnant que certaines tailles que nous voyons payer par Masenx (2), sans doute à titre de biens roturiers, fussent déjà l'expression de cette tendance à soumettre le clergé au droit commun en matière fiscale.

D'ailleurs il ne faut pas oublier que certaines impositions municipales, certaines contributions extraordinaires édictées par les consuls portaient aussi le nom de *taille*; telle la taille levée à Gaillac, en 1533, pour la réception du roi François Ier. Fréquemment d'ailleurs les municipalités imposèrent à leurs contribuables et ajoutèrent de leur propre autorité à la mande communale certaines cotisations pour l'entretien des prédicateurs, sacristain, maître d'école, portiers, pour l'achat des livrées consulaires, pour la réparation des fontaines et horloges, pour les frais de poste, de procès, etc., et même pour les logements des soldats et étapes, la réparation des remparts, l'achat d'armes, etc. Or, malgré les efforts du Parlement de Toulouse, qui s'opposa

---

(1) Cela n'empêchait pas d'ailleurs le roi de demander, à la réunion ordinaire des Etats à Pézenas, le 5 novembre 1528, 3.261.000 liv. au royaume, dont 287.000 pour la part du Languedoc. Les Etats résistèrent, mais finirent par céder ; ils accordèrent 59.900 liv. pour l'aide et 227.100 liv. pour l'octroi! On voit que le Gargantua de Rabelais n'est pas un mythe.

(2) F° 137 r° : tailles de la ville et de *las garisos* — f° 139 v° : taille de *la boria de Rueyres* — f° 152 v° : taille et censives de La Coste. Masenx paie ces tailles comme fermier des Pitanciers.

toujours énergiquement à ces abus d'autorité (1), ou du moins qui exigeait que les tailles municipales fussent établies sur un rôle à part et sur un cahier distinct des tailles royales, la plupart des municipalités continuaient à comprendre les deniers royaux et les deniers municipaux sous l'étiquette collective de taille. Il n'est donc point surprenant de voir çà et là l'expression de *taille* survenir dans les comptes de Fabre et de Masenx.

Les tailles étaient perçues par des collecteurs désignés par les Consuls et qui avaient pour droit de levée, c'est-à-dire pour salaire, 20 deniers par livre perçue (plus de 8 0 0). Naturellement ces frais s'ajoutaient, avec les frais de bureau (façon du livre ou cahier), à la somme à percevoir; mais il était formellement défendu aux Consuls de donner la levée à plus de vingt deniers pour livre. S'ils ne trouvaient pas de collecteur à ce prix, ils devaient en élire un par tour et par ordre. (2)

Or les papiers de Fabre et de Masenx nous font connaître quelques-uns de ces collecteurs pour la région de Gaillac. Ce sont, pour 1529, *François Barrau*, collecteur de la taille de la ville, et *Guilhem Garrau* ou *Garran*, qui reçoit la taille de *las garisos* (M. f° 137 r°); c'est pour 1530 *Jean Col* (*id.*); c'est à Mauriac, en 1537, *Antoine Tartan* (F. appendice, p. 45).

Pour ce qui est des droits féodaux, ils variaient d'une terre à l'autre dans une telle mesure qu'il faudrait un cours de droit féodal pour les dénombrer et les expliquer. Cependant, comme nous l'avons dit, le régime féodal de l'Albigeois était assez bénin au xvie siècle. En dehors des droits d'inféodation (lods et ventes) payés au seigneur sous le nom de *senhorias* et obligatoires à chaque mutation, de la

---

(1) Voir à ce sujet : *Laroche-Flavin*, Arrest notables, liv. IV, titre I : Arrêts 1, 2, 5, 8, 10, 11 ; et liv. VI, tit. LXXVI : arr. 5, 6, 7 et 8.

(2) Les consuls d'Albi ayant, en 1580, affermé la levée des tailles à 2 sols pour livre, se virent condamnés par un arrêt du Parlement de Toulouse du 9 mars 1581 ; le bail fut cassé et ils durent payer, outre vingt écus d'amende, plus de cent écus pour la somme que le collecteur — un nommé Dumas — avait levée indûment (*Laroche-Flavin*. Liv. IV. Tit. I, arrêt 7).

reconnaissance (qui du reste était gratuite) et des censives, les tenanciers et locataires ruraux ne payaient pas grand chose ; ils n'étaient en particulier astreints à aucun droit immoral, ni aux corvées, ni aux droits d'agrier ou de champart ; ils pouvaient avoir des pigeonniers et même chasser ou pêcher, sauf auprès des garennes et clapiers ou dans les cours d'eau non navigables.

Cependant il ne faudrait pas croire que, ces droits payés, ils fussent affranchis de toute charge. Ils avaient encore à payer les droits de leudes et de péages, à satisfaire à certains services, comme le guet à Montmiral ; enfin ils étaient sujets à ce terrible impôt, la dîme, que le clergé exigeait avec autant d'âpreté que le paysan et les consuls mettaient de mauvaise volonté à le payer.

Tout cela fait un total de contributions féodales qui s'élève à plus du tiers, presque à la moitié de la récolte. Et nous sommes cependant en un pays privilégié, relevant directement du roi, protégé par ses franchises !

Les censives elles-mêmes étaient peu élevées ; mais si on considère le défaut de mise en valeur du sol, les difficultés de l'exploitation et les charges même de l'agriculture au XVIᵉ siècle, on verra qu'elles pesaient lourdement sur le cultivateur pour lequel elles étaient une sorte de *caput mortuum*. Nous pouvons même assez exactement, grâce aux indications d'Eutrope Fabre pour certaines de ces terres, déterminer la quotité des censives qu'il payait. Le tableau suivant résume ces censives.

On verra qu'en traduisant les chiffres de ce total par leur valeur actuelle, on a, pour 4 hectares, 27 ares, et 679 centiares (valeur de 7 séterées), 2 hectolitres 89 litres de grain (valeur de 2 setiers et 1 boisseau et demi, mesure d'usage), plus 1 poule, un tiers de poule et 2 fr. 15 environ de notre monnaie. Autrement dit les censives étaient en moyenne de 67 litres de grain à l'hectare, plus certaines redevances peu élevées en argent ou en volailles.

CENSIVES PAYÉES PAR EUTROPE FABRE

	CONTENANCE DES TERRES	SÉTIER.	CARTIÈRES	CENSIVES 1/2 CARTIÈRES	BOISSEAUX	1/2 BOISSEAUX	DIVERSES
1° A la Commanderie de Saint-André :							
Terre et métairie de Candastre..	1 séterée et 2 carterées............	»	2	1	1	»	»
Terre de l'Hôpital............	2 carterées et 3 cartonnées.........	»	»	»	1	»	»
Pré de Canals...............	1 carterée et 1 cartonnée.........	»	»	»	1	»	»
Terre de Candastre............	1 séterée et 1 carterée............	»	1	1	»	»	et 1 géline.
Vigne de blanc...............	3 cartonnées et 1 boisselée.........	»	»	»	»	»	3 deniers.
Vigne de negremal............	1 carterée et 1 cartonnée.........	»	»	»	»	»	3 deniers.
Total.......	4 séterées, 1 carterée et 1 boisselée..	1	1	1	»	»	1 géline et 6 deniers.
2° Aux Pitanciers de Saint-André :							
Terre de Candastre............	2 carterées et 1 cartonnée.........	»	»	»	»	1	»
Terre de Resals..............	1 carterée et 2 cartonnées.........	»	»	»	1	»	»
Terre et métairie de Puechausy.	1 carterée............	»	»	1	»	»	»
Vigne de prunelar............	1 carterée, 1 cartonnée et 1/2 boisselée	»	»	»	»	»	5 deniers.
Vigne de Puechausy...........	3 cartonnées et 1/2 boisselée.........	»	»	»	1	1	»
Total.......	1 séterée, 2 carterées, 3 cartonnées et 1 boisselée................	»	1	1	1	1	5 deniers.
3° A la Léproserie :							
Terre de Puechausy...........	2 carterées............	»	»	1	»	»	»
4° Au vicomte de Paulin :							
Terre à Puechausy............	1 carterée, 1 cartonnée et 1/2 boisselée	»	»	1 (a)	»	»	»
Bois de Canals..............	3 cartonnées et 1 boisselée et demie.	»	»	»	»	»	le 1/3 d'une géline et 2 deniers.
Total.......	2 cartonnées et 2 boisselées.........	»	»	1	»	»	le 1/3 d'une poule et 2 deniers.
Total général...	7 séterées............	2	»	»	1	1	plus 1 géline, 1/3 de géline et 1 sol 1 denier.

(a) Cette censive est en avoine ; toutes les autres sont en froment.

CHAPITRE XIII

Sommaire : *Poids et mesures. Mesures de longueur ; poids ; mesures de capacité pour les liquides ; mesures de capacité pour les céréales et mesures de superficie. Étude des mesures agraires de l'Albigeois. Mesures officielles et mesures d'usage. — Monnaies.*

Le terrain maintenant est déblayé. Il ne nous reste plus, pour achever l'interprétation de nos Livres de raison, qu'à donner certaines indications générales sur le commerce et l'agriculture du Gaillacois au xvie siècle, en particulier à déterminer la valeur des poids, mesures et monnaies en usage à cette époque.

On a déjà remarqué la notable différence de valeur qu'acquérait un même objet suivant qu'il était vendu à Gaillac, Saint-Antonin ou Lavaur. C'est qu'en effet le lieu de vente est un facteur important de ce problème complexe, l'appréciation de la valeur marchande des choses.

On aura une idée des difficultés que soulève cette question quand nous aurons dit que, dans le seul département du Tarn, la *canne*, mesure linéaire la plus généralement usitée, subissait *onze variations*, et qu'on y a relevé *quatre-vingt-trois unités* de surface et *vingt unités* différentes pour les mesures de capacité (1). On sait d'autre part combien est

(1) C'est là le chiffre des mesures agraires qui existaient lors de la mise en pratique de l'ordonnance de 1839, imposant le système métrique décimal à toute la France ; mais il est certain que ce chiffre était bien plus élevé au xvie siècle. Ainsi, en parcourant un registre provenant du Chapitre collégial de Saint-Paul-Cap-de-Joux (*Arch. relig. du Tarn*, non encore inventoriées), nous avons retrouvé une mesure perdue, celle de Boing, hameau de la commune de Prades, dans le canton de Saint-Paul.

ardu le problème de la valeur des monnaies anciennes ; chaque époque, chaque pays, chaque canton même ont un étalon différent.

Fabre et Masenx seraient donc incompréhensibles si nous n'élucidions au préalable cette très obscure et très complexe question. On nous saura peut-être gré de profiter de l'occasion pour condenser en des tables, aussi claires que possible, la valeur de toutes les mesures en usage dans le Tarn.

Des travaux analogues avaient déjà été entrepris sous l'Empire par ordre des préfets des départements, notamment pour le Lot par *Duc-Lachapelle* (*Métrologie du Lot*. Montauban, 1807), pour le Tarn par *Lenormant* (*Table de comparaison entre les mesures anciennes et celles qui les remplacent pour le département du Tarn*. Albi an x), et pour l'Albigeois par *Bousquet*. Mais outre que les *Tables de conversion des anciennes mesures en nouvelles*, de ce dernier auteur, sont à peu près introuvables aujourd'hui, nous espérons arriver à établir des tables plus méthodiques que les siennes.

1° MESURES DE LONGUEUR

La *canne* n'était guère en usage que dans le Midi de la France, et surtout dans le Languedoc (l'unité de Paris était la *toise*). Elle se divisait en *pans*, le pan en *pouces* et le pouce en *lignes*, chaque unité supérieure contenant huit fois l'unité immédiatement inférieure. Il fallait donc 8 lignes pour faire un pouce, 8 pouces pour faire un pan et 8 pans pour faire une canne.

Or tel village avait la canne de Toulouse, tel autre la canne d'Albi ou de Montauban, tel consulat la canne de Montpellier. Il n'y avait à ce point de vue aucune règle fixe, aucun groupement. Souvent sur la même communauté, trois ou quatre seigneurs imposaient des cannes différentes. Il en résultait un inextricable mélange quand on voulait comparer entre elles la valeur des unités.

Quoi qu'il en soit, voici, condensées dans un tableau, les valeurs actuelles des mesures de longueur employées jadis en Albigeois.

Mesures	de Montpellier (vraie)	de Montpellier (admise)	de Toulouse (vraie)	de Toulouse (admise) et de Lavaur	d'Albi et de Gaillac	de Castres	de Lautrec	de Brassac	de Graulhet	de Montauban	de Villemur
	m	m	m	m	m	m	m	m	m	m	m
Canne..	1.987	2.003	1.796	1.806	1.787	1.800	1.811	1.940	1.769	1.811	1.823
Pan	0.248	0.250	0.224	0.226	0.223	0.225	0.226	0.242	0.221	0.230	0.228
Pouce...	0.031	0.031	0.028	0.028	0.028	0.028	0.028	0.030	0.028	0.029	0.028
Ligne ..	0.0039	0.0039	0.0035	0.0035	0.0035	0.0035	0.0035	0.0038	0.0034	0.0036	0.0035

Ces chiffres ne sont pas mathématiquement exacts car la valeur réelle du pan de Montpellier (vrai) devrait être de 0^{m}248.375 ; mais nous avons pensé qu'on pouvait négliger les dixièmes de millimètre et, pour ne pas tomber dans les infiniment petits, nous avons dû nous arrêter à une approximation suffisante.

Le *bois à brûler* se vendait, en outre, suivant une mesure dite *canne carrée*, ou *bûcher* qui avait 16 pans de long, sur 4 de haut et 5 de large, c'est-à-dire la valeur, à Gaillac, de 3 stères 619. Mais il se vendait aussi à la *pagelle*. La pagelle était un cerceau de fer qui contenait 1 stère 25. Les bûches vendues à la pagelle devaient avoir 5 pans et un tiers de longueur.

Les *planches* se vendaient à la *canne postan*, mesure de surface qui comptait à Gaillac 9 pans de longueur sur 8 de largeur, de telle sorte que la canne de planches de Gaillac était de 3^{mq}591.

2° Poids

Il n'est fait mention dans nos manuscrits que de trois unités de poids, le *quintal*, la *livre* et l'*once*, qui étaient en effet les plus usitées dans les transactions courantes.

Chaque pays, on le sait, comptait deux espèces de livre, la *livre forte* ou *marchande* et la *livre petite* ou *médicale*.

Celle-ci (*libra sotil*), usitée principalement pour les produits pharmaceutiques et la droguerie, variait très peu, parce que tous ces produits, venant des officines de Montpellier, étaient vendus au poids de la livre médicale de Montpellier. Elle pesait un peu moins de 360 gr., c'est-à-dire le poids de l'ancienne mine Euboïque grecque.

Au contraire la livre commune ou livre forte variait considérablement d'un pays à l'autre. Dans le département du Tarn on en comptait quatre variétés dites poids d'Albi, poids de Castres, poids de Brassac et poids de Lautrec.

Dans tous les pays néanmoins la livre était la centième partie du quintal, l'once la seizième partie de la livre, le gros la huitième partie de l'once et le grain la soixante-douzième partie du gros.

Le tableau suivant donne la conversion de ces unités en valeur actuelle.

Poids de	Quintal	Livre marchande	Once	Gros	Grain
Albi, Lavaur, Gaillac........	40^{k}792	0^{k}407	0^{k}025	3^{gr}19	0^{gr}044
Castres.........	41 159	0 412	0 025	3 22	0 045
Brassac.........	45 027	0 450	0 028	3 52	0 049
Lautrec.........	40 534	0 405	0 025	3 17	0 044
Poids de marc...	48 950	0 489	0 030	3 82	0 053

Il est à remarquer cependant que Fabre emploie, pour le pesage de la laine et du fil, une unité que nous ne connaissons pas et qu'il appelle *carto* ou *carton*.

Heureusement la valeur de cette unité se trouve indiquée dans un article (F. f° LVII r°) : « *Me deu Peyre de Mondinelo v cartos de fial de lano* », et il ajoute plus loin : « *Pa IX Lb. he miejo de lano surjo : resto miejo Lb.* » Si par conséquent 5 cartos équivalent à 10 livres, le *carto* valait 2 livres.

Faut-il également entendre par l'expression *pesso* ou *peso*, dont Fabre se sert dans son inventaire, une unité de poids nouvelle ? Il laisse, en effet, « *tres pesos de cambe bargado he palusado* et *tres pesos de ly bargat he palusat* » (F. f° LXIX r°).

Ce mot *pessa*, pièce, peut signifier une quantité quelconque, « un paquet » d'étoupe de chanvre ou de lin ; mais nous croirions aussi volontiers qu'il peut être pris dans l'acception de *pesa* ou *pesada* (en français *poise*), unité de poids usitée pour certaines denrées et valant environ 12 livres.

3° MESURES DE CAPACITÉ (liquides)

Les mesures de capacité pour les liquides qu'on rencontre dans les comptes de Fabre et de Masenx sont la pipe (*pipa*), la barrique (*barrica*), la pinte (*pinta*) et l'*uchau*. Ce dernier terme n'a pas encore disparu du langage du pays, car on dit, dans tout le Languedoc, un *ichaou de bi* pour un demi-litre de vin.

La valeur de la pipe était, en 1496, à Moissac (1), de 12 *semals*, soit de 4 barriques, la barrique étant de 230 litres.

Mais cette valeur, si elle est exacte, est exceptionnelle, car, partout ailleurs, notamment à Agen, Albi, Montauban, Toulouse, Gaillac, Condom, etc., la pipe n'a qu'une contenance de deux barriques et la barrique (bordelaise actuelle) vaut 200 à 230 litres.

On comptait néanmoins, au XVIe siècle, dans le seul département du Tarn, environ vingt types différents de barrique, depuis 122 jusqu'à 288 litres. A Gaillac même la barrique était de 204 litres.

Quant aux subdivisions de la barrique elles variaient, d'une région à l'autre, avec une telle élasticité qu'il serait impossible de formuler, à l'égard de ces variations, une loi générale. Disons seulement que, dans le Gaillacois, la barrique se subdivisait généralement en 120 pintes (2) et que la pinte contenait deux *quarts*, le quart deux *uchaus* et l'uchau deux *roquilles*.

Le tableau suivant donne la valeur spéciale de ces mesures ; on y voit que la pinte n'existait pas à Cadalen ni à Vaour :

---

(1) LAGRÈZE-FOSSAT. — *Etudes historiques*, t. II, p. 355.

(2) Ce chiffre est une moyenne : en réalité on comptait 112 à 125 pintes à la barrique dans les cantons de Gaillac et de Castelnau.

COMMUNAUTÉS	PIPE	BARRIQUE	PINTE		QUART		UCHAU
				Rapport à la Barrique		Rapport à la Barrique	
Cadalen...............	392lit 6	196lit 3	»	»	0lit 935	$\frac{1}{210}$	0lit 165
Castelnau-de-Montmiral.	418 6	221 3	1lit 87	$\frac{1}{120}$	0 935	$\frac{1}{210}$	0 475
Cordes	577 0	288 5	2 40	id	1 200	id	0 600
Gaillac...............	407 8	203 9	1 70	id	0 850	id	0 425
Lisle	407 8	203 9	1 70	id	0 850	id	0 425
Rabastens.............	377 4	188 7	1 51	$\frac{1}{125}$	0 755	$\frac{1}{250}$	0 377
Salvagnac.............	244 8	122 4	1 09	$\frac{1}{112}$	0 545	$\frac{1}{224}$	0 272
Vaour................	299 2	149 6	»	»	0 930	$\frac{1}{160}$	0 465

Mais, en outre, il était un certain nombre de mesures d'usage pour le vin dont les dénominations sont encore restées aujourd'hui dans la région toulousaine, telles la *pega*, la pièce (*pessa*) et la charge (*carga*).

La *pega* valait, à Gaillac, environ 2 pintes ; du moins on comptait 60 *pegas* à la barrique, ce qui donne à la *pega* la capacité de 3 lit. 30. La pièce valait 100 *pegas*, soit environ 316 *lit.* à Toulouse et 330 à Gaillac (Masenx vend 3 *lt. una pessa de vy*). Enfin la *charge*, surtout usitée à Castres et dans le Lauraguais, était le tiers de la pipe.

Il convient toutefois de préciser que ces mesures ne s'appliquent qu'aux vins. Ainsi les huiles, les eaux-de-vie avaient une mesure particulière. La mesure pour l'huile était la *livre* qui contenait 0 *lit.* 490.

1° Mesures Agraires

Les mesures agraires forment un système spécial comprenant les mesures superficielles du sol (agrimension) et les mesures de capacité pour les céréales. Ces deux catégories d'unités dérivent les unes des autres et ont été calculées à l'aide des mêmes éléments d'appréciation. Il est donc impossible de les étudier séparément.

Nous exposerons d'abord, cependant, afin qu'on saisisse mieux la genèse de ce système, les mesures de superficie.

(a) Mesures de superficie pour le sol.

Le tableau de ces mesures est assez difficile à établir. En effet l'unité de compte, sur laquelle on arpentait le terrain, était la *perche* ou *latte*.

Or la longueur de la perche variait d'une commune à l'autre, non seulement avec le nombre de pans admis à la perche (de 14 à 22), mais surtout avec la canne employée ; la canne de Montpellier, par exemple, usitée à Cestayrols, avait 34 centimètres de plus que la canne de Graulhet usitée à Peyrole. En outre le nombre de perches admises à la séterée variait d'une commune à l'autre, dans des limites non moins grandes (de 320 à 1600 pour le canton de Gaillac).

Voici, en effet, d'après les chiffres relevés par M. Rossignol, les variations de la séterée dans le seul arrondissement de Gaillac. (1).

I. — Localités usant de la mesure d'Albi (La canne d'Albi vaut 5 pieds, 6 pouces, soit 1^{m}786) :

LOCALITÉS	NOMBRE DE PANS à la perche	NOMBRE DE PERCHES CARRÉES à la séterée	VALEUR DE LA SÉTERÉE (2)
Brens...............	16	625	0 h. 78 a. 81 c.
Casteln.-de-Montmiral..	16	625	id.
Cornebouc...........	16	625	id.
Lacourtade..........	16	625	id.

(1) E. Rossignol.. *Monogr. comm., passim.*

(2) Il est aisé de déduire de cette valeur celle de la *mesure* ou *arpent*, sachant que celle-ci est le huitième de la séterée. — On remarquera que certains de ces chiffres ne concordent pas avec ceux de l'annexe n° 1. C'est que les chiffres ci-dessus sont empruntés à M. Rossignol.

LOCALITÉS	NOMBRE DE PANS à la perche	NOMBRE DE PERCHES CARRÉES à la séterée	VALEUR DE LA SÉTERÉE
Peyrole	16	625	0 h. 78 a. 81 c.
Saint-Beauzile	16	625	id.
Le Verdier	16	625	id.
Penne	16	512	0 78 39
Lamotte	16 1/2	576	0 78 21
Rouyre	16 1/2	576	id.
Bernac	17	324	0 46 70
Fayssac-Bonneville	17	400	0 57 66
Lagrave	17	576	0 83 02
Gaillac	17 1/2	400	0 61 10
Montels	17 1/2	400	id.
Senouillac	17 1/2	400	id.
Técou	17 1/2	400	id.
Broze			
Cahuzac			
Campagnac			
Campes			
Castanet			
Cazelles			
Cordes			
Donnazac			
Frausseilles			
Itzac			
Lacapelle-Ségalar			
Livers	18	320	0 51 71
Marnaves			
Milhars			
Montrozier			
Noailles			
Le Riols			
Roussayrolles			
St-Marcel			
St-Martial			
La Salvetat			
Sarmazes			
Souel			
Cadalen	18	324	0 52 36
La Bastide de Lévis	18	324	id.
Lapelissarié	18	400	0 66 64
L'Isle-d'Albi	18	400	id.
Parisot	18	432	0 69 81
Roussayrolles	18	576	0 93 08
Montans	18	650	1 05 03
Labessière	20	400	0 79 80
Las Graisses	20	400	id.
Aussac	22	324	0 78 21
Fénols	22	324	id.
Florentin	22 1/1	324	0 80 »

INTRODUCTION 291

II. — Localités usant de la mesure de Montpellier. (La canne de Montpellier vaut 6 pieds, 1 pouce et 5 lignes, soit 1m987).

LOCALITÉS	NOMBRE DE PANS à la perche	NOMBRE DE PERCHES CARRÉES à la séterée	VALEUR DE LA SÉTERÉE
Alayrac............			
Amarens...........			
Bournazel..........			
Les Cabannes,......			
Cestayrols.........			
La Barthe-Bleys....			
La Capelle-Ste-Luce...			
Latreyne...........	18	320	0 h. 61 a. 00 c.
Loubers............			
Ratayrens..........			
Le Riol............			
St-Martin-la-Guépie...			
Panens.............			
Tonnac.............			

III. — Localités usant de la mesure de Montauban. (La canne de Montauban vaut 5 pieds, 8 pouces, soit 1m840.)

Montgaillard........	16	1229	1 h. 66 a. 58 c.
Larroquette........	16	id.	id.
Larroquette........			
Las Clottes.........			
Montdurausse.......	16	1600	2 16 86
Montdragon........			
St-Urcisse..........			
Le Riols...........	18	320	0 54 89
Beauvais...........			
Montdurausse......			
Montgaillard.......	20	1024	2 16 85
Larroquette........			
Villette............			

IV. — Localités usant de la mesure de Toulouse. (La canne de Toulouse vaut 5 pieds, 6 pouces, 4 lignes, soit 1m796).

Mezens............	14	576	0 56 90
Roquemaure.......	id.	id.	id.
Montvalen.........	16	411	0 58 60
Tauriac............	id.	id.	id.
Villette............	id.	id.	id.
Couffouleux........	18	432	0 70 55

LOCALITÉS	NOMBRE DE PANS à la perche	NOMBRE DE PERCHES CARRÉES à la séterée	VALEUR DE LA SÉTERÉE
Loupiac............			
Rabastens.........	18	432	0 h. 70 a. 55 c.
Salvagnac.........			
St-Michel-de-Vax...	18	480	0 78 39
Vaour.............	18	480	0 78 39
Puycelsi..........	18	512	0 83 61

V. — Localité usant de la mesure de Graulhet. (La canne de Graulhet vaut 5 pieds, 5 pouces, 4 lignes, soit 1^{m}768.)

Peyrole...........	16	625	0 78 19

VI. — Localité usant de la mesure de Lavaur. (La canne de Lavaur vaut 5 pieds, 6 pouces, 8 lignes, soit 1^{m}804.)

Peyrole...........	16	625	0 81 42

VII. — Localité usant de la mesure de Villemur. (La canne de Villemur vaut 5 pieds, 7 pouces, 4 lignes, soit 1^{m}810.)

Beauvais..........	16	576	0 76 53

Il en résulte que le tableau des mesures de superficie comprend, pour le département du Tarn, 83 unités dont les valeurs changent suivant les localités. Nous croyons cependant, moyennant certaines explications préalables, pouvoir ramener à un type général cette fourmilière de mesures exprimées sous des noms divers.

On évaluait au xvie siècle, et on évalue encore dans le Toulousain, la superficie des terres d'après la durée du travail employé à les labourer. L'unité était alors le *journal*, c'est-à-dire la superficie labourable en une journée et cette même expression *journal de terra* se retrouve sous ce nom ou sous des synonymes (tels que *dinada*, travail de l'après-dîner) dans la plupart des pays à labour du Languedoc. Mais on comprend combien ce mode d'évaluation était peu précis. Quelle pouvait être la durée d'une journée de travail ? Elle variait forcément suivant les pays, les saisons, les individus, les modes de culture.

C'est pourquoi à cette appréciation si vague, si élastique, ne tarda pas à succéder une méthode plus rationnelle d'évaluation. Elle était basée sur des faits d'observation courante dans la vie agricole.

On sait par exemple avec quelle justesse de main, quelle précision, nos paysans puisent, dans le bissac pendu en bandoulière à leur côté, la semence qu'ils jettent circulairement sur le sol en progressant d'un pas mesuré et méthodique.

Ce « geste auguste du semeur » se répète chez eux, par le fait de l'habitude, avec une régularité si mathématique que la poignée (*pugneréé*) de grain est toujours exactement la même et la longueur de leur pas est si exactement réglée qu'à un litre près la quantité de grain jetée sur une surface donnée, est invariablement la même.

Or de cette observation — et l'on sait combien l'homme des champs est observateur — l'idée vint naturellement d'apprécier la surface ensemencée par la quantité de semence demandée.

En conséquence on donna aux mesures de superficie des noms correspondants aux mesures de capacité, de telle sorte que la superficie et la capacité correspondissent au même emblavement. C'est ainsi qu'au setier correspondit la séterée, à l'émine l'éminée, à la cartière la carterée, au boisseau la boisselée, etc...

Malheureusement personne ne s'entendait sur le choix de l'unité de capacité et chaque pays avait adopté pour cette mesure un étalon différent. Ce n'est pas que les essais d'uniformisation eussent manqué ! ils furent au contraire très nombreux, tant sous l'impulsion des évêques et des gouverneurs de province que grâce aux efforts des communautés.

En 1554, l'assemblée diocésaine avait même demandé qu'il fût établi dans tout le pays une mesure, des poids et un aunage uniformes pour toutes les denrées, les marchandises, les comestibles (1) et, vers cette époque, nombre de tableaux de mesures officielles furent promulgués, notamment pour le Quercy et le comté de Castres.

Mais le commerce était encore trop peu développé, les communications d'un pays à l'autre rencontraient trop d'entraves, mêmes légales, pour que ces essais ne fussent pas fatalement condamnés à l'impuissance.

Au contraire, les tableaux de mesures édictés par les officiers royaux, par les seigneurs et par les communautés, venant s'ajouter aux mesures en usage, augmentaient, semble-t-il, la confusion, et c'est de là certainement qu'est venue l'erreur de nombre d'auteurs qui ont confondu la *mesure d'usage* avec la *mesure officielle*.

C'est cependant à la lueur des indications fournies à cette époque par Olivier de Serres que nous essayerons de débrouiller le chaos des mesures agraires de l'Albigeois.

C'est la capacité de chargement d'une bête de somme, la *saumée* (*saumada*) qu'Olivier de Serres a pris pour base de son système. On sait en effet que, dans tous les pays, ce chargement varie peu. En conséquence, Olivier de Serres désigne sous le nom de *saumée* la superficie de terre qui demande une saumée de grain pour être emblavée. Cette saumée de terre équivaut, dans le *Théâtre d'Agriculture*, à 1600 cannes carrées et se subdivise en :

1º *Sesterées*. — La sesterée représente le quart de la saumée. Elle a par conséquent 400 cannes carrées.

2º *Éminées*. — L'éminée représente le huitième de la saumée et la moitié de la sesterée. Elle a par conséquent 200 cannes carrées.

3º *Quarterons*. — Le quarteron représente le seizième de la saumée, le huitième de la sesterée et la moitié de l'éminée. Il a par conséquent 100 cannes carrées.

4º *Boisseaux* ou *civadiers*. — Le boisseau représente le soixante-quatrième de la saumée, le seizième de la sesterée, le huitième de l'éminée et le quart du quarteron. Il a par conséquent 25 cannes carrées.

(1) E. Rossignol, *Petits États d'Albigeois*. — Assemblées du diocèse d'Albi, p. 111.

En définitive, le système d'Olivier de Serres est un système à 5 degrés représentés par la formule suivante :

1	2	3	4	5
Saumée	Sesterée	Éminée	Quarteron	Boisseau
1	1/4	1/8	1/16	1/64

Ce système est absolument régulier si on supprime l'éminée, parce qu'il constitue alors une échelle à 4 degrés dont chaque terme ou échelon est le quart du précédent :

1	2	3	4
Saumée	Sesterée	Quarteron	Boisseau
1	1/4	1/16	1/64

Toutefois l'éminée était une mesure d'usage tellement général qu'Olivier de Serres n'a pas cru pouvoir la supprimer de son tableau.

Les mesures de l'Albigeois peuvent-elles se ramener à ce type ? — Oui et non, répondrons-nous. Oui, parce que ces mesures appartiennent au même système, c'est-à-dire forment une progression de 4 degrés dont la raison est 4 (avec un échelon intermédiaire pour l'éminée, entre le 2ᵉ et le 3ᵉ degré, comme dans Olivier de Serres). — Non, parce que la saumée n'existait pas en Albigeois.

La saumée, en effet, bien qu'étant une mesure méridionale, a eu un territoire d'expansion très restreint. On ne la trouve ni à Moissac ni dans le Languedoc. Olivier de Serres du reste faisait remarquer que si la saumée vaut en général 4 séterées, il est des pays où elle ne vaut que 3 et même 2 séterées. On peut aller plus loin et dire que, dans le Languedoc, la saumée se confond ordinairement avec la séterée. Du moins dans l'Albigeois l'unité la plus élevée a toujours pris le nom de séterée.

En conséquence *dans le système albigeois l'unité la plus élevée est la séterée.*

Quant à l'unité du 2ᵉ degré (qui porte le nom de séterée dans le système d'Olivier de Serres), devenue unité du 1ᵉʳ degré, elle a pris un autre nom, celui de *carterée* (*cartayrada*).

On a donc dans le système Albigeois une progression représentée par la formule suivante :

1	2	3	4
Séterée 1	Carterée 1/4	Cartonnée 1/16	Boisselée 1/64

ou, si on y introduit l'éminée, par la formule :

1	2	3	4	5
Séterée 1	Éminée 1/2	Carterée 1/4	Cartonnée 1/16	Boisselée 1/64

Remarquons que ces dénominations et ces valeurs relatives sont exactement celles que Lagrèze-Fossat a trouvées par la comparaison des allivrements du cadastre de 1480 à Moissac. (1). Il est donc probable qu'elles étaient en vigueur sinon dans la totalité, du moins dans une grande partie du Languedoc.

Toutefois on sait déjà que ces diverses unités, tout en conservant les mêmes dénominations étaient loin d'avoir les mêmes valeurs absolues et les mêmes valeurs relatives dans toutes les localités de l'Albigeois.

Ainsi les valeurs relatives de l'échelle précédente s'appliquent exactement à Belcastel, Labastide Saint-Georges, Larroque, Lasclottes, Lavaur, Montgaillard, Montgey, Roquevidal, Saint-Urcisse, Villefranche et aux villages voisins de Lavaur. Dans toutes ces localités le système adopté était celui à 4 échelons et de la progression par 4, de telle sorte que le dernier terme de la série, le boisseau, représentait la 64e partie du setier. Mais il n'en est plus de même pour les autres localités de l'Albigeois.

En effet tandis qu'à Albi le boisseau représentait la 26e partie du setier, dans la plus grande partie de l'Albigeois il n'était que le 32e ; dans quelques localités enfin il était le 16e, le 24e, le 48e et même le 128e du setier.

Il est possible cependant de trouver une explication rationnelle à ces faits en apparence désordonnés.

Nous avons dit, en effet, que l'échelle type des mesures

---

(1) LAGRÈZE-FOSSAT. *Études historiques*, t. II, p. 352.

agraires albigeoises est à 4 degrés, chaque degré étant le quart du degré supérieur, soit :

1	2	3	4
Séterée 1	Carterée 1/4	Cartonnée 1/16	Boisselée 1/64

Or l'usage, pour les commodités du calcul et de l'expression, n'avait pas tardé à faire admettre à ces degrés des intermédiaires.

On connaît déjà l'un de ces intermédiaires, l'*éminée*, qui représentait la demi-séterée. Un autre terme s'était pareillement introduit entre la carterée et la cartonnée, c'était le *journal (jornal)* ou *dinade*, plus communément appelé en Albigeois *demi-carterée*, *mieja-cartayrada* et, par contraction, *megieyrada* (1).

Cette dernière mesure, dont la valeur était par conséquent d'une demi-carterée ou de deux cartonnées, n'est autre que l'*arpent* ou *mesure*, valant suivant les localités un nombre variable de perches mais représentant toujours 1/8 de la séterée. Ainsi ce qu'il faut entendre par *mesure de Gaillac*, *mesure de Cordes*, etc., c'est la valeur de la demi-carterée ou de la demi-cartière, dans ces pays.

L'échelle à divisions tétratomiques s'était de la sorte trouvée remplacée par une échelle dichotomique représentée par la formule suivante :

1	2	3	4	5	6
Séterée 1	Éminée 1/2	Carterée 1/4	1/2 Carterée 1/8	Cartonnée 1/16	Boisselée 1/32

Cette échelle de progression dont la raison est 2 (et non plus 4) était celle que l'usage avait fait adopter dans la plupart des localités de l'Albigeois.

Or, de même que le premier terme de l'échelle portait, dans tout l'Albigeois, le nom de *séterée*, le dernier terme portait toujours aussi le nom de *boisselée* et comme le nombre des échelons variait d'une localité à l'autre, on voit

---

(1) Masenx, comme Fabre, ne se servent jamais des termes *megieyra*, *megieyrada* ; ils disent toujours *mieja-carta* ou *mieja-cartayrada*.

que par suite, rien n'était plus variable que la valeur de la boisselée relativement à la séterée.

Ainsi, dans certaines localités, telles que Brousse et Venès, l'échelle dichotomique précédente n'avait que 5 échelons, de telle sorte que la boisselée y représentait, à la place de la cartonnée, la 16e partie du setier. Exemple :

1	2	3	4	5
Séterée 1	Eminée 1/2	Carterée 1/4	1/2 carterée 1/8	Boisselée 1/16

Au contraire à Ambres, Arfons, Brassac, Cahuzac, Castres, Carmaux, Cordes, Durfort, Gaillac, L'Isle-d'Albi, Mazamet, Puylaurens, Roquecourbe, Sorèze, etc., c'est-à-dire dans la grande majorité de l'Albigeois, l'échelle avait six termes, de telle sorte que la boisselée représentait la 32e partie du setier. Exemple :

1	2	3	4	5	6
Séterée 1	Eminée 1/2	Carterée 1/4	1/2 carterée 1/8	Cartonnée 1/16	Boisselée 1/32

Avec l'échelle à 7 termes on retombe dans le cas que nous avons déjà signalé à Belcastel, Lavaur, Montgaillard, Saint-Urcisse, Villefranche, etc., à savoir du boisseau valant la 64e partie du setier. Exemple :

1	2	3	4	5	6	7
Séterée 1	Eminée 1/2	Carterée 1/4	1/2 carterée 1/8	Cartonnée 1/16	1/2 cartonnée 1/32	Boisselée 1/64

Enfin avec l'échelle à 8 termes, on arrive au cas de la commune de Frégeville représentée par la formule suivante :

1	2	3	4	5	6	7	8
Séterée 1	Eminée 1/2	Carterée 1/4	1/2 carterée 1/8	Cartonnée 1/16	1/2 cartonnée 1/32	» 1/64	Boisselée 1/128

En effet, dans la commune de Frégeville la valeur de la boisselée n'était exceptionnellement que le 1/128 du setier.

Mais ce n'est pas tout.

Dans quelques communautés qui avaient adopté l'échelle dichotomique à 5 ou 6 échelons, le dernier terme, c'est-à-dire la boisselée, au lieu de représenter la moitié de la mesure immédiatement supérieure n'en représentait plus que le tiers.

De là un nouveau type de mesures qui est représenté par les formules suivantes :

1	2	3	4	5
Séterée 1	Eminée 1/2	Carterée 1/4	1/2 carterée 1/8	Boisselée 1/24

et

1	2	3	4	5	6
Séterée 1	Eminée 1/2	Carterée 1/4	1/2 carterée 1/8	Cartonnée 1/16	Boisselée 1/48

Le premier exemple de ce type se trouve réalisé dans l'échelle métrique d'Aguts et de Cuq-Toulza, où la boisselée ne valait, en effet, que le tiers de la mesure, soit la 24e partie de la séterée (et même dans celle d'Albi, où elle en valait la 26e); le second exemple, dans les échelles de Fayssac, Grazac, Loupiac, Rabastens, Salvagnac, Vaour, Saint-Affrique, etc, où la boisselée ne valait plus que le tiers de la cartonnée, c'est-à-dire la 48e partie de la séterée.

En résumé, comme on le voit, il est possible de ramener les mesures, en apparence si disparates, de l'Albigeois à à une formule rationnelle en admettant pour ce pays deux types d'échelles métriques, à savoir :

1° Une échelle à divisions dichotomiques avec un nombre variable de degrés.

2° La même échelle dans laquelle le dernier échelon (au lieu d'être la moitié) est le tiers du précédent échelon.

Dans ces conditions, si l'on admet que le nombre des échelons puisse varier d'une localité à l'autre, mais que le premier terme de l'échelle porte toujours le nom de séterée tandis que le dernier porte le nom de boisselée, on voit que la boisselée de l'Albigeois peut représenter la 16e, la 24e, la 32e, la 48e, la 64e ou la 128e partie de la séterée.

Quant à la valeur absolue de la séterée, elle varie, comme nous l'avons dit, dans chaque localité, suivant la mesure adoptée.

C'est en concordance avec ces variations absolues et relatives que nous avons dressé le tableau des anciennes mesures agraires du département du Tarn qu'on trouvera aux pièces annexes (*annexe n° 1*).

Ces mesures portent les noms ou les synonymes qui suivent :

1° *Séterée (sestayrada)*.
2° *Éminée (eminada* ou *minada)*, moitié de la sétérée.
3° *Carterée (cartayrada)*, moitié de l'éminée.
4° *Demi-carterée (mieja-cartayrada)*, moitié de la carterée. Elle s'appelle aussi *mesure*, *rase*, *arpent*, *journal*, *dinade* et par corruption du mot, demi-carterée, *megieyrada*.
5° *Cartonnée* ou cartonnade *(cartonada)*, moitié de la demi-carterée. Elle s'appelle aussi *pugnerée*, *pugneirada* ou *coupada*.
6° *Boisselée*, valeur variable mais toujours égale à la moitié ou au tiers du terme qui la précède dans l'échelle dichotomique.

(b) Mesures de capacité pour les Grains

Les explications que nous venons de donner à propos des mesures de superficie nous dispensent d'insister longuement sur les mesures de capacité. Celles-ci, avons-nous dit, ont donné leur nom à celles-là et par conséquent, leur correspondent. Ce sont : le *setier*, l'*émine*, la *cartière (cartiera* ou *carta)*, la *demi-cartière*, le *carton* ou *carteron (carto)* et le boisseau.

Valeur relative : chaque terme de cette série représente comme capacité la moitié du terme immédiatement supérieur. Cependant le *boisseau (boyssel)* égalait tantôt le 16e, tantôt le 24e, tantôt le 48e, tantôt le 64e, mais le plus souvent, comme à Gaillac, le 32e du setier. Dans une localité même, à Frégeville, il ne valait que le 128e du setier.

Quant aux subdivisions du boisseau, elles étaient plus variables encore.

Dans la plupart des localités (Lautrec, Castres, Gaillac, Moissac, etc.) le boisseau se subdivisait en 2 *coups* et le coup en 2 *picotins* ; ailleurs (ex : Saint-Julien, Montdragon, etc.) le boisseau se divisait en 2 *pennes* et la penne en 4 *quarts*.

Ces valeurs relatives sont celles qui sont indiquées dans les tableaux officiels promulgués à cette époque. Nous citerons comme exemple de ces tableaux la sentence du Sénéchal du Quercy du 19 juillet 1534 (1), qui fixe comme il suit la valeur relative des mesures de capacité :

Le setier à 4 cartières,
La cartière à 4 cartons,
Le carton à 4 boisseaux,
Le boisseau à 2 coups,
Le coup à 2 picotins,

et le rapport du trésorier J.-F. de Tolosani (2), pour le comté de Castres, en 1550, qui dit : « Est à noter que le setier a 2 mynes, la myne 2 cartes, la carte 4 cartons *sive* poignères, le carton 2 boisseaux et le boisseau 2 coups ».

Mais il ne faut pas oublier que les tableaux officiels étaient souvent lettre morte en bien des communautés, où, à côté de la mesure officielle, existait une mesure d'usage.

Or c'était précisément ce qui existait dans la région de Gaillac où, en dépit des ordonnances et des agents royaux, on se servait généralement, pour les mesures de capacité des grains, d'une mesure d'usage.

Le caractère essentiel de cette mesure d'usage était la suppression du carton. En effet — et c'est là un fait qui a trompé beaucoup d'auteurs, en particulier Lagrèze-Fossat, — le peuple n'établissait aucune différence entre les mots *cartiera*, *carta* et *carto*. Cela se comprend du reste : *cartiera* et *carta* sont synonymes ; or l'*a* terminal des substantifs devient *o* dans le langage courant, ce qui fait que *carta* et *carto* étaient également synonymes (3). En conséquence la distinction artificielle qu'on avait voulu établir entre la cartiera (*carta*) et le carton ou carteron (*carto*) n'avait

(1) LAGRÈZE-FOSSAT. *Etudes historiques*, t. 1, p. 477.

(2) « Estat au vray de la trésorerie et recepte ordinayre de la Comté de Castres... » *Arch. départ. du Tarn.* A. 80.

(3) C'est grâce à cette circonstance que Lagrèze-Fossat fixe, d'une façon erronée, la valeur du setier de Moissac à 511 litres. En effet, la valeur du carton étant de 31 litres, il en a conclu que celle de la cartière était de 31×4, soit 136 lit. et celle du setier de $136 \times 4 = 511$ litres Or, malgré l'ordonnance de 1511, *carto* et *carta* avaient à Moissac comme à Gaillac, la même signification, de telle sorte que le setier de Moissac valait 136 et non 511 litres. Cette valeur concorde d'ailleurs avec les prix de vente donnés par Lagrèze.

aucune chance d'être acceptée, et le peuple, pour ne pas s'embrouiller dans ces dénominations, ne se servait que de mesures d'usage, à savoir :

Le setier valant 4 cartières.
Le sac valant 3 cartières.
L'émine valant 2 cartières.
La cartière (*cartiera, carta* ou *carto*).
La demi-cartière valant la moitié de la cartière.
Le boisseau valant la moitié de la demi-cartière.

C'est ce système en particulier que Masenx a adopté et qu'il suit, à peu près invariablement, dans ses comptes (1).

Valeur absolue. — Quant à la détermination de la valeur absolue du setier, le problème est plus difficile. Il existait, en effet, dans le département du Tarn 20 setiers différents, de capacité différente. Il ne nous serait pas possible, sans sortir des bornes que nous nous sommes imposées, de refaire pour ces mesures le tableau que nous avons fait pour les mesures agraires. Nous nous contenterons donc d'indiquer la valeur de chacune de ces unités pour tous les chefs-lieux de canton du Gaillacois.

Mesure Officielle

COMMUNES	Setier	Emine	Cartière	1/2 Cartière	Carton	Boisseau	Rapport du boisseau au setier
Cadalen	131lit	65lit 5	32 75	16 375	8 187	4 10	1/32
Castelnau-de-Montmiral	140	70	35	17 50	8 75	4 40	id.
Cordes	126	63	31 50	15 75	7 875	3 90	id.
Gaillac	138	69	34 50	17 25	8 625	4 30	id.
Lisle	138	69	31 50	17 25	8 625	4 30	id.
Rabastens	155	77 5	38 75	19 35	9 675	3 20	1/48
Salvagnac	127	63 5	31 75	15 875	7 937	2 60	id.
Vaour	167	83 5	41 75	20 875	10 437	3 50	id.

(1) Cette observation est importante parce que, comme on le voit, le boisseau d'usage — qui est celui que Masenx emploie — est, non pas la 32e, mais la 16e partie du setier.

Mesure d'Usage

COMMUNES	Setier	Emine	Cartière	1/2 Cartière	Boisseau	Rapport du Boisseau ou Setier
Castelnau..........	140	70	35	17 50	8 75	1/16
Cordes............	126	63	31 50	15 75	7 87	id.
Gaillac...........	138	69	31 50	17 25	8 62	id.
Lisle.............	138	69	31 50	17 25	8 62	id.
Vaour	167	83 5	41 75	20 87	10 43	1/24

5° Monnaies

Le système monétaire à peu près exclusivement usité dans l'Albigeois à l'époque de Fabre et de Masenx, est le système tournois (monnaie de Tours), que le roi Louis IX avait imposé à la France entière.

L'unité fondamentale de ce système était la livre d'argent, valant 20 sols. Le sol (sou tournois) était une monnaie d'argent valant à son tour 12 deniers. Enfin le denier tournois, monnaie de bronze, avait lui-même un assez grand nombre de subdivisions régionales.

La plus connue de ces subdivisions dans l'Albigeois, était la *maille* ou *mialle* (obole), qui valait un demi-denier ; mais, à partir de 1430, époque à laquelle Guignes Liard, de Crémieu-en-Viennois, fut autorisé par Louis XI à émettre sa monnaie, le *liard* tendit de plus en plus à se substituer, comme monnaie divisionnaire, à la maille. Quant à la *pougèze* et à la *pile*, c'étaient, comme nous le dirons plus loin, des subdivisions du denier *tolza* ou *toulousain*, mais non du denier tournois.

On sait que la Livre tournois elle-même n'était pas une monnaie ; elle n'était qu'un poids d'argent ou la représentation de 20 sols d'argent.

Quant au sol il eut aussi bon nombre de divisions, surtout à Paris, telles le *grand-blanc* de Charles VII, qui

valait 10 deniers, et le *blanc* ou *petit blanc*, qui valait
5 deniers.

Ces monnaies du système tournois sont la base à laquelle
nous ramènerons toutes les autres.

En effet, indépendamment de la monnaie tournoise,
avec laquelle ils établissent leurs comptes, et des subdivisions du *sol tolza*, desquelles nous dirons quelques mots à
la fin de ce chapitre, Fabre et Masenx désignent :

1º L'écu au soleil ou écu-sol.

2º L'écu petit.

3º Le teston.

4º La double ou carolin (1).

Une seule fois, dans une courte note détachée et relative
à un compte de bourrelier, Masenx fait allusion au *ducal*.

Écu au soleil. L'écu (*scut, escut,* écu d'or, écu au soleil,
écu-sol), que Fabre et Masenx représentent par le sigle ʀ,
c'est-à-dire par un écu de blason, était une monnaie royale
française en or, émise en 1514 et 1516 au cours théorique de
2 livres tournois ou 40 sols. Son poids était de 64 grains et
son titre de 944 0 00. Pour être franc il devait peser 7 et
demi au marc, sinon il était considéré comme *rogné* ou
court (*cort*).

Malheureusement les variations du numéraire et les
besoins financiers faisaient constamment changer la valeur
relative de l'écu, de telle sorte que, d'une année à l'autre,
cette valeur pouvait présenter des écarts notables. D'ailleurs nous connaissons, par les édits qui les consacraient,
ces variations de l'écu et on peut dire que la courbe
progressivement ascendante qu'elles décrivent est, pour la
connaissance des conditions économiques de ce temps, un
phénomène des plus instructifs.

C'est ainsi qu'émis à la valeur de 40 *s.*, l'écu au soleil fut
haussé à 45 *s.* par l'ordonnance royale du 23 janvier 1538,
puis il monta sous Charles IX à 50 *s.* (17 août 1561) et, sous
Henri III, à 58, 60 et 65 sols. Il ne s'en tint pas là du reste,

---

(1) Presque toutes ces monnaies sont mentionnées dans un compte de
Fabre. Fº II rº.

car sa valeur continua à augmenter ; elle fut de 72 sols et et 70 sols sous Henri IV, de 3 *ll.* 15 *s.*, 4 *l.* 3 *s.*, 4 *l.* 6 *s.*, 4 *l.* 14 *s.* et 5 *l.* 4 *s.* sous Louis XIII, enfin de 5 *l.* 19 *s.* sous Louis XIV. Un édit de 1683 retrancha alors l'écu-sol de la circulation.

Par conséquent à l'époque qui nous occupe de 1538 à 1561, la valeur légale de cette monnaie est de 45 *s.* C'est en effet à ce taux qu'elle est comptée le plus souvent par Fabre et par Masenx. Exemple : « *Paga* II *ll.* V *s. lo del Anthony Fabre l'an des en un escut del solel* » (M. f° LXXXVIII r°, année 1539) — ...« *la somma de* IX *ll. que las li ey prestadas en* III *escus del solel.* (M. f° LXVI r°, année 1539). Mais déjà, avant 1538, l'écu au soleil avait une valeur commerciale supérieure à 40 sols. Masenx par exemple, en 1531, le compte à 41 *s.* 8 *d.* (« *ha pres en tres escuts del solel* VI *ll.* V *s.* » f° 145 r°) et à 42 sols (« *ha pres un escut del solel per* II *ll.* II *s.* » f° 144 v°) et, vers 1532 déjà, les commerçants l'acceptaient pour 45 sols. Fabre par exemple, qui ne compte l'écu qu'à 41 sols en 1530 (f° VIII r°), le compte régulièrement à 45 sols après cette date (F. f° XIV r° et LVI r°). (1)

Ces différences toutefois ne provenaient pas seulement de la variabilité du marché de l'or et de l'argent, elles étaient aussi le résultat de la valeur, fiduciaire à cette époque, des monnaies. On sait d'ailleurs que les juifs et les usuriers rognaient la monnaie d'or et d'argent pour bénéficier de la rognure et, entre un écu-neuf et un écu rogné, il y avait toute une gamme qui nécessitait entre vendeur et acquéreur, pour la détermination de la valeur de la monnaie, une véritable expertise.

La valeur de l'écu se débattait donc entre les parties, en quelque sorte à l'amiable et, quand Masenx évalue à 43 sols la valeur d'un écu rogné « *Paga* II *ll.* III *s. en un escut cort al solel* » cela veut dire qu'il estime à 2 sols la valeur du déficit métallique.

---

(1) A Toulouse néanmoins et à Narbonne, il semble que l'écu fut estimé plus haut, car nous lui trouvons la valeur de 46 sols en 1516.
Dans un acte de vente que nous possédons (vente à Guilhem Masenx d'une pièce de terre par Antoine Pougès de Saint-Jérôme) l'écu au soleil est pris, à Castelnau-de-Montmiral, le 3 août 1592, pour 60 sols.

Du reste le plus souvent les écus étaient pesés et leur valeur déduite de la pesée. Voici un exemple de ce mode d'opérations. Masenx reçoit de Jean Fabre, dit Toutet, un écu-sol rogné ; il le pèse et trouve qu'il y manque 5 grains, soit 1 12 du métal. En conséquence il retranche de sa valeur 1 12, soit 4 s. 2 d. et le prend pour 2 ll. 10 d. au lieu de 2 ll. 5 s. « *Pagu lo des un escut del solel, masque era cort de v gras, que ratio* II ll. 10 d. » (M. f° LXXX r°).

Dans un autre cas Masenx reçut même un écu tellement rogné qu'il ne voulut l'accepter pour aucun prix. « *Item deo (Peire Angos) II ll. v s. per un escut que me bailec Peirolo de la Baslio, cant me cromper lo segal, per se que era cort el rognat, et me (ha) promes de me bayla l'argen lo xx de aoust v*^{c} *XXVIII* » (M. f° LIII r°).

Écu petit. — Il est moins difficile de déterminer la valeur exacte de l'écu petit. Cette monnaie n'est autre, en effet, que *l'écu à la couronne*, monnaie d'or du xve siècle, dont la valeur était assez régulièrement de 27 s. 6 d.

C'est, en effet, cette valeur qu'on lui trouve à Moissac en 1480 (1) : c'est encore la valeur fixée par un arrêt du Parlement de Toulouse du 25 novembre 1517 (2) ; c'est aussi la valeur que lui donnent les frères Boysset à Saint-Antonin de 1520 à 1538 (3) ; enfin c'est la valeur ordinaire que lui attribue Masenx (M. f° XCVII r°, année 1543 et f°s 123 r°, 4 r°, année 1545).

Cependant à l'époque qui nous occupe cette valeur n'était pas uniforme dans l'Albigeois. Fabre par exemple (f° LXI r°) fixe la valeur de l'écu petit à 28 sols en 1537. Masenx de même, auquel Antoine Fabre doit, en 1541, 10 écus et un quart d'écu, fixe la valeur de ce quart à 8 *doblas* et 4 deniers, c'est-à-dire 7 sols, ce qui met la valeur de l'écu à 28 sols (f° LXXXIX r°). — Enfin cette valeur peut être inférieure à 27 sols. Ainsi François d'Estaviale ayant acheté en

---

(1) LAGRÈZE-FOSSAT. — De la valeur de quelques monnaies en usage à Moissac dans la seconde moitié du xve siècle. *Études historiques*, t. I, p. 280 et t. II, p. 370.

(2) LAROCHE-FLAVIN. — *Arrests notables*, livre I, titre XXIII, art. 3.

(3) E. FORESTIÉ. — *Les Livres de comptes des frères Boysset*, p. 20.

1529, un cheval au prix de 5 écus, 18 sols et 9 deniers, se trouve après avoir remboursé à Masenx, à diverses reprises, 20 s. + 35 s. + 10 s. + 21 *doblas* + 20 s. + 15 s. + 5 s., c'est-à-dire 6 *ll.* 2 s. 6 *d.*, encore débiteur de 28 s. 9 *d.*, ce qui met exactement la valeur de l'écu à 26 s. 6 *d.* (M. f° XXI r°).

Teston. — Plus aisée est la détermination de la valeur du teston. Émis en 1516, le teston était une monnaie royale, en argent, du poids de 178 grains et au titre de 917 0 00. Il valait assez uniformément 10 sols tournois, c'est-à-dire la moitié de la Livre. Cependant presque toujours, dans Fabre et dans Masenx, on trouve une valeur un peu supérieure à 10 sols, en général 10 sols et 6 deniers (10 sols et demi).

Fabre par exemple dit : « *Pagat realamen en quatre testos he miech testo, valen lo testo* x s. vi *d.* » (F. f° XIII r°) et Masenx : « *Deo la somma de* XXI s. *que ly ey prestat en dos testos* » (M. f° LXVX r°), ou bien : « *Paga l'an des* (1512) XXI s. *en dos testos* » (M. f° 112 r°).

Dans ces trois exemples la valeur du teston est de 10 s. 6 *d.* Dans d'autres cas Masenx fixe au teston une valeur un peu moindre, exemple : « *Paga* II *ll.* I s. X *d. l'an* v° XL *en* III *testos* ». (M. f° XCI r°). La valeur est cette fois de 10 sols et 5 deniers et demi. D'ailleurs, dans d'autres circonstances, Masenx donne au teston sa valeur légale de 10 sols, exemple : «*Paga..... la somma de* XX s. *en dos testos* » (M. année 1531. Note séparée).

Cette variabilité d'estimation n'a rien de surprenant. La monnaie n'était pour les marchands, à cette époque, qu'une marchandise et elle subissait, comme la marchandise, les fluctuations de l'offre et de la demande. Les marchands, du reste, spéculaient sur sa valeur; mais, d'une façon générale, pour la monnaie d'argent comme pour la monnaie d'or, la valeur commerciale courante était toujours supérieure à la valeur réelle ou d'émission. Autrement dit, sur le marché, les métaux précieux *faisaient prime*. Il n'y a donc rien d'étonnant à ce que le teston ait, dans nos Livres de raison, une valeur supérieure à 10 sols ; on a vu qu'il en était de même pour l'écu.

Dans un compte avec l'un de ses clients, Jacques Vallière, de Montets, Masenx reçoit en paiement des *testons de Savoie*. Nous ignorons ce qu'il faut entendre par cette monnaie et si sa valeur était inférieure au teston de France ; mais Masenx ne l'accepte qu'à 9 sols au lieu de 10. « *Paga*, dit-il,..... *en moneda et testos, et n'y avio de Savoyo que no valon que* IX *s.* » (M. f° LXV r°).

Double. — Il ne faut pas confondre la double (*dobla*), monnaie d'argent, avec le double denier (*doble*), qui était une monnaie de billon française ne valant que 2 deniers, ni avec le *doublon*, monnaie d'or espagnole de valeur beaucoup plus forte.

Cette expression de *dobla* est d'ailleurs toute régionale ; elle est synonyme de carolin, *caroli*. Eutrope Fabre par exemple, sauf dans un article de 1537 où il dit qu'Antoine Fabre lui a prêté X *dobblos de sa borsa* » (f° LXVI r°), ne se sert que du mot *caroli* pour désigner cette monnaie, tandis que Masenx emploie exclusivement le mot *dobla*.

Or la valeur du *carolin* est facile à déduire du compte suivant d'Eutrope. Une terre du prix de 30 livres tournois a été payée « *en* XIII *seuls del solel, valen cado escut* XLV *s., he* XVIII *carolis realamen contats per lo notari* » (F. f°XIV r°). 13 écus à 45 sols donnent un total de 585 sols et le prix d'achat étant de 30 livres (600 sols), les 18 carolins représentent la différence entre 600 et 585, soit 15 sols. La valeur du carolin est donc exactement de 10 deniers.

Il n'est point, d'après cela, malaisé de conclure que *dobla* et *caroli* ne sont autre chose que la monnaie d'argent de 10 deniers créée par Charles VII, qui portait en France la dénomination vulgaire de *grand-blanc*.

Ainsi grand-blanc, double ou carolin sont trois mots synonymes ; ils sont indifféremment employés pour désigner la monnaie d'argent de 10 deniers et, comme cette valeur est également celle du *sol cahorsin*, il se peut qu'ils désignassent aussi le *sol cahorsin*, vieille monnaie méridionale qui n'avait pas encore complètement disparu au XVI° siècle.

Quoiqu'il en soit, c'est généralement à sa valeur légale de 10 deniers que Masenx compte la *dobla*. Ainsi Antoine d'Estaviale lui doit 15 sols pour un achat de paumoule ; il paie 15 doubles et Masenx lui marque un reste de 2 s. 6 d. — Valeur de la double : 10 d. (M. f° XXIII r°).

Philippe Florestan lui doit, pour achat de drap, 4 ll. et 16 doubles ; il paie à diverses reprises 60 sols et 20 doubles et se trouve encore débiteur de 20 doubles. — Valeur de la double : 10 d. (f° LXIII r°).

De même pour Guiraude, femme de Jean Mazinade ; Masenx, dans deux comptes de blé, lui compte la double à 10 deniers (f° LXV r°).

Mais, comme nous l'avons dit, Masenx ne se fait pas faute de spéculer sur les monnaies. Il n'est donc pas étonnant de trouver, dans ses comptes, une valeur variable à la *dobla* ; en général quand il encaisse cette valeur est inférieure à 10 deniers ; quand il paie, elle peut être supérieure.

Nous avons déjà cité, au chapitre VII, un certain nombre d'exemples dans lesquels il réalise des bénéfices en donnant une valeur fictive à la *dobla*. Dans un cas (f° LXXXVII r°) cette valeur est de 9 deniers, dans un autre (f° LXV r°) elle descend même à 8 d. Dans d'autres cas, au contraire, la *dobla* est comptée à plus de 10 deniers.

C'est ce qui se produit avec Ramon Fabre, par exemple, qui rembourse à Masenx une dette de 40 doblas, non pas à 33 s. 3 d., mais à 34 s. 9 d. (f° XCVI r°).

C'est encore le même fait avec Antoine Andrieu, dit Couhet, du mas de Polverel, qui paie 62 doblas un setier de blé estimé 3 ll. (f° LXXIII v°), de telle sorte que la valeur de la *dobla* monte ici à 11 deniers 2/3.

Enfin, dans nombre de cas, cette valeur se hausse à 1 sol. Ainsi Masenx vend, au mois d'avril 1542, 6 quintaux de foin à Pierre Pailhès, 3 quintaux à Antoine Pouget et 10 quintaux à Durand Pouget. Les deux premières ventes sont faites à 4 s. le quintal ; il est donc probable que la dernière, faite le même jour, est au même prix. Or Masenx porte au compte de Durand Pouget la somme de 40 doubles. Il faut donc admettre dans ce cas que la double à la même valeur que le sol, soit 12 deniers. Cette conclusion se trouve d'ailleurs corroborée par ce double fait qu'un nouvel acheteur, Guilhem Ricart, prend 4 quintaux de foin pour 16 *doblas* et que Thomas Capus, également débiteur de 6 quintaux, s'acquitte des 24 sols qu'il doit en deux paiements, l'un de 13, l'autre de 11 doblas (M. f°° xcii r° et r° et xciii r°).

Il n'est pas douteux assurément que, dans un grand nombre des faits qui précèdent, les variations de valeur de la *dobla* ne servissent qu'à masquer une opération commerciale, le plus souvent un intérêt; mais le seul fait de leur existence et surtout de leur aveu témoigne qu'il y avait, à côté de la valeur fixe, légale, de certaines monnaies, une valeur admise, commerciale, facultative, qui ouvrait la porte à tous les abus. Pour la *dobla* en particulier cette valeur pouvait aller de 8 deniers à 1 sol.

Ducat. — Une seule fois, dans une note séparée de son livre et relative à un compte de bourrelier, Masenx fait allusion à une monnaie d'or vénitienne, le *ducat*. « *Item ma pagat*, dit-il, *un ducat en deisso de maye somma.* »

On a déjà vu apparaître le teston de Savoie : c'est donc la seconde fois qu'une monnaie italienne se montre dans ces comptes. Mais il ne faut pas oublier qu'à l'époque qui nous occupe, l'Italie, le Piémont en particulier était le champ clos de nos armées, que le Milanais était considéré comme une possession de la couronne et que la République de Venise était l'alliée du roi de France.

Quoi qu'il en soit, le ducat avait à cette époque une valeur à peu près égale à 3 écus au soleil, soit 7 *ll.* à 7 *ll.* et demie (1).

Enfin il est quelquefois question dans nos livres, notamment dans Fabre (f° xi r°), de la monnaie *tolza* ou toulousaine.

Monnaie tolza. — Cette monnaie était encore assez répandue dans certaines parties de l'Albigeois, notamment

---

(1) Cette valeur semble avoir augmenté assez rapidement car, dans un acte du notaire Ant. Loubet, de Castelnau, relatif à l'achat d'une maison, en 1592, le petit-neveu de Masenx paie cette maison soixante livres « *en six escuts tous en or et ung double-ducat* ».

à Lavaur au xvᵉ siècle, mais elle était devenue rare au xvɪᵉ, de telle sorte que sa valeur prêtait souvent à des contestations. Il résulte cependant d'un protocole de cèdes d'un notaire de Toulouse, nommé Bonnet, consulté par un conseiller au Parlement, M. de la Porte, que le *sol tolza* valait à Toulouse 2 *s.* 6 *d.* tournois, de telle sorte que 2 sols tolzas équivalent à 5 *s.* tournois (1).

En outre, et c'est ce qui explique la persistance de la monnaie toulousaine dans les campagnes, le sol tolza avait de nombreuses subdivisions, à savoir :

Le *denier tolza* qui, conformément à l'échelle précédente, valait 2 deniers et demi tournois ;

La *pougèze* ou *pogèze* (pogès) qui valait le quart du denier ;

La *pite* qui valait le huitième du denier.

Il fallait donc 2 pites pour 1 pougèze et 8 pites pour 1 denier tolza.

Cependant, pour simplifier les opérations de change, le Parlement de Toulouse admit, au xvɪᵉ siècle, l'équivalence du sol tolza à 2 sols tournois et du denier tolza à 2 deniers tournois. C'est cette valeur, sanctionnée probablement déjà par l'usage, qui est indiquée par Fabre.

(1) La Roche-Flavin. — *Arrests notables*, liv. II, tit. X, arrêt 3.

CHAPITRE XIV

SOMMAIRE. — *La culture en Gaillacois. Les céréales : jachères et assolement. Rendement de la culture en blé. Oscillations de la mercuriale du blé. Prix de vente des céréales. — Les fourrages. — Récoltes diverses : pastel, lin, chanvre, matières textiles, miel, noix, oignons. — Élévation progressive du prix des denrées.*

Le principal intérêt de nos Livres de raison réside surtout dans les renseignements qu'ils fournissent sur l'état de l'agriculture dans le Gaillacois au xvie siècle. Il n'est pas de page, presque pas d'article qui ne contienne un fait intéressant pour l'histoire agricole, encore inédite, de cette région.

Et tout d'abord, quelle était la physionomie du sol il y a près de quatre siècles? Quel était le spectacle qu'aurait eu sous les yeux un voyageur qui, pour se rendre compte de la diversité des cultures, serait monté sur une hauteur, par exemple sur le clocher de l'église de Senouillac dominant le pays? On voit l'extrême importance de ce problème.

Eutrope Fabre en donne la solution. Il faut poser en principe qu'au xvie siècle comme aujourd'hui une *borio*, une métairie, était en quelque sorte la synthèse du pays. Aujourd'hui comme alors, en effet, les diverses cultures en usage dans la région se retrouvent dans chaque propriété; la différence n'est que dans la proportion.

Il pourra donc nous suffire de connaître la *borio* de Fabre pour avoir sous les yeux le tableau synthétique fidèle du Gaillacois au xvie siècle. Or Eutrope détaille assez bien, culture par culture, l'ensemble de ses propriétés avec leur surface respective (voir chap. III). Elles s'étendaient sur 10 séterées, 1 carterée, 1 cartonnée et 1 demi-boiselée de terres, soit en mesures du jour 6 hectares 31 ares.

Sur cet ensemble les terres labourables, ensemencées en céréales, absorbaient 6 séterées, 3 carterées et 3 cartonnées, soit 4 hectares, 23 ares, 86 centiares ; la vigne 2 séterées, 2 carterées et 1 boisselée, soit 1 hectare, 54 ares, 65 centiares ; les fourrages 1 carterée, 1 cartonnée et 1 boisselée et demie, soit 22 ares ; les bois 1 éminée, soit 30 ares.

Qu'on ajoute à cela quelques ares plantés en jardin, pastel, lin, chanvre ou oignon, et on aura une idée exacte de la physionomie du pays. En réalité les terres labourables occupaient 70 0 0 de la totalité du sol et la vigne 25 0 0. Aujourd'hui, ou plutôt il y a vingt ans, avant l'invasion phylloxérique, la proportion a été renversée ; cette partie du Gaillacois n'a plus formé qu'un seul vignoble coupé, de loin en loin, par une pièce de blé ou de luzerne. Avant dix ans, du reste, cette physionomie si particulière sera reconstituée.

Quelles récoltes confiait-on aux terres de labour ? — A chaque page de Masenx on trouve ces mots : *blat, mossola, formen, segal, mil, ordi, palmola, mistura*, etc. Les céréales étaient donc nombreuses.

En réalité on donnait le nom de blé, *blat*, à toutes les céréales entrant dans la fabrication du pain, telles le blé, le seigle, le méteil, et même les vesces, tandis que, lorsqu'on voulait désigner le blé proprement dit (*triticum sativum*), on se servait du mot froment (*frumentum*). La *mossola* (touzelle) était un blé de premier choix. Aussi dans les arrentements, dans les baux à fief, lorsque le cens ou la rente était payable en blé, on avait bien soin de spécifier qu'il s'agissait de blé moussole.

Nous croyons inutile de définir le *segal* ou *sial* (seigle), l'*ordi* (orge), la *sivada* (avoine) et la *palmola* (paumoule, épeautre). Ces mots n'ont pas changé d'acception.

La *mistura* (méteil) était un mélange de blé et de seigle, quelquefois même de blé et de vesces.

Quant au *mil* ou maïs *(zea sativa),* c'est une plante qui, au commencement du XVIe siècle, venait d'être importée du Pérou par les Espagnols et qui déjà s'introduisait en France. On sait quel rôle bienfaisant elle a joué dans l'agriculture méridionale en permettant de substituer l'assolement à la jachère, c'est pourquoi son adoption fut si unanime (1).

Il ne faudrait pas croire cependant que cette adoption ait été aussi rapide et aussi considérable qu'on l'a répété. En 1780, cette culture ne couvrait pas plus de 4.000 arpents dans le diocèse de Toulouse. C'est depuis la Révolution qu'elle a pris, particulièrement en Lauraguais, sa grande importance. Ainsi, en 1815, on comptait dans la Haute-Garonne 30.720 hectares de maïs ; en 1835, 40.695 hectares ; en 1860 enfin 51.336 hectares.

Depuis lors et grâce à l'avilissement du prix du blé, grâce aussi aux progrès de l'importation des céréales, l'importance de la culture du maïs a diminué. Le paysan ne se nourrit plus de pain de maïs ni de *millas* (bouillie de maïs) ; il mange du pain de blé.

Mais à l'époque qui nous occupe, le paysan albigeois ne connaissait encore qu'imparfaitement les avantages qu'il pouvait retirer de la nouvelle céréale. Ce qu'il appréciait surtout en elle, c'étaient ses qualités de résistance à la sécheresse, d'engrais excellent pour les animaux, et surtout d'aliment économique pour les familles ouvrières. On n'ignore pas, par exemple, que, jusqu'à ces dernières années, il

(1) On n'est pas d'accord sur la date de l'introduction du *mil* ou *maïs* en France. D'après les uns, c'est à la suite des Croisades que cette céréale fit sa première apparition en Europe ; d'autres soutiennent que nous la devons à la conquête du Pérou. Ce qui est certain c'est que bien avant le XVIe siècle on connaissait, dans le Gaillacois même, une céréale qui portait le nom de *mil*. En effet, d'après le *Cartulaire de Vaour* (premier fascicule des *Archives historiques de l'Albigeois*) publié par MM. Ed. Cabié et Ch. Portal, un certain Alauzit libéra le domaine de Bioule, qui appartenait à Uc del Breil, moyennant le paiement de trois setiers de *mil*.

Il est probable qu'on n'apprécia les qualités nutritives et fourragères du maïs qu'à la fin du XVe ou au commencement du XVIe siècle ; il n'était guère cultivé que pour l'engraissement du porc, que l'on trouvait dans toutes les *borios* (à preuve les testaments du XVe siècle) et des animaux de basse-cour. Ce qui paraît démontré c'est que le maïs n'est entré dans la grande culture qu'aux premières années du XVIe siècle.

n'était point de ménage rural où, chaque jour, un chaudron de *millas*, épandu sur un linge blanc, ne formât la base de l'alimentation (1). Quant aux immenses services que les méthodes de culture pouvaient attendre du maïs, Fabre ni Masenx ne les connaissaient encore. Cela nous explique d'ailleurs pourquoi de leur temps la culture du maïs était encore si peu répandue, pourquoi en conséquence l'assolement ne s'était pas complètement substitué, comme procédé de culture, à la jachère.

C'est cependant à ce moment là que s'accomplit cette révolution agricole qui permettait d'arracher double produit à la terre, sans l'épuiser. A quelle époque précise s'effectua-t-elle ? — Il serait difficile de le préciser, car Masenx ni Fabre ne donnent à ce sujet d'indications détaillées. Nous empruntons cependant à un document contemporain et de la même région un renseignement précieux en la matière ; il s'agit du livre de raison de Jean de Paulhe, auquel nous

---

(1) On trouve dans un curieux ouvrage « *Le Pourtraict de la Santé* » de Joseph du Chesne, sieur de la Violette (Paris, chez Cl. Morel : 1606, in-12º), de curieux renseignements sur l'usage du maïs dans l'Armagnac dès la fin du XVIᵉ siècle.

« Au pays de Béarn et autres lieux du Haut-Armagnac le pain du millet est commun et en fait-on de trois sortes principalement : l'une est dicte *millas* qu'on faict avec sa farine (passée et séparée du son) dont on faict paste avec de l'eau comme d'un autre pain ; laquelle paste, sallée et fermentée, est cuitte au four et réduitte en pain : dont les paysans usent et s'en repaissent d'ordinaire : le goust en est un peu doux, assez bon et nutritif, mais on s'en lasse à la longue.

« La seconde sorte du pain faict du millet s'appelle en Gascogne *miques*, qui sont de petites boules rondes et grosses comme des boules de palemaille (jeu de paume), faicte de la dite paste, bouillies et cuites dans l'eau : C'est le des-jeuner des petits enfants : qui n'est que de la valeur d'un denier.

« La troisième est ce qu'on appelle *brazaire*, dont on use aux déserts ; et est viande assez délicieuse et savoureuse au goust. On l'appelle brazaire d'autant qu'on faict cuire un pain quarré qu'on en faict et long d'un pied, et espais de deux travers de doigts, enveloppé de toutes parts avec des feuilles de choux, dont on couvre tout le pain dans la braise du feu ordinaire.

..... On faict aussi en Gascogne de la farine dudit millet une façon de bouillie, destrempant la dite farine avec la seule eau, la faisant bouillir sur le feu jusques à consistance de bouillie et l'assaisonnant avec du sel ; on appelle cela en Gascogne *armotes*, dont les paysans usent avec délices : En aucuns endroits on la cuit avec du laît... »

(*Le Pourtrâict de la Santé*, p. 205).

avons déjà fait nombre d'emprunts. Jean de Paulhe donne, en 1525, « *a mena* », c'est-à-dire à exploiter, cinq pièces de terre situées « *als passes dels sols* », juridiction de Labastide-de-Lévis, toutes du même tenant, « *aqui meteis, et so*, dit-il, *per lo terme de sieys ans, sive tres cuthidas producrenens et ensegudas.* » Or, trois récoltes en six ans, cela prouve que les terres restaient en jachère une année sur deux.

Peut-être est-ce aux mêmes conditions que Masenx donne, en 1535 et pour le terme de six ans également, sa métairie de Bugarados à Ramon Toingne ; mais du moins à la même époque Eutrope Fabre semble avoir déjà des terres à l'assolement. Il baille, en effet, le 4 février 1536, à Jean Roques jeune sa terre de la Carbonnière pour 3 ans « *de que m'en dono tres miejos cartos de blat cadans a Sanct Jolio* » (F. f° LVII r°). On remarquera ce terme de *cadans*. Or il est probable que, si l'assolement n'eût pas existé, il aurait été spécifié dans l'acte que la rente de *tres miejos cartos* n'aurait lieu que tous les deux ans.

On pourrait, il est vrai, alléguer que la jachère était prévue dans la constitution des baux et qu'il en était tenu compte implicitement dans la fixation du rendement, de telle sorte qu'une moitié du sol demeurant en jachère, une rente annuelle de trois demi-cartières équivalait à une rente de trois cartières tous les deux ans. Mais dans le cas de Fabre précisément l'argument porte à faux car nous connaissons la contenance de sa terre de la Carbonnière et nous savons que pour produire trois demi-cartières de blé, il fallait qu'elle fut mise en culture en totalité.

Enfin une dernière raison, semble-t-il, c'est qu'avec la méthode de la jachère la durée du bail devait forcément porter sur un nombre pair d'années, 4, 6 ou 8. Tout permet donc de supposer que c'est vers 1535 que l'assolement prit la place de la jachère.

La nouvelle méthode ne dut pas faire, du reste, une entrée révolutionnaire dans la région. Le paysan, fort routinier par tempérament, n'adopte une méthode de culture que lorsqu'elle a fait ses preuves ; il ne se risque qu'à bon escient. La jachère certainement ne céda pas du premier coup à sa rivale.

Nous avons suffisamment étudié, dans les chapitres précédents, les procédés généraux de culture, les modes et les systèmes d'exploitation, les coutumes agricoles de la région pour n'avoir pas besoin de revenir sur ce sujet. Il nous reste à établir si le rendement d'une propriété est aujourd'hui supérieur à celui d'autrefois, en un mot si la science agricole a progressé et dans quelles proportions.

De la masse d'articles qui composent les deux manuscrits de Fabre et de Masenx, un seul existe qui, par sa précision, par sa netteté, peut nous permettre de mesurer ce progrès, c'est le bail d'Eutrope Fabre et de Jean Roques pour la terre de la Carbonnière, que nous avons déjà signalé au chapitre VIII. Fabre, par cet instrument, donne à Jean Roques jeune pour trois ans sa terre de la Carbonnière, moyennant une rente annuelle de 3 demi-cartières de blé, rendues en son grenier à Mauriac, « *tant per los frutz que per los enfrutz* », c'est-à-dire quitte de toute autre redevance (4 février 1536).

Or si l'on se rappelle ce que nous avons dit, qu'à cette époque le colon est *a miejas,* c'est-à-dire que la récolte se partage entre le propriétaire et le colon, on en conclura que les trois demi-cartières de redevance de Roques représentent assez exactement trois cartières de récolte annuelle vraie, réelle.

Nous disons réelle parce que l'acte intervenu entre Fabre et Roques a été passé en connaissance de cause ; parce que Roques, propriétaire de la veille, connaît aussi bien et mieux même que Fabre, propriétaire d'aujourd'hui, la terre qu'il afferme ; que si Fabre impose une redevance de trois demi-cartières et si Roques accepte cette condition, c'est que l'un et l'autre, défendant leurs intérêts, ont prévu tous les aléas, c'est qu'il savent bien en un mot que la terre de la Carbonnière est capable de produire, année moyenne, trois cartières de blé.

Dès lors il est certain que le bail de 1536 nous fournit le rendement moyen en blé d'une surface donnée de terrain et il suffit d'établir cette surface pour la Carbonnière. L'acte du 25 octobre 1535 relatant l'acquisition donne cette solution ; il nous apprend que la contenance de la terre est de « v *boysselados et miejo boysselado* », soit, en mesures du système métrique, 10 ares et 50 centiares.

Le rendement de ces 10 ares et demi étant de 3 cartières ou de 3×34 litres 50 = 103 litres 50, le rendement en blé d'un hectare ressort donc à $\frac{103,50 \times 100}{10,5}$ = 981 lit. 90, soit près de 10 hectolitres.

Ce résultat est tout à l'honneur de l'agriculture du XVIe siècle, car aujourd'hui, en 1895, le paysan Gaillacois ne réussit pas à arracher à un hectare de terrain plus de 14 hectolitres de blé (1). Ainsi en près de quatre siècles, alors que, dans ce long intervalle, la science, dans toutes ses formes, a enfanté des merveilles, alors que la chimie a trouvé le moyen de rendre presque inépuisable le sein de la terre, alors que la vapeur a centuplé la puissance de l'homme, alors que l'industrie a dompté les forces les plus rebelles, l'agriculture n'a réussi qu'à accroître de deux cinquièmes le rendement du sol. C'est peu en vérité.

Si encore la valeur marchande de ce produit, le blé, avait progressé du même pas que la valeur du sol lui-même ! Mais tandis que, comme nous l'avons dit, la valeur représentative du sol s'exagérait d'une façon folle, factice, hors de proportion avec son revenu, le prix du blé diminuait tous les jours. Voilà la cause du grand malaise dont souffre aujourd'hui notre agriculture.

Au XVIe siècle, les 10 ares 50 de terrain achetés par Eutrope rapportaient, abstraction faite de toute dépense de

---

(1) Il résulte de l'enquête faite, en 1778, par le subdélégué de la généralité de Toulouse, que la production moyenne du blé dans ce pays était de 1 : 5. « 1 setier de blé, disait-il, en produit 5 (mesure du pays, pesant 140 livres). Il y a des cantons où un setier de blé produit jusqu'à 8, 10 et 12 ; mais comme il y en a d'autres, beaucoup plus stériles, où il ne produit que 2, 3 et 4..., on a cru devoir évaluer à 5 setiers le produit de chaque setier dans le général (la moyenne) du département » (Arch. départ. Hte-Garonne). On sait d'autre part qu'en 1852 le rendement du blé, dans les arrondissements de Toulouse et de Villefranche, n'était encore que de 13 hectolitres, 13 litres à l'hectare et chaque hectolitre donnait 7 hectolitres 21 litres, soit 1 : 7,25 seulement. En 1862 ce produit n'était encore que de 1 : 8,20, soit environ 11 hectolitres à l'hectare (THÉRON DE MONTAUGÉ. *L'agriculture dans le pays Toulousain*, 1869, p. 7.)

main-d'œuvre, de fumure, etc., 3 cartières de blé. Le prix moyen du blé étant alors, comme on le verra, de 59 sols le setier, cela faisait un revenu annuel de 44 s. 3 d. pour une valeur d'achat d'environ 6 ll. (F. f° XIV r°), soit, en donnant à ces monnaies le pouvoir qu'elles auraient aujourd'hui, environ 90 francs de revenu pour 240 francs d'achat. C'est-à-dire que le produit de trois récoltes amortissait largement le capital consacré à la terre !

Combien les choses sont différentes aujourd'hui ! L'hectare de terre labourable coûte 2.500 fr. à 3.000 fr. et produit environ 14 hectolitres de blé qui, à 15 fr. l'un, donnent 210 fr. de revenu. Il faudrait donc aujourd'hui 12 à 15 ans pour amortir, par le même procédé, le capital d'achat.

Le blé formant, ainsi qu'il résulte de nos calculs, environ 70 0/0 de l'ensemble des produits agricoles du Gaillacois, il n'est pas inutile de relever sur nos manuscrits le prix moyen annuel et les variations du cours de cette denrée.

Le tableau ci-contre résume cette mercuriale de 1520 à 1546, aussi fidèlement qu'il nous a été possible d'en établir les éléments dans nos livres de raison.

Nous avons, en effet, soigneusement écarté de ce tableau tous les chiffres de Masenx derrière lesquels se cachait un bénéfice usuraire ou une opération de banque. On sait par exemple que, quand il reçoit du blé en paiement ou en remboursement d'une avance, Masenx le prend en général au-dessous du cours, c'est pourquoi tous ses prix d'estimation ne peuvent être acceptés sans contrôle. En réduisant toutefois le nombre de nos matériaux nous en avons accru la valeur et nous espérons, malgré certaines lacunes inévitables, être arrivés à une détermination assez exacte (1).

Ce tableau offre un intérêt considérable. Au point de vue général il montre que nulle denrée n'a été, jusqu'au XIXe siècle, sujette à des variations de prix aussi brusques et aussi grandes que le blé. L'écart va, pour le Gaillacois, en 25 ans, de 34 à 93 sols le setier; il est, en un an, de 1514 à

---

(1) Voir ci-contre le tableau sur la *Variation du prix moyen du blé, de 1520 à 1546, sur le marché de Gaillac* (ne pas oublier que l'année commence au 25 mars).

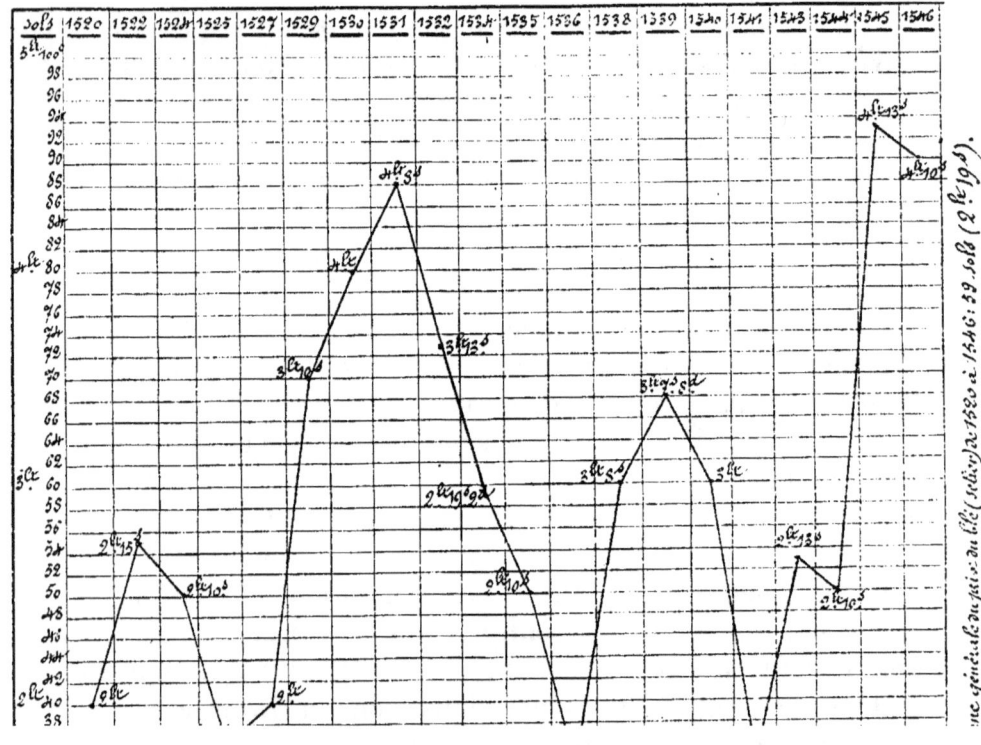

1515, de plus de 2 lt. ! C'était une conséquence, non seulement de l'agiotage auquel le commerce du blé donnait naissance, mais surtout des conditions générales politiques et économiques de la France à cette époque.

Quand, en effet, chaque pays devait se suffire à lui-même, quand non seulement l'importation n'existait pas et les transports étaient impossibles, mais quand l'autorité interdisait tout trafic d'une province à l'autre et prohibait même, sous le prétexte d'accaparement, les approvisionnements en blé; le cours de cette denrée était à la merci d'une récolte. Qu'il survint une gelée, une sécheresse ou des troubles, c'était la famine jusqu'à la récolte suivante.

A un point de vue particulier, les oscillations de la mercuriale du blé traduisent des faits non moins intéressants pour l'histoire locale. On voit par exemple, dans la courbe qui précède, que le cours du blé à Gaillac a subi, de 1520 à 1546, trois grandes élévations.

La première, de 1529 à 1532, fut la conséquence de cette prodigieuse sécheresse qui dura cinq années, de telle sorte, dit Mézeray, que « l'esté seul occupa la place de toutes les autres saisons », et que « cette disette causa une famine universelle ; après vint une maladie qu'on nomma *trousse galant*, puis une furieuse peste ; si bien que ces trois fléaux emportèrent plus de la troisième partie des personnes de l'un et de l'autre sexe. » (1)

(1) « Le Ciel fut si en colère contre la France qu'il y eût un perpétuel déréglement des saisons, ou, pour mieux dire, l'esté seul occupa la place de toutes les autres, de sorte qu'en cinq ans on ne vit pas deux jours de gelée tout de suite. Cette chaleur importune énervait, pour ainsi dire, la nature et la rendait impuissante ; elle n'amenait rien à maturité, les arbres poussaient des fleurs incontinent après le fruit ; les bleds ne multipliaient point en terre et faute d'hyver ; il y avait si grande quantité de vermine qu'elle en rongeait le germe ; de telle sorte que la récolte ne fournissait pas de semence pour l'année suivante. » Mézeray. (*Histoire de France*). Cette épidémie fit de grands ravages à Gaillac. A Toulouse, dit Lafaille, la ville fut envahie et inondée par les pauvres des environs qu'il fallut nourrir et héberger. Le Parlement cependant taxa le blé à 3 lt. le setier, ce qui l'obligea à faire rechercher le blé caché chez les particuliers. Les dénonciateurs avaient 6 setiers de prime. Un capitoul, Jacques Faure, ayant détourné du blé, fut condamné à une amende de 500 setiers avec défense d'entrer à *la Pierre* les jours de marché.

La seconde ascension se produisit en 1538 et 1539. L'historien Lafaille nous fournit sur ses causes des renseignements précis. En 1538, dit-il, « l'année précédente de même que celle-ci ayant été fort stérile dans toutes les contrées des environs, il y eut dans Toulouse une grande multitude de pauvres. » Il fallut pour nourrir ces affamés venus des campagnes environnantes, imposer tous les habitants aisés de la ville et le Parlement autorisa la contrainte par corps envers ceux qui ne paieraient pas leur cotisation. En 1539 il y eut « sécheresse dans tout le royaume » ; les puits et les fontaines tarirent et « les plus grosses rivières n'avaient plus que des filets d'eau. » La conséquence de cette sécheresse fut encore l'apparition de maladies épidémiques et une grande disette des fruits de la terre. » (1)

Enfin la troisième élévation du prix du blé coïncide avec la famine de 1545. Cette année, dit encore Lafaille, « Toulouse se remplit de pauvres de la campagne. » Il fallut, comme sept ans auparavant, faire appel à la charité publique, et tel était le nombre des misérables que la nourriture des pauvres des deux hôpitaux de Toulouse atteignait 1000 livres par jour. Le fléau fut suivi d'une dyssenterie qui emporta le tiers de la population.

Ainsi les chiffres indiqués par Fabre et par Masenx sont un écho fidèle des misères de l'agriculture à leur époque. Disons cependant que ces misères n'étaient rien encore en comparaison de celles qui attendaient le paysan. Avant les guerres de religion et quoique les folies de François Ier eussent déjà fortement amoindri la prospérité agricole, la terre nourrissait le cultivateur. Quand les guerres civiles eurent passé par là il ne resta rien. Faut-il rappeler qu'en 1572 et 1573 le blé valait à Gaillac 20 et 22 *ll.* le setier (*Blouyn*) et qu'en 1630, pendant la Fronde, sur le marché de Montmiral, le blé se vendit 28 *ll.* le setier et le vin 16 *ll.* la pipe (*Veillet*) !..

Masenx, avons-nous dit, appelle *blé* toutes les céréales qui, à cette époque, servaient à la fabrication du pain.

---

(1) LAFAILLE. *Annales de la ville de Toulouse* t. II, années 1538 et 1539.

Cependant il a spécifié, dans un certain nombre de ventes, la nature des grains dont il faisait commerce et cela nous permet de donner approximativement le prix de ces grains. On sait déjà que, du mélange destiné à la panification, il distinguait le froment (blé pur) et la touselle ou moussolle (blé supérieur).

Chose curieuse, les prix de ces deux qualités sont sensiblement égaux et souvent même sont inférieurs (en tous cas ils ne sont pas supérieurs) à ceux du blé commun. Ainsi :

FROMENT (*formen*)

1534.	Le setier 2 *ll*.	5 *s.*	»	(1 vente)
1535.	—	2	3	4 *d.*	—
1539.	—	2	6	3	(2 ventes)
1544.	—	2	8	»	(3 ventes)
1545.	—	4	10	»	—
1546.	—	4	10	»	(1 vente)

TOUSELLE BLANCHE (*mossola*)

1530.	Le setier 2 *ll*.	8 *s.*	10 *d.*	(1 vente)
1544.	—	2	3	»	—
1545.	—	4	10	»	—
1546.	—	4	»	»	—

Du reste le prix des autres céréales se rapproche sensiblement, sauf pour l'orge et le maïs, des prix du blé. Ainsi :

SEIGLE (*segal*)

1527.	Le setier 2 *ll*.	»	»	(1 vente)
1528.	—	2	»	»	—
1535.	—	2	12 *s.*	»	—
1538.	—	2	»	»	—
1542.	—	1	12	8 *d.*	—

VESCE (*vessa*)

1528.	Le setier »	19 *s.*	3 *d.*	(1 vente)
1529.	—	1 *ll.*	3	»	—
1540.	—	1	18	»	(2 ventes)
1543.	—	2	1	10	(4 ventes)
1544.	—	1	17	6	(9 ventes)
1545.	—	1	»	»	(4 ventes)
1546.	—	1	»	»	(2 ventes)

MÉTEIL (*mistura*)

(Le méteil se composait ordinairement de 3 parties de seigle pour 1 de froment. Mais Masenx semble comprendre ce mélange dans le blé. La *mistura* est pour lui un mélange de seigle et de vesces).

1532. Le setier	3 *ll*.	13 s.	4 d.	(1 vente)
1540. —	2	5	»	—
1545. —	3	»	»	(3 ventes)

ORGE (*ordi*)

1533. Le setier	1 *ll*.	14 s.	2 d.	(2 ventes)
1545. —	1	6	8	(1 vente)

PAUMOULE (*palmola*)

(C'est une orge de printemps employée comme fourrage).

1531. Le setier	3 *ll*.	10 s.	»	(2 ventes)
1532. —	2	12	6 d.	—
1534. —	1	10	»	—
1539. —	3	»	»	—
1540. —	3	5	»	—
1545. —	2	»	»	(1 vente)

FÈVE (*fava*)

1528. Le setier	»	13 s.	4 d.	(1 vente)
1538. —	1 *ll*.	6	»	—
1544. —	1	17	4	—
1545. —	2	18	4	(2 ventes)

MAÏS (*mil*)

1528. Le setier	1 *ll*.	»	»	(1 vente)
1535. —	1	10 s.	»	—
1539. —	»	15	»	—
1545. —	1	10	»	(2 ventes)
1546. —	1	»	»	—

AVOINE (*sivada*)

1523. Le setier	»	10 s.	»	(1 vente) (1)

---

(1) Ce prix est très douteux car il est relevé (f° XXI r°) sur un paiement de 3 émines d'avoine fait à Masenx en remboursement d'une avance. Or Masenx dans ce cas estimait les denrées à très bas prix.

En 1531 Masenx vend bien 15 s. d'avoine à G^m Pouget, mais il n'en indique pas la quantité (f° 11 r°).

GRAINE DE CHANVRE
1529. Le setier 1 *ll.* 17 *s.*   »   (1 vente)

Nous sommes mieux documentés sur la valeur des fourrages. Cette culture que l'on croit généralement de création récente, occupait déjà au XVIe siècle une place considérable dans l'agriculture du Gaillacois. Masenx et Fabre ont tous deux des prairies importantes et ils distinguent avec précision le fourrage vert (*herba*) du foin (*fé*). En outre comme, à la fin de l'hiver, les approvisionnements sont généralement épuisés, ils sèment pour attendre la fenaison des fourrages artificiels à croissance rapide, tels que la paumoule et la fève verte fourragère (fèverolle de printemps. M. *f*° 4 r°). En tous cas leurs prairies leur sont d'un rapport assuré.

On a déjà vu le prix de la paumoule. Pour ce qui concerne le foin, nous en avons relevé 31 ventes se répartissant sur une vingtaine d'années.

FOIN

1525.	Le quintal :	5 *s.*	»	(1 vente)
1528.	—	4	8 *d.*	(2 ventes)
1529.	—	4	10	(4 ventes)
1531.	—	5	10	(1 vente)
1533.	—	5	»	(1 vente)
1538.	—	4	7	(2 ventes)
1539.	—	5	2	(6 ventes)
1540.	—	6	8	(4 ventes)
1541.	—	5	»	(1 vente)
1542.	—	5	»	(7 ventes)
1545.	—	5	4	(5 ventes)

En somme le prix du foin oscille assez régulièrement, de 1525 à 1545, autour de 5 sols le quintal et on peut admettre que, le rendement en fourrage étant de 45 à 50 quintaux métriques à l'hectare, Eutrope Fabre récoltait, pour ses 22 ares de prairies, 10 quintaux métriques de foin qui, au prix ordinaire, lui constituaient un revenu annuel de 5 à 6 *ll.*

Pastel. — On est surpris de ne point trouver, au nombre des denrées précédentes, le *pastel*, qui faisait, au XVIe siècle, l'objet d'une exploitation considérable et d'un commerce important dans l'Albigeois. (1)

Nous savons cependant que Masenx récoltait du pastel sur ses terres, ou du moins que ses colons en cultivaient, car, en 1541 et 1542, Jean Roques l'aîné du mas de Gayou, partage avec lui les récoltes de pastel. Ainsi :

« Johan Rocas may viel, del mas des Gaios, me deo la soma de III *ll.* x *s.* per argen del pastel de l'an v^e xli de ma part » (f^o xciii r^o).

« Johan Rocas may viel, del mas des Gaios, me deo la somma de xv *s.* per ma cota part del pastel que me vendec l'an v^e xlii (f^o xcvii r^o).

On sait que le *pastel* ou *guesde* (il est appelé *waüda* ou *waïda* dans les Capitulaires de Charlemagne) était une plante cultivée dès la plus haute antiquité dans le Midi de la France. Les Gaulois, au dire de Strabon, s'en servaient pour la teinture des vêtements et, au moyen âge, les femmes blondes du Nord en usaient pour colorer leurs cheveux.

Les teinturiers de Rouen, qui le recherchaient particulièrement, l'appelaient *bleu pers* ou *bleu de Perse*, mais on l'exportait aussi en grandes quantités en Flandre, en Portugal, en Angleterre et en Espagne. On le cultivait surtout dans le Lauraguais, (2) mais le commerce principal s'en faisait à Toulouse et à Albi, si bien que le pastel du commerce portait toujours le nom de « pastel d'Albi. »

Il était fait annuellement cinq cueillettes de pastel. La plante, coupée au bas de la tige, était moulue dans les *moulins pastelliers*, réduite en pâte, puis en pains et mise à sécher dans des hangars. On la vendait aux teinturiers soit en pains (*coquos*), soit en poudre (3). Cette matière donnait

---

(1) Voir en particulier sur cette question E. Rossignol : *Petits États d'Albigeois*, p. 131, et Ch. Pradel : *Un marchand de Puris au* xvie *siècle*. Mém. de l'Acad. des sciences de Toulouse 1889.

(2) La dîme du pastel était, au xive siècle, l'une des plus importantes du consulat d'Avignonet. Une transaction intervint a ce sujet, en 1316, entre les Consuls et le Commandeur de Pexiora, Aymeric de Thurey, bénéficiaire de ces dîmes. On y voit que chaque sétérée payait 2 sols tolzas de dîme.

(3) Ce sont ces pains, appelés *coques*, qui ont fait donner au Lauraguais le nom de *pays de Cocagne*. En effet la culture du pastel avait tellement

une jolie couleur bleu-cendré. On la mélangeait à la garance pour avoir du violet.

A la vérité la concurrence de l'indigo ruina assez rapidement cette culture, mais, au XVIᵉ siècle et jusqu'aux troubles de la Fronde qui lui portèrent des coups mortels (1), elle demeura florissante dans le Lauraguais et le Gaillacois. Toulouse seule en envoyait 200.000 balles par an à Bordeaux, au Hâvre, à Anvers et dans tout le nord de l'Europe. Albi venait immédiatement après et, en 1701, on comptait encore soixante moulins pasteliers en bon état dans le diocèse d'Albi. Ajoutons pour être complets qu'au commencement du siècle le Blocus continental sembla un moment relever la culture du pastel et qu'aujourd'hui encore certains agriculteurs essayent de le préconiser comme plante fourragère; mais les morts ne ressuscitent pas.

Le silence relatif de Masenx à l'égard de cette denrée s'explique, comme à l'égard du maïs, par le fait que ce fut principalement dans la période des guerres de religion ou immédiatement avant — de 1540 à 1560 — que ces cultures se généralisèrent dans l'Albigeois.

La grande vogue du pastel était venue de ce qu'un toulousain, Jean de Bernuy, arrivé de Burgos sans sou ni maille, avait fait une immense fortune dans le commerce du pastel, si bien qu'il fut l'une des cautions de la rançon de François Iᵉʳ. Le roi en fut reconnaissant aux marchands de pastel, si bien qu'ayant mis, en 1529, un nouveau droit sur l'exportation de cette plante, il le retira sur les représentations des Etats.

Ce ne fut que plus tard néanmoins, en vertu des lettres

---

enrichi ce pays que Jodacus Sincerus, un voyageur allemand, qui le traversa en 1616, raconte que « le pays y fait un gain annuel de cent mille couronnes ». Il y avait, en effet, en 1634 encore une douzaine de moulins à pastel dans le seul consulat de Montesquieu. Il est vrai qu'on y faisait jusqu'à 7 cueillettes de pastel par an et Triors affirme en plaisantant que le teint des filles du pays y est brun à cause de la poussière du pastel que soulève le vent d'autan. On trouvera de nombreux renseignements sur la culture du pastel dans le mémoire d'Astruc. (*Mémoires sur l'Histoire naturelle de la province du Languedoc*. 1737. in-1°, p. 523).

(1) A. Feiller. *La misère au temps de la Fronde*, p. 259.

patentes de François 1er des 24 avril et 26 septembre 1552, renouvelées par Henri II les 31 juin et 1er septembre 1557, que ce commerce prit sa grande extension en Albigeois. (1)

Les héritiers de Masenx en particulier comptèrent parmi les plus grands marchands de pastel. Ainsi l'on a déjà vu que son arrière-petit neveu, Guillaume Masenx, marchand du Bout-du-Pont, à Albi, liquidait avec sa mère, en 1670, une association pour le commerce du pastel au capital de 48.000 livres, somme énorme pour l'époque, qu'il vendait à Gorsse, en 1676, cent charges de pastel à 312 *lb.* la charge au prix de 2.000 *ll.* et qu'enfin à sa mort, en 1681, la liquidation de son fonds de commerce se chiffrait par 82 balles de pastel en poudre, de 208 livres chacune, au prix de 2.288 *ll.* et de 20.000 coques à raison de 4.800 *ll.* (2)

Quant à la garance (*roya* ou *roja*), dont la culture était cependant florissante à Gaillac au XVIe siècle, nos manuscrits n'en parlent pas.

Matières textiles. — Pour ce qui concerne les matières textiles, Fabre nous donne un certain nombre de renseignements intéressants.

Nous ne connaissons pas, en effet, sa récolte en laine pour 1534 ; mais nous savons que le 30 mars de l'année suivante (f° LVII v°) il fait faire, avec le fil de sa récolte, 8 cannes de toile pour serviettes (*mantersos*).

Nous savons encore qu'en 1535 il consacre 39 livres de laine en suint (*lano suyjo*) à faire confectionner du drap. En outre, il prête cette année 1 livre 3/4 de laine noire à Ramon Tausiès, 2 livres 1/2 de fil de chanvre lessivé à la femme de Jean Fabre, 10 livres de laine en suint et 10 livres de fil de laine à Pierre de Mandinelli : total des prêts 21 livres 3/4 de laine et 2 livres 1/2 de chanvre. Enfin il emprunte lui-même à la femme de Jean Fabre 11 livres

---

(1) On trouve cependant (*Arch. de la Gironde*. B. 9. reg. in-f°) un arrêt du Parlement de Bordeaux do 1511 contre Grimond Eyquem, sieur de Montaigne, et Simon Bouloys, marchands, qui les condamne à payer à Vignolles, marchand d'Albi, neuf pipes de pastel mises en dépôt par ledit Vignolles dans la maison d'Eyquem.

(2) *Arch. départ. du Tarn.* E. 257.)

(5 cartos 1/2) de fil de lin lessivé de première qualité.

En 1536 les données sont plus précises. Il a 44 livres 1/2 de laine en suint (*surjo*) dont 14 livres 1/2 de laine blanche et 30 livres de laine noire ; et, comme il veut faire laver cette laine, il y ajoute 7 liv. 3/4 de laine qui lui est prêtée et qu'il doit rendre dans un an (F. f° LX v°).

Pour les textiles végétaux, il a :

    Fil de lin.. . . . . 18 livres
    Fil de chanvre.. . . . . 13 —
    Fil d'étoupe (espèce non spécifiée). . 5 livres 3/4.
    Au total 36 livres 3/4 de fil (f° LX v°).

En 1537 il a, pour sa part de 14 brebis, 16 livres de laine et 3 livres d'*anisso*, ce qui veut dire que, la servante Marie Pagès partageant avec lui ce revenu, le troupeau a donné 32 livres de laine et 6 livres d'*anisso*. En outre, comme il veut faire tisser, il achète à Jean Roques jeune 5 livres de laine noire lavée. Le cardage de ces 24 ou 25 livres de laine lui coûte 5 journées d'ouvrier (f° LX r°).

Pour les textiles végétaux le total est plus élevé : il monte à

    Chanvre peigné. . . . . 36 livres.
    Lin peigné.. . . . . . . 48 —
    Respal. . . . . 18 — (f° LVIII v°).
    Total.. . . . . 102 — (1)

Enfin il faut se rappeler que, lors de la clôture de son inventaire, vers 1538, Eutrope possédait encore en magasin une assez forte quantité de laine et d'étoupe.

Cela montre que les matières textiles jouaient à cette époque dans les revenus de l'agriculture, un rôle important ; elles en jouaient un plus grand encore dans l'économie domestique des agriculteurs.

(1) Ce chiffre permet de calculer approximativement l'importance de la culture en chanvre et en lin sur le domaine d'Eutrope. En effet, on calcule que 1 hectare de lin donne 400 kilogr. de filasse (*estopa*) et 8 hectolitres de graine, tandis que 1 hectare de chanvre donne 600 kilogr. de filasse et 9 hectolitres de graine. D'après ce rendement Fabre cultivait, en 1537, 6 ares de lin environ et 3 ares de chanvre et il devait récolter environ 50 litres de graine de lin et 30 litres de graine de chanvre.

A ce propos quelques renseignements ne sont pas inutiles sur le traitement que subissaient ces matières après leur récolte.

Le chanvre (*cambe* ou *carbe*) (1) et le lin (*ly*), après avoir été rouis et étendus au soleil de façon à pourrir la cellulose et à isoler la fibre textile, étaient d'abord dissociés à coups de battoir (*bargas*) et peignés (*palusats*). Le déchet du peignage formait le *respal*.

La fibre peignée (*estopa*) était ensuite réunie en paquets qu'on appelait *pièces* (*pesa* ou *pessa*), puis filée (*filada*), lessivée (*bugadada*) et réunie en paquets d'écheveaux.

La laine (*lana*) était récoltée en suint (*surja*) et séparée en laine blanche et laine de couleur. On séparait aussi la laine de mouton (*lana*) de la laine d'agneau, plus fine, qu'on appelait *anissa*. Cette laine était d'abord lavée (*larada*), puis cardée (*cardada*) une ou plusieurs fois, suivant le degré de finesse qu'on voulait lui donner. Le cardage s'effectuait à la main et on payait pour cette opération 4 deniers par livre de laine *prime*, c'est-à-dire de première qualité.

Enfin la laine cardée était filée et, si besoin était, teinte chez le teinturier, d'où elle passait chez le drapier.

Voici, en effet, ce qu'on lit au f° LVII v° de Fabre pour 1535 :
« *Somo toto la lano surgo de que voli fa rubo*, XXXIX *Lb.* » et, au f° LX, pour 1537 : « *Somo lo lano lan negro que blanco que voli far tenge he aquelo qu'es tenho que voli far lo drap et am lo flat qu'es flatat* XXXV *Lb. he miejo* ».

On voit donc que Fabre consacrait annuellement une partie de sa récolte à entretenir sa garde-robe. Il remplit de même ses armoires.

Ainsi, en 1536, de 13 livres de fil de chanvre il fait tisser 5 cannes de toile, ce qui lui coûte 3 *s.* 4 *d.*, soit le prix du

---

(1) On l'appelait aussi *sa* et quelquefois *estopa*. On sait que cette plante nécessite deux récoltes parce que la maturité des tiges mâles s'effectue avant celle des tiges femelles. De là l'explication, dans les notes de Fabre, de ces mots : *cambe de la premiero, cambe de la secondo*, c'est-à-dire chanvre de la première ou seconde récolte.

C'était avec des tiges de chanvre séchées, dont on trempait les extrémités dans du soufre, que se fabriquaient les allumettes de campagne dites *luquets*.

tissage 8 d. la canne. De ces deux cannes de toile il fait 2 draps de lit (*lensols*) et 2 tabliers (*faudals*) (f° LX r°).

Plus tard, avec 19 livres de fil, plus 1 livre et demie de fil de laine, il fait faire 9 cannes d'étoffe, à savoir 7 cannes et 5 pans et demi (13^m75) de toile pesant 16 livres, et 13 pans de tiretaine (2^m90) pesant 4 livres et demie. Le tissage lui coûte 9 s. 2 d., soit 6 deniers la livre et, avec sa toile, il obtient un drap, quatre chemises et une *borrassa* (f° LX r°).

Déjà il avait fait tisser, chez le tisserand Jean Viguier, dit Gionel, 8 cannes de toile dont il avait eu 18 *mantersos* (serviettes) (1) (f° LVII r°).

Le chanvre ou plutôt l'étoupe servait d'ailleurs, comme nous l'indique Masenx (f° XCIV r°), à la fabrication des cordes et câbles d'un usage indispensable dans l'exploitation rurale. Ainsi laine, chanvre et lin constituaient des denrées plutôt de consommation que de rapport, en tous cas des denrées de nécessité première pour les agriculteurs. C'est ce qui explique la généralisation de leur production.

Quelques autres denrées d'importance beaucoup moindre complétaient le fonds ordinaire de la petite culture du Gaillacois au XVIe siècle.

Nous avons déjà dit un mot des *noix*, non seulement très estimées comme comestible d'hiver, mais encore qui servaient à la fabrication de l'huile (voir chapitre VIII).

L'*ail* et l'*oignon* n'étaient pas moins appréciés, mais on les cultivait surtout dans les faubourgs de Gaillac, sur les bords du Tarn et dans ce quartier de l'*Hortalisse* qui s'est fait une véritable réputation dans cette production. C'est pourquoi on a vu Masenx stipuler, parmi les redevances annuelles du métayer de *la Paramondié*, deux cartières d'oignons (M. f° 102 r°). Le *safran* et la *roja* ou *roya* (garance) faisaient partie de la même catégorie de cultures (2).

---

(1) On peut en déduire la dimension d'une *manterso*, 1^m232. On voit que c'étaient ces grandes serviettes qu'on rencontre encore dans la campagne.

(2) *Monogr. Comm.* t. II, p. 254.

Enfin le *miel* formait, dans la plupart des *horts*, un revenu appréciable. Il servait en général aux usages actuels du sucre, mais on en utilisait surtout la cire pour la fabrication des cierges. Nous savons que Masenx en recueillait à Vors, car il prête ou cède, en 1528, à *Mossen Peire Anfos*, une ruche (*buc*) pour le prix de 26 sols (M. f° LIII v°).

CHAPITRE XV

Sommaire : *La culture* (suite). — *Le vin. Ancienneté et importance du vignoble de Gaillac. — Privilèges et coutumes. — Transport des vins; interdiction des vins étrangers; protection de la vigne; surveillance du merrain; marque des vins. — Prix de vente des vins. Qualités et cépages.*

Le Gaillacois est fier, à juste titre, de son vignoble. On sait quelle prodigieuse réputation eurent, dès le XIIIe siècle, les vins qu'il récoltait. Cette réputation, cette prospérité, étaient à leur apogée à l'époque qui nous occupe et, puisque la culture de la vigne est un des principaux revenus de Fabre et de Masenx, on nous pardonnera de nous étendre un peu longuement sur son histoire.

Il existait à Gaillac une compagnie qui, à côté des confréries religieuses pullulant au moyen âge, a une allure bien caractéristique ; c'était la compagnie de la *Poda*. — On sait que la *Poda* est la serpe ou la hachette (car l'instrument tient de ces deux types) du vigneron gaillacois.

Cette compagnie élisait un roi, le *Re de la Poda* qui, pendant quelques jours, partageait avec le roi de France et l'abbé de St-Michel la souveraineté de Gaillac. Il avait, en effet, ses armes comme la compagnie avait sa bannière et son pennoncel de taffetas jaune et noir, déposés à la maison commune. Pendant les trois jours de *Caresme-prenant* les gais compagnons de la *poda*, après autorisation des consuls, jouaient, dansaient et folâtraient, puis, les fêtes finies, réinttégraient à la maison commune bannières, costumes et blasons (1).

A la vérité les ébats de la Compagnie étaient, comme toute chose à cette époque, soigneusement réglementés ; les danses étaient interdites pendant la nuit et à partir du mercredi des cendres ; les compagnons ne devaient faire « *mal ni domaige* » ; mais est-ce que cette institution ne révèle pas d'emblée la glorieuse et rayonnante suprématie de la vigne dans ce fief ecclésiastique ?

Or si, comme on le croit généralement, la Compagnie de la *Poda* remontait à une haute antiquité, on peut, comme corollaire, estimer que la culture de la vigne était installée depuis de longs siècles dans le Gaillacois.

L'histoire du vignoble de Gaillac n'a cependant pas été faite encore.

Depuis un temps immémorial, disent les statuts de la ville de Gaillac, cette communauté a joui de privilèges concernant le commerce des vins. En effet, ces statuts, confirmés par tous les rois de France, remontent à une très haute antiquité. D'un *vidimus*, conservé aux archives de la

(1) *Arch. Comm. de Gaillac.* Série B. B. 6. — Chaque province, on le sait, avait ses réjouissances particulières, telles la *Bachelette* de Cholet en Anjou et de Lusignan en Poitou, la *Gargouille* de Rouen, l'*Epinette* de Lille, la *Tarasque* de Beaucaire, le *Gaiaut* de Douai, fêtes dans lesquelles on nommait un roi ; *roi de la Basoche* en Picardie, *roi de Papegeay* dans le Nord et à Nîmes, etc... Or le midi de la France et particulièrement l'Albigeois et le Rouergue se distinguaient par ces coutumes. On vient de voir le *roi de la Poda* à Gaillac ; à Grenade-sur-Garonne, comme à Béziers, c'était un *abbé de Malgouvern* qui recevait ainsi le sceptre de la folie. Dans le Rouergue, à Beaumont par exemple, on élisait un *amiral*. Dans d'autres localités c'était un *Empereur*, l'*Emperayre del Joücen*. Ainsi le 1er juillet 1514, sous la présidence de Mansencal, le Parlement de Toulouse interdisait la création de ces Empereurs de la Jeunesse « *Sice des goliards* » et défendait « tels Emperayres et Abbés de Malgouvern en toute la dite Sénéchaussée, sur peine de bannissement et confiscation de biens et autre arbitraire. »

A Castelnau-de-Montmiral enfin, comme à Gaillac, il y avait un roi. Ce roi choisissait ses officiers et devait leur donner à dîner aux dépens des nouveaux mariés ; il allait chercher le Seigneur pour le conduire à la messe et le ramenait chez lui ; le soir il présidait aux réjouissances sous les fenêtres du château La garde de ses ornements, du sceau, de la couronne et des étendards était confiée aux Consuls, qui les déposaient dans la sacristie (COMPAYRÉ. *Études historiques*, p. 419).

ville, il résulte qu'ils furent arrêtés en 1271 par un Conseil de 14 prud'hommes et approuvés par le roi Philippe-le-Hardi ; mais il est bien certain que ces privilèges eux-mêmes existaient bien avant cette date. Les prud'hommes se contentèrent seulement, en 1271, de donner une forme légale et durable à des coutumes déjà en vigueur depuis plusieurs siècles.

On sait, en effet, que, dès le xe siècle, la ville de Gaillac était l'une des plus importantes de l'Albigeois, puisque, indépendamment de l'abbaye de Saint-Michel, enrichie par les libéralités des comtes de Toulouse et des vicomtes de Narbonne, elle possédait une seconde église, Saint-Pierre, que l'évêque Frotaire donna, en 972, aux Bénédictins de Saint-Michel.

Quoiqu'il en soit, dès le xie siècle, le commerce des vins prend une importance considérable dans l'Albigeois ; il est la source de bénéfices importants pour les comtes de Toulouse et pour les seigneurs riverains de la Garonne. Dès cette époque, en effet, les vins de Gaillac et de Rabastens descendent la Garonne jusqu'à Bordeaux et sont l'objet d'un trafic dont on retrouve les traces dans les chartes du temps.

C'est ainsi que la fameuse charte de Gausbert de Fumel, abbé de Moissac, qui date du commencement du xiie siècle, mais à propos de laquelle il faut répéter l'observation faite pour les coutumes de Gaillac, indique que le transit des bateaux chargés de vin est frappé, à Moissac, d'un droit de 1 denier par muid sur le Tarn et de 2 deniers sur la Garonne.

Du reste ce n'étaient pas seulement les seigneurs, comme l'Abbé-Chevalier, c'étaient aussi les comtes de Toulouse qui, malgré les franchises accordées aux commerçants, ne se faisaient pas faute, quand le besoin d'argent se faisait sentir, d'imposer les bateaux de vin qui descendaient le Tarn ou la Garonne. En 1200 le comte de Toulouse, Raymond VI, reconnaît qu'il a *mallôté* en exigeant à Montauban « iv *sols que... fazia prendre de cadun cubelot de vi* » qui passait sur le Tarn (1).

---

(1) *Livre rouge de Montauban*, f° 6.

Plus tard, au mois d'août 1227, le comte Raymond VII, se trouvant à Gaillac, renouvelle les privilèges de la ville et en exempte les habitants de tout droit de leude et de péage sur ses terres.

Malheureusement le traité désastreux de 1229 crée au comte de si lourdes charges pécuniaires que force lui est de demander la majeure partie des sommes dont il a besoin aux douanes de la Garonne et aux marchands de vin de l'Albigeois.

On connaît les charges imposées au comte par le traité de Paris : c'est 2.000 marcs d'argent à Citeaux, 500 à Clairvaux, 1.000 à Grand-Selve, 300 à Belleperche et 300 à Candeil. Il doit, en outre, donner 600 marcs pour la restauration du château Narbonnais, 4.000 pour la fondation de l'Université de Toulouse et payer au roi 20.000 marcs en quatre ans. Au total, c'est environ 35.000 marcs d'argent que le comte eut à payer. Il s'adressa pour trouver cette somme à des banquiers de Bordeaux et à un certain Gaillard Colomb qui en firent l'avance, mais qui durent néanmoins emprunter 30.000 sols aux bourgeois de Moissac, Montauban, Castelsarrazin, Marmande et Agen.

C'est pour le remboursement de cette dernière créance que, se trouvant à Agen, le 20 décembre 1240, le comte de Toulouse créa le péage du port de Marmande, s'engageant à le supprimer et à en empêcher le rétablissement dès que les bourgeois des villes susdites auraient recouvré leur avance de 30,000 sols.

Du reste, telle est à cette époque l'importance de la production du vignoble de Gaillac, que la question du vin est, à la fois, la préoccupation du comte, des seigneurs et des consuls.

Le 25 août 1248 le comte confirme les privilèges des habitants. La même année Sicard Alaman, ayant acquis de Jordan de Rabastens, au prix de 3.500 sols caorcens, la chaussée de Saint-Géry sur le Tarn, propose de construire une écluse pour les bateaux. Aussitôt la ville de Gaillac contribue à la dépense pour 10.000 sols et Sicard, en reconnaissance de cette participation, exempte les Gaillacois de la moitié des droits de péage sur les vins (1).

Aucun sacrifice ne coûte, en effet, aux consuls de Gaillac pour assurer la prospérité matérielle de leur vignoble. En 1253 ils rachètent à l'évêque, Bernard de Combret, un impôt qui pesait lourdement sur l'agriculture, la *pezade*. C'est 19.000 sols caorcens. Mais le comte Alphonse de Poitiers a également des prétentions à cet impôt ; ils le lui rachètent en 1256 pour 800 marcs d'argent (2). Leur grande préoccupation est toutefois d'empêcher les vins étrangers de pénétrer dans la ville et de faire concurrence aux vins du pays.

Ces mesures protectrices, véritables barrières douanières qu'on ne pouvait franchir, même à prix d'argent, et qui nous semblent aujourd'hui monstrueuses, existaient cependant à cette époque un peu partout, à Montauban, à Albi, à Lisle, à Moissac, à Rabastens, à Saint-Sulpice, à Auvillars, etc., et comptaient au nombre des privilèges les plus enviés des cités (3). On verra au cours de cette étude que, pendant

(1) *Arch. nat.* fonds Doat. vol. 116, f° 15.

(2) *Hist. du Languedoc*, Edit. Privat, t. VIII, col. 1310 et 1393.

(3) En voici quelques exemples :

« Manda hom e deffen ben estrechamen que deguna persona, de qualque
« conditio que sia, no meta ni descargue, no fassa metre ni descarguar vys
« estranhs ni vendemia dins la vila de Montalba ni als barris : e que faria
« lo contrar. costara LX sols caorcens per cada pessa, sia tonnel, sia pipa,
« eque auria perdut lo vy. »

(*Livre arme de Montauban*, f° 166).

« Item que degus hom, estranh ny privat ny autra persona per hom de
« l'huy, no meta ny metre no fasa vins dins la vila de Moyssac ny als
« barris, ny en neguna autra maniera,... Et fo empero establit e ordenat
« que si alcus dels habitans de la vila de Moyssac avia vys de sa renda o da
« sas vinhas que fosson foras del tenh de la vila de Moyssac, deou prumiera-
« men venir al Capitol e jurar que aquel vy quen vol metre es de sas
« rendas ho de sas vinhas... »

Coutumes de Moissac (LAGRÈZE-FOSSAT, t. II, p. 891).

A Albi, l'interdiction n'était que partielle et par cela même plus absurde, parce qu'elle privait les habitants des meilleurs vins de la région. Elle portait, en effet, sur les vins de Gaillac, de Lisle et de Rabastens. Pour entrer à Albi les vins devaient avoir été récoltés à plus d'une lieue de ces consulats. « Item an prerogativa et libertat losd. Cossols, manens et habi-
« tens d'Alby, que degus no deu portar en lod. cieutat d'Alby ny barris
« d'aquella vy ho vendemia que sian estats de Gailhac, de la Ila, de Rabas-
« tens ho autres locs del circuit d'aquels per lo espaci de una legua, per
« vendre en menut ho en gros, ny de las partidas de Menerbes et Terra-

six siècles, elles soulevèrent entre Gaillac et Bordeaux, rivales commerciales et dont chacune prétendait protéger ses produits au détriment de l'autre, tout en les écoulant au dehors, d'interminables conflits.

Les troubles intérieurs, les révoltes qui marquèrent à Gaillac la fin du XIII° siècle et l'invasion anglaise du XIV°, ne portèrent pas atteinte à la prospérité du vignoble, qui ne cessa de grandir. Il semble, au contraire, que les Anglais, maîtres de l'Aquitaine, aient développé de tout leur pouvoir la production de ce *claret* dont ils étaient si amateurs.

Ainsi le 14 décembre 1284, Jean de Grailly, sénéchal d'Aquitaine pour le compte d'Édouard Ier, passait avec les consuls et procureurs des communautés de Toulouse, Moissac, Gaillac, Montauban, Lisle-d'Albi, Rabastens et Villemur, un traité relatif aux droits que les négociants de ces villes devaient payer pour les vins qu'ils expédiaient par la Garonne jusqu'à Bordeaux.

Cet accord était motivé par les plaintes des négociants Albigeois qui réclamaient une taxe invariable.

Ils obtinrent un tarif fixe, dit de la *Grande Coutume de Bordeaux*, de 5 s. 4 d. tournois par tonneau de vin, et la jouissance du même tarif fut promise à tous les marchands du Quercy, du Toulousain et de l'Albigeois qui en feraient la demande dans l'année.

Ce tarif fut confirmé, le 26 janvier 1286, à Bordeaux, par Édouard Ier, ainsi qu'il résulte d'un *vidimus* sur parchemin, signé d'Arnaud, gouverneur de Rabastens, conservé aux archives de Gaillac. (1)

Le roi d'Angleterre ne faisait en cela, du reste, que suivre l'exemple des rois de France qui eux-mêmes avaient hérité des comtes de Toulouse de la protection du commerce de la Garonne.

« Bassa, sino que fosson vins muscats del pays de Menerbes ho de Bederres.
« Et aquels que farian lo contra, devon estre punits per confiscation dels
« vys, vendemia, vayssela et de la pessa de LX s. t. . . »

(*Coutumes d'Albi*). Voir aussi un acte relatif à la saisie et à la confiscation d'une pipe de vin étranger introduit à Saint-Sulpice. (E. Cabié. *Anciennes coutumes de Saint-Sulpice. Revue du Tarn*, 1885, pièce XXVIII).

(1) *Archives municipales*, série HH. 1.

En effet en 1271, à la mort du comte Alphonse, le roi Philippe-le-Hardi, héritier de celui-ci, avait immédiatement fait supprimer tous les péages établis sur la Garonne depuis 40 ans (1), et, quelques années plus tard, par lettres patentes du 28 juin 1278, il avait promulgué une ordonnance réglant tous les droits de péage et de navigation sur ce fleuve.

D'après l'ordonnance royale de 1278, qui rappelait que des droits analogues avaient été perçus « de toute antiquité », les villes de Montauban, Gaillac, Lisle, Rabastens et Lavaur étaient assujéties, pour tout chargement de bateau de vin qui descendait la rivière du Tarn, à un droit fixe d'une *saumée* de vin par bateau au profit du roi et de l'abbé de Montauban. Ce droit était acquitté au péage de l'Illemade, près de Castelsarrazin, et nul autre ne pouvait être exigé sur le domaine royal.

En conséquence, des commissaires, sous l'active surveillance des consuls de Gaillac et de Montauban, exercèrent sur le Tarn et la Garonne, de façon à prévenir tout obstacle à la navigation, un contrôle analogue à celui de nos Ponts et Chaussées. On en trouve les preuves notamment dans les années 1286, 1291, 1313 et 1316, où ils durent intervenir auprès des riverains pour obtenir soit la destruction d'ouvrages encombrants, soit la réparation de chaussées démolies ou de passages ensablés. (2).

Malheureusement des contestations ne tardèrent pas à s'élever entre les *bayles* (douaniers) et lès négociants, parce que les premiers, pour s'éviter les frais de vente et de conversion de l'impôt, exigeaient, au lieu d'un péage en nature, un paiement en argent. C'est sur la fixation de la quotité de ce paiement que les difficultés s'élevèrent. Les consuls des villes intéressées ne voulaient donner, par saumée de vin, que 12 sols caorcens ou 8 sols tournois, tandis que les bayles réclamaient 12 sols tournois.

L'affaire fut portée au roi qui prescrivit au sénéchal de Carcassonne, Guy Chevrier, de faire une enquête sur les

(1) *Hist. du Languedoc*. Edit. Privat, t. IX, p. 8.
(2) *Arch. municipales*, Gaillac, et *Monogr.* t. II, p. 210, note

faits en litige. Cette enquête fut commencée en novembre 1298, mais elle n'aboutit pas. En conséquence les prétentions des bayles devinrent plus intolérables et il s'y ajouta, tant de la part des agents du roi que de ceux de l'abbé préposés à cet impôt, des exactions et des malversations qui constituaient une véritable piraterie.

Les communautés, lésées dans leurs intérêts les plus chers, prirent alors le parti d'envoyer une députation au roi. A cet effet elles nommèrent des délégués qui se rendirent à Paris et exposèrent leurs griefs de telle sorte que, le 14 octobre 1307, le roi écrivait à Jean d'Arrablay, sénéchal de Cahors, pour lui prescrire de mettre un terme aux exactions de ses agents et de les punir sévèrement. Le roi ajoutait que si quelque tort avait été injustement fait aux commerçants, il voulait que ce tort fut réparé sur le champ et qu'on n'hésitât pas pour cela à saisir les biens des agents prévaricateurs.

L'empressement apporté par le roi à faire droit aux réclamations des délégués Albigeois démontre seul de quelle importance et quelle précieuse ressource pour le Trésor était alors le commerce des vins.

L'enquête de Jean d'Arrablay fut, cette fois, rapidement conduite. Le sénéchal conclut cependant à l'application du tarif de 12 sols tournois pour les bateaux de Montauban et du ressort et même de 14 sols pour ceux de Rabastens, Gaillac et Lavaur « *quia vina sunt fortiora et magis vendantur, ut dicitur.* » C'est la première fois, croyons-nous, que le titre alcoolique des vins se trouve pris comme étalon d'appréciation et l'on voit qu'au xive siècle les vins Albigeois étaient réputés pour leur force.

La sentence du sénéchal fut prononcée en décembre 1307 et approuvée par le roi en février 1308 (1).

En 1310 on trouve dans les comptes de la sénéchaussée de Carcassonne l'indication d'une mission « donnée à un courrier avec les lettres-closes du trésorier de la Seneschaussée de Toulouse à Macelot du Port, échanson du roi à

---

(1) *Histoire du Languedoc.* Edit. Privat, t. X, col. 168.

Saint-Pourçain, pour lui rapporter l'épreuve et la valeur des vins de Gaillac en Albigeois, de Pamiers et de Montesquieu en Toulousain » (1).

Mais ce n'était pas seulement à la cour de France qu'étaient appréciés les vins du Languedoc. L'Angleterre en faisait une énorme consommation que la guerre de Cent ans elle-même ne put arrêter. En 1372, dit Froissart, on vit arriver de Londres à Bordeaux « toutes d'une flotte, bien deux cents voiles et nefs de marchands qui allaient aux vins » et en 1473 le roi renouvelait encore aux marchands anglais le privilège de s'approvisionner au marché de Bordeaux.

Cependant pour arriver à Bordeaux les vins descendaient les affluents de la Garonne et le fleuve-lui-même non, comme on le comprend, sans rencontrer de nombreux obstacles tant physiques que commerciaux. C'étaient aussi, de la part des marchands, des efforts perpétuels pour obtenir la réduction des droits de péage. Les petits seigneurs de l'Agenais se montraient, en général, peu disposés à abandonner leurs prétentions, mais les officiers royaux, persuadés que l'abaissement des impôts indirects ne pouvait qu'activer le commerce au profit du Trésor soutenaient de tout leur pouvoir les revendications et les réclamations des négociants ; c'est ce qui explique en partie les tarifs de 1284 et de 1308.

Le 15 novembre 1396, le roi Charles VI affranchit les vins de Moissac, de Gaillac et de Rabastens, que les habitants étaient dans l'usage d'expédier en Angleterre, de tout péage pendant trois ans. (2)

Au mois de mars 1430, Charles VII permit aux consuls de Gaillac d'imposer pendant 20 ans 24 deniers sur chaque pipe de vin qui sortirait de la ville « en considération de ce que les habitans avaient employé 2.000 écus d'or à acheter la huitième partie de la seigneurie de leur ville... pour en faire don au roi. »

Le 16 avril 1433, Charles VII fit mieux encore. Il accorda

(1) *Hist. du Languedoc*, Edit. Privat.
(2) *Congrès scientif. de France*, 28e session t. IV, p. 582.

aux consuls de Gaillac le *soquet* sur le vin (huitième du produit du vin vendu au détail dans les cabarets) pendant 16 ans.

Enfin, en 1466, Louis XI confirma aux habitants de Gaillac, Lisle et Rabastens le droit de vendre et faire circuler en tout temps leurs vins « *quæ vocantur vina de marca* » sur les fleuves et rivières, notamment le Tarn et la Garonne et sur la mer, à la seule condition d'acquitter les droits d'usage. (1)

Mais ce qui prouve par dessus tout l'importance du commerce des vins à ce moment dans le bassin de la Garonne, c'est l'association formée en 1499 entre les principaux consulats vinicoles et les principaux comptoirs commerciaux du bassin de la Garonne pour l'amélioration et l'entretien de la navigation sur ce fleuve.

A une époque où les pouvoirs publics se désintéressaient absolument des questions les plus élémentaires, il était naturel que les entreprises commerciales fussent peu recherchées.

Indépendamment des entraves douanières et des tracasseries des riverains ou des seigneurs féodaux les marchands avaient à lutter contre les obstacles physiques, les inondations, les ensablements, les atterrissements, etc., alors si fréquents dans le cours de la Garonne. Ce fleuve, grossi annuellement par les neiges des Pyrénées, suivait à travers une multitude de *gourgues* (marécages) et de *ramiers* (ilots boisés), un cours sinueux, capricieux, changeant d'une année à l'autre. De là pour la navigation la nécessité de travaux incessants et de dépenses que les communautés, à plus forte raison les particuliers, ne pouvaient faire.

Cependant la nécessité d'écouler rapidement et régulièrement les récoltes de vin et, par suite, le besoin d'obtenir une navigation sûre et facile fit entrer les communautés intéressées dans une entente générale de laquelle sortit l'association qui porta le nom de *Bourse commune des Marchands de la Garonne*.

---

(1) COMPAYRÉ. *Études historiques*, p. 489.

Ce furent principalement des négociants de Gaillac qui prirent l'initiative de cette entreprise, à laquelle le roi Louis XII donna, en 1499, par un édit, la sanction légale.

Par cet édit, suivant un chroniqueur, le roi « voyant avec compassion que les seigneurs exigeaient indûment et sans aucune bonne raison de grandes coutumes et travers sur les rivières de Guyenne, principalement sur la Garonne et sur les autres qui entrent dans la Gironde, octroya aux marchands qui fréquentaient ces rivières de faire une bourse commune avec pouvoir d'imposer sur leurs marchandises certaines sommes pour l'entretien de la navigation. » (1).

Les villes qui faisaient partie de cette association étaient Toulouse, Bordeaux, Montauban, Agen, Albi, Gaillac, Marmande, Moissac, Auvillars, Verdun, Port-Sainte-Marie, Tonneins, Sainte-Livrade, Clairac et Villeneuve. L'association était représentée par un *Collège* sur le modèle de celui que les marchands de la Loire avaient obtenu du roi Jean en 1355, et par sept agents, à savoir trois surintendants et trois syndics, qui résidaient à Bordeaux, Toulouse et Montauban, et un quatrième syndic qui résidait à Agen.

En outre les Parlements de Toulouse et de Bordeaux étaient chargés de la surveillance de cette administration et à cet effet les seconds présidents de ces deux Parlements prenaient le titre de *Commissaires de l'Association*, avec charge de faire, tous les trois ans, « des assises et chevauchées le long des rivières de Garonne et de Tarn et des autres qui se jettent dans celles-ci. »

C'est ce qui explique que, depuis cette époque, les Parlements aient toujours considéré comme de leur ressort les questions relatives à la navigation de la Garonne (2). En réalité les seconds présidents des Parlements étaient les véritables administrateurs de la *Bourse commune des Mar-*

---

(1) Manuscrits pour servir à l'histoire de Montauban, t. II p. 712. Le Bret. *Hist. de Montauban.*

(2) Ainsi, en 1617, Antoine de Lestang second président au Parlement de Toulouse fixait, par ordonnance, le droit de navigation du vin sur la Garonne (péage de la Pointe), à 4 deniers par pipe, dont 2 deniers pour le roi et 2 pour l'abbé de Moissac.

chands ; ils avaient mission de rechercher tous les obstacles préjudiciables à la navigation et d'y porter remède, soit de leur propre autorité, soit en faisant trancher la question par la Grand-Chambre, soit enfin en convoquant des assises.

Le *Livre Noir* de Montauban (f° 86) contient le procès-verbal d'une de ces assises tenues à Gaillac, en 1597, sous la présidence de Pierre Odet de Saint-Jean, second président au Parlement de Toulouse.

Ce fut cette *Bourse commune des Marchands de la Garonne* qui, pendant deux siècles, assura le débouché des vins du Midi et imprima par suite à la viticulture un essor prodigieux. Elle remplit son rôle avec intelligence et dévouement et ne cessa d'exister qu'en 1664, quand Louis XIV eut chargé l'Intendant général de régir la navigation des affluents de la Garonne.

Pendant toute cette période l'activité des magistrats de Gaillac ne se démentit pas un instant et les archives de la ville nous en fournissent la preuve sous forme d'un dossier qui demeurera l'un des plus beaux monuments des administrations consulaires du Midi de la France.

En effet toute la série H. H. des archives de Gaillac, qui ne contient pas moins de 12 parchemins et de 146 pièces, est consacré en entier au commerce du vin entre Gaillac et Bordeaux. On y retrouve le témoignage d'une lutte incessante entre la petite et la grande cité : arrêts du Conseil d'Etat portant défense aux jurats de Bordeaux de percevoir aucun droit sur les vins de Gaillac ; arrêts du Parlement et du Conseil d'Etat confirmatifs du privilège antique rappelé dans l'art. XXVI des statuts de 1667 ; arrêts du Conseil d'Etat condamnant la prétention des jurats de Bordeaux d'interdire l'usage des grosses futailles pour le transport des vins de Gaillac... etc.

C'est qu'en effet il y avait entre Bordeaux et Gaillac un antagonisme dont nous ne pouvons aujourd'hui que difficilement nous faire une idée, mais qu'explique l'identité des intérêts, de la production et des privilèges des deux villes.

L'art. XVI des statuts de la ville de Gaillac de 1667, confirmatif de tous les statuts antérieurs, dit en effet : « De plus a la dicte ville ce privilège despuis un temps immémorial, d'empescher que le vin estranger n'entre dans la dicte ville et Consulat, et de faire dessandre les vins qui se reculissent au vignoble du dict Gaillac en la ville de Bourdeaux, ainsi qu'est contenu aux privilèges à eux accordés et transactions sur ce passées. »

Mais, si les négociants bordelais voulaient bien exporter et vendre à l'étranger comme leur propre produit les vins de Gaillac, ils redoutaient la concurrence de ces vins sur leur propre marché. C'est pourquoi ils avaient aussi obtenu, du roi Charles VII, que les vins de Gaillac ne pourraient être mis en vente à Bordeaux qu'à des époques déterminées, après la fête de Noël, c'est-à-dire quand le stock des vins de Bordeaux serait déjà vendu.

L'ordonnance royale de 1486 qui règle ce point de commerce porte que « aucuns vins du pays de Languedoc ny autres, qui pourront estre conduits en la dicte ville de Bourdeaux par les rivières du Tarn, Garonne, Gironde et autres rivières, ne seront descendus qu'après la feste de St-André (30 novembre) et vendus qu'après la feste de la Nativité de nostre Seigneur. »

Les commerçants du Languedoc et de l'Albigeois, gênés par cette ordonnance, se pourvurent contre elle et obtinrent un arrêt du Grand-Conseil qui limitait par provision et restreignait le privilège des Bordelais, stipulant qu' « il était permis à ceux de la province de Languedoc de faire descendre leurs vins et d'iceux vandre et débiter sur le quay des Chartreux de la dicte ville de Bourdeaux ou ailleurs, à l'instant après la feste St-Martin d'hyver (11 novembre). »

Ces ordonnances furent cause de nombreux et retentissants procès entre Gaillacois et Bordelais.

En 1499, les consuls de Bordeaux prétendirent faire payer aux vins de Gaillac une taxe d'exportation. La question fut portée devant les Etats de Languedoc et aboutit à un accord signé à Albi en janvier 1501. Un des articles de cet accord portait que tous les tonneaux de vin de Gaillac qui descendraient à Bordeaux devaient avoir pour marque le coq de la ville.

En 1517, François Ier dut intervenir ; il défendit aux jurats de s'opposer au transit des vins de Gaillac, à la condition que ces vins ne seraient pas à destination de l'Angleterre.

En 1618, Jean Geoffret, marchand de Rabastens, « ayant faict vente à un marchand de Paris, nommé Cremalie, et quelques jours avant la feste de Noël, de vins blancs et noirs excrus au vignoble de Gaillac, fut condamné en l'amende de 150 liv. tournois et le dit Cremalie en 100 livres. »

En 1620, nouvelle saisie des vins de Gaillac sur les quais de Bordeaux et menace d'un procès à la municipalité. Les consuls de Gaillac, Mathieu Demurs, Thomas Cavalier et Jean Carivene et le syndic Jacques Combettes envoient aussitôt à Bordeaux, comme leurs mandataires, deux délégués, François Marolle, licencié en droit et premier consul de la ville et le sr *Maffre de Paulhe*, bourgeois et habitant de Gaillac (le petit-fils de Jean de Paulhe, que nous avons cité). Ceux-ci sont reçus, le 20 juin 1620, par la jurade de Bordeaux et terminent l'affaire amiablement. « Les maires et jurats gouverneurs de Bordeaux et juges de police ont déclaré vouloir consentir que, nonobstant le texte de l'estatut (*sic*) au tiltre du vin de Gaillac et Rabastens, les habitants du dit pays de Languedoc jouissent du privilège de pouvoir descendre leurs vins à l'instant après la feste St-Martin au lieu des Chartreux, et les vandre au dit lieu à l'instant après la feste St-André (30 novembre) après suivant, excepté en gros aux dits employs, et après la feste de la Noel tout indifféremment. » (1)

Ainsi, au XVIIe siècle, les vins de Gaillac ne pouvaient encore arriver sur les quais de Bordeaux avant le 11 novembre ni être vendus en gros avant le 30 novembre. —

Quant à la vente en détail, elle ne pouvait se faire qu'après la Noël.

De nouvelles vexations des jurats de Bordeaux envers les marchands de vin de Gaillac attirèrent cependant encore, en 1685, l'intervention des États du Languedoc en

---

(1) Registres de l'Hôtel de ville de Bordeaux.

faveur des négociants Gaillacois (1) ; mais en réalité la lutte ne se termina qu'au siècle suivant, quand le vignoble de Gaillac fut entré en décadence et quand les vins du Bordelais n'eurent plus de concurrence sérieuse à subir de la part de ceux de Gaillac.

En 1709, en effet, les vins de Gaillac payaient encore pour descendre à Bordeaux, 31 $ll.$ 15 $s.$ 6 $d.$ de droits royaux par tonneau ; à partir de 1733, ils ne paient plus, pour être admis par privilège sur le marché de Bordeaux, que 5 $s.$ 4 $d.$ Enfin un décret de 1776 autorisa la libre circulation du vin dans tout le royaume et son exportation par tous les ports.

Quelle fut la cause de la décadence des vins de Gaillac et en général des vignobles de l'Albigeois à la fin du xviie siècle ?

Déjà en 1698, après la révocation de l'édit de Nantes, l'intendant Basville, dans son rapport sur la province de Languedoc, signalait cette décadence qu'il attribuait à ce que beaucoup d'habitants de l'Albigeois avaient péri dans l'épidémie de 1693, et aussi à la concurrence commerciale du canal de Languedoc. Il est probable cependant que les guerres avec l'Angleterre et la Hollande, en fermant aux navires étrangers le marché de Bordeaux et en empêchant l'exportation des vins dans les pays du Nord contribuèrent plus que le canal de Languedoc à cette décadence.

Plus tard, en 1729, dans un hiver très rude, la gelée tua tout le vignoble de Gaillac : mais néanmoins cela ne suffit pas encore à expliquer un phénomène qui touche à des intérêts si multiples. Il se pourrait que la prospérité du vignoble tînt autrefois au soin jaloux avec lequel les communautés veillaient sur l'entretien et la conservation des vignes, ainsi qu'à la sollicitude de l'administration consulaire pour tout ce qui touchait les récoltes et le vin en particulier.

Car ce n'était pas seulement le vignoble de Gaillac, c'était, au xve siècle, tout le bassin de la Garonne qui était renommé pour ses vins. Ainsi la région de Moissac, qui fournit

---

(1) *Hist. du Languedoc.* Edit. Privat, t. XIV, col. 1336.

aujourd'hui un vin exécrable, donnait alors des crus estimés, au point que le roi de France possédait encore, en 1498, un vignoble à Fouréal, près de Moissac, et qu'il recevait chaque année, pour son droit de panèle, 5 pipes de vin du cru.

Mais aussi quelle sollicitude des municipalités pour le bon renom de leurs vins, quelle ardeur pour la défense de leur cru ! Nous avons dit qu'à Gaillac aussi bien qu'à Albi, Montauban, Moissac ou Bordeaux, les statuts interdisaient l'accès de la ville à tout vin étranger. Et cela se comprend ; les vins de ces pays étaient renommés et faisaient la richesse de la cité : il fallait donc se garder de compromettre cette honnête réputation, il fallait surtout se garder de fermer, par des livraisons de vins défectueux, le débouché de Bordeaux, c'est-à-dire le marché de l'Europe civilisée. Or, sans la sévérité des consuls, cela serait infailliblement arrivé et c'était alors la ruine à bref délai. C'est pour empêcher ce désastre que, considérant les communautés comme en tutelle, les administrations consulaires les entourèrent d'un système de mesures protectrices qui nous semblent d'une sévérité draconienne et qui étaient peut-être nécessaires, avec cette différence toutefois que le protectionnisme d'aujourd'hui entoure la France d'une barrière qui se franchit, — c'est là une question d'argent, — tandis qu'au Moyen Age la barrière qui existait autour des villes était absolument infranchissable.

C'est ainsi qu'aux premières années du XVIe siècle, les consuls provoquaient un procès mémorable contre un grand nombre de personnes qui avaient introduit à Gaillac des vins étrangers. On y voyait des prêtres, Landes et Cayron, des nobles, Mme de Combettes, des prébendiers de Saint-Michel, des bourgeois, des manants, Hugonet, Teyssonières, Goulesque, Castel, Durand, Taillefer, Orlhac, etc.... La sentence fut impitoyable : le vin, qui pouvait compromettre le bon renom du Gaillacois, fut saisi et donné aux lépreux (1).

De même, en 1746, un consul de Gaillac, Alexis Cezerou,

(1) *Archives Communales*. Série HH. 3.

ayant été accusé d'avoir expédié à Toulouse 150 futailles aux armes de la ville de Gaillac, de manière à pouvoir faire entrer en fraude du vin étranger, fut privé de sa charge de consul (1).

Il fallait des circonstances graves, par exemple le manque de toute récolte, pour faire fléchir en ces matières la sévérité des administrations. Cela arriva cependant en 1526. Le vin ayant manqué cette année, le Conseil de la ville autorisa le libre accès des vins étrangers.

Ce privilège de l'interdiction des vins étrangers se maintint à Gaillac, Albi et Rabastens presque jusqu'à la Révolution. En 1703, en effet, les consuls de Gaillac insistaient encore auprès du roi pour qu'il fût maintenu parce que, sans cela, disaient-ils, « la bonne réputation des vins de Gaillac se perdrait, » Mais en 1720 le privilège fut contesté à Gaillac devant le Parlement de Toulouse. Le roi, après avoir pris avis de l'Intendant et de l'Assemblée diocésaine, le maintint en 1726 et, pour Gaillac spécialement, le confirma par arrêt du 30 novembre 1728. Enfin un dernier arrêt du 10 mai 1759 spécifia que Gaillac, Albi, Castres et Rabastens seraient les seules villes de la province auxquelles le privilège serait maintenu.

Quant aux soins dont on entourait la culture de la vigne, il serait difficile d'en donner une idée même très imparfaite. A Montauban et à Moissac étaient frappés d'une amende ; 1º ceux qui entraient dans les vignes, qu'ils y fissent ou non du dégât ; 2º ceux qui y chassaient avec chiens, de Pâques à la St-Michel ; 3º ceux qui y laissaient pénétrer des animaux.

L'amende variait dans ce cas de 12 deniers à 10 livr. tournois et, à Montauban, ceux qui ne pouvaient la payer avaient le poing coupé.

A Gaillac le voleur de ceps est puni du fouet et du bannissement. « Le condempnons à faire amende honoraire saulz les ailes de la maison consulaire de la dicte ville ung jour de marché, tout en chemizes, teste et pieds nuds, tenant

---

(1) *Arch. départ. Tarn.* B. 565, liasse.

au poing une torche allumée, ayant pendus en son col deux cepz de vigne de ceul dont il s'est trouvé saizy, avec un escripteau au devant de sa poytrine contenant le nom du crisme dont il est convaincu et, ce faisant, demander pardon à Dieu, au Roy et à Justice, et après, estre mis et deslivré entre les mains des exécuteurs de la hautte justice qui luy fera faire le tour accoustmé par les carrefours de la dicte ville, le fustigant et battant d'un fouet, jusqu'à effusion de sang inclusivement. Et néanmoins l'avons bany et banissons de la dicte ville et consulat d'icelle pour dix ans » (1).

A Viane comme à Larrazet (Tarn-et-Garonne), tout tavernier qui mouillait son vin, faisait des coupages ou vendait un cru pour un autre, était condamné à une forte amende, 20 sols à Viane, 30 à Larrazet (2).

En outre, comme on croyait à cette époque que le fumier influait d'une manière fâcheuse sur la qualité du vin, il était défendu, pour augmenter la production des vignes, de les fumer. A Moissac, par exemple, tout individu qui était convaincu d'avoir fumé une vigne devait non seulement payer l'amende et arracher sa vigne, mais encore ne pouvait la replanter de cinq ans.

Cette législation demeura longtemps en vigueur, puisque, le 13 décembre 1747, conformément à une délibération des Etats d'Albigeois, l'intendant de Languedoc renouvelait

---

(1) *Arch. Communales*, FF. 7.

(2) Ces sévérités sont un écho persistant de la législation des Francs Saliens et des Wisigoths. Pour ces barbares la vigne fut, au commencement de l'ère chrétienne, une révélation. Non seulement ils abandonnaient pour elle la cervoise et l'hydromel, mais encore ils édictèrent les peines les plus sévères contre quiconque arracherait un cep ou volerait une grappe de raisin. Chose curieuse par conséquent, le culte de Bacchus, surtout mythique dans l'antiquité païenne, parce que le vin y était cher et mauvais, devint effectif au début du Christianisme parce que ce fut l'époque où se généralisa la culture de la vigne. Ce qu'on a appelé « l'orgie romaine » n'eut probablement pas d'autre cause ; en tous cas ce culte de Bacchus était infiniment moins immoral que les divers cultes de Vénus qui l'avaient précédé en Grèce, à Carthage et à Rome. C'est peut-être pour cette raison que, les évêques chrétiens des Gaules le tolérèrent ; mais on peut croire aussi étant donné le caractère des Barbares, qu'ils eussent eu grand peine à le proscrire et que, ne pouvant le défendre, ils s'en servirent contre le paganisme.

par une ordonnance l'interdiction de la fumure des vignes (1). Les Etats cependant demandèrent que cette mesure fut limitée aux vignobles de Rabastens, Lisle et Gaillac (2).

Bien d'autres preuves de cette sollicitude peuvent être produites. Ainsi, non seulement il était interdit de vendanger avant l'époque fixée par les Consuls, c'est-à-dire avant la pleine maturité du raisin, mais encore les heures propices pour la mise en cuve du raisin étaient déterminées.

En 1637, dans un procès entre les Consuls et l'abbé de St-Michel, à propos de la dîme des raisins, les deux parties convinrent que les charrettes de vendanges ne seraient pas déchargées le matin avant midi et le soir avant cinq heures.

Les vendanges ne pouvaient commencer qu'après la publication des bans et, comme les pouvoirs de l'abbé de St-Michel étaient autant civils que religieux, la discorde régnait souvent entre l'abbaye et la maison commune pour la publication des bans.

En général on transigeait de part et d'autre. Les Archives de la ville nous fournissent le texte d'une de ces transactions qui porte règlement pour les vendanges (3).

---

(1) E. ROSSIGNOL, *Assemblées du diocèse d'Albi*, p. 127.

(2) Il ne faudrait pas croire que ces faits, qui nous semblent aujourd'hui monstrueux, ne fussent basés sur aucune raison. La vigne s'assimile avec une extrême facilité tous les éléments du sol et c'est là la raison du goût particulier, dit *de terroir*, de certains vins (par exemple de ceux de Saumur ou d'Arbois); c'est encore ce qui rend compte de la grande vulnérabilité de la vigne par les parasites. Or il n'est pas douteux — l'un de nous en a fait l'expérience — que des vins, surtout des vins blancs, provenant de vignes fumées avec de l'engrais de poulailler ou des côtes de tabac, sentent l'un le poulailler, l'autre le tabac.

Cette observation, du reste, est vieille comme la vigne, car Pline reprochait déjà aux vignerons de Narbonne et de Béziers de fumer leurs vignes et d'ajouter des drogues à leur vin. En réalité, à cette époque, on ne travaillait pas les vins dans le Bas-Languedoc, mais on fumait les vignes, ce qui donnait au produit le goût de drogue.

On comprend donc que les communautés, soucieuses du bon renom de leurs vignobles et estimant plus le bon goût et la qualité que la quantité des vins, aient interdit la fumure comme un procédé déloyal de production.

(1) *Arch. Communales*, B. B. 10.

Le but de ces règlementations était d'empêcher le maraudage des raisins, mais aussi de faciliter ou d'esquiver la perception de la dîme, et c'est ce qui explique l'importance qu'y attachaient l'abbé d'une part, les consuls de l'autre.

Il n'est pas jusqu'aux heures de travail qui ne fussent règlementées. La journée, quelle que fût la saison, commençait au lever du soleil et finissait à 4 heures du soir, et une cloche énorme répandait ses notes graves sur tout le territoire du consulat pour annoncer la fin de la journée.

Cette coutume, qui a traversé les siècles, se moquant de toutes les révolutions économiques et sociales, subsiste encore ; elle avait sa raison d'être. Dans cette région, que la vigne enrichissait, il n'était pas de famille, si pauvre fût-elle, qui n'eût son *plantou*, sa petite vigne (1). Il fallait donner le temps aux compagnons de la *poda*, après le rude labeur accompli pour autrui, de tailler, biner, javeler ou vendanger leur plantou. Aussi le vigneron gaillacois était-il, et est-il resté — un acharné travailleur.

L'industrie de la tonnellerie, conséquence de la situation agricole du pays, n'avait pas échappé à la sollicitude des consuls de Gaillac. En effet c'est la futaille qui fait en partie le vin.

A Moissac, dans le serment des charpentiers, ceux-ci s'engageaient à ne pas faire des douves « de fust puden », c'est-à-dire avec certains bois du pays qui communiquent au vin une mauvaise odeur (2). En outre ils juraient « que le merrain, les douves ou les cercles qu'ils apporteraient ou feraient apporter à Moissac ne seraient pas vieux, mais que, d'un autre côté, ils ne proviendraient pas de bois récemmement coupé, à moins que ce ne fût du consentement de celui pour lequel les tonneaux étaient faits » (3).

Or les qualités du merrain énumérées dans le serment des tonneliers (4) sont précisément celles que Masenx indique (f° LXXXII r°) pour le merrain qu'il a livré à Jacques Roques.

---

(1) On dit *plantié* en Lauraguais et encore *cignié* en Gaillacois.
(Voir sur la culture de la vigne à Gaillac le *Manuel d'agriculture* du Comte Louis DE VILLENEUVE. Toulouse 1819, p. 291.

(2) LAGRÈZE-FOSSAT. *Études historiques*, t. I, p. 166.

(3) LAGRÈZE-FOSSAT, loc. cit. t. I, p. 211.

(4) Doela ni fous artusenat, ni ab alborn, ni ab freassa, ni encunhada ni epethosa, ni de fust puden, no metran en tonels. »
LAG.-FOSSAT, I, 166.

A cette question du merrain se rattache intimement celle de l'exploitation des bois et forêts, en particulier des bois de chêne.

Dès l'année 1278, Gaston, comte de Foix, avait fait, à Morlas, un règlement contre ceux qui coupaient ou écorchaient des chênes. Ce fut également le motif des ordonnances royales du 22 mai 1539 et du 27 juin 1548, ordonnances très sévères puisqu'un paysan qui avait coupé un chêne d'un bois particulier pour faire un may, fut condamné par arrêt du 3 juin 1562, à la peine du fouet (1). Un autre arrêt du Parlement de Toulouse, du 6 février 1560 défendit aux teinturiers, fourniers, tuiliers, etc. de se servir de bois de chêne pour le chauffage de leurs fours.

C'est encore cette sollicitude à l'égard de la conservation des bois de chênes et des garrigues qui fit interdire longtemps l'élevage des chèvres dans l'Albigeois. En 1748 encore, des experts, assermentés devant le subdélégué, parcoururent le diocèse d'Albi pour faire la recherche exacte des chèvres et produisirent 198 procès-verbaux de visite (2).

A Gaillac néanmoins les consuls avaient obtenu de François Iᵉʳ le droit de *gaudence* dans les forêts de la Grésigne et de Giroussens, c'est-à-dire qu'ils pouvaient choisir et prendre chaque année, contre remboursement, dans ces forêts, cent cinquante troncs de chêne pour en faire du merrain. Mais, soit que ce droit fut onéreux pour la ville, soit que le merrain des forêts domaniales ne fut pas à la convenance des tonneliers, la ville n'usa de son privilège que jusqu'en 1637.

C'est ce que constate l'article XVII des statuts de 1667. « Disent les Consulz qu'il appartenait à la Communauté, suyvant les patantes du roy François, du 22 febvrier 1520, la faculté de prendre cent cinquante piedz d'arbres annuellement, pour faire du marrain, des foretz de Grésigne et Giroussens, en payant le contenu aux dictes patantes,

---

(1) La Roche-Flavin. *Arrests notables.* Liv. I. tit. 13, art. 1.
(2) E. Rossignol. *Petits Etats d'Albigeois*, p. 129.

duquel privilège la communauté s'est départie despuis plus de trante ans, n'en ayant aulcunement joüi, et déclarant encore ne s'en vouloir ayder ny servir à l'advenir » (1).

Ce n'est pas tout. Dans certains consulats l'administration avait cru devoir créer des experts choisis parmi les maîtres tonneliers pour examiner le merrain mis en vente dans le consulat. Ces experts faisaient disposer le merrain en tas de cent tonneaux, puis examinaient et défaisaient l'un de ces tas, en vérifiaient les douves une à une et ne l'acceptaient que s'il était conforme au règlement. En outre ils vérifiaient les caves tous les ans, faisaient enlever le tartre des tonneaux et condamnaient les futailles hors d'usage. Ils recevaient pour cela, à Moissac, cinq sols caorcens.

Il faudrait d'ailleurs des volumes pour reproduire tous les documents relatifs à la viticulture enfouis dans les Archives de Gaillac : règlements des consuls, procédures, transactions, délibérations du Conseil de Ville, etc., etc.

C'est que la vigne est la grande affaire pour la cité, celle dont toutes les autres dépendent. Si la guerre s'élève souvent entre l'abbaye et la maison commune, c'est que l'abbé est un étranger, qu'il n'est rattaché au sol gaillacois que par ses immenses revenus. Comment pourrait-il défendre les intérêts d'un pays qui n'est pas le sien ? — Voilà pourquoi il trouve devant lui les consuls chaque fois qu'il essaie une tentative d'empiètement sur le pouvoir consulaire.

Ce serait donc chose fort intéressante que d'analyser cette masse de documents relatifs aux vignobles de Gaillac ; mais le cadre de cette étude ne le permet pas. Nous ne pouvons cependant résister au plaisir de reproduire une des plus curieuses délibérations que nous ayons rencontrées au cours de nos recherches dans les Archives de Gaillac. Elle date du 5 août 1509 et n'est par conséquent antérieure que de quelques années à nos livres de raison.

On se rappelle que, dès 1466, les vins commerciaux de Gaillac portaient le nom de *vins de marque* (*vina de marca*).

---

(1) *Monogr. Comm.* t. II, 178.

INTRODUCTION

Cette marque, aux armes de la ville (un coq, *gallus* — d'où le nom de *vin du coq* sous lequel les vins de Gaillac étaient connus dans toute l'Europe) était une garantie de sécurité pour l'acheteur. Elle était apposée gratuitement par les consuls de la ville, sur les tonneaux, après serment du propriétaire que le vin n'était pas falsifié et qu'il avait été récolté à Gaillac (1).

Or bon nombre de commerçants s'abstenaient — peut-être dans un but intéressé — de faire marquer leurs vins ; cela leur permettait d'écouler à l'étranger, comme vins de Gaillac, des vins quelconques. Le conflit de 1499 avec les jurats de Bordeaux et l'accord de 1501 rendirent la marque obligatoire pour les vins du Gaillacois. Or c'est précisément cette question que traite le Conseil de Ville dans la séance qui nous occupe.

« *Sur lo v^e article force determinat, ordonnat et conclud et fayt tal edit per tod. conseilh et de consentement de aquel, que :*

« *Attendut que en lo vinhe et jurisdiction de Galhac se tenon de bos vys, forts et poyssans et (que) son de tal natura que al plus lenh son portats, per aygga et per terra, melhors son, et que nya en grossa quantitat ; a causa de que los merchans de Bretanha, Flandras, Picardia, Normandia, Anglaterra, Gasconha, Bigorra et de autres diverses payses et nacions cascun an venon en la present vila de Galhac per se assortir et (aprovisionnar) dels vis dedt. Galhac, los quals ne porton mercas de la mesura de lad vila de Galhac, tant*

---

(1) M. E. Rossignol (*Monogr. Comm.* t. II, p. 177) et, avec lui la plupart des auteurs, ont confondu cette marque, spéciale pour l'exportation, avec la marque, dite *courtage* ou *gourratage*, qui se reliait intimement à l'exercice du droit de *soquet*, que Charles VII avait autorisé les consuls à prélever sur le vin vendu au détail.

En effet, le vin des taverniers payant un droit spécial, il y eut des agents qui marquèrent les tonneaux de vin entrant dans les tavernes. C'est cette marque qui portait le nom de *gourratage* et que, dit l'article 15 des statuts de 1667, « les consuls ont accoustumé d'arranter annuellement à cent cinquante ou tant de livres. » Elle se confondait dans l'usage avec le droit de *soquet*. Au contraire la marque pour l'exportation était gratuite et elle était apposée par les consuls, ne pouvant être affermée. Les frais s'en élevaient à 30 livres par an pour la ville.

per aygua que per terra ; que de certan temps ensa se es trobat et se trobo que (certans) habitans de la present vila de Galhac et sourentes retz dels apareurs et que renon als consols de lad. vila.... Et apres quant losd. merchans venon comprar dels vis strangies et que no son del (loc) de Galhac, en plusors retz se es trobat que, quant losd. vis strangies eran a Bordeux ho autra part, son mudats, agres et perduts, que no podon portar lo pena ne charge que son aquels de Galhac, don los d. merchans laissont perdrer bel cops et diffamaro lo d. vila ; et que ansi a causa dels vis a agut gros proces al gran cosselh del rey, nostre sobiran seigneu, entre los d. Cossols deld. Galhac d'una part et los habitans de Bordeux.... tan que, per accord de lasd. partidas, autorisat per lo susd. gran cosselh, es estat (dit) entre los autras causas que, per evitar los abus que se poyran far alsd. vis et grens enfrais que los los merchans venons comprar losd. vis ald. Galhac, que tots los vis que se cargaran sur la ribieyra de Tarn ald. Galhac ho per terra per anar et passar a Bordeux seran mercats de la merca de lod. vila, et que, otra lo que los condura ho fara condure, portara certifications detsd. cossols de la d. vila de Galhac que lors vis son del cru deld. Galhac, per evitar representations al cosselh de vila de Galhac, que au promes synar (et) gardar lod. accord autorisat per lo grand cosselh....»

C'est grâce à ces soins, à ces précautions multiples, grâce à cette sollicitude toujours en éveil que le vignoble de Gaillac put atteindre le haut degré de prospérité auquel nous le voyons à l'époque de Fabre et de Masenx et qu'un contemporain, le chanoine Mathieu Blouyn, qui écrivait quelques années plus tard (1559-1595), a pu nous laisser de ce pays la peinture qui suit :

« La ville de Gailhac est assise, dit-il, au diocèse d'Albigeois, sur la rivière de Rude ou de Tarn, laquelle de ses ondillettes bat et frappe tout doucement le bas de ses muralhes, devers l'abbaye et la Tour du Pont quy y estoit anciennement et quy y est du costé du midy. Devers l'Océan et Septentrion elle est jointe au chasteau de Lom, le ruisseau de Crouchou passant entre deux, et de ce mesme costé ell'a la plus grande partie de son estandu et ample vignobre (sic) quy rend d'aussy bon et excellent vin qu'il s'enlève en partie de l'Europe et en si grande cantité et abondance qu'on la heu estimé (bien qu'il fut bon, pur et merchant) moings que le bois dans lequel il estait. Et cela me sembleroit incroyable si je n'avais vu d'années qu'on en faisait presque aussi peu de cas que de l'eau ! On a eu lors audict vignobre jusques à plus de dix huict mille pipes de bon vin. Aussy tous les jours on voict merchantz pour l'achepter qui le dessendent par la rivière vers Bourdeaux, pour de là l'apporter en Angleterre, Escosse, Flandres et autres pays fort eslognés » (1).

Quelle était maintenant, au XVIe siècle, la valeur marchande de ce vin qui avait conquis, dès le Moyen-Age, une réputation européenne, que consuls et rois protégeaient avec tant de soins ? — Masenx va nous permettre de répondre à cette question.

Nous avons relevé, de 1521 à 1543, une soixantaine de ventes. Elles nous permettent de donner approximativement la valeur du vin pendant cette période, mais il ne faut pas oublier que le vin n'étant généralement vendu que de mars à septembre, les prix indiqués pour une année se rapportent généralement à la récolte de l'année précédente. Ceci posé, voici notre relevé (Les prix sont ramenés à la capacité de la barrique, 203 litres) :

1521	Vin rouge :	1 l.	5 s.		la barrique	(1 vente.	Masenx)
1525	—	3 l.	»	»	—	id.	id.
»	Demi-vin :	1	»	»	—	id.	id.
»	Vin, non qualifié :	2 ll. à 2 ll. 5 s.			—	(4 ventes.	Masenx)
«	Moyenne :	2 ll.	»	10 d.	—	(6 ventes	id.)
1526	Vin rouge :	1 ll.	2 s.	6 d.	—	(1 vente	id.)
»	Vin, non qualifié :	2 ll.	»	»	—	id.	id.)
»	Moyenne :	1	11 s.	3 d.	—	(2 ventes	id.)
1527	Vin, non qualifié :	2 ll.	»	»	—	(1 vente	id.)
1528	id.	2	»	»	—	(4 ventes	id.)
1530	id.	2	5	»	—	(2 ventes	id.)

(1) Histoire des troubles advenus à Gaillac... par Mathieu BLOUYN. Briefve description du lieu auquel est plantée la vila de Gaillac...

1531	Vin, non qualifié :	2 *ll.* 5 *s.*	» la barrique	(1 vente.	Masenx)
1532	id.	4 10 »	—	(3 ventes	id.)
1533	Vin clairet :	2 5 »	—	(1 vente.	Fabre)
1534	Vin blanc :	2 5 »	—	id.	id.
1535	Vin, non qualifié :	2 2 »	—	(1 vente.	Masenx)
1536	id.	2 » »	—	(3 ventes	id.)
1539	id.	1 5 »	—	(1 vente	id.)
1540	id.	1 17 6	—	(2 ventes	id.)
1541	id.	1 10 »	—	(22 ventes	id.)
1542	Vin rouge :	2 *ll.* » »	—	(1 vente	id.)
»	Vin, non qualifié :	2 » »	—	(5 ventes	id.)
»	Moyenne :	2 » »	—	(6 ventes	id.)
1543	Demi-vin :	1 15 »	—	(1 vente	id.)
»	Vin, non qualifié :	» 17 *s.* 6	—	(6 ventes	id.)
»	Vin vieux de 1541 :	2 *ll.* 17 *s.* »	—	(3 ventes	id.)

Ainsi qu'on le voit le prix de la barrique de vin oscille assez régulièrement dans toute cette période autour de 2 *ll.* ou 40 sols, ce qui équivaudrait environ à 80 fr. de notre monnaie, soit 40 fr. l'hectolitre.

Les prix les plus bas s'observent dans les années qui ont suivi d'abondantes récoltes, 1521, 1526, 1541 ; les plus élevés, au contraire, dans les années qui suivent les mauvaises récoltes, ainsi 1532.

On remarquera que les mauvaises récoltes en vin coïncident généralement avec les famines. Ainsi en 1532, après la mauvaise récolte de 1531 qui avait porté le blé à 4 *l.* 8 *s.* le setier, le vin monte également à 4 *l.* 10 *s.* la barrique. En 1526 et 1543, au contraire, le blé tombe à 35 *s.* le setier et le vin descend parallèlement à 30 *s.* et même 18 *s.* la barrique.

Ces chiffres, comme on le voit, diffèrent peu, dans la même année, les uns des autres, de telle sorte qu'on a voulu établir une certaine égalité entre le prix du setier de blé et celui de la barrique de vin.

En effet, ce rapport a souvent existé en Languedoc. Cependant, comme les conditions qui nuisent à la récolte du blé, ne nuisent pas toujours (par exemple la sécheresse) à la production du vin, et inversement, on rencontre des années où ce rapport est détruit. Ainsi, en 1525, le blé est à

35 *s.*, le vin monte jusqu'à 3 *lt*. Quoiqu'il en soit l'année la plus pauvre en vin fut l'année 1532 dans laquelle le vin, qui valait 2 *l.* 5 *s.* la barrique l'année précédente, monta subitement à 4 *l.* 10 *s.* (1)

Masenx vend souvent du vin vieux, c'est-à-dire du vin ayant plus d'un an de récolte. Dans ce cas, le prix est sensiblement plus élevé. Ainsi en 1543, tandis que le prix moyen de six ventes de vin ordinaire ne s'élève qu'à 17 *s.* 6 *d.*, Masenx vend son vin vieux 2 *l.* 17 *s.* 6 *d.* et 3 *l.* la barrique, c'est-à-dire trois et quatre fois plus cher que du vin nouveau.

Ce vin vieux de Gaillac était d'ailleurs très recherché et certains crus avaient une réputation méritée. Il est probable que l'oncle de notre marchand, le chapelain Antoine Masenx, possédait l'un de ces crus, car, en 1527, Masenx a recours à la cave de son oncle pour fournir à Guilhem Hartrou un cru de luxe (*f*° XVII *v*°).

Il en fournit également, en 1541, à noble François d'Hebrail, seigneur de Tonnac; « *me deo*, dit-il, *la somma de* XX *doblas per sartan ry car que a pres de my* » (*f*° LXXXVII *v*°) Enfin il est probable que c'est le vin qu'on buvait aux repas de noces; Masenx du moins en fournit trois barriques, en 1543, à l'aubergiste Jean Vergne, de Vors, pour les noces de sa fille (*f*° XCVIII *v*°).

Trois qualités de vin nous sont désignées par les ventes de Fabre et de Masenx, le vin rouge (*vy roge* ou *rogen*), le vin blanc (*vy blanc*) et le vin clairet (*vy clarel*). Chose curieuse, il ne semble pas que le vin blanc, cette spécialité si curieuse du vignoble de Gaillac, celle qui fait sa réputation actuelle se vendît plus cher que le vin rouge. En effet, dans les trois ou quatre ventes de vin blanc qui se trouvent dans nos livres, le prix indiqué ne diffère point de celui du vin rouge.

Enfin le vin de presse (piquette ou demi-vin) n'était pas inconnu à cette époque. Masenx, en effet, en vend, en 1525, une pipe à Guilhem Hartrou au prix de 40 sols (*f*° XVII *v*°). Il ne faut pas croire cependant que ce fut une boisson

---

(1) Nous avons dit qu'en 1526 la récolte en vin fut presque nulle à Gaillac. Masenx n'accuse pas, du moins par ses prix de vente, cette disette; il est vrai qu'on ne trouve, dans ses comptes, qu'une seule vente en 1527, à 2 lt. la barrique.

dédaignée. Nos pères n'avaient pas, en matière de goût, nos raffinements ni notre délicatesse d'analyse ; aussi Masenx vend-il souvent son demi-vin au même prix que son vin : en 1543, par exemple, c'est-à-dire dans une année où la récolte était très abondante, il vendait à Pierre Varen une pipe de *mice-ry* au prix de 3 *ll*. 10 *s*. la pipe, c'est-à-dire à 35 sols la barrique (*f*° xcviii *v*°).

Nous avons déjà indiqué quels étaient les prix de la futaille et nous avons dit que le vin était vendu « sans logement », c'est-à-dire que la futaille devait être retournée au vendeur avant l'époque des vendanges.

Quels étaient les cépages cultivés dans le vignoble gaillacois ? — Masenx est muet sur cette question. Heureusement Fabre, plus méthodique que le fermier, énumère les champs qu'il possède et désigne les vignes par le nom du plant qui y domine.

Évidemment les renseignements qu'il nous fournit sont incomplets car, d'après son énumération, le Gaillacois n'aurait eu que trois variétés de cépages, le blanc (blanc de dame), le prunelar et le négremal. Le négremal (aujourd'hui négret ou négrette) dominait.

Cette nomenclature est loin d'être aussi riche que celle qu'on pourrait établir aujourd'hui. Du moins, avant l'invasion phylloxérique, on comptait à Gaillac une vingtaine de cépages dont les principaux étaient, pour le raisin noir : le négret, le prunelar, le bordelais, le morastel, le milgranet et le piquepoul (c'était surtout celui-ci qui fournissait le vin clairet) ; pour le blanc : le mauzac, le cavalié, le chasselas et la blanquette de Limoux.

Peut-être les notes inscrites par Fabre, lors de la récolte de 1588, au dos du billet de Jean Frayssinet nous permettraient-elles d'évaluer (du moins pour certaines de ses vignes, comme celles des *Clausels* et de *Prunclar*) le rendement approximatif d'un vignoble au xvi siècle ; mais il nous a semblé que la donnée était trop incertaine pour en faire la base d'un calcul. Il est cependant vraisemblable que la production était alors sensiblement supérieure à celle d'aujourd'hui.

CHAPITRE XVI

Conclusion : *Recherche d'un élément de comparaison. Détermination de la dépréciation de l'argent depuis le XVI° siècle. La valeur marchande des choses s'est accrue 10 fois en général, mais 20 fois pour la propriété et 2 fois seulement pour le blé. Conséquences de ce fait ; situation privilégiée de l'agriculture au XVI° siècle. — Salaires ; situation privilégiée de l'ouvrier.*

Nous avons pensé qu'en terminant cette étude il ne serait pas superflu de tirer la conclusion des divers éléments que nous avons analysés, de manière à nous rendre un compte exact des conditions économiques générales du XVI° siècle et, en particulier, de la situation du propriétaire et de l'ouvrier comparativement à ce qu'elle est aujourd'hui.

Pour cela il est indispensable avant tout de rechercher un élément fixe de comparaison, un étalon, auquel puisse être ramenée la valeur marchande des matières et objets c'est-à-dire des conditions économiques qu'il s'agit de comparer.

L'étalon qui se présente naturellement à l'esprit est l'argent. Malheureusement rien n'est plus variable et n'a plus varié en France que la valeur, soit conventionnelle, soit intrinsèque de l'argent.

On sait, en effet, qu'il y a dans l'argent une valeur fiduciaire, conventionnelle, qui n'est autre que la valeur représentative qu'il est *convenu* de lui attribuer sous une forme et dans des conditions déterminées, et une valeur intrinsèque, qui est la valeur brute du métal, dépendant de ce qu'on appelle le *stock monnayé*, c'est-à-dire de la quantité de métaux précieux convertis en espèces, et variant suivant l'abondance relative, *le marché*, de ces métaux.

On sait encore que, pour que l'argent monnayé conserve son crédit, autrement dit sa valeur représentative, son pouvoir comme instrument d'échange, il faut que sa valeur fiduciaire, conventionnelle se rapproche le plus possible de sa valeur réelle, intrinsèque. Si non il tombe dans le cas du papier-monnaie dont la valeur, toute de convention, est affaire de confiance.

Or il serait impossible d'établir sur la valeur conventionnelle des monnaies au xvie siècle et celle de nos jours la moindre comparaison certaine. On n'ignore pas par exemple que, sous le coup de la nécessité, la trésorerie royale a maintes fois donné à sa monnaie une valeur fictive, et même, pour justifier en apparence des attributions de valeur artificielles, en a falsifié le titre. Quand il s'agissait d'un simple édit pour hausser ou abaisser la valeur d'une monnaie et sanctionner ainsi les bénéfices d'un coup de bourse, l'occasion était véritablement trop tentante pour que le système ne prêtât pas aux abus (1). C'est pourquoi la valeur abstraite, que nous avons déterminée, de la monnaie tournoise, de l'écu, du teston ou de la *dobla*, au xvie siècle, ne peut nous fournir aujourd'hui, sur la valeur marchande des choses, aucun élément d'appréciation.

Il semblerait qu'il n'en fut pas ainsi de la valeur intrinsèque. Si, en effet, nous connaissons la quantité d'or ou d'argent métallique qui entrait dans une monnaie du xvie siècle, rien n'est plus aisé que de ramener cette monnaie, au titre actuel du numéraire, à la valeur qu'elle aurait actuellement.

Or, si l'on opère ce calcul, on s'aperçoit que la valeur

---

(1) La livre monnaie en argent, était sous Charlemagne du poids de 330 grammes et représentait environ 55 fr. de notre monnaie. Sous Louis IX elle ne pesait plus déjà que 90 grammes équivalant à 18 francs de notre monnaie. A l'époque qui nous occupe, sous François Ier, la livre tournois ne pesait plus que 19 grammes d'argent et ne représentait pas tout à fait 4 fr. de notre monnaie. Enfin aujourd'hui on sait que le *franc*, qui a remplacé la livre, représente un peu moins de 5 gr. d'argent.

représentative de l'argent était infiniment plus élevée au xvie siècle que de nos jours, autrement dit que les espèces monnayées, les métaux précieux ont considérablement diminué de puissance ou, si l'on veut, qu'avec un poids ou une quantité déterminée d'or ou d'argent on pouvait, au xvie siècle, se procurer beaucoup plus de choses qu'aujourd'hui.

C'est qu'en réalité le problème est très complexe ; c'est que, comme nous l'avons dit, la valeur intrinsèque de l'argent a varié et varie tous les jours. Elle a subi et subit, proportionnellement à la multiplication du stock métallique et à la mise en circulation d'une plus grande quantité de numéraire, une dépréciation progressive, régulière, chaque jour plus considérable.

Toutefois comme cette dépréciation est progressive et facile à calculer, il est possible, si l'on suppose que les conditions de la production des matières et objets n'ont pas changé depuis le xvie siècle (ce qui n'est vrai qu'en partie pour l'industrie), il est possible, en tenant compte de cette dépréciation, de comparer assez exactement les conditions de l'existence actuelle à celles du passé.

En d'autres termes le problème consiste à déterminer quelle est la dépréciation, la diminution de pouvoir qu'a subi un poids déterminé d'argent depuis le xvie siècle jusqu'à nos jours.

Pour cela les évaluations n'ont pas manqué.

M. Franklin (1) estime qu'au xiiie siècle le denier tournois valait à peu près 0 fr. 50 de notre monnaie, ce qui est beaucoup trop peu. En effet, à cette époque le sou tournois renfermait environ 4 fr. 50 d'argent et le denier, douzième partie du sol, avait une valeur intrinsèque de 0 fr. 35 au moins. Or il est inadmissible qu'en l'espace de six siècles la dépréciation des métaux précieux n'ait haussé la valeur représentative du denier que de 0 fr. 32 à 0 fr. 50.

D'après M. d'Avenel (2) la valeur intrinsèque de l'argent

---

(1) A. Franklin. *Comment on devenait patron*, p. 120.
(2) Vte d'Avenel *Revue des Deux-Mondes*, 1er avril 1891.

au XV⁰ siècle devrait être multipliée par 5 pour donner aujourd'hui, à poids égal, sa valeur représentative. Ainsi une monnaie du XV⁰ siècle renfermant 5 grammes d'argent avait à cette époque le pouvoir commercial qu'aurait aujourd'hui une monnaie contenant 25 grammes d'argent.

D'après M. E. Forestié (1) la dépréciation serait beaucoup plus grande, puisqu'au XIV⁰ siècle l'argent avait dans la région qui nous occupe, un pouvoir environ 12 fois plus grand qu'aujourd'hui.

En somme les solutions indiquées sont assez différentes les unes des autres pour qu'on puisse n'en pas tenir compte.

Peut-être, à l'aide d'une série de calculs et d'évaluations, en considérant l'augmentation du stock métallique depuis le XVI⁰ siècle, arriverait-on à déterminer assez exactement la diminution de pouvoir qu'a subi l'argent monnayé; mais il ne s'agirait dans ce cas que de la valeur intrinsèque. Or c'est sur la valeur admise, conventionnelle que s'opèrent (du moins dans le même pays) les échanges commerciaux, de telle sorte que des résultats comparatifs basés exclusivement sur la valeur intrinsèque ne sauraient répondre au but que nous nous proposons.

Il nous a semblé, en conséquence, que ce qu'il fallait déterminer, pour comparer les conditions économiques actuelles à celles du XVI⁰ siècle, c'était uniquement la valeur représentative, le pouvoir commercial de l'argent.

Or cette détermination, si l'on connaît le poids et le titre de l'argent monnayé, est aisée à faire en établissant d'une façon précise la valeur marchande des produits de deux époques déterminées. C'est ce que nous allons essayer de faire pour le XVI⁰ siècle et pour l'époque actuelle.

Il y a toutefois ici un écueil, c'est que les matières et objets qui servent d'éléments de comparaison n'ont pas toujours conservé, depuis le XVI⁰ siècle, les mêmes conditions de production, ou que, par suite de certaines circonstances, leur valeur économique a pu être diminuée ou exagérée. Prenons quelques exemples :

---

(1) E. FORESTIÉ. *Livres de Comptes des frères Bonis.* Introduction page CXCIV.

1° Les objets manufacturés, les produits industriels ont certainement bénéficié — si non comme qualité, du moins comme prix, — des immenses progrès réalisés par l'industrie. Il est bien certain, par exemple, qu'une étoffe, un tissu, un vêtement, dont la confection demandait au xvie siècle un travail manuel considérable, plusieurs journées d'ouvrier, se produisent aujourd'hui bien plus économiquement grâce à la vapeur, à l'outillage mécanique, et à la division du travail. Il serait donc injuste de vouloir établir entre la valeur marchande d'une canne de drap au xvie siècle et aujourd'hui une égalité qui n'existe pas. Cela est si vrai que nous avons dû retrancher complètement des éléments de comparaison, les draps, tissus, étoffes et vêtements dont nous avons déterminé les prix au chapitre x.

2° De même, les céréales, les denrées alimentaires, bien que leurs conditions de production n'aient pas changé, ont aujourd'hui une valeur marchande notablement inférieure à leur valeur au xvie siècle. Cela est dû à ce que, grâce à la vapeur qui a supprimé les distances, et à la Révolution qui a levé les barrières commerciales, nos marchés sont aujourd'hui inondés de ces denrées. Au xvie siècle le blé était, dans la crainte d'une famine, aussi précieux que l'or; il est aujourd'hui, grâce à sa surabondante importation, avili au point de ne plus rémunérer par sa vente les producteurs français.

3° Inversement la propriété territoriale, dont la valeur au xvie siècle était à peu près en harmonie avec la quotité du revenu du sol, a vu, depuis la Révolution française, et par suite de circonstances spéciales, sa valeur s'accroître, s'hypertrophier dans des conditions anormales (v. Chap. V).

En conséquence ni les tissus, ni les céréales, ni les terres ne peuvent servir de termes de comparaison exacts entre la valeur de l'argent au xvie siècle et celle de nos jours. Il n'en est pas de même en revanche des animaux et bestiaux de croît ou de labour, de certaines denrées agricoles non sujettes à l'importation et des produits de la petite industrie. Pour ces matières, on peut admettre que les conditions de leur production ou de leur estimation n'ont pas ou n'ont que peu varié depuis quatre siècles, de telle sorte qu'on peut les prendre comme élément de comparaison.

Nous déterminerons donc, aussi exactement que possible, leur valeur marchande au XVIᵉ siècle.

CHEVAUX

Masenx.	1518.	Cheval (roussin)	5 *ll*.	4 *s*.	2 *d*.	
»	1521.	Cheval moreau.	9	17	6	
»	1525.	Roussin.	8	5	»	(6 ꝓ *p*.)
»	1525.	Cheval gris.	8	5	»	
»	1529.	Roussin.	7	11	3	(4 ꝓ *p*. 18 *s*. 9 *d*.)
»	1539.	Roussin.	12	2	6	(5 ꝓ *p*. 17 *s*. 6 *d*.)
»	1541.	Roussin.	14	2	6	(10 ꝓ *p*. 7 *s*. 6 *d*.)

Total : 7 chevaux : 65 *ll*. 8 *s*., soit en moyenne 9 *ll*. 6 *s*. 10 *d*. le cheval.

ANES

Masenx.	1524.	Un âne avec son bât.	4 *l*.	7 *s*.	6 *d*.
»	1527.	—	5	2	6
»	1527.	—	5	15	10

Total : 3 ânes bâtés : 15 *ll*. 5 *s*. 10 *d*., soit environ 5 *l*. 2 *s*. chacun.

Masenx.	1521.	Un âne non bâté.	4 *ll*.		
»	1535.	—	4	13 *s*.	
»	»	—	4		
»	1545.	Une ânesse et un ânon.	9		

Total : 3 ânes sans bât : 12 *ll*. 13 *s*., soit environ 4 *ll*. 4 *s*. 4 *d*. chacun. On peut évaluer l'ânesse (*saumo*) à 6 *ll*. et son produit (*saumillo*) à 3 *ll*.

Observation. — Il ressort de ce calcul que le prix d'un bât déjà usagé pour âne doit sensiblement représenter la différence de 5 *ll*. 2 *s*. et de 4 *ll*. 4 *s*. 4 *d*., c'est-à-dire environ 18 sols. Nous savons par une note de Masenx (fᵒ 101 rᵒ) que le prix d'un bât neuf, pour cheval, est plus élevé, 40 *doblas*, soit 33 *s*. 4 *d*.

MULETS

Masenx. 1527. Un mulet : plus de 11 *ll*. (fᵒ XLIX rᵒ).

BŒUFS

Masenx.	1524.	Une paire de bœufs.	11 *ll*.
»	1536.	—	11
»	1542.	—	19
»	1542.	—	19

Total : 4 paires de bœufs : 60 *ll*., soit en moyenne 15 *ll*. la paire ou 7 *ll*. 10 *s*. la bête.

VACHES

Masenx.	1528.	Une vache.	5 *ll.* 3 *s.* 1 *d.*	(3 ꭆ *p.* 20 *s.* 7 *d.*)
»	»	—	6 17 6	(5 ꭆ *p.*)
»	1538.	—	8 5 »	(6 ꭆ *p.*)
»	1541.	—	5 10 »	
»	1542.	Une paire de vaches 17 6 »	soit 8 *ll.* 10 *s.* la vache
»	1545.	Une vache.	15 15 »	(10 ꭆ *p.* 40 *s.*)

Total : 7 vaches : 58 *ll.* 16 *s.* 7 *d.*, soit en moyenne 8 *ll.* 8 *s.* chaque.

TAUREAUX

Masenx.	1529.	Un taureau.	4 *l.* 16 *s.* 3 *d.*	(3 ꭆ *p.* et 1/2).
»	1530.	—	6 17 6	(5 ꭆ *p.*)
»	1539.	—	8 5 »	(6 ꭆ *p.*)

Total : 3 taureaux : 19 *ll.* 18 *s.* 9 *d.*, soit en moyenne 6 *ll.* 13 *s.*

GÉNISSES

Masenx.	1528.	Une génisse.	6 *ll.* » »	
»	1537.	—	6 » »	
»	1542.	—	6 7 »	
»	1542.	—	6 7 »	
»	1545.	—	7 17 6	(5 ꭆ *p.* 20 *s.*
»	1545.	—	8 5 »	

Total : 6 génisses : 40 *ll.* 16 *s.* 6 *d.*, soit en moyenne 6 *ll.* 16 *s.* 3 *d.* (1)

PORCS

Masenx. 1537. Un porc : 3 *ll.*

TRUIES

Masenx. 1530. Une truie : 7 *ll.*

---

(1) On remarquera que le bétail a subi sous le règne de François Ier, de 1526 à 1540, une élévation progressive et très considérable de valeur. Cette augmentation, qui se constate aussi bien sur les chevaux et ânes que sur les animaux de boucherie, atteint parfois le triple de leur valeur. Elle est la conséquence non seulement de la misère des agriculteurs, des mauvaises récoltes, des famines, mais aussi et surtout de l'appauvrissement, de l'épuisement de la France à cette époque. Les guerres d'Italie, la captivité et la rançon du roi, les guerres avec l'Empereur, et, par dessus tout la mauvaise administration, l'effréné gaspillage, les dépenses folles de la cour avaient, en l'espace de vingt ans, fait renchérir la boucherie de plus du double. Quant au cheval de guerre, tandis qu'il était facile vers 1520 de s'en procurer un pour 5 à 6 liv., on voit qu'en 1541 il faut 14 à 15 liv. pour le même achat. Cela seul en dit long sur le règne de François Ier.

MOUTONS

Fabre. 1533. Une brebis cédée à Loys Scorbiac : 10 s. 10 d.

Masenx. 1531. Un mouton cédé à Bernard Fabre : 22 *doblas* = 20 s.

Total pour 2 bêtes : 1 *l*. 10 s. 10 d., soit en moyenne, pour chacune 15 s.

VIANDE SALÉE

Masenx. 1529. 28 *l*. à 32 s. 2 d., soit 1 s. 2 d. (14 d.) la livre, soit environ 2 s. 10 d. le kilog.

NOIX

Masenx. 1521. Un sac de noix : 10 s., soit, à 13 s. 4 d. le setier, un peu moins de 10 s. l'hectolitre (1).

SAFRAN

Masenx. 1527. 10 onces de safran : 2 *l*. 10 s., soit 5 s. l'once.

» 1528. 5 — » 25 —

Ces deux mentions se rapportent à la même vente ; elles permettent néanmoins de fixer le prix du safran à 4 *lt*. la livre, soit à 9 *lt*. 16 s. 6 d. le kilogramme.

PLANCHES ET MADRIERS

(a) Bois blanc

Masenx. 1530. 10 cannes de planches : 10 s. soit 1 s. la canne.

» 1540. 4 — 5 s. soit 1 s. 3 d. la canne.

Prix moyen des planches en bois blanc : 1 sol à 15 deniers la canne, ce qui revient à 4 d. le mètre carré.

(b) Bois dur

Masenx. 1536. 4 cannes de planche : 4 *l*. 3 s., soit 1 *l*. 9 s. la canne, d'où le prix des madriers en bois dur 5 s. 8 d. le mètre carré.

MERRAIN

Masenx. 1536. Cent pièces de merrain : 20 s., soit 2 deniers et demi la pièce.

FUTAILLES *(voir chapitre XI)*

Prix moyen de la pipe : 21 s.

Prix moyen de la barrique : 14 s.

CERCLES DE BARRIQUES

Masenx. 1534. 4 *molas de codras* : 10 s., soit 2 s. 6 d. la *mola*.

---

(1) Il s'agit dans ce cas (f° XLVII *bis* r°) d'un remboursement fait à Masenx de telle sorte qu'il est possible que le prix courant du setier fût plus élevé.

Masenx. 1537. 6 *molas de codras de pipa* : 15 s. 6 d., soit 2 s. 7 d. la *mola*
   »   »   6   —   13 s. 6 d.   2 s. 3 d. —
   »   »   2 *molas de codras de barrica* 2 s. 6 d.   1 s. 3 d. —

D'où il suit que le prix moyen est :

      Molas de codras de pipa   : 2 s. 6 d.
                 barrica   : 1 s. 3 d.

BRIQUES

Masenx. 1534. 450 briques à 36 s., soit 6 s. 8 d. le cent.
   —   1535. 100 briques à 8 s. 4 d. (10 *doblas*).

D'où moyenne de la brique : 7 s. 6 d. le cent.

CARREAUX (*rialettas*)

Masenx. 1534. 400 *rialettas* à 13 s. 4 d. (16 *doblas*), soit 3 s. 4 d. le cent.
   »   1535. 300 —   10 s. soit 3 s. 4 d. le cent.

D'où prix moyen des carreaux : 3 s. 4 d. le cent.

OBJETS DIVERS

Masenx. 1523. *Jueias de novio*.   15 s. 2 d.
   »   1544. Bât pour cheval.   33   4   (40 *doblas*).
   »   ?   Bât pour âne, environ. 20   »
   »   1530. Essieu en fer.   23   4   (28 *doblas*).
Fabre. 1537. Calel (lampe de cuivre). 1   8

Si, en conséquence, sachant que la livre tournois, sous François Ier, contenait à peu près la quantité d'argent que représente 4 fr. de notre monnaie — exactement 3 fr. 92 — et par suite que le sol tournois, vingtième partie de la livre, représente environ 0 fr. 20 de notre monnaie, nous convertissons la valeur des monnaies du XVIe siècle en valeur actuelle et si, en regard de cette évaluation, nous plaçons la valeur marchande actuelle de ces mêmes denrées, nous obtiendrons un élément de comparaison précis, certain. Il suffira, en effet, de comparer entre eux les deux derniers termes, à savoir la valeur marchande actuelle et la conversion en valeur actuelle de la valeur marchande au XVIe siècle des mêmes denrées, pour avoir le rapport de la valeur de l'argent, pour connaître par conséquent quelle dépréciation a subi l'argent depuis le XVIe siècle.

Le tableau suivant résume ce calcul :

MATIÈRES ET OBJETS		Valeur au XVIe siècle	Conversion en valeur actuelle (au titre de l'argent)	Valeur actuelle	Rapport
Chevaux	l'unité	9 6 10	37 fr. 35	650 fr.	17
Anes	—	1 1 4	16 85	100	6
Anesse	—	6 » »	21 »	120	5
Anon femelle	—	3 » »	12 »	60	5
Mulet	—	11 » »	44 »	500	11
Bœufs	—	7 10 »	30 »	450	15
Vaches	—	8 8 »	33 60	350	11
Taureaux	—	6 13 »	26 60	350	13
Génisses	—	6 16 3	27 25	300	11
Porcs	—	3 » »	12 »	150	12
Truie	—	7 » »	28 »	200	7
Moutons	—	» 15 »	3 »	28	9
Viande salée	le kilogramme	» 2 10	0 55	2 50	5
Noix	l'hectolitre	» 10 »	2 »	20 »	10
Safran	le kilogramme	9 16 6	39 30	150 »	4
Planches, bois tendre	le mètre carré	» » 4	0 07	2 50	35
Madriers, bois dur	—	» 5 8	1 15	7 50	7
Merrain	la pièce	» » 2 1/2	0 05	0 75	15
Futaille	la pipe	1 1 »	4 »	28 »	7
—	la barrique	» 11 »	2 80	16 »	6
Cercles de pipe	la meule	» 2 6	0 50	3 »	6
— de barrique	—	» 1 3	0 25	2 50	10
Briques	le cent	» 7 6	1 50	15 »	10
Carreaux	—	» 3 4	0 65	5 »	8
Joyaux (juveias)	la pièce	» 15 2	3 05	40 »	13
Bât pour cheval	—	1 13 4	6 65	60 »	9
— âne	—	1 » »	4 »	35 »	9
Essieu en fer (1)	—	1 3 4	4 65	30 »	7
Lampe de cuivre	—	» 1 8	0 33	2 50	8
Rapport moyen de la valeur actuelle à la valeur ancienne					10

(1) Poids : 63 livres.

En conséquence, à valeur égale de l'argent, l'existence serait devenue 10 fois plus chère, depuis le xvi° siècle, c'est-à-dire que, pour se procurer un objet coûtant, à l'époque de Fabre et de Masenx, 10 fr., il faudrait aujourd'hui 100 fr. En d'autres termes, l'argent avait, au xvi° siècle, dix fois plus de valeur qu'aujourd'hui ; avec mille livres de rente, un petit propriétaire du Gaillacois se trouvait dans une situation de fortune équivalente à celle d'un gros propriétaire de nos jours avec 10.000 fr. de revenu.

Si donc on veut connaître la valeur marchande qui correspond actuellement à un prix quelconque indiqué par Fabre ou Masenx, il faut se livrer à une double opération :

1° Rechercher la quantité d'argent qui correspond actuellement à ce prix (cela est facile, sachant que la livre tournois correspond à 4 fr., le sol à 0 fr. 20 et 3 deniers à 0 fr. 05 de notre monnaie) ;

2° Multiplier la valeur ainsi obtenue par 10.

Exemple. Quand Masenx dit qu'une paire de bœufs vaut 16 *ll.* 7 *s.* on sait que cela signifie à peu près en numéraire :

4 fr. $\times$ 16 $+$ 0 fr. 20 $\times$ 7 = 65 fr. 40. Il suffit donc de multiplier ce dernier chiffre par 10 pour avoir la valeur qui correspond aujourd'hui à 65 fr. 40 d'argent au xvi° siècle, soit 654 fr.

Mais il est possible de simplifier ces opérations et d'arriver d'un seul coup au même résultat. Il suffit pour cela de multiplier par 2 le sol tournois pris comme franc.

Exemple. La paire de bœufs coûtant 16 *ll.* 7 *s.* = 327 *s. t.* Or 327 $\times$ 2 = 654.

La base est maintenant posée. Nous pouvons, nous appuyant sur une donnée ferme, rechercher si les conditions d'existence de l'agriculteur et de l'ouvrier rural au xvi° siècle étaient supérieures ou inférieures aux conditions actuelles.

Envisageons successivement les deux facteurs de la question, à savoir le prix de la terre et son revenu.

TERRES LABOURABLES

Fabre.	1518-25.	Candastre (terres et borio) 3 éminées (91ª 644), environ..............	30 *ll.*	
»	1517	Candastre (terres) 1 éminée et 1 cartonnée (34ª 366)............	14 *ll.*	10 *s.*
»	1528	Resals (terres) 1 carterée et demie (22ª 911)................	6	10
»	1528-30.	Pechauzy (terres) 1 éminée et 2 parcelles (30ª 548).............	4	15
»	1530	La Mallolio (terres) 1 éminée et 3 boisselées (36ª 275)............	9	»
»	1531	Canals (terres) 1 carterée et 1 boisselée, en 3 p. (17ª 183)............	3	10
»	1531	Canals (terres) 1 cartonnée et demi-boisselée (4ª 772)............	2	15
»	1530	L'Hôpital (terres) 2 carterées et 3 cartonnées (42 ares)............	3	10
»	1533	Pechauzy (terres) 1 carterée, 1 cartonnée et demi-boiss. (20ª)......	4	»
»	1533	La Carbonnière (terres) demi-carterée et 1 boisselée (9ª 546)........	3	»
»	1534	La Carbonnière (terres) 5 boisselées (9ª 545)................	3	»
»	1535	La Carbonnière (terres) 5 boisselées et demie (10ª 499)...........	3	»
»	1535	Le Cimetière (terres) 5 carterées (76ª 37).	30	

Total : 6 séterées, 1 éminée, 1 demi-carterée et 1 demi-boisselée (405 ares 721) = 117 *ll.* 10 *s.*, soit environ 5 *s.* 8 *d.* l'are.

Masenx.	1539.	Las Lissas à J. Roques, 3 carterées (45ª 822)...............	13 *ll.*	»
»	1539.	Prairies à V. del Forn, 2 séterées (122ª 194)................	42	»
»	1539.	Prairies à V. del Forn), 1 éminée (30ª 548)................	12	10 *s.*
»	1539.	Prairies à V. del Forn, 1 éminée (30ª 548)................	12	»
»	1539.	Prairies à V. del Forn, 1 séterée (61ª 097)................	25	»

Masenx. 1540. L'host à J. Roques, 1 carterée et demie
(22ᵃ 911). . . . . 8 ll. 5 s.
  »   1540. Le Vala à V. del Forn, 1 éminée
(30ᵃ 548). 12 10

Total : 5 séterées 1 éminée et 1 demi-carterée (343 ares 670) =
125 ll. 5 s., soit environ 7 s. 4 d. l'are.

Et si l'on réunit les deux totaux, 12 séterées, 1 carterée et demi-boisselée (soit 7 hectares, 19 ares 392) = 212 ll. 15 s., ce qui met le prix de l'are à environ 6 s. 5 d. et celui de l'hectare à 32 ll. 1 s. 8 d. (1)

VIGNES

Fabre. 1521-29. Les Clausetz. 1 éminée et 1 demi-carterée (38ᵃ 185)
en 5 parcelles . . . . 25 ll.
  »   1531. Canals. 1 demi-carterée (7ᵃ 637). . . . 1 15 s.
  »   1531. Canals. 1 cartonnée et 1/2 boisselée
(4ᵃ 772). 1 15
  »   1533. Le Claus. 2 cartonnées et 1 boisselée et
quart (10 ᵃ). 1 10
  »   1534. La Fontanelle. 1 cartonnade (3ᵃ 818). . 1 5

Total : 1 seterée et 2 boisselées (64ᵃ 919) = 31 ll. 5 s., soit 9 s. 6 d. l'are ou 47 l. 10 s. l'hectare.

BOIS

Fabre. 1527-29. Les Clausetz. 1 carterée, 3 cartonnées et 1 boisselée
(28ᵃ 638) en 4 parcelles. . . . . 10 ll. 16 s. 6 d.
  »   1529. La Garissolo. 1 carterée, 1 cartonnée
et 1/2 boisselée (20 ᵃ). . . . . . 20 15 »

(1) Nous avons établi séparément la moyenne des achats de terres de Fabre et de Masenx parce que celui-ci, achetant sous forme de gage, semblait avoir dû payer ses terres meilleur marché que celui là. Or c'est le contraire qui s'est produit. Il est vrai que les terres de Masenx sont des terres de première qualité, tandis que celles de Fabre sont de moindre valeur ; mais ce qui explique surtout la différence des prix, c'est que les achats de Fabre sont antérieurs de plusieurs années à ceux de Masenx. Quoi qu'il en soit le chiffre de 32 lt. l'hectare peut être admis comme le prix moyen des terres de l'Albigeois à cette époque. Ainsi Fabre a acheté la terre de la Carbonnière (5 boisselées), la vigne de la Fontanelle (1 cartonnée) et le pré de la Sieget (1 boisselée) en un seul lot pour 5 lt. Cela met l'ensemble de ces terres à 20 lt. la séterée ou à 6 s. 6 d. l'are et 32 lt. 15 s. l'hectare.

Fabre. 1529. Negremal, 2 cartonnées et 1 boisselée
(9ª 546). . . . .   5 *ll*. 12 *s.* »

Total : 3 carterées, 3 cartonnées et 1 demi-boisselée (58 ares 23) = 37 *l*. 3 *s.* 6 *d.*, soit 12 *s.* 8 *d.* l'are et 64 livres tournois 2 sols à l'hectare.

PRÉS

Fabre. 1530. Canals. 1 carterée et 1 cartonnée (19ª 092).   16 *ll.*
» 1534. La Siegel. 1 boisselée (1ª 909) . . . . . .   15 *s.*

Total : 1 carterée, 1 cartonnée et 1 boisselée (21 ª) = 16 *ll*. 15 *s.*, soit 16 *s.* l'are et 79 *ll*. 19 *s.* l'hectare.

JARDIN

Fabre. 1531. Canals. Un tiers de boisselée (0ª 636). . .   5 *s.*
soit le prix du jardin à 24 *ll*. la seterée et à 39 *ll*. 7 *s.* l'hectare.

CELIER

Fabre. 1531. Achat d'un celier à Puechauzy . . . .   2 *ll*. 10 *s.*

Etablissons maintenant, pour ces valeurs moyennes, l'échelle de comparaison avec les valeurs actuelles que nous avons établie pour les animaux et les produits de la petite industrie, et joignons-y, comme nouveaux éléments d'appréciation, les produits du sol, les céréales et denrées agricoles dont nous avons déterminé la valeur marchande dans les chapitres XIV et XV. Nous obtenons le tableau suivant :

MATIÈRES ET OBJETS		Valeur au XVIe siècle			Conversion en valeur actuelle au titre de l'argent		Valeur actuelle		Rapport
		l	s	d					
Terres labourables, l'hectare...		32	1	8	128 fr.	35	3,000 fr.		24
Vignes...... » ...		47	10	»	190	»	5,000		26
Bois...... » ...		64	2	»	256	40	3,500		14
Prairies.... » ...		79	19	»	319	»	4,500		14
Jardin...... » ...		39	7	»	157	40	3,000 ?		20
Celier...... » ...		2	10	»	10	»	200		20
					Rapport moyen......				20
Blé......... l'hectolitre.		2	2	9	8	55	14	»	1.6
Froment (blé pur). »		2	5	8	9	15	15	»	1.6
Moussolle (blé sup^r). »		2	7	6	9	50	16	»	1.6
Seigle...... »		1	10	»	6	»	9	»	1.5
Vesces...... »		1	13	1	6	60	13	»	1.9
Méteil...... »		2	3	6	8	70	10	»	1.1
Fèves...... »		1	2	»	4	40	10	»	2.2
Orge...... »		1	2	»	4	40	9	50	2.1
Paumelle..... »		1	18	7	7	70	9	50	1.2
Maïs...... »		»	16	18	3	35	10	»	3 »
Avoine..... »		»	7	3	1	45	8	50	5.8
Foin....... (les 100 kilogr.)		»	13	»	2	60	7	»	2.7
Vin....... l'hectolitre..		»	19	7	3	90	20	»	5.1
					Rapport moyen.....				2.4

Les prix actuels indiqués sont ceux du marché de Toulouse.

En conséquence, tandis qu'à poids égal de l'argent nous payons aujourd'hui tout autre objet 10 fois plus cher qu'au XVIe siècle, nous payons la propriété territoriale 20 fois plus cher, mais les produits de cette propriété, les récoltes, se paient 2 fois plus cher seulement.

Cette inégalité saute aux yeux de prime abord. Elle est la raison du malaise actuel de l'agriculture. Quelle est sa cause ?

Dans tout milieu social, on le sait, il s'établit un équilibre dans la valeur corrélative des choses comme dans la valeur représentative de l'argent et cet équilibre est la condition nécessaire, indispensable, du bon fonctionnement du commerce, de l'industrie ou de l'agriculture.

Vienne une circonstance quelconque qui détruise cet équilibre, qu'une denrée, par exemple, vienne à manquer, ou qu'elle prenne, par suite d'incidents politiques ou autres, une valeur factice, supérieure à sa valeur réelle, ou bien encore que, par suite de sa trop grande abondance sur le marché, son prix s'avilisse, aussitôt il n'y a plus équilibre entre l'offre et la demande ; le prix artificiel de la denrée, n'ayant plus de base fixe, flotte au gré de la spéculation, et la marchandise, surfaite ou avilie, devient matière à agiotage.

Or si, dans cet agiotage, quelques-uns s'enrichissent, il en résulte pour le plus grand nombre des catastrophes et des perturbations commerciales d'autant plus redoutables qu'elles portent sur la masse de la population.

C'est ce qui s'est produit précisément à l'égard de la propriété et des céréales. Au XVIe siècle, comme nous l'avons dit (1), le propriétaire n'ayant généralement pas la seigneurie de sa terre, n'attribuait à sa terre que sa valeur de rapport ; il l'estimait pratiquement, à la manière dont il estimait un troupeau de bestiaux, c'est-à-dire proportionnellement au revenu qu'il en espérait.

Au contraire, les céréales, et surtout le blé, avaient alors une valeur toute fictive, très supérieure à leur valeur réelle, qui en faisaient par excellence des *matières à banque*. C'était la conséquence à la fois de la nécessité du blé et des mauvaises conditions économiques de la France avant la Révolution. Les famines étaient le spectre de toutes les administrations ; en conséquence, de peur de la

---

(1) Voir Chapitres V et XIV.

famine, on interdisait l'exportation du blé non seulement d'un pays à l'autre, mais même d'une province, d'une ville à l'autre. Aussi, quand le blé manquait dans une province, les provinces voisines se gardaient de lui en envoyer.

Il y avait bien d'autres raisons d'ailleurs de ces mesures prohibitives. Telle était, à une époque où les maladies épidémiques liées à la misère étaient particulièrement fréquentes, la crainte des contagions. Et nous ne faisons entrer en ligne de compte ni les entraves légales du commerce ni la difficulté matérielle des communications !

D'un autre côté par crainte des accaparements les administrations provinciales interdisaient les approvisionnements et laissaient les populations à la merci d'une mauvaise récolte. Enfin, par un souci mal entendu de l'intérêt général, elles taxaient arbitrairement les prix de vente et décourageaient par des tarifs maladroits, les négociants qui eussent pu, à un moment donné, remédier aux disettes.

Il résultait de tout cela qu'en dépit de la surveillance des autorités, le blé était l'objet de spéculations éhontées, spéculations si générales, si bien passées dans les mœurs qu'on accusa plus tard le gouvernement de Louis XV d'avoir organisé des *pactes de famine* ; mais, en ce qui nous touche particulièrement, il en était résulté que le blé atteignit, principalement aux époques de disette, des prix fabuleux, nullement en rapport avec sa valeur réelle et qu'au XVIe siècle, les producteurs ou les détenteurs de blé furent les véritables banquiers de la France.

Aujourd'hui la situation est absolument inverse.

La Révolution, en émancipant la propriété, en brisant les entraves féodales, en rendant la possession absolue du sol accessible à tous, a gonflé, hypertrophié, dans l'âme du paysan, le désir de cette possession. En outre comme la terre a conservé, pour les classes élevées son prestige aristocratique, elle n'a cessé d'être enviée par les privilégiés. Enfin le trouble du crédit et la dépréciation des fonds d'État qui ont suivi la banqueroute révolutionnaire, les déceptions de toutes sortes éprouvées par les spéculateurs ont eu pour résultat de faire considérer la propriété foncière comme le seul placement sérieux, sinon avantageux, de la fortune acquise. Le résultat de tout cela a été que, dans la première moitié du XIXe siècle, la valeur de la terre s'est élevée d'une façon factice, toute artificielle, beaucoup au-delà de sa valeur réelle. Les capitalistes, convaincus qu'ils ne sauraient payer trop cher la garantie de sécurité donnée par le sol, se sont littéralement jetés sur la propriété foncière ; ils ont payé 50.000 et 60.000 francs des terres dont le revenu, dans les conditions normales de l'exploitation n'excédait pas 1.000 francs. Faut-il s'étonner s'ils se plaignent amèrement aujourd'hui de ce que le capital immobilisé ne rapporte qu'un intérêt dérisoire ?

L'exemple le plus probant que nous pourrions citer à ce sujet est celui de ce domaine de Puechauzy (Puylausic) que Fabre avait formé pour quelques sols, que Masenx à son tour avait acquis pour la valeur de quelques setiers de blé et qui trouvait acquéreur, en 1790, pour la somme de 201.800 francs. (1) Il ne vaudrait pas aujourd'hui plus de 80.000 francs.

Pour le blé, au contraire, la situation est inverse. Le profond bouleversement des conditions économiques qui s'est accompli dans ce siècle a non seulement écarté toute crainte de famine et rendu vaine toute tentative d'accaparement, mais encore il a fait du blé, en quelque sorte, une denrée de valeur secondaire.

Grâce à la vapeur et à la liberté de la concurrence commerciale, l'Algérie, la Russie, l'Australie même ont inondé nos marchés de céréales à tel point que le cultivateur ne retire plus de sa culture une rémunération suffisante.

Il n'est donc pas surprenant que, lorsque, depuis 400 ans, la valeur générale marchande des matières et objets s'accroissait 10 fois, nous trouvions que la valeur des produits de ce sol, les céréales, ne s'est accrue que 2 fois. Autrement dit avec 10.000 francs de revenu un commerçant, un rentier se trouve aujourd'hui dans la même situation de fortune qu'au XVIe siècle avec 1.000 francs ; mais il n'en est plus de

---

(1) Réponse pour le sr Fajoie-Giscaro... etc.. Toulouse in-4º. 1790, p. 8.

même des agriculteurs. Ainsi pour acquérir une terre qui, au XVIe siècle, eût coûté 1.000 francs, il faudra aujourd'hui non plus 10.000, mais 20.000 francs ; en revanche une terre qui rapportait, au XVIe siècle, 1.000 francs en rapporte aujourd'hui, non plus 10.000, mais 2.000.

Cette situation privilégiée de l'agriculture au XVIe siècle rend compte des fortunes rapides réalisées à cette époque par les agriculteurs, — on l'a vu par exemple pour Maseux ; — elle rend compte aussi de la convoitise générale qu'a excitée, depuis lors, la possession du sol. Mais elle permet surtout de mesurer la déchéance profonde et imméritée dans laquelle est tombée aujourd'hui la profession agricole. Nous sommes passés d'un excès à l'autre.

Si, en effet, il y a quatre siècles, le blé était, en égard à l'équilibre commercial, estimé au-dessus de sa valeur, il n'est pas moins vrai d'affirmer qu'il est aujourd'hui estimé au-dessous et que les intérêts généraux du pays en souffrent tout autant.

A la vérité, la solution de ces questions est surtout affaire d'expérience, c'est-à-dire de temps et de tâtonnements. Déjà on a pu constater, depuis vingt ans, que le simple jeu des transactions et la mise en équilibre des intérêts particuliers diminuaient tous les jours la valeur estimative surfaite de la propriété territoriale ; telle terre payée 100.000 francs en 1865 n'en vaut plus aujourd'hui que 40.000. Mais pour l'autre question cependant, c'est-à-dire pour le prix du blé, nous estimons qu'elle relève de trop de conditions, qu'elle se heurte à trop d'intérêts pour que, dans les conditions actuelles de l'agriculture, elle puisse être abandonnée sans danger au conflit de ces conditions et de ces intérêts.

L'expérience a déterminé, à l'aide d'une longue suite d'observations, quelle est la *valeur française* du blé, c'est-à-dire quelle est la valeur qui lui est nécessaire pour ne pas rompre l'équilibre de la production française. M. de Villeneuve (1) l'a trouvée de 23 francs à Lavaur, de 1800 à 1818 ;

---

(1) DE VILLENEUVE. *Essai d'un manuel d'agriculture*, p. 346.

M. Théron de Montaugé (1) l'a relevée, à Gaillac même, de 1800 à 1868, et l'a trouvée de 20 fr. 61.

C'est à ce chiffre minimum, croyons-nous, que les pouvoirs publics devront s'efforcer de relever le prix de vente du blé français, si l'on ne veut pas que la mévente actuelle n'aboutisse, en s'accentuant et en se prolongeant, aux pires aventures pour nos agriculteurs.

Nous en eussions fini de ces considérations s'il ne nous avait paru utile, pour compléter cette étude économique, de dire quelques mots des salaires.

M. Théron de Montaugé, dans son remarquable ouvrage sur l'agriculture dans le pays Toulousain, avait déjà remarqué que, jusqu'à ces dernières années, le salaire des ouvriers, dans le vignoble de Gaillac, avait toujours été plus élevé que dans la banlieue de Toulouse, ce qui indiquait, pour le Gaillacois, un bien-être social et une prospérité agricole supérieurs même à ceux des ouvriers suburbains.

La raison de ce fait est facile à donner : c'est que la terre, grâce au tarif rémunérateur des récoltes, enrichissait non seulement le propriétaire, mais tout ce qui touchait à la propriété, le bordier, le gazailler et le simple ouvrier des champs. Qu'importait, en effet, à un fermier qui vendait en certaines années, comme en 1539, son blé jusqu'à 13 *ll.* le setier (Masenx f° 129 r°), c'est-à-dire à un prix qui représenterait aujourd'hui plus de 400 francs l'hectolitre, qu'importait à ce fermier de payer quelques deniers de plus le travail de ses ouvriers ?

Or nous avons des données précises pour évaluer, à l'époque de Fabre et de Masenx, le salaire des ouvriers ; nous avons en outre une base corrélative pour ramener ce salaire à sa valeur actuelle. Rien ne nous est donc plus f... e que de savoir dans quelle mesure la proportion 1 : 10, que nous avons établie pour la valeur des choses comparativement à leur valeur actuelle, s'applique à l'outil producteur, à la main d'œuvre, au salaire de l'ouvrier.

Nous ne pouvons nous occuper ici que des travaux agricoles.

(1) Théron de Montaugé. *L'agriculture dans le pays toulousain*, p. 659.

En ce qui concerne la durée de la journée de travail, appelée *jornal* dans le Gaillacois, ce pays bénéficiait d'une exception remarquable. En effet, un arrêt du Parlement de Paris, du 9 mars 1391, qui eut vigueur dans la France entière, disait : « Les vignerons et autres mercenaires loués à la journée sont tenus de travailler continuellement depuis le soleil levant jusques au couchant, sans s'en divertir ni quitter la besogne, s'il ne leur est commandé expressément par le maître ou pendant trois ou quatre petits repas qu'il leur est permis de faire seulement. Autrement sont privables de leurs salaires à la discrétion des consuls des lieux. » (1)

Mais cette sévérité de la législation ouvrière trouvait à Gaillac des adoucissements. La journée de travail, sans atteindre encore l'idéale journée de 8 heures réclamée par les économistes populaires, était beaucoup moins longue ; elle commençait, en effet, au lever du soleil et se terminait à 4 heures du soir. Nous avons donné au chapitre précédent la raison de cette coutume.

Quant à ce qu'il faut entendre par journée de travail dans les comptes de Masenx, c'est ce qui, dans certains pays, s'appelle *journée de bras* ou de *brassier*. Ceci nécessite une explication.

Il y avait au XVIe siècle, dans l'exploitation agricole, indépendamment des travaux éventuels qui devaient être exécutés par des ouvriers professionnels, deux catégories de travaux : les travaux ordinaires, tels que préparation du sol, travaux intérieurs de la ferme, soin des bestiaux, travaux manuels de toute espèce, que tout paysan était capable d'exécuter sans outillage ou avec l'outillage de la ferme, et des travaux spéciaux, à certaines époques de l'année, qui nécessitaient un outillage spécial, une habileté ou une fatigue plus grandes de l'ouvrier. Aujourd'hui ces travaux sont confondus les uns avec les autres et s'exécutent à l'aide du personnel et de l'outillage normal de la ferme ; cependant on trouve encore nombre de pauvres exploitations,

---

(1) CAYRON. *Styles, etc. Police générale des artisans*, p. 19.

mal pourvues de personnel et de matériel, où, comme à l'époque de Masenx, ils demeurent distincts. Dans ce cas, pour l'exécution des travaux ordinaires, quand, par exemple, le personnel de la métairie est insuffisant, on loue pour aider à ces travaux un ouvrier, un *journalier* (c'est le mot par lequel on le désigne), qui est le plus souvent un paysan du voisinage et qui supplée le colon en déficit. Le salaire actuel de cet ouvrier, dans le Lauraguais, n'excède pas 1 fr. 50 par jour.

Mais pour les travaux spéciaux, comme le labourage (quand par exemple le propriétaire n'a pas de bœufs en nombre suffisant et est obligé de faire labourer par un autre), la moisson, les travaux de terrassement (qui sont très fatigants) etc., la location journalière d'un ouvrier est beaucoup plus chère ; elle varie aujourd'hui, suivant le travail et suivant l'outillage, de 3 fr. 50 à 5 fr.

Or cette distinction est parfaitement tranchée dans Masenx. Cela n'empêche pas, bien entendu, que, de même qu'aujourd'hui un journalier exécute souvent, à l'aide du matériel de la ferme, des travaux spéciaux qui lui seraient payés beaucoup plus cher s'il était loué exclusivement pour les faire, de même Masenx et Fabre font souvent exécuter à des journaliers des travaux spéciaux, comme celui de couvreur.

Ceci dit, nous pouvons entrer en matière.

(*a*) *Jornaliers*. — Grégoire Guy, de Fonlada, doit une certaine somme à Masenx : celui-ci lui fait faire en remboursement 2 journées de travail, et compte : *Paga* xx *d. per dos jornals* (f° LXXI v°), soit la journée 10 deniers .

Pierre Roques est employé 3 jours à réparer une toiture. Masenx écrit : « *Paga* III *jornals per repara la teulada, monta* III *s. am los despens,* « (f° LXII v°), soit la journée, avec les frais, 1 sol. Les frais, dans ce cas, sont les achats de matériaux nécessités par la réparation ; on peut les évaluer à 6 deniers, de telle sorte que le salaire de l'ouvrier pour la journée est, à peu près, dans l'exemple précédent de 10 deniers.

Eutrope Fabre enfin emploie un journalier à fouler sa

vendange en 1538. « *Item paguen*, dit-il, x d. *al trolié de fa lo ey* » (F. p. 46).

De telle sorte qu'on peut conclure que le salaire ordinaire d'un journalier est, à cette époque, de 10 deniers.

(*b*) *Labourage*. — Masenx nous apprend qu'un de ces créanciers, Pierre Toulouse, fils d'Étienne, s'est engagé à lui faire une journée de labourage à la métairie de Vors, mais il n'indique pas le prix de ce travail : « *Paga un jornal de laura alla boria de Vors, l'an v^cxlii.* » (f° li r°). Heureusement cette lacune se trouve comblée par d'autres notes.

Ainsi Paul Brun doit, pour une récolte de fourrage, 4 *doblas* « *ho un jornal de araire* », dit Masenx (f° xxiii r°) ; c'est-à-dire qu'une journée de labour est évaluée à 4 *doblas*.

En effet, on voit plus loin que Pierre Roques, qui devait une somme de 50 sols, s'est en partie acquitté par 3 journées de labour estimées 15 *doblas*. « *Paga todes* iii *jornals per laura, xv doblas.* » (f° lxii r°).

En somme le prix ordinaire d'une journée de labourage était d'environ 4 sols. Ce prix est aujourd'hui de 5 francs.

(*c*) *Moisson*. — Pierre Journès doit à Masenx, pour achat de blé et de paumelle, la somme de 3 *ll.* ; il fait une journée de fauchage et diminue de la sorte sa dette de 2 s. 6 d. « *Paga* ii *s.* vi *d. per* i *jornal per dalha.* » (f° xliv r°).

De même les fils de Pierre Journès, François et Guiraud, débiteurs envers Masenx de 2 *l.* 9 s. 5 *d.*, s'acquittent, de 1542 à 1545 « *tant en argen que per lot*s *jornals de dalha et de carreta et de totas causas* » (f° 120 r°).

A la vérité, dans ces brèves mentions, la nature de la récolte n'est pas indiquée. Mais, qu'il s'agisse de moisson ou de fenaison, le salaire de l'ouvrier est le même : c'est aujourd'hui 3 fr. s'il est nourri, 4 fr. s'il n'est pas nourri. Or les ouvriers de Masenx ne sont pas nourris, de telle sorte qu'on peut dire qu'une journée de faucheur, qui vaut aujourd'hui 4 fr., coûtait, au xvie siècle, 30 deniers (2 *s.* 6 *d.*)

(*d*) *Fossés*. — La réfection des fossés afin de permettre l'écoulement des eaux pluviales, est un des travaux d'automne les plus indispensables dans nos pays. Ce travail, évalué à la toise ou à la canne, est actuellement payé en Lauraguais à raison de 0 fr. 05 la canne, la canne valant 1ᵐ 79 ; mais un bon ouvrier fait facilement 60 à 80 cannes de fossés dans sa journée, ce qui met le prix de sa journée de travail à 3 fr. 50 environ.

Voyons à combien Masenx l'évalue : Pierre Brayer lui a remboursé une certaine somme en journées de fossés « *Paga en jornals de bros xx s.* », dit-il (f° xc r°) ; malheureusement il n'indique pas le nombre de ces journées (sans doute 8)..

Guilhem Masenx lui doit 20 sols pour achat de cordelat ; il rembourse 7 s. 6 d. en 3 journées de fossés. « *Paga vii s. vi d. per iii jornals de fa las bros.* » (f°ˢ xcv r° et xcvi r°).

Guiraud Bertrand doit 32 sols ; il rembourse également 10 sols en 4 journées. « *Paga x s. per iiii jornals de fa las bros lo xxv de may* » (f° xcvi r°).

En conséquence le prix de la journée de fossés est de 3 *doblas* ou de 30 deniers (2 sols et demi).

(*c*) *Semailles.* — Le travail des semailles peut être assimilé à celui du labourage ; il se paie en conséquence aujourd'hui (avec location des bœufs) comme le labourage, c'est-à-dire 5 francs la journée ou 2 fr. 50 l'*attelée* (1).

Malheureusement Masenx et Fabre ne nous fournissent que des éléments de comparaison imparfaits avec cette donnée. Masenx par exemple, qui a avancé, en décembre 1513, à Guilhem Ricart, du Gay, 1 setier et demi de blé pour payer une rente, écrit bien : « *Paga per semena l'an vᶜ xliii et vᶜ xliii* », mais il ne nous dit pas combien de journées furent consacrées à ce travail (f° xcix r°). Fabre est un peu plus explicite : il écrit en marge d'une mention relative à un emprunt de 4 s. 4 d., que lui a fait Jean Roques jeune, ces mots : « *Paga ii s. per crubi lo ly l'an*

---

(1) On appelle *attelée* la demi-journée de travail qui, pour les bœufs, est de 3 heures. Dans le Lauraguais, qui est un pays de labour, les deux attelées, c'est-à-dire la journée de travail, font la *jointe*, et l'arpent de terre (57 ares) demande 4 jointes pour être labouré.

vᵉ xxxvii *he lo val jorn del mes de octobre que ero las he la luno norelo de v jorn* » (1) (F fᵒ lvii rᵒ).

Or on sait que, dans le langage des agriculteurs du Languedoc, couvrir le grain (*curbi*) veut dire semer. Comme, d'un autre côté, nous savons que la quantité de lin semée par Fabre était peu considérable, une attelée était largement suffisante pour ces semailles. Nous pouvons en déduire que les semailles se payaient, comme le labourage, environ 4 sols la journée.

(*f*) *Charrois.* — Les indications ne nous manquent pas sur la valeur des transports dans les comptes de Fabre et de Masenx. On a déjà vu les frères Journès (fᵒ 120 rᵒ) s'acquitter partiellement envers Masenx « *en jornals de carreta* » ; malheureusement leur compte n'est pas détaillé.

Il faut remarquer que, soit en raison de l'état déplorable des chemins à cette époque, soit en raison de la grossièreté des véhicules, les transports étaient relativement beaucoup plus chers au xviᵉ siècle qu'aujourd'hui.

Ainsi Antoine Vialar, qui se trouve débiteur envers Masenx de 6 quintaux de foin, fait, pour son créancier, un voyage de Saint-Jérôme à Gaillac qui lui est compté 5 sols : « *Paga per un viage de careta v s. a Galhac.* » (fᵒ 107 rᵒ). Or la distance directe de Saint-Jérôme à Gaillac n'excède pas 6 kilomètres. Avec les détours et la mauvaise route (car Saint-Jérôme est dans un pays de coteaux) on peut compter 8 kilomètres. Pareil transport, aller et retour, avec une charrette à bœufs, s'effectuerait aujourd'hui pour 6 à 7 fr., dont 5 fr. pour la journée des bœufs et 1 à 2 fr. pour la nourriture du conducteur.

Même observation pour Fabre. Celui-ci nous a laissé, au verso du récépissé d'Antoine Turlan et du billet de Jean Frayssinet, un certain nombre de comptes de charrois qui, si on les compare avec la valeur du même travail effectué

---

(1) On remarquera ce curieux préjugé qui persiste encore, surtout pour le lin. Fabre fait semer un jour propice, un lundi, jour de la lune qui, comme on le sait, peut par sa lumière blafarde maléficier les récoltes ; un huit, jour pair et sympathique ; enfin en nouvelle lune, ce qui doit assurer la germination. Et Fabre est ecclésiastique !

aujourd'hui, dans les mêmes conditions, donnent les différences suivantes :

Compte du *trolié* : somme payée par Eutrope : 4 s. 7 d. ; évaluation actuelle : 12 fr.

Compte de Thomas Fabre : somme payée par Eutrope : 13 s. 4 d. ; évaluation actuelle : 18 fr.

Compte de Jean Fabre : somme payée par Eutrope : 4 s. 2 d. ; évaluation actuelle : 6 fr.

Compte d'Antoine Fabre : somme payée par Eutrope : 8 s. 4 d. ; évaluation actuelle : 10 fr.

En résumé, si nous traduisons, comme nous l'avons déjà fait pour les matières et objets, la valeur des salaires agricoles au XVIe siècle et à l'époque actuelle en un tableau comparatif, nous obtenons le résultat suivant :

TRAVAUX	Salaire au XVIe siècle			Conversion en valeur actuelle	Salaire actuel	Rapport
	l	s	d			
Journaliers.....la journée.	»	»	10	0 f 15	1 f 50	10
Labourage......... » ..	»	4	»	0 80	5 »	6
Moisson........... » ..	»	2	6	0 50	4 »	8
Fossés...... ..... » ..	»	2	6	0 50	3 50	7
Semailles......... » ..	»	4	»	0 80	4 »	6
Charrois (Masenx) le travail	»	5	»	1 »	6 50	6
Comptes de Fabre.. » ..	»	30	5	6 10	46 »	7
Rapport moyen						7

Ainsi, tandis que l'argent subissait en 400 ans une dépréciation égale à 10, c'est-à-dire tandis que les conditions de l'existence devenaient 10 fois plus chères, les salaires, c'est-à-dire la main-d'œuvre, ne sont devenus que 7 fois plus élevés.

Il faut en conclure que la main-d'œuvre n'a pas subi, dans le mouvement d'ascension provoqué par la multiplication du stock métallique et par les progrès de l'industrie humaine, la progression générale des choses; elle a *augmenté plus lentement*.

Ce résultat est dû uniquement à la situation spéciale, toute privilégiée, de l'agriculteur gaillacois au XVIe siècle, mais il n'en est pas moins vrai — et c'est la constatation que nous voulions faire — que dans la comparaison des conditions économiques, la main-d'œuvre agricole était plus chère au xvie siècle qu'aujourd'hui.

Comme corollaire de ceci, on pourrait dire qu'il s'est produit, dans le Gaillacois, un phénomène inverse à celui qu'on pouvait attendre, c'est-à-dire que le nivellement des conditions générales, loin de donner à l'ouvrier d'aujourd'hui un avantage marqué sur son ancêtre du xvie siècle, a, au contraire, diminué son bien-être relatif et mieux armé contre lui le capitaliste. Mais, hélas! ce résultat n'est-il pas commun à toutes les régions qu'enrichissait l'agriculture ?

Puissent donc les conquêtes morales et économiques de ce siècle racheter le mal dont souffre l'agriculture !

ABRÉVIATIONS, CHIFFRES ou SIGLES

b. et b^l.....	boissel (boisseau).
C..........	cent (100).
D..........	cinq cents (500).
d..........	dinie (denier).
dob^a. dob^s....	doblas (doubles).
ᴇ..........	escut (écu au soleil).
ᴇ p.........	escut petit (écu petit).
f^n et f^en.....	formen (froment).
G^d.........	Guiraud.
G^m.........	Guilhem (Guillaume).
I..........	un (1).
I^c.........	un cent.
IIII^xx.......	quatre-vingts (80).
L..........	cinquante (50).
Lb..........	libra (livre, poids).
Lt..........	libra (livre tournois).
M..........	mille (1 000).
o^a et o.......	onsa et onsas (once).
Q..........	quintal.
?..........	sestie (setier).
s et ss.......	sol (sou).
ta et to......	(car)ta et (car)to (quartière).
ts..........	tornés (tournois).
v..........	cinq (5).
v^c.........	500.
x..........	dix (10).
z..........	mieja (demie).
z^a.........	⎫
z^a ta........	⎬ mieja carta (demi-quartière).
z^a ı ta.......	⎪
z^a carta.....	⎭
z^c.........	miec (demi).

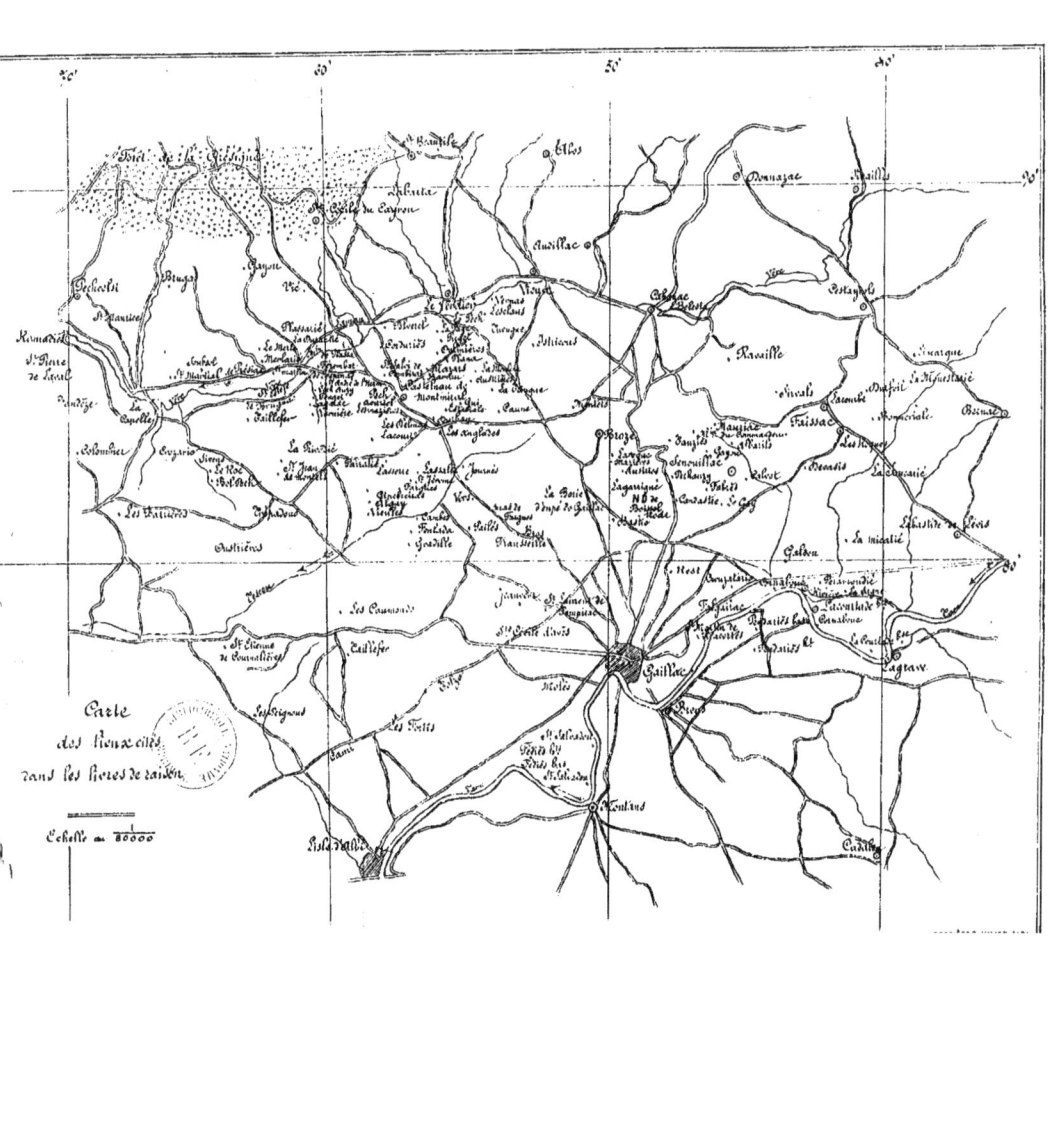

LIVRE DE RAISON D'EUTROPE FABRE

1518-1537

~~~

1er feuillet de garde, r°.

Il débute par cette indication, en haut et à droite de la page :

Jhs, Maria, Amen.
Iste liber est meus Domi(n)us
Eutropiu(s) Fabri in quo scripsi numeru(m) omniu(m) rerum
tam mobilium q(uam) immobilium q(uas)
emi Deo grasias.

Suit un répertoire alphabétique qui se rapporte assez exactement au contenu du livre et qui occupe le recto et le verso des deux feuillets de garde (1).

q *(quere)* . . Anthoni Audebal, folio pri(m)o.
q . . . . . . Anthoni Arnal he Galart, f° vi.

---

(1) On remarquera que ce répertoire est par noms de baptême, et non par noms de famille. Il y avait à cela, indépendamment de l'importance que Fabre, en sa qualité de clerc, devait attacher aux noms de baptême, un avantage; c'est que, les noms de baptême variant très-peu à cette époque dans le même diocèse et surtout dans la même paroisse, la similitude du prénom facilitait la rapidité des recherches pour les petits répertoires.

Ainsi dans le répertoire actuel on ne trouve, sur plus de 70 personnes désignées (dont beaucoup père et fils ou mari et femme), que 13 noms de baptême pour 22 noms de famille.

Les noms de baptême sont : *Anthoni, Bernat, Carcmo, Ceselio, Duran, Galhart, Guilhem, Jamme (Jaime, Jacques), Johan, Jordan, Loys, Peire* et *Ramon*. Les noms de famille sont : *Andrieu (André), Arnal, Audebal, Bonet (Bonnet), Boié (Boyer), Boyyos (Bougues', Calret, Castanhié (Castagné), Fabre, Gy (Guy), Latrelho, Lautié, Marolo, Marti, Pulastre, Rest (Reste), de Roch, Roquos (Roques), Scorbiac, Sircen, Tausiès* et *Viguié*.

On trouvera au cours du livre un assez grand nombre d'autres noms de famille, mais à peine deux ou trois prénoms nouveaux, tels *Bertran, Grabial* et *Astrugo* ou *Astruga*. — Il faut aussi remarquer que le nom de famille, comme le prénom, quand il s'applique à une femme, prend toujours

LIVRE DE RAISON

q. . . . . . . Anthonio Sirve(n)to he so(n) marit, fº v.
q. . . . . . . Anthonio Sirve(n)to he so(n) marit, fº vi.
q. . . . . . . Anthoni Andrieu, fº v.
q. . . . . . . Anthonio Sirve(n)to he so(n) marit fº vii.
q. . . . . . . Anthoni Lautié he Jordano sa molhe, fº xiii.

Au bas de la page (1) :

q. . . . . . . Bernat Fabre, fº vii.

1ᵉʳ feuillet de garde vº.

En haut :

q. . . . . . . Ceselio Fabro he so(n) marit, fº vi.
q. . . . . . . Ceselio Fabro he so(n) marit, fº viii.
q. . . . . . . Ceselio Fabro he so(n) marit, fº ix.
q. . . . . . . Ceselio Fabro he so(n) marit, fº ix.
q. . . . . . . Ceselio Fabro he so(n) marit, fº ix.
q. . . . . . . Ceselio Fabro he so(n) marit, fº x.
q. . . . . . . Ceselio Fabro he so(n) marit, fº x.
q. . . . . . . Ceselio Fabro he so(n) marit, fº x.

Au milieu :

q. . . . . . . Duran la Trelho, fº vi.

En bas :

q. . . . . . . Guilhem Bonet, fº ii.
q. . . . . . . Guilhem Fabre (per) la terro de l'espital, fº xi.
q. . . . . . . Guilhem Bonet del Vila, fº xii.

2ᵉ feuillet de garde rº.

q. . . . . . . Jamme he Peire Calvets, fº pri(m)o.
q. . . . . . . Johan Audebal, teiseire, fº i.
q. . . . . . . Jamme Calvet, fº iii.
q. . . . . . . Joha(n) Roquos he sa maire, fº iii.
q. . . . . . . Joha(n) Tausiés, fº v.
q. . . . . . . Johan Vignié, clerc, fº vi.
q. . . . . . . Johan Roquos, fil de Pᵉ, fº viii.

la déclinaison féminine ; exemple, *Anthonio Sircento* pour Antoinette Sirven, *Ceselio Fabro, Johanno Palastrisso*, etc.; de même, au pluriel, ces noms se déclinent : *Calcets, Fabres*, etc.

(1) Les lacunes s'expliquent parce que l'auteur a ménagé entre chaque lettre du répertoire un intervalle pour y inscrire les noms nouveaux.

q. . . . . . Jamme Calvet, f° III.
q. . . . . . Johanno Sirvento he so(n) marit, f° II.
q. . . . . . Joha(n) de Roch, fil de P°, f° I.
q. . . . . . Joha(n) Castanhié, f° II.
q. . . . . . Joha(n) Bonet, f° III.
q. . . . . . Jamme Calvet, f° III.
q. . . . . . Jamme Calvet, f° VIII.
q. . . . . . Joha(n) Bonet de Sirvals, f° V.
q. . . . . . Joha(n) Fabre, fil de Johan, f° XI.
q. . . . . . Joha(n) Roquos, maï vie(l), fil de P°, f° XIII.
q. . . . . . Joha(n) Roquos, jove, fil de P°, f° XIII.
Johanno Palastrisso et Joha(n) Marolo, causatié, so(n) marit, f° XIII.
q. . . . . . Jamme Calvet, f° XV.

l

Loys Scorbiac, f° LIII.
q. . . . . . Mosse(n) Joha(n) Boié, f° VII.
Mestre Peire Calvet, f° III.

2ᵉ feuillet de garde v°.

q. . . . . . Ramo(n) Fabre, tutor (1), f° X.
Ramo(n) Gy, de Se(n)nolhac, f° III.

l

q. . . . . . Peire Roquos, viel, f° II.
q. . . . . . Peire Rest, f° III.
q. . . . . . Peire he Caremo Roquos, fil(s) de P°, f° IIII.
q. . . . . . Peire Sirven, dit Co(m)bet, f° V.
q. . . . . . Peire Roquos, fil de P°, f° VIII.
q. . . . . . Peire Marti, fil de Ramo(n), f° XI.
q. . . . . . Peire Viguié, fil de Ramo(n), f° XII.
q. . . . . . Peire Boygos, peirié, f° XV (2).

(1) Ce Ramon Fabre est le propre frère de l'auteur ; il était, en effet, tuteur des enfants d'un troisième frère décédé, du nom d'Antoine. On retrouvera ces enfants, Jean et Marguerite, dans les comptes d'Eutrope. — Cécile Fabre, mentionnée plus haut, paraît avoir également été une sœur d'Antoine, Ramon et Eutrope Fabre ; nous ignorons le nom de son mari.

(2) Les mots *f° XV* sont écrits en surcharge au-dessus d'une rature qui permet de lire après *peirié* : « carpentié del castel de l'Om, f° LVI ».

PRIMO FOLIO

F° I r°.
(18 février 1517)
Nouveau style 1518

Item l'an milo v° xvii he (lo) xviii iorn del mes de fébrié, co(m)preri huno pesso de terro he de prat de Jamme et Peire Calvets en las pertenensas de Galhac, alloc apelat a Candastre (1), q(ue) se co(n)fro(n)to an lo prat del(s) erities de mestre Ramo(n) de Paulhe (2), he an la terro de Joha(n) Fabre, he an la carairolo, he an la terro dels erities de Joha(n) Audebal, per lo pretz de xiii ll. he x s. he dos ll. he xviii s, de sennorios a mosse(n) Joha(n) Landes (3). Sturmen pres p(er) mestre Peire Careri.

Gros(s)atum est ; So. (4) x s.

(26 oct. 1518)

Item, l'an milo v° he xviii he lo xxvi iorn del mes de octobre co(m)preri de Anthoni Audebal huno pesso de terro en las pertenensos de Galhac, alloc apelat a la Garisolo (5), que se co(n)ffro(n)to an la terro de Peire Capus, he an la

---

(1) *Candastre*, hameau de la commune de Gaillac, à 5 kilom. N. N. E. de cette ville, alors paroisse de Saint-Maurice, aujourd'hui paroisse de Notre-Dame de Boissel.

(2) *De Paulhe*. Ce nom appartient à une célèbre famille albigeoise et reviendra souvent au cours de ces livres. Ramon de Paulhe, bourgeois de Gaillac, était mort peu avant 1517 ; c'est son fils, Jean, auquel il est souvent fait allusion dans le livre de Masenx, qui est l'auteur du *Livre de raison* auquel nous ferons certains emprunts Le fils de ce dernier, Ramon de Paulhe, procureur de M. de la Guiche pour la Commanderie de Saint-André et Saint-Pierre, prit courageusement, en 1562, parti contre les consuls calvinistes qui menaient le peuple au pillage des églises ; aussi son fils, Maffre de Paulhe, fut-il nommé, en 1588, trésorier du roi pour le comté de Castres. C'est vraisemblablement le même Maffre de Paulhe, bourgeois de Gaillac, qui fut député, en 1620, avec François Marolle, premier consul de Gaillac, à Bordeaux, pour y régler la question des vins. Ce Maffre de Paulhe fut fermier de l'abbaye de Saint-Michel ; il était le beau-père de Roch de Combettes, juge d'Albigeois de 1591 à 1637 et qui laissa en mourant sa charge à son filleul, neveu, gendre et héritier, Roch de Paulhe. Ce dernier, qui vivait encore en 1663, est connu par ses violences (Cf. Rossignol, *Monog. comm.*, II, 230 et 261).

Cette famille de Paulhe ne serait-elle pas l'origine de la branche albigeoise des Paulo qu'on trouve, au xviii° siècle, seigneurs de Latour et de la Bonnette ?

(3) La contenance de cette terre était de 1 éminée et 1 cartonado (voir f° lvi, r°). Jean Landes est le fermier des biens de Saint-Maurice de Candastre.

(4) *So*, abréviation pour *solci*.

(5) *La Garisolo*, c'est-à-dire *lieu planté de chênes*.

vinho de Joha(n) Audebal, tei(s)seire, he an la terro dels erit(i)es de mestre Ramo(n) de Paulhe, he an la carairolo, p(er) lo pretz de vi *ll*ᵗˢ. (1) he xx s. de sennorios a mosse(n) Joha(n) Landes. Sturmen pres p(er) mestre Peire (Careri). Gros(s)atum est ; So. v s.

FALGAIRACU(M) (2).

Fº I vº.
(28 oct. 1518)

Ite(m), l'an milo vᵉ he xviii he la xxviii iorn del mes de octobre, co(m)preri huno pesso de terro he hun ostal de Johan Audebal, teis(s)eire, en las pertenensos de Galhac, alloc apelat a Ca(n)dastre, que se co(n)ffro(n)to an la terro de Peire Rest, he an la terro de Ramo(n) Bro, he an lo cami de dos parts que l'on va a la gleio (3), p(er) lo pretz de xii *ll*. he dos *ll*. de sennorios a mosse(n) Joha(n) Landes p(er) Sa(n)et Andrieu (4). Sturmen pres p(er) mestre Peire Carreri. Gros(s)atum est.

Ite(m) pageri vi *ll*. he xi s he iii d. p(er) so q(ue) ero(n) vendutz los enfrutz a Ramo(n) Bro p(er) tres ans.

(24 oct. 1521)

Item, l'an milo vᵉ he xxi he (lo) xxiii del mes de octobre, co(m)preri huno ca(m)bro (5) de Joha(n) de Roch, fil de Peire dº (6), q(ue) se co(n)ffronto an la ca(m)bro de Guilhe(m) de Roch, p(er) lo pretz de vi *ll*. *t*ˢ. he xxiii s. de sennorios a mestre Loys Viguié, procuraire del Bisco(m)te (7). Sturmen pres p(er) mestre Loys (Viguié).

Gros(s)atum est ; So. v s.

(1) Fabre écrit pour *Livres tournois*, tantôt *Ll. t*ˢ, ou même *Lt. t*ˢ, tantôt plus simplement *Lt* ou *Lts*.

(2) *Falgairac* est le nom du notaire qui a grossoyé l'acte.

(3) *La gleio*, l'église Saint-Maurice de Candastre.

(4) La contenance de cette terre était de 3 éminées.

(5) La chambre ou portion de maison dont il s'agit était située dans le village de Mauriac. En effet la ville et les faubourgs de Mauriac, relevaient seuls du vicomte.

(6) Cette abréviation, qui signifie évidemment *deldit* ou *lo dit*, est représentée par un sigle qui ressemble plutôt à un G majuscule qu'à un dº.

(7) Les procureurs étaient, le plus souvent, fermiers des droits féodaux. Le vicomte dont il s'agit ici est le père du fameux capitaine calviniste, Bertrand de Rabastens, vicomte de Paulin, qui prit Gaillac en 1568.
Bertrand de Rabastens n'eut qu'un fils, Marc-Antoine, vicomte de Paulin,

F⁰ II r°.
(24 février 1521)
Nouv. style 1522.

Item, l'an milo v^e he xxi he lo xxiiii del mes de febrió, co(m)preri huno pesso de prat de Joha(n) Castanié, alloc apelat al potz de Balaran (1), q(ue) se co(n)fro(n)to an lo cami q(ue) l'on va de la Garigo (2) Assenolhac (3), p(er) lo pretz de tres ll he xii s he iii d, he x s de semmorios a Joha(n) (4) Marolet, arendié de Sanct Andrieu. Sturmen pres p(er) mestre Darde.

Gros(s)atum est ; So. v s.

(26 février 1521)
Nouv. style 1522.

Item, l'an milo v^e he xxi he lo xxvi de febrie co(m)preri huno pesso de vinho de Johanno Sirvento he so(n) marit, alloc apelat as Clausetz (5) q(ue) se co(n)fro(n)to an la vinho

qui fut tué en 1587, pendant les guerres de religion, par le baron d'Ambres. Son frère, Philippe de Rabastens, baron de Paulin, qui fut le meilleur lieutenant du vicomte, eut un fils, Samuel, qui fut tué à son tour, en 1589, près du château de Ferrals. Le nom de Paulin passa alors à Marquis de Rabastens, vicomte de Paulin, fils de Samuel et de Marie de Lautrec, lequel, pris en flagrant délit d'adultère, fut, le 16 juillet 1616, au château de Reyniès, tué par Jacques de la Tour, seigneur de Reyniès. (Sur cette tragique aventure, voir Tallemant des Réaux, l'historiette de Madame de Reyniès.) Avec lui finit l'illustre maison de Paulin qui descendait, en ligne directe, de Bertrand, vicomte de Bruniquel, fils naturel du comte de Toulouse Raymond VI, et de Condors, fille de Manfred de Rabastens (1225).

Les vicomtes de Paulin n'étaient seigneurs que de la ville et des faubourgs (*barris*) de Mauriac.

(1) *Le puits de Balaran*, dont Fabre indique l'emplacement, semble ne plus exister. Le *Dictionnaire historique et géographique* de Tranier ne mentionne pas ce lieu-dit.

(2) *La Garrigue*, hameau entre Candastre et Senouillac, à 1,200^m de ce dernier village, alors paroisse de Saint-Maurice.

(3) *Senouillac* (Senolhac et Selhonac dans les vieux documents), formait, avec Mauriac et Lagarrigue, une seigneurie qui appartenait, au commencement du xve siècle, au comte d'Armagnac. Celui-ci la céda, en 1419, à Philippe Jean de Rabastens, écuyer ; mais la famille de Paulin ne conserva la juridiction de cette haute seigneurie que jusqu'en 1496 ; à cette époque elle passa au roi de France. Senouillac avait trois consuls (Voir E. Rossignol, *Monographies communales*, t. II, p. 126).

(4) L'auteur avait d'abord écrit: «*a mossen Marolet*» ; il a biffé *mossen*. *Marolet* était un surnom. Masenx (f° lxxxiii r°) nous apprend que son vrai nom était *Audebal* ; le surnom de *Marolet* lui avait été probablement donné pour le distinguer de son cousin *Johan Audebal, teisseyre*. C'es^t le fermier des biens de Saint-Pierre de Senouillac, qui appartiennent à la Commanderie de Saint-André.

(5) *As Clausets*, c'est-à-dire aux Petits-Clos. Ce nom indique qu'il s'agis-

de Joha(n) Vignié, he an lo cami que (h)on va de Mauriac (1) a Gaihac, p(er) lo pretz de III ll. l⁸ he xv s (2). Sturmen pres p(er) mestre Loys Vignié.

Gros(s)atum est.

F° II v°.
(8 avril 1522)

Ite(m), l'an (milo v°) he xxii he lo viii de abrial co(m)preri huno pesso de bose sive talhado de Guilhe(m) Bonet, alloc apelat als Albarils (3), q(ue) se co(n)fro(n)to an lo bose de Guilhe(m) Fabre, he an lo bose de Astrugo Gachos, per lo pretz de v ll. l⁸ he xi s. viii d., he xxii s. de sennorios à Joha(n) Marolet. Sturmen pres p(er) mestre Loys Vignié.

Gros(s)atu(m) est. So. v s.

(1ᵉʳ août 1522)

Ite(m) l'an milo (v°) he xxii he lo pr(e)mié iorn del mes de a(o)ust co(m)preri huno pesso de terro de Peire Roquos, alloc apelat a Ca(n)dastre, q(ue) se co(n)fro(n)to an la terro de Peire & Caremo Roquos he an la terro de Joha(n) de Paulhe, he an la terro de Anthoni Fabre, det Pencho, saralie, he an la terro de Joha(n) Roquos p(er) lo pretz de xii ll. l⁸. he x s., he dos ll. l⁸. de sennorios a Peire Carive(n) a Sanct Andrieu (4). Sturmen pres p(er) mestre Darde Albrespy.

Gros(s)atu(m) est ; So. v s.

sait d'un terroir vinicole. Il ne figure pas dans le *Dictionnaire* de Tranier ; Fabre indique sa situation.

(1) *Mauriac*, hameau de la commune de Senouillac, à 2 kilomètres N. de Candastre et 7 kilom. NNE. de Gaillac, était alors paroisse de Saint-Martin de Mauriac. Mauriac formait, avec Senouillac et Lagarrigue, une seigneurie qui, en 1522, appartenait, sauf la juridiction, au vicomte de Paulin. Son château, bel édifice du xvɪᵉ siècle, est encore debout.

(2) Ici trois lignes raturées qu'on déchiffre : « he xii s. de *sennorias a mossen Loys procuraire del bisco(m)te de Paulin* ».

(3) Aujourd'hui *Les Albaris*, ferme à 1 kilomètre NO. de Senouillac, commune de Senouillac, alors paroisse de Saint-Pierre de Senouillac. Fabre écrit tantôt *Albarils*, tantôt *Albarels*. La terre et le mas des Albarels firent partie, avec l'église Saint-Martin de Mauriac, de la donation faite, en 1265, par l'évêque Guillaume Petri à l'hôpital Saint-Jacques de Clarieux. Le mas était donc une propriété de la Maladrerie, mais il est probable qu'une partie de la terre appartenait, avec l'église Saint-Pierre, à la Commanderie de Saint-André puisque Fabre paie un droit d'inféodation de 22 sols.

(4) Pierre Carivenc est alors le fermier des biens de Saint-Maurice de Candastre pour la Commanderie.

F° III r°.
(13 sept. 1522)

Item, l'an milo v̄ᵉ he xxii he lo xiii iorn de septe(m)bre co(m)preri uno pesso de bose sive talhado de Joha(n) Bonet, alloc apelat als Albarels, q(ue) se co(n)ffro(n)to an lo bose de Jordi Clerc, he an lo bose de Joha(n) Roquos, he an lo bose de Guilhe(m) Fabre p(er) lo pretz de v *ll. l*. he xi *s*. he viii *d*. Sturme(n) pres p(er) mestre Loys Viguié.

Grossatu(m) est ; So. v *s*.

(16 juillet 1523)

Item, l'an milo v̄ᵉ he xxiii he lo xvi iorn de julet co(m)preri hun ostal he ayral, tot tene(n), de Jamme Calvet, alloc de Mauriac sive bar(r)i, q(ue) se co(n)ffro(n)to an l'ostal de mestre Peire Calvet he ayral tot tene(n), he an la carrieiro, he an l'ostal de Joha(n) Joha(n), he an l'ostal de Bertran Mauri, he an l'ostal de Peire Bernado (1), p(er) lo pretz de xvii *ll. l*. he x *s*. Sturmen pres p(er) mestre Darde Albrespy. Gros(s)atu(m) est : So. v *s*., he tres *ll*. a mossen lo bisco(m)te de Paullin (2). Sturme(n) pres p(er) mestre Loys Viguié.

Gros(s)atu(m) est, So. v *s*., l'an de(r)nié.

F° III v°.
(29 mars 1528)

Ite(m), l'an milo v̄ᵉ he xxviii he lo xxix iorn de mars (3), en ma borio de Ca(n)dastre, feri bisca(m)bi an Jamme Calvet de huno talhado an huno terro de jotz lo loc de Mauriac, q(ue) se co(n)ffro(n)to an l'ort de mosse(n) Masel, he an lo prat dels ereties de Guilhe(n) de Laval, he, p(er) so q(ue) la terro valio may, li torneri catre *Ll. l*. Sturme(n) pres p(er) mestre Loys Viguié.

Gros(s)atu(m) est ; So. v *s*.

(5 juillet 1525)

Ite(m), l'an milo v̄ᵉ he xxv he lo v iorn del mes de jul co(m)preri huno pesso de terro de Peire Rest q(ue) se co(n)ffro(n)to an la mio terro de la borio de Ca(n)dastre, he an la terro de Ramo(n) Bro, he an la terro de Peire & Caremo Roquos, he an lo sementeri de Ca(n)dastre,

---

(1) C'est-à-dire *Bernadou*. Cet article donne le nom des habitants d'une partie du faubourg *(barri)* de Mauriac en 1523.

(2) Pour les droits du vicomte, voir note 5, p. 5.

(3) Il y avait primitivement *abrial*; l'auteur a biffé ce mot et écrit en surcharge *mars*.

p(er) lo pretz de xi *Ll*ˢ he xxviii *s*. de sennorios a Barutel (1) p(er) Sanct Andrieu (2). Sturmen pres p(er) mestre Loys Viguié.

Gros(s)atu(m) est ; So. v *s*.

Fº IV rº.
(22 juillet 1525)

Item, l'an milo vᶜ he xxv he lo xxii iorn de julet co(m)preri huno pesso de terro de Joha(n) Roquos he sa maire, alloc apelat à Candastre, q(ue) se co(n)ffro(n)to an lo cami de peiro (3) he an la mio terro met(e)iso, p(er) lo pretz de x *Ll*. pagados en nou sesties de blat a mesuro de G(a)llhac (4) he xx *s*. *l*ˢ. en arge(n). Sturme(n) pres p(er) mestre Loys Viguié.

Gros(s)atu(m) est ; So. v *s*.

(Février 1524)
Nouv. style 1525.

Ite(m) l'an milo vᶜ he xxiii he *(un blanc)* febrie feri bisca(m)bi an la ca(m)bro de Joha(n) de Roch an l'ostal q(ue) ero de de *(répété)* Ramo(n) Gy de Sennolhac, q(ue) li torneri p(er) la may valenso dos *Ll*. *l*ˢ. Sturmen pres p(er) mestre Loys Viguié.

So. x *d*.

(1ᵉʳ mai 1525)

Ite(m) l'an milo vᶜ he xxv, lo premie iorn de may co(m)preri hun bosc de Jamme Calvet p(er) lo pretz de quatre

---

(1) Jean Barutel est le fermier des biens de la paroisse de Saint-Maurice de Candastre en 1525 ; son arrentement dut être plusieurs fois renouvelé puisqu'il est encore fermier en 1535 (voir fº xiv vº).

(2) C'est-à-dire à Barutel, fermier pour la Commanderie de Saint-André. La Commanderie et l'hôpital de Saint-André formaient, avec l'église Saint-Pierre de Gaillac, un fief ecclésiastique pourvu de riches possessions ; 30 prêtres y récitaient l'office divin et 50 officiers y soignaient les malades. Les biens du *Pitancier de Saint-André*, dits *Pitanciers*, formaient l'un des chapitres les plus importants du revenu de la Commanderie. Citons, parmi les autres possessions de la Commanderie, les églises Saint-Pierre de Senouillac, Saint-Maurice de Candastre, Notre-Dame de Boissel, Saint-Pierre de Vors, Saint-Jean de Celles, Saint-Jérôme du Tescou et la mouline Saint-André (ou moulin des Pauvres) à Gaillac. Les domaines qui en dépendaient étaient Senouillac, Vors, Saint-Jérôme et La Borie (Cf. E. Rossignol. *Monographies communales*, t. II, *passim*).

(3) Remarquer cette expression : *lo cami de peiro* ; elle s'applique en général dans le Midi aux anciennes voies romaines, dallées comme on le sait. Il semblerait donc que la voie romaine, admise par Dumège, de Toulouse à Rodez (*Hist. de Languedoc*, t. I, p. 149) et qu'on retrouve, sous le nom de *Cami ferrat* à Montans (Rossignol, *Monogr.*, t. II, p. 13), passât par Candastre.

(4) La valeur du setier ressort donc à 1 *lt*, 2 *s*. 3 *d*.

Ll. l^s he x s. tan en aur que en arge(n). Sturmen pres p(er) mestre Joha(n) Penardi.

Gros(s)atu(m) est ; So v s.

F° IV v°.
20 janvier 1525)
Nouv. style 1526.

Item, l'an milo v^c he xxv he lo xx iorn del mes de janier co(m)preri huno pesso de terro de Peire he Caremo Roquos, fils de Peire d°, alloc appelat a Ca(n)dastre, q(ue) se co(n)ffro(n)to an la terro mio meteiso de dos par(t)s, he an lo sementeri, he an la terro de Anthoni Fabre dit Pencho, p(er) lo pretz de xix Ll. l^s he x s., he v s. q(ue) don(n)eri a Joha(n) de Roch, fil de Peire d°, he lii s. a Joha(n) Barutel (1) p(er) Sanct Andrieu. Sturme(n) pres p(er) mestre Loys Viguié.

Gros(s)atu(m) est ; So. v s.

(14 nov. 1526)

Ite(m), l'an milo v^c he xxvi he lo xiiii iorn del mes de nove(m)bre co(m)preri la part de l'ostal he ayral de mestre Peire Calvet ho de son procuraire Joha(n) Marolet, local ostal es a Mauriac he se co(n)ffro(n)to an l'ostal de Grabial Bordoncle, he an la carieiro, he an l'ostal meu met(e)is, p(er) lo pretz de xxx Ll. l^s. Sturmen pres p(er) mestre Ramon Pinnavis (2).

So. x d.

F° V r°.
2 janvier 1526)
Nouv. style 1527.

Item, l'an milo v^c he xxvi he lo segon iorn del mes de janier co(m)preri huno vinho de Peire Sirve(n) he sa molhe tot emsens alloc apelat as Clausets, q(ue) se co(n)ffro(n)to an la vinho de Anthoni Andrieu, mercha(n) de G(a)lhac, he an la vinho de Guilhe(m) Fabre, he an la vinho mio meteiso he an lo cami q(ue) lo(n) va de Mauriac à Galhac, p(er) lo pretz de v Ll. l^s he v s. Sturmen pres p(er) mestre Loys Viguié.

Gros(s)atu(m) est ; So v s.

30 nov. 1527)

Ite(m), l'an milo v^c he xxvii he lo darie iorn del mes de nove(m)bre co(m)preri quatre tieiros de vinho de Anthonio Sirvento he Joha(n) Viguie so(n) marit, alloc apellat as

---

(1) Voir note 1, p. 9. La *directe* de cette terre appartenait à la fois à Jean de Roch pour un dixième et à la Commanderie pour le reste, puisque Fabre paie 5 sols au premier et 52 sols à la dernière.

(2) *Pinnacis*, c'est-à-dire *Dupin*.

Clausetz, q(ue) se co(n)ffro(n)to an la vinho de Anthoni Carive(n), p(er) lo pretz de xxi s. he viii d. Sturme(n) pres p(er) mestre Loys Viguié.

Rivopetroso (1) gros(s)atu(m) est ; So. v s.

(18 octob. 1527) Ite(m), l'an milo v⁰ he xxvii he lo iorn de Sanct Luc (com)preri huno vinho he bose de Anthoni Andrie(u) alloc apelat as Clausetz, q(ue) se co(n)ffro(n)to an la mio vinho meteiso, he an lo cami q(ue) lo(n) va de Mauriac a Galhac, he an lo bose de Dura(n) Lavit p(er) lo pretz de x ll. l⁵. Sturmen pres p(er) mestre Bernat Batifol.

So. x d.

F⁰ V v⁰.
(8 janvier 1527)
Nouv. style 1528.

Ite(m), l'an milo v⁰ he xxvii he lo viii iorn del mes de janier feri bisca(m)bi de l'ostal de Sennolhac a Joha(n) Bonet, fil de Ramon, dit Panchi, de Sirvals (2), q(ue) el me bailavo huno pesso de terro que solio (3) estre prat, q(ue) se co(n)ffro(n)to an los patus de la fon de Qualquario he an lo cami q(ue) lo(n) va de Mauriac a Sirvals. Ite(m), me bailo uno pesso de canabal q(ue) se co(n)ffro(n)to an lo Beso (4) he li torneri xxiii s. he xi d. Sturmen pres p(er) mestre Loys Viguié ; So. x d.

Gros(s)atu(m) est p(er) Dominu(m) Petru(m) Vitalis de Corduis, notariu(m); So. v s. v d.

(1ᵉʳ octob. 1528) Item, l'an milo v⁰ he xxviii he lo permie iorn del mes de octobre co(m)preri huno pesso de terro de Joha(n) Tausies, fil de Bertran d⁰, alloc apelat a Ca(n)dastre sive a Resals (5), q(ue) se co(n)ffro(n)to an la terro de Anthoni Tausies, fil de Anthoni d⁰, he an la terro de Ramo(n) Bro, he an la terro dels éritiés de Joha(n) Audebal, he an la terro de Joha(n)

---

(1) *Ricopetroso*, c'est-à-dire *Rieupeyrous* : ce nom est encore très-répandu dans l'Albigeois.

(2) *Sirvals*, aujourd'hui *Circals*, ferme à 1,500 mètres E. de Mauriac, commune de Senouillac, sur le chemin de Mauriac à Saint-Martial.

(3) *Solio*, du latin *solere*, avoir coutume ; c'est le vieux mot français *soulait*, qu'emploie Lafontaine.

(4) *Lo Beso*, le *Bésou*, sans doute un ruisseau.

(5) La terre de Resals fut ultérieurement vendue par Ramon Fabre, frère et héritier d'Eutrope, à Masenx; sa contenance était d'une carterée et demie.

Bernat, p(er) lo prestz de vi *Ll.* he x *s.* Sturmen pres p(er) mestre Loys Viguié.

Gros(s)atum est p(er) Petru(m) Rivoso (1); So. v *s.*

F° VI r°.
(14 nov. 1528)

Ite(m) l'an milo v° he xxviii he lo xiv iorn del mes de nove(m)bre co(m)preri huno pesso de bose de Duran Latrelho alloc apelat as Clausetz, q(ue) se te(n) an lo bose de Anthonio Sirvento, molhe de Joha(n) Viguié, he an lo cami q(ue) lo(n) va de Mauriac a Galhac, he an la mio talhado meteiso, he an la vinho de Guilhe(m) Fabre, p(er) lo prestz de dos *Ll. ls.* he xii *s.* vi *d.* Sturmen pres p(er) mestre Loys Viguié.

Gros(s)atu(m) est p(er) Rivopetroso; So. v *s.*

(18 déc. 1528)

Ite(m) l'an milo v° he xxviii he (lo) xviii del mes de dece(m)bre co(m)preri huno talhado de Joha(n) Viguié, clerc (2), alloc apellat as Clausetz q(ue) se co(n)ffro(n)to an lo cami que l'on va de Mauriac a Galhac, he an la mio talhado met(e)iso, he an la vinho de Guilhe(m) Fabre, he an la talhado de Anthonio Sirvento, molhe deldet vendedo, p(er) lo pretz de dos *Ll. ls.* he xii *s.* he vi *d.* Sturmen pres p(er) mestre Loys Viguié ; So. x *d.*

Gros(s)atu(m) est p(er) dominu(m) Petru(m) Vitalis de Corduis, notariu(m) ; So v *s.* v *d.*

F° VI v°
12 janvier 1528)
Nouv. style 1529.

Ite(m), l'an milo v° he xxviii he lo xii iorn del mes de janier co(m)preri huno pesso de terro de Ceselio Fabro he so(n) marit alloc apelat a Canals (3), q(ue) se co(n)ffro(n)to an la terro de Ramo(n) Fabre de dos parts, he an lo prat de Entropi Fabre, he an la mio terro meteiso, p(er) lo pretz de xxv *s. ls.* Sturmen pres p(er) mestre Loys Viguié ; So. x *d.*

Gas(s)atu(m) est p(er) dominu(m) Petru(m) Vitalis de Corduis, notarium ; So. iii *s.* v *d.*

---

(1) Ce nom devrait être traduit *Pierre Durieux*, mais on le trouve plus loin, comme plus haut, sous sa forme correcte *Rieupeyroux* (Rivopetroso).

(2) Ce mot de clerc signifie simplement *lettré, écrivain*, et non *ecclésiastique*, puisque Jean Viguier est le mari d'Antoinette Sirven ; c'est probablement aussi le fils du clerc Louis Viguier, procureur du vicomte de Paulin.

(3) Ce lieu-dit ne figure pas au *Dictionnaire* de Tranier ; il était situé, comme on le verra (f° ix, v°, art. 1) le long du chemin de Castelnau-de-Montmirail à Albi, chemin qui passait par Montels, Mauriac, Fayssac et Bernac.

(3 février 1528)
Nouv. style 1529.

Ite(m), l'an milo v˚ he xxviii he lo tres iorn del mes de febr(i)e feri bisca(m)bi de la terro he canabal del Molinal (1) an la terro de Anthoni he Galhart Arnals, paire he fil, de q(ue) los dets Arnals me bailero(n) huno pesso de terro a Puech ausi (2), q(ue) se co(n)ffro(n)to an la terro dels ereties de Joha(n) Logros, he an la terro de Joha(n) Fabre, he an la terro de Anthoni Andrieu, he lor torneri xxviii s. he dos d. Sturmen pres p(er) mestre Loys Viguié ; So. x d.

Gros(s)atu(m) est p(er) dominu(m) Petru(m) Vitalis de Corduis, notariu(m) ; So. v s. v d.

F˚ VII r˚
(11 mai 1529)

Item, l'an milo v˚ he xxix he lo xi iorn del mes de may co(m)preri huno pesso de bose alloc apelat as Clausetz de Anthonio Sirvento & so(n) marit, q(ue) se co(n)ffro(n)to an la mio talhado met(e)iso, he an lo cami que lo(n) va de Mauriac a Galhac, he an la vinho de mosse(n) Guilhe(m) Viguié, he an la vinho de Guilhe(m) Fabre, p(er) lo prestz de dos Ll. ts. he xii s. vi d. Sturmen pres p(er) mestre Loys Viguié ; So. x d.

Gros(s)atu(m) est p(er) dominu(m) Petru(m) Vitalis de Corduis, notariu(m) ; So. v s. v d.

(21 déc. 1529)

Ite(m), l'an milo v˚ he xxix he lo xxi iorn del mes (de) dece(m)bre co(m)preri huno pesso de vinho de Anthonio Sirvento & so(n) marit, alloc apelat as Clausets, q(ue) se co(n)ffro(n)to an lo cami de Mauriac tiran a Galhac, he an la mio vinho meteiso, he an la vinho dels eritiés de Ramo(n) Viguié, he an la vinho de Anthoni Cariven, p(er) lo prestz de iii Ll. ts. he v s. iii d. Sturmen pres p(er) mosse(n) Anthoni Baebec ; So. xii d.

F˚ VII v˚
(20 janvier 1529)
Nouv. style 1530.

Ite(m), l'an milo v˚ he xxix he lo xx iorn del mes de

(1) On sait qu'on entend par *canabal* une terre à chanvre ; le *canabal del Molinal* était un bas-fond, un terrain d'alluvion formé par le limon du ruisseau, en amont d'un moulin. De là l'extension de sens donnée au mot *canabal*, qui signifie généralement : terre excellente.

(2) *Puech ausi*, le *Pec ausi* de Masenx, aujourd'hui *Puc hauzy*, ferme située au sommet d'un gros mamelon, à 1 kilomètre N. de Candastre, commune de Gaillac, faisait alors partie de la paroisse Saint-Maurice de Candastre.

janier co(m)preri uno pesso de vinho, alloc apelat a la Garissolo, de mosse(n) Joha(n) Boie co(m)mo procuraire de mosse(n) Gautié, abitan de Lavaur, la calo se co(n)ffro(n)to an la vinho de Eutropi Fabre, he an la vinho he terro de Joha(n) de Paulhe, he an lo cami tolso (1) p(er) lo prestz de xx *Ll.* he xv *s. ls.* (2), he dos *Ll.* xii *s.* viii *d.* de sennorias a mestre Bernat Batifol p(er) las Pitansos de Sanct Andrieu (3). Sturmen pres p(er) mestre Bernat Batifol ; So. xi *d.*

Gros(s)atu(m) est ; Solvi viii *s.*

(4 février 1529)
Nouv. style 1530.

Ite(m), l'an milo v^e he xxix he lo iiii iorn del mes de febrie co(m)preri hunno pesso de vinho de Bernat Fabre alloc apelat a Negremal (4) q(ue) se co(n)ffro(n)to an la vinho de Joha(n) de Paulhe, he an la vinho de Anthoni Vidal, he an la vinho de Salvi Marti, he an la vinho de Johan Fabre, he an la vinho de Joha(n) Florenso, p(er) lo prestz de v *Ll. l^s.* he xii *d* (5). Sturmen pres p(er) mestre Joha(n) Penardi.

Gros(s)atu(m) est & So. v *s.*

(1) Le *chemin toulza*, c'est-à-dire le chemin de Toulouse, n'était autre que la voie romaine de Toulouse à Rodez. Cette voie (*cami ferrat, cami de peiro, cami de Roumo* ou *cami Tolso*) allait de Toulouse à Montans ; elle se bifurquait à ce niveau et donnait naissance à deux chemins, l'un qui allait à Albi par Brens et Lagrave, l'autre qui suivait la vallée actuelle du chemin de fer vers le Quercy. C'est ce dernier chemin, passant à Candastre et Mauriac, qui a été retrouvé dans ces dernières années : il était pavé en moellons (Cf. E. Rossignol, *Monogr*., t. II, p. 11).

(2) La contenance de cette pièce de vigne était d'une carterée, 1 cartonade et demi-boisselée.

(3) Les biens des Pitanciers de l'hôpital Saint-André, dont B. Batifol était fermier pour l'année 1529-1530. On verra que ces fermages allaient du 1er juillet au 1er juillet et que B. Batifol eut pour successeur G. Masenx, qui afferma le 30 juin 1530, pour une période de trois ans (Cf. Masenx : f° 137 r°). Les Pitanciers étaient des biens spécialement affectés à la *pitance*, c'est-à-dire au revenu individuel et personnel destiné à la nourriture du commandeur et des frères de l'Hôpital Saint-André. Les Pitanciers formaient une personnalité civile, ayant des fiefs, tel la *Garisold* qui relevait de la directe des Pitanciers, un syndic, une comptabilité particulière, etc., etc.

(4) *Negremal* ainsi appelé du raisin qui était récolté dans ce terroir.

(5) La contenance de cette pièce de vigne était de une demi-carterée et 1 boisselée.

Addition postérieure :

Pag(e)ri xvii d. del ce(n)s (he) xv s. (a) Bar(utel) (1), q(ue) fo vi Ll. ii s. v d.

F° VIII r°
(19 octob. 1530)

Ite(m), l'an milo v° he xxx he lo xix iorn del mes de octobre, co(m)preri huno pesso de terro de Peire Roquos alloc apelat a Puechausi (2), q(ue) se co(n)ffro(n)to an la terro de Joha(n) Fabre, he an los erities de Ramo(n) Viguié, he an la terro de Eutropi Fabre, he an la terro de Berthomieu Viguie, he an la terro mio meteiso, p(er) lo prestz de tres Ll. he x s. *Is*, he de sennorio ix s. vi d. (a) los Ladres (3). Sturmen pres p(er) mestre Bernat Batifol ; So. x d.

Gros(s)atu(m) est ; So. iiii s.

(14 nov. 1530)

Ite(m), l'an milo v° he xxx he lo xiiii iorn del mes de nove(m)bre, co(m)preri huno pesso de terro de Joha(n) Roquos fil de Peire alloc apelat a la Malholio (4) q(ue) se

(1) Cette note est très-obscure sur le texte ; mais il faut évidemment la lire comme nous l'avons fait, car le total de 5 *l*. 12 *d*. + 5 *s*. + 17 *d*. + 15 *s*. fait exactement le compte de Fabre : 6 *l*. 2 *s*. 5 *d*. Elle fait voir en outre que Jean Barutel était encore, en 1529-1530, fermier de la Commanderie (*Sanct Andrieu*) et que la Commanderie et les Pitanciers avaient des fermiers différents, puisque le fermier des Pitanciers était, cette année, Bernat Batifol.

(2) Le domaine de Puech-Ausy (Puechauzy) devait primitivement faire partie, avec la paroisse de Mauriac et les Albaris, de la donation faite, en 1265, à l'Hôpital Saint-Jacques de Clarieux, puisqu'en 1530 il paie des droits seigneuriaux à la Maladrerie. On remarquera que Fabre ne désigne pas le fermier de la Maladrerie ; il dit simplement qu'il paye *as Ladres*. Il se peut qu'il n'y eut pas de fermier en 1530, mais il est probable que Fabre était lui-même ce fermier. En effet il habita, dans les dernières années de sa vie, ainsi qu'on le verra, l'*ostal de Mauriac*, propriété de la Maladrerie ; il y faisait porter sa vendange et son blé ; enfin c'est là qu'il mourut en 1538.

(3) *Los Ladres*, les lépreux, c'est-à-dire la Maladrerie. Elle était située auprès de l'église de Saint-Jean de Tartage, sur le ruisseau de Clarieux, auprès du Tarn ; elle fut détruite en 1568. Sa fondation remontait à l'an 1220. A cette époque un bourgeois de Gaillac, Raimond Vidal, fit construire dans les faubourgs du Château de l'Om, une hôtellerie pour les pèlerins des Lieux-Saints et la dota de revenus importants. Cet établissement, sous le nom de *Commanderie et hôpital Saint-Jacques de Clarieux* ou *de la Viocace*, prospéra ; on a vu qu'il possédait depuis 1265, l'église de Mauriac et le domaine des *Albaris* ; Puechauzy en dépendait en partie.

(4) *La Malholio* : ce lieu-dit, pas plus que les précédents, ne se trouve dans Tranier ; mais sa position est facile à déterminer par les confronts ; on verra qu'il faisait partie du mas *des Albarels* (Les Albaris) à Senouillac et qu'il se

co(n)ffro(n)to an lo cami q(ue) lo(n) va de Mauriac a la Garigo, he an la terro de Guille(m) Masenx (1), he an lo bose dels erities de mestre Robert de Fro(n)te (2) he an la terro del dit vendedo p(er) lo prestz de ix *Lt. l*. Sturmen pres p(er) mestre Clamens Corbateri.

Gros(s)atu(m) est ; So. v *s.*

Addition postérieure.

Que nia huno eminado he tres boys(s)elados.

F° VIII v°
(21 nov. 1530)

Item, l'an milo v° he xxx he lo xxi iorn del mes de nove(m)bre a Galhac co(m)preri huno pesso de prat de Jamme Calvet alloc apelat a Canals, q(ue) se co(n)ffro(n)to an lo prat de Salvi Marti de dos partz he an la terro del dit vendedo de dos parts, he an lo prat de Ramo(n) Marti, p(er) lo pretz de xvi *Lt. ls.* pagatz en tres scutz del solel — he foro preses p(er) xii *s*. — he vi testos he la resto monedo (3). Presens mestre Peire Calvet, he mestre Jaques Mercaderi he Joha(n) Marolet, marchan ; he fa co(n)s a Sanct Andrieu hun *d*. : *b* : (4) tot lo fieu. Sturmen pres p(er) mosse(n) Anthoni Bacbee(5); So. xx *d*.

---

confondait avec *la Carbonière*. Est il utile de dire que Malholio signifie vigne nouvellement plantée ? On lit, en effet, dans Du Cange : Maleollus, Malheolus, Malholius... sive vinea de novo plantata.

(1) C'est l'auteur du *Livre de raison* que nous publions.

(2) *Robert del Front* ou *de Fronte* fut juge d'Albigeois ; c'était un descendant du légiste Jean de Fronte, qui fut, en 1443, procureur du roi dans la sénéchaussée de Toulouse. *François de Fronte*, juge d'Albigeois, fut en 1511, nommé conseiller au Parlement de Toulouse en remplacement du fameux Pierre de Gaillard, dégradé publiquement (Lafaille, t. II, p. 122). Ce *François de Fronte* était évidemment l'un des héritiers de Robert de Fronte auquel Fabre fait allusion ; il avait et la charge de juge d'Albigeois après son père. Ces deux juges ne figurent pas dans la liste des juges d'Albigeois que donne M. Elie Rossignol dans ses *Monographies communales*, t. II, p. 230, note 1.

(3) Par conséquent 6 *Lt.* 17 *s.* de monnaie pour faire l'appoint. L'écu au soleil, émis à 40 sols en 1514 ne fut taxé à 45 sols qu'en 1538.

(4) *Hun d. : b : tot lo fieu* ; il faut lire : Hun d(inié) (per) b(oissel) tot lo fieu, c'est-à-dire que le pré (le fief) paie à la Commanderie un denier par boisseau de censive.

(5) La contenance de cette terre était de 1 carterée et 1 cartonade.

|12 avril 1531) Ite(m), l'an milo v⁶ he xxxi he lo xii iorn del mes de abrial co(m)preri huno pesso de prat de Ceselio Fabro he so(n) marit alloc apelat a Canals, q(ue) se co(n)ffro(n)to an Ramo(n) Fabre de dos parts he an los erities de Anthoni Fabre de dos parts, p(er) lo prestz de x s (1).

F⁰ IX r⁰ Ite(m) may huno pes(s)o de terro aqui meteis q(ue) se co(n)ffro(n)to an la terro dels erities de Anthoni Fabre, he an la terro dels ditz vendedos de par des(s)us, he an la terro de Joha(n) Fabre, he an la terro de Bernat Fabre, he an lo prat de Ramo(n) Fabre per lo prestz de xii s. he vi d. Sturmen pres p(er) mestre Peire Rivopetroso.
   Gros(s)atu(m) est & So. iiii s.

20 avril 1531) Ite(m), l'an milo v⁶ he xxxi he lo xx iorn del mes de abrial a Causac (2) co(m)preri huno pes(s)o de terro de Ceselio Fabro he so(n) marit alloc apelat a Canals, q(ue) se co(n)ffro(n)to an la terro dels erities de Anthoni Fabre (3), he an la terro de Joha(n) Fabre, he an lo cami q(ue) lo(n) va del mas a la fon, p(er) lo prestz de xii s. he vi d. (4) Sturmen pres p(er) mestre Peire Rivopetroso; So. x d.
   Gros(s)atu(m) est & So. iiii s.

F⁰ IX v⁰ Ite(m), l'an milo v⁶ he xxxi he lo vi iorn del mes de may,
(6 mai 1531) a Mauriac, co(m)preri de Ceselio Fabro he so(n) marit huno pes(s)o de vinho he de terro tot tenen alloc apelat a Canals, q(ue) se te(n) an los erities de Anthoni Fabre de dos parts, he

---

(1) C'est cette pièce de terre qu'Eutrope échange plus loin avec Jean Fabre (f⁰ xi v⁰, 2ᵉ art.).

(2) *Cahuzac-sur-Vère*, communauté à 10 kilom. N. de Gaillac et 8 kilom. E. de Castelnau. Ainsi que le prouve un acte d'hommage des environs de 1035 fait au vicomte d'Albi par les chevaliers Géraud, Sicharius et Arlen, Cahuzac existait dès la première moitié du xi⁰ siècle. Le château se rendit à Simon de Montfort en 1211. Cette seigneurie était indivise entre plusieurs familles ; elle était administrée par des consuls qui avaient droit de justice criminelle et d'*incant*. Non loin, on a découvert, en 1863, de splendides mosaïques gallo-romaines qui sont l'ornement du Musée de Toulouse (Cf. E. Rossignol, *Monographies communales*, t. III, p. 301).

(3) Rappelons que ces héritiers d'Antoine Fabre étaient les propres neveux de l'auteur et que Cécile Fabre était probablement sa sœur.

(4) La contenance de cette terre était de 1 boisselée.

2

an los erities de Joha(n) he Huc Fabres, he an lo cami q(ue) lo(n) va de Castelnau de Mo(n)miral vas Albi p(er) lo prestz de dos *Ll. ls* (1). Sturmen pres p(er) mestre Bernat Vigueri ; So. x d.

So iii s. *(ici un mot raturé qui pourrait être* aldet) sturmente(n) (per grossa).

Addition postérieure :
Gros(s)atu(m) est & So. v s. vi d (2).

(9 octob. 1531) Item, l'an milo v^e he xxxi he lo ix iorn del mes de octobre co(m)preri los enfrustz de Ceselio Fabro he so(n) marit de huno pes(s)o de terro he d'un ort, la calo es a Canals, q(ue) se co(n)ffro(n)to an la terro dels erities de Anthoni Fabre de dos parstz he an lo cami q(ue) lo(n) va del mas à la fo(n) de tres parstz. — Ite(m), l'ort se co(n)ffro(n)to an l'ort de Bernat Fabre, he an la terro de Eutropi Fabre, he an los erities de Anthoni Fabre p(er) lo prestz de dos *Ll. ls.* he iii s. ix d.

Sturmen pres p(er) mestre Guilhe(m) Turlo (3) ; So. x d.

F^o X r^o. (28 octob. 1531) Ite(m), l'an milo v^e he xxxi he lo xxviii iorn del mes de octobre, à Galhac, co(m)preri hun celie de Ceselio Fabro he so(n) marit, local es a Puech ausi, q(ue) se co(n)ffro(n)to an lo celie de Bernat Fabre, he an los erities de Anthoni Fabre, he an los vendedos de part de(s)sus, p(er) lo prestz de dos *Ll. ls.* he x s. Sturmen pres p(er) mestre Bernat Batifol : So. x d.

Gros(s)atu(m) est ; So. iii s.

(30 nov. 1531) Ite(m), l'an milo v^e he xxxi he lo dar(n)ie iorn del mes de nove(m)bre, a Mauriac, co(m)preri huno pes(s)o de vinho he de ort alloc apelat a Canals, q(ue) se co(n)ffro(n)to la vinho an la vinho dels erities de Anthoni Fabre de dos

---

(1) La contenance de la vigne était une demi-carterée, celle de la terre une boisselée.

(2) Cela signifie probablement que les frais se sont élevés de 4 s. 10 d., chiffre primitif, à 5 s. 6 d.

(3) Ce *Turlo* dont le vrai nom est *Turla*, était probablement le frère du collecteur de la taille, Antoine Turlan, et le père du notaire Jean Turlan, si souvent cité par Masenx. Il vivait encore en 1512 (Masenx, f^o xciii, r^o).

parstz, he an la terro de Anthoni Fabre fil de Guilhe(m), he an la terro de Joha(n) Fabre, he an la terro dels erities de Anthoni Fabre. — Ite(m), se co(n)fro(n)to l'ort an la terro dels erities de Anthoni Fabre, he an los patus de la fon, he an l'ort de Bernat Fabre, he an la terro de Eutropi Fabre, p(er) lo prestz de dos *Ll. ts* (1). Sturmen pres p(er) mestre Peire Rivopetroso.

Gros(s)atu(m) est ; So. v *s*.

F° X v°.
(8 janvier 1531)
Nouv. style 1532.

Ite(m), l'an milo v° he xxxi he lo viii iorn del mes de janier, a Mauriac, co(m)preri hun ostal he uno pes(s)o de terro de Ceselio Fabro he so(n) marit, al mas de Puech Ausi, local ostal se co(n)ffro(n)to an l'ostal dels erities de Anthony Fabre (de) dos parstz, he an lo selie meu meteis, he an l'ostal de Bernat Fabre; he la terro se co(n)ffro(n)to an lo cami q(ue) lo(n) va del mas a la fon de tres parstz he an la terro dels eritiés de Anthoni Fabre de dos parstz, p(er) lo prestz de viii *Ll. ts*. Sturmen pres p(er) mestre Bernat Vigeri.

Gros(s)atu(m) est ; So. iiii *s*.

(15 janvier 1531)
Nouv. style 1532.

Ite(m), l'an milo v° he xxxi he lo xv iorn del mes (de) janier co(m)preri de Ramo(n) Fabre, tutor del(s) enfans de Anthoni Fabre, s(ive) de Joha(n) he Margarido Fabres, huno pes(s)o de terro alloc apelat a Canals, q(ue) nia tres bois(s)elados, (que) se co(n)ffro(n)to an la mio vinho meteiso, he an la terro de Bernat Fabre, he an la terro de Joha(n) Fabre, he an la terro de Ramo(n) Fabre, he an la terro de Anthoni Fabre, he an la terro de Joha(n) Fabre, p(er) lo prestz de dos *Ll. ts*. he xv *s. ts*. Sturmen pres p(er) mestre Peire Rivopetroso ; So. x *d*.

Gros(s)atu(m) est ; so(l)vi iiii *s*. ii *d*.

F° XI r°.
(1532)

Ite(m), l'an milo v° he xxxii, a Mauriac, en mon ostal, feri bisca(m)bi an Peire Marti de que ieu li baileri huno pes(s)o de terro alloc apelat a Canals, q(ue) se co(n)ffro(n)to an la terro de Joha(n) Florenso de dos partz he an Eutropi Fabre

---

(1) La contenance en était : pour la vigne, une cartonade et une demi-boisselée ; pour le jardin un tiers de boisselée.

de dos parstz he an los erities de Salvi Marti, q(ue) nia v bois(s)elados.

Ite(m), lo dit Peire Marti me bailet huno peso de terro he de bosc tot tene(n) alloc apelat a Canals, q(ue) nia huno cartairado he tres bois(s)elados entre terro he bosc (1), q(ue) se co(n)ffro(n)to lodit bosc an lo bosc de Ramo(n) Marti he an la terro de Jamme Calvet, he an la terro he prat de Joha(n) Fabre ; he la dito terro se co(n)ffro(n)to an lodit bosc he an la terro de Jamme Calvet, he an lo meu prat meteis, he an lo prat de Ramo(n) Marti, he an lo prat de Joha(n) Fabre ; he p(er) so q(ue) lodit bosc he terro del dit Marti valion may q(ue) la mieo terro, ieu li torneri quatre *Ll. ls.* he v *s. ls.*, la calo so(mo) de quatre *Ll.* he v *s.* li b(a)ileri realomen en tres testos he pecunio numerado p(er) lo notari. Sturmen pres p(er) mestre Peire Rivopetroso ; So. x *d.*

Gros(s)atu(m) est p(er) dominu(m) Petru(m) Vitalis de Corduis, notariu(m) : So. v *s.* v *d.* (2).

F° XI v°
(9 mai 1530)

Ite(m), l'an milo v° he xxx he lo ix iorn del mes de may ieu co(m)preri (*sic*) la terro de l'Espital (3) q(ue) ero vendudo a Guilhe(m) Fabre per Ramo(n) Fabre p(er) lo prestz de tres *Ll. ls.* he x *s.*, la calo somo de tres *Ll.* he x *s.* li baileri realomen en hun testo he xvi carolis, he ix tolsos, he dos dinies, he dos *Ll*, he v *s.* en solz torneses (4) ; de la calo so(mo) de tres *Ll.* x *s.* mo(n) fraire Ramo(n) m'es tengut

---

(1) La contenance du bois était trois cartonades et une boisselée et demie ; celle de la terre une cartonade et une boisselée et demie ou trois boisselées et demie, la boisselée, dans Fabre, valant une demi-cartonade.

(2) L'auteur avait d'abord écrit iii *s* ; ce chiffre est surchargé, de même que tous les honoraires de M° Vitalis, de Cordes, qui précèdent et qui suivent. Il est donc probable que le notaire, qui avait d'abord fixé son salaire à 4 *s.*, l'a augmenté de 1 *s.* et 5 *d.*, ou bien que Fabre a voulu lui donner une rétribution supplémentaire.

(3) Sans doute une ancienne terre aliénée de l'Hôpital St-Jacques de Clarieux ou de la Viocave annexée à la Commanderie de ce nom qu'il ne faut pas confondre avec la Commanderie de St-Pierre et St-André ; ces deux Commanderies, l'une avec son hôpital de St-Jacques et l'autre son hôpital de St-André, eurent une existence distincte jusqu'en 1698, époque à laquelle elles furent réunies en une seule.

(4) On remarquera que Fabre désigne la *double* ou *grand blanc* sous son

de me torna la somo de dos *Ll. ls.* he i sol he viii *d.* Presen
Joha(n) Fabre, fil de Guilhe(m), q(ue) a resaubudo la dito
somo en mo(n) ostal a Ca(n)dastre.

Eutropius Fabri, ita est.

(9 janvier 1532)
Nouv. style 1533.

Ite(m), l'an milo v⁰ he xxxii he lo ix iorn del mes de janier,
Joha(n) Fabre, fil de Joha(n) d⁰, he ieu ferem bisca(m)bi de
huno peso de prat an huno autro peso de prat, la calo peso
de prat q(ue) ieu li baileri es alloc apelat a Canals q(ue) se
co(n)fro(n)to an l'ort he prat de Ramo(n) Fabre he an la terro
he prat d:l(s) ereties de Anthoni Fabre; he lo prat q(ue)
lodit Joha(n) Fabre me bailet es alloc apelat a Canals, q(ue)
se co(n)ffro(n)to an lo prat de Ramo(n) Marti he an la mio
terro meteiso, he an lo prat del dit Joha(n) Fabre, local
contratte es stat fach p(er) Bernat Fabre he Ramo(n) Fabre
& boulos plantados (1) p(er) los dits Bernat he Ramo(n) en
nostre co(n)se(n)temen.

Eutropius Fabri, iat (ita) est.

Sturmen pres p(er) mestre Peire Rivopetroso l'an des(s)us
he lo xviii iorn del mes de janier ; So x *d.*

Gros(s)atu(m) est p(er) dominu(m) Petru(m) Vitalis
de Corduis, notariu(m) ; So. v *s.* v *d.*

*Au bas de la page et d'une écriture plus fine, on lit cette
note, qui parait être le total des sommes payées par Fabre
pour ses achats jusqu'à ce jour :*

Somo tres cens he trento sinc liv. en so(l)s (?) *ls.* he xviii s.

F⁰ XII r⁰
(15 avril 1533)

Ite(m), l'an milo v⁰ he xxxiii he xv iorn del mes de

ancien nom de *carolin*. Voici le décompte total, qui nous indique exactement la valeur des monnaies dans le Gaillacois, à cette époque :

1 teston à 10 s............	soit 0 l.	10 s.	0 d.
16 carolins à 10 *d.* (160 *d.*)..	— »	13	4
9 deniers tolzas à 2 *d*.....	— »	1	6
2 deniers tournois........	— »	»	2
45 sous tournois	— 2	5	»
Total...	3	10	»

(1) *Boulos plantados*, c'est-à-dire bornes plantées. On trouve encore dans les champs d'assez nombreuses bornes de ce genre. Dans le pays toulousain, où la pierre est rare, on plantait, comme borne, un cognassier ; c'est ce qui explique la présence de quelques-uns de ces arbres au milieu des champs.

abrial, ieu co(m)preri huno pesso de vinho de Guilhe(m)
Bonet, fil de Jamme d°.,' de Labasitio (1), he aro de presen
demoro al Vila (2), lacalo vinho es en las pertenensos de
Sennho(l)ac alloc apelat al Calaus (3), q(ue) nia miego
cartairado he huno boi(s)selado he hun cart de boissel,
q(ue) se co(n)ffro(n)to an lo cami q(ue) lo(n) va de Mauriac
à Cordos he an la vinho de Anthoni Socorbiac (*sic*) dit
Tonaio, he an la vinho dels erities de Assemar Bonet, he an
la vinho de Jamme Bonet, p(er) lo pretz de xxx *s. ls.*
pagatz p(er) huno barico de vy, local vy co(m)pret Loys
Scorbiac he ieu li presteri (al dit Loys) xi *s.* p(er) paga lodit vy
aldit Bonet. Sturmen pres p(er) mestre Peire Rivopetroso.
Grossatu(m) est p(er) dominu(m) Petru(m) Vitalis
de Corduis, notariu(m); So. v *s.* v *d.*

F° XII v°
31 juillet 1533)

Item, l'an milo v° he xxxiii he lo darie del mes de jul;
en lo loc de Mauriac, co(m)preri huno pesso de terro de
Peire Viguie en las pertenensos de Galhac, alloc apelat à
Puech Ausi sive a la Besordio, que nia huno cartairado he
huno cartonado he micio boisselado, q(ue) se c(o)ffro(n)to
an la terro mio meteiso, he an la terro de Joha(n) Fabre,
he an la terro de Joha(n) Viguie, fil de Berthomieu d°, he
an la terro de Guilhe(m) Viguie, he an la terro de Eutropi
Fabre, p(er) lo pretz de quatre *Ll. ls.* pagat realomen en
monedo coren. Sturmen pres p(er) mestre Peire Rivopetroso; So. x *d.*
Gros(sa)tum est p(er) domi(n)um Petru(m) Vitalis
de Corduis, notarium; So. v *s.* v *d.*

(1) *Labasitio* pour *Labastido*, Labastide-de-Lévis, sur la rive droite du
Tarn, à 10 kilom. N. E. de Gaillac et 5 kilom. S. E. de Senouillac, date des
environs de 1193. Elle fut fondée par Doat Alaman. Prise par Amaury de
Montfort, en 1223, cette communauté fut appelée Labastide-de-Montfort jusqu'à la Révolution. Apportée en 1320, par Béatrix de Lautrec, dans la maison
de Lévis, la baronnie de Labastide passa aux d'Amboise-Aubijoux, puis aux
Crussol-Saint-Sulpice, mais conserva depuis le nom sous lequel elle est plus
généralement désignée aujourd'hui de Labastide-de-Lévis.

(2) *Le Vila*, nom très répandu, mais localité disparue dans la région.
Peut être faut-il lire *al Vilo* (au Vilou) ou *al(a) Vilo*.

(3) *Al Calaus* pour *al Claus*, entre Mauriac et Cestayrols, puisque ce
lieu-dit longeait le chemin de Mauriac à Cordes, qui passait par Cestayrols.

F° XIII r°.
(17 nov. 1533)

I(tem), l'an milo v° he xxxiii he lo xvii iorn del mes de nove(m)bre co(m)preri de Joha(n) Roquos mai viel, fil de Peire dit Petit fy, huno pesso de terro en las pertenensos de Sen(no)lhac, alloc apelat à la Carbonieiro que nia mieio cartayrado huno boyselado (1), q(ue) se co(n)fro(n)to an lo cami q(ue) lo(n) va de Mauriac a la Garigo he an la terro de Joha(n) Roquos jove, fil de Peire, he an la terro del dit vendedo, he an lo bosc dels erities de mosse(n) Robert del Fron, iutge d'Albeges, he an la terro mio meteiso, p(er) lo pretz de tres *Ll. ls.*; he foret pagat an hun sestie de blat valen *L s.*, he lo demoran en miego carto de pamelo p(er) lo pretz de tres *s.* quatre *d.*, he vi *s.* viii *d. ls.*; he sou(ee) fach lo sturmen l'an de des(s)us he lo xx iorn del mes de nove(m)bre en lo loc de Bonoviolo (2) he pagat realomen en quatre testos he miech testo valen lo testo x *s.* he vi *d.* he lo demoran en xiii *s.*

Corbateri (3) ; So. x *d.*
Gros(s)atu(m) est & So. iiii *s.* ii *d.*

F° XIII v°.
(26 nov. 1534)

Item, l'an milo v° he xxxiii he lo xxvi iorn del mes de nove(m)bre, en lo mas de la Menonio (4) he senhorio de

(1) L'auteur avait d'abord écrit et a raturé : *huno cartayrado he tres cart(a)y(ra)dos.* — La *Carbonière* ; ce lieu paraît ne plus exister. Il était situé dans la paroisse de Senouillac sur le trajet actuel du chemin de fer entre Mauriac et Lagarrigue. Du reste une foule de localités dans la région ont porté ce nom de *Carbonière*, soit à cause des nombreux charbonnages auxquels le voisinage des bois de la Grésigne avait donné naissance, soit parce que c'étaient des terres à chanvre, c'est-à-dire des terrains d'alluvion (du mot *carbe*, qui signifie chanvre) Fabre donne encore à la Carbonière deux autres noms : *la Mallotio* (f° xiv r°) et *les Pradels* (f° lxii v°).

(2) *Bonoviolo* : Bonneville ou Bonneviale, aujourd'hui commune de Fayssac, formait au xvi° siècle une communauté importante fondée, en 1311, par le roi de France sous la protection du seigneur de Durfort. Le château de Durfort fut rasé, en 1628, par le prince de Condé et il ne reste de l'ancien Bonneville, qui comptait cependant encore 60 feux en 1700, que trois ou quatre masures à 2 kilom. 1/2 N.-E. de Senouillac et 3 kil. O. de Bernac (*Monogr. comm.*, t. II, p. 118).

(3) *Corbateri* : c'est le Clément Courbatier du f° viii r°.

(4) *La Menonio* : métairie aujourd'hui disparue ou débaptisée, sans doute *la Menounié* du diminutif *Menou*, qui signifie Germain. On sait que les désignations de ce genre sont très fréquentes dans l'Albigeois, telles, dans la région de Bernac-Senouillac, *la Linarié*, *la Sircentié*, *la Soucarié*, *la Maurinié*, *la Bassetié*, *la Baurié*, *la Mounestarié*, etc.

Bernac (1), co(m)preri huno peso de terro de Anthoni Lautie he Jordano Sirvento, marit he molhe, q(ue) nia v bois(s)elados, en las pertenensos de la vilo de Galhac, alloc apelat a la Co(m)bo (2), q(ue) se co(n)fro(n)to an la terro de Peire Sirven jove dit Peire de Salino he an la terro sive garotado (3) dels erities de Joha(n) Sirven devas la simo, he an la terro de Phalip Sirven, he an la terro de Joha(n) Sirven, rec emiech.

Ite(m), huno peso de vinho en las pertenensos de Senolhac, alloc apelat a la Fontanelo, q(ue) se co(n)fro(n)to an la vinho de Joha(n) Sirven he an la vinho de Ramo(n) Sirven, fil de Azemar d°, he an la vinho dels erities de Johan Sirven devas la simo, he an la vinho de Peirono Sirvento, molhe de Anthoni Viguie.

Addition postérieure:
Q(ue) nia huno cartonado.

F° XIV r°. Ite(m), huno pe(s)so de prat en las pertenensos de Senolhac, alloc apelat a la Sieget (4), q(ue) se co(n)fro(n)to an lo prat de Peire Sirven jove, dit Peire de Salino, he an lo prat de Peire Sirven may viel, fil de Mafre, he an lo prat de Joha(n) Sirven rec emiech, he an la terro de Anthoni Boigos valat emiech, q(ue) nia huno boi(s)selado, tots tres los te(ne)n (5), p(er) lo pretz de v *Ll. ls.* Sturnen pres par mestre Clamens Corbateri he So. xx *d*.

---

(1) *Bernac* appartenait, dès le XIII° siècle, à l'abbaye de Bonnecombe en Rouergue, qui en acheta la juridiction ; elle eut, à ce propos, des contestations avec le vicomte de Lautrec, Bertrand, qui revendiqua la terre de Bernac comme dépendant de la châtellenie de Castelnau de Bonnafous. Bernac n'avait pas de consuls ; ce n'était pas en effet une communauté, mais une simple paroisse. La seigneurie de Bernac appartenait en 1531 au baron de Castelnau.

(2) *Lacombe*, mas important à 800 m. au nord de Fayssac.

(3) *Garotado*, il faut entendre par ce nom un terrain en friche sur lequel poussent des bouquets de chênes rabougris ; ce sont les *gardiages* des Causses ; on les appelle *serres* en Lauraguais et *garrigues* en Languedoc, d'où les noms si répandus de Lasserre et Lagarrigue.

(4) *La Sieget*, ce lieu-dit, pas plus que les précédents de *la Fontanelle* et de la *Menounié*, ne nous est connu.

(5) C'est-à-dire tous trois du même tenant. Il s'agit de la terre, de la vigne et du pré ci-dessus.

(25 oct. 1535) Item, l'an milo vᶜ he xxxv he lo xxv iorn del mes de octobre compreri huno pesso de terro que co(m)te v boy(s)selados he micio boy(s)selado, de Joha(n) Roquos jove, fil de Peire del mas dels Albarils (1) alloc apelat a la Mallolio sive a la Carbonieyro de la sen(n)orio de Sennolhac, q(ue) se co(n)fro(n)to an lo cami q(ue) lon va de Mauriac (2) vas Ribieyros (3) he an la mio terro meteiso, he an la terro del dit ve(n)dedo, he an la terro de Peire Roquos, fil de Peire dᵒ, p(er) lo prest (sic) de tres Ll. ls. pagat realomen en dos testos he pecunio numerado. Sturmen pres p(er) mestre Peire Lobety ; so. x d.

Gros(s)atu(m) est & solvi m s.

A la fin de cette note des additions et des surcharges, avec renvois nombreux, qui rendent le sens difficile à saisir:

He li devi recobri tres ans en dala lo vinatge ; pagueri totz costes que fo(n) to(t) v Ll. xix s. vii d.

Fᵒ XIV vᵒ. Item l'an milo vᶜ he xxxv he lo pernie (sic) iorn del mes (1ᵉʳ déc. 1535) de decembre, a Galhac, co(m)preri huno pe(s)so de terro en

---

(1) Le mas des Albarils et la terre de ce nom furent donnés, en 1265, comme nous l'avons dit, par Guillaume Petri, évêque d'Albi, à l'hôpital Saint-Jacques de Clarieux. Voir archives dép., arch. hospitalières de Gaillac, nᵒ 14, où se trouve une copie de la donation.

(2) A cette époque, Fabre était problablement fermier, régisseur ou tenancier du fief de Mauriac pour l'hôpital St-Jacques; c'est pour cela sans doute qu'il s'arrondit en achetant les terres adjacentes.

(3) *Rivières*, ancienne station gallo-romaine, ainsi que le prouvent une mosaïque, des substructions avec hypocauste, de nombreuses poteries, des briques à rebord, des médailles, etc. C'était le siège de la baronnie de Rivières, Lacourtade et Cornebouc, que nous rencontrerons quelquefois dans nos manuscrits. La seigneurie de Rivières appartint aux Hébrail de 1313 à la fin du xvıᵉ siècle. La seigneurie de Lacourtade appartenait anciennement à la famille de Rabastens ; elle passa aux Hébrail dans la seconde moitié du xıvᵉ siècle. A la fin du xvᵉ siècle, à la mort de Pons d'Hébrail, la baronnie se divise en deux branches, l'une de Rivières et Cornebouc, l'autre de Lacourtade. A l'époque qui nous occupe, la baronnie de Rivières-Cornebouc appartenait à Antoine d'Hébrail qui, sous le nom de Baron de Rivières, fut l'un des plus redoutés chefs calvinistes de son temps. Antoine d'Hébrail ne laissa qu'une fille, Anne, qui, en 1597, apporta la baronnie de Rivières à François de Cheverry, seigneur de Montréal en Lauraguais ; elle fut vendue, en 1739, à noble Jean Séré, ancien capitoul, dont les descendants sont le général Séré de Rivières et le baron de Rivières actuel.

las pertenensos de la vilho de Galhac de Johanno Palastrisso he Joha(n) Marolo(1) causatie de Galhac, so(n) marit, la calo se co(n)fro(n)to an lo cami de Peno(2) he an la terro de Anno Boneto de dos pars, he an lo sementeri de Candastre, he an la mio terro meteiso, p(er) lo prestz de xxx *Ll. ls.* pa(ga)tz en xiii seutz de solel, valen cado seut xlv *s.* he xviii carolis realomen contatz p(er) lo notari (3) ; he vi *Ll. ls.* a Barutel (4) p(er) las senhorios q(ue) dono a Sanct Andrieu, tres miejos cartos de forme(n) he huno galino. Testimonis mosse(n) Joha(n) Fabre, mosse(n) Joha(n) Tausiès, capela de Galhac, abitans, he Ramon Fabre de Puech Ausi. Sturmen pres p(er) mestre Guilhem Turlo ; so x *d..*

Au bas de la page une nouvelle récapitulation des sommes dépensées, comme au f° xi v°

Somo so de sus quatre cens lii *Ll.* he dos *s.* 1 *d.* (5).

F° XV r°.
29 mars 1528)

Ite(m), l'an milo v° he xxviii he lo xxix del mes de mars, en lo loc de Candastre, Jamme Calvet he ieu ferem bisca(m)bi que lo dit Calvet me bailavo huno pesso de terro de jotz Mauriac, que se co(n)fro(n)to an lo prat dels erities de Guilhe(m) de Laval he an la terro de Guilhe(m) de Laval

---

(1) *Johan Marolo.* C'est probablement de ce personnage que descendait *François Marolle,* licencier en droit et premier consul de Gaillac qui, en 1620, accompagna *Maffre de Paulhe* dans sa mission à Bordeaux.

(2) *Penne d'Albigeois,* sur les bords de l'Aveyron (canton de Vaour), à 18 kilom. N. O. de Castelnau-de-Montmiral, dont l'origine se perd dans la nuit des temps, était le fief de la vicomtesse Aladaïs et de ses fils, Olivier et Bernard de Penne. Acquise par Alphonse, comte de Poitiers, en 1251, cette importante position passa, avec l'héritage de celui-ci, aux rois de France qui la conservèrent jalousement jusqu'en 1719, époque à laquelle elle fut érigée en baronnie indépendante et donnée au maréchal de Belle-Isle qui la vendit lui-même, en 1752, à la famille d'Ouvrier de Bruniquel. Penne fut pris au xiv° siècle par les Anglais et au xvi° par les Religionnaires. Le chemin de Gaillac à Penne passait par Castelnau-de-Montmiral et traversait dans toute sa longueur, entre la Vère et l'Aveyron, la forêt de la Grésigne,

(3) Contenance de cette terre : 5 cartorées. On voit que la valeur du carolin est ici de 10 deniers.

(4) Pour Barutel, voir page 9, note 1.

(5) Ces récapitulations sont évidemment postérieures à la rédaction des articles ; elles ne sont pas sans ratures et elles expliquent les surcharges que l'on rencontre çà et là, par exemple en ce qui concerne les honoraires des notaires.

mai viel, he an la terro de Mosse' lo visconte de Paullin, he an l'ort de Gui(lhe)m Bot (1), he an l'ort de mosse(n) Guilhe(m) Massel ; he ieu jotz signat baileri an dit Calvet huno pesso de bosco sive talhado alloc apelät als Albarels, que se co(n)fro(n)to an la talhado he terro dels erities de Anthoni Bonet de dos pars, he an lo bo(s)e de Guilhe(m) Fabre valat emiech, he an la talhado de Astrugo Boneto ; he p(er) so que la terro del dit Calvet valio mai que la talhado, ieu li torneri quatre *Ll. ls.* Sturmen pres p(er) mestre Loys Viguié ; So. x *d*
    Gros(s)atu(m) est p(er) dominu(m) Petru(m) Vitalis de Corduis, notariu(m), & p(er) magistru(m) Ludovicu(m). Vigeri, folio tersio.
    — Eutropius Fabrus. —

F° XV v°.
(14 oct. 1537)

L'an milo v° he xxxvii he lo xiii del mes de octobre ieu baileri a Peire Boygos, peirie de Mauriac, la somo de ix *s.* he tres denies, he aiso per lo Canabal del Molinal (2).

Ici se termine la première partie du Livre de Fabre. Suivent vingt-huit feuillets en blanc, paginés par l'auteur de XVI à XLVI, mais dont les feuillets XXX, XXXVIII et XXXIX ont été arrachés. Le Livre continue en conséquence au f° XLVII par un inventaire de la main d'Eutrope.

F° XLVII r°.

Item s'en encec lo nombre del(s) moble(s),
& primo : dos cosseros garnidos de plomo.   vi *Ll.*
Ite(m), vi camisos novos. . . . .   iv *Ll.*

---

(1) On peut lire aussi *Guimbot* : dans ce cas *l'ort de Guimbot* serait un lieu-dit.

(2) Les renseignements donnés par Masenx (f° 128 v° et 130 r°) complètent heureusement les indications de Fabre sur ces terres. On y voit que le fond de la vallée actuelle du chemin de fer, de Mauriac à Tessonnières, était occupé par des terres grasses d'alluvion appartenant en majeure partie aux *Delforn* ou *del Fron* (de Fronte) seigneurs de la Bonnette. Masenx les paie, en raison de leur fertilité, jusqu'à 81 *ll.* la séteréo. En outre, le ruisseau actionnait deux moulins en amont desquels il avait dû se former des chenevières (*canabals* ou *carbonières*). L'un de ces moulins, à la hauteur de Lagarrigue, s'appelle encore aujourd'hui *moulin de Calvet* ; l'autre, à la hauteur de Mauriac, s'appelle *moulin du Commandeur*. Il appartenait donc à l'une des Commanderies de St-Jacques ou de St-André; mais Masenx nous apprend (f° 130 r°) que les Roques (*Rocas*) en étaient tenanciers, ainsi que de la métairie voisine du Gayou. Il est donc probable que le *canabal del molinal* touchait au moulin des Roques.

Ite(m), tres coys(s)is, los dos garnistz de plomo he l'autre de bosso.................. xxv s.
Ite(m), tres ma(n)tersos fra(n)sessos..... viii s.
Ite(m), xi lensols, v de nous........... vi Ll.
Ite(m), huno flas(s)ado miejo uso....... xv s.
Ite(m), xvi ma(n)tersos novos d'estopo.... xv s.
Ite(m), lo quebrusel pintrat........... xx s.
Ite(m), tres toalhos................ xx s.
Ite(m), huno payrolo pesan ix Lb. san la carbo xxxii s.
Ite(m) dos blechis (1)............. dos Ll.
Ite(m), hun pairolet............... xv s.
Ite(m), huno co(n)queto............. xx s.
Ite(m), hun bas(s)i de barbiés........ xv s.
Ite(m), dos cassos de blechi......... x s.
Ite(m), hun scalfo leu............. v s.
Ite(m), huno padeno de coire........ xv s.
Ite(m), huno viradoyro de lato....... hun s.
Ite(m), hun scalfo liech........... x s.
Ite(m), dos gresil(l)os............ iiii s.
Ite(m), tres calels............... xii s.
Ite(m), hun carmal de fer.......... vi s.
Ite(m), miech carmal de fer........ ii s.
Ite(m), hun panto de fer.......... ii s.
Ite(m), huno lanterno de sallo..... ii s.
Ite(m), dos ferrios p(er) adoba de manga... x s.
Ite(m), dos qulieiros, huno de lato he huno de fer.......................... iii s. vi d.
Ite(m), huno scumadoyro de fer........ i s. vi d.
Ite(m), hun bufet p(er) aluca lo fuoc..... iii s. iiii d.

F° XLVII v°.

Ite(m), dos pigassos p(er) capusa...... x s.
Ite(m), dos taravelos............. v s.
Ite(m), hun viro gros............. hun s.
Ite(m), dos morties de bronse (2) p(er) lo pretz de .... tres s.

---

(1) *Blechi* : voir au vocabulaire. La racine allemande de ce mot s'explique par l'origine même de la dinanderie, que colportaient des marchands lorrains et allemands. Quoiqu'il en soit, l'emploi de l'étamage était parfaitement connu à cette époque.

(2) La première partie de la phrase a été raturée.

Ite(m), xii scudelos an banr(d)elhos d'estan	dos *Ll*. ii *s*. vi *d*.
Ite(m), huno (o)lado d'estan.	ii *s*. vi *d*.
Ite(m), dos platz d'estan.	x *s*.
Ite(m), quatre grasaletz	v *s*.
Ite(m), dos salinies d'estan.	tres *s*.
Ite(m), tres ca(n)dalies de lato.	xv *s*.
Ite(m), quatre culies de lato.	tres *s*.
Ite(m), dos pintos d'estan.	xx *s*.
Ite(m), huno isarapo d'estan.	v *s*.
Ite(m), huno balesto d'asié garnido de ten he trachs, per lo pretz (de).	xxx *s*.
Ite(m), hunos polilhos (1) p(er) tendre las balestos.	v *s*.
Ite(m), huno spaso.	xxv *s*.
Ite(m), huno miego lanso	iii *s*.
Ite(m), dos tenhalhes.	xx *d*.
Ite(m), hun ponal p(er) trinca leho (2). .	iii *s*.
Ite(m), hun aisol p(er) capusa.	ii *s*.
Ite(m), huno resego de huno ma.	tres *s*.
Ite(m), dos davitz	vii *s*.
Ite(m), hunos gadasos.	ii *s*.
Ite(m), hun tiro fons.	i *s*.
Ite(m), huno raulo.	ii *s*.
Ite(m), huno colombo	v *s*.
Ite(m), hun miech simen.	xvii *d*.
Ite(m), hun escalpre que tiro de sanc hun pam he miech.	xviii *d*.
Ite(m), hun martel de peirie p(er) basti. .	x *d*.
Ite(m), hun martel petit p(er) clavela les sclops.	iiii *d*.
F° XLVIII r°. Ite(m), dos cruvels.	quatre *s*.
Ite(m), dos miegos cartos.	v *s*.
Ite(m), hun carto	ii *s*.
Ite(m), hun boi(s)sel (3).	i *s*.

(1) Ici encore une rature qui empêche de bien lire les premiers mots ; peut-être y a-t-il *palilhos* (voir ce mot au vocabulaire).

(2) *Trinca leho* pour *trinca legno*, couper du bois.

(3) Ces instruments représentent la série des mesures de capacité usitées

Ite(m), dos cas(s)oios de fer . . . . x s.
Ite(m), hun aste de fer tiran x pams. . . vii s.
Ite(m), dos machs an lo coberto. . . . . xii s.
Ite(m), hun sedas . . . . ii s.
Ite(m), huno palfeciciro p(er) fa lo po.. . i s.
Ite(m), huno pas(s)adoiro . . . . vi d.
Ite(m), huno palo de fer. . . . . iii s.
Ite(m), huno rispo. . . . . ii s.
Ite(m), huno salcladoiro de ort.. . . . . . iii s.
Ite(m), hun raymah. . . . . i s.
Ite(m), huno miejo aisado. . . . . iiii s. ii d.
Ite(m), vi palhasos (1). . . . . tres s.
Ite(m), hun coberto p(er) fa fogassos. . . i s.
Ite(m), dos grasalos petitos.. . . . . i s.
Ite(m), tres taulos garnidos de bancs staudels. . . . . xxviii s.
Ite(m), huno cais(s)o tiran viii pams de lonc. xxvii s. vi d.
Ite(m), huno cais(s)o tiran quatre pams de lonc. v s.
Ite(m), dos salieyros p(er) tene de sal.. . v s.
Ite(m), huno scavelo.. . . . . ii s. vi d.
Ite(m), huno salieyro p(er) sala los pores tiran xi pams de lonc. . . . . xxx s.
Ite(m), son coberto tiran xiiii pams de lonc vi s. viii d.
Ite(m), huno tino colan quatre pipos de vy. dos Ll. xv s.
Ite(m), hun prautido q(ue) colo tres barricos de vy.. . . . . xv s.
Ite(m), huno dorno p(er) fa bugados.. . . vii s.
Ite(m), dos enfo(n)lis grans de fusto, garnitz de canelos de fer que teno(n) un semallo. x s.
Ite(m), dos palos de fusto.. . . . . i s. viii d.
Ite(m), huno tino colan quatre pipos de vy p(er) lo pretz de.. . . . . dos Ll. xvii s.
Ite(m), hun prautido.. . . . . xxx s.

pour les grains, à savoir : *la carto* (quartière), *la miejo-carto* (demi-quartière ou mégieyre), *lo carto* (quarteron), *lo boissel* (boisseau) ; ils étaient en bois cerclé de fer.

(1) Il faut traduire ici *palhasso* par *paillasson* (voir vocabulaire).

Ite(m), quatre miegos baricos. . . . . . xxv s.
Ite(m), tres pipos. . . . . tres Ll.
Ite(m), tres baricos. . . . . xxv s.
Ite(m), huno pipo. . . . . xx s.
Ite(m), vii semals. . . . . xxxv s.
Ite(m), hun bigos. . . . . i s.
Ite(m), huno romano. . . . . v s.
Ite(m), tres bariols, hun de tres cartz, he hun de tres ochaus, he hun de miech cart. iii s. viii d.
Ite(m), hunos bargos. . . . . v s.
Ite(m), dos parels de cardos primos. . . x s.
Ite(m), hun parel de cardesses. . . . . . iii s.
Ite(m), huno faus. . . . . tres s.
Ite(m), vii sachs. . . . . xx s.
Ite(m), huno raubo de gris micio uso. . . xxv s.
Ite(m), huno raubo de viollet micio uso. tres Ll.
Ite(m), huno raubo (1) de cadis micio uso. x s.
Ite(m), hun saio de gris usat. . . . . iiii s.
Ite(m), hun saio de mesclo usat. . . . . . x s.
Ite(m), hunos cau(s)sos novos de trelis como cadis bla(n)c . . . . xxv s.
Ite(m), hun capel frisat (2). . . . . x s.
Ite(m), huns denautz miech usses . . . . v s.
Ite(m), huns debasses del tros de las cau(s)os . . . . v s.

Au bas de la page on lit, à côté de nombreuses ratures :
Fo so des(s)us lxxviii Ll. viii d.

F° XLIX r°. Ite(m), xxxv Lb. primos de lano he de fial p(er) fa mesco, blan et negre, cardado hun cop.

Ite(m), tres pesos de cambe bargado he palusado.

Ite(m), tres pesos de ly bargat he palusat.

---

(1) La robe, qui avait été le principal vêtement des hommes du xii° au xiv° siècle, avait à peu près disparu au xv°. Elle reparaît à la vérité au début du xvi°, mais comme deshabillé (robe de chambre) ; on la réservait, comme vêtement de dehors, à peu près exclusivement aux femmes et aux ecclésiastiques. Nous en tirons une preuve de plus en faveur de la présomption que Fabre appartenait au clergé.

(2) Encore un chapeau d'ecclésiastique.

A la suite de cet inventaire on lit la notice suivante, écrite par les exécuteurs testamentaires de Fabre :

« It(a) ne es estat chomplit so sobre di(c)h eventary p(er) los esequtos choma ne fa memorio lo testame(n) del dit testado et las chausos sobre di(c)hos son estados vendudos p(er) nos autres, Ramon Fabre et Anthoni Fabre, (e)secutors.

« Seri(c)h p(er) me V. Carric, capp(e)llo » (1).

Suivent en blanc le r⁰ du f⁰ xlix et le f⁰ li. Le folio l a été arraché. Le recto du folio lii est également en blanc. Le reste du Livre, à partir du v⁰ du f⁰ lii est consacré aux notes et comptes domestiques de Fabre.

F⁰ LII v⁰.   L'an milo v^c he xxxvii he lo xx iorn de may log(u)eri Mario Pagesso p(er) hun an he li donan quatre *Ll. ls.* san replus o tres *Ll. ls.* he camiso, borasso (2), faudal (3), sans replus.

Ite(m), li pag(u)eri ii *s.* vi *d.* p(er) fa tenge la raubo.

Ite(m), xx *d.* que baileri p(er) co(m)pra hun calel.

Ite(m), v *d* p(er) fa adoba las caus(s)os.

F⁰ LIII r⁰.   L'an milo v^c he xxxii he lo xv iorn del mes de octobre me deu Loys Scorbiac xvii *s.* he vi *d.* p(er) co(m)pro de huno cartieyro de mo(s)solo a mesuro de Galhac (4) he promes de paga a la festo de la Mag(d)aleno p(lus) p(ro)da venen ; pres p(er) Jordano Rosiholo (5).

Ite(m), l'an de sus lo ix iorn del mes (de) decembre me

---

(1) Cette note est la seule, dans tout le livre, qui ne soit pas de la main de Fabre ; elle nous donne la raison de l'inventaire ci dessus, vraisemblablement écrit au commencement de 1538. Son écriture est aussi mauvaise que son orthographe et que son dialecte ; on y remarquera ces formes auvergnates: *chomplit* pour *complit*, *choma* pour *coma*, *chausas* pour *cosas*. Il n'est pas douteux, d'après cela, que le chapelain Carric ou Garric ne fut un fils de l'Auvergne.

(2) *Borassa* : ce mot, exclusivement réservé aujourd'hui aux langes d'enfant, signifiait alors une sorte de justaucorps ou de gilet à manches, attaché par devant, assez semblable au jersey actuel, et que les paysans du Lauraguais portent encore. On verra qu'il existait des *borassas fizladisas*, c'est-à-dire tricotées.

(3) *Faudal*: c'est le tablier de femme, *davantal* en Languedoc.

(4) La mesure de Gaillac (demi-quartière) valait 17 lit. 25, soit 34 lit. 50 à la quartière.

(5) C'est-à-dire que la quartière de moussole a été délivrée à Jourdaine Rossignol.

deu Loys Scorbiac la somo de xxii s. he vii d. p(er) restro (sic) de compro de tres miegos cartos presos p(er) lodit Loys de mo(n) granie.

Ite(m), l'an v⁵ he xxxiii he lo iorn de sancta Clara me deu Loys Scorbiac la somo de x s. v d. p(er) co(m)pro de huno fedo.

Ite(m), l'an v⁵ he xxxiii he lo xxviii iorn del mes (de) dece(m)bre me deu Loys Scorbiac la somo de v s. mens hun d., prestats de la borso en mo(n) ostal.

Ite(m), l'an v⁵ he xxxiii he lo v iorn del mes de febrie (1) me deu Loys Scorbiac la somo de ix s he ii d. de resto de co(m)pro de huno barico de vy q(ue) co(m)preri de la sor de Diode, presens Vernhos.

F⁰ LIII v⁰. Ite(m), l'an v⁵ he xxxiii he lo xv iorn del mes de abrial me deu Loys Scorbiac la somo de xi s. prestatz de la borso, presen Guilhe(m) Bonet.

Ite(m), l'an v⁵ he xxxi he lo permie iorn del mes de febrie presteri a Loys Scorbiac la somo de tres Ll., presen Joha(n) Bordos.

Ite(m), l'an des(s)us et lo segon del mes de febrie, me deu Loys Scorbiac la somo de x s. p(er) co(m)pra (de) hun buou (2) de Ramo(n) Marti.

Ite(m), l'an v⁵ he xxxiii he lo iorn de ca(s)ym(odo) (3) me deu Loys Scorbiac la somo de dos Ll. he v s., p(er) co(m)pro de huno barico de vy clar portat p(er) Jamme Fabre (4).

Ite(m), l'an v⁵ he xxxiii he lo xxi iorn del mes de abprial me deu Loys Scorbiac la somo de dos Ll. he v s.; promes de paga lo dimenge p(lus) p(ro)da venen, p(er) co(m)pro de huno barico de vy blanc, portat p(er) lo vailet de(l) cosol.

Ite(m), l'an v⁵ he xxxiii he (lo) lendemo de Sanct Anthoni me deu Loys Scorbiac la somo de ix Lb. de carn salado he hun carto; promes de paga de iorn en iorn.

---

(1) C'est-à-dire février 1534 en nouveau style.

(2) Sans doute les 10 sols empruntés manquaient à Scorbiac pour parfaire le prix du bœuf.

(3) On reconnaîtrait difficilement, en cette abréviation, le jour de *Quasimodo* si l'on ne savait que ce dimanche était appelé *quasime* ou *casime*.

(4) Au lieu de *Jamme Fabre*, l'auteur avait écrit d'abord *lo caylet del cosol*.

Au bas de la page, au-dessus d'une rature:
Somo xii *Ll.* vii *s.* iii *d.*

Manquent les folios LIV *et* LV.

F° LVI r°. Ite(m), l'an milo v⁵ he xxxv & lo xi iorn del mes de may Peire (*un blanc*) (1), carpentie del castel de Lom (2), local me vendet dos fustes de pipos he dos fustes de baricos, los cals fustes devo(n) (e)stre prestes p(er) la festo de la Mario Magdaleno p(ro)da vene(n), dels cals pag(u)eri dos *Ll. Is* realamen en hun (e)scut del solel, he lo det carpentie me tornet v *s.* en presensio de mosse(n) Guilhe(m) Mauri he del vailet del dit carpentie. He aquel iorn fasio forso neblos que durero(n) d'aqui a viii horos.

Ite(m), l'an milo v⁵ he xxxvii he lo viii iorn del mes de septe(m)bre me p(r)estec Anthoni Fabre may viel, fil de Guilhe(m) d°, la somo de x dobblos de sa borso.

Ite(m), may, xx *s.* co(n)tatz p(er) ma sirvisial.

Ite(m), may x *s.* co(n)tatz p(er) ma sirvisial lo quart iorn del mes de octobre qu'ero lo iorn de sanct Frances.

Ite(m), may xxxi *s.* vi *d.* en tres testos lo xiii del mes de octobre.

Ite(m) may hun testo lo iorn de Sanct Luc, que ero lo xviii iorn del mes de octobre (3).

F° LVI v°. L'an milo v⁵ he xxxiii he lo xxix iorn del mes de may log(u)eri Mario Pageso p(er) hun an revo(l)ut he co(m)plet p(er) mo(n) servicy en li donan huno coto de drap de pages (4) he

---

(1) Peut-être le nom laissé en blanc est-il *Boygos*. (Voir la rature signalée au verso du 2° feuillet de garde).

(2) Le château de Lom, de l'Olm, de l'Oum ou *de l'Orme* (*castrum de ulmo*) existait déjà avant la création de Gaillac, à l'époque où Montans était chef-lieu de la subdivision territoriale du *pagus albiensis* ; il est cité dès l'an 972 et c'est sous sa protection que le monastère de St-Michel, de l'ordre de St-Benoît, et les églises St-Michel et St-Pierre purent se développer. Au xi° siècle il fut enveloppé dans l'enceinte de Gaillac dont il continua à demeurer la forteresse.

(3) Les articles de ce f° ont été bâtonnés par deux traits en croix.

(4) *Une cotte en drap de paysan.* La cotte était, dans le principe, un vêtement de dessous qui ne descendait qu'aux genoux (cotte de mailles, cotte hardie). Plus tard quand les femmes, qui portaient aussi des cottes, eurent des robes ouvertes sur le devant, la cotte s'allongea et devint un jupon. De là l'expression injurieuse : « Haut la cotte ! »(*Cf. Mém. de Gaches*, édit. Pradel, p. 6).

caus(s)os, sabatos (1) taconados dos copts, boras(s)o fialadiso, camiso, faudal he x s. Is.

Pa(gue)ri las sabatos lo permie iorn del mes de a(o)ust, vii s. i d.

Ite(m), iii s. p(er) los tacos (2).

Ite(m), la raubo p(er) Totz Sans (3), i s. viii d.

Ite(m) iii s. iiii d. p(er) los mansos.

Ite(m) li feri fa las caus(s)os del tros del drap.

Ite(m) las miegos margos, q(ue) aital ho volgut, x d.

Ite(m) p^a (4) i s. viii d. lo iorn de sancto Cesel(i)o.

Ite(m) p^a x d. p(er) fa adoba las sabatos.

Ite(m) p^a ii s. vi d. lo xxi de febrie.

Ite(m) p^a i s. p(er) fa adoba las sabatos, lo ters de abrial.

Ite(m) ix s. ii d. p(er) hun parel de sabatos l'an v^e he xxxv he lo xi del mes de may.

Ite(m) iii s. iiii d. p(er) tacona las sabatos l'an v^e xxxv lo iorn de sa(n)ct Berthomieu.

Ite(m) p^a huno camiso he dos borassos l'an v^e he xxxv.

Ite(m) p^a x d. p(er) anna a Castelnou.

Ite(m) vi s. iii d. p(er) las caus(s)os lo iorn de Sanct Matias a Galhac.

Ite(m) x d. p(er) fa adoba las sabatos.

Ite(m) xx d. p(er) fa adoba la raubo.

Ite(m) me deu Berthomie(u), marit de Johanno (5), xx d. p(er) so q(ue) fec co(n)te lo xi iorn de jenie l'an v^e he xxxiiii.

---

(1) Le mot de *sabattou* était encore usité au xviie siècle. Comme le roi demandait au maréchal de Roquelaure pourquoi il n'amenait pas sa femme à la Cour : « Sire, dit-i!, elle n'a pas de *sabattous* » (Cf TALLEMANT DES RÉAUX. *Hist. du maréchal de Roquelaure*).

(2) *Tacos*. Sur ce mot voir le vocabulaire. Dans tous les contrats de louage, à cette époque, le maître fournissait, avec les chaussures et en sus des gages, les *tacos* ou *petases*, c'est-à-dire les pièces de cuir nécessaires au savetier pour la réparation de ces chaussures. On voit qu'elles se vendaient à part. (Cf. E. FORESTIÉ: *Les Livres des frères Bonis*, p. xci.)

(3) Les vêtements des domestiques étaient renouvelés à époques fixes ; de là le mot livrés (Cf. A. FRANKLIN. *Les Magasins de nouveautés*, p. 77.)

(4) Abréviation pour *paga(t)*.

(5) Jeanne Gaillard, mentionnée ci-dessous.

Ite(m) me deu Joha(n)no de Galhart la so(mo) de tres cartos de fial. (1)

F⁰ LVII r⁰

Ite(m) me deu Ramo(n) Tausies, fil de Bertran d⁰, la somo de dos *Lb.* de fial de lano negre, mens hun cart ; pres l'an vᶜ he xxxv he lo xxii del mes de octobre, Jamme Viguie, tey-(s)e(i)re, q(ue) lo peset.

Ite(m) me deu Johanno del fabre dos *Lb.* he emieio *(sic)* de fial d'estopo bugadat.

Ite(m) li devi ieu v cartos emiech de fial de ly prim(o) bugadat.

Ite(m) me deu Peire de Mo(n)dinelo (2) la somo de viii *Lb* he mieio de lano surgo entre sac he tot, he peso lo sac vii cartos (3).

Ite(m) me deu Peire de Mo(n)dinelo v cartos de fial de lano. — Pᵃ ix *Lb.* he mieio de lano surgo ; resto mieio *Lb.*

Somo toto la lano surgo de que voli fa raubo : xxxix *Lb.*

Ite(m) me deu Anthoni Carié hun fust de pipo de l'an vᶜ he xxxv.

Ite(m) me deu mosse(n) Steph(a)ne huno pipo he tres baricos de l'an vᶜ he xxxv he lo segon del mes de dece(m)bre.

Ite(m), l'an vᶜ he xxxv he lo quart iorn del mes de febrie (4) baileri a Joha(n) Roquos jove la terro de la Carboneiro q(ue) avio aquisido del dit Roquos l'an vᶜ he xxxv he lo xxv iorn del mes de octobre, sturmen pres p(er) mestre Peire Lobat, que la li bayleri p(er) tres ans ; de q(ue) m'en dono tres miegos cartos de blat cadans a Sanct Jolio, re(n)dut en mon granie a Mauriac, tan p(er) los frutz q(ue) p(er) los enfrutz de la dito terro ; presens Ramo(n) Fabre (he) Mario Pageso.

EUTROPIUS FABRI, ita est.

---

(1) Suit une note commencée, puis effacée : *Ite(m) deu de fi(a)l de ly.....*

(2) Ce personnage est probablement le père de *Junien Mandinelli*, bachelier, qui fut capitoul en l'année 1511-1512 et le grand'père du fameux docteur calviniste *Adhémar Mandinelli* qui fut au nombre des capitouls proscrits en 1562 et eut la tête tranchée le 15 mai de cette année. — Un autre Mandinelli *Jean de Mandinelli*, docteur et avocat, fut encore capitoul en 1610.

(3) Il faut lire ici vii *carts*, c'est-à-dire sept quarts (de livre) au lieu de vii *cartos*. On voit en effet, à l'article suivant, que le *carto* valait deux livres.

(4) C'est-à-dire le 4 février 1536 en nouveau style.

F° LVII v°. Ite(m) l'an milo v^e he xxxv he lo xxx iorn del mes de mars feri fa VIII canos de mantersos a Joha(n) Vignie, dit Gonel, q(ue) ne pa(gue)ri v s. IIII d., he ne feri XVIII mantersos.

Ite(m) me deu Joha(n) Roquos jove la somo de III s. he III d. de arge(n) prestat de ma borso, presens Jamme Lab(o)rio, barbie, Guilhe(m) Vig(n)ie (he) lo marit de Guiraudo de Mauriac, abitans, l'an v^e he xxxv he lo XIII del mes de febrie; he de(u) p^a de iorn en iorn.

En marge de cette créance sont en effet marqués les paiements :

P^a hun s. p(er ana) al moli (1).
P^a hun s. p(er) ana al moli.
P^a II s. p(er) crubi lo ly l'an v^e xxxvII he lo vIII iorn del mes de octobre que ero lus he la luno novelo de v iorn (2).

Ite(m) l'an milo v^e he xxxvII he lo vII iorn del mes de jun, jeu jotz scrich co(n)fecy a (e)stre tengut & dever a Joha(n) Roquosjove la somo de v Lb. de lano negro lavado, la calo somo de v Lb. de lano me prestet sa molhe he sa maire p(er) hun an co(m)plet & revo(l)ut en presensio de Mario Paieso, ma sirvisial, he de son vailet Petito.

Mossen Eutropi Fabre,
aital ofermo.

F° LVIII r°. Ite(m) l'an v^e he xxxvII he lo vI iorn del mes (de) jul, veng(u)et Joha(n) Fabre, fil de Anthoni d° (3), p(er) estre mon vailet, que li donavo de hun an quatre motos he miech he sos dretz.

Ite(m) es pacte entre nos que se ieu co(m)pri ros(s)i, que el deu mena sas terros (4) an mon bestial como las mios, he la

---

(1) *Ana al moli*, c'est-à-dire faire moudre.

(2) *Crubi*, couvrir, c'est-à-dire semer. Aujourd'hui encore les paysans du Languedoc observent fidèlement de ne semer le lin qu'en nouvelle lune.

(3) Antoine Fabre était le frère aîné, défunt, d'Eutrope, de telle sorte que Jean était son neveu.

(4) *Mena sas terros*, c'est-à-dire cultiver ses terres. Mener ou conduire s'emploient pour cultiver quand la culture est faite avec des animaux de labour.

vinho, an mon po he an mo(n) vy, he tira sas presos, he ayso fase(n) no gassanho re plus.

Ite(m) me bailet Joha(n) Fabre, fil de Anthoni, xx s.

Ite(m) xxv s. viii d.

Ite(m) pag(u)eri x d. p(er) lo co(n)fes(s)a.

Ite(m) pag(u)eri p(er) Joha(n) (he) p(er) Margarido (1) vi s. p(er) la talho.

Ite(m) pag(u)eri xi s. iii d. p(er) huno barico a mosse(n) Anthoni de Roch.

Ite(m) pag(u)eri dos s. i d. p(er) fa lo saio he las margas de Margarido.

Ite(m) l'an v^e he xxxvii he lo xi iorn del mes (de) jul log(u)eri Margarido Fabro, filho de Anthoni d°, p(er) hun an complet he revo(l)ut, que li doni gannach (2), camiso, boras(s)o, faudal, esclops, an pacte como son fraire.

L'an milo v^e he xxxvii he lo segon iorn del mes de nove(m)bre cambieri huno raubo an Joha(n) Fabre, fil de Anthoni d°, lo cal Joha(n) me baylet hun moto blanc que ero an mas fedos, he p(er) so que la raubo valio may que lo moto, me tornavo xv s, en rebatemen de xxxviii s. he

---

(1) Sa sœur. — Jean et Marguerite Fabre sont les enfants d'Antoine, desquels Ramon Fabre était le tuteur. On voit qu'ils avaient une certaine fortune puisqu'ils payaient la taille et des censives ; du reste, à défaut des termes précis du contrat de Jean, nous savons déjà, par les confronts indiqués dans les actes d'Eutrope, qu'ils avaient des terres importantes. On pourrait donc s'étonner de les voir entrer en condition chez leur oncle, si l'on ne savait que cette condition n'avait rien de déshonorant ou d'humiliant ; c'était une sorte d'apprentissage qui permettait au garçon d'atteindre sa majorité tout en ramassant quelque argent et tout en apprenant le métier de cultivateur, et à la fille d'attendre d'être en âge pour se marier. Il y avait d'ailleurs une grande différence entre la *sircento*, fille de ferme (comme le *cailet* garçon de ferme) et la *sircicial*, fille de service ; celle-ci était une domestique, qui recevait de l'argent, la première une sorte d'associée payée par la participation (*sos drets*). Quoi qu'il en soit, cet article permet de fixer approximativement l'âge de Jean et de Marguerite, en 1537, entre 17 et 14 ans. — Le compte, intercalé par Eutrope aux deux contrats du frère et de la sœur, doit être rapporté à la fin de l'article.

(2) Le *gannach* (garnache) était au xive siècle un vêtement de dessus, court et sans manches ; plus tard on y ajoute des manches et il devint une sorte de bourgeron ou de tunique ; enfin il s'allongea et devint une sorte de robe longue dans le genre des robes de chambre ou des peignoirs de femme actuels.

x d. que ieu li devi de sus scrich (1). (En) pres(en)cio de Mario Paieso.

Eutropius Fabri, ita est.

F° LVIII v°. Ite(m) s'en ensec ca(n)to de cambe ageren de la permieiro (2) de l'an v° he xxxvii :

& primo xvii Lb. de la permieiro.

Ite(m) de respal ix Lb.

Ite(m) de la sego(n)do xix Lb.

Ite(m) de respal ix Lb.

Tot so de sus palusat.

Ite(m) s'en ensec lo nombre del ly quant fou(e)e palusat : & pri° xxiiii Lb. he mieio.

Ite(m) xxxiii Lb. he mieio.

Manque le f° LIX.

F° LX r°. Ite(m) s'en ensec lo lombre (*sic*) de la lano (3) de l'an v° he xxxvii he lo xxiiii iorn del mes de may q(ue) foro(n) to(n)dudos p(er) Mario Pageso he ma(r)cuhados, q(ue) ni avio xiii fedos he i ac de lano p(er) cadaun xvi Lb.

Ite(m) d'anisses tres Lb.

Somo la lano, tan negro q(ue) bla(n)co, que voli far tenge, he aquelo qu'es tenho que voli far lo drap, he an lo fial q(ue) es fialat, xxxv Lb. he mieio, l'an v° xxxvii he la vespro de sanct Jucy (4), pesado p(er) mi.

Ite(m) pag(u)eri de far carda ix s. he lo despens que istec v iorn(s) a xxvii Lb primos (he) iiii d. la livro primo.

F° LX v°. En sec s'en la lano q(ue) voli fa lava :

& primo pesavo la lano blanco surjo xiiii Lb. he mieio.

Ite(m) pesavo la lano negro surjo xxx Lb., part aquelo q(ue) me *prestec Anthoni Fabre* (5) q(ue) ni avio viii Lb.

---

(1) C'est-à-dire en vertu des conventions ci-dessus.

(2) *Cambe de la permieiro*, c'est-à-dire chanvre de la première récolte. Le chanvre étant une plante annuelle et dioïque, la maturité des tiges mâles s'effectue avant celle des tiges femelles, de telle sorte que la récolte doit se faire en deux fois.

(3) Il faut lire *de las fedos*, au lieu de *de la lano*.

(4) *Sanct Jucy*, saint Justin (9 août).

(5) Les mots en italique ont été raturés et sont très difficiles à déchiffrer : il faut cependant les rétablir pour l'intelligence de la phrase. Il est probable

mens hun carto (1) de surjo, he la li devi torna del iorn presen en hun an.

Mossen Eutropi FABRE.

Ite(m) s'en encec cant de fiol d'estopo ageri del ly :
v Lb. he micio he hun carto.

Ite(m) de fiol d'estopo de cambe :
xiii Lb. de l'an v^e he xxxvi, q(ue) ne feri fa v canos garnidos, que ne feri fa dos lenso(l)s he dos faudals, hun a Fanneto he hun a Mario, lo xi iorn de janier.

Ite(m) ne pag(u)eri tres s. iiii d.

Ite(m) s'en e(n)cec quant de fiol i ac de prim(a) :
xviii Lb. primos (2).

he ne n'i avio de lano :
hunno Lb, he micio Lb. he tres cartos.

Ite(m) ne ordigeren ix canos he i ac de fiol p(er) paise, tan lano que autre, viii Lb. he micio.

Ite(m) pessavo la turitayno quatre Lb. he micio al fy an lo pessell he ni avio xii pams he miech.

Ite(m) pessavo la telo xvi Lb. he n'i avio vii canos he v pams he miech pam.

Ite(m) ne pag(u)eri ix s. ii d.

Ite(m) ne feri un lensol he tres camisos.

Ite(m) ne feri huno camiso a Fa(n)neto he huno borasso.

Suit maintenant une sorte d'inventaire des propriétés territoriales de Fabre avec les charges y afférentes et les renvois aux actes d'achat.

F° LXI r°. En sego s'en las causos de mosse(n) Eutropi Fabre como so(s) terros, pratz, bosses, vinhos he ort,

he primo : a Candastre la terro en que es la borio, q(ue)

---

qu'Eutrope, déjà malade et à la veille de sa mort quand il écrivait cela, a effacé le nom et le prêt d'Antoine Fabre, de peur que ses héritiers ne remboursassent une dette qu'il avait déjà acquittée. Rappelons qu'Antoine Fabre fut son exécuteur testamentaire.

(1) Il faut encore lire : *mens hun cart.*

(2) Il faut entendre par *flat* ou *lano prima*, comme par *libra prima*, non plus des produits de première récolte (*de la premieiro*), mais les produits supérieurs — *de prima*, sous-entendu *qualita* — par opposition au *respal* et à la *lano surjo* qui constituaient des produits de qualité secondaire.

n'ia tres eminados, ... f° pri° he III : IIII : II : IV.
he fa lo ce(n)s a la Comandario de Sanct Andrieu v mieios
cartos formen hun boysel.

Ite(m) may la terro de Candastre q(ue) se te(n) an lo prat
de Joha(n) de Paulhe, q(ue) nia huno eminado he huno cartonado. . . . . f° pri°
(Fa a) la(s) pi(tansos) mieio carto forme(n) (he) la mitat de
mieio mialho.

Ite(m) plus la terro de Resals q(ue) se te(n) an la terro de
Anthoni Bro, q(ue) nia huno cartayrado he mieio cartayrado . . . . f° v
(a) las pi(tansos) hun boisel he miech (de) formen.

Ite(m) plus la terro de l'Espital q(ue) nia tres cartayrados
mens huno cartonado . . . . f° XI
(a) la Co(mandario) tres boysels formen.

Ite(m) la terro a Canals sive a Puech Ausi, en que es la
borio, q(ue) nia huno cartayrado tan de jotz lo cami q(ue)
l'on va a la fon q(ue) de sus. . . . . f° IX
(a) las pi(tansos) hun carto forme(n).

Ite(m) la terro de Puech Ausi q(ue) nia huno eminado. . . . . f° VI : VIII
(a) los malates huno mieio carto.

Ite(m) la terro a Canals costo la vinho, q(ue) nia huno
boyselado. . . . . f° IX
(a) las pi(tansos). . . . . *(un blanc)*.

Ite(m) l'ort q(ue) nia ters de boysel. . . . . f° X
(a) las pi(tansos).

Ite(m) lo prat de Canals q(ue) nia huno cartayrado he
huno cartonado. . . . . f° VIII
(a) la Co(mandario) huno mialo.

F° LXI v°.   Ite(m) lo prat de Canals, q(ue) nia mieio boyselado.   f° XI

Ite(m) la terro de Canals, q(ue) se te(n) an la vinho, q(ue)
nia huno cartonado he huno boyselado. . . . . f° X
(a) las pi(tansos).

Ite(m) la terro de Canals, q(ue) se te(n) an lo bosc, q(ue)
nia tres boyselados he mieio boyselado . . . . f° XI
(a) Paulin.

Ite(m) la terro de Puech Ausi, q(ue) se te(n) an la terro

de Joha(n) Vignie, q(ue) nia huno cartayrado he huno cartonado he mieio boiselado. . . . . f⁰ xii

(a) Paulin (dono) sivado, q(ue) mo(n)to tot lo lieu huno sestairado he dono de ce(n)s huno carto de sivado.

Ite(m) lo bosc de Canals q(ue) nia mieio cartayrado, he huno cartonado, he huno boyselado, he mieio boyselado. . . . . f⁰ xi

(a) Paulin la terso part de huno galino entre Ramon Marti he ieu; monto tot lo lieu tres eminados he de ce(n)s huno gaiino he vi d. *ls.*

Ite(m) la terro de Laco(m)bo q(ue) nia v boiselados.

Ite(m) la terro de Candastre q(ue) fo(ec) de Johanno Palastrino & Joha(n) Marolo so(n) marit, q(ue) nia v cartairados he dono de ce(n)s tres mieios cartos formen he huno galino a la Coma(n)dario de Sanct Andrieu.

Au bas de la page, la note suivante, qui devrait être rapportée au f⁰ suivant :

L'an milo v⁰ he xxxvii he lo pe(n)ultime iorn del mes de octobre preng(u)eri xii scutz petis (que) valio(n) xxviii s., de mosse(n) Anthoni Torneri, como sendic de la Taulo de l'Espurgatori (1) de Castelnau de Mo(n)miral, p(er) xii ans (2).

   Canto Alauso (3), notari del dit loc.

---

(1) La *Table du Purgatoire* était une annexe de la fabrique; nous la retrouverons dans les comptes de Masenx. On appelait *table*, dans les confréries et les associations religieuses, ce que nous appelons aujourd'hui *la caisse* et *la dépense*. La table du Purgatoire jouissait d'une vie propre, avait ses fiefs, ses revenus, son syndic particulier. Dans certaines localités, le syndic était, comme les officiers municipaux, à la nomination du conseil de ville. Chaque fabrique avait sa table du Purgatoire qui était administrée par les fabriciens eux-mêmes (les *operarii*, les *obriers* des anciens textes). Au xv⁰ siècle et dans les siècles antérieurs, il est très rare que la table du Purgatoire soit oubliée par les testateurs. Aussi en était-il de très riches. Celle de Montans possédait un grand nombre de fiefs (132).

(2) C'est-à-dire pour douze ans de sa cotisation (d'Ant. Tournier). La cotisation des membres de la confrérie était donc d'un écu petit par an.

(3) *Cantalause*, notaire de Castelnau, dont le nom reviendra fréquemment sous la plume de Masenx. Fabre décompose son nom en ses origines linguistiques : *Canto alause*, Chante alouette. C'est lui qui avait dressé *la carta* du paiement d'Antoine Tournier.

F° LXII r°.   (En sego s'en) las vinhos

Ite(m) la vinho prunelar q(ue) nia huno cartayrado he huno cartonado he mieio boyselado . . . . f° vii
(a) las Pi(tansos) la mitat de v d.

Ite(m) la vinho blanco (1) q(ue) nia uno cartayrado mens mieio boyselado . . . . f° pri°
(a) la Co(mandario) tres d.

Ite(m) la vinho de negremal q(ue) nia huno cartayrado he huno cartonado. . . . .
(a) la Co(mandario) tres d.

Ite(m) la vinho de negremal q(ue) nia mieio cartayrado he huno boyselado . . . . f° vii
(a) la Co(mandario).

Ite(m) la vinho de Puech Ausi q(ue) nia mieio cartayrado . . . . f° ix
(a) las Pi(tansos) hun boysel (2).

Ite(m) la vinho de Puech Ausi q(ue) nia huno cartonado he mieio boyselado. . . . . f° x
(a) las Pi(tansos) miech boysel f(orme)n.

Ite(m) *(un blanc).*

F° LXII v°.   Senolhac

Ite(m) la vinho dels Claussetz q(ue) nia huno eminado he huno mieio cartayrado. . . . . f° ii : v : v : vii : v.

Ite(m) la vinho del Claus q(ue) nia mieio cartayrado, tres boyselados he mieio boyselado. . . . . f° xii
(a) Paulin huno boyselado he un cart de boisel.

Ite(m) la vinho de la Fo(n)tarelo q(ue) nia huno cartonado.

Ite(m) lo prat de la Sieget q(ue) nia huno boiselado.

Ite(m) de bosc as Claussetz q(ue) nia huno eminado mens mieio boyselado . . . . f° v : vi : vi : vii.

Ite(m) la terro dels Pradels sive a la Carbonieyro, q(ue) nia huno eminado he tres boysel(a)dos. . . . . . . f° viii

Ite(m) la terro de la Carbonieyro q(ue) se te(n) an lo cami q(ue) l'on va de Mauriac a la Garigo he an la terro de Joha(n) Roquos jove, he an la terro de Joha(n) Roquos viel, he an lo bosc dels herities de mosse(n) Robert de Fronte, he an

---

(1) C'est-à-dire la vigne de raisin blanc.

(2) Fabre avait écrit d'abord : *miech boysel blat.* Il a raturé.

la terro mio meteiso, q(ue) nia micio cartayrado huno boyselado . . . . f° XIII
he mo(n)to tot lo lieu huno sestayrado he dono de ce(n)s v cartos de sivado he III s. he IX d*ts*, q(ue) monto p(er) ma part hun boisel sivado (he) v d. *ts*.

Ite(m) la terro de la Carbonieiro q(ue) nia v boyselados he micio he se co(n)fro(n)to an lo cami q(ue) l'on va de Mauriac a la Garigo he an la terro de P° Roquos, he an la terro de Joha(n) Roquos jove, he an la terro nio met(e)iso, he an la terro de Guilhe(m) Masenx . . . . folio XIII

Au bas de la page :
Somo las vinhos dos sestairados v boiselados (1).

Le livre, proprement dit, d'Eutrope Fabre se termine ici. Mais l'auteur a écrit, sur les bords reployés de la couverture de parchemin, à la fin du volume, une note intéressante, que voici :

Somo aquo de Joha(n) he Margarido Fabres que fa ce(n)s a las Pitansos de Sanct Andrieu : huno sestayrado he tres cartonados.

Et, à côté, des fragments de récapitulation, qui se rapportent probablement au total en contenance de ses terres, que Fabre a essayé vainement d'établir :

Fo(n) VIII sestairados he huno cartairado, 1 boiselado he micio boiselado he hun ters de boysel.

Fo(n) VIII (sestairados) mens uno cartonado.
Somo tot IX sestayrados & tres cartayrados huno cartonado he micio boyselado he hun cart de boysell.

VIII sest(a)irados (2).

(1) Fabre avait d'abord écrit : *dos sestairados mens micch boysel* : il a corrigé sur la rature. En outre, on voit qu'il a essayé de faire le total de ce qu'il possède en sétérées, cartonades et boisselées de terre ; mais le problème était trop compliqué. On devine seulement, sur le bord marginal du feuillet, les traces d'une longue ligne qu'il a effacée et grattée et dans laquelle on déchiffre : *Somo so que... cestayrados, tres cartonados, 1 boyselado he miego boyselado.*

(2) Au-dessous de cette ligne, les mots suivants superposés et raturés, qui continuaient la phrase : *tres boiselados he huno cartayrado eminado.* Évidemment Fabre a voulu écrire : *VIII sestairados huno cartayrado he tres boyselados*, puis : *VIII sestairados he huno eminado* ; finalement il a tout effacé.

APPENDICE

On rencontre enfin, dans le Livre d'Eutrope Fabre, deux curieuses notes, conservées entre les feuillets et qui paraissent avoir servi de signets ou de pièces justificatives. Ce sont :

Pièce 1

Deux quittances du collecteur des tailles de Gaillac, Antoine Turlan, pour l'année 1537.

Ces deux quittances, véritables reçus de percepteur, sont écrites au recto d'un carré de papier de 0^m075 de hauteur sur 0^m200 de largeur, subdivisé par un pli médian vertical en deux fragments, de telle sorte que chaque quittance figure un carré de papier de $\dfrac{0^m075}{0^m100}$.

Elles sont d'une écriture hâtive et irrégulière qui doit être celle d'Antoine Turlan.

La première porte :

P{a} Anthony Fabre p(er) mosse(n) Stropy Fabre p(er) la talha de (sos) afaires syve juddicieros de l'an m{l} v{e} xxxvii la s(om)a de xvi s. vi d. a my.

Anthony Turla (1).

La seconde :

P{a} Anthony Fabre p(er) los se(n)s de Anthony Fabre (he) p(er) los afaires de l'an m{l} v{e} xxxvii la s(om)a de tres s. xi d. a my.

Anthony Turla (2).

---

(1) Ce billet peut être considéré comme une preuve nouvelle de l'état ecclésiastique de Fabre, car il ne vise pas l'imposition de ses biens-fonds, mais celle de ses *affaires* ou *affermes* (voir le mot *afaire* au vocabulaire) pendant l'année 1537. Or les ecclésiastiques, comme on le sait, ne payaient la taille foncière, — sauf dans le cas de nécessité pressante — que pour leurs biens temporels roturiers; et nulle part, dans le Livre de Fabre, il n'est fait allusion au paiement d'une taille personnelle, tandis que l'auteur note soigneusement la cotisation de taille de ses neveux et serviteurs, Jean et Marguerite Fabre (f° lviii v°). On en peut déduire qu'Eutrope n'étant pas cotisé pour ses biens-fonds, était ecclésiastique.

(2) Ce second billet, qui renferme la cotisation d'Antoine Fabre, cousin d'Eutrope, pour ses biens fonciers et ses affermes, confirme ce que nous avons dit dans la note précédente.

Ces quittances, payées par l'exécuteur testamentaire d'Eutrope et trouvées

Au dos de la quittance d'Antoine Fabre, Eutrope a inscrit quelques notes relatives aux vendanges de 1538, évidemment très-peu de temps avant sa mort.

Ite(m) pag(u)eri x d. al trolie de fa lo vy.
Ite(m) xx d. p(er) porta lo vy a Galhac.
Ite(m) (per) porta la ve(n)demio al tinel he torna lo vy a la borio xx d.
Ite(m) p(er) porta la ve(n)demio de la vinho a la borio : x d.
Ite(m) p(er) porta las pipos : v d.
       Resto hun s. ii d. (1).

Pièce n° 2

Un billet sans date, mais évidemment de la première moitié de 1538 (d'avril à octobre), écrit à Eutrope par un ecclésiastique de ses amis, Jean Fraysset ou Frayss(in)et.

Ce billet, écrit au recto d'un carré de papier de 0ᵐ085 de hauteur sur 0ᵐ200 de largeur, est d'une écriture presque illisible et hérissé d'abréviations. Il démontre qu'à cette époque Eutrope était gravement malade, sans doute d'une maladie de cœur.

Mosse(n) Stropi ieu ay p(ar)lat am moss. Turgis (*ou* Turges) v(os)tre medici et ly ay co(n)tada vostre enfladura de las cambas e(t) el ma dit que ly tramegesses la urina et vos ordenara ung petit lavamen p(er) las cambas et certanas pelluras (2) ; p(er) so trametes ly la urina p(er)
  lo tot v(os)tre amig
    Johan Frayss(in)et, rect(or) de Andiala(c) (3).

dans le livre de raison de celui-ci, semblent démontrer qu'Eutrope Fabre était déjà fort malade à la fin de l'année 1537, c'est-à-dire, en ancien style, le 25 mars 1538.

(1) Ce resto indique évidemment que Fabre a voulu se rendre compte de l'emploi d'une somme déterminée. Il est probable que la note dont il s'agit n'est que le fragment terminal du compte.

(2) *Lavamen* signifie lotion et non clystère (Voir à ce sujet l'Histoire du père Garasse et de l'abbé de Saint-Cyran. A. Franklin : *Les Médicaments*, p. 72) ; *pelluras* signifie évidemment pillules. Ce traitement est très rationnel, et l'examen de l'urine, dans une maladie qui se complique à sa dernière période d'albuminurie, voilà qui n'est pas peu pour étonner les cliniciens modernes !

(3) Andillac, patrie de Maurice et d'Eugénie de Guérin (celle-ci y a son

Enfin, au dos de ce billet, les notes suivantes, de la main d'Eutrope, qui se rapportent également aux vendanges de 1538.

Ite(m) s'en ens(e)c lo carega de las vendem(i)os

& primo Thomas Fabre, fil de Joha(n), quatre viatges des Cl(a)usetz.

Ite(m) de la vinho de Puech Ausi hun viatge.

Ite(m) dos al tinel.

Ite(m) hun a la prunelar.

Ite(m) hun viatge a Galhac.
P^a xiii s. iiii d.

Ite(m) Joha(n) Fabre, fil de Joha(n) d°, hun viatge per porta las pipos.

Ite(m) dos viatges de la Garisolo.
P^a iiii s. ii d.

Ite(m) Anthoni Fabre, fil de Guilhe(m) d°, hun viatge a Galhac, tres s. iiii d.

Ite(m) dos viatges al tinel, tres s. iiii d.

Ite(m) de la prunelar hun viatge, hun s. viii d.
P^a x dobblos.

---

tombeau) était une jurade dépendant de Cahuzac. Son église appartenait au Chapitre de Sainte-Cécile d'Albi, et son recteur, nommé par l'évêque sur la présentation du Chapitre, était obligé d'abandonner la moitié des dîmes au prévôt de ce dernier. Aussi était-il si pauvre qu'en 1567 le pape Pie V dut lui attribuer une pension de 150 livres, qui fut réduite à 120, quitte de toute charge, en 1571. La rectorerie d'Andillac faisait partie de la claverie de Montmiral (Cf. Rossignol, *Monog.*, vol. III, p. 317). — On retrouvera Jean Frayssinet dans les comptes de Masenx pour les Pitanciers de Saint-André ; il était, en effet, en 1531, frère hospitalier de Saint-André.

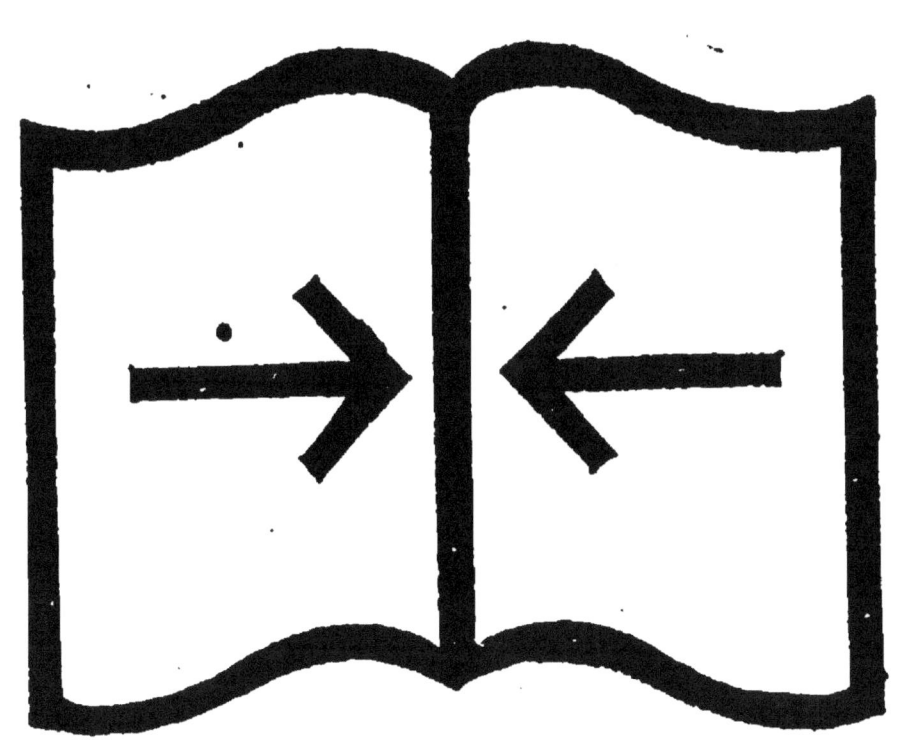

**RELIURE SERRÉE
ABSENCE DE MARGES INTÉRIEURES**

VALABLE POUR TOUT OU PARTIE DU DOCUMENT REPRODUIT

LIVRE DE RAISON DE GUILHEM MASENX

1518-1547

Nous avons cru devoir laisser aux divers fragments qui composent ce livre l'ordre d'assemblage dans lequel ils nous sont parvenus; mais il est bien certain que cet ordre n'est point chronologique et que cet assemblage est postérieur à la rédaction d'une partie des cahiers.

Dans l'indication marginale de la pagination nous employons en outre des chiffres romains et des chiffres arabes. Les premiers sont les chiffres portés par l'auteur (en caractères romains) sur les pages foliotées de son manuscrit; les seconds sont les chiffres que nous avons dû porter pour continuer le foliotage interrompu ou pour donner une pagination aux parties non foliotées.

Le premier feuillet de garde était collé au verso de la couverture : l'humidité l'a décollé.

feuillet de garde r°	*En blanc.*
feuillet de garde v°	*Cette simple mention.*
	Lo testam(e)n de Arn(au)d Tal(h)afer, fil de Ram(o)n es pres l'an v^e xxx p(er) mestre An(t)h(o)ny Ma(sen)x. Folio LXXIII es.
feuillet de garde r°	*En blanc.*
feuillet de garde v°	*Au bas de la page, une note écrite à l'envers et à moitié effacée par l'humidité. On y lit :*
	P^a (1) Johan..... del prat..... x s. de paga.

(1) P^a abréviation pour *paga*.

RÉPERTOIRE (1)

Ce répertoire, écrit sur trois colonnes, présente de nombreuses lacunes dues à l'humidité qui a altéré le papier au point qu'il a été impossible d'y faire reparaître l'écriture.

1er feuillet r°

Johan Fornié . . . . (fº)	I
Anielet Calvet	I
An(t)h(o)ny Espal(l)ac	II
Be(r)n(a)t Bois(s)o *(Boisson)*	II
B(e)rtran Pe(i)re *(Lapierre ou Lapeyre)*	II
Johan Delmas	II
Durand d'Astrios	III
G(uilhe)m Vidal	III
G(uilhe)m Benac	III
P(eir)e Gay	III
An(t)hony Viguié	III
Mossen Johan Losat *(Lauza)*	IIII
Mossen P(eir)e Eriso *(Hérissou)* . . .	IIII
Mestre An(t)hony Vidal	IIII
Mossen An(t)hony Cano(n)ge	IIII
Johan Code(r)e	IIII
Ber(na)d Duran	V
Mos(s)en Jame Lausad *(Lauza)*	V
Johan Deval	V
La Gascona	V
Johan Benasee *(Benazel)*	V
Mossen Ra(m)on Codere	V
Mossen Johan Rica(r)t	V
G(uilhe)m Costa	VI
Mestre Tomas de Malfetas	VI
Mossen G^m Boié	VI
Mademaysela de Perlega	VII
Johan Delvern(e)	VII
Ber(na)d Vidal	VII

(1) Ce répertoire se rapporte à la seconde partie du Livre, dont les 16 premiers feuillets sont perdus ; il nous donne donc les noms des personnages qui figuraient sur ces feuillets.

P^e Delmas.	VII
G^m Fabre	VI
Mestre An(t)hony Masenx	VII
Mossen Ar(nau)d (del) Pos	VII
B(e)rnad Vidal.	VIII
Bertran Daros (*de Roux* ou *Daires*)	VIII
Ra(m)on Masars	VIII
Bertran Bernié.	VIII
Johan Igo (*Iyou*).	VIII
Johan Delv(e)rne.	VIII
An(t)hony Gras.	VIII
Jame Viel	VIII
Johan Tornié.	VIII
Amans Lausat	IX
Mestre Anthony Cantala(u)ssa	IX
Johan Igo	X
Mossen Jame Andr(ie)u	X
Johan Fornié	X
P^e Felié	X
Johan de Mongosin	X
Johan Ca(n)o(n)ge	X
Bertran B(e)rne	X
Mossen Johan Andrieu.	XI
Duran d'Astrios	XI
G^m Vigulé	XI
P^e Tossans (*Toussaint*).	XI
Mossen Johan Sotsol (*Soubsol*).	XI
Mossen Johan	XII
Ra(m)on	»
Johan	»
Gallarda	»
	»
Johan Broset	»
G^m de Re(s)t.	»
G^m Algay	»
An(t)hony Brú (*Brun* ou *Lebrun*)	»
Arn(au)d Brú	»
P^e Maynié.	»

Mafre Lebru.	»
Arn(au)d Gay (*Algay*).	»
P^e Fel(i)é	»
Ramon Vig(ui)é	XVII
Uc de la Cros.	XVII
G^m Hartro (*Hartrou*).	XVII
An(t)hony Gosin.	XVIII
An(t)hony Gambras (*Gambres*).	XVIII
An(t)hony Bru, fil de Ramon.	XV (XIX)
An(t)hony de la Cros	XXII (XIX)
P^e Colombié.	» (XX)
Arn(au)d Ganbras.	» (XX)
Mademaysela de Corduriès.	» (XX)
Ra(m)on Masars.	» (XX)
Johan Johan.	» (XXI)
Franses Destavila (*d'Estariale*).	» (XXI)
Anthony Perairel	» (XXI)
G^m Privat	» (XXI)
Johan de la Cros.	» (XXI)
Johan Gambras (1).	XXI (XXII)
P^e Felié	XXII (XXIII)
P^e Ansie.	XXII (XXIII)
Anthony Destavila.	XXII (XXIII)
Pol Bru.	XXIIII
G^m Algay.	XXI (XXVIII)
An(t)hony Favare(n)ca (*Fararenque*).	XXI (XXVIII)
An(t)hony Alvergne	XXI (XXVIII)
An(t)hony Cesset.	XXI (XXVIII)
Johan Perbo(s)c	XXII (XXIX)
Marty Sotsol.	XXII (XXIX)
Lo noble Gu(ille)mas de Monfontan.	XXII (XXIX)
Jame P(er)bo(s)c.	XXII (XXIX)
Johan Gar(d)os.	XXII (XXX)
Marc Litre.	XXII (XXX)
Darde Gay.	XXIII (XXX)

1er feuillet v°

(1) A partir de ce nom l'indication des feuillets ne correspond plus avec le foliotage du Livre, que l'auteur a modifié ultérieurement ; nous mettons entre parenthèses la correspondance exacte.

Ra(m)on Badel.	XXIII (XXX)
An(t)hony Repuos (*ou* Repaus). . . .	XXIII (XXXI)
Jame Cres(s)el.	XXIII (XXXI)
Jame Tal(l)afer	XXIII (XXXI)
Johan Ros harn(esié).	XXIII (XXXI)
An(t)hony Johan	XXIV (XXXII)
Mafre P(er)bosc	XXIV (XXXII)
Johan Tal(l)afer	XXVIII (XXXV)
An(t)hony Tal(l)afer	XXVIII (XXXV)
Arn(au)d Tal(l)afer.	XXVIII (XXXV)
Arn(au)d Tal(l)afer.	XXVIII (XXXV)
G(u)ira(u)d Tal(l)afer.	XXVIII (XXXV)
Johan Algay.	XXXI (XXXIX)
Jame Favarel	XXXI (XXXIX)
Aliet Negre	XXXI (XXXIX)
Nicolas Vilar (*ou* Vi(a)lar)	XXXII (XL)
Ramon Barat(er)os)	XXXII (XL)
Mosse(n) de la Garda	XXXII (XL)
An(t)hony Tal(l)afer, fil d'Estiene. . .	XXXIII (XL)
Ramon B(a)rateros.	XXXIII (XL)
Pe Ros (*Roux*)	XXXIII (XLI)
Pe Bro (*Brou*)	XXXVI (XLIII)
Johan Durban	XXXVI (XLIII)
Gm Tol(o)sa.	XXXVI (XLIII)
Madem(a)isela de las Maseras	XXXVI (XLIII)
Johan Durban	XXXVI (XLIII)
An(t)hony Mira(m)on.	XXXVI (XLIII)
Gm Poget (*Pouget*)	XXXVII (XLIV)
Pe Jor(n)ès.	XXXVII (XLIV)
B(e)rengie Jor(nè)s.	XXXVII (XLIV)
Gm Ricart	XXXVII (XLV)
Gu(i)ra(ud) Paliès (*Pailhès*).	XXXVII (XLV)
Pe Paliès.	XXXVIII (XLVI)
An(t)hony Algay	XXXVIII (XLVI)
An(t)hony G(u)ilalmo (*Guillemot*). . .	XXXIX (XLVII)
Ramon Tuengne (*Toigne*).	XXXIX (XLVII)
Darde Gay.	XXXX (XLVIII *bis*)
Gm Tal(l)afer.	XXXX (XLVIII *bis*)

	Mical Tallafer (1).	XLIX
	Bertomio Daros (ou *Dairos*).	XLIX
	An(t)hony Tol(o)sa	XLIX
	An(t)hony Destavila	L
	G^m Destavila	L
	P^e Tol(o)sa	LI
	Mestre Tomas	LIII
	Johan Cariven sargan	LIII
	Bernad Tomas	LIII
	Johan Alb(a)reda	LIII
	Mos(s)en Angos (*Anjous*)	LIII
	Bernad Fabre	LIII (LIV)
	An(t)hony Ansel (*Ancel, Ancely*)	LV
	G^m Malirat	LV
	Johan B(a)riera	LVI
2e feuillet r^o	G^m S(e)sero (*Ceseron*)	LVI
	An(t)hony Pendar(i)es	LVI
	Johan G(u)iral	LVI
	Johan Espa(l)lac	LVI
	Mos(s)en (lo) Reto de Car(d)us	LVI
	Johan Cariv(e)n, paire	LVI
	Ramon et Alis Bonavila	LVII
	An(t)hony Bareo (*Barrau*), fornié	LVII
	Mi(c)al d'Astrios et sa molié	LVII
	An(t)hony Arago, merchan de Gal(l)ac	LVIII
	Mossen Johan Car(iv)en	LVIII
	Johan Gros	LVIII
	P^e Rolan	LVIII (LIX)
	Guirad(ela) d'Astr(i)os	LVIII (LIX)
	An(t)hony Dessos	LX
	P^e Mario, caussatié	LX
	P^e Vert, fil de Ra(m)on	LX
	Mestre An(t)hony Germ(an)	LX
	P^e Guy	LX

(1) A partir de ce point l'écriture est d'une autre encre, plus pâle que la précédente et les chiffres du répertoire coïncident avec les indications du texte. C'est donc, à n'en pas douter, à ce moment que Masenx a réuni en un Livre unique les cahiers divers dont il se servait.

Gi(l)bert Delvren.	LXI
An(t)hony Guy?	LXI
Johan Ro(ca)s de Gaio	LXII
Pe Rocas de Gaio.	LXII
Falip F(l)oresta.	LXIII
An(t)hony Johan viel.	LXIII
Johan Gelab(e)rt.	LXIII
B(e)rn(a)d Tal(l)afer	LXIIII
Jame Val(i)era.	LXV
Guirella Estefa.	LXV
R(am)on Fabre.	LXVI
Mossen An(t)hony de Ro(ch)	LXVI
Ra(mo)n Taus(i)es	LXVII
Ar(nau)d Vare(n), de Vors	LXVII
Ar(nau)d Vare(n) viel.	LXVII
Pe Vare(n).	LXVII
Jame Bastida.	LXVII
Gu(i)ra(u)d Palès.	LXVIII
Gm Ricart	LXVIII
An(t)hony Bla(n)c.	LXVIII
Pe Palès, fil de Ramon.	LXVIII
Ramon Coly (*Couly*), fil de Ramon	LXVIII
Gm Tal(l)afer, fabre.	LXIX
B(e)rengie Jornès	LXIX
Jame Tuengue.	LXIX
Gm Ricart	LXIX
Gm Galabert (*Jalabert*)	LXX
Pe Tol(o)sa.	LXX
Bern(a)d Bodet.	LXX
Arn(au)d Bla(n)c.	LXXI
Tomas Ca(p)us.	LXXII (LXXI)
Gregory Guy.	LXXI
Johan Algay.	LXXI
Lacay de Vi(a)l(a)r.	LXXII
Johan Calvet.	LXXII
Johan Fornié.	LXXIII (LXXII)
Johan Caminada.	LXXII
Gal(barda Andriva.	LXXII

2e feuillet v°

	Mafre Galan.	LXXII
	Andreo de Sa(n)ta Cros.	LXXIII
	Anthony Andreo.	LXXIII
	Franses Guy.	LXXIII
	Ra(m)on Algay.	LXXIII
	G^m Ricart	LXXIII
	An(t)hony Algay, fil de Darde	LXXV
	Johan Rocas, de Gaio	LXXV
	Lo noble Peres de la Fago.	LXXV
	Jame Guy	LXXV
	Jame Tuengne.	LXXV
	Arn(au)d Delpee.	LXXV (LXXVI)
	Gu(i)r(au)d Mase(n)s.	LXXVI
	Johan B(a)reo, fil de Ra(m)on	LXXVI
	P^e Rec (*Rieux*), fil de Mafre.	LXXVII
	Johan Rocas, fils de P^e	LXXVII
	Bertomio Ramon, fil de Marc.	LXXVIII
	Johan Rocas, de Gadeo (*Gaio*)	»
	An(t)hony Tallafer, fil de G^m	»
	Johan Fabre, fil de P^e	LXXIX
	Johan Coly, fil de Johan	»
	Gu(i)r(au)d et F(r)ans(es) Jornès. . . .	»
	Johan Fabre, det Totet (*Toutet*). . . .	III^{xx}
	Johan Fabre, fil de G^m	»
	Johan Marty, det G(r)avo (*Lagrave*). .	»
	P^e Felié, pas(s)erio.	»
	Johan Cohet	IIII^{xx} I
	Mossen G^m Mase(n)x	»
	Johan Cohet (*répétition*)	»
	Guira(u)d Jornès.	IIII^{xx} II
	G^m Ricart	»
3e feuillet r^o	Jame Rocas, fil de P^e.	IIII^{xx} II
	B(e)rengie Jornès.	»
	Johan Fabre Totet	IIII^{xx} II
	Johan Audeb(a)l, det Marolet.	»
	Andrio de Santta Cros	»
	Johan Guy, fil de P^e.	»
	An(t)hony Fabre, fil de G^m	IIII^{xx} IX (IIII^{xx} IV)

Johan Marty Gravo.	»
G^m Ros (*Roux*), rodié.	»
G^m Vores (*Borès*), sartre	IIII^{xx} V
Alliot Nègre, fabre.	»
Anthony Guy, tes(s)e(ire).	»
B(e)r(n)ad Sotsol, fil de Jame.	»
G^m Hartro, teulié	»
P^e Ramades, fil de B(e)r(n)ad.	IIII^{xx} VI
Anthony Bonet.	»
Franso de (la) Lenardio (*La Linardié*).	»
Johan Fabre (det) Totet	»
Ra(m)on Badel.	IIII^{xx} VII
Gaubert Ros.	»
Mos(s)en de Tonnac	»
Ramon Alvergne, paire.	»
G^m Sotsol, oste de Bru(n)ac.	»
G^m Rica(r)t, fil de Johan	IIII^{xx} VIII
P^e Br(ay)é	IIII^{xx} X
P^e Br(ay)é	»
An(t)h(on)y de la Cros	IIII^{xx} XI
Mossen Uc del Forn	so des(sus)
Jame Sotsol	so des(sus)
Alliot d'Alvergne (*dal Vergne*)	IIII^{xx} XII
P^e Palès.	so des(sus)
An(t)h(on)y Poget	so des.
Duran Poget.	so des.
G^m Ricart	so dessus
Tomas Ca(p)us.	IIII^{xx} XIII
Johan Rocas jove.	so des.
Jo(han) Rocas viel	so des.
Johan Cohet	IIII^{xx} XIIII
Anthony Tallafer	IIII^{xx} XV
Mossen Marc Delherm.	so des.
Gu(i)raut et P^e Paleses (*Pailhès*)	so des.
G^m Masenx, fil de Guir(au)d	so des.
Guir(au)d Bertrand.	IIII^{xx} XVI
Ra(m)on Fabre.	so des.
Johan Jussiet, sargan	so des.

3ᵉ feuillet vᵒ

Johan Calvet.	so des.
G(u)ira(u)d Masenx.	IIII^{xx} XVII
Johan Rocas viel	IIII^{xx} XVII
Mossen Estiene Algay	»
Pᵉ Palès, fil de Ra(m)on	so des.
Johan Verne.	IIII^{xx} XVIII
Pol Bru	so des.

Masenx n'a pas poussé plus loin son répertoire, qui s'arrête de la sorte, suivant la date des dernières opérations y mentionnées, au mois de juin 1543; mais il a utilisé les 5 derniers feuillets, en blanc, pour en faire une sorte de bourse ou de portefeuille. Pour cela il a cousu ensemble à points passés, avec du gros fil, les bords supérieur et extérieur des cinq feuillets, n'en laissant libre que le bord inférieur; il obtenait de la sorte un portefeuille à 4 compartiments ou soufflets, s'ouvrant par la partie inférieure et dans lequel il plaçait les billets et les reconnaissances de ses clients. C'est là ce qu'il appelle le sac.

Malheureusement le fil de la couture a coupé le bord libre des feuillets en enlevant une partie de la marge; il en résulte que le portefeuille est aujourd'hui ouvert par son côté inférieur et par son bord marginal et que la plupart des billets qu'il renfermait ont dû s'échapper et se perdre. Il en reste cependant deux, en fort mauvais état (ils ont dû être longtemps portés dans une poche), qu'on trouvera à la fin de ce Livre (Voir APPENDICE : IV.)

Iʳᵉ PARTIE

20 FEUILLETS NON FOLIOTÉS

(Cette partie du manuscrit en constitue le premier cahier ; elle vient immédiatement après le répertoire, mais elle doit rationnellement être reportée après la IIᵉ partie qu'elle continue. Elle forme donc la SECONDE SECTION *du manuscrit de Masenx, renfermant les opérations commerciales de 1545 à 1547.)*

NOTA. — *Les articles marqués d'un * sont ceux que Masenx a crozat, c'est-à-dire annulés, après paiement, par deux grands traits croisés.*

˜˜˜

Fº 1 rº   L'an m¹ vᶜ xLv & lo mes de a(o)ust son los que me devo(n) de blat et de fe (et) de vy (et de) best(i)al, et prima :

— Peire Br(a)ié de S(e)nolac me deo una carta blat, local blat ha pres de las mas de Peire Comte l'an des, et es sus el (1).

En marge :
  (Pª) Iª *la* f(orme)n.

— La molie de Johan Rocas may jove et son pa(i)re Frayssinet de la Bastida (2) me devo(n) un 7 lª *la* blat et 3ª ca(r)ta ve(ss)os preses p(er) sem(en)a las mios te(rra)s et de(v)o(n) paga p(er) la Madaleno la soma de III Ll. p(er) sestié et p(er) las ve(ss)os xi doblas. Que mo(n)ta tot v Ll. xi dobˢ Presen Ra(m)on Fabre (3).

En marge :
  Pª l 7 lo mes de ao(u)st vᶜ xLvi.

— It. may devo(n) I *la* myl p(er) sem(en)a, pres p(er) las mas de la molie, lo x de abrial.

---

(1) Ce qui veut dire qu'il a ensemencé cette quartière de blé sur une terre de Pierre Comte. Littéralement : *le blé est sur lui* (Pierre Comte).

(2) Labastide-de-Lévis.

(3) Ce Ramon Fabre est le frère d'Eutrope.

F⁰ 1 v⁰ Arnaud de Roch, de la Gariga, me deo p(er) blat et hargen prestat la soma de III *Ll.* XVIII *s.* II *d.* coma (a)par p(er) bileta p(er) mestre Johan Turla l'an v⁵ (XLV) lo pre(mie) jorn de se(tem)bre et deo paga p(er) Sant Johan Batiste.

It. may deo lodes p(er) VI ;ᵃˢ f(orm)en que (ha) pres lo jorn de Sant Johan de may (1), mo(n)ta(n) III *Ll.* VII *s.* VI *(d.)* Deo paga da(i)s(i) VIII jo(rn)s.

— Johan Palès, fil de An(t)hony deo la soma de deo la soma de (*répétition*) II *Ll.* IX *s.* p(er) re(s)ta de un comte fait l'an v⁵ XLV lo pre(mie) jorn del mes de febrie et deo paga p(er) Sant Mical de se(tem)bre (2) proda venen et bileta p(er) Cantala(u)sa, sin(a) da p(er) lui (3).

Pᵃ XX *s.* lo XIX del mes de desembre v⁵ XLVII, presen An(t)hony Ri(c)hart.

— Guiraud Palès, del mas della Regado (4), deo la soma de XXV *s.* p(er) re(s)ta de son blat, comte fait l'an v⁵ XLV lo premie jorn de febrie et deo paga p(er) Sant Mical de setembre.

Bileta p(er) Cantal(a)usa.

---

(1) La fête de St Jean Porte-latine ou du martyre de St Jean, qui se célèbre le 6 mai.

(2) La fête de St Michel, le 29 septembre, foire de Gaillac.

(3) C'est-à-dire signé de sa main (de Pailhès).

(4) Ce mas de *la Regado* ou de *la Rengado*, dont le nom reviendra souvent dans ces comptes, n'existe probablement plus. Il était situé dans la paroisse de Saint-Jérôme du Tescou (cf. f⁰ XCVII v⁰) et au voisinage de l'église, puisque les Pailhès, qui l'habitaient, étaient, comme on le voit par cet article, bordiers ou colons de Masenx; peut-être même le mas de la Regado faisait-il partie du domaine de Saint-Jérôme.

Quoi qu'il en soit la famille Pailhès, dont Masenx écrit le nom *Palès, Paliès* ou *Pailès* était originaire du *mas de Pailhès* (auj. *Palis.*) (Cf. f⁰ 5 r⁰ note). Elle se composait de trois frères, fils de Ramon Pailhès. Antoine, l'aîné (?), paraît être mort de bonne heure, laissant un fils du nom de Jean (f⁰ 121 v⁰) ; les deux autres, Pierre et Guiraud, paraissent avoir été toute leur vie au service de Masenx. Guiraud portait aussi le surnom de *Colet* (sans doute *Couillet* f⁰ XLV v⁰). Cependant, vers 1515, une scission s'opéra entre les deux frères; Guiraud et son neveu Jean continuèrent à habiter *la Regado*, tandis que Pierre retourna au mas patronymique (f⁰ 5 r⁰).

F⁰ 2 r⁰ · Los e(ri)ties de Guiraud Mase(n)x de Sant Geromy (1) me de(v)o(n) la soma de xxi dob⁹ p(er) lª la ves(s)os que ho prestadas ha lor payre, et no las me (devon) torna pou coma lo blat, et p(er) so me (las) deo(n) paga coma vy d'(ais)y los aous (2). Testim(oni)s Aug(i)é Peyrotas et Duran Poget, l'an vᶜ xlv lo pre(mie) jorn de jun.
Pª las ve(ss)os.

· — Berengie, de Jor(n)es, fil de B(e)rna(d) (3), me deo la soma de xiii Lt. xviii s. iiii d. p(er) un comte fait l'an vᶜ xlv lo prem(i)e del mes de febrie et deo paga p(er) Tos(s)ans la mitat. Carta p(er) Cantala(u)sa, notary.
Pª........

(1) *Saint-Jérome du Tescou*, paroisse du consulat de Montmiral, à 3 kilom. au Sud de cette ville. Il n'en reste qu'une église sur les coteaux qui bordent au Nord le Tescou, en face de Saint-Pierre de Vors à l'Est et de N.-D. de Gradille au Sud. C'est dans cette paroisse que Masenx avait la ferme importante du domaine de la Commanderie; Guiraud Masenx était l'un de ses parents.

(2) *D'aisy los aous* : d'ici à la tonte. On tondait les motons après l'hiver en avril ou mai.

(3) Les *Journès*, dont le nom est écrit *Jornès, Jornes* ou *Journes*, étaient une famille de *pagès* assez considérable de la région, avec lesquels Masenx se trouve en relations constantes Ils étaient en effet tenanciers du fief de Journès, enclavé dans les domaines de la Commanderie et ils sont souvent désignés sous le nom de *de Journès*.

Journès est un masage important, sur la rive droite du Tescou, à mi-chemin des églises de Vors et de Saint-Jérome, à 600ᵐ à peine de cette dernière. Son ancien nom paraît avoir été *Mussabielle* (cf. f⁰ 121 r⁰), mais depuis que les Journès l'habitaient, il avait pris le nom de ceux-ci.

Quoi qu'il en soit, ce n'est qu'en 1531 que les deux frères Bernard et Pierre Journès apparaissent pour la première fois dans les comptes de Masenx; mais Bernard était sans doute mort à cette époque, car il ne nous est connu que par son fils Bérenger (1531-1545).

Pierre Journès vivait encore en 1531 (f⁰ xliii v⁰), mais il ne survécut pas longtemps, et ses fils, François et Guiraud, devinrent, avec leur cousin Bérenger, une sorte de proie pour l'homme d'affaires de la Commanderie. Ils semblent en effet à ces affaires avoir perdu une bonne part de leur patrimoine, puisqu'en 1539 François et Guiraud étaient contraints de vendre à Masenx la terre de Sainte-Vèle (f⁰ 132 v⁰) et que la liquidation de leurs comptes avec Masenx se soldait, vers 1545, par un passif considérable (f⁰ˢ 2 r⁰, 100 r⁰, 103 r⁰ et v⁰, 105 r⁰, 117 v⁰, 120 r⁰, 124 r⁰, etc....)

François Journès paraît avoir épousé une sœur de Guilhem Ricard (voir la note du f⁰ 5 v⁰). En revanche la sœur de François et de Guiraud Journès avait épousé Pierre de Sainte-Croix pour lequel les deux beaux-frères répondirent en 1540 (f⁰ lxxix v⁰). Berenger eut un fils, Jean, que nous trouvons cité dans un acte de 1592 à Castelnau.

— B(e)rn(a)d Tallafer..... me deo la soma de ix escus petis, comte fat lo xv del mes de jun, et deo paga p(er) Tossans.......... Fat l'an....... (1).

En marge :

P^a v *Ll.* l'an v^e xlvii.

P^a ii *Ll.* x s. l'an v^e xlviii lo iiii de novembre.

P^a ii *Ll.* vi s.

F° 2 v° — F(rans)o. de Mont(el)s (2), deo p(er) la ve(del)o que ha haguda de Lavialo la soma de v ℓ xx s. et deo paga p(er) Sant Mical. Fait l'an v^e xlv.

P^a en dos paios la soma de iii *Ll.* x s. et re(s)ta iii *Ll.* vii s. vi d.

Re(s)ta xxxvii s. vi d. (3)

P^a tot.

— An(t)hony Favarel, del mas dels Vialars (4) me deo p(er) nia ve(de)la la soma de vi ℓ *petis* et deo paga p(er) Tossa(n)s iiii ℓ pe(ti)s et l'autra Tossans ii ℓ, coma (a)par p(er) carta presa p(er) mestre Johan Turlla l'an v^e xlv lo mes de jun.

Suivent les paiements, effacés par l'humidité :

P^a........

P^a ii *Ll.* iiii s. vi d. l'an v^e xlviii lo tres del mes de nove(m)bre.

.... deo lo des p(er) sas.......

F° 3 r° — L'an mil v^e xlv lo mes de nove(m)bre me deo Raf(a)el

---

(1) Texte complètement effacé ; on n'en comprendrait pas le sens si l'on n'avait le compte du 15 juin 1545 et les engagements pris à cette époque par Bernard Taillefer (f° 123 v°).

(2) *Montels* (qu'il ne faut pas confondre avec Saint-Jean-de-Montels), commune du canton de Montmiral, à la limite du canton de Gaillac, était une baronnie de l'abbé de Saint-Michel. Elle existait bien avant l'année 1231 et l'on a trouvé, à quelques pas du village, au lieu dit de *Larille* (le *Lariale* d[e] Masenx), les traces d'un établissement gallo-romain. Montels était administré par deux consuls.

(3) François avait dû payer une somme de 30 sols qui explique ce reste. On voit que l'écu (petit) est compté exactement ici à 27 s. 6 d.

(4) *Vialars*, mas situé dans les pentes boisées du Tescou, à 2 kilom. 0 de Saint-Jérôme et 500^m du Gay (paroisse de Saint-Jean de Montels).

Brou de Castelnuou (1) la soma de vi *Ll.* p(er) iii (e)mi(n)as de blat qu(e l)y prest(e)ry p(er) sem(en)a et me deo paga p(er) la Madaleno proda ven(en); pres p(er) las mas del b(o)r(d)ié et (presen) mossen Johan son fr(air)e.

— Paul Bru me deo la soma de xi do(b)las p(er) 1ª ta palmolla que ly ay blailat (*baillat*) p(er) sem(en)a p(er) sa part l'an vᵉ xlv, lo x de febrie (2).

— Pᵉ Bla(n)c me deo la soma de ..... *Lt.* v *s.* p(er) una.....
La suite de l'article est complètement effacée.

Fᵒ 3 vᵒ   Franses Guy, del mas de Fonladà (3), me deo la soma

(1) La fondation de Castelnau-de-Montmiral, due aux comtes de Toulouse, date de 1222. Son nom *Castrum norum de monte-mirabili* ou *de montespeculo* indique sa situation sur un mamelon, en avant des coteaux de la rive gauche de la Vère. Passée aux rois de France, héritiers du comte de Toulouse, la seigneurie de Castelnau vint aux vicomtes de Talard et au comte d'Armagnac; Louis d'Amboise l'acheta en 1491. A l'époque qui nous occupe elle appartenait de nouveau au roi de France; aussi le vicomte de Paulin f.t-il une rude guerre aux Consuls de Castelnau, sans pouvoir toutefois se rendre maître de ce refuge de catholiques. Le maréchal de Belle-Isle en devint acquéreur en 1719 et la vendit en 1751 à Galabert-Daumont dont le gendre, le président Henri du Puget, la céda, en 1779, au comte d'Huteau. Les nobles de Castelnau, dont il sera souvent question dans ces comptes, n'avaient aucun droit sur la ville.

Rafael Brou, dont il est ici question, semble avoir été agent d'affaires ou procureur à Castelnau ; du moins son nom est souvent associé, dans les litiges de Masenx, à celui du sergent de justice Pierre Gay (fᵒ lxxxviii rᵒ et 100 rᵒ). Son nom, que Masenx écrit quelquefois *Broun*, est évidemment une altération de Bru ou Brun.

(2) Paul Bru (Brun), fils de Jean, du *mas des Brus*, avait succédé, vers 1511, à Ramon Toingne comme bordier de Masenx à Luman. Il est désigné dès 1513 comme habitant Luman (fᵒ xcviii rᵒ).

(3). Le mas de *Fonladà*, auquel Masenx fait souvent allusion, ne se trouve pas dans Tranier ; mais nous savons qu'il était dans la paroisse de Vors (fᵒ lxxi vᵒ) et qu'il dépendait de la seigneurie de Cahuzac, (fᵒ 105 rᵒ). C'était donc très probablement le mas actuel *des Fontanelles*, commune de Castelnau-de-Montmiral, à 1500ᵐ au Sud des églises de Vors et de Saint-Jérôme. Ce mas était habité par une famille de bordiers du nom de *Guy* (Fabre écrit *Gy.*)

Comme ce nom revient sans cesse dans les comptes de Masenx il est nécessaire de différencier les familles qui le portaient. Ces familles forment trois branches distinctes de bordiers et de tenanciers :

1º La *branche de Senouillac*, dont le foyer principal paraît avoir été au *mas des Albarils*, a pour chef, en 1525, Pierre Guy de Senouillac (fᵒ lx vᵒ)

de xlii dob⁵ p(er) 1ª (e)mina de favos et ves(s)os presos l'an vᶜ xlviii lo mes de febrie ha Castelnuou. B(a)ilat p(er) las mas de ma molie et deo paga p(er) la Madaleno.

— Guiraud Calvet, fil de An(t)hony, del mas de las Ang(lad)as (1), me deo la soma de xiiii ₃ª] *la*, mestura a xi doblas la ₃ª *la*, et 1ª *la* mosola (a) xxii s. vi d., qu(e) mo(n)ta tot (a) la soma de vii *Ll*. xv s. x d.

        Pª ii *Ll*. v s. en un e(s)cu(t) et la resta deo paga per la Madaleno proda venen am las ₃ª *la* v(es)sos que...... *Illisible : (sans doute* que prenguec lo......)

— It. deo may la soma de iii *Ll*. vii s. vi d. p(er)..... ves(s)os presos l'an vᶜ xlvi lo v de may et s'en f(e)c bi(l)eta presa p(er) mestre Johan Turlla que monta tot iii *Ll*. vii s. vi d. (2).

acquéreur des terres du Perié-Bategat, encore vivant en 1513 (fᵒ 103 rᵒ).
  De ses deux fils, l'aîn[é] Je[an] Guy, des Albarils, habite le domaine de ce nom en 1511 et 1516 (fᵒˢ   u vᵒ) ; il vend en 1535 à Masenx, avec le consentement de son père [un] jeune fils, désigné sous le nom de *Johan Guy jore*, les terres du P[eri]é-B[at]egat (fᵒ 126 vᵒ). — Le second fils de Pierre, Jamme ou Jacques, avait sans doute épousé une de ses cousines du mas de Fonlada ; quoi qu'il en soit, il habite en 1516 le mas de ce nom (fᵒˢ 8 vᵒ, lxxv vᵒ).
  Enfin Pierre Guy a pour valet, de 1529 à 1533, un de ses neveux, Antoine Guy (fᵒˢ xlii vᵒ, xliv rᵒ) qu'on retrouve en 1538 scieur de long (*ressegaire*) à Senouillac (fᵒ xlj vᵒ) et qui, en 1540, habite le mas de Tricou et dont la sœur a épousé le bordier, Jacques Toingne (fᵒ lxix vᵒ).
  2ᵒ La *branche de Vors* habite, comme on l'a vu, le petit mas de Fonlada, à l'Est de la forêt de Gradillo ; elle a pour chefs Benoît Guy (fᵒ 9 vᵒ) et ses trois fils, Olivier, François et Grégoire.
  François et Grégoire ne semblent pas avoir eu d'enfants : ils habitent Fonlada de 1510 à 1518 (cf. fᵒˢ 3 vᵒ, 5 vᵒ, lxxi vᵒ, lxxiii vᵒ, lxxv vᵒ, 105 rᵒ). Olivier au contraire eut deux fils, Jean et Antoine (fᵒ 7 vᵒ, 101 rᵒ et 103 rᵒ) et probablement une fille ou une sœur mariée à Jacques Guy, fils de Pierre, de Senouillac, qui vint alors habiter Fonlada.
  Enfin Antoine, fils d'Olivier, eut de 1540 à 1543, de nombreuses relations avec Masenx dont il épousa la nièce et fut sans doute le colon (fᵒ xxx rᵒ, lxxxv rᵒ, lxxxvii rᵒ, xci vᵒ). Tous habitaient Fonlada.
  3ᵒ Enfin la *branche de Castelnau-de-Montmiral* paraît avoir eu pour berceau le petit *mas de Guy* ou *Jean Guy*, à l'Est de la ville. C'est à elle qu'appartient incontestablement le forgeron Pierre Guy de Castelnau, 1510-1541 (fᵒˢ lxxix vᵒ, lxxx vᵒ 115 rᵒ, 117 vᵒ.

  (1) *Las Angladas*, auprès de Durban, à 3 kilom. S.-E de Castelnau, dans le terre-fort (paroisse Saint-Jérôme).
  (2) Ces chiffres sont presque totalement effacés par l'humidité : c'est pour-

F⁰ 4 r⁰   Ra(m)on Tol(o)sa de Sant Geromy me deo la soma de xi *dob*ˢ p(er) ;ª *la* ves(s)os presos l'an vᵉ xlv lo xxv de febrie. Deo paga p(er) Tossa(n)s.

— Ra(m)on Fabre me deo la soma de xx *Ll*. p(er) blat prestat l'an vᵉ xlv lo m(e)s de jun et deo paga p(er) la Madaleno proda venen. Faita carta p(er) Johan Turlla, notary de Gall(a)c.

Au-dessous, d'une écriture plus récente :
            Pª cant me ve(n)dee la t(er)ra de Resals (1).

— B(e)rn(a)d Fabre me deo la soma de xxv *Ll*. p(er) vi ? lª *la* fo(rme)n que me devio et deo paga en dos ans. Fat l'an vᵉ xlv lo mes de febrie. Carta p(er) Turlla, notary.
            Pª xxvii *s*. vi *d*.
            Pª xxvii *s*. vi *d*. (2)

F⁰ 4 v⁰   L'an vᵉ xlv lo mes de mars s'en sec lo fe que hay pres de la b(o)rio de Sant Géromy et b(a)ilat p(er) las mas de mon conat, et prima :
Johan Duran me deo vi Q xxi *Lb*.
Johan Girlan (3) me deo x Q.
            Pª lo jorn (meteis) v *s*.
            Pª ii *Ll*. lo endema de Sa(n)ta Ceseiio (4).
Jame Bla(n)et deo x Q.
            Pª i ʳ viii doblas lo jorn de S(ant)a (Ce)selio.

En marge :
            Re(s)ta xxi do(b)las (5).
A(nt)hony Raynal me deo vi Q.
            Pª xxxiii *s*.

quoi Masenx les a reproduits plus haut, en surcharge. L'altération de ce cahier est donc due à une cause accidentelle et existait déjà du vivant de Masenx.

(1) La terre de Resals, sise à Candastre, avait été achetée par Eu(t)rope Fabre et laissée par celui-ci à son frère Ramon. (Cf. *Fabre*, fᵒ v v⁰.)

(2) Il s'agit évidemment de deux paiements faits en écus petits.

(3) *Johan* a été effacé. Peut être faut-il lire *Gir(o)lam(o)*.

(4) Le 22 novembre, fête de Sainte-Cécile, était jour de foire à Montmiral. 10 quintaux à 5 *s*. 6 *d*. le quintal font en effet 2 *lt*. 5 *s*.

(5) L'écu (petit) est compté à 27 *s*. 6 *d*. et la dobla à 11 *d*.

·Johan Alibert me deo IIII Q que se vendio(n) p(er) cintal v s. vi d., q(ue) mo(n)ta tot mo(n)ta *(répété)* IX Ll. XVIII s. (1).

— It(em) an may pres lo VI aost III Q m(en)s V Lb. que so(n) en favos (2).

P^a Johan Alibert XXX s. lo XXVIII de' febrie.

Resta I Ll. XVIII s.

F° 5 r° L'an V^e XLV lo XXIIII del mes de mars *ha pres* (3) P^e Paliès, del mas de Paliès (4), me deo la soma de XXII s. p(er) crompa de IIII Q de fe et deo paga p(er) Tossa(n)s.

— It(em) me deo may la soma de II Ll. V s. p(er) crompa de I^a (e)mina de blat pres lo la vespra de Pas(qu)etas (5) l'an des a Gallac et deo paga p(er) Sant Johan proda venen.

— L'an des G^m Ricart, fil de Johan, del mas de Gaye (6), me

---

(1) C'est le total du foin livré par le beau-frère de Masenx, — 36 quintaux, — qui, en effet, à 5 s. 6 d. le quintal, fait 19 lt. 18 s. Il semble donc que les cinq acheteurs aient opéré ensemble, comme société, et que Jean Alibert ait répondu pour eux. C'est ce qui explique la formule suivante : *Item an may pres*, et c'est ce qui permet de comprendre pourquoi Jean Alibert, qui n'a pris pour son propre compte que 22 sols de fourrage, paie 30 sols le 28 février et se trouve encore débiteur de 38 s.

(2) Sans doute de la fève verte, fourragère, dont les animaux sont très friands.

(3) Il faut, pour la correction de la phrase, supprimer ces deux mots.

(4) Lo *mas de Paliès* (aujourd'hui *Palis*), sur les coteaux de la rive gauche du Tescou, à mi-chemin des églises de Gradille et de Vors.

(5) *Pasquetas* : le dimanche après Pâques.

(6) Le *mas de Gaye* (aujourd'hui *Gay*) était une petite métairie de la paroisse Saint-Jean-de-Montels, à 2 kilom. O. de Saint-Jérôme-du-Tescou. C'était le berceau de la famille Algay (dont un des membres, mossen *Estiene Algay*, tailleur enrichi, habite Castelnau); aussi Masenx l'appelle-t-il souvent le *mas des Algays* ou *les Algays*.

Cette famille était représentée par les fils de Darde Algay, à savoir :

1° Pierre Algay et ses enfants, Etienne, Jean, Ramon et Gaillarda. Celle-ci avait épousé Guilhem Ricart et habita d'abord avec lui le mas voisin de Vaissière (f° LXIX v°); mais Jean et sa sœur Gaillarda vendirent Vaissière à Masenx en 1536 (f° 126 r°), ce qui explique comment Ricart habitait les Algays en 1515. Jean alla habiter chez son beau-père Guilhem Johan, le mas de *la Boscario*, en pleine forêt de la Grésigne (f° 159 v°); son fils s'appelait Arnaud (f° XXXIX r°). Ramon demeura aux Algays (f° 13 r°). Quant à Etienne, c'est le richard de la famille et Masenx ne le nomme qu'avec considération.

2° Jean, que Masenx appelle *Johan Algay, fil de Darde, del mas de*

deo la soma de xxvii s. vi d. p(er) crompa de v Q de fe pres (l)an des et deo paga p(er) Tossans.

— Ra(m)on Tu(e)ngne et Guir(au)d Tu(e)ngne (1) son fil, del mas de la Trella, me devo(n) la soma de xxxiii doblas p(er) re(s)ta de iii ^{as} I *ta* ve(ss)os pressas lo xxii del m(e)s de m(a)rs. De(v)o(n) paga de jo(r)n en jo(r)n a ma volontat, presen Olivié Destavila, so(n) nebot.

P^a xxv s. G(uirau)d.
Re(s)ta ii s. vi d.

f° 5 v°   ' L'an v^e xlv lo xviii del mes de febrie me deo B(e)rtran Johan, barbie de Brunac (2), la soma de v s. v d., re(s)ta de crompa de ^{a} *ta* favos presas ha Gallac, presen

Gaio, perocio de Sant Johan (f° lxxi v°). C'est à celui-ci que Masenx vend une ânesse et son produit (f° 6 r°) ; il était mort, laissant deux enfants, Antoine et Guiraud, en 1516 (f° 12 r°).

3° Antoine (qui est appelé par erreur Arnaud au f° 12 r° et au répert. f° 1 r°). Masenx l'appelle aussi *Anthony Algay det Barutel* (f° xlvi v°) ou *Anthony Algay may ciel* pour le distinguer de ses neveux, Antoine jeune et Guiraud, avec lesquels il habitait à la mort de Jean (f° lxxv r°). Guiraud Algay cependant est signalé comme habitant en 1516 la paroisse de Saint-Jérôme (f° 9 v°). Antoine habitait le *mas de la Ginebreira*, contigu au Gay ; il eut un fils, Guilhem, dit *Fitou* (f° xxviii r°).

On trouve en outre, vers 1510, un Bernard Boudet au mas des Algays (f° lxx v°).

(1) Ramon et Guiraud Toigne sont d'anciens bordiers de Masenx ; il en sera souvent question dans ces comptes. La famille Toigne (*Tuengne*) qui a tiré son nom du *mas de Tuengne* (aujourd'hui Tunengé) à 3 kilom. N.-E. de Castelnau, se composait de deux frères et une sœur. La sœur, mariée à Guilhem d'Estaviale, habitait le *mas du Pech de Malemort* (paroisse de Saint-Etienne de Brugnac) et avait deux fils, Antoine et Olivier (celui-ci paraît avoir été au service de Masenx); l'un des frères, Jacques, habitait en 1510 et 1512 le *mas des Tricou* avec son beau-frère Antoine Guy (f° lxix v°); l'autre frère Ramon, celui dont il est ici question, paraît avoir été très nomade. En 1527 il est colon au mas de La Treille, près Saint-Beauzile (f° xlvii r°), en 1531 il a loué à Masenx sa terre de la Barthe et il a avec lui des difficultés qui nécessitent l'intervention du juge ; cependant en 1535 Masenx le prend, avec son fils Guiraud, comme métayer et gazailler de Bagarados (sa ferme de Luman) pour 6 ans. A l'expiration du bail, Ramon Toigne dût revenir habiter La Treille tandis que son fils allait à Candèze (f° lxxxvi v°) (le Candèze de Sainte-Cécile-du-Cayrou). Le compte ci-dessus se rapporte à 1515.

(2) *Brugnac*, aussi appelé *Brignac* et que Masenx écrit *Brunac*, était un hameau sur la rive gauche de la Vère, autour de l'église Saint-Etienne. Il n'en reste qu'un mas.

B(e)rnad Sotsol, fil de Jame. Deo paga p(er) Rampan (1).
P(a)(a) ma molie.

— L'an des lo xxiii del mes de mars ha pres Johan Guy may viel, fil de Olivie Guy la soma de iii (e)mi(n)os blat mosola que monta la soma de vi Ll. xv s. et deo paga p(er) Sant Jolio (2); bailat p(er) las mas de ma molie, presen Franses Guy.

P(a) iiii Ll. p(er) ii 7̃ B(lat) que (me) bailec l'an v(e) xlvi (3).

— L'an des (et) lo jorn me deo Franses Guy, del mas de Fonlada, la soma de vi v. xv s. p(er) iii (e)minos blat et deo paga p(er) la Madaleno.

It(em) me deo may la soma de xxvii s. vi d. p(er) iii ʒ(as) favos presos p(er) davan; deo paga p(er) la M(a)d(a)l(e)n(o).

F° 6 r° Johan Algay del mas de(s) Algays (*Guy*) me deo la soma de ix Ll. p(er) crompa de uno saumo (4) et uno petito saumillo et deo paga p(er) la Madaleno proda venen la soma de iii Ll. x s. et l'autra mitat p(er) Tossans en un an. Fat l'an v(e) lv (5) lo m(e)s des.

— L'an des, lo xx del m(e)s de mars me deo mossen Jordy Gaubiel, fr(ai)re (6) de Sant Andrio, la soma de xxviii s. p(er) argen presta(t). Deo paga de jorn en jorn.

Plus deo iiii Ll. x s. p(er) un cestie de blat pres l'an des, bileta scrinda p(er) sa ma (et) deo paga p(er) la Madaleno.

It(em) me deo may ii sesties blat que li prest(e)ry

---

(1) *Rampan*; le dimanche des Rameaux. Ce mot doit s'écrire *Rampalm* (*Ramos et palmos*).

(2) Il y a plusieurs fêtes de Saint Julien, notamment au 9 janvier; il s'agit probablement ici de la fête de Saint Julien l'émissaire, qui se célébrait le 12 août (voir la note du f° xciii, r°).

(3) C'est l'exemple le plus caractéristique de prêt usuraire de ce livre. Se reporter au tableau des prix du blé, que nous donnons à l'Introduction.

(4) A la place de *uno saumo* l'auteur avait d'abord écrit, puis effacé : *un ase*.

(5) Il faut lire évidemment v(e) xlv.

(6) C'est-à-dire frère hospitalier de Saint André. On retrouve ce personnage au f° 137 v° et suivants.

l'an vᶜ xlviii lo m(e)s de m(a)rs, pres p(er) las mas de son bot que demoro amb'el et me deo tor(n)a tan de blat.

Fᵒ 6 vᵒ · L'an vᶜ xlvi lo xxviii del m(e)s de mars Gᵐ de Masenx may viel me deo la soma de ii *Ll.* i *s.* p(er) re(s)ta de vi ₃ᵃˢ blat et deo paga p(er) Sa(n)t Mi(c)al de se(tem)bre.

It(em) deo may la soma de x do(b)las p(er) ₃ᵃ carta ves(s)os presos l'an davan et cinados, p(er) Sa(n)t Mical (1), presen Ra(m)on Tolosa et B(e)r(t)omio Rous, fil de Gu(i)r(au)d. Bileta..... (*la phrase n'est pas achevée*).

Fᵒ 7 rᵒ · Johana Durbada (*Durbana*), mollie de Pᵉ Calvet, me deo la soma de xi *s.* iii *d.* p(er) ₃ᵃ *la* de blat pres l'an vᶜ xlv lo mes de ma(r)s, baliat p(er) las mas de ma molie et me deo paga p(er) la Madaleno.
Pᵃ xi *s.* iii *d.*

— Raf(a)el Brou me deo la soma de iiii *Ll.* p(er) un cestie brat (*blat*) pres l'an vᶜ xlvi lo m(e)s de abrial pres (*répété*) p(er) las mas de An(d)rio Ca(n)olas et el presen et deo paga p(er) la Madaleno proda venen.

— Mestre An(t)hony Masenx me deo la soma iiii *Ll.* x *s.* p(er) 1 7 blat pres l'an vᶜ xlvi lo xii del m(e)s de abrial et deo paga p(er) la Madaleno, presen Andrio Cano(la)s, molinié.

· — Pᵉ Durban, fil de Pᵉ, me deo la soma de xi *s.* vi *d.* p(er) ₃ᵃ *la* blat pres lo jorn des(s)us, presen Gᵐ Ricart. *Ajouté ultérieurement* : Cont(a)t es.

Fᵒ 7 vᵒ · Johan Guy, fil de Holivie, del mas de Fonlada, me deo la soma de iiii *Ll.* x *s.* p(er) 1 7 blat pres l'an vᶜ xlvi lo xvi del mes de jani(e) et deo paga p(er) Sant Jolio.
Pᵃ ii *Ll.* en un sestie blat.

— Johan Rocas viel, del mas de Gaio (2), me deo la

---

(1) C'est-à-dire qu'il doit rembourser une demi-cartière de vesces prises à la Saint Michel précédente et dont il a signé le reçu.

(2) On a déjà vu (fᵒ v rᵒ) un *mas de Gay*, près Saint-Jérome. Or il en existait deux autres, du même nom, dans la paroisse de Candastre ; l'un (aujourd'hui *Gayo* ou *Gayou*) à 500ᵐ au N. de Puechauzy, l'autre (aujourd'hui *Le Gay*) à 500ᵐ à l'Est de Candastre et à la même distance au Sud de

soma de v do(b)las p(er) I *ta* de mil que ha pres l'an vᶜ xlvi lo xvi de abrial.

— Pᵉ Rocas me deo la soma de vii dob(l)as p(er) iii *b.* de mil que (a) pres l'an vᶜ xlvi lo xvi de abrial.

— Johan Gay (*Algay*), fil de Pᵉ, me deo la soma de v dob(l)as p(er) un carto de mil que (a) pres l'an vᶜ xlvi lo xvi de abrial.

— Gᵐ Ricart deo p(er) ꝫᵃ *ta* ves(s)os xi dob(la)s presos l'andes lo xv de abrial. Deo paga p(er) la Madaleno proda venen.

Fᵒ 8 rᵒ   Mossen Johan Aurel me deo la soma de xxii *s.* vi *d.* p(er)

Lagarrigue. La distance qui sépare ces deux derniers n'excède pas 1500ᵐ, tandis qu'ils sont à 10 kilom. environ du premier.

Masenx ne donne pas d'orthographe fixe à ces trois mas; il les appelle indifféremment *Gay, Gaye, Gayo, Gays, Jaio, Algays*, etc..., mais il n'est pas douteux que c'est le *mas de Gayo*, paroisse de Candastre, qu'il désigne ici. (Il faut toutefois remarquer que rien n'est moins sûr que ces orthographes distinctives ; ce sont celles de la carte d'Etat-major, mais les trois mas pourraient indistinctement s'appeler Gay, le Gay, Gaye ou Gayou ; il est probable que c'est précisément pour les différencier qu'on leur a donné des noms un peu différents. Du reste la carte indique un second mas de Gayou, dans la forêt de la Grésigne, sur la route de Castelnau-de-Montmiral à Penne.)

Le *mas de Gayo* (paroisse de Candastre), était alors habité par une famille Roques (*Rocas*), composée de deux frères, fils de Guilhem Rocas, Jean *may ciel* et Pierre.

Jean Roques l'aîné (*may ciel*), ainsi nommé pour le distinguer de son fils, est celui qui vend, en 1540, à Masenx une carterée de terre (fᵒ 132 vᵒ) et qui cultive, de compte à demi, son pastel à Puechauzy (fᵒ xcvii rᵒ). Son fils est ce *Jean Rocas may joce* qui avait vendu, en 1535, à Eutrope Fabre sa terre de *la Carbonière* et l'avait ensuite prise à arrentement (V. : fᵒ lvii rᵒ). On voit qu'il ne faisait pas de très bonnes affaires. Il devait être mort en 1545 car, à cette époque, sa femme et son beau-père Frayssinet, de Labastide, sont colons de Masenx auquel ils empruntent les semailles de 1546 (M. fᵒ 1 rᵒ).

Pierre Roques ne nous est connu que par son fils, Jean. Celui-ci avait quitté *le Gayo*, pour venir habiter *les Albarils*, aussi Masenx l'appelle-t-il *Johan Rocas, fil de Peire de Gaio, del mas des Albarils* (fᵒ lxxv rᵒ). C'est lui qui vend à Masenx, en 1538 et 1539, ses terres de *la Carbonière* et *des Lices* (*Las Lissas*) (fᵒ 128 vᵒ).

Enfin on trouve encore, en 1538, un Jean Roques, fils de Jean, au *mas des Albarils* (fᵒ lxii rᵒ) et, en 1540, un Jacques Roques, fils d'Antoine, au *mas de la Pairolio* (paroisse de Saint-Jean de Montels). Ce dernier ne paraît pas avoir de parenté avec les autres (fᵒ lxxxii vᵒ).

Iª *la* blat que lo b(a)ilec a sa (ne)boda l'an vᶜ xlvi (et) lo xvi de abrial. Bailat p(er) las mas de ma molie.

— Ramon Fabre me deo la soma de iii *Ll.* vii *s.* vi (*d.*) p(er) vi ;ᵃˢ blat pres l'an vᶜ xlvi lo viii (xviii) del mes de abrial, b(a)ilat p(er) las mas de Johan mon cognat. Deo paga de jorn en jorn.

Au dessous, d'une écriture plus récente et précipitée :
(Paga) cant (vend)et la t(er)ra (1).

— Johan Rocas may viel, del mas de Gaio, me deo la soma de xv *Ll.* xvi *s.* p(er) blat (et) ves(s)os. Deo paga p(er) Nadal proda venen coma (a)par p(er) carta presa p(er) mestre Johan Turlla, notary de Gallac, l'an vᶜ xlvi lo v jorn del mes de may.

— Johan Sudre, fil de Gu(i)r(au)d, del mas des Cambes (2), de la p(e)rocio de Sant Geromy, me deo la soma de v *Ll.* x *s.* p(er) blat, coma (a)par p(er) bileta presa p(er) mestre Johan Turlla de Gallac.

Plus deo ;ᵃ *la* vessos (et) deo torna tan (de) ves(sos).

Fait l'an vᶜ xlvi lo v de may.

Fº 8 vº — Jame Guy, del mas de Fonlada, me deo la soma de xxviii *s.* ii *d.* p(er) crompa de Iª *la* blat et Iº *lo* favos presas lo vi jo(r)n del mes de may l'an vᶜ xlvi et deo paga p(er) la Madaleno proda venen.

— Lo fil de Peire de la Roca (3) ques maridad ha C(a)ndastre a la borio des Audeba(l)s (4) me deo la soma de iii *Ll.* xi *d.* p(er) crompa de v ;ᵃˢ blat et de I *lo* ve(ss)os, pres l'an vᶜ xlvi lo vi de may. Bileta... (*inacheré*). Deo paga p(er) la Madaleno proda venen.

(1) Cette note, postérieure à l'article, a évidemment été ajoutée en même temps que celle du fº 4 rº ; elle serait incompréhensible sans celle-ci.

(2) Aujourd'hui *Las Combes*, à 1 kilom. Sud de Castelnau et 1500ᵐ Nord de Saint-Jérome.

(3) *Larroque*, mas important, à 1 kilom. E. de Broze et environ 2 kilom. et demi N.-O. de Candastre.

(4) Peut-être faut-il lire : *la boria des Andebas*, la métairie du Bas-fond.

D'une écriture plus récente :
Deo fa bilet(a).

* — P^e (1) Palès, fil de Ramon, del mas de la Regado, me deo la soma de II *Lt.* v *s.* p(er) l^a mina de blat que (a) pres lo d(a)r(n)ie jorn de abrial et deo paga p(er) la Madaleno proda venen, l'an v^e XLVI.
Deo fa bileta.

F° 9 r° * Gira(u)d Algay, de la perocio de Sant Geromy me deo la soma de III *Lt.* que ly (ay) prestadas p(er) recobra lo prat que havio vendut a Mossen Est(i)ene Algay et me deo tor(n)a l'argen ho bayla lo prat p(er) Sant Johan proda venen. Fat l'an v^e XLVI lo XXV de abrial.

* — Johan Algay, fil de Darde, me deo la soma de III *Lt.* VII *s.* VI *d.* p(er) VI ӡ^{as} f(orm)en que pr(engu)ec lo jorn de Sant Johan de may l'an v^e XLVI, presen G^m Tallafer, fabre, fil de Mical. Deo paga p(er) la Madaleno.
Re(s)ta XII *s.* VI *d.*

F° 9 v° * Johan Badel, fil de Johan et gendre de Gu(illam)ot Guy, deo la soma de XXII *s.* VI *d.* p(er) l^a *la* de blat f(orm)en pres lo jo(r)n de Sant Mical de may (2). Deo paga p(er) la Madalena proda venen.
P^a XXII *s.* VI *d.*

* — Falip Barié deo la soma de XXII *s.* VI *d.* p(er) l^a *la* fⁿ pres lo jorn de Sant Mical de may et deo paga p(er) la Madaleno proda venen; que la volio p(er) baila ha An(t)hony Johan jove.
P^a An(t)hony Jo(ha)n XXII *s.* VI *d.*

* — F(r)an(se)s Guy, fil de (Ben)aset Guy, del mas de Fonlada, me deo la soma de XI *Lt.* v *s.* x *d*^{es} p(er) II 7 blat et l^a mi(n)a ves(s)os et un(a) ӡ^a *la* ves(s)os, conte fat lo XVI de m(a)y et deo pag(a) p(er) la Madaleno proda venen.
P^a IIII *Lt.* p(er) II 7 blat que les (avio) preses Johan Guy.
P^a II *Lt.* p(er) las mas de Johan Guy jove, fil de Olivié.

(1) Masenx avait écrit *Guiraud*, qu'il a raturé.
(2) La fête de la Révélation (apparition) de Sant Michel, le 8 mai.

F° 10 r° ' Johan Gros, del loc de Brosa (1), me deo la soma de
III *Ll*. p(er) un sestie de blat que me d(e)vio della re(n)da
et p(er) las despensas, et deo paga p(er) Tossans proda
venen coma (a)par p(er) bileta presa p(er) mestre P⁰ Valieros
de Gallac l'an v⁰ XLVI lo XXVII de may.

P^a cant me ve(n)dec la re(n)da (2).

' — Bertran Caminada, fil de Anthony, de Castelnaou de
Monmiral (3) deo la soma de II *Ll*. v *s*. p(er) c(r)ompa de
I^a mi(n)a de blat que ha pres à Gallac l'an v⁰ XLV lo XXI de
may, presen Johan Delpoun. Deo paga p(er) la Madaleno
proda venen.

' — La molie de Jorlivert (4), de Ca(m)in(a)da, me deo,
p(er) re(s)ta de I^a *ta* blat fo(rme)n, la soma de v *dob*ˢ v *d*.
Deo paga de jorn en jorn; presen Bertran Ca(m)inada qu'ero
presen. Fat l'an et le jorn des(sus).

F° 10 v° Ramon Fabre, del mas de Pec-aussy (5), me deo la soma
de XXVII *s*. VI *d*. p(er) crompa dell'erba de un prat que j'ey al
loc det a la Besardio (6), que se te(n) an la Capell(an)ié, et
deo paga p(er) Tossa(n)s proda venen.

F° 11 r° Ra(m)on Badel et Dalfino Plas(s)a, sa molie, del mas de
la Plas(s)ario (7), me de(v)o(n) p(er) re(s)ta de v b(a)ricas (de)

---

(1) *Broze*, commune du canton de Gaillac, à 1 kilom. Sud de Montels. On ne connaît pas ses origines. Les Anglais s'emparèrent de son château en 1388. C'était un *juratif* dépendant de Cahuzac-sur-Vère et administré par deux jurats qui relevaient des consuls de Cahuzac. La Seigneurie de Broze appartenait en 1515 à Bertrand d'Hébrail, sieur de Dalon et de Lacourtade. (*Monogr. comm.* t. II. p. 124.)

(2) Il s'agit d'une *pensio annuala* consentie en 1538. Cf. f° 128 r°.

(3) L'une des six portes de Castelnau portait le nom de *porte de Caminade*, ce qui semble indiquer que la famille de ce nom dût jouer un certain rôle. Le *mas de Caminade* était probablement au voisinage de la porte.

(4) C'est la femme de Jean Caminade, dit Jolivert. (Voir f° LXXII v°.)

(5) On a déjà vu ce mas de *Pechaussy* (Puechauzy sur la carte d'Etat-major) dans la paroisse de Candastre. Signalons-en un second (Puechaussy sur la carte) à 15 kilom. du précédent, dans le canton de Montmiral, entre les châteaux de Fezembat et de La Garde. Masenx ne semble pas avoir parlé de ce dernier.

(6) *La Besardio* ou *la Bisardio*. Fabre nous apprend (f° XII v·) que ce nom est synonyme de *Puechauzy*.

(7) Le *mas de la Plassario* (auj. *Plassarié*), est situé à l'entrée de la

vy que han crompat de my l'an vᵉ xxvII en lo m(e)s de juliet ; que re(s)ta III *Ll.*; lo cal comte es al presen libre, fº xxx (1).

It(em) me de(v)o(n) may los des la soma de xxvIII *s.* III *d.* p(er) lo vy que re(s)ta dell' an vᵉ xlI lo mes de jun (2).

It(em) may de(v)o(n) p(er) un ba(s)t xxxIII *s.* III *d.*, pres l'an vᵉ xlIIII, bileta p(er) Cantal(au)sa (3).

— An(t)hony Repuos, del m(a)s des M(e)r(l)es (4), deo p(er) re(s)ta de un ase bastat que (ha) pres l'an vᵉ xxvII, carta presa p(er) Cantala(u)sa, que ne re(s)ta III *Ll.* x *s.*, qu'es fº xxxI (5).

It(em) me deo p(er) la miso de la saumo que me t(en)io lᵃ mi(n)a blat p(er) II ans.

Fº 11 vº — Jame Cressel, tis(s)e(i)re de Bru(gna)e, deo p(er) re(s)ta de tela et drap pres l'an vᵉ xxxIIII en jun, coma (a)par p(er) carta presa p(er) Cantala(u)sa, que re(s)ta xxxII *s.* vI *d.* (Es) fº xxxI.

— Johan Tallafer, tab(o)ret, de(o) p(er) re(s)ta de II ca(n)os II pans (de) drap gris pres l'an vᵉ xxIIII, bileta p(er) mestre An(t)hony Reg(ie)yros, que re(s)ta xvII *s.* vI *d.* (Es) fº xxxv.

— An(t)hony Tallafer, del mas de Ra(ma)dies (6), deo p(er)

forêt de la Grésigne, à 1 kilom. au Nord de la Vère, sur la route de Castelnau à Penne (paroisse de Saint-Martin de Lespinas). Ramond Badel y tenait une auberge, ce qui explique les quantités de vin qu'il achète. (Voir fᵒˢ xxx vº, lxxxv rº, lxxxvII rº.) Il est probable que ce nom de *Plassa* avait été laissé par la famille de sa femme à plusieurs feux, car il existe encore, à côté *du Plassarié*, un *moulin de Place*, sur la Vère. Le *mas de Badel*, duquel le mari de Delphine Plasse est probablement originaire, est à 3 kilom. Est de Castelnau.

(1) Ce compte se trouve en effet au vº du fº xxx de la 2ᵉ partie. Cette correspondance est la preuve que l'assemblage des deux parties a été fait par Masenx.

(2) Voir ce compte au fº lxxxv rº, 2ᵉ partie.

(3) Voir ce compte au fº 101 rº, 2ᵉ partie.

(4) Le *mas des Merles* (auj. Merle) et *la Merlarié* se trouvent à côté de *la Plassarié*, ancienne paroisse de Saint-Martin de Lespinas.

(5) Voir en effet ce compte au fº xxxI rº et la *billeta* de Repuos à l'Appendice.

(6) *Ramadies*, voir la note suivante.

re(s)ta de un sestie blat pres l'an v° x(x)ui lo xii del mes de abrial, carta p(er) Maloti, re(s)ta ii *Ll.* xi *s.* ii *d.*

— Arnaud Tallafer, fil de Mical, del mas de Bedario (1),

(1) Ce nom peut se lire aussi *Lodario*, mais nous ne pouvons actuellement l'identifier ; peut-être est-ce le nom primitif du *mas de Taillefer*, agglomération importante située au milieu de la paroisse Saint-Etienne de Brugnac, à 1 kilom. au Sud de cette église et à 1 kilom. à l'Ouest du château de Lagarde. Quoi qu'il en soit les trois mas de *Ramadiés*, de *Belpuech* et du *Roc* sont situés à moins de 2 kilom. de Taillefer, dans le massif boisé de *Civens* qui, du côté du Sud, sépare ce mas de la paroisse Notre-Dame d'Oustrières. — *Ramadies* est à 1 kilom. Sud-Ouest de Taillefer ; il ne faut pas le confondre avec l'ancien *château de Ramadiés*, auprès de Puycelsi.

On a déjà vu apparaître plusieurs fois ce nom de *Taillefer*. Il était porté par plusieurs familles répandues dans les mas des paroisses Saint-Etienne de Brugnac, Saint-Martin de Lespinas, Saint-Jean de Montels, Saint-Jérôme du Tescou, Castelnau-de-Montmiral et Saint-André de l'Olm. On peut diviser ces familles en deux groupes :

1° *Groupe de Brugnac* ; il compte trois familles au moins du nom de Taillefer, à savoir :

(a) Michel Taillefer (f° xlix r°) dont on connaît quatre enfants au moins : une fille, mariée en 1521 à Pierre Blanc, de Belpuech (f° ii v° et xxxv r°), Arnaud, tisserand à Brugnac (1524-1533), Guilhem et Antoine.

Arnaud Taillefer eut deux fils : l'un, Guilhem, qui eut l'honneur d'avoir Masenx pour parrain (f° xxxv r°) et qui fut sans doute forgeron à Castelnau (f° lxix r°), et l'autre, Pierre, qui habitait Brugnac en 1510 (f° xxxv r°).

Guilhem Taillefer, dit *Bigorat*, fils de Michel, fut bordier du mas de Lasserre, paroisse de Saint-Jérôme, à partir de 1531 ; il habitait encore Lasserre, avec son frère Antoine, en 1546 (f° xxv v°, xliv v°, xciv r° et v° xcv r°).

Arnaud Taillefer, fils de Ramon, dont il est question au v° du 1er feuillet de garde et qui testa en 1530, paraît avoir été un frère de Michel.

(b) Pierre Taillefer, qui ne nous est connu que par son fils Jean, dit *Taboret* ou *Tabret*, habitant Brugnac en 1524 (f° ii v° et xxxv r° et v°). C'est peut-être le même Jean qu'on retrouve en 1515, roulier de Guilhem Dalvergne (f° 108 r°) ; il paraît avoir eu un frère, Guiraud, habitant Brugnac de 1540 à 1544 (f° xxxv v°).

(c) Antoine Taillefer, du mas de Ramadies (f° 11 v°), en 1524, dont le fils, Bernard, est souvent mentionné.

Bernard apparaît dès 1532 (f° xliv v°) ; il est en 1515 gazaillier de Masenx et bordier du mas du Rodelas (f° 2 r°) ; en 1547 il habite la Vernière. Il a deux fils, Pierre, qui a épousé la fille de Jean Soubsol (f° xciii v°), et Ramon, fixé à Brugnac, où il est *rodié* (charron).

Pierre Taillefer demeure à Brugnac en 1511 (f° lxix v°) et au mas de Civens en 1543 (f° 167 v°).

Il y avait encore à Brugnac un Loys Taillefer en 1524 (f° xxxv r°).

2° *Groupe de Castelnau* : Ce second groupe est plus difficile à analyser ; il se compose :

(a) De Guilhem Taillefer, fils d'Antoine (peut-être un frère de Bernard, qui me deo la soma de xv s. ii d. p(er) unos jue(i)os de sa sor que maridavo a Belpec am Peire Bla(n)c, pres l'an v^e xxiiii presen(s) Arn(au)d Tallafer, teis(s)eire et Johan Tallafer, tab(o)ret.

F° 12 r° — Los (e)rit(i)es de Gu(i)r(au)d Tallafer, del mas de A(n)drio (?), me de(v)o(n), p(er) re(s)ta d'un ros(s)i, la soma de ii Ll. v s. x d. (Es) f° xxxv.

— Gaudibert Fabre, de Brun(a)c, me deo la soma de iii Ll. iii s. p(er) crompa de dos baricas de vy que me crompec l'an v^e xxxv lo m(e)s de jul(i)et, las calos b(a)ricas (ha) pres de l'ostal de G^m Tallafer, Bigor(a)t (1).

P^a iiii ca(no)s pla(n)ca l'an v^e xl, presa(s) p(er) mon v(a)ilet P^e Durban.

— Arnaud Algay et los e(r)it(i)es de Johan son f(r)aire me de(v)o(n), p(er) resta de un b(ari)co, la soma de ii Ll. i s. p(er) un barico que (fo) pres dellas mas de Ra(mo)n Algay. (Es) f° xl. (2).

F° 12 v° — Jame Fa(va)rel, fil de Johan, del mas del Tr(e)pado (3), me deo p(er re)s)ta de un ase bastat la soma de iii Ll. v s. viii d., b(i)leta p(er) Masenx, l'an v^e xxiiii lo viii del m(e)s de mars.

---

précède) habitant, de 1522 à 1528, la paroisse de Saint-André de l'Om (f° xlviii bis v°); il a un fils, Antoine, habitant en 1529 le mas de Rougé ou Rouyé, paroisse Saint-Martin de Lespinas (f° lxxviii v°).

(b) D'Etienne Taillefer, dont le fils Antoine, dit Tonⁱot, habite en 1531 la paroisse de Saint-Jean de Montels (f° 12 v°).

(c) Enfin de divers personnages impossibles à rattacher les uns aux autres, à savoir : Guiraud Taillefer (peut-être le même qui habite Brugnac en 1511), habitant en 1515 le mas d'Andrio (f° 12 r°); Jacques Taillefer, valet en 1536 (f° xxxi v°) et bordier des Oulmières en 1511 (f° lxxxv r°); et Bertrand Taillefer, maçon, en 1513 (f° xci v°).

(1) C'est sans doute un surnom répondant à celui de *Bigourdan*.

(2) Masenx s'est embrouillé dans la construction de sa phrase, que nous avons rétablie. Il a écrit : *deo p(er) resta de un b(a)rico la soma de ii Li. i s. de* (pour *que*) *a pres p(er) un b(ari)co, que pres dellas mas de Ra(m)on Algay.* — Voir le compte de Ramon Algay au f° xl. r°. — Le compte d'Arnaud (ou Antoine) Algay, reproduit ci-dessus, devait également figurer dans la portion qui a été perdue de la 2e partie du Livre, car on en trouve la mention au répertoire f° i r°.

(3) Le *mas du Trépadou*, à 800^m Sud-Ouest de l'église Saint-Jean de Montels, aujourd'hui canton de l'Isle-d'Albi.

— Alliet Negre, fabre de Bru(n)ac, del mas de la Crosatario (1), me deo la soma de xxxiii *s*. iiii *d*. p(er) re(s)ta (de) una vaca presa l'an v^e xxviii lo pre(mie) de a(ou)st. Carta p(er) mestre Lore(n)s Trivas. (Es) f° xl. (2).

— Ra(m)on B(a)ratieros, de Br(una)c, deo la soma de xxv *s*. p(er) unas caus(s)os presas l'an v^e xxvii. B(i)leta p(er) mestre P^e Cariven.

f° 13 r° Ramon Algay, del mas de(s) Algay et fil de P^e, deo, p(er) un comte fat de bl(a)t et de vy que me d(e)vio, que monta la soma de iii *Ll*. xiii *s*. vi *d*. Bileta p(er) Batifol; (l'an) v^e xxxvii lo x de o(c)tobre.

It(em) me deo may lo sus des Ra(m)on la soma de iii minas mesturas et I *la* mosela pres(as) l'an v^e xxxviii (et) b(a)ilat p(er) las mas de ma molie, presen lo cargan (*Sargen*) de mosse(n) de las Masieras (3). Deo torna tan de segel.

It(em) deo may la soma de ii *Ll*. v *s*. p(er) I^a *la* b(l)at (et) I^a mina p(a)lmola ; pres ha Gallac l'an v^e xl en may.

— An(t)hony Tallafer (det) Ton(i)ot, fil d'Estiene, me deo la soma de x *s*. p(er) re(s)ta de vy pres l'an v^e xxxiiii, presen G^m Destavila.

f° 13 v° P^e Rec (4), del mas del Trepado, deo, p(er) re(s)ta de una

---

(1) Le *mas de la Crosatarié* (aujourd'hui *la Crozarié*), agglomération à 3 kilom. Sud-Ouest de Brugnac et à 3 kilom. Nord-Ouest de Saint-Jean de Montels. C'était sans doute le *mas des la Cros*.

(2) Ce compte se trouve non au f° xl., mais au f° xxxix v°.

(3) *Le Sergent de Monsieur des Mazières* (voir sur le château des Mazières f° xliii v°). Le seigneur des Mazières était alors Guy de Bonfontan — Masenx écrit Monfontan —; c'est son fils, Paul de Bonfontan, qui occupa en 1587, pour le roi, le fort de Campagnac ; il fit partie des « six gentilshommes de Castelnau-de-Montmiral » qui élevèrent des prétentions sur la ville ; les cinq autres étaient : Antoine de Fezembat, Nicolas de Bonfontan, seigneur de la Garde, Bertrand de la Foge, Michel de la Pierre et Jean d'Hébrail. Ils demandaient à être exempts de tailles, à assister de droit aux délibérations des consuls et à être, à tour de rôle, premiers consuls tous les ans. Les consuls réclamèrent et, bien que leurs adversaires eussent obtenu des lettres-royaux, ils firent débouter les gentilshommes par un arrêt du Parlement de Toulouse (22 mars 1591).

(4) Ce nom est écrit *Roux* au f° xli r°, *Ros* au répertoire (1er feuillet v°)

vedela presa l'an v^e xxxviii, que re(s)ta iii *Ll.* Bileta p(er) Mase(n)x. (Es f°) xli.

— An(t)hony Gantet deo la soma de xiii *s.* p(er) re(s)ta d'una vaca, conte fat l'an v^e xl lo jorn de Sant M(a)rty (1).

— Bertran et P^e Bros (2), paire (et) fil, de(v)o(n) la soma de vi *v pelis* p(er) un ros(s)y pres l'an v^e xxv lo xiii de jun. Carta presa p(er) mestre An(t)hony Germani.

F° 14 r°   Peire Coulumbié et Johan(a) P(e)rairella, sa molie, me de(v)o(n) la soma de iiii *Ll.* p(er) dos p(a)rels de caus(s)os de cordelat vi(a)let, pres l'an v^e xxiiii lo xvii de desembre. Carta presa p(er) mestre An(t)hony G(e)r(m)ani, not(a)ry.

— Ar(nau)d Gambras, de (L)uman (3), me deo la soma de iii *Ll.* p(er) una capa de Biarn et de una cano de cordellat, pres l'an des (et) lo mes. Carta presa p(er) mestre An(t)hony Regieras.

— G^m Tol(o)sa, fil de Ra(mo)n, de Sant Giromy, me deo la soma de xx *s.* p(er) un anzi fait (4) pres p(er) mestre B(e)r(n)ad Batifol de Gallac l'an v^e xxix. (Es) f° xliii.

F° 14 v°   Johan Durban, fil de F(r)anses, deo la soma de xxii *s.* ii *d.* p(er) re(s)ta de xxviii *Lb.* carsallado. Fat l'an v^e xxix, bileta p(er) Cantal(au)so.

— An(t)hony de la Cros (5) deo la soma de ii *Ll.* p(er) una

et enfin *Rec* (Rieux) aux f.^s 13 v°, lxxvii r° et au 2° feuillet v° du répertoire. Cette dernière leçon paraît être la bonne.

(1) La Saint-Martin est le 11 novembre.

(2) C'est *Bro*, Masenx déclinant les noms propres. Le mas de *Bro*, qui avait donné son nom à cette famille, est sur le chemin de Gaillac à Castelnau, à 2 kilom. Est de Vors.

(3) *Luman* : important masage du Nord de la Vère et à 2 kilom. Nord-Ouest de Castelnau, entre le Verdier et la forêt de la Grésigne. Masenx (ou la Commanderie) y possède une maison d'habitation dite *château* et une métairie du nom de *Bugarados* ou *Bagarados*.

(4) Un *anzi-fait*, c'est-à-dire un accord ou une police de louage parce que ces actes se terminent par la formule *ainsi fait* ; Masenx, au f° xliii r°, l'appelle *un arende*, un arrentement. Il s'agit du paiement des frais d'acte, que Masenx a avancés au notaire.

(5) Ces noms de *de la Croix, la Croix, Sainte-Croix*, etc , devenus patro-

barica de vy pres l'an v® xxviii, bi(l)eta p(er) Cantal(au)sa. (Es) f° xlvi.

— Darde Gay, fil de Johan, del mas de la Saisario, me deo la soma de ii *Ll.* x *s.* p(er) re(s)ta de vy et de cordelat pres l'an v® xxi lo t(e)rs de febrie. Carta p(er) Cari(ve)n.

— An(t)hony Tol(o)sa, fil de G^m, deo p(er) fe la soma de xxii *s.* vi *d.* pres l'an v® xxix. Bi(l)eta p(er) Cantal(au)sa.

— An(t)hony Destavila (1), fil de Arn(au)d, me deo la soma de iii *Ll.* (tan) p(er) re(s)ta de b(l)at que p(er) re(s)ta

nymiques, signifiaient simplement à l'origine que celui qui les portait, habitait auprès d'une croix ou demeurait à l'enseigne d'une croix; cette enseigne est celle de la plupart des auberges.

(1) Ce nom d'*Estacila* (littéralement *de cette cila*. Ex.: *drap d'esta cila*, drap de fabrication locale) pourrait prêter à l'équivoque si l'on ne savait qu'il existe, à 1,500^m environ à l'Est de Castelnau, un *mas d'Estaciale*, qui a évidemment donné son nom à la famille dont il s'agit. A ce propos il est bon de dire un mot de la formation des noms patronymiques dans le pays.

Si d'une part certaines familles, arrivées à une notoriété relative, ont donné leur nom aux mas qu'elles habitaient — par exemple les familles Gay et Journès — et peuplé le pays, par leur essaimage, de mas synonymes, Gay, le Gay, Algay, Gayou, les Gays, les Algays, etc.; d'autres au contraire — en général de pauvres gens — ont pris le nom des mas qu'ils habitaient. On les désignait simplement par un prénom suivi du nom de leur habitation, ainsi: *Johan (del mas) de Bru, Ramon (del mas) de Badel*, etc. Le plus souvent même la conjonction d'habitation se trouvait supprimée, au bout d'un certain temps, par l'usage et l'on disait *Jean Bru, Ramon Badel*, etc.; quelquefois cependant elle se fusionnait avec le nom comme dans *Johan Durban* (Johan del mas d'Urban) ou *Arnaud Destacila* (Arnaud del mas d'Estaviale). Ces noms étaient acquis aux enfants, de telle sorte que, quand ceux-ci changeaient à leur tour de domicile, il fallait rappeler le nom de leur père, ex: *Johan Sudre, fil de Guiraud, del mas des Cambes*, ou *Jame Facarel, fil de Johan, del mas del Trepado*, etc. Les inconvénients de ce système firent de bonne heure transformer en nom patronymique invariable le nom d'habitation et ainsi se constituèrent la plupart des noms. Qu'on y joigne les surnoms et les variations provenant des transcriptions baptistaires et l'on aura l'origine de tous les noms du pays. Ainsi les noms comme *d'Estaciale, de Lacroix, de Roch, del Vergne*, etc., loin de révéler une origine aristocratique, indiquent, au contraire, les débuts les plus humbles.

Quoiqu'il en soit, c'est grâce à ce double mode de baptême des mas par les familles et des familles par les mas qu'on retrouve, dans les noms des mas de la région, tous les noms de famille de ce livre. Citons pour mémoire: *Taillefer, Féral, le Roc, Fraissinet, Barrau, Mazars, Raynal, Espaillac, Vert, la Vernière, Gay, Vialars, Jean Guy, Badel, Estaciale, Pouget, le Vernas, Causse, Combes, Durban, Journès, Bro, Sudre, Boyer, Lar-*

de vy (et) p(er) re(s)ta d'ebra (*erba*) de un prât de Descasas (1) (de l'an) vᵉ xxxɪɪɪɪ. Bileta p(er) C(a)n(ta)la(u)sa. (Es) fᵒ ʟ.

— Gᵐ Tallafer, lil..... (*inachevé*).

— Gᵐ Destavila, fil de An(t)hony, del Pec de Mallamort (2), me deo la soma de ɪɪɪ L*l*. (tan) p(er) una b(i)le(ta) fata p(er) mestre An(t)hony Mas(en)x que p(er) l'erba de un prat que ly ve(nde)ri l'an vᵉ xxxv en Vro(s) (*Vors*) (3).

Fᵒ 15 vᵒ — Mafre Tor(n)on et Johan Tor(n)on (*Tournon*) son fil me deo(n) la soma de v ᴛ ɪɪɪɪ *s*. ɪɪ *d*. (4) p(er) un ros(s)y que me an cromp(a)t l'an vᵉ xvɪɪɪ, carta presa p(er) mestre An(t)h(on)y G(e)r(man)i (5) et de(o)ra(n paga) de presen a las negos (6).

roque, Cariven, Fabre, Tausies, Calcet, Fararel, etc., et enfin les noms de mas en *io* (aujourd'hui *ié*) comme *la Sircentié, la Plassarié, la Merlarié, la Crozarié, la Pairolié,* etc. (Voir encore à ce sujet la note du fᵒ ʟᴠɪɪ vᵒ).

(1) *Prat de Descasas* : Masenx, au fᵒ ɪ. rᵒ, l'appelle *prat de la Sala* ; c'est néanmoins ainsi, croyons-nous, que la phrase doit être lue, car, dans le texte, les mots de *Descasas*, ajoutés sans doute après coup, viennent au commencement de la dernière ligne, au-dessous du mot *prat* et après le mot *Cantalausa*. On pourrait donc lire *Cantalausa de Descasas*; mais Cantalause est un notaire de Castelnau et d'autre part le pré pouvait porter le nom de Descases, tout en étant situé sur la terre de Lassalle.

(2) Le *mas du Puech de Malemort* (paroisse de Saint-Etienne) était situé, comme son nom l'indique, sur un pic, voisin du château de Lagarde, à 3 kilom. à l'Ouest de Castelnau.

(3) Masenx écrit généralement *Vros* pour *Vors*. Le domaine de Vors, dont il était fermier, appartenait à l'hôpital Saint-André. Ce domaine était situé à l'Ouest de l'église Saint-Pierre de Vors, entre cette église et celles de Saint-Jérôme et de Gradille (Sur le domaine de Vórs, voir Rossignol, *Monogr.*, t. II, p. 289).

(4) Ce compte se trouve au fᵒ ʟɪ vᵒ; or on y lit, au lieu de 5 écus, v L*t*. ɪɪɪ *s*. ɪɪ *d. per resta de un rossy*. Masenx a-t-il fait erreur dans la transcription de la somme ou la transformation des livres tournois en écus représente-t-elle l'intérêt de 27 années de dette ? Les deux hypothèses sont également admissibles, d'autant plus que Masenx pouvait, en cas de désagréments, masquer son gain sous l'apparence d'une erreur.

(5) Le nom de *Germani* a été rayé.

(6) C'est-à-dire à la fête de Sᵗᵉ Marie-aux-Neiges (*sancta Maria ad nives*), qui se célèbre le 5 août.

— Mestre Johan Cariven et son fraire Mossen G^m me deo(n) la soma de III *Lt.* x *s.* (tan) p(er) re(s)ta de una fl(a)ssada que de caus(s)os de cordelat que (an) pres l'an v^e xxv et xxvi. (Es) f° LIII.

— Mical Austrieras et M(a)rgarida Bruno, sa molie, del mas de Rodas, me deo(n) la soma de xxxv *s.* p(er) los d(a)r(a)y(r)ages et (t)a(s)cas del se(n)s, fat l'an v^e xxxII. Bi(l)eta p(er) C(a)ri(ve)n (1).

f° 16 r°

— Los e(r)ities de mossen Johan Cariven-Lab(o)rda me deo(n) la soma de IIII *Lt.* x *s.* p(er) re(s)ta de dos biletas faitas p(er) mos(s)en Johan l'an v^e xxvIII (2).

— Johan Gros, fil de Johan, de Sant Marty de Vilacortès (3), deo la soma de xxv *s.* p(er) los d(ara)yrages. Fat l'an v^e xxxIII, bileta p(er) Turlla.

— Failip Feloresesa (*Floresta*) may viel, del mas de la Gariga, me deo la soma de xx dob(l)as p(er) re(s)ta de III ca(n)os vi pa(n)s (de) drap pres l'an v^e xxIX (4).

— An(t)hony Jo(ha)n may viel, oste de Se(nno)lac, me deo la soma de III *Lt.* p(er) re(s)ta de drap (et) vy. Fat l'an v^e xxvIII, bi(l)eta (per) Cari(ve)n.

f° 16 v°

Gall(ar)da Andriva, molie r(e)lais(s)ada de B(e)rtr(a)n Ros, me deo la soma de xxx *s.* p(er) una mina (de) blat.

It(em) may p(er) re(s)ta de drap xvII d^{as}, pres l'an V^e (*inacheré*). (Es) f° LXXIII (5).

---

(1) Le compte est au f° LVII v^o. Le *mas de Rodas*, contigu à celui des Carivenc, est à 1,500^m à l'Ouest de Candastre. L'orthographe actuelle d'*Austriéras* est *Oustrières* (aujourd'hui canton de Lisle), paroisse contiguë à Saint-Jean de Montels (voir la note du f° LVII v^o).

(2) Ce compte et le suivant sont au f° LVIII v^o.

(3) *Saint-Martin de Villecourtès*, l'une des anciennes paroisses de Gaillac, à 2 kilom. N.-E. de Gaillac, sur la route d'Albi.

(4) Ce compte et le suivant sont au f° LXIII.

(5) Ce compte est, non au f° LXXIII, mais au f° LXXII v^o. Masenx compte au même folio le recto qui porte le chiffre et le verso du folio précédent, c'est-à-dire les deux pages du livre ouvert devant lui.

P⁰ la mina blat l'an vᶜ ʟɪɪɪ lo xɪɪɪ do jul(i)et, pres p(er) las mas de ma molie.

— Peire de Santa Cros, fil de Andrio, deo la soma de ɪɪɪ *Ll.*, comte fat l'an vᶜ xʟvɪ lo pr(emi)e jorn de..... (*un trou dans le papier*).

— Peire Félié, passerio, me deo xɪx *s.* ɪ *d.* p(er) re(s)ta de vy pres l'an vᶜ xʟɪ (1).

F⁰ 17 r⁰

Jame Sotsol, fil de Johan, de Sant Estefe, me deo la soma de ɪx *Ll.* xvɪɪ *s.* vɪ *d.* p(er) re(s)ta de tres bestias gros(s)as presas l'an vᶜ xʟɪɪ, cart(a) p(er) Cantal(au)sa. (Es) f⁰ ɪɪɪɪˣˣ ɪɪ (2).

— Franses Frays(s)inet de la Bastida me deo la soma de ɪɪɪ *Ll.* p(er) argen prestat que lo vo(l)ia p(er) marida sa sor Catina F(ra)ys(in)et. Sa sor deo t(o)rna (l'argen) p(er) la festa de Tossans.... (*un trou dans le papier*) Fat l'an vᶜ xʟvɪ lo xxvɪɪɪ del mes..... Carta p(er) mestre Johan Turlla.

— An(t)hony Tallafer, fil de Mical, me deo la soma de v *Ll.* x *s.* p(er) crompa de ɪɪɪɪ ca(n)os et ɪɪ pans (de) drap gris pres l'an vᶜ xʟɪɪ lo mes de may. Deo paga p(er) Tossa(n)s ɪɪɪ *Ll.* et la re(s)ta p(er) l'autre Tossans ; presen(s) Gᵐ Tallafer, son fraire, et An(t)hony Ros(s)i(g)nol tis(s)eire.

Pᵃ ɪɪ *Ll.* ɪɪɪ *s.* en un escut del solel l'an vᶜ xʟɪɪɪ.

———

Le verso du f⁰ 17 et les trois derniers feuillets du premier cahier (f⁰ˢ 18, 19 et 20) sont en blanc. Cette première partie du manuscrit est, comme on l'a dit, fortement maculée et rongée, tandis que la partie suivante est en bon état. Il est donc certain que les deux parties ont été réunies ultérieurement à la maculation du premier cahier.

Nous avons dit que la première partie ne portait pas de pagination sur le manuscrit. Le foliotage de celui-ci commence avec la seconde partie.

(1) Ce compte est au f⁰ ʟxxx v⁰.

(2) Ce compte est au f⁰ ʟxxxɪ v⁰ et non au f⁰ ʟxxxɪɪ. On verra que Jacques Sotsol est aubergiste à Brugnac, paroisse de Saint-Etienne ; cependant le *mas de Soubsol* est dans la paroisse Saint-Martial de Prasiats.

IIe PARTIE

(98 feuillets en partie foliotés)

Cette partie renferme les opérations commerciales de 1520 à 1544 et constitue par conséquent la PREMIÈRE SECTION *du manuscrit de Masenx. Elle se compose de 6 mains de papier formant un ensemble de 98 feuillets, mais qui primitivement devait avoir 112 feuillets en 7 mains de papier ; en effet le premier fascicule de ce cahier (16 feuillets) manque. Il en résulte que le foliotage en chiffres romains, fait par Masenx, commence au f° XVII ; en revanche il se termine au f° XCVIII ; le foliotage des 14 derniers feuillets a été achevé par nous en chiffres arabes. En outre, comme chaque main de papier a 16 feuillets, le cahier dans son ensemble devrait avoir 96 feuillets et non 98 : la différence provient de l'intercalation d'un double feuillet après le f° XLVII, de telle sorte que ce folio et le suivant sont* BIS.

C'est à cette partie du manuscrit que se rapporte le répertoire ; mais les indications de celui-ci ne correspondent plus au manuscrit, du f° XXIII au f° XLVIIIbis *; en outre elles s'arrêtent, comme la pagination, au f° XCVIII.*

Des blancs nombreux occupent plusieurs feuillets, de distance en distance.

F° XVII r°   Ramon Vig(i)é, del mas de Vigié (1), me deo la soma de VII Lt p(er) un comte fat, coma (a)par p(er) carta presa p(er) mestre An(t)hony Cantala(u)sa l'an v^e XXVI lo XXIIII de se(tem)bre.

It(em) may deo la soma de x s. p(er) I^a mina de mil pres l'an v^e XXVIII.

It(em) deo may p(er) z^a *la* ves(s)as (presas) p(er) las mas de sa molie l'an de(s)sus, monta II s. XI d.

(1) Ce nom est difficile à lire : il semble que ce soit *Vigié* (Viguier). Le *mas de Viguier* est situé dans la forêt de la Grésigne, sur le chemin qui part de Luman, à 2 kilom. environ de Luman (paroisse Saint-Martin).

— Uc de la Cros, fil de An(t)hony (1) deo la soma de
II *Ll.* x *s.* p(er) serten argen que me deo son paire (de) l'an
v⁰ XXIII lo XVII de may. Bileta p(er) Masenx.

It(em) deo may lodes la soma de III *Lt.* x *s.* p(er)
crompra de unas caus(s)as et de una barica de vy pres l'an
v⁰ XXVII lo XXVIII de may. Bileta p(er) Cari(ve)n ; al sac es.

F⁰ XVII v⁰. G^m Hartro, teulié, del mas de Brugas (2), et Johan Calvet
deon la soma de III *Ll.* p(er) una pe(ss)a de vy rogen pres
l'an v⁰ XXV lo XVI de otobre. Bileta per Cantala(u)sa, folio
LXXII (3).

En marge :

P^a l'an v⁰ XXV VII *s.* VI *d.* p(er) te(u)le al castel
de Luman.

P^a p(er) III^c L (*150*) te(u)les a la b(o)r(i)a de tros
lo castel : XXX *s.*

It(em) deo lodet G^m la soma de XX *dob^s* p(er) I^a b(a)r(i)ca de
vy roge (4) pres de la boria de Luman l'an v⁰ XXVI lo III de
mars, presen(s) Johan Gambras (et) An(t)h(on)y Candesa.
Deo paga p(er) Pantacosta.

En marge :

P^a G^m x *s.* lo III de octobre l'an des.

P^a Johan Calvet x *s.* l'an des lo XVII de octobre.

P^a Johan xx *s.* l'an des.

It(em) deo lodet G^m VII^c crobas (5) (per) los cal(as) jey
ba(i)lada I^a pipa de vy viel de la botega de mossen Anthony

---

(1) Du mas de *la Crosarié* (auj. *Groussarié*), paroisse Saint-Etienne de Brugnac.

(2) Le *mas de Brugas*, paroisse de la Capelle, à 1 kilom. au Sud de la Capelle ; il était, comme son nom l'indique, dans une région de broussailles.

(3) On trouve, en effet, au f⁰ LXXII r⁰ un compte relatif à Jean Calvet, fils d'Antoine; mais ce compte concerne des avances de grains. Il est donc probable que ce renvoi se rapporte soit au registre notarial, soit à un livre égaré de Masenx.

(4) Masenx a écrit *de cy biroge*, ce qui prouve que si l'on écrivait *ci* on prononçait déjà *bi* de son temps; en outre le prix, 17 *s.* 6 *d.* la barrique, indique qu'il ne s'agissait pas d'un vin normal, peut-être de vin tourné ou aigri.

(5) *Crohas* : briques à rebord ou à crochet.

Masenx; (en) presen(cio de) mossen G^m Bone(t), de Johan Calvet (et) de Johan Code(r)e, l'an v^e XXVII.

It(em) deo G^m, p(er) l^a pipa vy m(i)ec-vy, la soma de II *Ll*. pres l'an v^e XXV lo pre(mie) de abrial. Bileta p(er) G(e)r(ma)ni.

It(em) deo may G^m p(er) re(s)ta de una b(a)rica de vy pres l'an v^e XXIII lo XIII de abrial la soma de XV *s*. Bileta p(er) Cantala(u)sa ; al cas (*sac*) en es.

It(em) deo may G^m p(er) un comte fait de forfat a luy, p(er) re(s)ta de blat, fat l'an v^e XXV al obrado de Paul Mata (1) XXVI *s*.

F° XVIII r°. It(em) deo lodet G^m l^e te(u)les (presas) p(er) P^e Mical, son v(a)ilet, l'an v^e XXVII ; que me en respondec. (2).

It(em) deo l^e te(u)les (presas) p(er) Tolny, son v(a)ilet, que en respondec, l'an v^e XXXIIII.

En marge au f° précédent :

P^a IIII^c (teules) vi(a)letas presas p(er) Daros, XVI doblas l'an v^e XXXIIII.

---

(1) *Paul Matha*, d'où l'on a fait *Palmata*, était le nom d'un quartier de Gaillac devenu célèbre par le massacre de 1572 ; il s'y trouvait, sur le rempart, une grosse tour dans laquelle furent renfermés et égorgés les protestants par le capitaine Mons. On appela cet événement le *massacre de Palmata*. Quant à l'origine du nom, elle est tirée de l'un des membres de la famille Matha, riches marchands de Puycelsi, dont on trouve, dès le XIIIe siècle, les titres nobiliaires. Arnaud Matha fut juge d'Albigeois en 1276. Antoine de Matha, avocat, ancien capitoul, seigneur de Miolles, mourut en 1779 (Arch. départ., E. 256, liasse).

Il est probable que le même Paul Matha, qui avait donné son nom à un quartier de Gaillac, avait construit ou élevé une métairie qui avait aussi gardé son nom. Masenx nous apprend (f° 126 r°) que les terre et pré de Paul Matha sont contigus au mas de Vayssière, paroisse de Saint-Jérôme et juridiction de Castelnau. Mais les noms de Vayssière et de Paul Matha ont également disparu et il serait difficile aujourd'hui de les identifier. La métairie de Paul Matha faisait probablement partie du domaine de Saint-Jérôme, appartenant à la Commanderie ; mais le mas primitif s'était écroulé ou était devenu insuffisant, car, en 1528, Masenx y faisait bâtir une habitation qu'il appelle *l'ostal de Paul Mata* (f° LVI r°) ; il y avait un bordier (f° XLIV v°) et, comme on le voit, il y avait installé une tuilerie (*obrado*).

(2) C'est-à-dire dont Guilhem a répondu. On voit par ces ventes que Masenx était en compte-courant avec Hartrou et que, quand celui-ci n'avait pas assez de tuiles pour satisfaire un client, il les empruntait à Masenx.

It(em) deo III s. p(er) respo(n)sa fata p(er) Marc Arn(au)d, son v(a)ilet l'an v{{e}} xxxv.

It(em) deo la soma de xv s. p(er) una mina de blat que (ha) pres sa molie l'an v{{e}} xxxv, p(er) so que la devi(o) conta all' obrage (1); b(ai)lat p(er) las mas de ma molie lo xv de jun.

It(em) deo may p(er) I{{a}} la de mil, que (an) pres sa molie et la molie de An(t)h(on)y Gosin, mo(n)ta VIII dob(l)as ; pres l'an v{{e}} xxxvi lo mes de may (et bailat) p(er) ma molie.

It(em) deo la molie de G{{m}} Hartro la soma de III s. III d. p(er) I lo de favos pres l'an v{{e}} xxxviii lo x de ferbie (*febrié*). Deo paga de jorn en jorn.

En marge au f{{o}} précédent :

P{{a}} p(er) l{{e}} te(u)les p(er) l'ostal de (Sant) Ge(rom)y, x dob(l)as.

P{{a}} III{{e}} (teules) vi(a)letas, x s.

Au bas de la page :

Re(s)ta II Lt. XVIII s. et VI{{e}} crohas, presen(s) Johan Gros et Ra(m)on Couly, (l'an) v{{e}} XLII lo mes de s(et)e(mb)re.

F{{o}} XVIII v{{o}}   An(t)hony Gosin, fil de Ra(mo)n, del mas de Candesa (2), deo la soma de v Lt. xv s. x d. p(er) crompa de un ase bastat pres l'an v{{e}} xxv lo VIII de se(tem)bre ; carta presa p(er) Cantala(u)sa (o) G(erma)ni.

En marge :

P{{a}} xx s.
P{{a}} xv s.
P{{a}} v s.
P{{a}} I s. III d. en pan.

---

(1) C'est-à-dire : dont il devait s'acquitter en travail (comme tuilier), ce qu'il n'a pas fait. On appelle *obrado* l'établi du briquetier et *obrage* son travail : par extension *obrado* (atelier) signifie aussi tuilerie. Ex. : plus haut l'*obrado de Palmata*, la tuilerie de Palmata.

(2) Le *mas de Candèze*, paroisse de Saint-Jacques de la Capelle, à 2 kilom. et demi Ouest de la Capelle ; peut-être aussi s'agit-il du mas de la paroisse Sainte-Cécile du Cayrou (V. f{{o}} LXXXVI v{{o}}).

Pª v s. l'an vᵉ xxvi.

Pª xii s. vi d. p(er) blat.

— Pa(u)l Bru (1), fil de de Johan, deo la soma de iii *Ll*. p(er) crompra de la fusta de la fenal de son cosy. Fat l'an vᵉ xxv lo xxix de jun, bileta p(er) mestre Aymar Lobet, fº iiii ᶜˢ iii. (2)

Pª xx s. p(er) las mas de Olivie Destavila (l'an) vᵉ xxviii.

Pª xx s. (l'an) vᵉ xxix lo jorn de la fiera, p(er) las mas de Pº Bru.

It(em) deo lo des la soma de xl dob(l)as p(er) l'erba de l'an vᵉ xxxvi : Bileta p(er) Masenx.

It(em) deo lo des 1 ĩ blat, Iª mina segel, Iª *la* fav(o)s (et) I *ta* palmola, pres l'an vᵉ xxxvi, bileta p(er) Masenx.

It(em) deo lo des la soma de xl *dob*ˢ p(er) crompa de l'erba del prat de l'an vᵉ xxxvii, bileta p(er) mestre Ra(m)on Cari(ve)n.

Al sas (*sac*) las tres biletas

Et au-dessous, d'une écriture plus récente :

N'en a(u)ra(i) pa(s) res.

En marge :

Pª xv s. p(er) las mas de sa sor l'an vᵉ xxxvii lo viii de se(te)mbre.

XIX rº — An(t)hony Gambras, teis(s)ere, deo la soma de xxii s. vi d. p(er) crompra de Iª b(a)rica de vy pres l'an vᵉ xxvi lo v de mars, fº iiiiᶜ xii.

Pª sa molie xv dob(l)as.

— An(t)hony Bruno, fil de Mafre Lebru (3), deo la soma de

---

(1) Masenx écrit ce nom tantôt *Bru* ou *Bruno*, tantôt *Lebru* : quoiqu'il en soit le *mas des Brus* (aujourd'hui *Brous*), berceau de la famille Brun, est situé sur le chemin de Gaillac à Castelnau, à 1,500ᵐ environ à l'Est de l'église Saint-Pierre de Vors.

(2) Ce renvoi reproduit au fº lxxxiii vº, ne se rapporte pas aux manuscrits que nous avons de Masenx ; il doit donc désigner, comme les suivants, soit le registre notarial, soit un registre perdu des *billetas* de Masenx.

(3) On trouve au répertoire *Anthony Bru, fil de Ramon*,

xxxv s. p(er) crompa de 1ª f(l)as(s)ada presa l'an vᶜ xxvii lo xxiiii del mes de abrial; bileta p(er) Cariven, fº cxii. Al s(ac) es.

It(em) deo x s. viii d. p(er) compra de iii ca(n)os d'estopas, pres l'an vᶜ xxxiiii; bileta p(er) G(erma)ni.

Fº XIX vº. An(t)hony de la Cros deo la soma de ii *Ll.* p(er) crompa de 1ª b(a)rica de vy pres l'an vᶜ xxviii lo x de se(tem)bre; bileta p(er) Cantala(u)sa. Al sac es.

It(em) deo lo des la soma de xxvii s. vi d. p(er) crompra de unas caus(s)as (de) cordelat, presas l'an vᶜ xxvii ; bileta p(er) Cantalausa.

It(em) deo lo des la soma de xxv *Ll.* et x s. p(er) re(s)ta de paga de un ostal et una vin(h)a que ly vend(e)ri, coma (a)par p(er) esturmen pres p(er) mestre Aimar Lobet l'an vᶜ xxxvii lo x de jun,

Pª lo des ii *Ll.* v s. en de(i)sso de mage soma l'an vᶜ xxxviii lo pre(mie) de abr(i)al, presen mos(s)en An(t)h(on)y Tal(l)afer, fil de Mical, en un escut del solel.

Pª xv s. p(er) las mas de sa molie et n'a bileta de iii *Ll.* (1).

Fº XX rº Pe(i)re Co(lom)bie et Joh(a)na Perairela, sa molie, deo(n) la soma de iii *Ll.* p(er) dos parel(s) de caus(s)as pres(as) l'an vᶜ xxiiii lo xviii dese(m)bre. Bileta p(er) Ge(rma)ni (2).

It(em) deo(n) lo(s) des la soma de xxvii s. vi d. p(er) compra de unas caus(s)as presas l'an vᶜ xxv, lo xxiiii de may. Bileta p(er) G(erma)ni.

It(em) may deo(n) la soma de ii *Ll.* xv s.; bileta p(er) Cantalausa.

— Arn(au)d Gambras deo la soma de iii *Ll.* vi d. p(er) compra de 1ª capa de Biarn (et) de 1ª ca(n)o de cordelat bla(n)c

(1) C'est-à-dire « et il en a un reçu de 3 *Lt* » pour les deux paiements.
(2) C'est la créance qui est reproduite au fº 11 rº. Le *mas du Colombier* est à 2 kilom. S.-O. de la Capelle.

pres l'an v{c} xxiiii, lo xxiiii de o(c)tobre. Bileta p(er) Ge(rma)-
ni.

It(em) deo v *Ll.* p(er) dos ca(n)os drap bluo pres l'an v{c} xxii
lo xviii dese(m)bre ; (Bileta per) G(erma)ni.

P{a} xx *s.* p(er) las mas de Alis sa so(g)ra.

P{a} xx *s.* p(er) l{a} b(a)rica de vy p(er) son fil.

P{a} ii *Ll.* p(er) las mas de B(e)rn(a)d Vidal (l'an)
v{c} xxviii.

F{o} XX v{o} Mademaisela de Cordur(i)é (1) deo la soma de xxxx
dob(l)as p(er) l{a} b(ar)ica de vy pres l'an v{c} xxv lo xx de
juliet, pres(ens) mossen Darde Calvet et de B(e)rengie et
An(t)h(on)y Alv(e)r(gn)e (2).

It(em) deo p(er) unas caus(s)as de cordelat negre la soma
de v *s.* vii *d.* ; (pres) p(er) la molie de Corne.

— Ramon Masars (3), fil de An(t)h(on)y, deo la soma de
xlvii dob(l)as p(er) crompra de ves(s)as (et) caus(s)os de cordelat blanc presas l'an v{c} xxviii.

It(em) deo may lo des la soma de xi pans de cadis pres l'an
des : bileta p(er) Cantal(au)sa.

En marge : monta xi *s.*

P{a} xx *s.* ams (*ame les*) teule(s) cant estec a Vors.
Re(s)ta xx *s.* ix *d.*

F{o} XXI r{o}. Johan Johan del mas de Laboscario (4) deo la soma de
iii *Ll.* p(er) compra de ii ca(n)os de drap negre pres l'an
v{c} xxiii lo xx de m(a)rs ; bileta (per) Cantalausa.

---

(1) Le *château de Courduriès* existe encore à 1,200{m} au nord de Castelnau
sur le chemin de Castelnau au Verdier ; il présente une tour carrée sur sa
façade et deux petites tourelles en encorbellement sur le derrière. L'église
Saint-Salci de Combirat, aujourd'hui détruite, était une dépendance du
château.

(2) Cette tournure de phrase est fréquente dans Masenx ; il écrit : *presen
un tal* et, comme s'il avait écrit *en presencio*, il ajoute aussitôt après : *et
de un tal.*

(3) Le *mas de Masars* est situé à 1 kilom. N.-E. de Castelnau-de-Montmiral.

(4) Le *mas de la Boscario*, dans la forêt de la Grésigne, à 3 kilom. au Nord
de Saint-Martin de Lespinas.

P̃a xv s. p(er) tres (e)minas de sivada.
P̃a xx s. (per) Iª b(a)rica de vy.
Re(s)ta xxvi s.

— F(r)anses Destavila, fil de D(a)rde, deo la soma de v ℓ. xviii s. ix d. p(er) compra de un ros(s)y pres l'an vᶜ xxiiii lo xiiii de se(tem)bre ; carta p(er) Cantalausa.

P̃a xx s.
P̃a xxxv s.
P̃a x s.
P̃a xxi dob(l)as.
P̃a xx s.
P̃a xv s. a ma sogra.
P̃a v s. p(er) codra(s) p(er) las mas de son fil l'an vᶜ xxxv.
Re(s)ta xxviii s. ix d.

Fº XXI vº. An(t)hony Perairel deo la soma de xxxviii s. iiii d. p(er) re(s)ta de un ros(s)y pres l'an vᶜ xxv le xi de juliet ; carta p(er) Can(ta)l(au)sa.

— Gᵐ Privad (1), fil de B(e)r(n)ad, deo la soma de x s. p(er) re(s)ta de una bileta presa p(er) Cantalausa l'an vᶜ xxxvii. Al cas (sac) es.

— Johan de la Cros, fil de Ra(m)on, deo la soma de v ℓℓ. v s. p(er) re(s)ta de crompra de un ros(s)y de pel gris pres l'an vᶜ xxxvii lo xv de nove(m)bre ; carta presa p(er) mestre An(t)hony Masenx et deo paga p(er) la Madalena venen.

Fº XXII rº. Johan Gambras de l'Aurela (?) deo la soma de xxi s. viii d. p(er) lª mina de formen, mesura de Castelnuou (et) promet de paga p(er) la Madaleno proda venen. Fat l'an mil vᶜ xxxv lo pre(mi)e de may ; bileta p(er) Cantalausa. Al sac es.

It(em) may deo p(er) un ase la soma de iiii ℓℓ. xiii s. ; bileta p(er) Cantalausa.

P̃a xv s. vi d.

---

(1) Le *mas de la Pricadié* est à 800ᵐ au Nord de l'église Saint-Jean, paroisse Saint-Jean de Montels.

It(em) deo p(er) III Q IIII Lb. de 'fe salat (1), pres l'an v⁰ xxviii lo x de se(tem)bre (et) ba(i)lat p(er) las mas de mos(s)en Ramon,... (2) (*inachevé*).

It(em) deo lo des x dob(l)as p(er) 1ᵃ *ta* de ordy pres l'an v⁰ xxxix lo xxx de may. Deo paga p(er) la Madalena.

F⁰ XXII v⁰.   Ramon Couly, fil de D(a)rde, me deo la soma de xxvii *s*. vii *d*. p(er) un comte fait l'an v⁰ xxxviii lo IIII jorn del mes de abrial, coma (a)par p(er) bileta presa p(er) Masenx, et deo paga p(er) la fe(s)ta de Sant Mical proda venen.

It(em) deo may son pa(i)re, Estiene, de la Vin(h)a (3), x *s*. (l'an) v⁰ xxxvi.

It(em) deo may p(er) re(s)ta de 1 7 blat et de 1ᵃ *ta* favos la soma de ii *Lt*. xix *s*., pres l'an v⁰ xxxviii lo x dese(m)bre.

En marge :
    Pᵃ III *Ll*. p(er) las mas de mossen Gᵐ Masenx (4).

— Bertran Johan, fil de Ramon, del mas de la Bosca(r)io, deo la soma de ii *Ll*. v *s*. p(er) 1ᵃ mina (de) blat pres l'an v⁰ xxxi et deo paga p(er) Sant Johan; bileta p(er) Cantalausa.

F⁰ XXIII r⁰   Johan Eriso (5), molinie, deo p(er) re(s)ta de vy la soma de x *s*. x *d*.

— Pe(i)re F(r)ais(s)e (6), bordie de Johan Brun, deo p(er) re(s)ta de l'erba del prat de Roc la soma de xx *s*.; bileta p(er) Trivas (l'an) v⁰ xxii.

---

(1) Les agriculteurs à cette époque salaient donc déjà le foin pour obtenir l'engraissement des bestiaux ?

(2) *Mossen Ramon* paraît être le beau-père (*sogre*) de Masenx.

(3) Le *mas de Larigne* au Sud de la Vère, à 2 kilom Ouest de la Capelle, juridiction de Puycelsi (voir f⁰ 159 v⁰).

(4) Mossen Guilhem Masenx, chapelain de Castelnau-de-Montmiral, cousin de notre marchand (voir f⁰ LXXXI v⁰).

(5) Les *Hérisson* sont de Rouyre (Cf. f⁰ 164 v⁰) mais ce nom était assez répandu. L'une des portes de Puycelsi s'appelait *porta del Irissou*.

(6) Au lieu de ce nom on trouve, au répertoire, Pᵉ Felié.

— Pe(i)re Ansié de la Boscar(i)o deo per re(s)ta III s. IX d.

— An(t)h(on)y Destavila deo p(er) re(s)ta de brat (*blat*) II s. VI d. alabes p(er) so que mo(n)tavo XV s. p(er) palmola et n'a paga(t) que XV dob(l)as (1).

F° XXIII v°. Paul Bru, fil de Johan, del mas des Brus, me deo la soma de III Lt. p(er) crompa de la fustada de una fenal que avio am Balnegro, la cala era estada de Ramon Bru, coma(a)par p(er) bileta presa p(er) mestre Asem(a)r Lobet l'an v^e XXV lo XIX de jun, et es al libre f° IIII^{xx}III.

P^a XX s. p(er) las mas de Olivie Destavila l'an v^e XXVIII.

P^a XX s. l'an v^e XXIX lo jorn de Santa Se(se)lio (2) p(er) las mas de P^e Bru, son cosy.

It(em) deo lo des p(er) re(s)ta de l'erba del prat de l'an v^e XXXVI IIII doblas, ho un jorn(a)l de ar(air)e (3).

It(em) me deo la soma de XXVII s. VII d. p(er) l'erba del prat p(er) l'an v^e XXXVII, coma a(par) p(er) bileta p(er) mestre Ramon Cariven.

P^a XV s. p(er) las mas de sa sor.

It(em) deo may lo dessus la soma de III Lt. X s. p(er) cromp(a) de blat pres l'an v^e XXXVIII lo XVIII de mars ; carta p(er) Cariven.

F° XXIV r°. P^a Pa(u)l Bru la soma de XXV s. (lo) XIIII de nove(m)bre l'an v^e XXXX, presen(s) G^m Br(a)ié et Augié P(ei)rotas.

P^a p(er) un 7 de seda que me b(ai)lec l'an v^e XLII, pres p(er) las mas de ma molie, XV s.

It(em) deo may p(er) lo fe que ly (ay) bailat del prat l'an v^e XLIII la soma de XX s.

Le verso du folio XXIV et la totalité des folios XXV, XXVI et XXVII sont en blanc.

(1) La valeur de la *dobla* est exactement calculée ici à 10 deniers ; remarquer la synonymie des mots *blé* et *paumoule*.
(2) La fête de Sainte-Cécile est le 22 novembre.
(3) *Une journée de charrue*, c'est-à-dire une journée de labour.

XXVIII r°.   Sant Marty de Lespinas (1)

G^m Gay (2), fil de An(t)h(on)y, det Fito, deo la soma de ix L*l*. xvii s. vi d. p(er) crompra de un ros(s)y de pel marel (3) pres l'an v^c xxi lo xxiii de nove(m)bre. Carta per Cantalosa.

It(em) deo p(er) dos ca(n)os d'estopas la soma de v s. x d. pres l'an des(s)us p(er) fa lobat.

It(em) me deo la soma de ii L*l*. las calos era tengut fa Johan Rocas, son conat, p(er) crompra de un ase (4), coma (a)par p(er) bileta p(er) mestre An(t)hony Cantalosa.

P^a lo jorn des ii L*t*.

P^a xx s. lo xviii de o(c)tobre.

P^a lo des xxii s. vi d. p(er) vi s^{as} blat (l'an) v^c xxiii lo xx de des(embre) (5).

---

(1) *Saint-Martin de Lespinas* ou *Lespinasse*, paroisse; l'une des quatre annexes de Notre-Dame de Montmiral.
L'église s'élevait sur la rive droite de la Vère, à 3 kilom. à l'Ouest de Montmiral. La paroisse englobait, au Nord de la Vère, une grande partie de la Grésigne depuis le Rô, affluent de la Vère, jusqu'au mas de Soubsol. Paroisses limitrophes : au Nord, Saint-Martial de Prasiats, Sainte-Cécile du Cayrou et Saint-Pierre du Verdier; au Sud, Saint-Etienne de Brugnac et Saint-André de l'Om.

(2) Il est appelé *Algay* au répertoire; le surnom de *Fitou* signifie roitelet, passereau.

(3) Les noms de *marel* et *mureou* (moreau) sont demeurés, dans presque tout le Languedoc, les noms d'appellations des bœufs de cette couleur. On sait quelle affection réciproque, quelle sorte de fraternité la vie rurale, avec ses longues journées silencieuses, développe entre le laboureur et ses bœufs, entre le berger et son chien. Aussi les noms qui ont été donnés à ces animaux et qui subsistent toujours rappellent-ils singulièrement ce lien affectueux. Nous avons relevé quelques-uns de ces noms, particulièrement dans le Verfoliez, qui est un *pays de gardiage*; on verra que, pour les bœufs, le nom dérive toujours de la couleur du poil, pour les chiens, au contraire, du caractère ou des qualités.
Ainsi pour les bœufs : *marel* et *mureou* (moreau), *castan* (châtain), *falbe* (fauve), *escuret* (noir), *mascaret* (noir et fauve), *baroun* (véron, pie), *blanco* (pour les vaches).
Pour les chiens : *bergé*, *charmant*, *labri*, *picard* (les chiens de Brie et de Picardie étaient réputés pour excellents), *loubet* (petit loup), etc.

(4) C'est-à-dire que Guilhem Algay et son beau-frère Jean Roques avaient acheté cet âne en commun et que Guilhem avait répondu pour Jean. L'âne avait donc coûté 4 *lt.*; du reste Guilhem avait payé sa part, 2 *lt.*, le jour même.

(5) On remarquera que Masenx prend ici en paiement du blé à 30 sols le

P ͣ xx s. l'an v ͤ xxiiii lo xiii de a(o)ust.

P ͣ xx s. l'an v ͤ xxv lo xx de juliet p(er) blat.

P ͣ xx s. lo jorn de Nostra Dama de Avens (1), presen B(e)rt(r)an B(o)is(s)o.

Resta v *Lt.* x *d.*

F⁰ XXVIII v⁰ An(t)hony Favarenca, fil de Ramon, deo la soma de iiii *Lt.* xvi dob(l)as p(er) crompra de ii 7 blat pres l'an v ͤ xxii lo xxviii de abrial ; carta p(er) Cantalausa.

— Johan Alvergne (2), fil de Ramon, deo p(er) crompra de l ͤ pipa de vy rogen, pres l'an v ͤ xx le xxvi de abrial, la soma de xxvii dob(l)as de re(s)ta. Bileta p(er) Masenx, f⁰ xxvii.

— An(t)h(on)y Ceset (3), fabre, deo la soma de viii *Lt.* xv *s.* p(er) crompra de vy pres l'an v ͤ xx lo xx de abrial ; carta p(er) Masenx, f⁰ xxvii.

It(em) deo may al presen libre la soma de xx *s.* p(er) re(s)ta de drap l'an v ͤ xxi lo xxvii des(em)bre.

F⁰ XXIX r⁰ Johan P(er)bo(s)c deo la soma de xx *s.* p(er) l ͤ mina blat pres l'an v ͤ xx lo xxv de se(tem)bre ; bileta p(er) Cantala(u)sa.

It(em) deo may p(er) un comte fait l'an v ͤ xxiiii lo x de juliet, carta p(er) Cantalausa, f⁰ lx... (*Inacheré*).

La phrase a été reprise au dessous et plus tard :

It(em) may deo xxxvi *s.* vi *d.* (et) pa(ga)ra.

setier ; or le blé était à 55 sols le setier en 1522 et à 50 sols en 1521. C'est un bénéfice de 20 sols.

(1) *Arens*, sur la rive droite du Tarn, entre Gaillac et Lisle, fait aujourd'hui partie du canton de Lisle ; sa paroisse s'appelait Saint-Vincent, mais il se peut qu'il s'agisse d'Avès (voir f⁰ lix v⁰, note). — Bertran Boisson est appelé *Bernat* au répertoire.

(2) Ce nom devrait s'écrire *Johan del Vergne* ; Masenx l'écrit tantôt ainsi, tantôt *Alvergne*, tantôt *Vergne* (on trouve même *Vernyhas oste de Cordos*), ce qui prouve que, de son temps déjà, il était devenu nom de familles. Quoiqu'il en soit le berceau de ces familles est le mas actuel *du Vernas*, à 3 kilom. N.-E. de Castelnau, entre Vieux et Castelnau. *Alvergne* signifie *Aulne*.

(3) Ce nom est écrit *Cesset* au répertoire (voir f⁰ lvi v⁰, note).

— Marty Sotsol deo la fu(s)tada de un columbié (1) et planca que costa dos escus del solel; carta presa p(er) Cantala(n)sa et (e)s al sac.

— Lo noble Guil(l)a(u)mas de Monfontan (2), deo la soma de xi *Ll.* p(er) compra de un parel de bios coma (a)par p(er) bileta de sa ma et (e)s al sac.

P^a vi *Ll.* p(er) las mas de mossen An(t)h(on)y Ca(n)o(n)ge.

P^a xx *s.* p(er) Cal(v)et et un testo.

Re(s)ta iiii *Ll.*

F° XXIX v° Jame P(er)bo(s)e deo la soma de xxiii *dob^s* (per) crompra de unas caus(s)as de cordelat, pres l'an v^c xxviii lo xxi de mars; bileta p(er) Cariven.

P^a vi *s.* l'an v^c xxvii.

It(em) deo may p(er) una f(l)as(s)ada la soma de xxxix *s.* 5 *d.* pres l'an v^c xxvi; bileta p(er) Cariven.

— Mafre P(er)bo(s)e deo la soma de iii 7 de blat p(er) la miso des b(u)o(u)s coma (a)par p(er) carta presa p(er) mestre Pe(i)re Cariven et p(er) Masenx.

It(em) deo may p(er) sa part de las ju(ei)as et autros caosos presas p(er) sa sor cant la m(a)ridet, bileta p(er) Mas(s)ot(i)es (3), f° xvii,... (*inachevé*).

---

(1) C'est une erreur généralement accréditée qu'il était interdit aux roturiers d'élever des pigeonniers. La législation admise à ce sujet par le Parlement de Toulouse était que le pigeon « *non est animal nocivum* » et qu'il était loisible à tout individu d'élever des pigeonniers « non-seulement es terres du Roy, mais aussi des seigneurs juridictionnels,..... s'il n'y a coutume ou convention contraire entre les seigneurs et leurs sujets ». (Cf. LAROCHE-FLAVIN, *Des droits seigneuriaux et matière féodale*. Chap. XXII, art. I., édit. de 1610, p. 410). C'est ainsi qu'en particulier le Commandeur du Burgaud, ayant voulu faire démolir deux pigeonniers appartenant à deux roturiers de sa juridiction, ceux-ci en appelèrent au Parlement qui condamna le Commandeur. (25 février 1578).

Du reste le *mas de Soubsol*, dépendant du consulat de Castelnau, était terre royale; rappelons, en effet, que ce mas, situé entre la Vère et la forêt de la Grésigne, était sur la paroisse Saint-Martial de Prasiats.

(2) C'est Guy ou Guilhem de Bonfontan, seigneur des Mazières (voir f° 13 r°).

(3) Évidemment *Massoutié*. On retrouve le nom de ce notaire au f° 160 v°. Il était probablement notaire au Verdier. La billette se rapporte à l'année 1518 ou 1519.

It(em) deo p(er) una b(a)rica de vy la soma de II *Lt.*; bileta p(er) Cantalausa. Al sac es.

It(em) deo may la soma de XXIX s. p(er) crompra de l'erba del prat de l'an v° XXVIII; bileta p(er) Cantalausa.

F° XXX r°   Los e(r)itiés de Arn(au)d Johan deo(n) la soma de LIII s. VIII d. et deo(n) de blat prestat la soma de v ʒᵃˢ IIII b. p(er) re(s)ta et de segel v ʒᵃˢ I b. conte fat de so des(sus) l'an v° XXIX lo jorn (*inachevé*). (Presens) Gᵐ Noset et B(e)r(n)ad Johan, b(o)r(d)ie, et n'an lo doble.

Pᵃ Porcet (1) son fil l'an v° XXIX lo jorn de la fi(e)ra la soma de XLIII *dobˢ*, presen Gᵐ Hartro, te(u)lié.

Ce compte a été barré et Masenx a ajouté au-dessous :
En autra parts.

— Johan Gardas, molinie, deo la soma de X canos de planca que cost(o)n la soma de X s. l'an v° XXI.

— Marc Litré, fil de Gᵐ, deo la soma de IIII s. IIII d. p(er) re(s)ta de una b(i)l(e)ta p(er) Masenx l'an v° XXV. Al pet(it libre).

F° XXX v°   D(a)rde (Al)gay, fil de An(t)h(on)y deo la soma de xv s. p(er) crompra de drap bla(n)c pres l'an v° XXVIII; bileta per Lobeti, al pet(it) libre.

— Ramon Badel, oste, et Dalfina Plassa, sa molie, deo(n) la soma de II *Ll.* p(er) crompra de 1ª b(a)rica de vy pres l'an v° XXV, lo X de jul(i)et.

Pᵃ xv s. lo jorn (méteis).

It(em) deo may II *Ll.* v s. p(er) 1ª b(a)rica (de) vy pres lo XXII de julie(t) l'an des.

Pᵃ xx s. presen Johan Cod(e)re.
Pᵃ XXXIIII s. l'an des.

---

(1) Ce nom de *Porcet* ou *Pourquet* est probablement un surnom, mais c'est peut-être aussi un prénom; ex. : *Saint Pourçain, Saint Porquier*, etc. — Saint Porquier ou Porchier est un martyr des îles de Lerins.

It(em) deo may lodes la soma de II *Ll.* v *s.* p(er) Iª b(a)rica vy pres (l'an) vᶜ XXVI lo IIII de(sem)bre.

Pª v *s.* VIII *d.* (per) Iª ʒª *ta* blat.

Pª x *s.* p(er) Iª *ta* blat lo xv de juliet.

It(em) deo may IIII *Ll.* p(er) Iª pipa vy pres l'an des lo XVII de juliet.

Pª xv *s.* presen Johan Code(r)e.

Pª XXI *s.* VI *d.*

Resta III *Ll.* VII *s.* VI *d.*

Fº **XXXI rº** An(t)hony Repuos, de Sant Marty, deo la soma de v *Ll.* II *s.* VI *d.* p(er) crompra de un ase bastat pres l'an vᶜ XXVII lo IIII de se(tem)bre; bileta p(er) Cantalausa. Al sac es.

Pª x *s.* que ai pon (baillat) de b(i)leta.

— Jame Cressel, teys(s)e(i)re de Bru(n)ac, deo la soma de III *Ll.* IIII *s.* IIII *d.* p(er) crompra de XIII ca(n)os (de) tela prima presa l'an vᶜ XXIIII lo XIII de janié; bileta per Cantalausa. Al sac (es).

Pª II *Ll.* en tres pagas.

Pª x *s.* p(er) las mas del brodie (*bordié*), presen Gᵐ Hartro, teulie, l'an vᶜ XXVII lo XVI de.... (*inacheré*).

It(em) deo may lo des la soma de XXIII dob(l)as (per) sa part de Iª cano de drap pres (*pers*) pres l'an vᶜ XXXII lo VI de febrie; bileta p(er) Cantalausa. Al cas (*sac*) es.

Resta XXXII *s.* VI *d.*

Fº **XXXI vº** Ja(m)e Tal(l)afer, vialet (*vailet*), deo la soma de x *s.* x *d.* p(er) re(s)ta de Iª b(a)rica de vy pres l'an vᶜ XXXVI lo x de jun.

— Johan Ros, harn(esie), deo la soma de tres *Ll.* p(er) compra de l'erba de un prat, coma (a)par p(er) bileta faita p(er) mestre Ramon Cariven l'an vᶜ XXXVIII.

Pª xxv *s.* l'an des et lo jorn de la fi(e)ra de Santa (Ce)selio, presen Gᵐ Ros, fil de Johan.

Fº **XXXII rº.** An(t)hony Johan et Arn(au)d Johan, oncle et bot, deo(n) per comte fait la soma de XXXIII *s.* IIII *d.* p(er) comte fait

(*répété*) et deo(n) paga p(er) la festa de la Candelera (1) proda venen la mitat et l'autra mitat p(er) la festa de la Madalena apres segen. Fait l'an v{e} xxxviii lo xii desembre ; bileta p(er) Brausi (2).

P{a} Ar(nau)d Johan, fil de Anth(on)y, xi s. viii d., presen Johan Sotsol, fil d'Estiene.

P{a} xx dob(l)as Anth(on)y Johan, fil d'Arn(au)d.

— Mafre P(er)bosc deo la soma de ii Lt. p(er) una b(a)rica (de) vy pres l'an v{e} xxviii la soma de ii Lt. (*répété*); bileta p(er) Cantalausa.

It(em) me deo may i 7 blat p(er) la miso des b(u)o(u)s que t(e)n(i)o de my l'an v{e} xxix ; carta p(er) Cariven.

Masenx a barré ces deux comptes et écrit au dessous :
   Autra part (es).

Le verso du f{o} XXXII et la totalité des f{os} XXXIII et XXXIV sont en blanc.

F{o} XXXV r{o}   Sant Estefe de Brunac (3)

— Johan Tal(l)afer, tabret, fil de P(ei)re, deo la soma de iii Lt. vii s. vi d. p(er) ii ca(n)os ii pans (de) drap gris pres l'an v{e} xxiiii. Loïs Tal(l)afer era de presen et Anthony (4) Tal(l)afer, teis(s)eire, de (et) B(e)r(n)ad Vidal, sartre.

P{a} xxv s. l'an v{e} xxv lo xii de se(tem)bre.

P{a} xx s. l'an v{e} xxvi.

P{a} v s. l'an v{e} xxvii lo xxviii de a(ou)st.

Re(s)ta xvii s. vi d.

---

(1) *La Candellera*, la Chandeleur, le 2 février.

(2) *Brausi*, évidemment un notaire du nom de *Brau*, dont le nom revient au f{o} xlvii r{o}.

(3) *Saint-Etienne de Brugnac* ou *Brignac*, paroisse, l'une des quatre annexes de N.-D. de Montmiral. L'église s'élevait sur la rive gauche de la Vère, en face de Saint-Martin de Lespinas. La paroisse englobait, au sud de la Vère, tout le massif de la forêt de Civens. Les paroisses limitrophes étaient : au nord de la Vère, Saint-Martial de Prasiats et Saint-Martin de Lespinas ; au sud, Saint-Jacques de la Capelle, N.-D. d'Oustrières, Saint-Jean de Montels et Saint-André de l'Om.

(4) Il faut lire Arnaud.

— An(t)hony Tal(l)afer, de Ramadies, deo la soma de ii *Ll*. xi *s*. ii *d*. p(er) compra de blat pres l'an v̄ xxiii lo xii d'abrial ; carta p(er) Maletis.

— Arn(au)d Tal(l)afer, fil de Mical, deo la soma de xv *s*. ii *d*. p(er) respo(n)sa fata p(er) P° Bla(n)c, del mas de Belpec, p(er) las ju(ei)as de sa sor deldet Arn(au)d ; pres l'an v̄ xxiii presen Arn(au)d Tal(l)afer, te(is)se(i)re, et de Johan Tal(l)afer.

XXXV v° Arnaud Tal(l)afer, teis(s)e(i)re, deo la soma de xx *s*. p(er) una mina de s(e)gel pres l'an v̄ xxxviii lo xiii de o(c)tobre ; deo paga p(er) la Madalena proda venen et l'a presa mon feillul G^m.

— Guiraud Tal(l)afer deo, p(er) re(s)ta de un ros(s)y, la soma de iii *Ll*. v *s*. x *d*. (de) resta ; bileta.

P^a v *s*. l'an v̄ xl. lo jorn de las onse milas verges (1), presen P° Tal(l)afer, fil de Ar(nau)d.

P^a vii *s*. vi *d*. l'an v̄ xli lo viii de o(c)tobre et n'a bileta.

P^a l'an v̄ xliiii lo xx de o(c)tobre viii *dob*^s p(er) las mas de Alliet Negre, presen Guir(au)d Algay.

XXXVI r°. Gaudibert Fabre, de Bru(n)ac, me deo la soma de ii *Ll*. v *s*. p(er) una b(a)rica de vy que (ha) pres de l'ostal de G^m Tal(l)afer Bigorat.

It(em) may deo, p(er) un(a) a(u)tra b(a)rica presa deldet Bigorat, ho sos e(r)ities deo(n) la soma de xxxvii *s*. p(er) so que no era pont plena et la deo paga de jorn en jorn. Fat l'an v̄ xxxi en lo mes de jun.

Le verso du f° XXXVI et la totalité des f°s XXXVII et XXXVIII sont en blanc.

~~~~~~~~~~~

(1) La fête des onze mille vierges, compagnes de sainte Ursule, qui se célébrait le 21 octobre. L'église Saint-François de Lavaur avait, au xve siècle, une chapelle sous ce vocable (Arch départ., fonds Lafage).

F⁰ XXXIX r⁰   Sant Johan de Monte(l)s de Castelnuou (1)

— Johan Algay, fra(i)re de mossen Estiene, me deo la soma de xiiii dob(l)as v d. p(er) crompra de iiii pans (de) drap blanc pres l'an vᶜ xxvii lo xxv de mars, presen(s) G(ᵐ) Poget de (el) Da(rd)e Justet.

P(ᵃ) lo des x s. l'an vᶜ xxviii.

It(em) deo may lo des la soma de xxiii s. vi d. p(er) [as caus(s)as de cordelat bla(n)c p(er) lo sartre son fraire, pres l'an vᶜ xxviii lo ii del mes de jun, presen(s) An(t)h(on)y Repuos et B(ert)ran T(r)ivas.

P(ᵃ) v s. viii d. p(er) blat qu'e(y) mes p(er) sem(en)a a la ter(r)a de la Ge(ne)bria (2).

It(em) deo may vi pans de cordelat de Castros que (ha) pres l'an vᶜ xx, lo xii de jun, pres p(er) las mas de mossen Estiene, son fraire ; f⁰ iiiᶜ xiii.

It(em) deo lo susdet la soma de xx s. p(er) crompra de iiii pans drap pres p(er) son fra(i)re Estiesne, pres l'an vᶜ xxiiii lo xv de mars : f⁰ Iᶜ (del) petit (libre).

P(ᵃ) xiiii s. l'an des lo xxiiii de nov(em)bre.

It(em) me deo(n) may los des la soma de vi v peti(t)s p(er) crompra de un breo, local an pres de las mas de Ramon Algay, l'an vᶜ xxx lo ix de may.

P(ᵃ) ii Ll. l'an vᶜ xxiiii (et n')a bileta.

P(ᵃ) Arn(au)d ii Ll. l'an vᶜ xxxi (a) Gal(l)ac.

P(ᵃ) Arn(au)d l'an vᶜ xxxii iii Ll. iiii s. al fieral de Gal(l)ac.

---

(1) *Saint-Jean de Montels*, paroisse de la juridiction de Castelnau-de-Montmiral, mais l'une des trois annexes de l'archiprêtré de La Capelle. L'église s'élève sur la crête qui sépare le bassin de la Vère du bassin du Tescou, à 4 kilom. S.-E. de la Capelle et 3 kilom. S.-O. environ de Castelnau. La paroisse englobait le versant nord du Tescou et une partie du plateau depuis la rivière d'En Gleizes (affluent du Tescou) jusqu'au voisinage de Saint-Jérôme. Paroisses limitrophes : au nord Saint-Jacques de la Capelle, Saint-Etienne de Brugnac et Saint-André de l'Om ; au sud N.-D. d'Oustrières, N.-D. de Gradille et St-Jérôme du Tescou.

(2) *Le mas de la Ginebreira* ou *Genebria* (la Genevrière) est à 2 kilom. ouest de l'église Saint-Jérôme, contigu au mas des Algays.

F⁰ XXXIX v⁰. Jame Favarel, fil de Johan, deo p(er) crompra de un ase la soma de IIII *Lt.* VI *s.* VI *d.* (per) crompra de un ase bastat l'an v° XXIIII lo XVII de mars : carta per Masenx.

P^a XXII *s.* en un sestie de blatet pres p(er) las mas de Ra(m)on Fav(a)rel l'an v° XLI lo mes de juliet, presen(s) P^e Gay, sargen, et Johan Fa(va)rel qu'ero custos (1).

En marge :

J'ey (hagut) part p(er) las desp(en)sas III *s.* IIII *d.* (2).

— Alliet Negre, fabre, deo p(er) una vaca la soma de III *r* XX *s.* VIII *d.* pres l'an v° XXVIII lo prem(ie) de aost, carta p(er) mestre Laure(n)s Trivas.

P^a II *Lt.* l'an des lo X de jun.

P^a X *s.* l'an des lo jorn de la Madalena.

P^a XX *s.* l'an des lo XXVIII de nov(em)bre.

P^a XIII dob(l)as p(er) una balesta venduda l'an v° XXXIIII p(er) Vidal Delforn (3).

Ajouté postérieurement :

La bale(s)ta ha cobrida. (4).

F⁰ XL r⁰ Nicolas Viral (*Vilar*) deo la soma de III *s.* VIII *d.* p(er) crompra de unas caus(s)as de drap, pres l'an v° XXVII lo XXIIII de abrial.

— Ramon Barateras, de Sant-Johan, deo la soma de

---

(1) *Custos* signifie séquestre. Le sergent était l'agent du juge chargé de signifier et faire exécuter les jugements. Il est donc probable que Masenx avait obtenu un jugement contre son créancier.

(2) Cela veut dire que Favarel dut en payer autant et que les frais s'élevèrent par conséquent à 6 s. 8 d.

(3) Les noms de Vidal et Hugues del Forn (Dufour), seigneurs de la Bonnette, près Senouillac, reviendront souvent dans ce livre. Ce sont très-probablement les héritiers de ce Robert de Fronte (del Fron), juge d'Albigeois, auxquels fait allusion Eutrope Fabre (f⁰ VIII r⁰ et XIII r⁰). — Cf : f⁰ 107 r⁰. — On verra que Vidal Delforn vendit à Masenx la plupart de ses terres de Senouillac (f⁰ 130 à 133). — La seigneurie de la Bonnette passa, dans le courant du XVII⁰ siècle à la famille de Paulo ; il est probable que les Paulo (vraisemblablement de Paulhe) succédèrent aux Dufour.

(4) C'est-à-dire : « il a repris l'arbalète (engagée) ».

xxv s. p(er) unas caus(s)as de cordelat, pres' l'an v^c xxvii ; bileta p(er) Cariven, f^o lxv.

— Ramon Algay deo la soma de iii *Ll.* xiii s. vi *d.* p(er) comte fat de blat et vy, coma (a)par p(er) bileta presa p(er) mestre B(e)r(n)ad Batifol l'an v^c xxxvii lo x de o(c)tobre. Al sac es.

It(em) deo may lodes la soma de tres m(i)ejas (cartas) mestura (et) I *la* mosola, pres de ma molie l'an v^c xxxviii, presen lo va(i)let de P^e Gal(l)art.

F^o XL v^o An(t)hony de Monfontan, se^{or} de la Garda (1), deo la soma de xi s. viii *d.* p(er) crompra de l^a cano de cordelat blanc pres l'an v^c xxii lo vii de nov(em)bre presen lo cadet de T(au)r(i)ac. (2).

— An(t)hony Tal(l)afer, fil d'Estiene, deo la soma de x s. p(er) re(s)ta de l^a b(a)rica (de) vy presa l'an v^c xxxiiii et re(s)ta x s. ; presen G^m Destavila.

---

(1) Ce personnage est Antoine de Bonfontan, seigneur de la Garde, père de Nicolas qui figure au conflit de 1591 avec les consuls de Montmiral. Cette famille a joué un rôle considérable dans l'Albigeois. Barthélemy de Lagarde, juge d'Albigeois vers 1291, fit un règlement pour les poids et mesures de Montmiral ; Bertrand de Bonfontan fut l'un des capitaines auxquels le comte d'Armagnac, seigneur de Montmiral, confia en 1412, la garde de la ville contre le roi et le duc de Bourgogne ; enfin Philippe de Bonfontan occupa, en qualité de capitoul-gentilhomme, la première magistrature de Toulouse, de 1787 à à 1789. — Le château de Lagarde s'élève encore sur un plateau au sud de la Vère, à 3 kilomètres ouest de Castelnau, entre Saint-Martin de Lespinas et Saint-Jean de Montels ; l'écusson des Bonfontan « d'azur à la tour d'argent maçonné de sable » se voit encore au-dessus de la porte et des cheminées du château (*Monogr. comm.*, III, 383).

(2) Le cadet de Tauriac était de la maison des Léonard, seigneurs de Tauriac, très déchue de sa splendeur à l'époque qui nous occupe. En effet, à la mort d'Arnaud Léonard, en 1458, son héritage avait commencé à se dissocier ; en 1501, Louise de Saint-Vier, veuve de son fils, Bernard Léonard, avait vendu à Jean de Foix, vicomte de Villemur, le tiers de la terre et seigneurie de Tauriac ; en 1533 le fils de celle-ci, Arnaud Guillaume Léonard, venait de céder partie de ses droits à Antoine Lapierre ; enfin en 1515 la fille de celui-ci, Catherine Léonard, en céda le reste au conseiller Deymier, baron de Roquemaure. — Tauriac, réuni, il y a quelques années encore, à la commune de Montvalen (canton de Salvagnac), remonte à une époque très reculée *Monogr. comm.*, IV, 63).

* — Ramon Barrat(er)as deo p(er) unas caus(s)as la soma de xxv s. pres l'an v^cxxvii ; bileta p(er) Cariven.

F° XLI r°.   P° Roux (1) deo p(er) una ve(de)la la soma de vi Ll. presa l'an v^cxxviii, bileta p(er) Masenx.

P^a l'an v^cxxxviii (lo) xxiii de nov(em)bre ii Ll. et (n')a bileta.

* — An(t)hony Gantet, fil de P^e, me deo p(er) re(s)ta de v r. pe(t)is que me dev(i)o p(er) una vaco, coma (a)par p(er) carta presa p(er) Masenx, et deo conte fat la soma de xxiiii s. vi d. de re(s)ta. Fat lo jorn de Sant Salvy (l'an) v^cxl.

En marge :

P^a x s. l'an v^cxli lo jorn de Sant Marty a Gallac.

Au bas de la page :

P^a tout.

Le verso du f° XLI et la totalité du f° XLII sont en blanc.

F° XLIII r°.   Sant Giromy (2)

. — P° Bro, del mas des Bros, et son fil plus viel (*en marge* : Bertran) deo(n) la soma de viii Ll. v s. p(er) crompra de un ros(s)y de pel gris pres l'an v^cxxv lo xiii de juliet ; carta p(er) Germ(an)i (3).

P^a ii Ll. p(er) las mas de Olivie Bonet.

P^a xx s. presen Olivie Bastida.

P^a xx s. a Gal(l)ac (l'an) v^cxxvii.

---

(1) Voir la même créance, f° 13 v° et lxxvii r°. Il faut lire *Rec* (Rieux) au lieu de *Roux*.

(2) *Saint-Jérôme du Tescou*, paroisse, l'une des cinq annexes de Saint-Pierre de Gaillac et possession de la Commanderie de Saint-André. L'église s'élève sur un mamelon, près du Tescou, à 3 kilom. au sud de Castelnau. La paroisse englobait le plateau et le versant nord du Tescou, depuis la source de cette rivière jusqu'à Castelnau. Paroisses limitrophes : au nord, Saint-Jean de Montels, N.-D. de Montmiral et N.-D. de Montels ; au sud N.-D. de Gradille, Saint-Pierre de Vors et Saint-Jean de Celles.

(3) Le mot *Germani* a été substitué à celui de *Cantalausa*, biffé. Plus haut le mot *gris* est biffé.

— Johan Durban, fil de Barnabé, deo la soma de vi *Ll.* p(er) los se(n)s de una t(er)ra que me vendee ; carta presa p(er) Mossen Johan Ros(i)eras l'an v^cxxvii.

It(em) deo la soma de v *Ll.* p(er) crompra de iii ca(n)os drap negre pres l'an v^cxxiii lo xvii de mars, bileta p(er) G(erm)ani.

G^m Tol(o)sa deo la soma de xx *s.* p(er) un are(n)de fait l'an v^cxxix, bileta p(er) Cariven. Al sac es.

F° XLIII v°. Mademaisela de las Mas(i)eras (1) deo la soma de viii dob(l)as p(er) unas margas de (drap) roge p(er) la noiris(s)a de Calvet, pres l'an v^cxxiiii lo xv de setembre.

— Johan Durban (2), fil de F(r)anses, deo la soma de xxxii *s.* ii *d.* p(er) crompa de xxviii *Lb.* c(a)rnsalada presa l'an v^cxxix lo vii de mars, bileta p(er) Cantalausa. Al sac es. P^a x *s.* p(er) sas mas.

— Anth(on)y Miramon, fil de Anth(on)y, del mas de Lacort (3), me deo I 7 blat p(er) l'an v^cxxx p(er) las vacas et p(er) re(s)ta del bestial ; carta p(er) Masenx, f° iiii^cxxv.

F° XLIV r°. G^m Poget, del mas de Poget (4), deo la soma de iii minas blat pres l'an v^cxxxviii lo x de abrial.

En marge :
P^a la blat iii minas lo xxiii de se(tem)bre.

---

(1) Il s'agit de la femme de Guy de Bonfontan, seigneur de Mazières (voir f° 13 r°, note). Le château des Mazières, qui existe encore à 600^m au sud de Castelnau de Montmiral, fut une station gallo-romaine assez importante : il est célèbre par une belle croix de pierre qui existe dans sa chapelle. Un vaste souterrain à plusieurs chambres spacieuses, unies par des corridors, est creusé dans le tuf au-dessous du château (*Monogr. comm.*, III, 382).

(2) Le *mas de Durban* (primitivement *d'Urban*) est situé sur la route de Castelnau à Cahuzac, entre Castelnau et Saint-Jérôme et à 1,500^m environ N.-E. de l'église Saint-Jérôme.

(3) Le *mas de Lacourt*, à 2 kilom. N.-O. de Saint-Jérôme, entre Castelnau et Saint-Jean de Montels.

(4) Le *mas de Pouget* (actuellement *Pougeot*) à 1,500^m au nord de Saint-Jean de Montels et 2 kilom. S.-O. de Castelnau. Il existe un autre *mas de Pouget* auprès du château de Courduriès.

It(em) me te(n) una vaca de pel romegos (1) (per) lo pr(et)s de vi r. petis et deo p(er) la miso l^a *la* fo(rm)en p(er) cascun un d(u)ra(n) iiii ans ; carta p(er) mestre Antho(n)y Masenx.

P^a Palies, fil de Ramon, deo la soma de xv s. p(er) l^a mina palmola presa lo x de mars l'an v^e xxxiiii.

It(em) deo may p(er) sivada la soma de xv s. pres l'an v^exxxiiii.

It(em) deo may p(er) resta de un sestie de blat que (avio) pres l'an v^exxxv, que mo(n)tavo ii Ll. x s.

P^a l'an v^exxxvi xx s. en de(i)sso.

It(em) deo may una mina de palmola a rendre palmola, presa l'an v^exxxviii lo v de mars.

P^a vii s. presen(s) Guira(u)d Palies et Math(al)y Ca(h)usac, lo xv de se(tem)bre.

XLIV v^o P^a Jornes deo la soma de xv s. p(er) l^a mina palmola pres(a) l'an v^exxxiiii lo x de mars.

It(em) deo may p(er) un 7 f^a pres l'an des la soma de ii Ll. v s. pres l'an des lo mes de may.

P^a xxi s. p(er) las mas de F(r)anses.

Paga ii s. vi d. p(er) I jornal p(er) dal(l)a.

It(em) deo p(er) re(s)ta de una barica de vy la soma de x s., pres l'an v^exxvii p(er) las mas de Gu(i)r(au)d son fil.

— B(e)rengie Jornes deo la soma de iii Ll. x s. p(er) iii minas blat, pres l'an v^exxxiiii lo xii de mars.

---

(1) Cette expression *pel romegos*, c'est-à-dire emmêlé, embroussaillé comme de la ronce (de *romec*, ronce) se rattache à l'une des plus curieuses superstitions rurales du Languedoc. Comme l'hygiène des bestiaux était autrefois très négligée et comme en particulier le peigne ni l'étrille ne passaient que rarement dans leur poil, il arrivait que, chez les animaux dont le crin est aplati et par suite frise naturellement, les crins de la queue formaient des emmêlements inextricables emprisonnant des débris de paille, de bois, de ronces, des parasites, etc. que la poussière et la malpropreté consolidaient. Ces *pliques* faisaient le désespoir des paysans et comme, quand ils les démêlaient, elles se reproduisaient rapidement en raison de la structure particulière du poil, ils étaient persuadés que ces animaux *avaient un sort* ou que le diable, pendant la nuit, emmêlait leurs crins.

It(em) deo may la soma de II *Ll.* X *d.* p(er) VII ʒᵃˢ blat pres l'an des lo X de abrial.

P ̅ ͣ lo des la soma de IIII *Ll.* X *s.* en dos escu(t)s del solel.

It(em) deo p(er) l ͣ barica vy la soma de II *Ll.* (et) promet de paga p(er) la Madalena; presen lo bordié de Paul Mata, pres l'an vᶜxxxvi lo X de may.

It(em) deo lo des un sestie blat pres l'an vᶜxxxviii et deo torna blat p(er) la Madalena.

Fᵒ XLV rᵒ — Gᵐ Ricart, fil de Johan, del mas de Gay, deo la soma de II *Ll.* X *s.* VI *d.* p(er) comte fat, bileta p(er) mestre Ant(hon)y Masenx l'an vᶜxxxvii lo xxvii de nove(m)bre.

It(em) may deo III Q de fe pres l'an vᶜxxxviii lo X de aost et deo t(o)rna tan de fe, presen Ra(m)on Tuengne, (monta) X *s* (1).

It(em) deo may V ʒᵃˢ palmola presa l'an vᶜxxxviii e(t) deo t(o)r(n)a tan de palmola.

It(em) deo p(er) l'erba del prat bas de l'an vᶜxxxvii la soma de XX *s.*, presen(s) los dal(l)a(i)res que dal(l)i(a)o(n) l'autre prat.

Fᵒ XLV vᵒ — Gu(i)ra(u)d Palès, (det) Colet, me deo la soma de V *s.* p(er) re(s)ta de dos ca(n)os de drap, coma (a)par p(er) bileta presa p(er) Cariven.

It(em) deo may I 7 blat pres l'an vᶜ xxxv lo XV del mes de abrial p(er) lo pres que se vendrio ha Gal(l)ac al mercat.

P ̅ ͣ XX *s.* en de(i)sso de mage soma (et) re(s)ta del blat XX *s.* (2)

It(em) me deo lo des Iᵃ mina de blat et deo re(n)dre tar de blat p(er) la Madalena, pres l'an vᶜ xxxvi lo... (*un blanc*)

P ̅ ͣ Iᵃ mina de blat lo des et la bailec ha ma so gra l'an vᶜ xxxvii.

---

(1) Ce chiffre X *s.*, a été ajouté après coup; il est probable qu'à ce moment Ricard avait déjà payé une partie du foin, car le prix de 3ˢ 4ᵈ le quintal serait exceptionnel. Ce prix est assez régulièrement de 5ˢ le quintal.

(2) On peut conclure de cet article que le cours du blé au marché de Gaillac, le 15 avril 1535, était à 2 *lt* le setier.

It(em) may deo lo des I 7 de se(g)al pres l'an des coma (a)par p(er) bileta presa p(er) Batifol.

P(a) lo des I 7 se(g)al en argen, l(a) mina et una a(u)tra en segal lo xvi de setembre (1).

F° XLVI r°. L'an mil v° xxxviii lo xxvii del mes (de) se(tem)bre me deo P° Palès, fil de Ra(m)on, la soma de x s. p(er) conte final fait; deo paga p(er) la fe(s)ta de Nadal. Bileta p(er) Batifol.

Conta(t) es.

— Antho(n)y del Cluas (*Claus*) (2), fil de Ramon, deo p(er) una b(a)rica de vy roge la soma de ii Lt. pres l'an v° xxviii; bileta p(er) Cantalausa.

— Pe(i)re Palès, fil de Ra(m)on, me deo la soma de xxxv s. p(er) crompa de l(a) *ta* blat et de l(a) mina palmola presa(s) l'an v° xxxix lo xx de m(a)rs et deo p(a) de jorn en jorn.

Comt(at) es.

F° XLVI v° An(t)ho(n)y Algay, (det) Barutel, del mas de la Gi(ne)brera, me deo la soma de xxv s. p(er) una barica de vy (3) que lo det Algay avio aguda de my et, p(er) so que no me avio tornada la fusta, Anth(on)y Guy, fil de Olivié, nos acordec, l'an v° xxxvii lo xv de desembre, que lo det Algay me bailario la soma de xxv s. p(er) la festa de Sant Mical proda venen et (at)al jurec; presen(s) Anth(on)y Teis(si)es (et) B(e)rtran Espal(l)ac.

P(a) l'an v° xxxviii lo jorn de la fiera xx s. en de(i)sso de mage soma presen mossen F(r)a(nse)s Guy.

.

---

(1) Il faut remarquer cette combinaison parce que Masenx y trouve un double bénéfice (voir à l'*Introduction* la Banque des céréales).

(2) Le *mas del Claus* (auj. le Claux), sur la rive gauche de la Vère, en face du Verdier, est à 2 kilom. et demi N.-E. de Castelnau.

(3) Le prix d'une barrique de vin était de ii *Lt*; il est donc probable qu'Algay avait déjà payé ce prix, mais que les 25 sols qui lui étaient réclamés représentaient la valeur de la futaille qu'il avait négligé de retourner à Masenx.

F° XLVII r°   Anth(on)y Guillamo(t) (1) fil de An(t)h(on)y, deo p(er) re(s)-
ta de blat vi s. — Al libre es.

— Ramon Tuengne, del mas de la Trel(l)a (2), me deo la
soma de iii Ll. xviii s. ix d. p(er) l³ mina blat, l³ la palmola,
3³ la favos (et) 3³ la mil; pres l'an v° xxvii; bileta p(er) Ma-
s(en)x.

It(em) may deo lo des la soma de ix Ll. p(er) crompra de
ii 7 (et) 3³ blat, l³ mina (au)tra de v(ess)as et l³ la de segal
l'an v° xxxiii, bileta p(er) Mas(en)x.

It(em) me deo la soma de vii Ll. p(er) los se(n)s et da(rair)a-
ges de la t(er)ra de la Barta (3), coma es esta(t) det p(er) los
compra (mi)seras; fait l'an v° xxxiiii, carta p(er) Br(au)si (4).

It(em) deo may la soma de iii Ll. iii s. iiii d. p(er) los des-
pen(s) de ma part, coma (a)par p(er) bileta p(er) Cantalausa. (5).

It(em) deo may p(er) xii pans drap gris la soma de xxxvii s.
vi d. pres l'an v° xxxv.

F° XLVII v°   It(em) deo may lo des tota ma part del rende qu'es estat
en la b(o)ria l'an v° xxxv (6) en sa essut, lo de l'an v°xxxvi
que l'ey pres et lo pr(enguer)i presen son fil, que n'y avio
i Q lxxxii Lb.

It(em) deo xxv s. p(er) unas rodas que ly ba(ile)ri ha
Gal(l)ac (l'an) v°xxxvi a son fil.

(1) Le *mas de Guillamot* était situé aux confins des paroisses de Saint-Jacques de la Capelle et de Notre-Dame d'Oustrières.

(2) Le *mas de la Trella* est à Saint-Beauzile.

(3) Le *mas de la Barthe*, sur l'ancien chemin du Verdier à Saint-Beauzile, consulat du Verdier, à 1 kilom. au sud de Saint-Beauzile. Il était sur la lisière de la forêt de la Grésigne, d'où son nom de *Barta* (hallier).

(4) Ce notaire appartient évidemment au Verdier, car il n'est cité que pour des actes relatifs à Tuengne ou aux Johan de *la Boscario*; or *La Trella, la Bartha* et *la Boscario* sont dans la juridiction du Verdier.

(5) Ces frais, avancés par Mazenx, se rapportent évidemment à l'établissement du bail de métayage de Toingne pour Bugarados en 1535 (voir ce bail au f° 109 r°).

(6) Masenx a écrit v° xxxi, mais la date qui suit indique la correction; du reste il ne semble pas avoir eu de métairie (*boria*) à La Barthe, tandis qu'il y en avait sûrement une à Bugarados.

It(em) Tu(en)gne me deo, co(n)te fait, la soma de v *Ll*. et conte fat de las autras biletas.

It(em) may deo t(o)rna ma part del re(n)de de vii ans, se ta(n)t (1) del an v^e xxxvi que jo le p(rengue)ri tot, que n'y avio ii (quin)tal(s) (et) xviiii *Lb* a lo ssec (2).

It(em) may cal que me torne la c(a)reta garnida coma la y b(ail)eri (3).

It(em) may xxviii fedas et a(g)n(e)l(s) que ly (ay) b(ai-lad)as; en derescats pr(esta)t lo moto bla(n)c.

It(em) may xiii gal(i)n(a)s que ly (ay) b(ai)l(ad)as en Vros (*Vors*), se(n)s ca(p)os.

f° XLVIIbis r° It(em) me deo may, p(er) un 7 de blat que ly ay presta(t) l'an v^e xxxix lo mes de ma(r)s, la soma de iii *Ll*., pres a la bori(a) de Sant G(e)romy.

It(em) me deo la soma de xxxiii *dob*^s p(er) viii Q. de fe pres a la b(o)r(i)a de Sant Geromy l'an des, presen J(oha)n Palès.

It(em) deo may ma part de ca(t)re motos que vendec l'an v^e xl a Castelnuou.

It(em) deo ma part del re(n)de (4) del an des, que vendec a P° Gaos de Casteln(u)o(u).

It(em) me deo i 7 iii z^{os} de blat que ey b(ai)lat p(er) el a mos(s)en F(r)anses) Vilar, l'an v^exli.

It(em) me deo la soma de iii Q. de fe que (ha) pres G^d (5) a la b(o)r(i)a de Sant Geromy l'an des, monta xxviii *dob*^s.

It(em) may me deo la soma de xx *s*. que G^d los malevec de ma molie.

(1) *Se tant*. pour *sonque*; sauf, excepté.

(2) *A lo sec*, à l'état sec; il est certain qu'il s'agit de la rente en chanvre ou en lin de Bugarados pendant la durée du métayage de Toingne (1535-1541).

(3) Sur cette charrette, voir f° 111 r°.

(4) Sous-entendu *del troupel*; le mot *profit* conviendrait mieux que celui de *rende*, car il est évident que ce sont les produits de la gazaille que Toingne a vendus à Pierre Gau.

(5) G^d c'est-à-dire Guiraud Toingne, le fils de Ramon.

Le verso du f° XLVII bis ainsi que la totalité du f° XLVIII sont en blanc.

F° XLVIIIbis **r°** SANT ANDRIO DE L'OM. (1)

— Darde Gay (2), fil de Johan, deo la soma de xv s. p(er) crompra de x pans de cordelat blanc, pres l'an v° xxi lo xii de febrie.

It(em) deo lo des la soma de lv s. p(er) compra de l^a pipa de vy roge pres de la miso de Vros (*Vors*), presen(s) G(ui)ra(u)d Carles, G^m Gay (et) Anth(on)y Andrio l'an v° xxi lo xiii de abrial.

P^a xxi s viii d.

P^a x s. p(er) un sac de noses.

It(em) deo lo des, conte (fait) am son fil, p(er) lo cat de las fedas x s. vi d. presen R(am)on Fort; promet de paga.

It(em) deo may p(er) un moto que (ha) pres p(er) las nos(s)as de sa fil(l)a..... (*inachevé*).

Resta ii Lt. x s.

F° XLVIIIbis **v°** G^m Tal(l)afer, fil de Anth(on)y, deo la soma de x s. p(er) tres pans (de) drap que (me) fec b(a)ila ha son conat Johan Tornon et ne respondec, l'an v° xxii lo xxiii de nov(em)bre.

It(em) deo (lo)des la soma de xxii s. p(er) un conte que feren l'an v°xxv lo xii de nov(em)bre; bileta f° iiii° iiii.

---

(1) *Saint-André de l'Om* ou *de l'Herm*, paroisse, l'une de 4 annexes de Notre-Dame de Montmiral. L'église, aujourd'hui détruite, était une dépendance du château de Fezembat, à 2 kilom. ouest de Castelnau, sur la route de Castelnau à Bruniquel. La paroisse englobait la région N.-O. de Castelnau, entre cette ville et la Vère. Paroisses limitrophes : au nord, Saint-Martin de Lespinas et Saint-Pierre du Verdier; au sud, Saint-Etienne de Brugnac, Saint-Jean de Montels, Saint-Jérôme du Tescou et Saint-Salvi de Combirat.

(2) Ce personnage est peut-être le même que Darde Algay, père des Algay du mas de Gay; mais cependant c'est peu probable parce qu'il serait alors très âgé et qu'il serait surprenant qu'il n'habitât pas la paroisse Saint-Jean; en outre Masenx appelle constamment Algay ses voisins du Gay. Darde Gay est, comme on le voit, gazailler de Masenx.

It(em) ten lo des de my xiiii fedas joves a cabal, com.i las b(a)ilava a La(u)r(en)s (1), presen G^m Destavilla.

It(em) ly (ay) ba(ila)da a(u)tra(s) dos (2) de la miso de mando del V(e)r(g)ne (3), que ero de d(ei)me.

It(em) may l^a au(t)ra del b(o)rdie de Tresieras.

It(em) me deo la mitat de so des(sus), de las fedas del cabal (4).

It(em) deo v *Lb.* de lana que teni (e)ce (*esse*) mio p(er) so que l'a presa un an tota.

It(em) deo la mitat de l^a (ag)nela que b(a)ilec a Polet de Ros.

It(em) deo de formatges v *Lb.* p(er) un an (5).

It(em) deo p(er) l^a capa de Biarn, presa l'an v^cxxviiii lo xxx de jun, la soma de xxxv s.

En marge :
F^o iii^cvii al petit (libre). (6)

---

(1) *Coma las bailaca à Laurens* : comme je les donnai à Laurent (sans doute le gazailler qui avait précédé Taillefer) ; on sait que Masenx fait accorder le verbe avec son complément. Ce compte de gazaille, très important, est d'une lecture très difficile ; il faut en placer la date dans le mois de janvier ou février 1526.

(2) Masenx avait d'abord écrit *un(a)a(u)tra feda*, ce qui explique *bailla-da* ; il a substitué à ces mots *autras dos.*

(3) La *miso de mando*, c'est-à-dire la mise de rente (sur *mando*, voir f^o iii v^o note). Cette rente devait vraisemblablement remplacer une dîme, *ero de deime.*

(4) Note importante, qui prouve que les conditions du cheptel n'ont pas varié depuis cette époque. Masenx fournit en effet le troupeau, mais il stipule que la moitié du prix lui en est due par son gazailler ; car la gazaille est une association.

(5) Ces fromages sont les ancêtres directs du fameux Roquefort et, jusqu'à la Révolution, l'usage s'est conservé d'en faire la rente. On sait que Martial déjà parle avec éloge des fromages de Toulouse. Charlemagne ne les appréciait pas moins et une curieuse anecdote du moine de Saint-Gall nous prouve qu'à cette époque déjà on *persillait* le fromage avec la poudre bleue.

(6) Ce renvoi indique que la gazaille se place entre le 12 novembre et le 5 mars 1525, très probablement en janvier 1526 (nouveau style).

F⁰ XLIX r⁰. P⁰ Daros (1) deo la soma de III *Lt.* p(er) compra de I 7 f⁰ (et) l ͣ mina se(g)al, pres l'an v ͤxxvii ; bileta p(er) Ge(rma)ni. Al sac es.

It(em) deo may la soma de xx dob(l)as p(er) v Q. de fe pres l'an v ͤxxviii.

It(em) deo may la soma de xi *Lt.* p(er) re(s)ta de un mulet que me crompec l'an v ͤxxvii ; ca(r)ta presa p(er) Cantalausa. Al sac es.

— G ͫ Tal(l)afer, fil de Mical, deo la soma de xxx s. p(er) unas caus(s)as de vi(a)let, pres l'an v ͤxxiiii.

— Mical Tal(l)afer deo la soma de xvi dob(l)as v d. p(er) I ͣ mina blat pres(a) p(er) las mas de son fil G ͫ l'an v ͤxxv.

It(em) deo may dos pipas totas nuovas presas l'an v ͤxxv, presen mossen Arnaud Losat.

It(em) deo may x s. que (ha) pres de Bertran Brun.

F⁰ XLIX v⁰. B(e)rtomio Daros deo la soma de xxviii dob(l)as p(er) compra de un ais de fer pres l'an v ͤxxx, bileta p(er) C(ar)iven.

— An(t)hony Tol(o)sa, fil de Guil(h)em deo la soma de I 7 palmola presa l'an v ͤxxvi ; bileta p(er) Cantalausa. Al sac es. P ͣ I 7 palmola l'an v ͤxxxviii.

It(em) deo may p(er) viii Q de fe la soma de xxii s. viii d., pres l'an v ͤxxix ; bileta p(er) Cantalausa. Al sac (es).

It(em) deo may lo des l ͣ *la* mosola presa l'an v ͤxxxviii lo x de may et deo t(o)rna tan de blat et a ma parola en gages.

It(em) deo may xv d. p(er) ar(g)en prestat.

F⁰ L r⁰ Ant(ho)ny Destavila, fil de Arn(au)d deo la soma de II *Lt.* x s. p(er) un sestie de blat pres l'an v ͤxxviiii lo xii de abrial. P ͣ xxx s. p(er) las mas de sa molie.

It(em) me deo may lo des p(er) re(s)ta de una b(a)rica de vy et de III minas de blat, pres l'an v ͤxxxiii, xxxii s.

(1) Masenx écrit indifféremment *de Ros* ou *Daros* ; il est donc probable qu'il s'agit, sous ces deux noms, d'une même famille originaire du *mas de Daros* (aujourd'hui *Daires*) à 1500ᵐ sud-ouest de Castelnau.

It(em) deo p(er) re(s)ta de I̅ᵃ ta palmola, presa p(er) las mas de sa molie, la soma de ɪɪɪ s. ᴠɪ d.; pres l'an vᶜxxxɪɪɪ.

It(em) deo may p(er) l'erba del prat de la Sala (1) p(er) l'an vᶜxxxɪɪɪɪ la soma de ɪɪɪɪ Ll., bileta p(er) C(ar)iven.

Pᵃ ɪɪ Ll. ɪɪ s. p(er) dos tessos que me vendee.

Re(s)ta ɪɪɪɪ Ll.

Fᵒ L vᵒ Gᵐ Destavila, fil de An(t)hony, deo la soma de ɪɪɪ Ll. p(er) compra de l'erba de un prat de Johana Masenxea, fil(l)a de Johan, de l'an vᶜxxxv. Deo paga p(er) Tossa(n)s tota la deta soma.

It(em) deo may lo des lo soma de ᴠ Ll. x doblas p(er) re(s)ta de blat et de un(a) a(u)tra bileta et deo paga la deta soma de xx s. p(er) la festa de la Madalena et xx s. p(er) Pascas et la re(s)ta cascun an p(er) la festa de la Madalena cascun an (*répété*) coma (a)par p(er) bileta p(er) mestre Anthony Masenx, l'an vᶜxxxvɪɪ.

En marge :
    Pᵃ xx s.
    Pᵃ xx s. et n'a bilet(a).

Fᵒ LI rᵒ Pe(i)re Tol(o)sa, fil d'Estiene, deo de blat prestat ᴠɪ ₃ᵃˢ mossola et I̅ᵃ la de vessas & ₃ᵃ la de segal, et deo tot torna p(er) la Madalena proda venen ; pres l'an vᶜ xxxvɪ et lo x del mes de may, presen An(t)hony Gosin.

It(em) deo may lo des, p(er) crompra de I̅ᵃ barica de vy rogen, rendut lo fust, la soma de xlɪɪɪɪ dobla(s) et l'a pres l'an vᶜxxxv et deo paga p(er) Tossans proda venen ; presen(s) Johan Guy de Sen(n)olac (*et*) de Gᵐ Privat de Castelnuou.

    Pᵃ lo des xᴠɪɪɪ s. l'an vᶜ xxxvɪ presen mos(s)en An(t)hony (de) Gaye (2).
    Pᵃ lo des ᴠɪ ₃ᵃˢ de blat.

Resta tot so des(sus) la soma de ᴠɪɪɪ dob(l)as, conte fat l'an vᶜ xxxᴠɪɪɪɪ lo x de nove(m)bre.

---

(1) Le *mas de Lassalle* est contigu à l'église Saint-Jérôme.
(2) C'est à-dire Antoine Algay du mas de Gaye.

P̃a un jor(n)al ha laura alla b(o)r(i)a de Vros (*Vors*) (l'an) vᶜxlii.

F⁰ LI v⁰   Mafre Torn(o)n et Johan Tor(no)n son fil me deo(n) la soma de ⸱v Ll. iiii s. ii d. p(er) re(s)ta de un ros(s)y que me an crompat l'an vᶜxviii.

Le folio LII est en blanc.

~~~~~~~~~~~~

Gallac et la forezio de Gallac (1)

F⁰ LIII r⁰   — Johan Cariven (2), sargan, deo p(er) iiii pans et ꝫᵉ de cordelat blanc pres l'an vᶜ xxii (lo) xii de abrial et p(er) xi pans (et) ꝫᵉ de cordelat del païs pres l'an des et lo jorn, monta la soma de xv s., presen(s) Bert(r)an Tor(no)n et Gᵐ Gelabert, ba(s)tié.

It(em) deo lo des et mossen Gᵐ son fraire la soma de xxxiii s. iiii d. p(er) crompra de una falssada (*flassada*) presa l'an vᶜ xxv et lo xx de jun ; pres a Gal(l)ac.

P̃a lo des xiii s. iiii d. en de(i)sso de mage soma l'an vᶜ xxvi en la m(a)iso de Anthony Barobresa cant ly comp(re)ri lo sa(f)ra.

It(em) deo may lo des, p(er) unas margas de rogen, la soma de vii s. vi d., pres l'an vᶜ xxvii ha Gallac.

---

(1) Le district ecclésiastique de Gaillac comprenait à cette époque plus de 20 paroisses et une douzaine de prieurés dépendant de l'abbaye de Saint-Michel.
Les paroisses étaient : Saint-Michel de Gaillac avec 4 annexes, Saint-Jean de Tartage, Sainte-Cécile d'Avès, Saint-Laurent de Pompirac et Saint-Martin de Villecourtès ; Saint-Pierre de Gaillac avec 5 annexes, Saint-Pierre de Senouillac, Saint-Pierre de Vors, Saint-Jérôme du Tescou, Saint-Maurice de Candastre et Saint-Jean de Celles ; Saint-Eugène de Brens ; Saint-Martin de Montans ; Saint-Jean de Rivières ; Saint-André de Fayssac avec 1 annexe, Terses ; Saint-Sernin de Salettes ; Brozo ; Notre-Dame de Gradille ; Notre-Dame de Montels avec 2 annexes, Notre-Dame de Boissel et Saint-Jean de Granuejouls.

(2) Le *mas des Carirenc* ou *les Caricens* (auj. *la Garriguette*), à 4 kilom. N de Gaillac et 1500ᵐ O de Candastre, appartenait à la paroisse N.-D. de Boissel. — *Sarjan* signifie sergent de justice. — Les Carivenc étaient l'une des principales familles de Gaillac ; on connaît déjà les notaires Pierre et Ramon Carivenc. Bernard Carivenc fut commandeur de l'hôpital Saint-Jacques des Lépreux en 1515. Jean Carivenc est prêtre collégié et frère de la Commanderie de St-André en 1562.

It(em) deo may la soma de xxvii s. vi d. p(er) unas caus(s)as de cordelat blanc presas l'an v⁰ xxviii lo vi de se(tem)bre, presen mossen Jordy Sinolas, f(r)aire de Sant Andrio.

Re(s)ta iiii L*l*.

F⁰ LIII v⁰   Bernat Tomas, de la boria d'En Pé de Gallac (1), deo la soma de ii s. vi d. p(er) re(s)ta de crompra de drap cordelat bla(n)c et n'(a)y bileta p(er) Ca(r)iven de Gal(l)ac l'an v⁰xxv lo xi de abrial.

— It(em) deo may, p(er) un comte fait am mon sogre l'an v⁰ xxiiii, bileta faita p(er) mossen Johan Benaset de Gallac,.... (*inachevé*).

— Johan Alalbreda (*Albareda*), remona(i)re de Gal(la)c, deo la soma de ii L*l*. x s. p(er) crompra de xiii pans (de) drap me(s)cala(t) del pa(i)s pres l'an v⁰ xxvii lo xx de may ; bileta p(er) Cariven.

— Mossen P⁰ Angos deo la soma de xxv s. p(er) un but que le pre(s)t(e)ri de La Vros (2) l'an v⁰ xxviii.

It(em) may deo p(er) iiii pans drap cordelat negre la soma de viii s. iiii d. pres l'an dessus.

It(em) deo p(er) argen prestat.... (*inachevé*). Al (li)bre.

It(em) deo ii L*l*. v s. p(er) un escut que me ba(i)lec P(ei)roto de la Bastio (3), cant me crompec lo segal, p(er) so que era cort et rognat (4) et me (ha) promes de me baila l'argen lo xx de aout v⁰ xxviii.

(1) La *borio d'En Pé de Gaillac* (auj. *La Borio*), à 4 kilom. nord de Gaillac, sur la route de Gaillac à Aurillac, paroisse Saint-Jean de Celles, appartenait à l'église St-Jean de Celles, qui lui était contiguë ; on l'appelait aussi la *métairie de Saint-Jean de Celles*. C'était l'un des quatre domaines de la Commanderie de Saint-André. En 1529, la peste régnant à Gaillac, c'est à *La Borio* que s'assembla le conseil de ville, au milieu d'un pré, pendant toute la durée de l'épidémie.

(2) C'est *Vors* ou *Lacot*, près Saint-Jérôme.

(3) Le *mas de la Bastio* (la Bastié), dont Anjous était sans doute propriétaire ou tenancier, est à 2 kilom. à l'ouest de Candastre, dans la paroisse Saint-Jean de Celles.

(4) On comprend que l'écu porté à Masenx par Peirotou, de la part d'Anjous, était tellement rogné que Masenx ne voulut l'accepter pour aucun prix.

It(em) deo may xxv s. p(er) las se(n)or(ias) del canabal.

It(em) deo may xxvii s. vi d. p(er) l'argen de Turla, tal(l)aire (1).

F° LIV r°   Ramon Fabre, del mas de Pec-ausy, deo la soma de iiii Lt. ii s. vi d. p(er) crompra de dos ca(n)os v pans drap gris pres l'an v° xxviii lo viii de abrial, bileta p(er) Cariven.

Pª x s. l'an des lo xx de nov(em)bre.

Pª xix doblas l'an v° x(x)ix.

Pª xxvii s. vi d. en de(i)sso de mage soma, presen B(e)r(n)ad Fabre.

It(em) deo may xii s. vi d. p(er) re(s)ta de blat (et) de una bileta presa p(er) mestre Johan Turala (*Turla*) l'an v° xxxi p(er) re(s)ta ; et es al sac.

It(em) deo may la soma de vi Lt vi s. p(er) re(s)ta del blat del se(n)s, tan p(er) ly que p(er) son bot (2) ; bileta p(er) Turala. Al sac es.

L'auteur a ajouté ultérieurement :

Que se monta p(er) an iii ^{as} i *la* p(er) Ram(on) (et) p(er) los (e)ritiés de An(t)hony v cartos, que monta en tot p(er) dos ans iii minas f^u (3).

En marge :

v° xxxi et v° xxxii.

It(em) deo may lo des p(er) drap la soma de xxx s. que (lo) vo(l)io p(er) fa un sa(i)o, pres l'an v° xxxx.

Pª — So des es en conte.

(1) C'est-à-dire l'agent avancé pour payer la taille au collecteur, Antoine Turlan.

(2) Ce neveu est Jean Fabre, fils d'Antoine, dont Ramon est le tuteur. On sait par une note d'Eutrope (p. 44) que Jean Fabre et sa sœur Marguerite ont une sclerie et 3 cartonnées de terre qui paient censive aux Pitanciers. C'est probablement de cette terre qu'il s'agit pour Jean.

(3) Il ne s'agit là que du reste à payer. En effet 3 demi-cartières pour Ramon et 5 cartières pour ses neveux font 6 cartières et demie (ou 1 setier, 1 émine et 1/2 cartière) de censive annuelle soit 3 setiers et 1 cartière pour 2 ans. A 4 Lt. le setier, cours moyen pour les années 1531 et 1532, cela eût dû faire 13 Lt. de froment ; or Ramon avait certainement payé la moitié au moins de cette somme puisqu'il n'a plus, au moment où le compte est établi, que 3 émines à payer. On remarquera que Mazenx lui fait payer l'émine 2 Lt. 2 s., soit 4 Lt. 4 s. le setier.

F⁰ LIV v⁰   Bernad Fabre, fil de Johan, del mas de Pec-Ausy, deo la soma de III *Ll.* VIII *s.* IX *d.* p(er) crompra de dos ca(n)os ꝫᵃ drap gris l'an vᶜ XXVIII lo VI de o(c)tobre, bileta p(er) Cariven.

Pᵃ x *s.* l'an des lo XVI de abrial.

It(em) deo may XXXV *s.* p(er) crompra de VI ca(n)os telas et II ca(n)os d'estopas, pres l'an vᶜ XXIX lo XXVI de abrial; bileta p(er) Cariven et es al sac.

It(em) deo lo des la soma de V *s.* p(er) mil que a pres l'an vᶜ XXIX lo X de may, presen mos(s)en G(ui)ra(u)d Vilari à Castelnuou.

It(em) may deo, p(er) II ꝫ Iᵃ *ta* mos(s)ola, la soma de V *Ll.* X *s.* pres l'an vᶜ XXX, lo XV de abrial; carta p(er) Mor(et)i.

It(em) deo may la soma de XXVIII dobl(a)s p(er) III ꝫᵃˢ palmola et lo re(s)ta de una mina mestura, pres l'an vᶜ XXXI.

It(em) p(er) III minas blat pres l'an vᶜ XXXII, monta V *Ll.* X *s.*

It(em) may deo p(er) Iᵃ mina blat pres l'an vᶜ XXXIIII la soma… *(inacheré).* Deo tor(n)a tan de blat.

En marge : Pᵃ XI *Ll.* can(t) ly comp(rer)y la renda.

F⁰ LV r⁰   It(em) deo, p(er) un moto, la soma de XX doblas, p(er) so (que jo) ly avio cromprat (1).

It(em) may deo p(er) tela la soma de XXV *s.*, presa l'an vᶜ XXXI; bileta p(er) Cariven.

It(em) may deo la soma de III ꝫˢ palmola, pres l'an vᶜ XXXII lo X de may à la b(o)ria; monta (a) la soma de XXI dob(l)a(s)."(2)

Re(s)ta III *Ll.* conte fait can(t) me v(e)nd(e)c las X ꝫᵃˢ ca(r)tos del blat de renda (3); fat l'an vᶜ XXXVIII lo mes de may.

---

(1) C'ést-à-dire que Masenx avait acheté (et payé) ce mouton que Fabre a néanmoins vendu ; il en réclame le prix. Cela s'explique par la phrase du relevé de compte qu'on lira plus loin.

(2) Masenx plume au vif ce malheureux ; ainsi le setier de paumoule, qui partout ailleurs vaut 30 sols, est ici vendu à 53 *s.* 3 *d.* Du reste on remarquera que presque tous les prix, quand il s'agit des Fabre, sont majorés.

(3) C'est la rente ou *pensio annuala* dont il est question à la fin du f⁰ LIV v⁰; on voit qu'elle était de 10 demi-cartières (c'est-à-dire de 1 setier et 1 cartière) de blé par an. Sa date est du mois de mai 1538.

It(em) re(s)ta may que me deo Iª mina de blat pres p(er) las mas de son fil (l'an) vᶜ xxxviii en lo mes de may, ha rendre blat.

It(em) me deo lo des la soma de v 7 de blat p(er) re(s)ta de iiii ans de las x ẓᵃˢ de blat que fa de renda ; fat l'an vᶜ xlii (1).

It(em) me deo la soma de xxvii dob(l)as p(er) l'erba del prat de l'an vᶜ xlii ; deo paga p(er) Tossans.

It(em) me deo 1 7 de blat que ly ey prestat l'an vᶜ xliii lo xxviii de jun, pres p(er) las mas de Anthony son fil et bailat p(er) ma so(g)ra ; deo t(o)r(n)a tan de blat p(er) la Madaleno.

Ce compte se trouve reproduit en partie sur un relevé particulier, établi sur une demi-feuille de papier pliée en deux, abandonné dans le livre de Masenx. Voici cet intercalaire qu'il est bon de rapprocher du compte précédent :

Pièce annexe. « Bernad Fabre de Candastre deo la soma de v Lt. xii s. vi d. p(er) crompa de ii sesties Iª *la* mos(s)ola presa l'an vᶜ xxx lo xv de abrial ; promet de paga p(er) Sant Joha(n) (coma a)-par p(er) carta p(er) Moreti.

« It(em) may deo lodet Fabre p(er) vi ca(n)os d'estopas et p(er) dos ca(n)os tela prima lo pres de xxxv s. (et) promet de paga p(er) Tossans ; pres l'an vᶜ xxx lo xxvi de abrial.

« It(em) p(er) una pes(s)a de mil pres l'an des, lo x de may, monta v dob(l)as vi d.

« It(em) may p(er) dos ca(n)os ẓᵃ drap deo la soma de iii Lt. viii s. iiii d.

« It(em) may deo p(er) resta de una mina (de) mestura la soma de xi dob(l)as, pres l'an vᶜ xxx lo xx de may.

« It(em) may, p(er) tres miejas (cartas) palmqla presas l'an vᶜ xxxi lo x de may, la soma de xxviii dob(l)as.

« Pª xx dob(l)as p(er) blat Iª *la* et tela ii o(n)sas (2).

---

(1) Ce qui veut dire qu'en 1542 Bernard Fabre n'avait encore rien payé de la rente annuelle qu'il avait souscrite en 1538 !

(2) 2 onces de toile équivalent à un demi-pan, soit une valeur de 4 à 5 deniers. Cela met le blé à 17 s. la cartière, prix très raisonnable si l'on songe

« It(em) may p(er) un moto que me vendec, que ero mio, lo pres de xxii dob(l)as (1).

« Soma xiii *Lt*. xiii dob(l)as.

« Pa xx dob(l)as.

« It(em) may p(er) iii ɀ^as I *la* palmola, que l'a pres a la b(o)ria p(er) lo pres de xxi dob(l)a(s) l'an v^e xxxii lo x de may » (2).

F° LV v° Anthony Ansel de Gallac deo la soma de iiii *Lt* viii s. p(er) Ia bileta de blat fata l'an v^e xxix lo vi de abrial, bileta p(er) de my. Al sac es.

It(em) deo may lo des la soma de xxxv s. p(er) unas caus(s)as de cordelat de Fois (3) que las ba(i)lec a mossen Johan Rosieras l'an v^e xxviii, presen mossen (lo) Reto de Carlus et mossen P^e Angos ; bileta p(er) C(a)riven.

P^a lo des la soma de xxix doblas presen Anth(on)y Arago, que r(espond)ec lo argen p(er) so que le (el) fa pre(n)dre lo vy a lhuy, et deo los despens (4).

Re(s)ta iiii *Lt*. xxiii *dob^s*.

— G^m Malirat, cordié de Gallac, deo p(er) re(s)ta la soma

qu'il est pris par Masenx en remboursement. Mais il est vrai aussi que le cours de 1531 est à 22 sols la cartière, soit 4 *Lt*. 8 *s*. le setier, de telle sorte que le banquier fait tout de même un bénéfice de 5 sols, soit 22 0/0.

(1) Voir f° lv r°, le premier article. Ce mouton est compté ici 2 *doblas* (20 deniers) de plus qu'aux f^os lv r° et 160 v°.

(2) Ce relevé s'arrête, comme on le voit, à l'année 1532. On y lit au dos la note incomplète suivante : *An(t)hony Taus(i)es de la se(n)oria de Gal(la)c p(er) una vin(h)a à las Piegas...*
On retrouvera le compte et le relevé de Bernard Fabre en partie reproduits dans la récapitulation des *billetas* impayées de Masenx en 1539, f° 160 v°.

(3) Le *cordelat de Foix* était un drap particulier fabriqué à Mazères-sur-Salat.

(4) Ces frais s'élèvent à 3 sols; cela résulte de l'équation :
  4 *lt*. 8 *s*. + 35 *s*. — 29 *dob* (26 *s*.) + x = 4 *lt*. + 23 *db* (20 *s*.).
d'où : x = 5 *lt*. — 4 *lt*. 17 *s*. = 3 sols.
Mais que représentent ces frais ? — Masenx avait-il exercé des poursuites ? Sont-ce les frais occasionnés par l'intervention d'Aragon ? Est-ce un intérêt déguisé ?

de v *Ll* ; fait l'an v⁰ xxix lo xxviii de may, carta p(er) Cariven. Al sac es.

F⁰ LVI r⁰ — Johan B(a)r(i)era de Gal(l)ac, deo la soma de x *s.* x d(ini)es p(er) despensa fata et comte fait can bastio l'ostal de Paul Mata, presens Jorde Lefort et de Gu(y)ot, lo sartre, l'an v⁰ xxviii.

— G^m Sesero (1), fil de Franses, ap(e)lat Gre(gor)i, me deo la soma de ii *Ll.* p(er) dos ca(n)os drap negre pres l'an v⁰ xxiiii, carta p(er) Cantalausa. Al petit libre.

— Ant(h)ony Pendaries (2), carpentie de Gal(l)ac, deo la soma de vii *s* vi *d.* p(er) re(s)ta de I^a b(a)rica de vy pres l'an v⁰ xxv, presen mossen de Frausela (3), que lo ly proutec (*pourtec*) Johan Gorda (*Jorda*), cordié.

— Johan Guiral may viel, del Castel de l'Om, deo la soma de lv *s.* p(er) crompra de ii canos drap de gris, pres l'an v⁰ xxvii lo xii de otobre. Deo paga de jorn en jorn.

F⁰ LVI v⁰ Johan Espalac, teis(s)e(i)re, abitan de Gal(l)ac, (4) deo la soma de xx *s.* p(er) I^a cano de cordelat negre pres l'an v⁰ xxvii lo xiii de abrial, f⁰ lxxi.

P^a x *s.* l'an presen.

— Mossen (lo) Reto de Carlus (5) deo la soma de xxx *s.*

---

(1) Ce nom de *Cézerou*, très répandu dans l'Albigeois, a une origine latine indiscutable, celle qui a fourni le nom de Cicéron (*Cicero, Cecero, Cesero*), le *Cesero* ou *Bécut*, c'est-à-dire le pois-chiche. C'est encore de là que viennent : *Cese* (pois), *Ceset* (petit pois) et les noms de *Ceset* (f⁰ xxviii v⁰) et *Cesette*.

(2) Le *mas de Pendaries* est sur la rive gauche du Tarn, entre Rivières et Gaillac.

(3) *Frausseilles*, mas important et probablement gentilhommière de la paroisse de Vors, à un kilom. S.-E. de l'église Saint-Pierre de Vors et 2 kilom. S.-O. de l'église Saint-Jean de Celles. Nous ignorons le nom de *Mossen de Fraussella*.

(4) Cette formule, *abitan de...*, peu commune dans Masenx, s'explique parce que le *mas d'Espaillac* est situé au Nord de Castelnau-de-Montmiral, auprès du château de Courduriès.

(5) *Carlus*, à 4 kilom. S.-O. d'Albi, canton d'Albi, paraît avoir eu une sorte de célébrité par un recteur qui semble bien être le *mossen lo Reto de*

p(er) crompra de x pans drap pres p(er) fa raub(o) a sa boda, pres l'an v⁵ xxvii lo x de abrial.

It(em) deo may la soma de xxx s. p(er) unas caus(s)as de cordelat negre pres l'an des. Bileta p(er) sa ma, fº lxiii.

— Johan Cariven, paire, deo la soma de xxxv s. p(er) la flas(s)ada presa l'an vᶜ xxvii lo xii de otobre; bileta p(er) Cari(ve)n. Al sac es.

Pª xv s. et n'a bileta.

fº LVII rº Ramon et Alis Bonavilas (1), frare et sor, de Gallac, et tutors dels critiés de mestre Johan Cabrol, deo(n) la soma de xxxv s. p(er) re(s)ta de un conte fat des da(r)airatges del se(n)s, coma (a)par p(er) bileta p(er) Babee, l'an vᶜ xxxi. Al s(ac) es.

It(em) deo(n) p(er) lª (an)nada p(er) las t(er)ras de Gras(s)ot, monta x s. v d., de l'an vᶜ xxxii.

— Anthony Bareo (2) fornié, de Gal(l)ac, deo la soma de vi Lt. p(er) un comte (fait), coma (a)par p(er) bileta p(er) mestre Johan Turla, notary, l'an vᶜ xxxii.

Pª iii Lt. presen Anth(on)y Arago.

It(em) deo may sa part del blat del se(n)s p(er) ii ans (que) monta v cartos fⁿ.

It(em) deo may la soma de viii dobˢ p(er) un Q. (et) z⁽ᶜ⁾ de fe pres l'an vᶜ xxxviii.

fº LVII vº Mical Au(s)trieras (3) et Margarida Bruno, sa molie, deo(n)

Masenx; voir à l'appendice (nº v) la chanson du curé de Carlus. Ce personnage, déjà nommé au fº lv vº, était frère clerc de l'hôpital et l'un des bénéficiaires des Pitanciers de Saint-André (voir fº 138 vº).

(1) *Bonnecille* : nous avons déjà signalé ce lieu, qui formait une communauté à côté de Fayssac.

(2) *Barrau*. Il existe un *mas de Barrau* à 1 kilom. Est de Castelnau, auprès de Mazars.

(3) Ce nom est écrit *Dastrios* ou *d'Astrios* au répertoire et Masenx appelle encore le personnage dont il s'agit *Mical d'Astrios, d'Astrieros* ou *d'Austrieras*. Il est évident que, comme nous l'avons dit (fº 15 vº note), l'origine de ce nom est *Oustrières*. Mais la famille qui portait ce nom, fixée dans un mas de la paroisse Notre-Dame de Boissel, avait donné son nom à ce mas qui, par corruption, était devenu le *mas d'Austrios* ou *d'Astrios*. A leur

la soma de xxxv s., tan p(er) los d(a)rairages del blat del se(n)s et (t)a(s)cas p(er) la mort de Falip Brau, coma (a)par p(er) bileta presa p(er) mestre Peire Cariven l'an v⁣ᵉ xxxii. Al sac es.

F⁰ LVIII r⁰   Anthony Arago, marchan de Gal(l)ac, me deo la soma de xxx s. p(er) argen presta(t) que page(r)i p(er) el as menistres en la m(a)iso d'Al(i)ot Floresta lo jorn de Sa(n)t Anno, l'an v⁣ᵉ xxxvii. (1)

tour les habitants du *mas d'Austrios* étaient devenus *les d'Austrios* ou *d'Astrios*; à l'époque de Masenx on les désignait indifféremment par leur nom patronymique ou de famille, Oustrieres (*Austricras*) et par leur nom d'habitation, *Astrios*. Ce curieux exemple de la formation des noms patronymiques n'est d'ailleurs que le premier échelon de toute une série, dérivée d'*Austrieras*, telle *Dastros, Dastre, Astros, Astrié*, etc.

Quoi qu'il en soit, le *mas d'Astrios* (auj. *les Austris* ou *les Austries*), dans la paroisse Notre-Dame de Boissel, se trouve à 1200ᵐ environ au Sud-Est de Broze, entre les églises Saint-Jean de Celles et Notre-Dame de Boissel.

(1) Ce passage, le plus important peut-être du livre de Masenx, nous donne la date exacte, 26 juillet 1537, du premier essai de propagande réformiste tenté à Gaillac au xvi⁰ siècle. On sait que Castres était déjà gagnée à la Réforme puisque, dès 1527, le cordelier de Mannabosque y prêchait la religion nouvelle et y faisait beaucoup d'adeptes; mais Mannabosque ayant été enlevé par ordre du Parlement et empoisonné ou étranglé dans la prison des Hauts-Murats, à Toulouse, ce ne fut qu'en 1513 que Jean du Bois ou de Bosc (de Bosco), encore dominicain mais bientôt ministre et l'âme du mouvement religieux de Castres, osa prêcher de nouveau.

Quoi qu'il en soit il y avait déjà à Castres, entre ces deux dates, un parti de la Réforme, composé d'hommes convaincus, audacieux, prêts à tout et en relation constante avec Genève qui leur envoyait ses ministres. (Cf. Mémoires de Gaches. Edit. Ch. Pradel, p. I et suiv.) Les relations commerciales de Castres et de Gaillac expliquent suffisamment comment les marchands de cette dernière ville imitèrent les drapiers de la première.

Il semble à la vérité que, dans un fief ecclésiastique tel que Gaillac, les tentatives de Réforme fussent condamnées à l'avance. En réalité il n'en fut point ainsi ; l'histoire des troubles religieux de Gaillac (Blouyn, Gaches, etc.) nous apprend au contraire que la riche bourgeoisie, les fonctionnaires, l'administration municipale, en un mot l'élite intellectuelle de la ville, donnèrent avec passion dans le mouvement.

Le riche marchand Antoine Aragon, l'ami de Masenx, fut certainement l'un des premiers adeptes et il semble, puisqu'il donne l'argent aux prédicants, que ce soit lui qui ait appelé les ministres qui devaient les premiers évangéliser la ville.

Ce qu'il y a de certain, c'est que ceux-ci étaient, en juillet 1537, à Gaillac et qu'ils habitaient la maison d'Alliet Florestan où ils durent tenir des conciliabules et des prêches. Or, si l'on songe que c'est l'année suivante, 1538, que

It(em) pageri p(er) lo(d)es, p(age)ri *(répété)* p(er) so que no avio(n) pon ma(n)gat *(manjat)*, la soma de III s., presen(s) Alric Costa et Aliot F(l)or(e)sta, tas(sair)es (1).

It(em) me deo may la soma de III L*l.* que ly pr(e)st(e)ri p(er) paga los boues del m(a)yram, presen sa molie (et mercat) sus sa tala (2), l'an des.

It(em) may ly pr(e)st(e)ri III L*l.* p(er) paga un porc que

fut brûlé publiquement à Toulouse, comme hérétique, frère Louis Rochette, de l'ordre des Jacobins, grand Théologien et Inquisiteur de la Foi si l'on se rappelle que, lorsqu'il fut arrêté, ce personnage venait avec une commission du roi et en compagnie de Cassaigne, conseiller au Parlement de Bordeaux, de parcourir l'Agenais pour y rechercher les hérétiques (LAFAILLE, t. II p. 109); qu'il avait dû par conséquent passer à Gaillac vers l'époque désignée par Masenx, on sera tenté d'établir un rapprochement suggestif entre ces deux évènements.

(1) Il est probable qu'Aragon avait commandé à l'auberge un repas pour les ministres et que ceux-ci ne le mangèrent pas. Masenx, qui a déjà fait à Aragon l'avance de son subside, lui fait aussi celle des frais du repas qui, quoique non consommé, dut être payé. Cela semble bien démontrer que Masenx assistait aux réunions. On remarquera qu'il s'y trouvait en bonne compagnie, puisqu'il cite deux répartiteurs, c'est-à-dire des personnages importants de la municipalité, Alric Coste et Alliet Florestan.

(2) *Mercat sus sa tailla*. On sait que la *taille* était une réglette de bois sur laquelle on marquait, à l'aide d'une encoche, les denrées prises ou payées. Nos boulangers se servent encore aujourd'hui de ce moyen de comptabilité avec leurs clients; leur réglette, dite *taillo*, est faite de deux parties égales, s'ajustant exactement et que l'on réunit, pour marquer d'une entaille au couteau ou à la lime, faite sur leur bord, chaque miche de pain (de là le nom de *marque*, que porte encore en Lauraguais le pain de 4 livres); le boulanger et le client conservent ensuite chacun une partie de la réglette et, lors du paiement, il est facile de vérifier si les encoches se correspondent. C'est évidemment suivant ce procédé élémentaire de comptabilité que se payait autrefois l'impôt, d'où son nom de *taille*. — (Voir à ce sujet une gravure de la *Cosmographie universelle* de Sébastien Munster sur l'extraction des métaux, (Bâle, 1552.) Du reste un curieux procès-verbal rapporté par M. Feillet démontre qu'en 1651, en Bourgogne, on usait encore de ce procédé. « Ayant ordonné à Garnier, laboureur, de nous présenter les derniers rôles des tailles de la Communauté, il nous a fait réponse n'en avoir aucun, attendu qu'il n'y a personne audit village (Cirey, bailliage de Dijon) qui sache lire et écrire; il nous a seulement présenté un baton quarré de la longueur d'environ deux aunes et d'environ deux doigts de largeur et un d'épaisseur, dans lequel nous avons vu et reconnu divers crans et marques, que Garnier nous a dit avoir faits avec un couteau pour servir de mémoire aux habitants des sommes auxquelles chacun d'eux a été imposé, et pareillement des soldes faites par chacun des habitants ». (A. FEILLET: *La Misère au temps de la Fronde*, p. 298.)

124 LIVRE DE RAISON.

crompec a Lorado (1) et las b(a)il(er)i bes laitra de Lorado, l'an dessus, presen Morel.

En marge :

Pa v *Ll.* can fer(e)n lo cat de l'an de mon sogre (2).

It(em) me deo p(er) xii molas de codra de pipa et p(er) ii de b(a)ricala soma de xxxii *s.* vi *d.*, (per so) que las vi (premieras) molas coste(r)o(n) xxxi *d.* p(er) mola et las autras xxvii et las dos de barica ii *s.* vi *d.* (3)

It(em) may deo p(er) dos postes grandes de gar(i)c que' (ha) pres p(er) fa las portas de la vila, presen mestre Ba(y)lac, fustié, l'an vᵉ xxxvi..... (*inachevé*).

It(em) me deo ii *Ll.* que ly (ay) b(a)iladas en Tol(o)sa, lo x de abrial vᵉ xxxix.

En marge :

Pa x *s.* que me b(ai)lec p(er) paga las saral(h)as que cromperi (a Tolosa).

Re(s)ta vii *Ll.*

Fº LVIII vº   Mossen Johan Cariven-Lab(o)rda (4) me deo la soma de iii *Ll.* x *s.* de ma part p(er) los se(n)s de un ostal de la Calayo (5) de mossen Johan Solage, coma (a)par p(er) bileta f(ata) al encan l'an vᵉ xxviii (6)..

(1) C'est sans doute un nom, *Loradou* ou *Loradour*, mais on peut également lire *l'Orado*, c'est-à-dire l'oratoire ou le chapelain (*oradio*). — *Bes laitra*, sur lettre.

(2) Cet article indique la date de la mort du beau-père de Masenx, 1536, puisqu'il fut écrit en 1537.

(3) On remarquera que ce compte est inexact et que, grâce à cette erreur, Masenx bénéficie d'un sol sur le total.

En effet 6 meules de cercles de pipe à 31 *d.* font 15 *s.* 6 *d.*; 6 meules de cercles de pipe à 27 *d.* l'une font 13 *s.* 6 *d.* et 2 meules de cercles de barrique à 15 *d.* chacune font 2 *s.* 6 *d.*; le total n'est donc que 31 *s.* 6 *d.*.

(4) Ce nom de Carivenc-Laborde est donné au personnage dont il s'agit' pour le distinguer de ses frères, Jean Carivenc, sergent de justice, et Guilhem Carivenc, du mas des Carivenc (*la Garriguette*) (v. fº liii rº); le *mas de la Borda* (aujourd'hui *Borde Grande*), qu'il habitait, est aux portes de Senouillac, entre ce village et Mauriac.

(5) *La Calayo* ou *Caleyo*, c'est-à-dire le *mas des Calas* ou *Calès*. — Guillaume Calès était, en 1509, commandeur de la Léproserie.

(6) Sur cette affaire un peu obscure, voir la vente à l'encan (fº 130 vº) et

It(em) deo may la soma de II *Ll.* x *s.* p(er) x O¹ de safra, pres l'an des, que lo volio dona ha Tolosa; bileta de sa ma si(n)ada.

Pª Johan Cariven, son fra(i)re, la soma de xxx *s.* en deisso de mage soma et me en a respo(ndu)t; carta p(er) Bolet (*Lobet*), l'an vᶜ xxx lo mes de jun.

— Johan Gros, fil de Johan et de Sant Marty de Vilacortès, deo la soma de xxv *s.* p(er) senor(ia)s degudas p(er) Iª bileta p(er) Turla, l'an vᶜ xxxiii. Al sac es.

Fº LIX rº Pe(i)re Rolan may viel deo la soma de xx *s.* x *d.* p(er) V sas blat que a presas de my l'an vᶜ xxxvi, lo x de mars. Deo paga p(er) la Madalena proda venen.

— Gu(i)ra(u)dela (1) me deo Iª mina de blat que a pres p(er las mas de) la molie de Vro(s) (*Vors*) l'an vᶜ xxxvii lo x de se(tem)bre, presen Gela(bert).

— Gui(rad)ela de P(e)ramon me deo la soma de LVII *s.* VI *d.* p(er) compra de III minas blat pres l'an vᶜ xxxiii lo xii de abrial. Deo paga p(er) la f(es)ta (de Sant Johan) de may.

Fº LIX vº Johan Botar(i)e, fil de Pᵉ, de la p(e)rocio de Santa Seselio d'Avès (2), me deo la soma de v *Ll.* v *s.* p(er) crompa de l'erba de un prat que ly (ay) vendut al mas de Poget, en la perocio de (Castelnuou *raturé*) Sant Geromy. Deo paga p(er) Sant Mical proda venen; fat l'an vᶜ xxxviii, lo xv de jun.
Pª II *Ll.* p(er) Nadal.

la note qui l'accompagne. Laborde n'assistait pas à la vente où il était représenté par son procureur Jean Solage, ancien consul de Senouillac ; il est donc probable qu'il faut lire, apres la Calayo : *coma apar per bileta de mossen Johan Solage, fata al encan, l'an* vᶜ *xxviii.*

(1) Elle est appelée au répertoire *Guiradela d'Astrios* (du mas des *Austriés*).

(2) L'église *Sainte-Cécile-d'Arès* ou *d'Acens*, à 3 kilom. Ouest de Gaillac, sur la route de Gaillac à Montauban, était l'une des paroisses annexes de la cure de Saint-Michel ; elle remonte à la plus haute ancienneté puisque, l'an 920, l'archidiacre Benébert fit donation à la cathédrale d'Albi de tous ses biens « situés dans le pays d'Albigeois, district de Montans, dans le bourg appelé Avanès », où était une église dédiée à Sainte-Cécile. — Le tènement d'Avanès a certainement donné naissance à Avès et à Avens.

F° LX r° Anthony Des(s)os, peirié de Mauriac, deo la soma de xiii s. iiii d. p(er) I^a carta de blat que deo de se(n)s de l'an v^e xxix p(er) l'an v^e xxx et deo paga p(er) la Madalena proda venen; bileta p(er) Cariven.

Pa l'an v^e xxxiiii vi s. en des que s'en an(av)o a Tolosa.

It(em) me deo lo blat del se(n)s de l'an v^e xxxi p(er) v^e xxxii, p(er) cascun an ₃^a ta.

— Pe(i)re Mario, caus(s)atie de Gal(l)ac, deo la soma de xxx s. p(er) re(s)ta de unas se(n)or(i)as de un ort, coma (a)par p(er) biléta presa p(er) mestre Johan Turla l'an v^e xxxiii et deo paga p(er) Tossa(n)s.

Pa xv s. l'an v^e xxxv pr(es) en G^m Gilengano (Guilhemjean ?) et n'a bileta.

F° LX v° Peire Vert (1), fil de Ramon, deo la soma de xxv s. p(er) v Q de fe pres l'an v^e xxv; bileta p(er) Batifol et es al (sa)c.

— Mestre Ant(h)o(n)y Germani, not(ar)y, me deo la soma de ii Ll. v s. p(er) argen prestat et pres p(er) las mas de son f(r)aire F(r)anses l'an v^e xxviii, coma (a)par p(er) letra mes(s)iva de sa ma.

— Peire Guy, de Senol(l)ac, me deo la soma de 1 7 de blat pres l'an v^e xxv, carta presa p(er) mestre Bernad Batifol.

F° LXI r° G(il)bert del Vren, de Mauriac, me deo la soma de xxxv s. p(er) I^a f(l)as(s)ada presa l'an v^e xxvii, bileta p(er) Cariven.

Anthony la Rocca, de Brosa, me deo la soma de xvii Ll. ii s. vi d. p(er) crompra de V 7 I^a mina de blat et de vi z^as ves(s)as (et) p(er) I^a b(a)rica de vy et p(er) un bari(c)ot de vy, comte fait del det blat et vy, et deo paga p(er) Tossans que ven en un an tota la deta soma, coma (a)par p(er) carta presa

---

(1) Le nom de Vert et Bert est très répandu. Il existe un *mas de Vert* entre Luman et la Grésigne, paroisse de Saint-Martin de Lespinas; mais il est probable que le personnage dont il s'agit tenait au *mas de Jean Vert*, paroisse Saint-Laurent de Pompirac, à 3 kilom. N.-O. de Gaillac.

p(er) mestre Johan Turla l'an mil v⁵ xxxviii, lo ix del mes de febrié (1).

It(em) deo lo des I 7 blat pres l'an des lo xiii de otobre, bailat p(er) las mas de ma sogra.

F° LXI v° Anth(on)y Guy, ressega(i)re, de Sennolac, deo, p(er) re(s)ta de (la) venda de un ostal que ly (ay) vendut, la soma de iii *Ll.* x (*s.*); et deo paga p(er) la Madalena x s. et la re(s)ta xxx s. p(er) Nadal et la resta (final) à l'autra Madalena; carta presa p(er) Batifol, folio v. Es a(l) s(ac).

F° LXII r° Johan Rocas, fil de Johan, del mas des Albarils, p(e)rocia de Sennolac, me deo la soma de v *Ll.* v *s.* tan p(er) re(s)ta de blat que p(er) re(s)ta de iii ca(n)os ꝫᵉ drap n(e)gre et (per un) comte fat, coma (a)par p(er) carta presa p(er) mestre Johan Turla, lo x de jun l'an v⁵ xxxviii et deo paga tota la deta soma p(er) Tossa(n)s proda venen.

It(em) deo may lodet 1ª *ta* fᵃ que ly ey prestada p(er) sem(en)a et la deo torna p(er) la Madalena proda venen; fat l'an des(sus).

Contat es.

F° LXII v° Peire Rocas, fil de Gᵐ, del mas de Gayo, deo la soma de xxxv s. p(er) sa part de sertan drap pres de ma botega l'an v⁵xxxii, coma (a)par p(er) carta presa p(er) mestre B(e)r(n)ad Batifol.

It(em) me deo may lo des la soma de xxv s. p(er) v Q de fe pres l'an v⁵ xxxiii lo x de mars, presen Anth(on)y Guy, v(a)ilet de Peire Guy, et deo paga p(er) la Madalena proda venen.

Pª lo des iii jornals p(er) laura : xv dob(l)as.

Pª iii jor(n)a(l)s p(er) rep(a)ra la te(u)lada : mo(n)ta iii *s.* am los despens (2).

---

(1) Ce compte n'est que la reproduction ou, si l'on veut, le renouvellement d'un billet accepté par Larroque le 7 octobre précédent et qu'on trouvera au f° 129 r°. On remarquera que, bien que le chiffre porté sur les deux billets soit identique, 17 *Lt.* 2 *s.* 6 *d.*, le nouveau billet est majoré d'un setier et demi de blé et d'une émine de vesces.

(2) *Los despens*, ce sont les frais de matériaux nécessités par la réparation. Comme Masenx fabrique des tuiles, ces frais ne peuvent être bien élevés ; on

Pa x s. (l'an) vc xxxvi lo jorn de Santa Cros de se(tem)bre (1).

Pa v s. l'an des lo iiii de otobre.

It(em) deo, p(er) I *lo* de mil, la soma de iii s. ix d. pres l'an vc xxxix lo pr(emi)e de may.

Fo LXIII ro Falip Felores(t)a (*Floresta*) may viel, del mas de la Gar(r)iga me deo la soma de iii Ll. xvi doblas p(er) crompra de tres canos vi pans de drap nadio (2) del pa(i)s, pres de l'obrado de B(a)rutel (per so) que (ne) te(n)io p(as) aceste; promet de paga p(er) la festa de Tossans et me paga(ra) un escut peti(t) p(er) cano (et) cascun an autre v (3); pres l'an vc xxix lo xv del mes de j(an)ié, carta presa p(er) mestre P(ei)re Cariven.

Pa p(ar) las mas de sa molie l'an vc xxxi xx s.

Pa p(er) las mas de son fil (l'an) vc xxxii xx s.

Pa p(er) las mas de sa molie (l'an) vc xxxiii lo xiiii de otobre xx doblas.

Pa xx s. l'an vc xxxv lo fil et la m(a)ire tos dos ens(embl)es.

Resta xx dob(l)as (4).

Pa l'an vc xlvi lo xviii del mes de nove(m)bre, p(er) las mas de An(t)h(on)ia Bonafella sirven(ta), v s. vi d., presen Johan Rocas de Gay(o).

Fo LXIII vo Anthony Johan may viel, oste de Senol(h)ac, me deo la soma de xx s. p(er) re(s)ta de una pipa de vy pres l'an vc xxix. (Deo) la soma de xx s. *(répété)*.

It(em) deo may p(er) drap, que lo volio p(er) baila a l'ome

---

peut les évaluer approximativement à 6 deniers pour achat de chaux, de telle sorte que la journée de l'ouvrier est de 10 d. environ.

(1) Il y avait deux fêtes de la Sainte-Croix, celle de l'*Incention de la Croix*, le 4 mai, et celle de l'*Exaltation de la Croix*, le 14 septembre.

(2) *Drap nadieu du pays* : c'est la variété de drap appelé dans la commerce *nays* ou *naïf*.

(3) La construction de cette phrase est vicieuse; il faut évidemment lire *per an* au lieu de *per cano*. Masenx du reste a fait plusieurs ratures.

(4) Cela met la debla à 10 d.

de Latrin(ca) (1) can le crompec l'ostal, monta III Ll.; bileta p(er) Cariven, l'an v° XXVIII.

It(em) may deo p(er) XIII pans drap negre p(er) fa rao(n)ba ha la fil(h)a, la soma de II Ll. II s. VI d., bileta p(er) Cariven.

P^a XXX s. p(er) las mas de ma sogra l'an v° XXX.

P^a XXXIII s. IIII d. en un sestie blat p(er) las mas de Falip Blaze, l'an v° XXXIIII.

Re(s)ta III Ll.

LXIV r° — Johan Gelabert, sartre del Verdié (2), deo la soma de XVIII Ll. p(er) crompra de dos pipas de vy rogen, rendut lo fust (3), et me deo paga p(er) Sant Pe(i)re de jun (4), pr(es)en Antho(n)y Guy et de M(a)cary de Tuengne.

P^a IIII Ll. lo jorn de Sant Roc (5), pr(e)sen mossen G^m Masenx (et) de Anth(on)y Guy.

P^a II Ll. v s. lo jorn de Santta (Ce)selio (6), pr(es)en Johan Guy et de Franses Jornès (l'an) v° XL.

LXIV v° — Bernad Tal(l)afer, fil de Anthony, deo p(er) l^a pipa de vy rogen la soma de IX Ll. et deo paga p(er) Sant Johan, bileta p(er) mestre Ramon Cariven (7).

---

(1) Sans doute *Latrin(ca)*, aujourd'hui la Tronque, entre Labastide et Castelnau-de-Lévis. Charles de Laroche, sieur de La Trinque, fut juge-mage de Castres (;1574) et son frère Jean premier consul de Castres ; ils sont souvent cités dans les mémoires de Gaches.

(2) *Le Verdier* (de *Viridarius*, verger), sur la rive droite de la Vère, à moins de 3 kilom. de Castelnau-de-Montmiral, dépendit d'abord de Cahuzac, mais en fut distrait en 1327 pour former une baillie distincte sur les instances des habitants, qui luttaient depuis longtemps pour obtenir leur entière émancipation. Jean, fils du roi de France et son lieutenant en Languedoc, érigea le Verdier en communauté distincte avec deux consuls élus annuellement par le juge d'Albigeois (1359) (Cf. ROSSIGNOL, *Monogr. Comm.* t. III, p. 337).

(3) Le fût était toujours rendu par l'acheteur dans les ventes de vin ; si Masenx le spécifie ici, c'est que le prix du vin est cette année (1532) exceptionnellement élevé, 9 *lt.* la pipe, et qu'il ne veut pas d'équivoque.

(4) Le 29 juin, fête de Saint Pierre et Saint Paul, apôtres, c'était le jour de la foire de Cahuzac.

(5) 16 août, foire de Cahuzac.

(6) 22 novembre, foire de Castelnau-de-Montmiral.

(7) Cette vente, comme la précédente et la suivante, est de l'année 1532.

Pa III v. al solel lo XXX de jul(iet).

It(em) deo may lodes la soma de IX Lt. p(er) la pipa de vy, rendut lo fust, pres lo XXXI de (j)ulliet, que resta tot X Lt. XXV s. et los fustes que re(s)ta(n).

Re(s)ta lo jorn de Nostra Dama d'aost, tot contat, la soma de VI Lt. II s. VI d., presen son cosi de Jandes.

Pa II Lt. a Gal(l)ac, lo VIII jorn apres Sant Blase (1).

Pa II Lt. lo jorn de Sant Marty, l'an Vᵉ XLI, p(er) las mas de son fil, et n'a bileta.

En marge :

It(em) me deo(n) son fil Peire et sa molie XXX s. p(er) una b(a)rica de vy pres l'an Vᵉ XLI, lo X de jun.

Re(s)ta III Lt. XV doblas.

Fº LXV rº Jam(e) Vali(e)ra, de Monte(l)s, deo la soma de LIIII Lt. VII s. VI d. p(er) crompra de XIII s(estie)s la mina (de blat) (2) pres l'an Vᵉ XXXIX lo d(e)rnie de may (et) promet de paga de jorn en jorn, presen(s) Vret (*Vert*) et de Johan Delpy.

Pa XLVII Lt. en XVII v et la re(s)ta (3) en moneda et testos et n'y avi(o) de Savoyo que no val(on) que IX s., et resta to(t) VII Lt. XI doblas (4) (que deo paga) de jorn en jorn.

Pa lo des, lo jorn que vendec lo bio ha Mon(t)recos (5), la soma de VII Lt. en protestan de mage soma.

Re(s)ta : VII s. VI d.

---

(1) La Saint Blaise étant le 3 février, le paiement a donc été effectué le 11.

(2) Masenx a oublié de désigner la denrée, mais il est évident, d'après le cours de 1539, qu'il s'agit de blé : le prix du setier ressort ici à 3 lt. 18 s. 4 d.

(3) La valeur de l'écu (petit) étant 27 s. 6 d., Masenx a reçu 23 lt. 7 s. 6 d. en 17 écus et le reste, c'est-à-dire 23 lt. 14 s. 6 d. en monnaie tournoise et testons.

(4) En réalité le reste n'est que de 7 lt. 7 s. 6 d.; en comptant 11 doblas pour 7 s. 6 d., Masenx donne à la dobla une valeur fictive de 8 deniers, ce qui lui permet de réaliser sur la valeur réelle un bénéfice de 25 à 30 d.

(5) *Montricoux*, canton de Négrepelisse, arrondissement de Montauban, avait été donné, en 1181, par les chanoines de Saint-Antonin aux Templiers de Vaour qui en percevaient les dîmes. Les foires de Montricoux étaient renommées.

F° LXV v°   Guir(aud)ella, molie de Johan Mazinada, me deo la soma de x *Lt.* xx doblas p(er) crompa de iii 7 l̄ª *ta* formen et l'a pres l'an vᶜ xxxix lo segon jorn del mes de nove(m)bre, que rend xl doblas la mina (1), et lo ly bailee ma sogra et deo paga p(er) Nadal proda venen.

Pª x *Lt.* xx doblas.

It(em) deo may la des *(deta)* la soma de xiii *Lt.* x *s.* p(er) crompra de iiii 7 de blat pres l'an des et lō jorn de Sa(n)ta Lusio (2) p(er) las mas de sas s(i)rventas et deo paga de jorn en jorn, (a) xlii doblas la mina (3).

It(em) may deo la soma de iii *Lt.* vᵗ *s.* viii *d.* p(er) crompra de un sestie de blat pres l'an des lo ..... *(un blanc)*, ba(i)lat p(er) las mas de ma molie et deo paga de jorn en jorn.

En marge :

Pª x *Lt.*

Pª iii *Lt.* lo jorn de Sant Jordy (4), presen Gᵐ Miramon.

Resta xxx *s.* iiii *d.* (5)

F° LXVI r°   Ramon Fabre, fil de Peire, del mas de Pec-Ausy de la p(e)rocio de Candastre, me deo la soma de iii *Lt.* me(n)s iii *s.* p(er) re(s)ta de un comte fin(a)l fat lo xxiii del mes de jun et (n')ia bileta presa p(er) mestre Johan Turla et me deo paga per d'aisy ha la Madalena proda venen tota la soma.

It(em) deo may lo det Fabre sa part del argen del se(n)s de las pita(n)sas et gali(n)os.

It(em) deo may p(er) mossen Estropy, son fraire (6), las

---

(1) Soit la valeur de la *dobla* exactement 10 deniers.

(2) Sainte Luce ou Lucie, le 13 décembre.

(3) Soit la valeur de la dobla un peu moins de 10 *d* 1/2.

(4) Saint-Georges, le 23 avril.

(5) Masenx a, comme on le voit, négligé d'inscrire un payement de 3 *lt.* 6 *s.* 4 *d.*

(6) Il est inutile de faire remarquer que *mossen Estropy* n'est autre qu'Eutrope Fabre, le frère de Ramon. Eutrope venait de mourir à cette époque (1539) et les *pitances et gelines*, que Masenx réclame à son frère sont les censives que payait Eutrope aux Pitanciers ou à la Commanderie pour les biens qu'il possédait dans la directe de la Commanderie de Saint-André.

se(n)or(i)as de las t(er)ras que ha crompadas des Gaios pres de Candastre (1).

It(em) es memorio que se jo ey b(ai)lat may que de III *Ll.* II *s.* VI *d.* a mossen Duran Falip p(er) lodet Ramon, que el me deo so que y s(e)ra m(a)y.

F° LXVI v°   L'an mil v^c xxxix, lo VII jorn del mes de j(a)nie, mossen Anthony de Roc et Anth(o)ny Fabre, fil de G^m, me re(s)t(e)ro(n) ha b(a)ila (2) la soma de VI *Ll.* de la soma de IIII^{xx} *Ll.* et de(is)sabon (3) tot(s) los testos et ca(ro)lis en possessio de (mos)sen Anthony Arago et Al(i)ot Floresta (4).

— It(em) me deo Johan Fabre, fil de G^m, de la perocio de Candastre, la soma de IX *Ll.* que las ly ey prestadas en IIII escus del sollel et las me deo tor(n)a p(er) d'aisy lo pre(mi)e johorn *(jorn)* de Careme ; fat lo XXII del mes de j(a)nie, presen son fra(i)re Antho(n)y.

F° LXVII r°   Ramon Tausies, fil de Bertran, del mas de Tausies (5), me deo la soma de X *s.* p(er) ar(g)en prestat lo XII jorn del mes de j(a)nie et me deo paga p(e)r d'aisy al pr(em)ie jorn de Caremo.

It(em) me deo may la soma de XX *s.* p(er) argen prestat l'an v^c XL lo XII de abri(a)l et los volio p(er) torna (a) Aliot Floresta et me (los) deo torna de jorn en jorn.

— Arn(au)d Vare(n), fil de *(un blanc)*, del mas de Vors,

---

(1) *Les Gaios près de Candastre*, c'est-à-dire les habitants du Gayou, les Roques. Il s'agit des droits d'inféodation de la terre de la Carbonnière qu'Eutrope avait acquise de Jean Roques jeune, en 1535 (voir Fabre f° LVII r°).

(2) C'est-à-dire *ha decer*.

(3) *Deissabon* pour *deisseron*.

(4) Il s'agit ici du règlement, par les exécuteurs testamentaires d'Eutrope et à l'aide de l'argent qu'il a laissé, des sommes réclamées par Masenx à la succession. On voit que Masenx ne reçut que 76 *lt.* sur les 80 qu'il réclamait et que, pour le surplus, il dut y avoir contestation puisque les exécuteurs consignèrent, dans l'éventualité du paiement, une partie de la monnaie d'argent entre les mains de deux notables. Littéralement, « ils laissèrent tous les testons et carolins entre les mains de messieurs Antoine Aragon et Alliet Florestan ».

(5) Le *mas de Tausies*, à 1500^m au Nord de Candastre, était dans la paroisse N.-D. de Boissel.

deo la soma de vi *Ll*. xiii *s*. iiii *d*. p(er) re(s)ta de venda de una vaca de pel marel (et) deo paga p(er) Totlan *(Tossans)* tota la deta soma. Fat l'an v° xxxix lo xx de se(tem)bre, carta presa p(er) mestre Johan Cariven.

P^a ii *Ll*. iii *s*. a Gallac presen Arn(au)d Vare(n) lo xiii de nove(m)bre.

P^a lo xxx de octobre v *Ll*.

F° **LXVII v°** Ar(nau)d Varen, de Vo(r)s, deo la soma de ii *Ll*. x *s*. p(er) crompra de x Q de fe pres l'an v° xxxix lo xix de mars et deo paga p(er) Sa(n)ta (Ce)selio proda venen.

P^a ii *Ll*. lo xxi de desembre presen Johan Miramon de (Lacort).

— P^e Vare(n) (1) fil de P^e, deo la soma de ii *Ll*, i *s*. iii *d*. p(er) viii Q. xxvii *Lb*. de fe et deo paga p(er) Tossa(n)s.

En marge :

P^a xx *s*. l'an v° xli lo jorn de Sa(n)t Luc (2).

P^a xix *s*. x *d*. lo jorn de la fi(er)o (3), presen G(ui)r(au)d Bores.

— Jam(e) Bastida, fil d'Estiene, deo p(er) v Q. de fe la soma de xxv *s*., pres l'an et lo jorn des(sus).

P^a xx dob(l)as (que) las ba(i)lec a ma molie à Gallac.

P^a viii dob(l)as (l'an) v° xli lo xxix de nove(m)bre, presen Johan de Mongosi.

LXVIII r° G(ui)r(au)d Pales et son bot deo(n) p(er) fe la soma de ii *Ll*, x *s*., pres l'an v° xxxix lo v de m(a)rs (et) deo paga p(er) Tossa(n)s.

P^a G(ui)r(au)d x *s*. lo jorn de Sant(a) Anno a Gallac.

En marge :

P^a x *s*. lo jorn de Sant Marty l'an v° xli.

(1) Masenx, en répétant la syllabe *ar*, a écrit *Varare*.
(2) Le 18 octobre.
(3) Sans doute la foire Saint-Michel (29 septembre), la plus importante de Gaillac.

— G⁽ᵐ⁾ Rica(r)t et Franse(s) Jôr(ne)s me deo(n) la soma de III Lt. p(er) una cantitat de fe que ni avio a la b(o)ria et deo(n) paga p(er) Tossa(n)s.

— Anthony Bla(n)c me deo la soma de x s. p(er) crompa de II Q. de fe et deo paga p(er) Tossa(n)s.

Autra part es.

F° LXVIII v° P⁰ Pales, fil de Ramon, del m(a)s de la Regado, me deo la soma de XXXVI s. VIII d. et so p(er) crompa de Iª la de blat et de Iª mina de palmolla la calla li presteri lo XIII de mars l'an vᶜ XXXVIIII et deo paga p(er) la Madalena tota la deta soma.

It(em) may deo lo des, p(er) un conte fat de so que avio agut davan de my, v s. VIII d.

En marge :

Pª x s. VI d. lo jorn de la f(ie)ro (l'an) vᶜ XL.

Pª x s. lo jorn de Sa(n)t An(thon)y (1) (l'an) vᶜ XLI.

Re(s)ta conte fat XXI s. x d. lo jorn de Sa(n)t V(inc)ens (2).

— Ramon Couly, fil de Darde, me deo la soma de XXVI doblas p(er) crompra de Iª mina de mestura, tan segal que vessas (3), et deo paga p(er) la festa de la Madalena proda venen ; fat l'an vᶜ XXXX lo IIII de ab(ria)l.

Pª xxv doblas lo xx de se(tem)bre.

En marge :

Cont(at) es.

F° LXIX r° G⁽ᵐ⁾ Tal(l)afer, fabre de Castelnuou, me deo la soma de III Lt. III s. IIII d. et so p(er) crompa de un sestie de blat, local blat ha pres l'an vᶜ XXXX lo xv de abrial, bailat p(er)

---

(1) Le 13 juin.

(2) Le 22 janvier.

(3) Masenx avait d'abord écrit *tan segal que mossola*; il a biffé ce dernier mot et l'a remplacé par *cessas*. En effet le méteil se composait le plus souvent d'un mélange de seigle et de blé; cependant on donnait le nom de *mistura* ou *rao* au mélange du seigle avec toute céréale.

las mas de ma molie, et deo paga p(er) la festa de la Madalena proda venen.

   P(a) II L*t*. III s. III d. en un 7 de (blat) que baile(e) a ma molie.

— Berengie Jor(ne)s de la perocio de Sant Geromy me deo la soma de xxxviii doblas p(er) I(a) mina de blat que ha crompada de my et presa lo xvii de abrial l'an des(sus) et deo paga p(er) la Madaleno proda venen.

F° LXIX v° Jam(e) Tuengne, del mas de(s) Trico (1), deo la soma de III *Lt*. III s. III d. et so p(er) crompa de 1 7 de blat, local ly ey presta(t) et bailat p(er) las mas de ma molie l'an v(e) xxxx lo xxviii de abrial, la cala soma deo paga p(er) la Madaleno proda venen, presen Anth(o)ny Guy, son conat.

   P(a) lo des la soma de II *Lt*. vi s. viii d. en un sestie de blat que ba(i)lec lo x del mes de se(tem)bre ha ma molie.

— G(m) Rica(r)t, fil de Johan, del mas de Veis(si)era et de la perocio de sant Geromy, me deo la soma de xv s. p(er) una cartiero de blat, la cala a presa lo xxv de abrial et ba(i)lat p(er) las mas de ma molie, et deo paga p(er) la Madaleno proda venen.

It(em) deo may lo des la soma de xv s. p(er) I(a) carta blat et l'a presa lo endema de Pantacosta et deo paga p(er) la Madaleno.

F° LXX r° G(m) Gallabe(r)t, fil de Anth(o)ny, del mas des Merles et p(e)rocio de Sant Marty de Lespinas, me deo la soma de x s. p(er) re(s)ta de I(a) mina palmola que a comprada de my l'an v(e) xl lo xxv de abrial, presen(s) Anth(on)y Guy et Gaut(ié) Guy : deo paga p(er) la Madaleno proda venen.

En marge :

   P(a) x s. lo jorn de la fiera (l'an) v(e) xli.

It(em) deo may lo des la soma de x doblas p(er) re(s)ta de

---

(1) Le *mas des Tricou* (aujourd'hui *d'Istricou*) est situé à l'Est de Castelnau, entre Vieux et Montels, à 3 kilom. N.-O. de Montels, paroisse de Notre-Dame de Montels, auprès de *Tuengne*.

la mina de palmola (1), pres(a) lo jorn de Sant Mical de may.

En marge:
P(a) IIII dob(s) lo jorn de.... (*inachevé*).

— Johan Delpec, carpentie de Castelnuou (2), de la perocio de Sant Salvy (3), me deo la soma de III Ll. V s. p(er) crompa de I 7 form(e)n et de 3(a) la de favos, local (ha) pres lo XII de abrial l'an v(c) XXXX et deo paga lo jorn de la Madalena.

P(a) II Ll. p(er) Tossa(n)s presen Johan Be(n)asec.

F° LXX v° P(e) To(lo)sa, fil d'Estiene, me deo la soma de II Ll. v s. p(er) VI 3(as) blat, las calas a presas lo IIII de may et deo paga p(er) la Madaleno proda venen tota la soma.

P(a) II Ll. mens I d. presen Anth(o)ny Guy.

Bern(a)d Boduet (*Boudet*), fil de Franses, del mas de Lagaio (*Algaio*), p(e)rocio de Sant Johan, me deo la soma de III Ll. x s. p(er) III minas de blat pres lo XXVIII de abrial et deo paga p(er) la Madaleno, presen Johan Alsio.

F° LXXI r° Arn(au)d Bla(n)c, del Causse (4), me deo lo soma de II Ll. IIII s. II d. p(er) crompra de VI 3(as) las de blat pres lo IIII de may et deo paga en dos 7 de dolsa de sa sanut et bo (5) et luy doni la soma de XV s. p(er) sestie, et la re(s)ta deo paga en argen p(er) la Madaleno.

It(em) deo may p(er) II Q de fe XI s. VIII d. pres l'an v(c) XXIX.

P(a) VI s. VIII d.

---

(1) Il y avait d'abord *blat* : ce mot a été biffé.

(2) Il y avait d'abord *Gallac*; ce mot a été biffé.

(3) La paroisse *Saint-Salcy de Combirat*, l'une des quatre annexes de la cure de Notre-Dame de Montmiral, englobait le secteur N.-E. de Castelnau jusqu'à la Vère. Son église, aujourd'hui détruite, était une dépendance du château de Corduriès.

(4) Les *mas du Causse* sont nombreux ; il s'agit ici d'un mas de la paroisse Notre-Dame de Montmiral, situé entre Montels et Castelnau, à peu près à égale distance de ces deux villages.

(5) *Dos 7 de dolsa de sa sanut et bo* : deux setiers de graine de chânvre de bonne qualité. Le mot *dolsa* signifie en général gousse, exemple : « Son grand père... ayant pris une dosse d'ail, luy en frotta ses petites lèvres qui sussèrent lo jus de ce thériaque de Gascogne. » (A. FAVYN, *Naissance d'Henri IV, Hist. de Navarre*. Edit. 1612). — Les mots de *cosse* et *gousse* dérivent du reste directement de *dolsa* et *doulsa*.

En marge :
>> P̄ª x s. presen mossen Gᵐ Masenx.
>> P̄ª vi s. p(er) las mas de B(ertr)an Ros.

' — Tomas Capus, del mas de Vors, deo la soma de lª mina (et) lª *la* favos (et) lª *la* palmola (1) que aget de my l'an vᶜ xxxix lo dar(ni)e jorn de mars et deo paga p(er) la Madaleno proda venen tota la soma.

>> P̄ª xxvii s. vi d. (2) en deisso de mage soma lo jorn de Sant La(u)re(n)s (l'an) vᶜ xxxx (3).
>> P̄ª xv s.

f° **LXXI v°** ' Gergory Guy, de la perocio de Vors, del mas de Fonlada, me deo la soma de xxx s. p(er) una mina de blat que a pres de my l'an vᶜ xxxx lo pre(mi)e de may et deo paga p(er) la Madaleno proda venen.

>> P̄ª xxiii dob(la)s ii d. lo jorn de la f(ie)ro de Sant Pᵉ (4).
>> P̄ª viii s. p(er) las mas de Pᵉ Masenx.
>> P̄ª xx d. p(er) dos jor(na)ls.

' — Johan Algay, fil de Darde, del mas de Lagaio (*Algaio*), perocio de Sant Johan, me deo la soma de xxii s. vi d. p(er) crompra de iii ;ᵃˢ de blat, pres l'an des et lo pre(mi)e de may et deo pa(g)a p(er) la Madaleno.

>> P̄ª xxii s. vi d.

---

(1) Cette ligne a été raturée par Masenx et la leçon que nous donnons (et qu'il a laissé subsister) est postérieure à la rédaction de l'article. La leçon primitive était : *deo la soma de* iii *Lt.* iii *s.* iii *d.* p(er) *I 7 de blat que aget...* La rature est, d'après l'analogie des encres, contemporaine du premier paiement qui suit (10 août 1540). Pour comprendre ce qui s'est passé, il faut savoir que Thomas Capus avait succédé, cette année même 1539, à Arnaud Varen, comme bordier de Vors, et qu'il avait besoin d'assez nombreuses avances. Masenx lui avait donc avancé 1 setier de blé le 31 mars 1539. Mais la récolte de 1540 fut mauvaise, du moins en blé, et Capus avait besoin à la fois de son grain et de son argent ; il ne put donc rembourser à la Madeleine les 3 *lt.* 3 *s.* 4 *d.* qu'il devait, mais il donna en acompte le 10 août suivant un écu petit. En même temps il obtint de Masenx que sa dette en blé fut convertie en égale quantité d'autres grains (3 quarts de fèves et 1 quart de paumoule) ; de là la rature.

(2) 27 *s.* 6 *d.*, c'est-à-dire un écu petit.

(3) La Saint Laurent, c'est-à-dire le 10 août.

(4) La foire de Saint Pierre, le 1ᵉʳ août, à Montmiral.

Fº LXXII rº — Johan Vi(a)lar, fil de Darde, det Lac(a)y, de la perocio de Sant Geromy, deo la soma de xv s. x d., re(s)ta de un sestio de blat que (ha) pres de my lo pr(emi)e de may et deo paga p(er) la Madaleno.

— Johan Calvet, fil de Anth(o)ny, del mas des Calve(t)s (1), me deo la soma de III *Lt.* v. *s.* p(er) un sestio de blat et 3ª carto de ves(s)as presas lo pr(emi)e jorn de may et deo paga p(er) la Madaleno.

Pª III *Lt.* III *s.* IX *d.*

— Johan Forrné, de Castelnuou de Monmiral, me deo la soma de xv *s.* p(er) una carto de blat pres lo pre(mi)e de may et me deo paga en pla(n)ca p(er) d'aisy San(t) Johan (2).

En marge :

Pª IIII ca(n)os de planca p(er) V *s.*

Fº LXXII vº Johan Caminada, del mas des Caminadas, det Jolivert, me deo la soma de xxx *s.* p(er) Iª mina de blat que ly ey prestada l'an vᶜ xL lo x de may et deo paga p(er) la Madaleno proda venen.

— Gallarda Andrivo, molie de B(e)rtran Ros de Castelnuou de Monmiral, me deo la soma de xxx *s.* p(er) crompa de una mina de blat, local (a) pres l'an des(s)us et lo jorn et deo paga p(er) la Madaleno.

It(em) deo may mossen Johan Ros, son fil, la soma de xI *s.* vIII *d.* p(er) re(s)ta de crompra de xII pans drap gris pres l'an vᶜ xL p(er) Tossa(n)s (et) b(ai)lat p(er) las mas de ma molie, a Gallac.

Mafre Gallan, fil de Gᵐ, de Luman et de la t(er)ra de Castelnuou, mé deo la soma de xv *s.* p(er) crompa de Iª *la* de blat pres l'an et lo jorn des(s)us et deo paga p(er) la Madaleno.

Pª xv *s.*

Fº LXXIII rº Andrio de Santa Crous deo la soma de III *Lt.* vI *s.* vIII *d.*

---

(1) Le mas de Calvet, paroisse de Candastre, était contigu à Pech auzy et au Gayou.

(2) Masenx avait écrit d'abord *p(er) d'aisy I an.*

p(er) dos b(a)ricas de vy, l'uno de blane et l'autre de roge, pres l'an v^e xxxvi, lo pre(mi)e de juliet et deo re(n)dre los fu(s)tes et paga(ra) can(t) aura vendut lo vy.

  P^a iii *Ll*. p(er) las mas de sa molie l'an des.

It(em) me deo lodes, p(er) dos b(a)ricas que m'a presas sa molie cant port(ec) l'argen des(sus), la soma de iii *Ll*. ii s.

  P^a lo des la soma de xx s. p(er) l^e pes(s)as de ma(y)ran de b(a)rica, presen Anth(on)y Guy.

En marge :
  Re(s)ta ii *Ll*. viii d.

It(em) deo son fil la soma de xvii doblas p(er) re(s)ta de fe pres l'an v^e xxxvi.

It(em) me deo(n) son fil le pus viel et son pa(i)re que damo(r)an Delesbat (1) la soma de xvi *Ll*. et xii s. conte fat lo x de jun, presen(s) mossen D(a)r(d)e Miramon, mossen d'Alet (?) et Guilh(em) Mase(n)x, carp(en)tie.

En marge :
  P^a ii *Ll*. l'an v^e xl p(er) las mas de Jornes.
  P^a Andr(i)o iiii *Ll*. x s. a Gal(l)ac l'an v^e xli.
  P^a son fil xxx s. presen mestre Ra(m)on Cariven (l'an) v^e xlii.

En marge :
  P^a xxx s. p(er) las mas de G(ui)r(a)ut J(orn)ès (2) l'an v^e xlii.
  P^a A(nd)rio la soma de xxxii s. viii d. en ii 7 segal (l'an) v^e xlii.

LXXIII r^o   Anth(o)ny Andreo, det Cohe(t), del mas de Polverel (3), me deo la soma de iii *Ll*. p(er) crompa de un sestie de blat, local ha pres l'an v^e xl lo vi de may, p(er) las mas de ma molie bailat et deo paga p(er) la festa de la Madaleno.

  P^a lxii *dob*^s p(er) 1 7 blat.

---

(1) Masenx a voulu mettre, au lieu de *que demoran, abitans de* (Be)lesbat ou *Belestat*. Il s'agit évidemment de *Belesta*, auprès de Cahuzac.

(2) Guiraud Journés était le beau-frère de Pierre de Sainte-Croix, fils d'André.

(3) Le mas de *Polverel* au bord de la Vère, à 2 kilom. nord de Castelnau, paroisse de Saint-Salvi de Combirat.

— Franses Guy, del mas de Fonlada, p(e)rocio de Vors, me deo la soma de xv s. p(er) l̃a *la* de blat pres l'an des et lo jorn, p(er) las mas de ma molie bailat, et deo pagá p(er) la Madaleno.

— Ramon Algay, fil de P⁰, de la p(e)rocio de Sant Johan de Montels, me deo la soma de ii *Ll.* v s. p(er) l̃a *la* blat et una mina palmola, pres a Gallac l'an des (et) lo jorn; deo paga p(er) la Madaleno.

F⁰ LXXIV r⁰ *Ce folio est occupé par une billeta faite par un notaire, d'une écriture hâtive et presque indéchiffrable et relative à un certain Jean Sartre de Parisot (1).*

Johan Sartre jouve, de Parisot,
bordie de P⁰ Anthony Ayralh.

iiii *Ll.* iiii *s.*

— L'an mil v⁰ et xl et lo x del m(e)s de may, à Galhac, Johan Sartre jouve, de Parisot, bordie de Anthony Ayralh, confesso a dover à Guilhem Masenx, merchan de Galhac, la soma de quatre *Ll.* iiii s. p(er) lo pr(ets) de x ȝᵃˢ blat mossola et I̊ᵃ carta vessas, las qualas blat et vessas (lo) des avio pres. Promet de paga a la festa de Sant Johan proda venen, portat a Galhac, i 7 et ȝ sestie, et atal jurec.

F⁰ LXXIV v⁰ *Garantie de la créance précédente par Jean Benac, de la main du même notaire.*

— En Johan Benac, bordie de Anthony Andreo, promet p(er) lod¹ Sartre de paga lad̃ᵃ soma lo d(et) jorn se lod¹ Sartre no la pagaret; et lod¹ Sartre *(Benac)* (2) lo ne respon et atal juro, presens Jame Sirbenti (et) Johan Barbaste.

Lo not(ar)i
Signature biffée et illisible (3).

(1) *Parisot*, une communauté du canton de Lisle, qui est très ancienne. Elle figure dans la donation de Raymond Iᵉʳ, comte de Rouergue et marquis de Gothie, à ses deux fils, Hugues et Ermengaud (961). La communauté avait deux consuls; elle renfermait les églises, alors très fréquentées, de Sainte-Exupérie et de Sainte-Sigolène.

(2) Il est certain que l'écrivain, dans sa précipitation, a mis un nom pour un autre. Ces deux billets sont hérissés d'abréviations, d'incorrections et d'omissions.

(3) Peut-être *Rofflac*.

— G^m Picart, fil de Johan, deo la soma de II Lt. IX s. VII d. p(er) crompa de VII ȝas car(t)as de blat pres l'an des. lo VI de may. b(a)ilat p(er) las mas de ma molie.

f° LXXV r° Anthony Algay, fil de D(a)rde, me deo la soma de XXX s. p(er) una mina de blat pres l'an v^e XXXX lo VIII de may a Gallac et deo paga p(er) la Madaleno proda venen.

P^a XXV s. lo jorn de la f(i)era de Sant P(ei)re (1).

— Johan Rocas, fil de P^e de Gaio, del mas des Alb(a)res et p(e)rocio de Senol(h)ac, me deo la soma de II Lt. V s. p(er) VI ȝas car(t)os de blat que a presas de my l'an v^e XL et en lo mes de may. et deo paga p(er) la Madaleno proda venen, bileta p(er) mestre Johan Turla.

P(a)ga II Lt. V s.

— Lo noble Perès de la Fago (2) me deo la soma de II Lt. XV s. p(er) un sestie blat pres lo VI de may et b(ai)lat p(er) las mas de ma molie. Deo paga p(er) la Madaleno.

P^a II Lt. XV s.

f° LXXV v° Jame Tuengne, del mas des Trico, me deo la soma de III Lt. III s. III d. p(er) crompa de 1 ȝ de blat pres l'an v^e XXXX lo XXVIII de abrial et deo paga p(er) la Madalena proda venen.

En autra part es.

P^a II Lt. I s. VIII d. p(er) un sest(i)e de blat que bailec a ma molie.

— Gre(g)ory Guy deo la soma de XXX s. p(er) I^a mina de blat pres l'an et lo jorn des et b(a)ilat p(er) las mas de ma molie. Deo paga p(er) la Madaleno.

— Jame Guy, fil de P^e, deo la soma de XV s. p(er) I^a ta de blat pres l'an des (et) lo jorn.

---

(1) Le 1er août à Montmiral.
(2) On a vu que Bertrand de la Fage, probablement le fils de celui-ci, était au nombre des six gentilshommes de Castelnau (f° 13 r°, note); Pérès semble toutefois être un nom patronymique. — Le château de Lafage, à 1 kilom. au nord des Cabanes, commune de Saint-Beauzile, était situé en pleine forêt de la Grésigne.

It(em) may deo p(er) l ͣ *ta* ves(s)os, mo(n)ta II s. v. (d.) e(t) deo paga p(er) la Madaleno.

P ͣ xv s. lo jorn de la fiera.

F° LXXVI r° An(th)ony Andrio, del mas de(l)s Polvere(l)s, me deo la soma de III *Lt*. p(er) I 7 de blat pres lo vii de may, bailat p(er) las mas de ma molie. Deo paga p(er) la Madaleno.

Arn(au)d Delpec (1) me deo un sestie de blat pres l'an des et deo rendre blat p(er) la Madaleno.

P ͣ I 7 de blat.

— Guir(au)d Masenx, de Sant Geromy, deo la soma de vi z ͣˢ de blat. Deo paga de jorn en jorn.

P ͣ II *Lt*. I s. III *d*.

F° LXXVI v° Johan Barco, fil de Ra(m)on, deo la soma de v r. escut(s) et xvii s. vi d. (2) p(er) crompra de un ros(s)y et deo paga p(er) la festa de Sant Mical la mitat (et) l'autra mitat del pre(mi)e jorn de mars en un an tota la re(s)ta (3): fat l'an v ͤ xxxix lo xx de se(tem)bre, bileta p(er) mestre Johan Turla.

P ͣ IIII *Lt*. l'an des p(er) Sant Mical.

P ͣ III *Lt*. presen Johan Giscet (4) l'an v ͤ xli, lo x de se(tem)bre.

Re(s)ta vi *Lt*. II s. vi *d*.

(Resta) III *Lt*. x s. (5).

F° LXXVII r° Peire Rec, fil de Mafre, de la p(e)rocio de Sant Johan de Monte(l)s (6), me deo la soma de vi *Lt*. p(er) crompra de una

---

(1) Le *mas du Pec* ou du *Pech* est situé en face du Verdier, sur la rive gauche de la Vère, paroisse de Castelnau.

(2) Il y a ici une rature et une tache d'encre, mais la leçon est certainement 5 écus 17 sols 6 deniers. Toutefois il s'agit ici, non point d'écus petits, mais d'écus au soleil, de telle sorte que le prix de vente est 12 *lt*. 2 *s*. 6 *d*. On remarquera que Barrau ayant payé 7 *lt*. ne doit, au moment de l'établissement du premier reste, que 5 *lt*. 2 *s*. 6 *d*. et non 6 *lt*. 2 *s*. 6 *d*. Masenx lui fait tort d'une livre tournois.

(3) Il faut supprimer soit *l'autra mitat*, soit *tota la resta*

(4) *Giscet* pour *Gisquet*.

(5) Barrau a dû faire, entre les deux *resta*, un versement de 52 *s*. 6 *d*. qui n'est pas indiqué.

(6) Du *mas du Trépadou* (v. f° 13 v°).

vedela et deo paga p(er) Tossa(n)s II *Ll.* et cascun an II *Ll.*; et l'a presa l'an v^e xxxvII lo xIIII de jun, bileta p(er) Mase(n)x.

LXXVII v° Johan Rocas, fil de Peire, me deo la soma de vi *Ll.* v *s.* coma (a)par p(er) bileta presa p(er) Turla l'an v^e xxxix lo xv de janie, conte fat, et deo paga del jorn presen en un an proda venen.

It(em) me deo may lo susdet l^a *la* blat que ly avio prestada p(er) sem(en)a l'an des et lò me deo tor(n)a. Aut(re) fol(io)es ; bileta p(er) Turla.

It(em) me deo may lo des la soma de II *Ll.* x *s.* p(er) crompra de un sestie de blat que ly ey b(ai)lat et presta(t) p(er) semena l'an v^e xl lo xv del mes de se(tem)bre, pres p(er) las mas de ma sogra.

Tot es conta(t) al d(a)r(n)ie esturmen fait l'an v^e xl, lo mes de jun, (et) pres p(er) mestre Johan Turla sa(n)s préju(di)rsi des pri(ma)s obliga(tio)s.

P(er) so no cal pont (res) demanda.

LXXVIII r° Bertomio Ramon, fil de Marc, del mas de la Crosatario de Re(bier)as (1), deo la soma de xl *s.* p(er) v ç^{as} blat et deo p(a)ga p(er) la Madalena proda venen la mitat, et l'autra mita(t) l'autra Madalena segen, coma (a)par p(er) bileta p(er) Devasis.

LXXVIII v° Johan Rocas, de Gaio, deo la soma de III *Ll.* v *s.* x *d.* p(er) crompa de II 7 formen pres l'an v^e xxxix et deo paga p(er) la Madaleno, bileta p(er) Cla(u)sel.

— Anthony Tal(l)afer, fil de G^m del Rouyé (2), p(e)rocio de Sant Marty, deo xxII doblas p(er) I^a carta blat pres l'an v^e xxxIX lo xxII de abrial.

---

(1) Il s'agit ici, non plus du mas des La Cros, mais de *la Crouzelarié*, masage important de la plaine de Gaillac, à 3 kilom. de Gaillac, et qui faisait partie de la seigneurie de Rivières et Cornebouc.

(2) Peut-être faut-il lire *de l(a terra de) Rouy(r)e*. Il faudrait admettre dans ce cas qu'une partie des terres de la seigneurie de Rouyre était dans la paroisse Saint-Martin de Lespinas, ce qui est très plausible.

Fº LXXIX rº Johan Fabre (1), fil de Peire, me deo la soma de xxiii doblas p(er) crompa de l'erba de un prat de la Mallolio de l'an vᵉ xxxi et deo paga p(er) Tossans proda venen.

Pª xx doblas en deisso de mage soma.

— Johan Co(u)ly, fil de Johan, de Luman, me deo la soma de xiii doblas p(er) crompa de ii Q. de fe pres lo x de ma(r)s vᵉ xxxx et deo paga per Tossa(n)s.

Pª xiii dobˢ p(er) las mas de sa ma(i)re l'an vᵉ xli lo xxiiii de ao(s)t.

Fº LXXIX vº L'an vᵉ xl et lo endema de la fiera de Santa (Ce)selio (2), feren conte entre Guiraud et Frans(e)s Jor(n)es de tot so que los de(t)s Jor(n)es an pres de my entre lo jorn presen et, tot contat, los des Jor(ne)s me resto(n) ha deve(r) la soma de iii Ll. xix s. tot contat, et me deo(n) paga p(er) Sant Mical proda venen, et del det conte ne an bileta de ma ma ; presen Arn(au)d Delpec.

It(em) me deo(n) may la soma de ii Ll. iiii s. ix d. p(er) respo(n)sa p(er) Pe(i)re de Santa Cros, fil de Andrio, et me deo(n) paga de jorn en jorn, presen(s) Pe(i)re Gay (et) B(e)rengie Jor(ne)s ; et (me deon) la despensa (3) que mo(n)ta iiii s. iiii d.

Fº LXXX rº Johan Fabre, det Totet, del mas des Fabres (4), me deo la soma de ii Ll. v s. et so p(er) crompra de xii pans drap

---

(1) Masenx a évidemment commis une erreur de nom car il n'y a pas de Jean Fabre fils de Pierre. Mais c'est Jean Roques, fils de Pierre, qui a vendu l'année précédente la terre de la Mallolio à Eutrope Fabre (voir Fabre : fº viii rº 2ᵉ art.) et il est probable que Masenx en avait aussi acheté une partie. Il faut donc lire *Johan Rocas* au lieu de *Johan Fabre*.

(2) La foire de Sainte Cécile, à Montmiral, le 22 novembre.

(3) *La despensa*, c'est-à-dire les frais. L'intervention du sergent, Pierre Gay, de Castelnau, indique qu'il y eut des poursuites.

(4) Le *mas des Fabres*, sans doute berceau des Fabre, à 1 kilom. N.-E. de Candastre, sur la ligne actuelle du chemin de fer, était habité par les deux fils de Guilhem Fabre, Antoine et Jean. Antoine Fabre avait deux filles, l'une mariée à Jean Audebal, le tisserand, l'autre à un certain Rest. C'est à la femme d'Audebal, sa nièce, que Jean Fabre, dit Toutet, fait ici cadeau d'une robe.

gris, que lo volio p(er) fa raubo ha sa (ne)boda de Audeb(a)l que ero novia et promet de paga p(er) la festa de Tossa(n)s proda venen ; et l'a pres l'an v^e xxxix lo... *(inacheré)*, presen B(l)asy.

• It(em) me deo may la soma de III *Ll*. p(er) sa part de la pa(il)la de l'an v^e xli et deo paga de jorn en jorn, presen (mos)sen Anth(o)ny Arago.

P^a lo des un escut del solel, mas que ero cort de v gras, que valio II *Ll*. x *d*.

• Johan Fabre, fil de G^m, me deo la soma de xxi *s*. que ly ey prestat en dos testos lo xii de ma(r)s l'an v^e xl et (les) deo torna de jorn en jorn.

f° LXXX v° • Johan Marty, det Gravo, oste de Sant Marty, me deo la soma de v *Ll*. x *s*. p(er) crompra de dos pipas de vy rogen, et me deo re(n)dre las fustas ha Castalnuou et deo paga de jorn en jorn.

— Pe(i)re Felie, passerio, me deo la soma de xxvii *s*. vi *d*. p(er) crompra de una b(a)rica de vy rogen rendut lo fust ; deo paga de jorn en jorn, presen Johan Gambres (et) Peire Guy, fabre.

P^a viii *s*. iii *d*. presen Peire Guy.

f° LXXXI r° • L'an mil v^e et xl et lo xii desembre me recon(esce)c a dever Johan Cohet, de Castelnuou, la soma de III *Ll*. xv *s*. et so p(er) crompra de II canos et ;^a de drap gris, pres a Gallac, et me ba(i)lec en conten xvi doblas v *d*., presen B(e)r(na)d Fabre de Candastre, et la re(s)ta me deo b(ai)la p(er) Tossa(n)s la mitat et la re(s)ta a l'autra Tossa(n)s.

P^a lo des xxvii *s*. vi *d*. (1) lo xvii de desembre l'an des.

P^a xix *s*. l'an v^e xli lo viii de desembre.

P^a xiii *s*. ix *d*. l'an v^e xlii lo xv de may.

LXXXI v° Mossen G^m Masenx de Castelnuou me deo la soma de

---

(1) Soit un écu petit.

v Ll. p(er) ar(g)en presta(t), coma (a)par p(er) bileta de sa ma fata et sinada (1), et deo paga de jorn en jorn a ma vol(on)ta(t).

It(em) me deo may la soma de x Ll. que ly presteri p(er) paga lo vy pres l'an vᶜ xlii lo (mes de desembre) p(er) Nadal, pres p(er) las mas de Johan Duran, son nebot, en iiii escu(t)s del solel et en xx s. de moneda; promet de (los) torna d(i)ns un mes apres segen.

Fᵒ LXXXII rᵒ Gu(i)r(au)d et Fran(se)s Jorn(n)es, fil(s) de Peire, de la perocio de Sant Geromy, me deo(n) la soma de ii Ll. p(er) vi Q de fe pres p(er) lor mas la vrespa de Nostra Dama de Mars (2) l'an vᶜ xl, et deo(n) paga p(er) la festa de Tossans proda venen.

— Gᵐ Ricart, fil de Johan, me deo la soma de xx s. p(er) iii Q de fe que a pres l'an (et) lo jorn des, presens los (sus)des et deo paga p(er) Tossa(n)s proda venen.

Fᵒ LXXXII vᵒ Jamme Rocas, fil de Anthony, del mas de la Pairolio (3), de la ter(r)a de Castelnuou, me deo dos pialas de mairam de pipa bo et merchan (de) garit de fonsailla, sans albe (4), et rendut a Gallac d'aysi ha la fe(s)ta de Sant Johan proda venen et me costa xv Ll. Fait l'an vᶜ xl lo xviii dese(m)bre, carta presa p(er) mestre Johan Turla, notary.

Pᵃ iiiᶜ xx pes(s)as de lo(n)c et viˣˣ de cort,

---

(1) On trouvera cette reconnaissance, écrite tout entière de la main de Guilhem Masenx, cousin de notre marchand et chapelain de Castelnau, à l'appendice; elle se trouvait dans le Livre, en regard de l'article. On remarquera que Masenx porte ces 5 lt. en *argen prestat*, tandis qu'il s'agit en réalité d'un legs fait en sa faveur par Antoine Masenx, dont le chapelain est vraisemblablement le légataire universel ou l'exécuteur testamentaire.

(2) *Notre-Dame de Mars*, fête de l'Annonciation, dite aussi *la Marzache*; le 25 mars.

(3) Le *mas de la Pairolié*, à 1 kilom. Est de Saint-Jean de Montels et 3 kilom. S.-O. de Castelnau, paroisse de Saint-Jean de Montels.

(4) « Deux piles de merrain de pipe bon et marchand, en chêne de fonçaille, sans aubier. » Le bon merrain devait en effet être de cœur de chêne, sans défaut et d'une certaine qualité de bois. (Voir, sur les qualités exigées du merrain, le serment des tonneliers : *Lagrèze-Fossat* : Études historiques t. I, p. 214 et 266.)

pesat (1) p(er) G^m de Masenx, fustie, que lo pesec (2).

' — B(e)rengie Jor(n)es, de Sant Giromy, me deo la soma de II *Lt.* XV *s.* p(er) crompra de una pipa de vy rogen, rend(ut) lo fu(s)t, et deo paga p(er) la Madaleno proda venen et l'a pres l'an v^e XLI lo X de abrial, presen mossen Johan Plassa et Calvets.

' — G^d Tuengne, mon bordie, me deo la soma de II Q de fe pres lo jorn de(ssu)s, la soma de XVI doblas, et deo paga p(er) la Madaleno proda venen.

LXXXIII r^o ' Johan Fabre, (det) Totet, de la perocio de Candastre, me deo la soma de XLVIII *s.* IX *d.* p(er) crompra de XIII pans drap de gris que lo volio p(er) son va(i)let, pres l'a(n) v^e XLI lo VIII de abrial et promet de paga p(er) Tossans proda venen, presen(s) Johan Marolet de Candastre et de son (ne)bot.

' — Johan Audebal, det Marolet, me deo la soma de XXVI *s.* III *d.* p(er) crompra de VII pans drap gris pres lo jorn des(s)us, presens los (sus)des, et deo paga p(er) la Madaleno proda venen.

P^a XV *s.*

— Andr(e)o de Santa Cros me deo la soma de XXX *s.* p(er) crompra de una b(a)rica de vy pres lo XXII de abrial, presen Anthony Ros, teis(s)e(i)re, et deo paga p(er) Pascetas proda venen Franso Jor(ne)s (3).

LXXXIII v^o Johan Guy, fil de Peire, del mas des Albares, me deo la soma de VII *Lt.* p(er) los sens de una ter(r)a que ten(i)o de

(1) *Pesa* pour apprécier. Le terme correct serait *juega* : « *Carpentiers seran establits per juegar mairan.* » (Serment.)

(2) Cette fourniture ne représente que le tiers environ des deux piles que Jacques Roques devait fournir, la pile étant de 720 pièces ; nous ignorons si le reste fut fourni. Jacques Roques tirait ce merrain de la forêt de Civens.

(3) Le nom de François Journès a été ajouté après coup, lorsque les frères Journès eurent répondu pour la dette d'André de Sainte-Croix (v. f. 103 r°); il change le sens de la phrase qu'il faut lire : *Deo paga Franso Jornés per Pascetas proda venen.* Rappelons que *Pasquetas* est le dimanche de Quasimodo.

my a m(i)ejos, que s'apella la Graniera, et p(er) so que se
en avio prosès am Peire Guy et Johan Guy, son fil, es estat
remes a (Mos)sen Anthony Arago et a mestre B(e)r(n)ad
Batifol, tan p(er) lo prensepal que p(er) lo(s) despens, et an
ordenat que lodet Guy me rela(is)sa la pes(s)a sans que devo
(*posse*) leva la presa p(er) sa part p(er) acest an et (que) me
ceta tot dret que aya sus ladeta pessa; et deo paga la deta
soma p(er) d'aisy la fe(s)ta de la Madaleno proda venen III
Ll., et la re(s)ta p(er) Tossans apres segen, que fo III *Ll*.;
et cascun deo paga sos despens del det ab(o)cas (1). Fat
l'an mil v^c XLI, lo XXVII del mes de abrial, carta presa p(er)
mestre Johan Turla, presen(s) Anthony Ricart et Johan
B(a)riera, de Gallac.

It(em) me deo lo des, p(er) sa part de l'escot des crompra-
miseras (2), la soma de XVI *d*.

F° LXXXIV r° Anthony Fabre, fil de Guilhem, de Candastre et de la
ter(r)a de Sennolac, me deo la soma de X ᵴ petis et VII *s*. VI *d*.
p(er) de crompra de un ros(s)y que lodet Fabre a cromprat
de my l'an v^c XLI et lo XII de may, pres p(er) las mas de son
gendre de Rest (3) et deo paga p(er) la festa de Sant Mical
III ᵴ pe(tit)s et III *s*. IX *d*. et la re(s)ta d(i)ns un an tota
la deta soma; presen B(e)r(n)ad Fabre (et) P^e Rocas.

P^a IIII *Ll*. II *s*. VI *d*. (4) p(er) las mas de son gendre Re(s)t, lo m(e)s de se(tem)bre.

P^a II *Ll*. V *s*. lodet Anth(o)ny Fabre l'an des en
un escut del solel.

P(a)ga IIII (escuts) petis.

---

(1) *Arocas* est pris ici pour arbitrage. Cet article est en effet un très curieux exemple d'arbitrage; on y voit que les arbitres étaient payés et que
leur décision était enregistrée par un notaire.

(2) On a déjà vu ce terme de *compra-miseras* au f° XLVII r°; on le tradui-
rait aujourd'hui par *huissiers* quoi qu'il désigne des agents d'espèce différente. Cela prouve qu'avant l'arbitrage, il y avait eu des difficultés entre
Masenx et son colon.

(3) Le *mas de Rest*, à 1500^m Sud de Candastre et 3 kilom. N.-E. de Gail-
lac, dans la riche plaine de Gaillac, faisait partie de la paroisse de Candastre.
Ce nom de Rest ou Reste a été porté par plusieurs familles notables de
Gaillac.

(4) C'est-à-dire 3 écus petits à 27 *s*. 6 *d*. l'un. L'écu petit est donc compté
ici à sa valeur.

F⁰ LXXXIV v⁰ ' Johan Marty, det Gravo, me deo la soma de III ꝉ p(e)tis p(er) crompra de dos pipas de vy rogen pres lo xviii de mars et me deo paga cant l'aura vendut, presen Anthony Ros, fil de Johan.

' It(em) me deo may lo det Marty la soma de xxx s. p(er) una b(a)rica de vy pres l'an des lo xxvii de may, presen Johan Delpoun et deo paga p(er) Sant Johan.

P^a II *Ll.* a ma molie l'an v^c xxxxi lo xxv de se(tem)bre.

P^a III *Ll.* lo jorn de la fiera de Ca(h)usac (1) presen Johan Desplas.

— G^m Ros, rodie, fil de Johan, me deo la soma de xxx s. p(er) crompra de una b(a)rica de vy rogen, rendut lo fu(s)t, et deo paga p(er) Tossa(n)s, et l'a pres lo viii de abrial (l'an) v^c xli.

P^a xx s. lo jorn de Sant Marty, ha Gallac.

F⁰ LXXXV r⁰ ' Ramon Badel, oste, me deo la soma de xxx s. p(er) crompra de una b(a)rica de vy et l'a pres lo viii del mes de jun v^c xli.

It(em) deo may III *Ll.* p(er) crompra de dos b(a)ricas de vy pres lo xx de jun, que ma molie lo (l)y (ha) b(ai)lat.

P^a xxx s. lo jorn mete(i)s.

' — G^m Vores (2) me deo la soma de xxv s. p(er) crompra de una b(a)rica de vy et deo paga p(er) Tossans.

P^a xx s. G^m.

P^a v s. son fil.

— Al(li)et Negre, fabre, me deo la soma de xxv s. p(er) una barica de vy, pres l'an v^c xli lo viii de jun et deo paga p(er) Tossa(n)s.

' — Jame Tal(l)afer, bordie de mossen de Olmieros, (3)

---

(1) Sans doute la foire de la Saint B..ce, le 13 novembre, à Cahuzac.

(2) Ce nom est peut-être Vors ; nous pensons toutefois qu'il doit être lu *Borès*. Ce personnage est un tailleur. Voir Répertoire.

(3) Le *mas d'Oulmières*, à 1 kilom. au Nord de Castelnau, paroisse Saint-Salvi de Combirat, à côté du château de Courduriès, était probablement une gentilhommière de la famille de Courduriès.

me deo la soma de xv s. p(er) re(s)ta de una barica de vy et me deo re(n)dre lo fust et deo paga p(er) Tossa(n)s.

P^a xv s. p(er) las mas de son fra(i)re.

F⁰ LXXXV v⁰ Anthony Guy, fil de Olivié, del mas de Fonlada, me deo la soma de III L*l*. p(er) dos baricas de vy que (lo) ba(i)lec a B(e)r(n)ad Sotsol, fil de Jame, lo xx del mes de ju(ill)et) et deo re(n)dre las b(a)ricas.

Re(s)ta II L*l*. p(er) so que las autros dos so(n) c(o)ntados a Lavros.

— B(e)r(n)ad Sotsol, fil de Jamme, me deo la soma de xxx s. p(er) crompra de una b(a)rica de vy, que lo bailec ha Johan Negre, son gendre, et deo re(n)dre la b(a)rica.

— G^m Hartro me deo la soma de xxv s. p(er) una b(a)rica de vy pres p(er) las mas de sa molie l'an des, et deo paga de jorn en jorn.

F⁰ LXXXVI r⁰ Peire Ramades, de Sivens (1), me deo la soma de xxx s. p(er) una b(a)ric(a) de vy, re(n)dut lo fu(s)t en Gal(l)ac, et deo paga p(er) la Madaleno proda venen ; et l'a pres lo XXII de jun.

— Anthony Bonnet, de Sennolac, me deo la soma de III L*l*. p(er) crompra de una pipa de vy, rendut lo fu(s)t ha Gallac, et deo paga p(er) la Madaleno proda venen ; pres l'an des lo XXII de jun.

F⁰ LXXXVI v⁰ — Anthony Vays(s)iera, de Senollac, me deo la soma de III L*l*. p(er) dos b(a)ricas de vy, rendut lo fu(s)t, et deo paga p(er) la Madaleno ; pres lo jorn des(s)us.

P^a III L*l*.

Franso, del Lenardio (2), de la perocio de Sennollac, me

---

(1) Le *mas de Civens* ou *Sivens*, entre *la Crosarié* et *Ramadiès*, paroisse de la Capelle, sur les confins de la communauté de Puycelsi, a donné son nom au massif forestier qui s'étendait, comme un prolongement de la Grésigne, entre la Vère et le Tescou. La forêt de Civens, qui comptait encore 200 arpents au siècle dernier, fut donnée par Louis XV au maréchal de Belle-Isle ; il n'en reste presque rien.

(2) Le *mas* ou *château de la Linardié*, à 1 kilom. Est de Senouillac, n'allait pas tarder à devenir célèbre, pendant les guerres de religion, grâce à

deo la soma de III *Lt.* p(er) crompra de dos b(a)r(ic)as de vy rogen, re(n)dut lo fu(s)t, pres lo xxv de jani(é).

P ͣ II *Ll.* v *s.* presen mestre Johan Turla.

* — Johan Fabre, (det) Totet, de Candastre, me deo la soma de III *Ll.* p(er) una pipa de vy pres lo jorn det, et deo re(n)dre lo fu(s)t.

— G ͩ Tuengne, del mas de Candesa (1), me deo la soma de xv doblas III *d.* p(er) vy que a pres de my l'an v ͨ XLI.

En interligne :
Un b(a)r(ic)ot.

LXXXVII r° Ramon Badel, del mas de Plas(s)a, me deo la soma de xxx *s.* p(er) crompra de una b(a)rica de vy pres lo VIII de jun, l'an v ͨ XLI.

It(em) deo may, p(er) crompra de dos b(a)ricas de vy, III *Ll.* : pres lo xx de jun.

P ͣ xxx *s.*

It(em) deo may III *Ll.* p(er) una pipa de vy que (ha) pres lo XXII del mes de jul(i)et.

P ͣ XXIIII *s.* VI *d.* a ma molie.

Re(s)ta v *Ll.* IIII *s.* VI *d.*

Re(s)ta lo des la soma de III *Ll.*, fat lo conte am ma molie l'an des, lo x de otobre.

P ͣ xx *s.* Ra(m)on lo xv de nov(em)bre.

P ͣ x *s.* lo xv de jun (v ͨ XLII).

P ͣ XIII *s.* lo jorn de la Madaleno pr(ese)n G(uir)aud Tuen(gne).

Re(s)ta XXXVI *s.* (2)

---

un partisan huguenot, Jean Clergue, dit le capitaine de La Linardié. Son fils Jean de Clergue fut roué vif à Toulouse, en 1605, comme « insigne voleur » ; mais ses descendants conservèrent une certaine notoriété. On a déjà vu un Jordi Clerc (Clergue) dans l'abre (f° III r°).

(1) Il s'agit évidemment ici du *mas de Candèze* situé sur la lisière de la forêt de la Grésigne, à Sainte-Cécile du Cayrou.

(2) Ce chiffre a été biffé lors du paiement suivant.

P̄ª x dob(l)as p(er) las mas de Anth(on)y Guy l'an vᶜ xliii.

Re(s)ta xxviii s. iiii d. (1)

— Gaube(r)t Ros, fil de Johan, me deo la soma de xxv s. p(er) una b(a)rica de vy pres l'an vᶜ xli lo xxv de jun.

It(em) may a pres un b(a)ricot p(er) la molie de Anth(on)y de la Cros, xii s. vi d.

P̄ª Gaubert xxv s. lo jorn de la fiera de Santa (Ce)selio (2), presen Ar(nau)d Bru, fil de Jame.

Fº LXXXVII vº — Lo noble F(r)anses Eblal (3), se(gno)r de Tonnac, me deo la soma de xx dobˢ p(er) sertan vy car que a pres de my l'an vᶜ xli lo mes de juliet.

— Ra(m)on de Alvergne, del mas de Plassa, me deo la soma de xxv s. p(er) una b(a)rica de vy roge, re(n)dut lo fust.

P̄ª xxii s. x d. a Gal(l)ac, presen Anth(o)ny Fabre.

— Gᵐ Sotsol, oste de Brunac, me deo la soma de x Ll. x s. p(er) iii pipas de vy.

Re(s)ta lo des la soma de ii Ll., fait l'an vᶜ xli lo dos jorn de desembre, a Gal(l)ac.

Fº LXXXVIII rº — Johan Marty, oste de Sant Marty, et Pᵉ Durban, fil de

---

(1) Ce reste est écrit en surcharge du précédent. Masenx ne compte ici la *dobla* qu'à 9 deniers. Rappelons que Ramon Badel est aubergiste, ce qui explique sa grande consommation de vin.

(2) Le 22 novembre, à Montmiral.

(3) Il s'agit de François d'Hébrail, seigneur de Tonnac, fils de Jacques, sieur de Rouyre. Othon d'Hébrail, de Castelnau, est déjà cité en 1311 par les frères Bonis (t. I, p. 63). François d'Hébrail dénombra, en 1551, avec François de Casilhac, sʳ de Milhars, la seigneurie de Tonnac qu'ils possédaient par indivis; il vivait encore en 1563, date à laquelle il fut nommé par le cardinal Strozzi, gouverneur de Montmiral, conjointement avec Raimond de l'ezembat. A sa mort, la seigneurie de Tonnac passa tout entière à la famille de Casilhac.

Tonnac, dans le canton de Cordes, était une paroisse de la Claverie de Montmiral ; fut colonisé dès le xᵉ siècle par les religieux d'Aurillac et cédé, en 1180, par l'abbé Pierre, au comte de Toulouse. La communauté était administrée par deux consuls.

Johan, me deo(n) la soma de v *Lt.* x *s.* p(er) crompa de una vaca que an aguda de my l'an vᵉ xli, lo dimenge dav(a)n Sant Marty et deo(n) paga p(er) Santa (Ce)selia.

   Pᵃ v *s.* Gaos (1).

   Pᵃ ii *Lt.* v *s.* Gaos.

   Pᵃ xi *s.* presen Rafa(e)l Brou.

   Pᵃ xvii *s.* vi *d.* lo xxx de jun presen Johan Mos(s)et, p(er) Gay (1).

   Re(s)ta de la vaca xxxvi *s.* vi *d.*

   Pᵃ xxvi *s.* l'an vᵉ xlii lo pr(emi)e de jun.

LXXXVIII vº Gᵐ Ricart, fil de Johan, de la p(e)rocio de Sant Geromy, me deo la soma de v 7 de blat que ly ey prestat l'an vᵉ xxxvii et l'a pres a la boria.

   Pᵃ iiii 7 al sol l'an (vᵉ xxx) viii, pres p(er) las mas de Anthony Gosy, mon va(i)let.

It(em) me deo may p(er) ii 7 de blat la soma de vii *Lt.* x *s.* pres l'an vᵉ xxxix à la bor(i)a.

En marge :

   Pᵃ vii *Lt.* en iii ᵥ del solel et v *s.* de moneda lo xxvi de otobre (l'an) vᵉ xxxix.

It(em) may me deo la soma de iii *Lt.* ii *s.* vi *d.* p(er) crompra de v Q de fe et de v miejas (cartas) palmola, pres l'an vᵉ xxix lo xvii de abrial : Bileta p(er) Lobeti.

It(em) me deo la soma de ii *Lt.* x *s.* p(er) blat : Bileta p(er) Masenx.

It(em) me deo la soma de xx *s.* p(er) l'erba del prat de jos lo costo (2), l'an vᵉ xxxvii.

---

(1) *Gao*, dans le langage de Masenx, signifie Gau; il est fait mention de ce nom deux ou trois fois; mais il est probable que le personnage ainsi désigné n'est autre que le sergent Pierre Gay, nommé plus bas. Cela veut dire que Masenx, ne pouvant obtenir de paiement, dut exercer des poursuites contre Jean Martin. Ainsi s'explique l'intervention du procureur Raphael Brou et du sergent Gay. Il faut donc lire : *Paga v s. (per) Gay* et *Paga ii Lt v s. (per) Gay*. La première somme représente évidemment le paiement de la vacation du sergent, qui était de 5 sols ; les autres représentent soit des frais, soit des acomptes payés entre les mains ou en présence des officiers de justice.

(2) *Jos lo costo* (sous le coteau ou peut-être sous le chemin montant). Il existait un lieu-dit *la Costo de Monmiral.*

It(em) me deo la soma de sa part de IIII *Lt.* p(er) so que an agut de my am Fran(se)s Jor(n)es (1).

It(em) me deo may la soma de II *Lt.* IX *s.* VII (d.) p(er) VII ɜᵃˢ ca(r)tos de blat pres l'an VXL lo x de jun et b(ai)lat p(er) ma molie.

It(em) me deo la soma de XX *s.* p(er) IIII Q de fe que a pres l'an vᶜ XLI.

Re(s)ta XII *Lt.* X *s.*

Fº LXXXIX rº Pol Bru, fil de Johan, me deo la soma de ..... (*un blanc*) p(er) l'erbo del prat de Brun (2) de l'an vᶜ XLI.

Pᵃ XV *s.* lo jorn de Sant Marty, à Gallac, presen Johan Ros, fil de Johan.

Pᵃ XV *s.* p(er) l'erba del prat de l'an vᶜ XLI, presen Ga(u)bert Ros, fil de Johan, lo jorn de Santa (Ce)selio vᶜ..... (*inachevé*).

Fº LXXXIX vº L'an mil vᶜ XLI en lo mes de a(b)rial, Anth(on)y Fabre, fil de Gᵐ, del mas des Fabres, de la se(no)rio de Gallac, p(e)rocio de Candastre, me deo la soma de x ꝼ et cart d'escut, coma forec harestat p(er) son ge(nd)re, fil de Arn(au)d Re(s)t, p(er) raso de crompa de un ros(s)y de pel negre ; la calla soma de x sescuts (*sic*) VIII dobˢ IIII *d.* deo paga en un an apres s(eg)en tota la deta soma, et lo det ros(s)y forec pres p(er) las mas de son gendre Re(s)t, presen B(e)rn(a)d Fabre del mas de Pecau(s)y et de mestre B(e)r(na)d Batifol de Gallac.

Pᵃ III ꝼ et VIII dob(l)as p(er) las mas de son ge(n)dre l'an des.

Pᵃ II ꝼ pe(ti)s et n'a b(il)eta.

Pᵃ II *Lt.* v *s.* en un escut del solel a la cub(e)rta de Anth(o)ny Andr(i)o (3).

---

(1) Littéralement : « pour ce qu'ils ont eu de moi avec François Jornes », c'est-à-dire « pour ce que François Jornes et lui m'ont emprunté. »

(2) Sans doute un pré contigu aux Brus ; l'un des lieux-dits du domaine de Vors s'appelait *als Brugnets*.

(3) C'est la seule fois qu'on rencontre dans Masenx cette expression *a la cuberta*, que nous avons traduite par « sous le couvert de... »

En marge :
>Re(s)ta III r. III s. III d.
>— Pª xxv s. l'an vᶜ xLIIII lo xxvIII de otobre presen Johan Fabre et B(e)r(na)d Fornié.

Fº XC rº Pe(i)re Brayé, fil de Pᵉ, de la t(er)ra de Sennollac, me deo la soma de II *Ll.* p(er) unas senor(i)as de la t(er)ra de..... *(un blanc)*, coma (a)par p(er) bileta l'an vᶜ xxxII lo IIII..... *(inachevé).*

En marge :
>Pª xx s. l'an vᶜ xxxv.

It(em) me deo may, p(er) una cantitat de fe que ly ey vendut ha la boria de Sennolac l'an vᶜ xxxvIII lo x de may, la soma de xxv s.

En marge :
>Pª IIII jornals de bros xx s.

It(em) deo p(er) una pipa (1) la soma de xxv s. presa l'an vᶜ xxxIx, lo x de se(tem)bre.

En marge :
>Pº una pipa (de) vy bla(n)c lo..... *(un blanc)* de l'an..... *(un blanc).*
>(Pª) un escut del solel a Ca(h)usac, et n'a bileta.

It(em) me deo v s. que ly b(aile)ri alla fiera de Ca(h)usac de Sant Bres (2), l'an vᶜ xL.

It(em) me deo la soma de xxx s. que ly presteri ha Sen(n)olac l'an vᶜ xLI lo xII de juliet an des.

It(em) may lodet Br(ay)é me deo(r)a vII ɔᵃˢ de blat p(er) cascun an de la t(er)ra qu'es pres de l'ostal de Sennolac tan que y tendra los afa(s). Fat l'an vᶜ xxxIx lo xII de may.

>Pª vII ɔᵃˢ blat l'an vᶜ xLII (et) pres p(er) las mas de ma sogra.

---

(1) Il est probable qu'il faut lire *una barrica* au lieu d'*una pipa*, car le vin est précisément, en 1539, à 25 sols la barrique ; mais c'est intentionnellement que Masenx a commis cette erreur, car elle lui permet de recevoir le double de ce qu'il a prêté sans encourir la censure.

(2) La foire de Saint Brice, le 13 novembre, à Gaillac.

F° XC v°   P° Br(ay)é me deo la soma de vii ẓᵃˢ de blat p(er) cascun an de una t(er)ra de la b(o)r(i)a de Sennolac tan que la tendra ; fait l'an vᶜ xxxix lo xii de may a Se(nno)lac, presen lo fabre.

Pᵃ lo des la soma de vii ẓᵃˢ de blat l'an vᶜ xli lo xix de se(tem)bre, pres p(er) las mas de ma sogra.

F° XCI r°   L'an mil vᶜ xxxvii et lo v jorn del mes de jun, me recones(cet) ha deve(r) Anthony de la Cros, fil de Bertran, del mas de Luman, so es la soma de xxv *Lt.*, et so p(er) re(s)ta de crompa de un ostal et de una vin(h)a et de una t(er)ra que ly ey venduda et deo paga la deta soma : p(er) Sant Johan proda venen iiii *Lt.*, et p(er) Tossans apres segen iii *Lt.*, et p(er) cascun an a la deta fe(s)ta de Tossans iii *Lt.* ; coma (a)par p(er) carta presa p(er) mestre Aymar Lobet de Castelnuou.

Pᵃ iiii *Lt.* lo des jorn del mes de ao(s)t.

Pᵃ ii *Lt.* l'an vᶜ xxxviii la vespra de Santa (Ce)selia.

Pᵃ xv *s.* p(er) las mas de sa molie l'an vᶜ xxxviii lo xiii dese(m)bre.

Pᵃ may ii *Lt.* v *s.* en un escut pr(es)en mossen Matronel (?)

Pᵃ may ii *Lt.* v *s.* a Gallac pr(es)en de Danel (*sic*) (l'an) vᶜ xxxix.

Pᵃ ii *Lt.* i *s.* x *d.* l'an vᶜ xl en iiii testos.

Pᵃ ii *Lt.* v *s.* l'an vᶜ xli lo v de desembre.

Pᵃ may l'an vᶜ xli lo mes de (de)sé(m)bre ii *Lt.* v *s.* et n'a bileta.

En marge la récapitulation suivante :

  iiii *Lt.*   »   »
  ii *Lt.*   »   »
  »   xv *s.*   »
  ii *Lt.*   v *s.*   »
  ii *Lt.*   v *s.*   »
  ii *Lt.*   i *s.* x *d.*
  ii *Lt.*   v *s.* ii *d.*

Soma xv *Lt.* xii *s.* so que a pagat. Bileta p(er) Lobeti (1).

Re(s)ta vii *Lt.* ix *s.*

(1) Cette récapitulation ne reproduit pas la totalité des versements d'An-

F° XCI v°   L'an mil vᶜ xli, lo ix del mes de febrié, j'ey presta(t) ha mossen Uc Delforn dos sesties de blat que los me deo re(n)dre p(er) d'ayssi ha (la) Pantacosta proda venen, pr(es)en(s) los pr(es)tad(or)s..... *(un blanc)* et deo fa bileta p(er) sa ma (1).

— Jame Sotsol me deo la soma de xxiii *Ll.* vii *s.* vi *d.* p(er) crompra de un par(el) de vacos de p(e)l gris et (de) una vedela, pres l'an vᶜ xlii lo viii de abrial, carta presa p(er) Cantala(u)sa, et deo paga p(er) Sant Julia viii *Lt.* (et) p(er) l'autre Sant Julia viii *Lt.* (et) p(er) l'autre (Sant Julia) la re(s)ta.

Pᵃ v *Ll.* x *s.* et n'a bileta l'an des lo xxx de ao(st) presen Gᵐ Ros, fil de Johan (et) de Fran(se)s Durban.

Pᵃ v *Lt.* l'an vᶜ xliii lo xv (de) desembre, presen(s) Anthony Guy et Bertran Tallafer, p(ey)rié.

F° XCII r°   Alliot dal Verne (*d'Alvergne*), de la p(e)rocio de Brun(a)c (2), me deo la soma de xi ҭ petis p(er) crompra de una vaca et una vedela presa de my l'an vᶜ xxxxii lo d(a)r(ni)e jorn de mars et me deo paga p(er) Tossans iiii ҭ et p(er) Tossa(n)s ve(n)en iiii ҭ et p(er) l'autra Tossans la re(s)ta, coma (a)par p(er) carta p(er) Cantal(au)sa.

Pᵃ iiii ҭ pe(tit)s et n'a bileta l'an des.

Pᵃ iii ҭ et v *s.* l'an vᶜ xliii lo iiii d'otobre presen Johan Mongosit.

toine Lacroix, qui s'élèvent en réalité à 17 *lt.* 16 *s.* 10 *d.*, de telle sorte que le reste est de 7 *lt.* 3 *s.* 2 *d.*, et non 7 *lt.* 9 *s.* Masenx s'arrange donc pour faire, sur son calcul, un bénéfice de 5 *s.* 10 *d.*

(1) Les deux mots *deo fa* ont été ajoutés après coup. Hugues Dufour, seigneur de la Bonnette (paroisse de Senouillac) était, on le voit, un personnage important puisque Masenx lui avançait du blé sans témoins (*presens los prestadors*, c'est-à-dire présents seulement le prêteur et sa famille) et sur la seule promesse d'une billette. En inscrivant ce prêt Masenx, dans sa confiance, avait d'abord écrit : *et bileta per sa ma* ; mais la billette tardant à arriver il s'est vu obligé de mettre timidement en surcharge *deo fa*. Il est probable que la billette ne vint jamais et que Masenx en fut pour ses deux setiers de blé, car le compte n'est pas *croisé*.

(2) On a vu (f° lxxxvii v°) que les Alvergne habitaient le *mas de Plassa*.

Re(s)ta xxxiii *dob*ˢ (conte) fat l'an vᶜ xxxxiiii et n'a bileta (1).

Pᵃ xx *s*. son fil (l'an) vᶜ xlv lo xxv de jun.

* — Pe(i)re Palès, del mas de la Re(n)gado, me deo la soma de vi Q de fe, presen Johan Poget, (pres) lo pr(em)ie jorn de abrial, l'an vᶜ xlii (et) mo(n)ta xxiiii *s*. Deo paga p(er) Sant Mical de se(tem)bre.

Pᵃ xxi *s*. lo xv de otobre l'an vᶜ xliii presen Johan Palès, fil de Anthony, et de Ra(m)on B(ad)el.

F° XCII v° * Anthony Poget, fil de Gᵐ, del mas de Poget, me deo la soma de xii *s*. p(er) iii *qˡ* de fe pres l'an vᶜ xlii lo mes de abrial. Deo paga p(er) Sant Mical.

* — Duran Poget me deo la soma de xl doblas p(er) crompra de x Q de fe pres l'an vᶜ xlii lo mes de abrial. Deo paga p(er) Sant Mical.

— Gᵐ Rica(r)t me deo la soma de xvi dob(l)as p(er) crompra de iiii Q de fe pres l'an vᶜ xlii lo mes de abrial. Deo paga p(er) Sant Mical.

F° XCIII r° Tomas Ca(p)us, de Vors, me deo la soma de xxiiii *s*. p(er) vi Q de fe pres l'an vᶜ xlii lo mes de abrial et deo paga p(er) Sant Mical de se(tem)bre.

Pᵃ xiii *dob*ˢ.

Pᵃ xi dob(l)as son fra(i)re.

— Johan Rocas may jove, fil de Peire, me deo la soma de xvii *Ll*. p(er) un conte fat tan p(er) mestre Johan Turla que p(er) mestre Gᵐ Turla (2), carta presa l'an vᶜ xli et l'an vᶜ xlii.

It(em) may me deo iii 7 de blat (et) vi ƺᵃˢ de mestura pres

---

(1) Il est évident qu'il y eut à cette date un règlement de comptes et que Masenx dut recevoir 3 écus qu'il n'a pas porté en recette, mais dont il donna un reçu. C'est ce qui explique le reste de 33 *doblas* (1 écu petit). Mais il est probable aussi que cet oubli est volontaire et destiné à masquer le bénéfice de l'opération.

(2) *Guilhem Turlan;* c'est le notaire appelé *Turlo* par Fabre, probablement le père de Jean Turlan et le frère du collecteur de la taille, Antoine Turlan.

l'an des et deo paga p(er) Sant Jolia lo blat et l'argen per Tossa(n)s proda venen ; (arrestat) al d(a)r(ni)e conte fat l'an v^e xlv lo mes de jun, pres p(er) mestre Johan Turla.

Johan Rocas, may viel, del mas des Gaios, me deo la soma de iii *Lt.* x *s.* p(er) argen del pastel de l'an v^e xli de ma part (et) me deo may la soma de ii 7 tres car(t)os de blat mos-(s)ola pres l'an des ; me deo t(o)r(n)a lo blat p(er) San(t) Jolio (1), carta p(er) mestre Johan Turla.

° XCIII v° Ra(m)on Tal(l)afer, de Bru(n)ac, rodie, me deo la soma de ii *Lt.* p(er) crompra de l^a b(a)rica de vy rogen et me deo paga p(er) Sant Johan ; pres l'an v^e xlii lo mes de mars.

— Peire Tal(l)afer, son fra(i)re, de Brunac, gendre de Johan Sotsol, me deo la soma de ii *Lt.* p(er) l^a b(a)rica de vy pres l'an des lo xii de abrial ; me deo paga de jorn en jorn.

— Anthony Sotsol, oste de Brunac, me deo la soma de vi *Lt.* p(er) resta de dos pipas de vy pres l'an v^e xlii lo x de mars et me deo paga cant vendra cere las autras dos pipas.

° XCIV r° G^m Rica(r)t me deo iiii *Lb.* de cambet que ly ey prestada p(er) fo una co(r)da l'an v^e xlii et deo torna tan de cambe, presen Johan Drulha.

— Johan Drulla me deo de cambet la soma de viii *Lb.*, pres l'an des, p(er) fa una corda. Deo torna tan de cambet.

— G^m Tal(l)afer, de Las(s)er(r)a (2), me deo la soma de iiii *Lb.* un cart (de cambe) pres l'an des ; presen Dura(n) de Poget. Deo torna tan de cambet.

° XCIV v° L'an mil v^e xlii, lo xv del mes de may, me deo Johan Co(h)et, de Castelnuou, la soma de iii *Lt.* xii *s.* iii (*d.*) p(er) re(s)ta de crompa de iii ca(no)s ii pans de d(r)ap gris pres l'an (et) lo jorn des, presen(s) G^m Tallafer, fil de Mical, et de Anthony Tal(l)afer, son f(r)aire, et me deo paga p(er)

---

(2) *Sant Jolio, Julio* ou *Julia,* c'est-à-dire Saint Julien, le 12 août.
(1) Le *mas de Lasserre,* à 1800^m Ouest de l'église Saint-Jérôme, paroisse Saint-Jean de Montels.

Tossa(n)s la mitat p(er) Tossa(n)s (*repetition*) proda venen, (et) l'autra (mitat) p(er) Tossa(n)s apres venen. — Johan Cohet, teblado (1) de Ca(ste)lnuou de Montmiral, abitan al ho pos (2).

P^a xx s. l'an v^e xlii.

P^a Johan Cohet xiii (s.) lo xxvi de nov(em)bre.

P^a ii Lt. presen(s) G(ui)r(au)det Catus et Gu(il)lam)ot Guy.

P^a ii s. iii d. (l'an) v^e xlv lo xxviii de desembre.

F° XCV r° L'an mil v^e xlii lo mes de may, Anth(on)y Tal(l)afer, fil de Mical, de Sant Andrio, deo la soma vi Lt. p(er) crompra de iiii canos ii pans drap gris et deo paga p(er) Tossa(n)s iii Lt. et p(er) l'autra Tossa(n)s iii Lt. ; presen son fraire G^m Tallafer.

P^a ii Lt. iii s. en un escut cort del solel.

Autra part es.

— Anth(o)ny Ros(s)el, te(issci)re, de Castelnuou, deo la soma de iiii Lt. xxi doblas (3) p(er) crompra de iii canos ii pans drap gris pres l'an v^e xlii lo mes de may et deo paga p(er) Tossa(n)s la mitat.

P^a p(er) la f(as)so de xv c(an)os tela et de xx canos d'estopas la soma de xxx dob(l)as lo xx de se(tem)bre.

It(em) may p(er) v canos d'estopas et xv c(an)os de tela, (que) mo(n)ta xv s. vii d. la soma, lo x de may.

---

(1) Ce mot de *tebladou* est difficile à comprendre Peut-être y faut-il voir la profession de tabletier (*tabladou, tablador* ? On sait que, dans l'Albigeois et à Gaillac en particulier, on appelait *table* le banc ou l'éventaire qui s'étendait devant la boutique des marchands, c'est-à-dire l'*étal*. Le droit de *tablage* ou d'étalage était l'un des revenus principaux de la ville de Gaillac.

(2) *Abitan al ho pos*, pour *abitan al pots*, sans doute un quartier de Montmiral où il y avait un puits. Cette reconnaissance — car c'est une véritable billette — n'a pas été écrite, comme la signature semblerait le faire croire, par Jean Couhet ; elle est de la main de Masenx.

(3) Masenx a répété, pour qu'il n'y eût pas d'erreur, ces chiffres en marge de la façon suivante : « iiii *Lt.* xvii s. vi d. » ; on voit donc qu'il met la *dobla* à 10 deniers. On remarquera aussi que Masenx fait payer le même drap, au même moment, 28 s. la canne à Antoine Taillefer et 30 s à Antoine Roussel.

˙ — Mossen Marc Delherm me deo la soma de IIII *Ll.* p(er) una pipa de vy, rendut lo fu(s)t, pres l'an v⁼ xLII lo xII de jun et deo paga p(er) Sant Mical de se(tem)bre.

— G(ui)raud et P(ei)re Pal(le)ses me deo(n) la soma de IIII *Ll.* x *s.* p(er) una p(i)pa de vy rogen pres l'an v⁼ xLII lo mes de may et ren(dudas) las b(a)ricas, et (deon) paga p(er) Tossans.

Pª xx *s.* Johan.

Pª Johan x *s.* l'an v⁼ xLIII lo jorn de Sant Salvy.

Pª x *s.* G(ui)raud.

Pª G(ui)r(au)d xv *s.* p(er) las mas de mossen Pº Palès l'an v⁼ xLIII.

F° XCV v° ˙ G¹ᵐ Masenx, fil de Andrio (1), deo la soma de xx *s.* p(er) x pans de cordelat blanc pres l'an v⁼ xLII lo xII de jun. Promet de paga p(er) la Madaleno proda venen.

Pª vII *s.* vI (*d.*) p(er) III jornals p(er) fa (los) bros.

˙ — Guir(au)d Bertran, fil de Arn(au)d, de Castelnuou, deo la soma de xxxII *s.* p(er) II canos de cordelat blanc ; deo paga p(er) Sant Mical proda venen (et) l'a pres l'an des lo x de de(s)e(m)bre.

Pª xxII *s.* a ma molie.

˙ — Pe(i)re B(e)rn(a)d, de Candastre, deo la soma de xL doblas p(er) crompa de 1ª pi(p)a et 1ª b(a)rica novos presas l'an v⁼ xLII en lo mes de se(tem)bre et bailadas p(er) las mas de ma sogra (2) ; et deo paga p(er) Sant Luc.

F° XCVI r° ˙ Ra(m)on Fabre deo la soma de xL doblas p(er) III b(a)ricas (3) pres(as) l'an v⁼ xLII en se(tem)bre (et) b(a)il(a)das p(er) las mas de ma sogra ; et deo paga p(er) Sant Luc proda venen.

Pª xxxIIII *s.* Ix *d.* (4).

---

(1) Il y a *Guiraud* au f° xcvi r° et au répertoire. Plus bas, au lieu de *cordelat*, Masenx avait d'abord écrit *d'estopas*.

(2) Masenx avait d'abord écrit *molie*.

(3) Il s'agit bien évidemment ici, comme dans l'article précédent, de barriques vides, c'est-à-dire de futailles.

(4) On voit que Masenx fait ici un bénéfice de 18 deniers, car il a vendu sa futaille à 33 *s.* 3 *d.* (40 doblas), soit 11 *s.* 1 *d.* la pièce et il se fait rembourser à 31 *s.* 9 *d.* soit 11 *s.* 7 *d.* le fut.

* — Guiraud Bertran, fil de Arnaud, car(p)entie, del loc de Castelnuou de Monmiral, me deo la soma de xxxii s. p(er) raso de crompa de dos canos de drap cordellat bla(n)c pres l'an v⁰ xlii lo xv del mes de dese(m)bre. Promet de paga p(er) d'aisy al jorn de Sant Mical del mes de se(tem)bre, presen mossen G^m Masenx.

P^a x s. p(er) iiii jorn(a)ls de fa las bros lo xxv de may.

* — G^m Masenx, car(p)entie, fil de Guir(an)d, de la p(e)rocio de Sant G(er)omy, me deo la soma de xx s. p(er) crompa de x pans de drap cordellat bla(n)c (et) deo paga p(er) la Madaleno; presen P^e Durban, mon vailet (1).

En marge :

P^a vii s. vi (d.) p(er) iii jorn(al)s lo xxv de may.

F° XCVI v° Johan Jussiet, sargan, de Gallac, me deo la soma de l^a mina de blat, la calla ly ey prestada l'an v⁰ xl lo mes de novembre et me deo torna tan de blat d'aisy (a la) festa (de la) Madaleno proda venen; presen mestre B(e)rnad Moreti.

* — Johan Calvet, det Haricot, del mas de las Anglladas, me deo la soma de ii Lt. x s. p(er) crompa de x Q de fe pres de la boria de Sant Geromy et deo paga p(er) Santa Seselio proda venen; presen lo fil de Andrio Vi(a)llars l'an v⁰ xlii, lo xxv de se(tem)bre.

P^a xxv s. lo xv de nov(em)bre.
P^a xx s. p(res)es p(er) ma molie. (2)
P^a iiii s.

* — L'an des et lo jorn lo det Calvet me fec baila ha son cosy (o) (ne)bot de... (*un blanc*) Delvren ii Q de fe et deo paga, coma lo dessus (det), x s.

---

(1) Cet article reproduit, complète et rectifie celui du f° xcv v°; il s'agit évidemment de la même créance et du même personnage, fils, non pas d'André, mais de Guiraud Masenx.

(2) Masenx avait d'abord écrit xxv s.; seulement comme il est probable qu'il prit 4 sols d'intérêt, il a changé, pour ne pas laisser trace de ce bénéfice, xxv en xx. Or le compte est *croisé*, ce qui ne serait pas si Calvet, devant 50 sols, n'en avait payé qua 49.

F° XCVII r°   ˙ Guiraud de Masenx, de Sant G(er)omy, deo la soma de xxv s. p(er) crompa de v Q de fe pres l'an v° xlii lo xxv de se(tem)bre (et) deo paga p(er) Santa (Ce)selio proda venen.

˙ It(em) me deo may la soma de ii Ll. xv s. p(er) crompa de una b(a)rica de vy, re(n)dut lo fu(s)t, pres l'an des (1) lo x de juliet ; deo paga de jorn en jorn.

Pa ii Ll. v s. lo xv de nov(em)bre.

Pa xxxv s. lo v de nov(em)bre (l'an) v° xliiii.

— Johan Rocas may viel, del mas des Gaios, me deo la soma de xv s. p(er) ma cota part del pastel que me vendec l'an v° xlii.

It(em) me deo may Ia *ta* blat que me retengec de ma part et m'a pr(o)mes de paga p(er) la Madaleno ; bileta (per) mes(tre) Johan Turla.

˙ — Mossen Estiene Algay, de Castelnuou, me deo la soma de iii r. pet(is) xiii dobs. v d. p(er) re(s)ta de crompa de una vaco ; promet de paga p(er) d'aisy la festa de Tos(s)a(n)s proda venen, coma (a)par p(er) bileta presa p(er) Cantalausa l'an v° xliii lo x de may.

En marge.

Pa iii Ll. iii s. iiii d. (l'an) v° xliii lo v de se(tem)bre.

Re(s)ta xxx s.

F° XCVII v°   ˙ — Pe(i)re Palès, fil de Ramon, del mas de la Regado, me deo la soma de xx s. p(er) crompa de una b(a)rica de vy rogen que ly ey vendut lo x de jun et me deo paga p(er) Tossa(n)s, la fusta renduda, l'an v° xliii lo viii del mes de juliet.

˙ — Pe(i)re Palès, fil de Ra(m)on, de la perocio de Sant Geromy et del mas de la Regado, me deo la soma de xx s. p(er) crompa de una b(a)rica de vy pres l'an v° xliii lo x

---

(1) C'est évidemment 1513 et non 1512, comme Masenx semble l'indiquer ; sinon on ne comprend ni la créance qui précède (25 septembre 1512), ni les paiements qui suivent (novembre 1513 et novembre 1514). Du reste c'est en 1513 que le vin de la récolte 1511 atteignait le prix de 55 sols la barrique.

del mes de juliet et deo paga p(er) la festa de Sant Mical proda venen ; et ballat p(er) las mas de ma molie.

En marge :

Cont(at) es.

F° XCVIII r°   Johan Vern(e), oste, de la boria de Vors, me deo la soma de v *Ll*. xv *s*. (1) p(er) crompra de dos b(a)ricas de vy rogen pres l'an v° xliii lo mes de jun ; et deo paga p(er) Sant Mical de se(tem)bre tota la deta soma et rendu(t)s los fu(s)tes.

En marge :

P^a ii *Ll*. son fil.

P^a ii *Ll*. Johan Verne (l'an) v° xliiii lo xxx d'ot(ob)re.

It(em) may deo lodet Johan Verne p(er) I^a barica de vy la soma de iii *Ll*., rendut lo fu(s)t, que la bailec p(er) las nos(s)as de sa fil(l)a, et deo paga p(er) T(oss)ans.

P^a lo ii jorn de a(o)u(s)t l'an v° xlvi Johan Verne xxx *s*.

— Paul Brun, de Luman, me deo la soma de xx *s*. p(er) crompa de un brassel de fe que ly ey vendut del prat que force de Ramon Bro, et deo paga p(er) la Madaleno. Aut(re) fol(io es).

F° XCVIII v°   Johan Cassai(n)g, (det) Pico, me deo la soma de xv doblas p(er) una b(a)rica presa de la miso de P^e Vrengie *(Berengie ou Bringuié ?)* ; deo paga p(er) (la) Madal(eno) proda venen ; l'an v° xliii lo x de se(tem)bre (2).

— Darde Vare(n), de Vors, me deo la soma de xv doblas p(er) l^a b(a)rica presa l'an v° xliii lo xii de se(tem)bre de la miso de Johan Vare(n) et deo paga p(er) Santa (Ce)selio.

(1) Le chiffre primitif était 5 *lt*. 10 *s*.; Masenx a forcé le chiffre, en ajoutant 5 *s*., probablement plus tard, pour l'intérêt. Il s'agissait évidemment de vin vieux.

(2) Toutes les barriques au prix de 15 *doblas* (12 *s*. 6 *d*.) qui figurent dans ce folio sont des futailles vides.

' — Duran Bertran deo la soma de xv doblas p(er) l(a) b(a)rica de vy et deo paga p(er) Tossa(n)s.

— P(e) V(a)ren me a dos b(a)ricas p(er) so que n'ero(n) pon bugos et deo de re(s)ta del vy III *Ll.* XIII *s.*

It(em) may deo la soma de III *Ll.* x *s.* p(er) l(a) pipa de miec-vy. Deo tot paga p(er) Sant Mical ; pres l'an v(e) xLIII lo mes de Juliet.

' — G(m) de Masenx me deo la soma de (1) l(a) b(a)rica p(er) so que ne la bugec pon.

— Guiraud Masenx me a l(a) b(a)rica p(er) so que ne la bugec pon p(er) vende(m)ias.

' — G(m) Ricart deo l(a) b(a)rica, lo fu(s)t, p(er) so que me (lo) tornec pont.

A partir de ce point, ou plutôt à partir du f(o) XCVIII v(o), cesse le foliotage du livre comme s'arrête le répertoire. Nous avons dû, en conséquence, continuer le foliotage jusqu'à la fin du livre et nous l'avons fait en chiffres arabes.

f(o) 99 r(o) ' Gu(i)r(au)d Algay, del mas de(s) Alga(y)s, me deo la soma de xv doblas p(er) l(a) b(a)rica, la calla ha presa de la b(o)r(i)a de G(uir)aud Masenx (2), et deo paga p(er) Tossans proda venen ; l'an v(e) xLIII lo mes de a(o)u(s)t.

— Johan Gambras, de Luman, me deo la soma de v *Ll.* II *s.* p(er) un conte fat l'an v(e) xxIx lo xx de abrial, coma (a)par p(er) carta presa p(er) Cantall(au)sa.

It(em) me deo may la soma de xxI *s.* vIII *d.* coma (a)par p(er) bileta p(er) G(e)rm(a)ni (l'an) v(e) xxx.

' — G(m) Ram(on), fil d'Estiene, de Sant Marty, me deo de segal III eminos et deo t(o)rna tan de segal ; pres l'an v(e) xLIII lo x de febrie.

(1) Les mots *la soma de* sont biffés.
(2) C'est-à-dire : des mains de *Guiraud Masenx*. Il s'agit encore d'une futaille vide.

— Paul Bru deo iii m(in)os segal et 1ª mi(na) blat pres l'an vᶜ xliii lo mes de f(eb)rie. Deo rendre tan de blat p(er) Sant Johan.

    Pª x ʲᵃˢ se(g)al.

Fᵒ 99 vᵒ   Gᵐ Ricart me deo iii minos de blat que ly ey prestat p(er) paga lo se(n)s de (la taula del) Purgatori l'an vᶜ xliii lo mes de desembre, presen Pᵉ Dur(b)an mon vailet (et) deo torna tan de blat.

    Pª p(er) sem(en)a l'an vᶜ xliii p(er) xliii (1) conte fait.

— Pe(i)re Brayé, de Senollac, me deo la soma de ii 7 f(orme)n que (ly) ey presta(t)s p(er) so que los v(ol)io vendre et deo torna tan de blat ; pres l'an vᶜ xliii lo mes de abrial, b(a)ilat p(er) las mas de ma sogra ; presen Pᵉ Durban, mon v(a)ilet.

Fᵒ 100 rᵒ   B(e)rengie Jor(n)es me deo p(er) so que force p(er) el p(er) have las let(t)ras de Tolosa :

 v s. p(er) fa las (de)moras de luy p(er) raso.

 It(em) p(er) las let(t)ras et sagel xxi doblas.

 It(em) p(er) fa las porta ha Raf(a)el Brou, v s.

 It(em) p(er) lo sar(g)an Pᵉ Gay p(er) fa los espleha iiii s.

 It(em) al notary p(er) los proses et debo(r)s v s. (2)

---

(1) C'est-à-dire « payé en travail de semailles » ; il faut probablement lire : l'an vᶜ xliii et (vᶜ) xliiii.

(2) On a déjà vu que, vers 1511, François et Guiraud Journés avaient eu affaire à Masenx en remboursement d'une dette dont ils avaient répondu pour leur beau-frère.

Cette fois c'est leur cousin, Bérenger, qui est en cause. Masenx paraît avoir sollicité et obtenu contre lui, au Sénéchal de Toulouse, des *lettres sur requête* ou *de committimus* et il présente la note des frais. Ces lettres, en principe délivrées par le roi sur requête de l'intéressé, contenaient deux clauses essentielles : la maintenue du suppliant dans tous ses droits et possessions et la contrainte envers ses débiteurs. Elles dispensaient donc Masenx de solliciter auprès du juge d'Albigeois, viguier de la juridiction, le *sceau de rigueur*, nécessaire pour saisir un débiteur.

On remarquera que les lettres de *committimus* ne pouvaient être délivrées qu'aux personnes privilégiées, en particulier aux officiers royaux. Mais le

It(em) me deo ii 7 vi z^as formen pres lo mes de may l'an v^e xliiii, bailat p(er) las mas de ma molie, et deo torna tan de blat p(er) la Madaleno.

Es hare(s)tat lo conte de tot so que deo B(e)rengie Jor(ne)s, fil de B(e)rn(a)d, que tot contat me re(s)ta ha dever la soma de vii Ll. xvii s. x d. et un cent de teules vi(el)las ; et me deo paga de jorn en jorn ha ma volontat. Fait l'an v^e xliiii lo xviii de jun et n'a lo doble : pr(es)en(s) Jame Masars viel et de Augie P(ei)rotas et de P^e Gay, sargan.

Le verso du f° 100 est en blanc.

F° 101 r° L'an mil v^e xliiii lo xxx jorn del mes de abrial di(gue)ren de conte final entre Anth(on)y Guy, fil de Holivie, del mas de Fonlada, que lodet Guy me de(vi)o, (tan) p(er) re(s)ta de l^a pipa de vy que b(a)ilec ha B(e)r(na)d Sotsol, que p(er) l^a b(a)rica que respondec p(er) lo det Sotsol, (que monta tot v Ll. x s.), et p(er) argen que ly avio b(a)ilat l'an v^e xlii lo mes de se(tem)bre, la soma de iii Ll. que lo b(a)i(l)ec al det Sotsol, que re(s)ta, conte fat cant feren

couvents, chapitres et communautés y participaient comme étant de fondation royale. C'est donc comme représentant le Commandeur de Saint-André que Masenx a dû solliciter.

Dans ces conditions on s'explique facilement les 36 s. 6 d. de frais que, dans son équité, Masenx fait payer à son adversaire :

Sommation ou requête.	5 s.
Lettre de commitimus, avec le sceau. .	17 s. 6 d.
Vacation du procureur Brou.	5 s.
Vacation du sergent Gay	4 s.
Au notaire, pour frais divers.	5 s.
Total	36 s. 6 d.

Ces frais sont, à peu de chose près, les mêmes que Cayron indique pour les instances auprès des Sénéchaux et Présidiaux (G. CAYRON ; *Styles de Tolose*, p. 206).

Cela veut dire, en somme, que Masenx adressa, par l'intermédiaire du procureur Raphael Brou et du sergent Pierre Gay, une action et des sommations menaçantes à Bérenger Journés et qu'il lui fit payer les frais de la guerre. Bérenger s'exécuta, comme on le voit par la fin de l'article, et reconnut devoir à Masenx, le 18 juin 1544, 7 *lt.* 17 *s.* 6 *d.* plus un cent de briques vieilles.

cansela (1) lo est(u)r(m)en del deude (2) de la vr(e)ciero
de P(ei)r(ot)a Masenca, ma boda, a mestre Anthony
Masenx, presen(s) P^e Masenx et B(ert)ran N(e)gre, que
re(s)ta, tot conta(t), que me deo la soma de II *Lt*. III *s*. III *d*.
et las b(a)ricas en (las) c(allas) ero lo vy. Deo pa(ga) de jorn
en jorn.

F° 101 v° Ramon Badel, oste, de la Plas(s)ario, me deo XL doblas
p(er) un ba(s)t tot noou de ros(s)y pres l'an v^e XLIIII lo x de
juliet et me deo paga p(er) la Madaleno proda venen ; bileta
p(er) Cantalausa.

— Los des Al(g)ais et G^m Ricart me deo(n) p(er) crompa
de fe la soma de IX *Lt*. et deo(n) paga p(er) Tossans proda
v(en)en, pres l'an v^e XLIIII lo mes de m(a)rs.
Re(s)ta G^m Ricart XXVII dob(l)as.

F° 102 r° Anthony de la Porta, del mas de la Pera(m)ondio (3).

---

(1) Ce passage fait supposer qu'Antoine Guy était, en 1513, le mari de
Peirotte Masenx, fille de Pierre, l'un des frères de Masenx.
En effet la cancellation d'un acte (obligation, contrat de rente, contrat
d'afferme, etc.) par le détenteur du sceau de la juridiction était la condition
préalable de l'annulation, de la résiliation ou de la modification de cet acte.
Le terme *canceller* équivaut donc ici à annuler une obligation ou résilier
un contrat.
Or, cette cancellation n'était possible que dans quelques cas bien déterminés (Cf. *Cayron*, p. 187 et 313) dont le plus ordinaire était l'obligation de la
femme pour les dettes de son mari. On sait en effet que, sous le régime dotal
en vigueur en Languedoc, le mari ne pouvait disposer de la dot de sa femme
et par conséquent ne pouvait l'engager pour ses dettes personnelles.
Il semble donc vraisemblable qu'Antoine Guy, qui paraît avoir eu pas mal
de dettes, fit répondre par sa femme, sur sa dot, pour ses dettes. L'acte intervenu à cette occasion est l'*isturmen del deute de la crequiero de Peirota*.
Masenx, qui probablement s'occupait quelque peu des affaires de sa nièce,
fit annuler l'obligation.
La juridiction devant laquelle l'acte fut cancellé est ici celle du juge
d'Albigeois, représenté par son lieutenant à Gaillac ; on voit d'après cela
que le notaire Antoine Masenx était le dépositaire et le dispensateur (chancelier) du scel de la lieutenance.

(2) Il faut lire *deute*.

(3) Le *mas de la Peramondié* (auj. *les Perondels* ou *Terondels*), à 500^m au
nord de Lacourtade, paroisse de Saint-Jean de Rivières. Ce fief tirait son
nom d'un tenancier, Pey Ramond ou Pierre Ramond, dont Philippine Ramond

senorio de Rebieras, deo cascun an ha G^m Masenx y 7 l^a·· *la* mos(s.olla, l^a mina sebos (1) et l^a mina ves(s)os cascun an (*répété*) p(er) las t(er)ras que te(n) Falipa Ramonda en la senorio de la Cortada et Rebieras (2); et no deo po(n)t prendre la codra se no que (de) las Rebiad(e)ras, ny degunas le(g)nas (3); et deo fare et bina la vin(h)o (4) et ben l'ap(r)es(t)a. Deo porta lodet blat ha Galla(c) ha son despens. Fait l'an v^e xl. lo xiii de jun.

— L'an v^e xli (et) lo xxvi de A(o)u(s)t j'ey crompada (de) Anth(on)y C(r)essotas (et) Johana Lestata una pes(s)a de t(er)ra que es de mi(ech) dos pes(s)as en la s(en)or(i)a de la Cortada al loc hapelat Al Fresquet (per) lo pres de viii *Ll.*, esturmen pres p(er) mestre Johan Turla.

était encore, au temps de Masenx, la descendante. Il est dans une admirable situation, sur la rive droite du Tarn. Il est probable que Philippine Ramond en avait fait la donation à la Commanderie de Saint-André et qu'Antoine Laporte en était bordier. Cet article n'est autre chose que la police de Laporte. (On remarquera que ce bien n'est pas signalé parmi les possessions de la Commanderie; il est probable que les titres de propriété en furent détruits en 1568).

(1) On sait que la culture de l'oignon se faisait beaucoup dans la plaine de Gaillac.

(2) Les trois seigneuries de Rivières, Lacourtade et Cornebouc, d'abord réunies dans les mains de la famille de Rabastens, puis d'Hébrail, s'étaient séparées au commencement du siècle et à la mort de François d'Hébrail en deux groupes : la *baronnie de Rivières et Cornebouc* et *la seigneurie de Lacourtade*. Nous avons dit qu'Antoine d'Hébrail, fils de François, était seigneur et baron de Rivières. Le seigneur de Lacourtade était Pons d'Hébrail, auquel succéda en 1515 son fils Antoine (Rossignol, *Monogr. Com*. t. II, p. 73).

(3) On appelait probablement *rebiaderas*, comme *ribas*, des terres au bord de la rivière ou des ramiers (v. f° 128 v°). Comme on le voit il est interdit au bordier de couper, ailleurs que sur ces terres, des feuillards (*codra*), « ni aucun bois ». C'est que les cercles de barrique étaient d'un grand rapport pour Masenx ; d'autre part, comme les colons faisaient des quantités de fagots (*ramo* ou *legno*), tant pour nourrir leurs bestiaux pendant l'hiver que comme bois de chauffage, Masenx sauvegarde son bois.

(4) *Fare la vinha* signifie « travailler la vigne ». Au lieu de *bina*, il faut sans doute lire *bi^ma*, c'est-à-dire planter des osiers (de *bim*, osier). On sait en effet que l'osier était le complément indispensable de la *codra* et que les vignes étaient bordées d'oseraies.

F° 102 v° — It(em) deo Maurisi Loset, fabre de Rebieras, la soma de v escuts et 3ª petis p(er) re(s)ta de un ros(s)y ; deo paga p(er) la Madalena ii v petis et la resta l'autra Madalena apres segen tota la soma ; pres lo xxix de mars vᶜxlii.

P̄ᵃ ɪ. s. et n'a bileta.

F° 103 r° — L'an vᶜxlii me reco(ne)s ha dever Jame Tuengne, del mas des Trico, la soma de xix Ll. p(er) crompa de un par(el) de bios et deo paga cascun an iiii Ll. coma (a)par p(er) bileta fata p(er) mestre Anthony Masenx.

P̄ᵃ ii Ll xvi s. lo v del mes de se(tem)bre l'an vᶜ xliii et n'a bileta.

It(em) me deo may ii Ll. v s. p(er) ma peno cant les acorderi am sa sor (1).

P̄ᵃ lo des ii Ll. v s. l'an vᶜ xlv et n'a bileta.

It(em) me deo lo des p(er) iii s(est)ies fᵃ pres l'an vᶜ xlvi lo mes de mars que monta vi Ll. xv s. (et) deo paga p(er) la Madaleno, presen Johan Guy, fil de Olivie.

Au dessus :

Re(s)ta l'an susdet vᶜ xlvi, xi Ll. ii s.

Au dessous :

P̄ᵃ iiii Ll. l'an des en otobre et n'a bileta.
Re(s)ta ii Ll. xv s.

— L'an mil vᶜ xliii G(u)ir(au)d Jor(ne)s, fil de Pᵉ, me deo p(er) respo(n)sa fata p(er) Pᵉ de Sa(n)ta Cros (2), fil de Andrio, la soma de ii Ll. iiii s. ix d. et deo paga de jorn en jorn ha ma vo(lon)ta ; presens p(er) testim(o)ni Pᵉ Gay et B(e)rengie Jor(ne)s, son cosi, (et) mestre Ramon Cariven que lor fec la bi(l)eta del det Pᵉ (de Santa Cros), lor c(o)nat.

(1) On voit que Masenx fait aussi fonctions d'homme d'affaires.

(2) La garantie de cette créance a été donnée non seulement par Guiraud Journés, mais aussi par son frère François, ce qui explique la formule *lor* qu'emploie plus bas Masenx. Pierre de Sainte-Croix avait en effet épousé la sœur des Journés (voir f° lxxix v°).

F⁰ 103 v⁰ • L'an mil vᶜ xliiii lo mes de se(tem)bre aven fait tot conte entre jo et Bereng(i)e Jor(n)es de totas causas, tan blat, vy, ves(s)as, (que) argen pr(es)tat juscas al jorn presen, que me re(s)ta ha dever la soma de vii L*l*. xviii s. et un sent (*cent*) de teule viel ; et deo paga de jorn en jorn ha ma volontat et ly ey bai(la)t lo dobre (*doble*) del conte ; presen(s) los t(estimon)is des (et) sin(a)t de ma ma.

• It(em) me deo may la soma de xi *dob*ˢ p(er) lᵃ *ta* de ves-sas que (ha) pres lo xii del mes de mars ; deo paga de jorn en jorn.

F⁰ 104 r⁰ Mossen F(r)anses Masenx me deo la soma de xxiiii *s*. p(er) lᵃ mina de blat que (ly) ey prestada lo vi de ma(r)s vᶜ xliii, pres p(er) las mas de la Cades(s)ona et de Johan Delpee, det Belac, que lo emportee.

• — Paul Bru, fil de Johan, deo la soma de iiii dob(l)as vi *d*. (1) p(er) ᵃ *ta* ves(s)as que (ha) pres lo xiii de mars, bailadas p(er) las mas de Peire Durban, mon v(a)ilet.

— Johan Rocas may viel, del mas des Gaios, me deo la soma de xxv dob(l)as p(er) iii zᵃˢ favos (et) p(er) lᵃ *ta* ves(s)as que ha presas p(er) semena l'an des lo x de m(a)rs, bailadas p(er) las mas de ma molie.

F⁰ 104 v⁰ Ra(m)on Fabre, del mas de Pec-Ausy, me deo p(er) lo b(l)at que havio malevat l'an vᶜ xliii (et) que re(s)tavo (dever) ha my, — comte fait cant part(i)eren del dei blat malevat, — p(er) so que no n'y h(a)gee pont prou p(er) me paga, que restee un sestie mos(s)olla ; ha fa tot lo comte et deo paga de jorn en jorn.

It(em) deo may v minas blat que a pres al gage de ladeta b(o)ria, l'an des, bailat p(er) las mas de Pᵉ Br(a)yé, de Senol(l)ac, que mo(n)ta v L*l*. xv dob(l)as, coma (a)par p(er) bileta presa p(er) Cl(a)usel lo xx de jun.

It(em) deo may p(er) lᵃ mina de ves(s)as que ha presas del ga(g)e l'an des en mars, que monta xx doblas : deo paga p(er) Totsans.

(1) C'est-à-dire 4 *s*. 8 *d*.

It(em) me deo may III minas blat formen pres ha Gallac lo xxx de abrial, que monta III *Ll.* XII *s.*

F° 105 r° Ra(m)on Delmas (1), de S(en)ollac, me deo la soma de VII *Ll.* IIII *s.* p(er) III 7 mos(s)olla presa lo xv de may et deo paga p(er) Sant Mical, bileta p(er) Devasis.

P^a VI *Ll.* xv *s.* lo III jorn del mes de nove(m)bre.

— F(r)anses Guy, del mas de Fonlada, t(er)ra de Ca(h)usac (2), me deo II *Ll.* VIII *s.* p(er) un sestie de blat (et) deo paga p(er) la Madaleno ; presen Anth(o)ny Guy, fil de (O)li(vi)es. Fat lo XII de may.

— Guir(au)d Masenx me deo la soma de III *Ll.* XII *s.* p(er) III minas blat, p(lus) I^a *la* ves(s)as que mo(n)ta XI do(bla)s et deo paga p(er) la Madaleno proda venen.

P^a lo blat I 7 (et) 3^c) f^a. Re(s)ta las ve(ss)as.

— B(e)reng(i)é Jorn(e)s me deo I 7 fo(rme)n et I^a *la* ves(s)as pres lo XXVIII de abrial (et) deo paga p(er) la M(a)daleno (*sic*) ; mo(n)ta II *Ll.* XVIII *s.* II *d.*

It(em) me deo may VI 3as blat pres lo xx de may, que m(on)ta XXXVI *s.* Deo paga p(er) la Madaleno.

F° 105 v° G^m Masenx, carpentie, me deo la soma de XIIII *s.* p(er) I^a *la* blat, pres lo xx de may ha Gallac.

P^e Bla(n)c, de Castelnuou, me deo XXIIII *s.* p(er) I^a mina de blat pres lo III de may (et) deo paga p(er) la Madaleno.

— Arn(a)ud Delpec deo un 7 blat et 3^a *la* ve(ss)os (que) mo(n)ta II *Ll.* XII *s.* II *d.* Deo paga p(er) la Madaleno.
Cont(at) es.

— Guir(au)d Algay deo p(er) III 3as blat et 3^a *la* ves(s)os la

---

(1) Le *mas des Delmas* (auj. *les Dumasses*), dont ce personnage était probablement originaire, est entre Castelnau et Saint-Jérôme, paroisse de Castelnau.

(2) Cela signifie que le mas des Guy, *Fonlada* (auj. *les Fontanelles*), bien que dans la paroisse de Vors, relevait de la seigneurie de Cahuzac. Broze était également une dépendance de Cahuzac.

soma de xxii s. ii d., pres lo xv de may. Deo paga p(er) la Madaleno.

En marge :
P(er) xvi s. ii d.

— It(em) son (ne)bot deo autan p(er) tan de blat et ve(ss)as, xxii s. ii d.

En marge :
P(er) xxii s. ii d. p(er) las mas de sa molie.

— Anth(o)ny Algay me deo xxii s. ii d. p(er) iii s(as) f(orm)en et ʒ(a) *la* ve(ssa)s. Deo paga p(er) la Madaleno.

F° 106 r° Anth(on)y Algay may viel me deo la soma de xxviii s. ii d. p(er) I(a) mina de f(orm)en et ʒ(a) *la* ves(s)as, pres lo xii de may. Deo paga p(er) la Madaleno proda venen.

— Los Calve(t)s an pres de blat, lo iiii de may, I 7 fo(rme)n (et) ʒ(a) *la* ve(ss)os.

Lo (ne)bot de Anth(on)y Ca(l)vet iii minas f(orm)en.

Anth(on)y Ca(l)vet, fil de Anth(on)y, ii 7 for(me)n (et) ʒ(a) *la* ves(s)os.

L'autra d(a)mo *(dono?)* que me mene(ro)n n'a pres un sestie.

Deo lo fil de Jamet I 7(tie) for(me)n et ly ey pres(tat) lo x de may xiiii *Lt.* xv s. iiii d. Deo paga p(er) la Madaleno proda venen.

It(em) me deo(n) may Anth(on)y Calvet et Madaleno Calveta et l'autra fen(n)o que v(en)io am las autras ii 7 I(a) mina mestura et m'e(n) deo(n) torna tan, la mitat blat et l'autra mitat segal et ves(s)os p(er) la Madaleno ; pres lo xxvii de may (et) bailat p(er) las mas de ma molie.

F° 108 v° Johan Rocas me deo I(a) *la* ve(ss)as et ʒ(a) *la* mil, qu(e lo) v(o)lio p(er) sem(en)a, pres l'an v(e) xlv lo mes de abrial.

— P(e) Rocas, de Gayo, me deo I *to* mil pres lo jorn des(sus).

— Madamaysella (1) me deo p(er) 1 7 de mil xl. dob(las, pres lo x de abrial p(er) las mas de P° Rocas. Deo paga p(er) la Madaleno.

F° 107 r° Anthony Vial(a)r, de Sant Geromy, me deo la soma de xxx s. p(er) crompa de vi Q de fe, los cales a pres l'an v° xlv, lo xxii del mes de abrial, a ma boria de Sant Geromy, p(er) las mas de Johan Bredy, son (ne)bot, presen G^m Ricart, fil de Johan, et me deo paga p(er) Sant Mical proda venen.

P^a ix s. vi d. l'an v° xlv lo xxxi de j(a)nie presen B(a)rnabé Vialar et F(r)anso Jor(ne)s.

P^a p(er) un viagé de c(a)reta v s. a Gallac.

L'an et lo jorn des, Andrio Vial(a)r, del mas des Via(la)rs, p(e)rocia de Sant Geromy, me deo la soma de xxvi s. iii d. p(er) crompa de v Q. xxv Lb. de fe pres lo jorn des et deo paga p(er) Sant Mical proda venen, presen G^m Ricart.

P^a p(er) las mas de son fil Anthony la soma de xv s. presen(s) los des, l'an v° xlv lo xxv de janie.

En marge:

P^a Anth(on)y V(ia)lar vi s. lo xxvi de no(vem)bre v° xlvii.

P^a Johan Bre(di)t la restacant a pres la..... (2)

— de ix d. que p(a)gec p(er) Anth(on)y V(ia)lar, lo jorn de Santa Lus(ia) (3).

— L'an des et lo iii del mes de jun, j'ey bailat ha madam(a)ysella Delforn (4) vi ç^as ha re(n)dre blat, pres ha Gallac,

(1) Ce terme, qui s'applique à une femme de qualité, ne peut convenir ici qu'à la femme de Hugues ou de Vidal Delforn, seigneurs de la Bonnette (voir f° 107 r°).

(2) Ici une abréviation illisible. Ces quatre mots doivent être reportés à la fin de la phrase.

(3) 13 décembre.

(4) Ce nom est, cette fois, écrit *Delfron,* ce qui permet d'identifier le nom des seigneurs de la Bonnette avec celui des légistes et juges d'Albigeois cités par Fabre (f° viii r° et xiii r°). Ainsi *del Fronte, del Fron, de Front, del Forn,* tout cela est le même nom, Dufour.

presen P⁰ Rocas, de Gayo ; et lo me deo torna p(er) la Madaleno. Bileta p(er) mestre Johan Turlla.

F⁰ 107 v⁰ L'an mil vᶜ xlv et lo iii de jun j'ey b(ai)lat ha Pᵉ Pallies, del mas de la R(e)gado, vi ₃ᵃˢ mestura ha re(n)dre per la Madaleno proda venen.

— L'an des et lo jorn j'ey prestat I 7 blat ha Rafael Broun ha re(n)dre blat p(er) Sant Jolio.

— L'an mil vᶜ xlv, lo jorn de Sant Vi(n)s(e)n(s) (1) j'ey prestat ha Darde Miramon la soma de iii *Ll.* et ix. ₃ᵃˢ blat que lo volia p(er) marida sa sor (et) deo paga p(er) Sant Jolia lo blat et l'argen p(er) Sant Mical.

It(em) deo may vi ₃ᵃˢ for(me)n et ₃ᵃ *la* ves(s)os que lo(s) volio p(er) sem(en)a et deo torna p(er) Sant Jolia tan de blat.

It(em) may ha pres un moto p(er) fa las nos(s)as et (ne) deo ma part (2).

F⁰ 108 r⁰ Memoria del mayram que me a trames G(ui)l(h)em de d'Alver(h)ne (3) p(er) Ramon Vi(a)let et p(er) Johan Tal(l)afer, son caminal ; que me (ne) an portat iiiᶜ (pessas) de lone et iiiᶜ xx de fonsalla, l'an vᶜ xlv lo xxiii de juliet, et (ne) re(s)ta (a portar) vᶜ de lone et iiᶜ xx de cort, et deo fa fasso de xx b(a)ricas p(er) pilla, que fo(n) xl b(a)ricas de bon mayram merchan (4).

Le verso du f⁰ 108 est en blanc.

---

(1) La fête de Saint-Vincent, le 22 janvier (1516).

(2) C'est-à-dire que, pour les noces de sa sœur, Darde Miramon a tué un mouton du troupeau dont il était gazailler, de telle sorte qu'il doit rembourser à Masenx la moitié de la valeur de ce mouton.

(3) On trouve, dans les comptes de l'hôtel-de-ville de Moissac, une famille de marchands de ce nom, fermiers du droit de souquet et tonneliers. Les Alvergne habitaient le *mas de Plassa*, sur les confins de la Grésigne.

(4) C'est-à-dire que le merrain acheté par Masenx se composait de deux piles de 720 pièces chacune ; la première pile, livrée, comptait 300 douves longues et 420 douves courtes (de fond) ; la seconde pile, à livrer, 500 douves longues et 220 courtes. Chaque pile faisait 20 barriques, soit en tout 40 barriques.

Les dernières pages de ce cahier ont été consacrées par Masenx au compte particulier de son bordier de Bugarados, Raimond Toingne. Ce compte débute par la police du métayage du bordier.

F° 109 r° — L'an mil v° xxxv, lo xiii del mes de desembre, bailleri la mio boria de Bugara(d)os parts a miejas a Ramo(n) Tuengne et a son fil G(ui)ra(u)d p(er) lo terme de vi ans am los pates que s'en sego(n) : tan t(er)ras, vin(h)as, pra(t)s et autros dos pessas de t(er)ras que so(n) jos lo castel, cami en lone, tot a miejas, se tan que ne deo po(n)t prendre degus bois de la deta bor(i)a se non que las recurados dels albres des valat(s) (1), ny no deo pont prendre de las noses de las t(er)ras de jos lo castel ny codra(s). (2).

It(em) es pate que lo det Tuengne deo tene bestial p(er) lab(o)ra la deta b(o)r(i)a sa(n)s que lo det Masenx no luy de(v)o pont ba(i)la se no l'a pas.

It(em) es pate que lodet Tuengne deo ben labora las t(er)ras et dus fes.

F° 109 v° It(em) es pate que deo ben salcla, meis(s)ona, batre los bla(t)s et (los) parti al sol, tot a son despens, et porta ma part de la ont me playra, ha Gallac ho a Castelnuou, a son despens.

It(em) deo poda, fare, bina socas et ra(m)os, vendemia et porta ma part a son despens et ma part de sarmen(s).

It(em) es pate que lodet Tuengne deo fo(r)ni la mitat de totas sem(en)sas.

(1) *Las recurados dels albres des ralats*, c'est-à-dire l'émondage des arbres qui bordent les fossés. On sait que les fossés sont jalonnés, de distance en distance, par des peupliers, des saules, des frênes et des chênes. Ce sont les fagots faits avec l'émondage de ces arbres qu'on appelle *la ramo* ; ils servaient à la nourriture des bestiaux pendant l'hiver, puis au chauffage des paysans.

(2) Cette défense de prendre des *codras* se trouve déjà dans l'accord fait par Masenx avec Antoine Laporte pour la Peyramondié (f° 102 r°). Elle prouve que les châtaigneraies et les noiseraies avaient alors une grande importance et que Masenx en tirait de sérieux bénéfices. On peut également déduire de ces réserves que *les terres au-dessous du château* étaient une sorte de parc, planté de noyers et de châtaigniers.

It(em) es pate que to(t)s los fe(n)s que se faran lodet Tuengne deo fa porta en las t(er)ras de la deta b(o)r(i)a, sans ne porta en autra part.

It(em) es pate que lodet Tuengne deo fa recurbi ladeta b(o)r(i)a cant n'aura besoun a sous despens, mas (que) ly devi ba(i)la lo teule.

F° 110 r° It(em) es pate que lodet Tuengne deo metre tant de gal(in)os coma jo en ladeta b(o)r(i)a et los pole(t)s et los io(ou)s seran miejes.

It(em) jo ly devi ba(i)la sertas fedas p(er) tene a la b(o)r(i)a p(er) lodet terme et jo (en) devi prendre tantas, cant se partiran, de las p(lus) viel(l)as, et la re(s)ta se partiran, et profi(t)s, lanos et fo(r)mages se partiran.

It(em) totas pa(il)las demo(ra)ran ha ladeta b(o)r(i)a ha fin de t(e)rme.

It(em) lo fe que sera de mos pra(t)s demora(ra) a la deta b(o)r(i)a cant seran a terme.

It(em) es pate que lodet b(o)r(d)ie deo noiri una treja ; se deo parti lo profit que ne vendra et (deo) eng(r)aissa la deta treja a son despens.

F° 110 v° It(em) es pate que totas fruthas de la b(o)r(i)a seran miejas et se partiran cant seran amassados p(er) lodet Tuengne.

It(em) es pate que lodet Tuengne ne deo pont far(e) manja los bla(t)s ny vin(h)a(s) a l(as) bestias, en erba ny madurs.

It(em) me ret(e)ni una carada de fe des pra(t)s de la b(o)r(i)a p(o)rtada ha Gallac cascun an.

Esturmen pres p(er) mestre Anth(on)y Masenx l'an v°xxx lo xiii del mes de desembre, pr(es)en(s) Darde Co(u)ly et de Johan Algay, fil de P^e.

F° 111 r° En sec se so que j'ey b(ai)lat aldet Ramon Tuengne a la b(o)r(i)a, et p(r)ima :

Una saiol (?) (1) clavada am cam(br)o d'un le(i)t.

It(em) un ostal sans clao, am un botet et sertan(as) plan-

---

(1) Il semble qu'il s'agisse d'une bergerie ou d'une de ces cabanes roulantes, en bois, usitées pour les bergers.

cas sus t(er)ra et xi postes g(r)andas q(ue) ero(n) en so de Mala(mo)rt, que lo det Tuengne las an(ee) cere.

It(em) sertana cantita de teule, tant pessas que autre, la soma de vᶜ.

It(em) may (ly ey) ba(i)la(t) una rel(h)a pesan vııı *Lb.*

It(em) un petit aisolet.

It(em) may un fosso pesan vıı *Lb.*

It(em) may unas jul(l)as usas (que mon)to la soma de x dob(l)as.

It(em) may un jo am la mejano de fer.

It(em) may una careta garnida de ays (de fer) pesan lııı *Lb* (1).

It(em) tres alos de rodas et l'escala gar(n)ida de ades de fer et de cavil(l)a(s) de fer, am roda de jos costa(n) xl dobˢ. (2).

F° 111 v° It(em) ly ey ba(i)ladas, en tres vega(d)os, xvı dob(l)as portadas p(er) mon va(i)let ho ma c(o)nada.

It(em) ly (ey) ba(i)ladas lo precat (3) (de) xıı be(s)t(i)as, tan fedas que motos, que foro(n) de Bru(n)o de Besol.

It(em) may l'an vᶜ xxxııı ly ba(i)leri dos a(ho)llos del de(i)me de m(an)do (4) de luy.

---

(1) Cette mention s'explique parce que la plupart des charrettes avaient, à cette époque, des essieux en bois.

(2) « Trois ailes de moulin et leur échelle garnie de crampons et de chevilles de fer, avec roue de jeu coûtant 40 *doblas* ». On voit qu'il s'agit d'un outillage de moulin à vent. On appelait *roue de jeu* la roue dentée qui donne le mouvement à la meule.

(3) *Precat* : peut-être faut-il lire : pr(emi)e cat, c'est-à-dire la première mise d'achat ; mais le sens ne se trouve pas modifié, *precat* signifiant aussi *cheptel* (de pre caput).

(4) On appelait *mande* en albigeois l'impôt diocésain voté par les Etats du pays ; il était annuellement l'objet d'un *mandement* aux Communautés. Par suite *mande* a dû vouloir dire toute sorte de contribution, de rente, de paiement périodique. Néanmoins l'expression *lo deime de mando* est très-obscure. Est-ce la *dîme de rente* ou, plus simplement *la dîme* ? C'est possible, car, en Albigeois, les bestiaux furent souvent soumis à la dîme. Mais il se peut aussi que le mot *deime* signifie ici *dîmaire*. Enfin il peut être lu *dece*.

It(em) ly ey bailat v a(ho)llos de Johan (de) Tresieros (1) del de(i)me de l'an v^e xxxIII p(er) v^e xxxIIII.

It(em) ly ey ba(i)lat 1^a a(h)olla et un moto que e(ro)n a la b(o)r(i)a de G^m Tal(l)afer (2), que en esta(t)s del d(ei)me de mando de luy de l'an v^e xxxIIII.

It(em) ly (ey) ba(i)ladas vi be(s)t(i)as del d(ei)me (de) l'an v^e xxxIII p(er) xxxIIII, de Gaso et de Lescu(ss)a et de Sol (3) a v(e)ndre, presas p(er) G^m a l'estabre de Castelnuou, presen Johan Benac.

It(em) ly ey ba(i)l(ad)os II a(hol)los del d(ei)me de Tre(sie)ros l'an v^e xxxv.

It(em)) de mando de luy II a(hol)los l'an v^e xxxv presas p(er) G^m.

En marge: xxxI (bestias) (4).

f° 112 r° It(em) may (ey) paga(t) tota la sensa del canab(a)l de l'an v^e xxxvIII (que) monta l^a *lu* (et) xv s.

It(em) me deo III *Ll*. (et) xx doblas p(er) un sestie de blat pres l'an v^e xxxvIII lo mes de may a la b(o)ria de Garde, presen Guir(au)d Masenx (et) B(e)r(na)d d'Alvergne.

It(em) may deo p(er) vi Q de fe pres à la deta b(o)r(i)a, l'an des, la soma de xxv s.

It(em) deo may lodes la soma de xx doblas p(er) tres Q de fe pres a la deta b(o)r(i)a l'an v^e xxxIX en abrial, presen P^e Pales.

f° 112 v° Jame Tuengne, del mas des Trico, me deo la soma de xIX *Ll*. p(er) crompa de un p(a)r(el) de bios conte fait

---

(1) Le bordier de Trésières est déjà cité au f^o xLvIII *bis* v^o. C'était l'un des gazaillers de Masenx ou de la Commanderie.

(2) La *boria* de Guilhem Taillefer est le mas de Lasserre, paroisse Saint-Jérôme. (Cf. *f^o* xcIv *r^o*).

(3) Ces trois localités, dans lesquelles Masenx avait des gazailles font partie des paroisses de Broze, Montels et Saint-Sernin de Sallettes. *Gasou* (auj. Gazou) est un mas de la paroisse Saint-Sernin, à 1 kilom. Ouest de Mauriac ; *Lescusse* (auj. Lécusse) est à 1 kilom. N.-E. de Broze ; enfin le *mas de Sol* se trouve à 1.500 m. environ au N.-E. de Montels.

(4) Le total des animaux pris par Toigne est en effet de 31.

coma (a)par p(er) bileta p(er) mestre Anth(on)y Masenx l'an vᵉ XLII (et) deo paga cascun an III *Ll.*

Pª l'an vᵉ XLII. III *Ll.* et n'a bileta.

Pª l'an des XXI *s.* en dos testos.

Pª II *Ll.* XVI *s.* l'an vᵉ XLIII et n'a bileta.

It(em) me (ha) paga(t) l'an vᵉ XLIII un escut del solel que m'erio tengut de ma peno della raso de sa sor, lo XII de octobre (1), et n'a bileta.

It(em) deo may II *Ll.* p(er) ma b(a)rica de vy que p(ren)gec l'an vᵉ XLIII en lo mes de juliet. Deo paga p(er) Tossa(ns).

Au bas de la page, d'une écriture plus récente :

Resta XV *Ll.* (2)

Ici se termine le plus important des cahiers de Masenx, qui se composait à l'origine de 112 fᵒˢ formant 7 fascicules, chaque fascicule de 16 folios.

(1) On a vu cet accord (fᵒ 103 rᵒ). L'écu que Toigne devait payer en 1514 fut payé en 1515.

(2) On remarquera que Masenx fait ici une erreur, à son profit, de 17 s., car il ne lui reste dû que 11 lt. 3 s.

IIIᵉ PARTIE

(56 FEUILLETS NON FOLIOTÉS)

Cette partie, complémentaire des précédentes, n'est plus un livre-journal, mais constitue un memento de 56 feuillets en 3 mains de papier, numérotés par nous en chiffres arabes de 113 à 168. Le premier et le second fascicule se composent de 16 feuillets chacun, le troisième de 24 feuillets; mais on observera que les fᵒˢ 122 et 161 ont été arrachés et que le fᵒ 168 est collé à la couverture.

Ce cahier présente aussi quelques feuillets en blanc et, du fᵒ 159 au fᵒ 165, il a été écrit au rebours, c'est-à-dire que Masenx l'a renversé.

Les matières de cette 3ᵉ partie du manuscrit sont très diverses.

⁂

Ce cahier débute par le compte du blé que Masenx a prêté en 1543 ; mais on y trouve aussi de nombreuses mentions de 1540 à 1543 (fᵒˢ 113-119).

113 rᵒ et vᵒ   *Le folio 113 est en blanc.*

Fᵒ 114 rᵒ   L'an mil vᶜ xliii en lo mes de se(tem)bre s'en sec lo blat (1) que j'ey prestat a las gens tan p(er) seme(n)a que p(er) autras causas, et prima :

B(e)rnad Fabre a pres iii ȝᵃˢ ⸺ ly p(er) semena et (ne) deo re(n)dre tan al sol: pres l'an des, lo x de se(tem)bre, p(er) las mas de ma sogra.

En marge : iii ȝᵃˢ.

Johan Rocas deo un 7 de blat que ly ey prestat p(er) semena a las t(er)ras del Cadet l'an des, lo xii de

---

(1) Fabre confond sous le nom de *blé* toutes les céréales qui servaient alors à faire du pain.

se(tem)bre et (lo) deo torna al sol; b(ai)lat p(er) las mas de ma sogra.

En marge : Pitet (*sans doute un surnom de Roques*) : 1 ĩ.

Johan Rocas, jouve, fil de F(h)ore(s)ta, me deo 1 ĩ de blat que ly ey prestat p(er) sem(en)a l'an des lo xv de se(tem)bre et (lo) deo torna al sol, et l'a b(a)ilat ma sogra.

En marge : 1 ĩ.

Ramon Fabre, fil de Pº, del mas de Pecausy, me deo la soma de II *Ll.* x *s.* p(er) un sestie de blat que ly ey prestat p(er) paga los cap(e)las della Taulo de(l) Purgatori (1).

En marge : l'an vᵉ xl.

Fº 114 vº — Ramon Tuengne, del mas de la Trel(l)a, deo 1 ĩ de bla(t) que j'ey b(ai)lat p(er) el a mossen F(r)anses V(i)alar. — It(em) may III ʒᵃˢ p(er) la capela de Bren(s) (2) et l'a pres l'an vᵉ xl lo x de jun.

En marge : 1 ĩ. III ʒᵃˢ.

Anthony Ros(s)el, teisseire de Castelnuou, deo la soma de xxvi doblas p(er) Iª mina de blat pres l'an vᵉ xl lo x de se(tem)bre et deo paga de jorn en jorn.

En marge : Iª mina.

---

(1) Fabre emprunte ici pour exécuter les legs pieux faits à la chapelle de la *Table du Purgatoire* par son frère Eutrope ; il est probable que les chapelains avaient déjà réclamé.

(2) Sans doute l'une des chapelles de Saint-Eugène de Brens, à laquelle Toigne devait faire une rente. — *Brens*, à 1.500 m. Est de Gaillac, sur la rive gauche du Tarn, est l'une des plus anciennes seigneuries de l'Albigeois ; elle appartenait au xıᵉ siècle à l'une des branches de la maison de Laurac, les *Petri* ou de *Pierre*, d'où sont sortis le fameux hérétique Guillaume Petri, de Brens, et son neveu l'évêque d'Albi, Guillaume Petri. Elle fit ensuite partie de l'apanage de Lambert de Thurey et passa successivement aux maisons de Lautrec, de L'Isle-Jourdain et de Castres. Réunie à la Couronne en 1519 avec le comté de Castres, mais érigée en baronnie depuis 1456, la seigneurie de Brens avait été engagée en 1525 à la marquise de Saluces ; elle appartenait, à l'époque qui nous occupe (1510), à son fils, le marquis de Saluces. L'église de Brens était au xvıᵉ siècle une propriété de l'évêque d'Albi,

Lo Lacay, de Vialar (1), me deo un 7 de blat que ly ey prestat lo pr(emi)e jorn de mars l'an v⁰ xl (et) lo deo torna p(er) la Madaleno, presen Johan Sa(n)s.

En marge : I 7.

Pe(i)re Negre, fil de Peire, del mas del Pec et de la ter(r)a de Pec-Selsy (2), me deo la soma de xvi doblas p(er) re(s)ta de crompra de vii ꝫᵃˢ de segal (et) ves(s)as, presas l'an v⁰ xl lo v de mars.

En marge : vii ꝫᵃˢ.

Et au dessous :
  Pᵃ x doblas v dᵉˢ lo vii de otobre, presen Arn(au)d Ca(m)bas.

115 rᵒ   Pe(i)re Guy, fabre, de Castelnuou de Monmiral (3), deo la soma de Iᵃ mina de blat que ly ey prestat l'an v⁰ xl, lo viii de mars, pres p(er) las mas de sa molie, presen Ant(ho)ny Candesa et deo torna tan de blat p(er) la Madaleno.

En marge : Iᵃ mina.

— Ant(hon)y Calvet, del mas de las Anglados, deo ii 7 form(e)n et Iᵃ mina de ves(s)as et (los) deo torna p(er) la Madaleno proda venen et l'a pres l'an v⁰ xl lo xii de mars, ba(i)lat p(er) las mas de ma molie a Gal(l)ac.

En marge : ii 7, una mina.

It(em) may deo lodes la soma de I 7 de blat et ꝫᵃ *la*

---

(1) Ce personnage s'appelle Jean (f⁰ lxxii v⁰) ; Lacay est un surnom, sans doute parce qu'il avait été laquais.

(2) Le *mas du Puech* dans la forêt de la Grésigne, relevait de Puycelsi. — Puycelsi (*Podium excelsum*), probablement occupé par les Gaulois et les Romains, n'apparaît qu'au xiiᵉ siècle, époque à laquelle il passa, de l'abbaye d'Aurillac, au comte de Toulouse ; c'était encore en 1510 une châtellenie royale gouvernée par 4 consuls. La communauté comptait, outre la cure Saint-Corneille de Puycelsi, onze paroisses. Le Puech paraît avoir fait partie de la paroisse Saint-Maurice de Camps.

(3) Le *mas de Jean Guy*, qui est sans doute le berceau des Guy de Castelnau, se trouve à 1.500 m. Est de la ville, paroisse Notre-Dame de Castelnau.

ves(s)as, pres a Gal(l)ac lo xxv de may et deo paga p(er) la Madaleno proda venen.

P̄ª ɪɪɪ 7. blat et vɪ ꝫᵃˢ ves(s)as.

F° 115 v° Peire Rocas, de Gaio, deo la soma de ɪ 7. (et) ꝫª *la* blat et ꝫª carta ves(s)as, presas l'an vᶜ xʟ, lo xɪɪ de mars, a Gal(l)ac, p(er) las mas de mɪ̄ molie et deo torna (tot) p(er) la Madaleno.

En marge : ɪ 7. ꝫª *la.*

It(em) deo un 7. que m'a pres p(er) semena l'an des.

En marge : ɪ 7.

It(em) deo may ɪª mina blat (et) ꝫª *la* ves(s)as pres l'an vᶜ xʟɪ lo xxx de m(a)rs à Gal(l)ac, presen Johan Fabre.

— Johan Rocas jove deo la soma de vɪ ꝫᵃˢ blat et ꝫª carta ves(s)as, pres l'an vᶜ xʟ lo xɪɪ de mars; bileta p(er) Johan Turla.

En marge : vɪ ꝫᵃˢ.

— Johan Rocas viel, del mas des Gaios, deo la soma de ɪ 7. blat et ꝫª *la* vessas (que) deo torna p(er) la Madaleno. Fat l'an vᶜ xʟ lo xɪɪɪ de m(a)rs.

En marge : ɪ 7 ꝫⁿ *la.*

F° 116 r° Arn(au)d de Roc(h), del mas de la Garigo, me deo ɪª mina de blat mos(s)ola pres l'an vᶜ xʟ lo xxvɪɪ de mars, bailat p(er) las mas de ma molie ha Gallac et deo torna lodet blat p(er) la Madaleno proda venen.

En marge : ɪª mina.

* — L'an mil vᶜ xʟɪ lo xxx del mes de mars, prest(er)i a Tomas Capus, de Vors, ɪɪ 7. blat et ꝫª carto vessas presas ha mon granie a Gallac, ba(i)lat p(er) las mas de ma molie, presen(s) Johan Rocas et Pᵉ Rocas, et deo torna lo det blat p(er) la Madaleno proda venen ho ɪɪ *Ll.* p(er) sestie.

En marge : ɪɪ 7. ɪª *la.*

P̄ª ɪɪ 7. de blat lo jorn de Sa(n)t Johan.

— Bernad Fabre, del mas de Pec-Ausy, me deo la soma

de x ꝫᵃˢ blat et ꝫᵃ carta ves(s)as, pres l'an vᶜ xli lo xxx de mars (et) pres p(er) las mas de son fil.

En marge : 1 7. III ꝫᵃˢ.
Pᵃ 1 7. blat.

Fᵒ 116 vᵒ • Johan Fabre, (det) Totet, me deo la soma de ii 7. blat pres l'an vᶜ xxxxi lo xxx de mars, presen(s) Pᵉ et Johan Rocas, et (lo) deo torna p(er) Sant Joha(n) a Gal(l)ac en mon granie.

En marge : ii 7.

It(em) me deo may p(er) re(s)ta de la palm(o)la, tot contat, vi s. iiii d.

— Mossen Franses Masenx, de Castelnuou, me deo v ꝫᵃˢ blat presas l'an vᶜ xli lo v de abrial presen Andr(i)o Canolas et (lo) deo torna p(er) Sant Johan.

En marge : v ꝫᵃˢ.

• — Catarina, de la Vern(ier)o (1), me deo Iᵃ mina de blat que ly ey prestada lo jorn del dijos sant, presen Anthony Miramon, et deo torna tan de blat.

Fᵒ 117 rᵒ • — Pe(i)re Guy, fabre, me deo i 7 de blat pres lo xviii de abrial, bileta p(er) Cantalausa et deo paga p(er) Sant Johan.

— Pᵉ Negre deo v ꝫᵃˢ segal et un sestie blat pres lo xix de abrial, bileta p(er) Cantalausa.

— Ramon Bru deo la soma de vii ꝫᵃˢ blat et ꝫᵃ carta de segal et x s., bileta p(er) Cantalausa.

— Jame Tuengne deo la soma de ii 7 blat prestat l'an vᶜ xli lo x de abrial.

It(em) may ꝫᵃ *la* ves(s)as (que) a presas.
Pᵃ ii 7 blat lo v de nov(em)bre.

---

(1) Le *mas de la Vernière*, paroisse Saint-Jean de Montels, à 1 kilom. nord de l'église Saint-Jean. Il faut peut-être lire : *la Verno* (Lavergne).

— Ramon Fabre deo un 7 de blat pres lo jorn de Sant Salva(y)re (1) v̄ xli.

It(em) deo may lodes un 7 blat et ɔᵃ carta ves(s)as presas lo xv de may, ba(i)lat p(er) las mas de ma molie et deo paga p(er) la Madaleno.

F⁰ 117 v⁰ B(e)rengie de Jor(n)es, del mas de Jornes, de la t(er)ra de Castelnuou et perocio de Sant Geromy (2), me deo III eminas de blat que ly ey prestat l'an v̄ xli lo xi jorn del mes de may, et me deo torna lodet blat p(er) d'aisy la festa de la Madaleno proda venen, et l'a pres ha Gallac.

— It(em) may deo lo des III minas de blat que a pres lo xxv de may p(er) paga los paredes a Gal(l)ac, l'an v̄ xli et deo paga p(er) la Madaleno.

— G(u)ira(u)d Jorn(e)s me deo la soma de I 7 Iᵃ *la* (3) de blat que ly ey prestat l'an v̄ xxxxi lo xxv de may a Gal(l)ac; l'a pres et me deo paga p(er) la Madalena proda v(en)en.

Pᵃ I 7 Iᵃ *la*.

F⁰ 118 r⁰ G^ᵐ Pruvat, del mas de Forn(i)é, me deo la soma de VI ɔᵃˢ blat que ly ey prestados l'an v̄ xli et lo xxviii de may a Castelnuou, et lo me deo torna p(er) la Madalena.

Pᵃ vi ɔᵃˢ.

— Arn(au)d Delpee me deo la soma de VI ɔᵃˢ de blat que ly ey prestat lo jorn des(s)us et l'a pres a Castelnuou et lo deo re(nd)re a Castelnuou.

Pᵃ vi ɔᵃˢ for(me)n.

(1) La Saint-Sauveur, c'est ainsi qu'on appelait la fête du Saint-Sacrement.

(2) Le *mas de Journes*, domaine des Journés, est situé à 500 m. à peine à l'Est de l'église Saint-Jérôme.

(3) Iᵃ tᵃ a été ajoutée en surcharge, ultérieurement et d'une autre encre. Il est probable que ce n'est qu'un artifice, au moment du paiement, pour masquer l'intérêt. En effet l'article est d'une encre rousse, la surcharge et la mention du paiement sont de la même encre noire. L'intérêt serait donc ici d'une cartière, soit 25 0/0.

* — Andrio Viallar me deo la soma de vi ꝫᵃˢ de blat que ly ey prestat lo xxvii de may et (l')a pres p(er) b(ai)la as cossol(s) p(er) las mas de s(a) m(ol)ie et (lo) deo tor(n)a p(er) la Madalena.

P^a vi ꝫᵃˢ for(me)n.

F⁰ 118 v⁰ Anthony Fabre, fil de G^m, me deo la soma de iii eminas de blat local ly ey prestat ha re(n)dre blat et l'a pres l'an v^e xli lo xxiiii del mes de abrial et deo tor(n)a lodet blat p(er) la festa de la Madaleno proda venen, presen B(e)rn(a)d Fabre.

— G(u)ira(u)d Masenx, de la perocio de Sant Geromy me deo la soma de un 7. de blat que ly ey prestat a rendre blat p(er) la Madalena proda venen ; bileta p(er) mestre Johan Turla.

P^a vii ꝫᵃˢ iii b^s ꝫ^c. (1)

— Johan Tol(o)sa, fil de Anthony, me deo la soma de 1 b(oissel) de mil que volio p(er) semena, pres l'an v^e xxxxi lo xxii de may.

F⁰ 119 r⁰ Lo fil de Mandret, de Vors, me deo la soma de vii ꝫᵃˢ de blat que ly ey prestat, l'an v^e xlii lo x del mes de jul(i)et ; deo torna lodet blat p(er) la Madaleno proda venen.

P^a vii ꝫᵃˢ et ꝫᵃ *la* p(er) paga (2).

— Catari(n)o Depra(t)s, molie de Johan Galan, me deo la soma de x doblas v *d*. p(er) crompra de una carta de bla(t) pres lo xxii de jani(e) et deo paga p(er) la Madaleno.

P^a x doblas v *d*. lo v (de) desembre.

---

(1) Masenx prélève ici un boisseau et demi d'intérêt, mais l'habileté avec laquelle il dissimule son usure est extrême. En effet officiellement la demi-cartière comptait 4 boisseaux, mais en pratique (et il en est ainsi dans la comptabilité de Masenx) on ne lui en comptait que 2. En inscrivant par conséquent 7 demi-cartières et 3 boisseaux et demi, Masenx se met à l'abri de toute censure, car il n'indique pas s'il s'agit de la mesure d'usage ou de la mesure légale. Or dans le premier cas il prélève 1 boisseau 1/2 d'intérêt ; dans le second, au contraire, c'est Guiraud qui reste son débiteur de un demi-boisseau de grain.

(2) C'est la première fois que, dans ses comptes, Masenx avoue l'intérêt qu'il prélève.

*. — Mossen Marc Delherm, de Castelnuou de Monmiral, me deo la soma de III *Ll*. p(er) crompa de una pipa de vy rogen, local avio pres de my l'an v° xlii en lo mes de juliet et p(er) so que no me a pon(t) pagat, me deo paga p(er) la festa de Santa Seselio II *Ll*. et p(er) la festa de la Madal(ena) II *Ll*., coma (a)par p(er) bileta presa p(er) mestre Ra(mo)n Cariven l'an v° xliii lo xxiii de otobre.

Le verso du f° 119 est en blanc.

Les cinq feuillets qui suivent sont consacrés à divers comptes individuels.

F° 120 r° *Le recto du f° 120 est occupé par une billette écrite en français (c'est la seule du livre) par le notaire Cantalause ; elle confirme les nom, profession et domicile de Masenx.*

*. — L'an mil v° quara(n)te deux et le dernier jour du moys de aoust, au lieu de Chasteauneuf de Mo(n)tmirail, establi et c(on)stitué en p(er)sonne Franson (1) de Jornez, filz de Pierre, (de la) jurid(icti)on dud' lieu, lequel a c(on)fessé debvoir au s' Guilh(e)m Masenx, merchan, illec p(res)ent, la somme de deux liuvres neuf soulz cinq deniers t' pour compte final faict d'achept de foin et de blés jusques au jour pr(es)ent ; a promis paier d'ici a la feste de Tous Sainctz pr(o)chain venants, ainsi que jure es pr(ese)nces de Bernard Benech, Pierre Pales, filz de feu Raymond, Gerauld Pales, dudit lieu et jur(idicti)on, et (de) moy.

CANTALAUSE, n(otai)re.

La mention suivante, plus récente, est également de la main de Cantalause :

P^a tant en argen que p(er) totz jornals de dalha et de carreta et de totas causas que lod' Jornes am son fraire aguesso(n) faictz d'aqui al jorn pr(esen), lo xii° de octobre l'an v° xlv, pr(esen)s m(estr)e Anthony Cantalausa et Johan

---

(1) François se dit en roman *Frances* ou *Franço* ; c'est ce dernier mot que le notaire traduit en français par Françon.

Delbosc et p(er) so es crossada (1) lad^a billeta et no(n) p(er) autra causa.

F^o 120 v° *Le verso du f° 120 est en blanc.*

F^o 121 r° ˙ P^e Pales, del mas de la Regado, deo p(er) l^a *la* blat (et) l^a mina palmola que (a) pres l'an v^e xxxix lo iiii de m(a)rs que mo(n)ta la soma de xxxv s. viii d. Deo paga p(er) la Madaleno.

˙ It(em) deo p(er) un conte fait de so que avio ha(g)ut..... am (son) fraire, mo(n)ta v s. viii d.

  P^a x s. vi d. lo jorn de la fiero (l'an) v^e xl..
  P^a x s. l'an v^e xli.
  Re(s)ta x s. ii d. (2)

˙ It(em) deo may la soma de xxiiii s. p(er) crompa de vi Q de fe pres l'an v^e xlii lo iii del mes de abrial.

  P^a xxi s. l'an v^e xliii lo xv de otobre, presen Johan Pales, fil de Anthony.

˙ It(em) me deo lo des la soma de xx s. p(er) crompa de l^a b(a)rica de vy pres l'an v^e xliii, lo x de juliet.

˙ It(em) me deo may lo des la soma de vi ʒ^{as} mestura ha r(endr)e en blat, pres l'an v^e xlv lo iii del mes de jun, que mo(n)ta ii Ll. i s. viii d. (3)

˙ Plus deo p(er) l^a *la* m^b for(me)n et ʒ^a *la* ve(ss)os monta xvi s. iii d.

  Re(s)ta tot contat iiii Ll. xi s. iii d.

En marge :

P^a so de(ssu)s cant me vendec la pensio annualla, l'an v^e xlv lo xxiiii de desembre.

---

(1) La billette est en effet croisée par deux traits de plume diagonaux.

(2) Masenx néglige de compter ici les 8 deniers qui font l'appoint du compte du premier article.

(3) La rédaction primitive était « a xliiii s. iiii d. ». Masenx a laissé subsister cette phrase, mais il a écrit au dessus, en surcharge « *que monta* ii Lt. i s. viii d. » Il avait donc consenti à opérer quelques réductions sur le compte de Pailhès.

F⁰ 121 v⁰   *Le verso du f⁰ 121 est en blanc.*

F⁰ 122   *Le folio 122 a été arraché ; il n'en reste qu'un onglet qui permet de voir qu'il était en blanc. Il est donc probable que ce feuillet a été arraché par Masenx lui-même pour se procurer le papier d'une billette ou d'un reçu.*

F⁰ 123 r⁰   L'an mil vᵉ xlv et lo xxviii del mes de desembre j'ey fat conte am Johan Cohet de Castelnuou de Monmiral, de so que me devio p(er) sertan drap que havio pres l'an vᵉ xlv p(er) fa raobo ha sa filla, (so)que contat me re(s)ta ha deve la soma de xvii s. iii d. que deo p(ag)a de jorn en jorn (et) atal pro(me)t.

P^a lo susdet, l'an vᵉ l, xiii s. presen Johan Mo(n)gosin, cap(i)t(an)i de Ca(ste)ln(u)o. (1).
Re(s)ta iii s. iii d.

— It(em) la molie de.... (*un blanc*) p(er) so qu'es sogra de son fil (2), me re(s)ta ha deve la soma de v s. p(er) lo drap de sa filla l'an vᵉ xlv lo mes de desembre.

F⁰ 123 v⁰   L'an vᵉ xlv lo xxv del mes de jun aven fait comte am B(e)rn(a)d Tal(l)afer, del mas del Rodolas (3), de la venda del bestial que me tenio juscas al jorn presen, que me deo de re(s)ta la soma de ix ᵴ peti(t)s et deo paga p(er) Tossans iii ᵴ ᴣ et p(er) l'autra festa de Tossa(n)s iiii ᵴ ᴣᶜ ; carta presa p(er) Cantalausa.

It(em) me deo lo deute p(er) la vaca (de) v ᵴ xx s. (et) deo paga p(er) Tossa(n)s.

P^a en dos (s)éuts (del solel) la soma de iiii *Ll*. x s.
Re(s)ta iii *Ll*. vii s. vi d. (4).

---

(1) Par *capitani* il faut probablement entendre : commandant du château. C'est sous le nom de *capitaneus*, en effet, qu'on désigne le personnage à qui est confiée la garde d'un château. La mention de ce paiement fait en 1550 est d'une encre très pâle, mais de la main de Masenx ; c'est la plus récente de tout le Livre.

(2) C'est-à-dire belle-mère du fils de Cohet.

(3) Commune de Payssac ; mais il s'agit peut-être du *mas de Rodas*, paroisse N.-D. de Boissel.

(4) D'après ce compte, l'écu petit est pris à sa valeur légale, 27 s. 6 d.

— It(em) deo Anthony Fa(va)rel, del mas de Viars (1), vi ₣ p(er) lo breo (2). Deo (paga) p(er) Tossans iiii ₣ (et) p(er) l'autra Tossans ii ₣ ; carta presa p(er) mestre Johan Turla l'an vᵉ xlv lo xv de jun.

F⁰ 124 r⁰ L'an mil vᵉ et xlv lo pre(mi)e jorn del mes de febrie me recones(ce)t a deve B(e)re(n)g(i)e Jor(ne)s, fil de B(e)rn(a)d, del mas de Massaviella (3), perocio de Sant-Geromy, la soma de xiii *Lt*. xviii *s*. iiii *d*. p(er) re(s)ta de sertan blat, vy et ves(s)as et conte fat, coma (a)par p(er) esturmen pres p(er) mestre Anth(on)y Cantalausa, notary de Castelnuou, et me deo paga la mitat p(er) la festa de Tossa(n)s proda venen et l'autra mitat p(er) l'autra festa après segen.

It(em) me deo may C teules v(i)el(s) (renduts) a la b(o)ria de Poget.

Pª lodes la soma de ii *Lt*. lo xiii de(l) mes de janie vᵉ xlv (4), et n'a bileta.
Pª lo des la soma de xxxv *s*, l'an vᵉ xlviii lo xxv de febrie, presen Duran Poget.
Re(s)ta C te(u)les, cen(s re) p(l)us.

F⁰ 124 v⁰ L'an mil vᵉ xlv, lo pre(mi)e jorn del mes de febrie me deo Johan Pales, fil de Anth(on)y, del mas de la Regado, p(e)rocia de Sant Geromy, la soma de ii *Lt*. ix *s*. p(er) re(s)ta de blat et vy et de fe, conte fat entre (nos) al jorn presen ; deo paga p(er) la festa de Sant Mical proda venen. Bileta fata p(er) Cantalausa.

(1) Le Viars est le ruisseau qui longe la ligne des coteaux, s'étend de Broze à N.-D. de Boissel; il va se jeter dans le Tarn à Saint-Martin de Villecourtés. Le *mas de Viars* devait donc se trouver dans la paroisse de Boissel.

(2) Il semblerait, d'après ce compte, qu'un taureau coûtât plus cher qu'une vache. Mais le prix de 5 écus et 20 sols (6 lt. 17 s. 6 d.) réclamé à Taillefer pour sa vache ne représente que la moitié du cabal — car Taillefer est gazailler —, tandis que les 6 écus (8 lt. 5 s.) réclamés à Favarel pour un taureau représentent la valeur totale de l'animal vendu.

(3) Le *mas de Massabielle*, paroisse de Saint-Jérôme, nous est inconnu. C'est peut-être le mas actuel de *Fontabelle* ou *Fontabielle* ; mais c'est plus probablement l'ancien nom du *mas des Journès*.

(4) Il faut lire sans doute vᵉ xlvi (1546).

— L'an des(s)us (et) lo jorn me deo Guir(au)d Pales, fil de..... (*un blanc*), de la boria de la Regado, la soma de xxv s. p(er) re(s)ta de blat, vy et fe, conte fat, et me deo paga p(er) Sant Mical proda v(en)en, bileta p(er) Cantalausa, not(ar)y de Castelnuou.

Du f⁰ 125 au f⁰ 133 inclusivement Masenx a inscrit ses acquisitions personnelles (1), c'est-à-dire les rentes (pensions annuelles) et les terres qu'il a achetées pendant son bail à ferme de la Commanderie.

F⁰ 125 r⁰ — Jame la Roca, de Brossa, fil de G^m, de la ter(r)a de Ca(h)usac (2), me dona 1ª mina de blat de pensio an(n)uala et (so) sus una pes(s)a de t(er)ra ha Brosa con(fron)tan am la ter(r)a de Gaso de dos par(t)s et am la ter(r)a de Johan Bermon an las autras confrontasios, coma (apar per) carta presa p(er) Batifol l'an v^c xxxv et lo ters de se(te)mbre. Folio cxvi.

F⁰ 125 v⁰ — Anthony la Roca, de Brossa, fil de Anthony, me vendec vi ;^as de blat, mesura de Gallac, de pensio annuala sus una pes(s)a de ter(r)a qu'es ha Sant Germa (3), que es en dos pessas (et) que se te(n) am lo cami de Sant Germa et am la ter(r)a de Peire Verdie, et am la ter(r)a de Dur(a)nd la Roca de dos par(t)s, et am la t(er)ra de moss(en) mestre Johan Barutel; carta presa p(er) mestre Johan Turla l'an v^c xxxv lo t(e)rs del mes de se(tem)bre. Folio 1^c xvi.

Recob(e)rt es l'an v^c xlv lo mes de se(tem)bre (4).

F⁰ 126 r⁰ — L'an mil v^c xxxvi lo xxiii del mes de jun, Johan Algay, fil de P^e, et Gallarda Ricarda, filla de Pe(i)re, tos dos en-

(1) Ces acquisitions sont en réalité de véritables prêts sur gage, trop souvent usuraires. — Voir INTRODUCTION.

(2) Broze dépendait en effet, avec Biscarnenc, de la seigneurie de Cahuzac.

(3) *Saint-Germain*, entre Montels et Granéjouls, juratif de Broze, était une ancienne paroisse qui faisait partie, avec Saint-Jean de Granéjouls et N.-D. de Boissel, de la vicairie perpétuelle de Montels.

(4) C'est-à-dire qu'Antoine Larroque ayant remboursé le montant de la vente de la pension annuelle, recouvra sa terre de Saint-Germain en septembre 1545, autrement dit libéra son gage.

s(embl)es, me an vendut un ostal et pa(t)is setuat al mas de Vayssiera, en la juridictio de Castelnuou, peroc(i)a de Sant Geromy, que se te(n) am lo ca(m)i et am l'ostal et patis de G^m Ricart et am la mio ter(r)a mete(i)sa ; — It(em) may l^a pes(s)a de t(er)ra et bosc acy mete(i)s que se ten am la ter(r)a et bosc de G^m Rica(r)t et am la t(er)ra et prat de Paul Mata et am la mio t(er)ra mete(i)sa ; — It(em) may me an vendut la may valensa de totas les ter(r)as que lodet Johan et Ricarda me an vendudas de par davan (et) tota la may valensa de totas las pes(s)as que son est(ad)as sios p(er) lo pres de L Ll. et II 7 de blat. Pres p(er) Batifol, folio II (^c) LXXXXIII.

F^o 126 v° — L'an mil v^c xxxv et lo VIII del mes de novembre Peire Guy, fil de Johan, et Johan Guy, son fil, me an vendut la may valensa de tres cartayradas (de) ter(r)a, mesura de perga de Sennolac, que avian vendudas a mossen Johan Solage, qu'es al Perie-Bategat, que se te(n) am la ter(r)a de Anthony Guy, son bot, et am la t(er)ra sua meteisa, et am lo cami, et am lo prat de Johana Delforn et n'y ey pagat I 7 de blat — se vendio III Ll. lo sestie (1) — et mil l^a carta. (Carta) p(er) Ba(t)ifol, folio CLXXXXV.

It(em) l'an des et lo jorn j'ey cromprada la re(s)ta de la ter(r)a que lodet Guy avio al Per(i)e-Bategat, comma nos tenieren per ..... (2), et ne pageri la soma de XII Ll.. ..... las c(al)as ay pagat a Combet(t)as p(er) so que G^m Delpon F^o 127 r° avio fornit p(er) lodet Pe(i)re (Guy) (3), coma (a)par p(er)

(1) Ces mots sont en renvoi à la marge. Masenx abuse sans scrupules de la situation ; le blé était cette année à 2 lt. 10 s. et non à 4 lt. le setier. Il achetait donc (le maïs étant à 30 s.) à 2 lt. 17 s. 6 d. au lieu de 4 lt. 7 s. 6 d. qui était sans doute le prix d'évaluation.

(2) Mot illisible ; peut-être *enf(f(it)eos* ?

(3) C'est-à-dire que Guillaume Dupont, ayant fait l'avance à Pierre Guy des 12 lt. avec lesquelles celui-ci avait acheté le Perié-Bategat, en était demeuré créancier hypothécaire, et que les 12 lt. payées par Masenx et consignées chez le notaire Combettes, serviront à le désintéresser. Cet article donne une idée des conditions déplorables, dans lesquelles, sous la législation féodale, s'effectuait l'achat de la petite propriété. L'acquéreur, étant le plus souvent sans argent, devait d'abord trouver un prêteur qui lui avançait la somme nécessaire ; avec cette somme il payait son vendeur, acquittait les

carta presa p(er) Sa(n)t Germ(an)i; carta presa p(er) Batifol.

It(em) a recobri p(er) catre ans. V(es)es aisy mete(i)s folio II° me(n)s un (1).

F° 127 v° *Le verso du f° 127 est en blanc.*

F° 128 r° L'an mil v° xxxvII, lo xxII del mes de jun, Johan Gros, fil de Johan, de Brosa, me vendec I 7 de blat mos(s)ola de pe(n)sio annuala, portat a Gallac cascun an ha Sant Jolia, sus una pes(s)a de t(er)ra qu'es a Brosa, pres del colombie de Gayso, la cala t(er)ra tenia par davan lodet Gayso (2), coma (a)par p(er) carta presa p(er) mestre Bern(a)d Batifol folio III° LXXX.

(A) recobri p(er) v ans.

F° 128 v° L'an mil v° xxxvIII, lo x del mes de se(tem)bre, me vendec Johan Rocas, jove, fil de P°, del mas de(s) Albaris, l° pes(s)a de ter(r)a al loc apelat *a la Carboniera*, que se te(n) am la ter(r)a de P° Rocas, son cosy, et am lo camy de dos pa(rt)s, et am la t(er)ra de Ramon Fabre, et am la

---

droits d'inféodation et soldait les divers *despens* (frais de reconnaissance, actes notariés, etc.) qui grevaient toute transaction ; il ne lui restait plus alors qu'à faire rendre à la terre qu'il avait acquise un produit suffisant pour payer les censives, la taille, pour nourrir sa famille et pour désintéresser son prêteur. Ce difficile programme pouvait à la rigueur être rempli par des prodiges d'économie et à la condition d'une série de bonnes récoltes successives ; mais le plus souvent comme, en dépit des lois, le prêteur prélevait un intérêt usuraire, l'emprunt initial n'était jamais amorti et, à la première mauvaise récolte, le malheureux propriétaire était à la merci de son créancier. Il lui fallait alors soit trouver un nouvel acquéreur qui, comme Masenx, désintéressât le prêteur, soit en passer par l'expropriation ; dans les deux cas il était ruiné. Et encore cette législation était-elle en Languedoc, pays de franc-alleu, plus douce que partout ailleurs !

(1) Le mot *Item* a été écrit par habitude et machinalement au commencement de la phrase ; l'encre et l'écriture sont du reste les mêmes que celles du paragraphe précédent. Le renvoi de Masenx au f° 199 prouve qu'en 1535 ce cahier faisait partie d'un autre Livre beaucoup plus copieux que le Livre actuel.

(2) *Gayso* n'est autre chose que *Gaso* (Gazou) ; Masenx emploie les deux orthographes (f° III v° et 128 r°). Gayso a le mérite de donner l'étymologie du nom, *Gay*.

mio ter(r)a mete(i)sa (per) lo pr(et)s de vi Ll. v s., coma (a)par p(er) carta presa p(er) mestre Johan Turla, folio... (*inachevé*).

It(em) may me vendec lo dessus (det) Johan Rocas lª pes(s)a de t(er)ra et reb(iader)as cont(en)en tres cartayradas al loc apelat *a las Lis(s)as* que se te(n) am lo rio (1), et am la t(er)ra de mossen Johan Solage, et am la ter(r)a de Pº Rocas et am lo camy, p(er) lo pre(t)s de xiii Ll. (et) iii Ll. p(er) las s(enn)orias (2). Fait l'an vᶜ xxxix lo des de ao(s)t, carta presa p(er) mestre Ramon Cariven.

> 129 rº A(n)thony la Roca, may viel, fil de autre Anth(on)y, me deo la soma de xvii Ll. ii s. vi d. p(er) compra de iii 7 blat, lª *la* vessas et p(er) lª b(a)rica de vy et p(er) un b(a)ricot de vy et (per un) comte fat amb'el de so des, et deo paga p(er) Tossa(n)s p(er so) que pro(mette)c de (paga) en un an tota la soma; carta presa p(er) mestre Johan Turla l'an vᶜ xxxviii lo vii de otobre.

It(em) deo lo des la soma de iii Ll. iii s. iiii d. p(er) crompra de un sestie blat pres l'an vᶜ xxxviii lo jorn de Sant Tomas (3), bileta p(er) Maletis de Ca(h)usac.

It(em) may deo xlv s. p(er) vi ꝫᵃˢ de blat que me restavo (a dever) de l'an vᶜ xxxix.

Pª xiii Ll. xv s. p(er) un sestie de blat que me vendec de pensio annualla coma (a)par p(er) carta presa p(er) mestre Johan Turla l'an vᶜ xxxix lo xxiiii de mars et lo me ve(n)dec sus una pes(s)a de ter(r)a qu'es al Malpas et se te(n) am las ter(r)as de Barutel.

---

(1) Le *rio* n'est autre chose que le ruisseau qui suit la ligne du chemin de fer jusqu'à Tessonnières. Ce ruisseau débite assez d'eau pour actionner deux moulins entre Mauriac et Lagarrigue ; il est donc probable qu'il était bordé de terres inondées (*canabals* et *rebiaderas*) très fertiles. Nous connaissons déjà, grâce à Fabre, le *canabal del Molinal*, (Fabre, fº xv vº), à Mauriac ; ce *canabal* devait dépendre du *moulin du Commandeur* qui se trouve entre Mauriac et Senouillac. Le second moulin, *de Calret*, est auprès de Lagarrigue.

(2) Ces quatre mots sont en renvoi, à la marge.

(3) La fête de Saint-Thomas, le 21 décembre.

F⁰ 129 v⁰ L'an mil v^c xxxviii et lo xv de nove(m)bre, Johan G(r)os, fil de Johan, de Brosa, me deo la soma de v *Ll*. vi *s*. iii (*d*.) p(er) I 7 vi ȝ^{as} f(orm)en (et) 1ª *la* ves(s)as et deo paga p(er) la Madalena proda v(en)en l'an que ve(n); carta p(er) mestre Ber(na)d Batifol, folio..... (*inacheré*).

— Antho(n)y la Roca, de Brosa, me deo la soma de viii *Ll*. xv *s*. x *d*. p(er) re(s)ta de blat et argen, comte fat l'an v^c xxxix lo xxiii de mars, carta presa p(er) mestre Jóhan Turla, et deo paga p(er) Tossans.

— L'an mil v^c xxxviii et la vespra de Rampan a(g)eri a rend(r)e a.... (*inacheré*).

F⁰ 130 r⁰ — L'an mil v^c xxxix et lo jorn del (di)vendres Sant j'ey crompradas dos sesteyrados de ter(r)as de Vidal Delforn, se(gn)or de la Boneta, las ca(la)s t(er)ras so(n) pr(e)s de la b(o)r(i)a et moly des Rocas et se tenon am las ter(r)as de P^e (et) Johan Rocas et am lo fons del rio del moly et am lo prat et t(err)as del ven(de)do p(er) lo pr(et)s de xlv *Ll*, coma (a)par p(er) carta presa p(er) mestre B(e)r(na)d Vilar, de Brens.

It(em) es pate que lo det Delforn t(ira)ra p(er) la pre-se(n)ta ann(ad)o la pr(e)sa del blat ; et de la presa del mil se deo parti p(er) lo miec sa part p(er) lo pr(emi)e an.

It(em) es pate de recobra la t(er)ra p(er) lo t(er)me de xx ans et, se ven an xxv a(nnad)os, deo (re)cobra la mitat (1).

F⁰ 130 v⁰ L'an mil v^c xxxviii (2) lo..... (*un blanc*), j'ey crompat un ostal et una pessa de canab(a)l al encan de Gallac p(er) lo pres de xliii *Ll*. x *s*. et mo(n)se(gno)r lo Ju(g)e d'Albiges en pansec son decret coma (a)par p(er) esturmen pres p(er) de Bosca, prese(n)s los consols de Senol(l)ac, mossen lo loctenen Rafini (et) mossen Johan Solage, procur(a)yre de

---

(1) C'est-à-dire que Delforn a le droit de recouvrer sa terre en totalité, jusqu'à 20 ans et à moitié jusqu'à 25 ans.

(2) v^c xxxviii est évidemment une erreur. Il faut lire v^c xxviii (1528).

L(a)bor(d)a (1), que fasio vendre la ter(r)a et ostal p(er) so qu'ero de Calayo que (fasio) encanta mossen Uc Delforn.

It(em) ey pagat p(er) las sen(n)orios vIII Lt. xIII s. et n'ey bileta de mossen Johan Solage.

F° 131 r° L'an mil v^c xxxIx lo d(e)rnie jorn del mes de mars j'ey crompada I 7 et I^a *la* f(orme)n de pensio annualla de B(e)rn(a)d Fabre, fil de Johan, del mas de Pec Ausy, p(e)rocio de Candastre, et (so) sus una pes(s)a de t(er)ra qu'es jos los pans del det mas, coma (a)par p(er) la carta presa p(er) Mor(et)i, et me costa xII r. 3^a.

A de re(co)bri p(er) x ans.

---

(1) Il s'agit de Carivenc-Laborde dont le nom revient assez souvent dans les comptes de Masenx.

D'après les diverses mentions de Masenx se rapportant aux Carivenc, cette famille comptait, indépendamment des notaires Pierre et Ramon, au moins trois personnages :

1° Jean Carivenc, sergent de Gaillac, dont il est question aux f^{os} xv v°, LIII r° et LvI v° pour achat de *margas*, de *flassadas* et d'étoffes diverses de 1522 à 1528.

2° Guilhem Carivenc, frère du précédent.

3° Jean Carivenc-Laborde, ainsi nommé parce qu'il habitait le *mas de Laborda*, aux portes de Senouillac.

Celui-ci, à la poursuite de Hugues Dufour, fut saisi et l'on vendit à l'encan, en 1528, sa maison et sa terre de *la Calayo*, sises probablement à Senouillac. Il avait pour procureur, dans cette affaire, l'ancien consul Jean Solage, ce qui explique pourquoi, au f° LVIII v°, Masenx a associé le nom de Solage à celui de Laborde. On voit que l'ordre de vente fut donné par le juge d'Albigeois lui-même et que le lieutenant du juge, Guillaume de Raffin, avec les consuls de Senouillac, assistèrent à la vente. C'est qu'Hugues Delforn ou del Fron, seigneur de la Bonnette, était un personnage considérable. — Masenx acheta donc terre et maison à l'encan pour la somme de 43 lt. 10 s ; mais, pour entrer en possession, il dut payer encore (sans doute à Delforn) 8 lt. 14 s. de *sennorios* et 4 années de censives pour lesquelles Carivenc-Laborde était en retard (il est même possible que ce retard fut la cause de son expropriation) ; c'est pourquoi Masenx établit par un billet (f° LVIII v°) ses droits à une somme de 3 lt. 10 s. pour les censives de la propriété.

C'est ce billet qui se trouve reproduit au relevé général des billets impayés (f° 161 r°), établi vers 1539, ce qui prouve qu'à cette époque Masenx n'avait pas encore été remboursé de ses 3 lt. 10 s. « *per resta de IV sens de l'ostal de la Calayo* ». Du reste Carivenc-Laborde était mort en 1546, ce que démontre la mention suivante du f° 16 r°, écrite vers cette époque : « *Los erities de mossen Johan Caricenc-Laborda decon la soma de III Lt. x s. per resta de dos billetas faitas per mossen Johan l'an v^c xxvIII* ».

Le mas de Laborde payait une cartière de froment de rente aux Pitanciers de Saint-André (f° 169 v°).

F° 131 v°   L'an mil v° xxxix, lo jorn de la fiero de Sant Roc de Ca(h)usac (1), j'ey crompada l(a) minada de t(er)ra de Vidal Delforn, que se te(n) am l'autra t(er)ra meteisa que ly ey crompada (2) et ne pag(ue)ri xii *Ll.* x *s.*, carta presa p(er) mestre B(e)rn(a)d Lobat de Ca(h)usac.

It(em) may me j'ey crompada l(a) minada de t(er)ra deldet Vidal Delforn p(er) lo pre(t)s de xii *Ll.*, coma (a)par p(er) carta presa p(er) mestre Bernad Claussel.

It(em) me donec poder de recobra lo se(n)s, p(er) so que monta ma part des fraires de Sant Andrio, lo des; ne (ey) pres carta l'an et lo jorn des.

En marge :

It(em) may ly cromp(re)ri una s(estay)rada de t(er)ra que se ten am l'autra (et) que me costa la soma de xxv *Ll.*, carta presa p(er) mestre Johan Turla, not(a)ry, l'an v° xxxix lo iii jorn del mes de jun.

F° 132 r°   L'an mil v° xxxix, lo xviii del mes de nove(m)bre, me vendec Ra(m)on Fabre, fil de P° de la p(e)rocio de Caudastre, me vendec una pes(s)a de t(er)ra ha Pec-Ausy, que se te(n) am lo c(a)my et am las t(er)ras des Fa(br)es et am la mia t(er)ra meteisa, et me costa xii *Ll.*; carta presa p(er) mestre Ramon Cariven et devra a la cap(el)lanio de mossen Joh(a)n Rey tres ans de se(n)s et de tal(l)a (3).

F° 132 v°   L'an mil v° et xxxix et lo xxii del mes de desembre, j'ey crompada una pessa de ter(r)a de Fran(sc)es Jornes et de son f(r)aire (Guiraud), fil(s) de P° Jornes (4) (per) lo pre(t)s de xvi *Ll.* x *s.*, la cala pes(s)a es a Sa(n)ta Vela (5) que se

(1) Le 16 août.

(2) C'est la terre qu'il a achetée le Vendredi saint 1539 (f° 130, r°).

(3) Il n'est pas douteux d'après ce passage qu'il y avait une chapellenie à Puechauzy et qu'en 1539 Jean Rey en fut titulaire. Or comme Eutrope Fabre venait de mourir, il est vraisemblable et probable que Jean Rey lui avait succédé dans ce bénéfice.

(4) Ces quatre mots sont en renvoi, à la fin de l'article.

(5) Sainte-Vèle, mas de la commune du Verdier, à 1 500 m. au nord de

ten am la(s) t(er)ras de Johan Masse(n)x et am lo rio et dona al bro de Rocasera (1) argen ; carta presa p(er) mestre Ra(m)on Cariven.

En marge : Mossen Dar(d)e Mira(m)on ten (2).

— L'an mil v{{c}} xxxx, lo x de otobre, me vendec Johan Rocas may viel, del mas des Gayo, la soma de I{{a}} 5{{a}} m(i)nada (3) de ter(r)a al ort que s'(appelo) *al entre prat*, p(er) lo pre(t)s de viii *Ll.* v *s.*, carta presa l'an des (per) mestre Johan Turla.

F⁰ 133 r⁰ L'an mil v{{c}} xli lo xi del mes de Aou(s)t, me vendec lo nob(l)e Vidal Delforn, de Sennolac, so es ha sabe : I{{a}} mi-(n)ada de ter(r)a, mesura de perga de Sennolac al loc hapelat al mas des Gaios, que se te(n) am las ter(r)as des Rocas al loc del Valat et am la mio ter(r)a meteisa et am la t(er)ra del det Vidal Delforn et me costa la soma de xii *Ll.* x (s), coma (a)par p(er) carta presa p(er) mestre Johan Turla, am pate que jo podi recobra ma part del se(n)s que dona al las Pitansas.

Ha recobri p(er) vi ans, am pate que se la ter(r)a es laborada, jo joyrey p(er) acel an los se(n)s (4).

Du f⁰ 133 v⁰ au f⁰ 135 v⁰ le manuscrit a été renversé, c'est-à-dire que Masenx a fait du haut le bas de la page et réciproquement. Il s'en suit que, pour la lecture, il faut remonter, en retournant le livre, du f⁰ 135 v⁰ au f⁰ 133.

Cet important passage se rapporte à la perception des revenus des Pitanciers de Saint-André vers 1530. Il paraît être un memento dressé par Masenx au moment où il prit la

---

cette ville et sur la rive droite d'un important ruisseau qui se jette dans la Vère.

(1) Ce lieu-dit nous est inconnu.

(2) C'est-à-dire « Darde Miramon en est tenancier ».

(3) Masenx avait d'abord écrit I{{a}} *minada*.

(4) C'est-à-dire « Il a six ans pour recouvrer sa terre avec condition que si, l'année où il la reprendra, la terre est travaillée, c'est moi qui en prendrai les revenus ».

ferme de ces revenus ; il a donc le mérite de nous donner les noms d'une partie des tenanciers ou arendiers des Pitanciers et d'indiquer une partie de leurs revenus.

F° 135 v° La hor(i)a des Brumas (1), de la foresio, dona de se(n)s ha las Pitansas vi 7 r¹ mina et tres so(l)s bos de argen.

Mestre Falip Delfay se te(n) del Fo (2) vii 7. (sestayradas) una minada, tan ter(r)as (que) pra(t)s, bosces (et) vin(h)as (et dona) xii s^{as} f(orm)en.

Guira(u)d Bru et Johan Bru, fil(s) de P^e.
G^m Bru, fil de G(u)ira(u)d.
Johan Bru, fil de G(u)ira(u)d.
Ramon Bru, fil de Johan.
Johan Bru, fil deldet Johan viel.
Peire Bru, fil de Ramon viel,
Johanna Guirauda la Brediera (3).

F° 135 r° Johan Audebal viel.
P^e Audebal, son n(eb)ot.
Ramon de Rey, fil de Paricel.
Johan Molinie, de la Gariga.
Anthonia Bru(n)a (et) Johan de Rey, lo fr(aire) (4).
Johan de Paulhe, fil de Ra(m)on.
P^e Pascet, fil de Franses (5).

(1) Sans doute aujourd'hui le *mas de la Brumarié*, commune de Fayssac, à 1 kilom S. O. de Fayssac.

(2) *Fo* est sans doute une abréviation.

(3) *La Brediera* ; on a vu Jean Bredy au f° 107 r°.

(4) C'est probablement le personnage qui est désigné comme titulaire de la chapellenie de Puechauzy au f° 132 r°.

(5) Ce personnage a laissé une trace dans l'histoire et ses fils furent intimement mêlés aux luttes religieuses de 1563 à 1575 — . Pierre Pasquet, dit *Lespat* « à cause d'un grand coup qu'il avait reçu à travers le visage en quelques guerres de Piémont », fut pendu en 1563, à Gaillac, par ordre du maréchal Damville, comme religionnaire, avec Jacques Sabuc, dit le bon *Soldat*. « C'étaient deux hommes braves et vaillans, qui appartenaient à des familles de qualité de Gaillac » (Blouyn). On sait que cette exécution, conséquence des instructions secrètes données à Damville par la reine-mère lors de son voyage à Toulouse, fut suivie de terribles représailles. Le capitaine Antoine Pasquet, frère du pendu, devenu l'un des meil-

Mossen Johan Favié.
Falip Angos.
Mars(i)al Angos.

F° 134 v°   Mossen Peire Angos.
Anthony Mersié.
Mossen Arn(au)d Betelha.
Peire Olié, bastie.
Augié Ma(u)rel, de Rebie(ra)s.
Johan Flores(t)a, oste.
Al(l)iot Flores(t)a.
Mossen G^m Delmas ; una vin(h)a (1).

F° 134 r°   *Le recto du folio 134 est en blanc.*

F° 133 v°   Jame Combetas te(n) un ostal en la plas(s)a de Gal(l)ac que se te(n) am lo des Cari(v)ens (2) et am l'ostal de Tom(a)s Ay(m)es ; dona vii d. bos de s(ens).

Mestre Johan Pena(r)t p(er) uno(r)t al bar(r)i de Sant Pa(u)l, pres del valat, (que) se te(n) am l'ort de Johan B(a)rao et dona de se(n)s . . . . vi d. bos.

Mestre Johan Barutel te(n) una vin(h)a a Ronac contenen una minada et se te(n) am la vin(h)a de Johan B(o)ygos et am la vinha de Trelas ; (dona per) an. . . . . vi d. bos.

Nous reprenons maintenant, en rendant au Livre sa position normale, le foliotage au f° 136.

F° 136   *Le recto et le verso du f° 136 sont en blanc.*

leurs lieutenants du vicomte de Paulin, enleva Gaillac en 1568 et l'inonda de sang. Nommé gouverneur de Réalmont par le vicomte, qui l'aimait beaucoup, le capitaine Pasquet fut pris en 1575 et amené à Toulouse. Le vicomte de Paulin informa aussitôt le Parlement que, si on touchait à son officier, il ferait subir le même sort à Philippe de Tourène, dit le capitaine Barjinac, qu'il avait fait enlever à Castres. Le Parlement passa outre et fit pendre Pasquet. Furieux, le vicomte vint à Castres, fit casser la tête d'un coup de pistolet à Philippe de Tourène et fit pendre, à la porte de Villegoudou, son neveu, le sergent de Saint-Félix, avec un écriteau au cou portant : « C'est la revanche du capitaine Pasquet ».

(1) Ces deux mots ont été ajoutés après coup.
(2) Cet *ostal de Cariren* est de nouveau indiqué au f° 143 v°.

Du f° 137 au f° 153, le manuscrit est occupé par les comptes des Pitanciers de Saint-André, dont Masenx a affermé les revenus pour trois ans, en 1530. Ces comptes ne renferment pas les recettes, mais seulement les avances et les paiements effectués par Masenx ; ils nous donnent le nombre et les noms des frères hospitaliers qui, en 1530, étaient bénéficiaires de ces revenus.

F° 137 r° L'an v^e xxx et lo xx del mes de jun, hey arendados las Pitansas de Sant Andrio de Gal(l)ac p(er) lo terme de tres ans, coma (a)par p(er) carta presa p(er) mestre Johan de Rof(i)aco, et s'e(n) ensego(n) las mesas que jo hey faitas de ma part, et prima :

L'an des j'ey pagat p(er) l'obit de Nostra Dama de mars et l'autra (1).	IIII L*l*. X s.
It(em) p(er) la tal(h)a de la vila de l'an v^e xxix que (la) levavo Franses Barao.	LXIII s. IIII d.
It(em) p(er) la tal(h)a de l'an v^e xxix de las Garisos (2), que levavo G^m Gazan.	XX s. XI d.
It(em) p(er) la talha de l'an v^e xxx ha Johan Col.	XV s.
It(em) may p(er) la talha ha Johan Col de l'an des.	II L*l*. VI s.
(Item) p(er) la talha de l'an v^e xxxi a Johan Col	XXX s. VIII d.

F° 137 v° La poghaso (3) de l'an v^e xxx de Nadal j'ey ba(i)lat :

---

(1) L'*autra*, c'est-à-dire Notre-Dame d'Août, l'Assomption. Ainsi on ne comptait plus au XVIe siècle que deux fêtes de Notre-Dame, tandis qu'il y en avait quatre au Moyen-Age : la *Nativité* (8 septembre), la *Purification* ou *Chandeleur* (2 février), l'*Annonciation* (25 mars) et l'*Assomption* (15 août).

(2) Sans doute une chapelle ou un sanctuaire dépendant de l'hôpital, Notre-Dame-des-Guérisons ?

(3) Masenx appelle *poghaso* (pogèze ou pougèze) les termes auxquels il paie leurs revenus aux Pitanciers, à savoir Pâques, la Saint-Jean et la Noël.

On a beaucoup discuté sur l'origine du mot *pitance* et l'on a supposé que cette origine pouvait être dans le mot *pita* (pite), qui était une monnaie. Or le mot *pogèze* confirme cette étymologie, car le *pogès* était une monnaie de

A mossen (lo) prio de Marola (1). . . . . IIII *Ll*. IX *s*.
A mossen Jordy Gaubiel. . . . . II *Ll*. V *s*.
A mossen Jo(se)p Maurel. . . . . II *Ll*. V *s*.
A mossen Feral. . . . . II *Ll*. VII *s*.
A mossen Favie. . . . . II *Ll*. VI *s*.
A mossen Peire Vays(si)era. . . . . . . III *Ll*.
A Es(ti)ene Code(r)e. . . . . XXX *s*.
   Soma. . . . . XVIII *Ll*. II *s*.

— La poghaso de Pascas de l'an v^e xxx j'ey pagat :

A mossen Jordy Gaubiel. . . . . XXV *s*.
A mossen (lo) prio de Marola. . . . . . VII *s*. II *d*.
A mossen Jordy Sinolas. . . . . I *Ll*. VI *s*.
A mossen (lo) vicary (2). . . . . XXV *s*. VI *d*.
A mossen P^e Vays(s)iera. . . . . XXX *s*.
A Es(ti)ene Code(r)e. . . . . XX *s*.
   Soma. . . . . VI *Ll*. XII *s*. VII *d*.

F° 138 r° La poghaso de Sant Johan de l'an v^e xxx s'en sec so que j'ey mes, et prima : (3)

A mossen Johan Landes. . . . . XXX *s*.
A mossen Vays(s)iera . . . . XXX *s*.
A mossen Faveri. . . . . XXVIII *s*. X *d*.
A mossen de Carlus . . . . XXIX *s*. II *d*.
A mossen Gardas . . . . XXV *s*.
A mossen Feral. . . . . XXVIII *s*. IIII *d*.

billon valant le quart d'un denier tolza ou deux pites. De ce mot on a tiré *pogezat*, mesure qui valait 4 boisseaux, et *pogèze*, droit féodal qui était perçu à raison d'un pogez par pugnerée de grain. La *poghaso* des Pitanciers est probablement le reste de cette rente.

(1) Il faut sans doute traduire : « à monsieur le prieur Marolle ». A mossen lo prio (*de l'ostal*) *de Marola*. Les Marolle étaient une famille importante de Gaillac.

(2) *Lo vicary* était le vicaire perpétuel de la Commanderie, sorte de coadjuteur du Commandeur et nommé par celui-ci : « *habet curam animarum* », disent les statuts du 24 février 1390. (Vieux style.)

(3) Cette pogèze est chronologiquement la première qu'ait payée Masenx (24 juin 1530); elle devrait donc se trouver en tête du compte, avant la pogèze de Noel.

A mossen Jo(se)p Maurel. . . . . xxviii s. iiii d.
A mossen Jordy Gaubiel. . . . . xxviii s. ix d.
A Est(i)ene Code(r)c . . . . xx s.
        Soma . . . . xii Lt. viii s. v d.

It(em) may p(er) los obi(t)s de Nostra
Dama et de Sant Laure(n)s de l'an après. iiii Lt. x s.

F° 138 v° La poghaso de v^c xxxi de Sant Johan j'ey fo(r)nit, et prima :

A mossen Johan Frays(s)inet (1) . . . . i Lt. ix s. ii d.
A mossen Jo(se)p Maurel . . . . i Lt. viii s. iiii d.
A mossen Jordy Gaubiel . . . . i Lt. viii s. ix d.
A mossen Bertomio Favié. . . . . i Lt. viii s. ix d.
A mossen Bertomio Selié. . . . . i Lt. ix s. vi d.
A mossen (lo) rito de Carlus . . . . . . i Lt. v s.
A mossen Feral . . . . i Lt. viii s. iiii d.
A mossen P^e Vays(si)era . . . . xxx s.
A Est(i)ene. . . . . xx s.
        Soma . . . . xi Lt. viii s. vii d.

— La poghaso de Nadal j'ey fornit l'an des, et prima :

A mossen (lo) vicari . . . . ii Lt. viii s.
A mossen Jo(se)p (Maurel). . . . . . . ii Lt. vi s.
A mossen Gaubiel . . . . ii Lt. vi s.
A mossen Faveri. . . . . ii Lt. vii s. ix d.
A mossen Landes . . . . ii Lt. xviii s. vi d.
A mossen Seliés . . . . ii Lt. vii s. ix d.
A mossen (lo) rito de Carlus . . . . . ii Lt. viii s. ix d.
A mossen Gardas . . . . ii Lt. xv s.
A mossen Feral . . . . ii Lt. vii s. ix d.
A mossen Pe(i)re Vays(si)era . . . . . iii Lt.
A Est(i)ene Coderc. . . . . xx s.
        Soma . . . . xxv Lt. iiii s. vii d.

F° 139 r° La poghaso de Pascas de l'an v^c xxxii j'ey fornit, et prima :

A mossen de Carlus . . . . i Lt. xiii s. vii d.

---

(1) Il est probable que ce personnage est le même que *Johan Frayssinet, rito d'Andillac*, qui écrivait à Eutrope Fabre le billet qu'on a vu plus haut.

A mossen (lo) vicary. . . . . ı *Ll.* xııı *s.* vıı *d.*
A mossen Josep Ma(u)rel. . . . . ı *Ll.* xı *s.* ııı *d.*
A mossen Gaubiel . . . . ı *Ll.* xı *s.* ııı *d.*
A mossen Faveri. . . . . ı *Ll.* xııı *s.* vıı *d.*
A mossen Landes . . . . ı *Ll.* xııı *s.* vıı *d.*
A mossen Seclié (*sic*). . . . . ı *Ll.* xııı *s.* ııı *d.*
A mossen Gardas. . . . . ı *Ll.* vıı *s.*
A mossen Feral . . . . ı *Ll.* xııı *s.* ııı *d.*
A mossen P^e Vays(si)era . . . . xxx *s.*
A Est(i)ene Codere. . . . . xx *s.*
    Soma . . . . xvıı *Ll.* vı *d.*

It(em) may p(er) obit. . . . . ıııı *Ll.* x *s.*

F° 139 v° La poghaso de Sant Johan de l'an v^e xxxıı, et prima :

Mossen Jo(se)p (Maurel) . . . . ı *Ll.* xı *s.* vııı *d.*
Mossen de Carlus. . . . . ı *Ll.* xı *s.* vııı *d.*
Mossen Landes. . . . . ııı *d.*
Mossen Gardas . . . . ııı *d.*
Mossen Gaubiel . . . . ı *Ll.* ıx *s.* vııı *d.*
Mossen Celie. . . . . ı *Ll.* xıı *s.*
Mossen P^e Vays(si)era . . . . xxx *s.*
Est(i)ene Code(r)e . . . . xx *s.*

 La poghaso de Nadal de l'an v^e xxxıı.

Mossen Job (*sic*) (Maurel). . . . . ıı *Ll.* ıx *s.* ı *d.*
Mossen Gaubiel . . . . ıı *Ll.* ıx *s.* x *d.*
Mossen Landes. . . . . ıı *Lt.* xv *s.* vııı *d.*
Mossen de Carlus. . . . . ıı *Lt.* x *s.* ıııı *d.*
Mossen de Parisot. . . . . ıı *Ll.* vııı *s.* vııı *d.*
Mossen Feral. . . . . ıı *Ll.* xıııı *s.* vııı *d.*
Mossen P^e Vays(si)era. . . . . ııı *Ll.*
Estiene. . . . . xx *s.*
Los obi(t)s. . . . . v *Ll.* v *s.*
 La tal(h)a de l'an de la bor(ia) de
Rueyres (1) p(er) l'an. . . . . xxx *s.*

---

(1) *Rueyres* est actuellement un masage important à 500 m. au nord de Fayssac, paroisse Saint-André de Fayssac.

F⁰ 140 r⁰ La poghaso de Pascas de l'an v⁵ XXXIII

monta. . . . . XVII *Lt.*
Pᵃ mossen (lo) rito de Carlus. . . . . . . XXIX s. VI d.
Pᵃ mossen Feral p(er) las mas de son
  fraire lo xxx de abrial. . . . . XXX s.
Pᵃ Mossen Pᵉ V(a)yssiera. . . . . XXX s.
Pᵃ Mossen Est(i)ene Coderc. . . . . . . XX s.
Mossen (lo) rito de Parisot. . . . . XX s. VII d.
Mossen Jo(se)p (Maurel). . . . . XXIX s. XI d.
Mossen Jordy Gaubiel. . . . . XXVIII s. IX d.
Mossen Landes. . . . . XXX s. VIII d.
Mossen Johan Favie. . . . . XXX s. VI d.

F⁰ 140 v⁰ La poghaso de Sant Johan de l'an v⁵ XXXIII.

Mossen Feral. . . . . XXXV s.
Mossen Gardas. . . . . XXXIIII s. IX d.
Mossen Pᵉ V(a)ys(si)era. . . . . XXX s.
Mossen Est(i)ene Coderc. . . . . XX s.
Mossen Gaubiel. . . . . XXXV s.
Mossen Frays(s)inet. . . . . XXXVI s. II d.
Mossen Jo(se)p (Maurel). . . . . XXXIIII s. X d.
Mossen de Carlus. . . . . XXVIII s.
Mossen Johan Landes lo x de abrial
  v⁵ XXXIII. . . . . III *Lt.*
Mossen B(e)rtomio Selie. . . . . XXXII s.

F⁰ 141 r⁰ En sec se lo blat que j'ey ba(i)lat als f(r)aires tan en argen que en blat p(er) l'an v⁵ xxx (1).

Et prima, a mossen (lo) prio de Marola :
A Johan Marolet del bar(r)i. . . . . II 7 *f*ⁿ.
A Galde, oste del bar(r)i. . . . . X 3ᵃˢ *f*ⁿ.
A Johan Boye, cardayre. . . . . II 7 *f*ⁿ.
A Johan Marola, caus(s)atie. . . . . . . III eminas *f*ⁿ.
A Jam(e)s Sirven, estanie. . . . . I 7 *f*ⁿ.

---

(1) Il y a, comme on le voit, équivalence absolue, au point de vue commercial, entre le blé et l'argent ; l'un est donné pour l'autre et réciproquement. On remarquera aussi que la rente en blé est rarement touchée (sauf quand elle est versée en argent) par les bénéficiaires ; ceux-ci délèguent le plus souvent un tiers, serviteur ou créancier, pour la toucher.

A mossen P̃e Vays(si)era. . . . . Iª mina fⁿ.
A la molie de Bagaradas. . . . . Iª mina fⁿ.
A la mando (de) son nebot la vespra de
Sant Tomas. . . . . vi sᵃˢ fⁿ.

It(em) may al prio j'ey ba(i)lat p(er) vi sᵃˢ blat, lo xx de novembre, la soma de xxvii s. que la volia p(er) paga M(a)let, peyrie.

141 vº L'an vᶜ xxx a mossen Jordy Gaubiel sec lo blat que a pres, prima :

A mestre Falip Col. . . . . ii 7̃ fⁿ.
A Gauseranda Gardana. . . . . Iª mina fⁿ.
A mossen Uc Delforn. . . . . Iª 7̃ fⁿ
A Bertranda de Bot. . . . . Iª mina fⁿ
A mossen P̃e Angos. . . . . Iª mina fⁿ
A Ramon Code(r)e, mol(in)ie . . . . . Iª mina fⁿ

It(em) el meteis ha pres en argen. . . ix Lt.

— L'an des a mossen Johan Favie, et prima :

A pres p(er) las mas de Johan Boye, cardayre. . . . . iii 7̃.
It(em) p(er) lo se(n)s que fa. . . . . . . Iª mina I b. fⁿ.
It(em) may p(er) sa sor. . . . . Iª mina iii b. fⁿ.
It(em) may p(er) Bastiera. . . . . Iª mina fⁿ.

142 rº L'an des vᶜ xxx j'ey ba(i)lat a mossen Feral :

A mestre Johan Boye, sartre (1). . . . Iª mina lⁿ.
A pres tres sesties que los vendec al cors de Cordas. . . . . iii 7̃.
It(em) m'a pres dos sesties en argen que me costec. . . . . viii Lt. xiii s.
It(em) a pres Iª mina p(er) las mas de la sirventa. . . . . (Iª mina).
It(em) may a pres de las mas de Sirven, del Castel de l'Om. . . . . Iª lα fⁿ.

(1) Jean Boyer cumule, comme c'était habituel à cette époque, les professions de cardeur de laine et de tailleur.

— L'an des vᶜ xxx a pres mossen (lo) rito de Carlus, et prima :

A presas Guil(hem) Delpoun. . . . . . . v minas fⁿ.
It(em) may m'a pres en argen. . . . ɪ 7, presen Johan Jorda.
It(em) may en argen, al fieral, lo xx de ao(s)t. . . . . ɪ 7.
It(em) may ha Marolet. . . . . ɪɪɪ 7. fⁿ.
It(em) may a pres, lo xɪɪ de otobre. . ɪ 7. et es pagat a la gleisa.
It(em) may a Johan Sirven. . . . . . ɪɪɪ minas fⁿ (1).
It(em) may a Gauseranda. . . . . . . ɪ 7. ɪᵃ mina fⁿ.
It(em) may Anthony Arago. . . . . . ɪɪɪ minas fⁿ.
It(em) may p(er) ɪɪ 7, lo xxvɪ de se(tem)bre. . . . . ɪɪɪɪ Ll. xv s,

Fᵒ 142 vᵒ L'an des vᶜ xxx (ey) ba(i)lat a(l) vicari (et) a pres de my :
vɪɪ 7. ɪᵃ mina fⁿ p(er) sas mas.
It(em) may ɪɪ 7. p(er) las mas de son nebot.
It(em) may p(er) mossen Babecas (2) vɪ ᶻᵃˢ ɪɪɪ b. fⁿ.
It(em) may ɪ 7. p(er) las mas de son nebot, (lo) xv de mars.
It(em) may mieja carta del se(n)s del prat.

— L'an des vᶜ xxx a pres mossen Bertomio Selie, et prima :
Per sas mas vɪɪ 7. fⁿ.

— L'an des vᶜ xxx a pres mossen Jo(se)p M(au)rel de my, prima :
A Johan Boye, cardayre, ɪɪɪ 7.
It(em) may ɪᵃ mina a la molie de Ros(s)et.
It(em) may en argen, p(er) la mita(t) de xɪɪɪ 7. fⁿ, j'ey pagat xv Ll. xɪɪ s.

---

(1) Cette quantité et la suivante ont été biffées.

(2) Sans doute le notaire Antoine Bacbec, cité par Fabre : (F. fᵒ vɪɪ rᵒ), on le retrouve aux fᵒ ʟvɪɪ rᵒ, 141 rᵒ et 162 vᵒ.

F⁰ 143 r⁰ L'an vᵉ xxx a pres mossen Johan Landes de my, prima :

A Gausseranda de Gaisso, II 7̃.

It(em) a la sirventa, Iª mina fⁿ.

It(em) may v minas de la capela en argen.

It(em) may al magistre de banc, I 7̃.

It(em) may en argen de Johan Robe(r)t, I 7̃.

It(em) may a pres I 7̃. p(er) las mas de Bertomio son fraire, lo xv de mars.

It(em) may Iª mina lo mes de may.

It(em) may en argen vI Lt. en deisso de mage soma lo xvII de mars.

F⁰ 143 v⁰ L'an vᵉ xxxI s'en sec lo blat que a pres de my mossen Colas Feral, et prima :

De Jame Davit. . . . . I 7̃ fⁿ.
de Gary, sabatie . . . . III 3ᵃˢ II b. fⁿ
de Dabit. . . . . Iª mina fⁿ.

It(em) may I 7̃. lo xxv de se(te)mbre a Jame Co(m)betas.

It(em) may I 7̃. lodet jorn p(er) las mas de la si(r)venta.

It(em) may III 7̃. lo xv del mes de otobre pres p(er) las mas de la sirve(n)ta.

It(em) plus III 7̃. a l'ostal de Cariven.

It(em) may en argen I 7̃. lo pre(mi)e jorn de febrie.

It(em) may en argen I 7̃. lo xx de febrie.

It(em) may lo vIII de mars Iª la fⁿ (1) a de Rofiaco.

It(em) deo en argen x s. en deisso (de mage soma) a Turla de Sant Andrio.

F⁰ 144 r⁰ L'an vᵉ xxxI a pres mossen (lo) rito de Carlus de my, lo xvII de may.

Pr(im)a . . . . IIII 7̃.
It(em) may lo segon jorn de juliet. . . II 7̃.
It(em) may lo IX de juliet. . . . . . . II 7̃.
It(em) may lo xv de setembre. . . . . I 7̃.
en argen tot so des(sus).

It(em) a Johan Marolet del barri IIII 7̃. lo xxv de se(tem)bre.

---

(1) Masenx avait d'abord écrit *Iª tª en argen* : il a biffé ces mots et raturé.

It(em) may lo jorn des l 7 en argen al contado, presen Bachee.

It(em) a Pe(i)re Cariven et Fer(r)an, 1 7.

Plus deo p(er) argen (prestat) lo mes de se(tem)bre la soma de xix s.

It(em) may lo xv de j(a)nie, xv s.

Plus xx s. lo xxviii d(eldet).

— L'an v^e xxxi a pres de my mossen Gardas :

A pres sa sor, lo v de otobre, viii 7 fⁿ.

It(em) may 1 7. de Galdo del barri.

It(em) may vi 3as sus mossen P^e An(g)os.

It(em) may (a) Margar(i)ta 3^a la fⁿ de Al(li)et.

It(em) may a pres en argen iii 7. v 3as fⁿ que ey pagat a la Barutela.

F^o 144 v° L'an v^e xxxi mossen Jo(se)p (Maurel) a pres de my :

A Vinho (*Lavigno*) lo poticari, x 7.

It(em) a Bertomio Cabrol (1), ii 7. 1^a mina fⁿ.

It(em) i 7 en argen que l'a pres a la gleisa lo iiii jorn de novembre.

It(em) may 1^a mina lo xviii de janie a la Com(m)andario, en argen, ii Ll. v s.

It(em) may lo pre(mi)e de mars a pres p(er) las mas de son gojat xxv s. en deisso de mage soma.

It(em) may lo x de may ha pres un escut del solel p(er) ii Ll. ii s.

— L'an v^e xxxi a mossen Bertomio Selie :

A pres 1^a la de P^e Cariven.

It(em) may viii 7. lo viii de otobre.

It(em) may i 7 p(er) los Delmas.

It(em) may iiii 7 lo xiii de otobre.

It(em) may ix 3as p(er) las mas de Barnabea.

It(em) may i 7 lo xx de juliet en argen.

---

(1) La famille Cabrol était l'une des plus marquantes de Gaillac ; elle a fourni un chirurgien célèbre dont Borel de Castres a donné la biographie, et le consul Cabrol, protestant fougueux, qui fut tué dans l'échauffourée du 18 mai 1562.

F° 145 r° L'an vᶜ xxxi a pres mossen Johan Landes de my, et prima :

    Lo xxv de se(tem)bre (per) Petitganda, ɪɪɪ 7̃.

    It(em) 1ª mina de Mafre Bla(n)c.

    It(em) may ɪɪɪ minas p(er) las mas de B(er)nad Armengau.

    It(em) 1ª mina (a) la molie de Ra(m)on Aymes.

    It(em) 1ª *la* ha Salel.

    It(em) 1ª *la* ha la Moris(s)a.

    It(em) ɪ 7̃ que vendee lodet jorn.

    It(em) 1ª mina a mossen G(ui)raud Rod(ĳ)er(a)s.

    It(em) may 1ª *la* a la Moris(s)a, lo xvɪɪɪ de novembre.

    It(em) may lo xvɪɪɪ de j(a)nie ɪ 7̃ en argen.

    It(em) may lo xxvɪɪɪ de mars ɪ 7̃. a Bertomio.

    It(em) may en tres escuts del solel vɪ *Lt*. v *s* (1).

    It(em) may 1ª mina que Aygadio lo portec.

    It(em) may en argen d(av)an la porta de San(t) Anthony, vɪ *Lt*.

    It(em) may en argen, x *s*.

F° 145 v° L'an vᶜ xxxi a pres mossen Johan Frays(s)inet de my, et prima :

    A pres vɪɪɪ 7̃. lo vɪɪɪ de nove(m)bre.

    It(em) lo xvɪɪ de otobre, ɪɪɪɪ 7̃.

    It(em) lo premie jorn de febrie (et) ters de mars, ɪɪɪ minas.

    — L'an vᶜ xxxi a pres mossen Faveri :

    A pres vɪɪɪ 7̃. lo xxvɪɪɪ de j(a)nie.

    It(em) may en argen, (per) ɪɪɪ 7̃., xɪɪ *Lt*.

    It(em) per sa sor, 1ª mina ɪɪɪ *b*.

    It(em) may, p(er) son se(n)s, 1ª mina ɪ *b*ᵉˡ.

    It(em) may p(er) Bastiera, 1ª mina.

    It(em) may 1ª mina en argen lo xxv de mars.

F° 146 r° L'an vᶜ xxxi a pres mossen Jordi Gaubiel :

    A la pastisseria. . . . . ɪ 7̃.

    A Bagarados (2) . . . . ɪ 7̃.

---

(1) L'écu au soleil vaut donc en 1531 2 lt. 1 s. 8 d.

(2) C'est la seconde fois que le nom de la *boria* de Masenx (v. f° 109 r°) revient dans ces comptes (Ibid. f° 111 r°). Mais il faut remarquer que George

(A) Johan Marola, caus(s)atie. . . . . III minas Iª *la*.
(A) Johan des(s)us. . . . . II 7
A Bertranda de Bota. . . . . Iª mina.
A la Seliera . . . . Iª *la*.
It(em) a Estiene. . . . . III minas.
It(em) a Olivie. . . . . I 7.
It(em) a Ra(m)on Sotsol. . . . . I 7.
It(em) may xxx *s*. en argen lo III de may.

Les folios 146 rº et 147 rº sont en blanc.

Fº 147 vº   En sec se la poghaso del blat de l'an vᶜ xxxII bailat als f(r)aires de Sant Andrio.

Mossen Jordi Sinolas a pres VIII 7 sus mestre B(e)rnad (1) en argen lo mes de habrial.

It(em) may III 7. a pres p(er) las mas de Bertran Cabrol.

It(em) a mossen Ra(m)on Arago, II 7. lo x del mes de setembre (2).

It(em) a mossen de Barutel III 7. *fⁿ*.

It(em) la vespra de Sant-Johan x *s*. en argen.

Fº 148 rº   Mossen Jordi Gaubiel ha pres I 7 formen p(er) las mas de mossen Ramon Feral lo xv de ao(s)t.

It(em) may a pres de mestre Bernad Moret tres minas *fⁿ* lo III del mes de se(te)mbre.

It(em) may a pres lo xxvII de se(tem)bre I 7. *fⁿ* p(er) las mas del fil de Bertranda de Bota (3) et de son v(a)ilet.

It(em) may lo jorn des a pres I 7 *fⁿ* p(er) las mas de Anthony Varelha, payrolie.

Gaubiel était probablement de Castelnau, qu'il faisait encore, en 1515, d'assez nombreuses affaires avec Masenx (V. fº 6 rº) et qu'il était apparenté avec la plupart des familles du pays ; il n'est donc pas surprenant qu'il fasse toucher du blé chez Masenx. *Olicie* désigne sans doute Olivier Guy et *Estiene*, maître Etienne Algay, neveu de Gaubiel.

(1) Maître Bernard Moret ou Moreti, notaire de Gaillac.

(2) Cet article a été biffé.

(3) *Bertrande de Bot* ; Masenx a écrit, par une interversion qui lui est familière, *Boat*, pour *Bota*. On a déjà vu ce nom de Bot dans l'abre (fº xv rº) ; on le retrouve dans Masenx, fº 116 rº. Les noms de *Bot* et *Got* furent très communs dans l'Albigeois au Moyen-Age ; on sait que c'était celui du pape Jean XXII.

It(em) may ha pres p(er) las mas de son nebot, fil d'Estiene, lo xv de otobre vi ꝫᵃˢ fⁿ.

It(em) may a mossen Jordi Rodieras 1ª mina.

It(em) may lo xvii de otobre vi ꝫᵃˢ a (E)stiene.

It(em) may p(er) Bertran, de Bonavila, p(er) son se(n)s,
1ª mina fⁿ.

It(em) may xxx s. p(er) Gaosot, molinie, p(er) d'escalas.

It(em) may xix dob(l)as ha la molie de mestre Johan
Cabrol.

It(em) may xxx s. a James de Pa(u)lhe.

En marge :

Remes a mossen de Anth(on)y Meric, v *Ll.*

Soma tot : xii 7̄ 1ª mina.

Fº 148 vº — Mossen C(o)las Feral a pres tres minas (de) blat de Jame
Dabit, lo xv de juliet.

It(em) may a pres p(er) las mas de Jame Li(g)nol, lo xv
de otobre, vi ꝫᵃˢ fⁿ.

It(em) may l'an des (et) lo jorn de Sant-Luc (a pres) p(er)
las mas de la sirventa de Gayo 1ª mina fⁿ.

Plus lo det jorn p(er) sas mas 1ª mina.

It(em) lo jorn de (la) festa de(s) Res 1ª mina pres(a) p(er)
las mas de Belhe *(Abelhe?)*, molinie.

It(em) may p(er) las mas de V(i)g(e)ri, de Val(e)tas, ii 7̄ fⁿ.

It(em) may a pres lo jorn des i 7̄. fⁿ p(er) las mas de
sa sirventa.

It(em) may lo xxv de otobre i 7̄. fⁿ p(er) las mas de
son f(r)aire.

It(em) may lo xxx de janie 1ª mina fⁿ pres p(er) las mas
de mestre Bertran Batifol.

It(em) may p(er) las mas de m(oss)en Johan Pelros, 1ª
mina.

It(em) may ha m(oss)en Anth(on)y Meric v *Ll:* p(er) (el).

It(em) may p(er) las mas de sa sirventa lo x de abrial,
1ª *la* fⁿ.

It(em) may lo xxviii de may 1ª *la* fⁿ p(er) sa sirventa.

Fº 149 rº — Mossen Jo(se)p Maurel a pres de my en argen v 7̄. formen
lo xx de ao(s)t et lo vii de se(te)mbre.

It(em) may 1ª mina p(er) las mas de P⁰ de Barba.

It(em) may 1 7. p(er) las mas del gendre de P⁰ Verdie, lo vIII de novembre.

It(em) may lo xvII de otobre 1ª mina ha B(e)rtranda de Bota.

It(em) may me vendec al obrado de Marolet, presen (1) lo fraire de mossen Feral, 1ª mina *f*ⁿ.

It(em) lo vI de mars 1 7 en argen.

It(em) may xxx *s.* p(er) crompa lo camelot.

It(em) may lo xxvIII de mars I 7 en argen.

Plus lo x del mes de jun LXX *s.*

It(em) may lo pr(em)ie jorn de otobre (de l'an) vᵉ xxxIII LV *s.*

It(em) may I 7 l'an vᵉxxxIII lo pr(em)ie de j(an)ie de Anth(on)y Varelas.

F⁰ 149 v⁰ Mossen Bertomio Selie a pres de P⁰ Blasy, del mas de Cornaboc (2), 1ª mina *f*ⁿ.

It(em) may a pres mos(s)en B(e)rto(m)io lo tres de novembre vI 7 *f*ⁿ.

It(em) may de Johan Cariven, del mas de la B(o)r(da), 1ª *la f*ⁿ lo xv de otobre.

It(em) may l'an des a pres de Matio Trainié 1 7 *f*ⁿ.

It(em) may a pres l'an vᵉ xxxIIII, lo xxII de otobre, presen Barnabe, III 7 *f*ⁿ.

It(em) may I 7 la vespra de Sant Vinsens portat p(er) lo v(a)ilet del vicari.

F⁰ 150 r⁰ Mossen Laudes a pres lo xI del mes de hotobre p(er) las mas de son f(r)aire vIII 7 *f*ⁿ.

Plus de Tue(n)he *(Tuenjnc)* I sestie *f*ⁿ.

It(em) may lo xxv de abrial, p(er) las mas de Aygadio 1 7 *f*ⁿ.

---

(1) Ces deux derniers mots sont en renvoi à la marge. La phrase en outre a été raturée : il semble que la rédaction primitive fut : *It(em) may una mina (en) novembre, presen lo fraire de mossen Feral.*

(2) *Cornebouc*, à 4 kilom. Est de Gaillac, sur la route d'Albi, formait, comme on le sait, avec Rivières, une importante seigneurie qui s'étendait, sur la rive droite du Tarn, jusqu'à Gaillac.

It(em) may ii 7̃ lo xvii de febrie portat p(er) Johan de la Rosa (et) p(er) Johan d'Estevos.

F⁰ 150 v⁰ Mossen Gardas ha pres lo xvi de otobre vi sesties *fⁿ*.
It(em) may 1ª mina p(er) las mas de mossen Pᵉ Angos.
It(em) may de Dabit 3ª *la*.
It(em) may iiii 7̃ vii 3ᵃˢ 1 *la fⁿ* lo xxv de janie.
Plus ii ses(ties) lo v de febrie pres p(er) las mas de Rafael Brou a Castelnuou, en mon g(r)a(n)ie.

Le folio 151 a été arraché et manque au manuscrit.

F⁰ 152 r⁰ Mossen Johan F(ra)ys(s)inet, f(r)aire, ha pres de my, p(er) la poghaso de l'an vᵉ xxxii, vi 7̃ blat a l'obrado de Marolet, l'an des, lo tres de novembre.
It(em) may lo xii de may a pres un sestie de blat.
It(em) may ha pres lo xiii del mes de setembre, iii 7̃ blat p(er) las mas del v(a)ilet.
It(em) may i 7̃ la vespra de Sant Vinse(n)s p(er) las mas del v(a)ilet.
It(em) may i 7̃ lo xviii de febrie p(er) Johan de la Rosa et Johan d'Estevos.

F⁰ 152 v⁰ Mossen Johan Favie a pres, p(er) la poghaso de l'an vᵉ xxxii, al obrado de Marolet, vii 7̃ blat, presen(s) Johan Boye, et Delgavan et mossen Johan F(ra)ys(s)inet qu'e-ro(n) de presen, et Uc Devas.
It(em) may un sestie a pres p(er) las mas de Johan Boye a l'ostal de mon sogre l'an des lo x del mes de may.
It(em) may, p(er) l'obit de mossen Johan Teis(s)e(i)re et p(er) lo se(n)s de Costa et p(er) los dar(a)yrages de tres ans, monta iii 7̃. 1ª mina.
Memoria (sic) que nos deo, p(er) las sen(n)orias de la ter(r)a de mossen Galibert las sen(n)orias et lo se(n)s del argen.

Ici finissent les comptes de l'afferme des Pitanciers de Saint-André que Masenx conserva pendant les années 1530-31, 1531-32 et 1532-33.

Pièces annexes. — A la suite de ces comptes se trouvent, dans le manuscrit, deux petites notes de la main de Masenx écrites, l'une sur un carré, l'autre sur une étroite bande de papier. Comme elles intéressent le fermage des Pitanciers, nous avons cru devoir les rapporter ici.

La première porte :

L'an v^exxxi paga Guil(hem) Gylinga(n)o (1) la soma de xx s. en dos testos dans la miso de Dabit, presen Margotet Got.

L'an des me a re(co)brad lo ba(s)t del ase, mas jo ly ey fornit tot.

L'an v^e xxxii m'a fait lo ba(s)t del ros(s)y et ly ey fornit bora et tela et la resta, se tan la si(n)gla.

It(em) m'a pagat un ducat (2) en deisso de mage soma, pre(se)n(s) Lobeti et Anthony Arago l'an v^e xxxii.

It(em) m'a fait un ba(s)t a l'ase l'an v^e xxxiiii.

La seconde note est ainsi conçue :

It(em) ey pres de Phelip, del mas de Cornaboc, una emina de mossola p(er) las Pitansas.

Les folios 153, 154, 155, 156, 157, 158 et le recto du f° 159 sont en blanc. Certains de ces feuillets n'ont même pas été coupés par l'auteur.

Masenx a utilisé les dernières feuilles de son manuscrit pour y inscrire le relevé des billettes impayées qu'il avait par devers lui, autrement dit pour y faire un relevé de ses créances. Ce travail se présente sans aucune méthode ni ordre chronologique : Masenx semble avoir simplement transcrit, au hasard et comme elles se présentaient, les billettes éparses dans ses livres ou renfermées dans son sac. Toutefois, comme la plus ancienne reconnaissance remonte à 1521 et la plus récente à 1538, il est probable que ce travail a été fait en 1538 ou 1539.

---

(1) On a déjà vu ce personnage au f^o lx r^o. On voit qu'il exerçait la profession de *bastie*, c'est-à-dire de fabricant de bâts ou de bourrelier. Son nom est écrit *Galingano* au f° 162 v°.

(2) C'est la première et la seule fois qu'on voit apparaître cette monnaie, que les guerres d'Italie venaient d'introduire en France. Il s'agit ici du *ducat de Venise*, qui valait 3 écus au soleil, c'est-à-dire environ 7 lt. et demie.

En outre, pour ce relevé, Masenx avait de nouveau retourné son manuscrit, de telle sorte que celui-ci était commencé par les deux bouts. Il faut donc, pour suivre le travail de l'auteur, renverser le manuscrit et remonter du f° 161 r° au f° 159 r°.

F° 164 v°   La memorio de las biletas que so(n) en lo sac et en los libres s'en sego(n), et prima :

Arn(au)d Bru, fil de Anth(o)ny, p(er) xxxv s.; bileta p(er) Cantalausa fat(a) l'an v° xxiiii lo xxiiii de may.

— Anth(o)ny Delvren, afanayre de Gaillac, deo ii Ll. pres(as) l'an v° xxviiii lo xviii de abrial p(er) mestre P° Cariven.

— Mestre Anthony Cantalaussa deo xxx s. p(er) responsa p(er) Jolio Garic ; bileta p(er) sa ma l'an v° xxxviii lo xiii de se(tem)bre.

— Jame P(e)rbos(e), de Luman, deo xxxix s. ii (d) p(er) una flas(s)ada pres(a) l'an v° xxv lo xv de j(a)nie ; bileta p(er) Cantala(u)sa.

— Lo noble Guilla(u)m(a)s de Monfontan, de Castelnuou, deo xi Ll. p(er) un pa(re)l de bios l'an v° xxvi, bileta p(er) sa ma.

— Estiene Eris(s)o, fil de Johan, de Roire (1), deo xiii dob(l)as l'an v° xxii lo xxiii d'aost ; bileta p(er) Rosieras.

— Marty Sotsol, de Sant Marty de Lespinas, deo iii Ll. x s. p(er) la fusta de un coulombie l'an v° xxv lo iii de abrial, bileta p(er) Germani (2).

— Johan Durban, fil de Barnabe, deo v Ll. xv doblas, bileta p(er) Ro(si)eras, l'an v° xxvii.

— Johan Gao et G^m Galan deo(n) x s. p(er) argen pres(tat) l'an v° xxi, bileta p(er) Johan Vig(u)ié (3).

---

(1) *Rouyre*, précédemment de la baillie et consulat du Verdier, avait été érigée en 1475, avec *La Motte*, en communauté. Elle fait aujourd'hui partie de Sainte-Cécile-du-Cayrou.

(2) Le billet avait été sans doute renouvelé car il avait été primitivement établi par Cantalause, en 1520 (Cf. f° xxix r°).

(3) C'est le *Johan Viguié*, clerc, cité par Fabre en 1528. (Cf. *Fabre*, f° vi r°).

F° 164 r°   Ramon d'Estavila may jove deo p(er) un sestie de se(g)al pres l'an v° xxvii, bileta p(er) Cantalausa, xlii dob(l)as.

— Pe(i)re Felie, fil de G^m, de Castelnuou, deo vii s. (de resta) de una treja, coma (a)par p(er) bileta p(er) Cantala(u)sa, l'an v° xxx.

— Antho(n)y de la Cros, fil de Bertran, deo xxii L*l*. xv s., carta p(er) Lobeti, l'an v° xxxvii.

— Lo noble Johan Ebral, rito de Montans, deo la t(er)ra del deime (1), carta p(er) Cantala(u)sa, l'an v° xxxvii.

— Jame Bareo, maselie, deo p(er) resta vii L*l*., bilet(a) p(er) R(os)ieras, l'an v° xxxii.

— Anthony del Claus, fil de Ramon, deo ii L*l*. l'an v° xxvii, bileta p(er) Germani.

— Mafre Perbose deo ii L*l*. p(er) 1ª barica de vy l'an v° xxix p(er) Cantala(u)sa.

— Bernad Vidal, sartre, de Castelnuou, deo p(er) drap ii L*l*. l'an v° xxvii, bileta p(er) Cantala(u)sa.

— Mafre Perbo(s)e deo p(er) un prat, l'erba, xxix s. bileta p(er) Cantal(au)sa, l'an v° xxiiii.

— Johan Igo (2), de Castelnuou, deo catre baricas de re(s)ta, bileta p(er) Cantalausa, (l'an) v° xxx.

F° 163 v°   Mossen Jame Lausat deo, p(er) re(s)ta de una rauba, x s. bileta p(er) sa ma, l'an v° xxvii.

— Anth(o)ny de la Cros, fil de Bertran, deo xxvii s. vii d. p(er) unas cau(ss)as, bileta p(er) Cantala(u)sa, (l'an) v° xxi.

— Bern(a)d Duran deo, p(er) responsa faita, v L*l*. bileta p(er) Masenx, (l'an) v° xxvii.

---

(1) Il faut lire sans doute *la renda del deime*, au lieu de *la terra*. Jean d'Hébrail, curé de Montans, de la maison de Rivières, possédait évidemment des terres qui payaient la dîme à l'une des six églises de la Commanderia de Saint-André.

(2) Le nom de ce personnage figure au répertoire (1er feuillet r°) : son article se trouvait, avec beaucoup d'autres également disparus, dans les premiers feuillets de la deuxième partie du manuscrit. Le radical de ce nom est Hugo ; il a fourni tous les dérivés Igounet, Hugonet, etc.

— Los (e)rities de mossen Ramou Code(r)c deo(n) v *Ll.*, carta p(er) Cantal(au)sa, l'an vᶜ xxiiii.

— Bertran Dàiras, nebot, deo xxviii *s.*, bileta p(er) Cariven l'an vᶜ xxiii.

— Anthony Repuos deo, p(er) re(s)ta de un ase, ii *Ll.*, bileta (per) Cantala(u)sa, (l'an) vᶜ xxvii.

— Anthony Johan may viel deo iiii *Ll.* p(er) drap et vy, bileta p(er) Cariven (l'an) vᶜ xxv.

— Pe(i)re Co(lo)mbie (et) Joh(an)a P(e)rairola, sa molie, deo(n) xxvii *s.* vi *d.* bileta p(er) Cantala(u)sa, (l'an) vᶜxxv.

— Johan Delpec deo x baricas nuovas, bileta p(er) Masenx, l'an vᶜ xxxi.

— Mossen Ar(nau)d Pons deo ii *Ll.* p(er) un(a) bileta p(er) Cantala(u)sa, l'an vᶜ xxvii.

— Pᵉ Felie, pas(se)rio, (deo) ii *Ll.* p(er) una b(a)rica (de) vy, bileta p(er) Cantala(u)sa, (l'an) vᶜ xxix.

It(em) may (deo) lodet Felie xx dob(l)as p(er) blat, bileta p(er) Cantalausa, (l'an) vᶜxxvii.

Pius iii *Ll.* iii *s.* x *d.* p(er) blat, bileta p(er) Cantalausa, l'an vᶜ xxvii.

Plus deo xxix doblas p(er) caussas, bileta p(er) Cantala(u)sa, (l'an) vᶜ xxii.

fᵒ 163 rᵒ — Gᵐ Poget, de Sant Geromy, te(n) una vac(a) (per) lo pres de vi ʀ petis : fat l'an vᶜ xxxviii, bileta p(er) Cantala(u)sa.

— Ra(mo)n Algay, fil de Ra(m)on, de la perocio de Sant Johan, deo iii *Ll* xiii *s.* viii *d.*, bileta p(er) Batifol, l'an vᶜ xxxviii.

— Ramon Fabre jove deo la soma de vi *Ll.* p(er) drap pres l'an vᶜ xxx lo vii de abrial, carta p(er) Turla (et) p(er) vy 1ª b(a)rica.

— Pe(i)re Rocas, de la perocio de Candastre, deo la soma de xli dob(l)as, vi *d.* p(er) ix pans ꝫ drap, pres l'an vᶜ xxx, bileta p(er) Turla.

Plus deo la soma de xvii *s.* vi *d.* p(er) iii Q ꝫ fe pres l'an vᶜ xxxi.

— Pe(i)re Mario, caus(s)atie de Gallac, deo' la soma de xxx s. p(er) unas se(nno)rias, bileta p(er) Turla, l'an v⁰ xxxiii.

— Anth(on)y Des(s)ous, peirie de Mauriac, deo xiii s. iiii d. p(er) ꝫ ͣ la blat pres l'an vᶜ xxx, bileta p(er) Cariven.

It(em) deo may lᵃ la fⁿ p(er) l'an vᶜ xxxi (et) p(er) vᶜ xxxii.

— Gᵐ Tol(o)sa, de Sant Geromy, deo la soma de xx s. p(er) un te(ss)onet pres l'an vᶜ xxix, bileta p(er) Batifol.

— An(tho)ny Calvet, menusie, de Castelnuou de Monmiral, deo la soma de ii Ll. xix doblas, bileta p(er) G(erma)ni.

Fº 162 vº — Ramon Bonavila et Ramonda, sa sor, (1) devon la soma de xxxvi s. iii d. p(er) lo se(n)s de las Pitansas, p(er) tres ans, bileta p(er) Ba(b)ee (l'an) vᶜ xxxi.

— Johan Gambras, de Luman, deo xxi s. viii d. p(er) 1ᵃ mina blat pres l'an vᶜ xxx, bileta p(er) Cantala(u)sa.

— Ramon Fabre, de Candastre, deo la soma de xii s. vi d. p(er) 1ᵃ ꝫ ͣ la fⁿ, l'an vᶜ xxxi, bileta p(er) Turla.

It(em) deo may p(er) re(s)ta del blat del se(n)s tan p(er) el que p(er) son fraire et (son) bot ii Ll. ii s. ix d., bileta coma de(ssu)s.

— Gᵐ Galingano deo la soma de xiii Ll. p(er) lo col(l)egi del obrado p(er) l'an vᶜ xxvii, p(er) vᶜ xxviii (et) p(er) vᶜ xxix, carta p(er) Cariven.

— Anth(on)y Tol(o)sa, fil de Gᵐ, deo p(er) ix Q. de fe pres l'an vᶜ xxix la soma de xxii s. viii d., (bileta per) Cantala(u)sa.

— Bern(a)d Fabre, fil de Johan, deo p(er) tela et estopas la soma de xxxv s., l'an vᶜ xxix; (bileta) p(er) Cariven.

— Johan Cariven, paire, deo la soma de xxx s., l'an vᶜ xxix, (bileta per) Car(ive)n.

— Mical d'Astrios et Anthonia Bareo deo(n) la soma de xxxv s. (per un) comte fat, bileta p(er) Cariven, (l'an) vᶜ xxx.

(1) Elle est appelée Alix au fº lvii rº.

F° 162 r° Anth(on)y Bruno, fornie, deo la soma de vi *Lt.* v *s.*, bileta p(er) Turla, l'an vᵉ xxxi.

It(em) deo p(er) lo se(n)s de sa part v cartos formen.

— Mossen Estiene Clerg(u)e et Anth(on)y Marola (et) Falip Ca(p)us deo(n) p(er) darayrages iii *Lt.* x *s.* l'an vᵉ xxxii, bileta p(er) sa ma.

— Pa(u)l Bru deo xl doblas p(er) l'erba del prat et bileta p(er) Masenx, (l'an) vᵉ xxxvii.

It(em) may deo iᵃ mina blat et iᵃ mina de segal et iᵃ *la* palmola, pres l'an des, bileta p(er) Masenx.

— Johan Lob(e)rsanos, bordie, de Gal(l)ac, deo la soma de iii *Lt.* vi *s.* p(er) blat, carta p(er) Turla.

— Anth(on)y del Claus deo ii *Lt.* p(er) un(a) bileta p(er) Cantala(u)sa, l'an vᵉ xxviii.

— Ramon Coly, fil de Darde, deo xxvii *s.* vi *d.* p(er) re(s)ta ; bileta p(er) Masenx, (l'an) vᵉ xxxvii.

— Jordi d'A(u)str(i)eras deo xiii doblas v *d.* p(er) palmola (l'an) vᵉ xxvii, (bileta per) Cantala(u)sa.

— Pe(i)re Salvy deo xv dob(l)as, bileta p(er) Cantala(u)sa, (l'an) vᵉ xxviii.

— Pe(i)re Daros deo l *s.* p(er) blat et se(g)al, bileta p(er) Canta(lau)sa.

— It(em) may deo p(er) tres minas blat iiii *Lt.* (l'an) vᵉ xxvii.

F° 161 v° Ra(m)on Barat(i)eras deo la soma de xxv *s.* l'an vᵉ xxx, (bileta per) Cari(ve)n.

— Gᵐ Ricart, fil de Johan, deo la soma de ii *Lt.* x *s.* vi *d.*, bileta p(er) Masenx.

It(em) deo may v Q. de fe pres l'an vᵉ xxxvii.

— Gᵐ d'Estaviala deo, coma (a)par p(er) bileta, v *Lt.* x dob(l)as, bileta p(er) Masenx, (l'an) vᵉ xxxvii.

— Guir(au)d d'Astrios deo ii *Lt.* ii *s.* p(er) blat et fe, (l'an) vᵉ xxix, (bileta per) Cantala(u)sa.

— Gᵐ Tal(l)afer, fil de Anthony, deo p(er) re(s)ta de blat ix *s.*, bileta p(er) Cantala(u)sa, (l'an) vᵉ xxvii.

— G^m Malirat, cordie de Gal(l)ac, deo XIII L*t*. p(er) lano, (l'an) v^e xxx, (bileta per) Car(ive)n.

— Johan Rocas, de Luman, deo p(er) re(s)ta III L*t*. (l'an) v^e xxviii, bileta p(er) Cantala(u)sa.

— P^e Vert, fil de Ra(m)on, deo p(er) fe xxx s. l'an v^e xxv, (bileta per) Batifol.

— Darde Est(ie)ne, del pec de la Cros. (1), deo p(er) un brao III v s. (l'an) v^e xxix, (bileta per) Ca(n)tal(au)sa.

— Mestre Anth(on)y Germani deo II L*t*. v s., bileta de sa ma.

F° 161 r° Guir(au)d Pal(h)es deo 1^a mina de se(g)al et v s. p(er) re(s)ta, bileta p(er) Turla, l'an v^e xxxvi.

It(em) me deo p(er) re(s)ta de un sestie de blat xx s., conte fait (et) pres l'an v^e xxxv.

— Mossen Johan Cariven-Lab(o)rda deo la soma de III L*t*., x s. p(er) re(s)ta des IIII se(n)s de l'ostal de la Caleyo.

It(em) may deo p(er) v o^s de safra xxv s. l'an v^e xxvii.

— Johan Jorda, cordie, de Gal(l)ac, deo p(er) re(s)ta la soma de xxii L*t*, bileta (l'an) v^e xxx.

— Bertran Johan, fil de Ramon, deo II L*t*. v s p(er) 1^a mina blat, l'an v^e xxix, bileta p(er) Cantal(au)sa.

— Gi(l)bert Delvrem deo la soma de xxxv s. p(er) una flassada, bileta p(er) Cari(ven), (l'an) v^e xxx.

— Pe(i)re Guy, fil de Anthony, deo p(er) un sestie de blat, l'an v^e xxx, bileta p(er) mestre Bern(a)d Batifol.

F° 160 v° — Anth(o)ny Johan, jove et oste de Sen(n)olac, et son co(g)nat del Verdie me deo(n) la soma de v L*t*. p(er) dos pipas de vy pres(as) l'an v^e xxx, carta p(er) Mas(s)otie.

---

(1) Il faut peut-être lire : *Darde Estiene Delpec, de la Cros.* Ce personnage est le père de Ramon Couly : il est appelé tantôt Darde, tantôt Etienne et habitait, en 1536, le mas de Lavigne, d'où le nom d'*Estiene, de la Vinha* (f° xxii v°). On voit que les noms des colons changeaient avec les mas où ils se louaient et que seuls les prénoms étaient invariables. — Le mas des Lacroix (*la Crosarie*) est, en effet, au voisinage de Lavigne, sur les confins des juridictions de Montmiral et de Puycelsi.

— Ramon Fabre, de Candastre, deo la soma de xxv s. x d. de drap.

Plus p(er) resta de blat xx s. vi d., p(res) l'an v^e xxxi lo xv de abrial.

Plus (per) drap xxv s. ; bileta.

— Bernad Fabre, de Candastre, deo la soma de ii L*l*. xvii s. (per) drap.

Plus p(er) tela xxv s.

Plus p(er) mil iiii s.

Plus p(er) tela, (l'an) v^e xxx, xxxv s.

Plus p(er) un moto que ero mio, xx dob^s.

Plus p(er) i^a mina i b. palmolla presa a la b(o)ria, xxv s. (l'an) v^e xxxi

Plus, p(er) iii minas blat mestura, mo(n)ta v L*l*. x s. (l'an) v^e xxxii.

Plus i^a mina formen pres l'an v^e xxxiiii (et ne) deo torna tan.

F^o 160 r°   Guira(n)d d'Astrios, de Lacort, deo p(er) viii Q de fe ii L*l*. ii s. vi d., bileta p(er) Cantal(au)sa.

P^e Guy, de Se(nn)olac, deo p(er) fe la soma de viii s. vi d., pres l'an v^e xxviii.

— Los Johan deo(n) la soma de v s. p(er) argen prestat (pres) p(er) las mas de mossen Ra(m)on (l'an) v^e xxviii.

— Johan Gardas, mol(in)ie, deo x canos de planca costa(n) xx s. vi d., l'an v^e xxviii.

— B(ert)ran Mira(m)on deo p(er) i^a car(t)o se(g)al la soma de xiiii dob(l)as pres cant leveri la t(er)ra l'an v^e xxxv, lo x de j(a)n(i)e.

— G^m To(lo)sa, de Sant G(er)omy, deo p(er) un conte fait xx s. bileta p(er) Cari(ve)n.

— Jame Cres(s)el, de Bru(n)ac, deo p(er) tela iii L*l*. iiii s. iiii d., bileta p(er) Cantala(u)sa.

— It(em) may deo p(er) drap pers, p(er) sa part, xxiii dob(l)as, bileta p(er) Cantal(au)sa.

P^a de la soma des(sus) en tot lv s. et n'a bileta.

F° 159 v°   Arn(au)d Gambros, de Luman, deo p(er) drap bluo, xx
pans, v *Lt.*, car(t)o presa p(er) Cariven.

Pᵃ xx *s.* p(er son) fil p(er) 3ᵃ *ta* de f(a)vos.

— Johan Motas, fil de Johan, del mas de La Vin(h)a, de
P(ec)selsi, deo p(er) drap xvi *s.* viii *d.* p(er) re(s)ta d'una
bileta p(er) Trivas.

— Franses d'Estav(i)ala, fil de D(a)r(d)e, deo la soma de
xvi *s.* iii *d.* p(er) re(s)ta de un ros(s)y, carta p(er) Canta-
la(u)sa.

Pᵃ son fil x *s.* p(er) iiii molas de codra l'an
vᵉ xxxiiii lo vi de ao(s)t.

Gᵐ Johan et Johan Algay, son gendre, del mas de la Bos-
car(i)o, deo(n) la soma de iii *Lt.* p(er) crompra de dos canos
(de drap) bluo, p(er) fa rauba a sa fil(l)a (1), molie de Gᵐ
Selie ; carta presa p(er) Cantal(au)sa.

Pᵃ xxx *s.* p(er) blat et vy.

Pᵃ v *s.* sa fil(l)a (l'an) vᵉ xxxiiii.

— Anthony P(e)rai(r)ol, de Luman, deo p(er) re(s)ta de un
ros(s)y ii *Lt.* vi *s.* vi *d.*, carta presa p(er) Cantal(au)sa.

*Nous reprenons maintenant, en rendant au livre sa posi-
tion normale et en reprenant au folio 165 r°, la reproduction du manuscrit.*

*Les derniers feuillets sont consacrés à quelques notes de
paiement qui vont de 1540 à 1547.*

F° 165 r°   Anth(on)y Faucas deo 1ᵃ (*ta*) *ſ*ⁿ p(er) l'an vᵉ xxxi (et) vᵉxxxii
p(er) cascun an de Brus (*ou Br(e)ns*).

Pᵃ p(er) dos ans.

Le verso du f° 165 et le recto du f° 166 sont en blanc.

F° 166 v°   Pᵃ Guir(au)d Algay, fil de Gᵐ, v *s.* x *d.* en deisso de mage
soma l'an vᵉ xlvii lo xxx del mes de otobre, presen B(e)r-
n(a)t Tallafer.

— Pᵃ B(e)rnad Tallafer, del mas della V(e)r(n)iera la soma

---

(1) Il s'agit de la fille de Jean Algay et par conséquent de la petite-fille de
Guilhem Johan.

de v *Ll.* l'an v⁰ xlvii, lo xxx del mes de otobre, presen G(ui)r(au)d Algay, fil de G.

f⁰ 167 r⁰ — P̂ª Pe(i)re Algay, fil de Dar(d)e, la soma de xii *s.* vi (*d.*) p(er) re(s)ta de blat pres l'an v⁰ xl., presen Ramon Algay.

— P̂ª Anthony Garic p(er) las mas de son fil la soma de x *s.* viii *d.*, presen P̂ᵉ M(asen)x l'an v⁰ xlvii lo xviii de abrial et fo (me)mor(i)a de serca la bileta del de(ssu)s det p(er) la tri(n)ca.

It(em) may paga iii v pe(ti)s a Gallac cant vendec lo ly.

It(em) me paga xx *s.* p(er) las mas de Peire Guy, son cognat.

f⁰ 167 v⁰ — P̂ª Johan Varen la soma de x *s.* lo jorn de Sant Peire de Aou(s)t p(er) lo fe que avio pres de my l'an v⁰ xxxx.

— P̂ª B(e)rn(a)d Boudet iiii *Ll.* x *s.* p(er) un ses(tie) blat lo xxviii de se(tem)bre, presen Anth(on)y Feral.

— P̂ª lo fil de B(e)rn(a)d Tal(l)afer, de S(i)ve(n)s la soma de xxv *s.* al b(ar)ri, l'an v⁰ xliii.

f⁰ 168 r⁰ P̂ª Guir(au)d Masenx xxii *s.* en de(i)sso del blat...

f⁰ 168 v⁰ *Le verso du folio est collé à la couverture de carton du Livre et en constitue le revêtement interne.*

FIN

APPENDICE

Nous donnons maintenant en appendice un certain nombre de pièces qui se trouvaient éparses dans le manuscrit de Masenx ou servaient de justifications à ses comptes.

Deux de ces pièces ont déjà été publiées comme annexes aux fos LV ro et 152 ro.

Les autres sont :

I

Une billette de la main de Masenx sur un carré de papier de 16 sur 9 centimètres; elle a été probablement écrite pour Antoine de Roch.

L'an vc et XXXI et lo XIII del mes de novembre, Anthony de Roch vendec (a) Anthony Duran una pessa de terra al loc det a las Brugas, que se te(n) am lo ca(m)y que l'on va de la Gariga a Lobresas (?) am la t(er)ra de Anthony Galvet (sic) et am la t(er)ra de Johan Molinie et am la t(er)ra de Anthony de Roc ; carta presa p(er) Moreti fo no XXX.

En marge : v Ll., sans doute le prix de la terre.

Au verso de ce billet une adresse d'une main différente.

Antony Vernyhas, hoste de Cordos, et Johan Vernyhas, hoste de Cordos.

II

Une reconnaissance de Guilhem Masenx, chapelain de Castelnau-de-Montmiral et cousin de notre marchand, relative à une question de succession. Cette pièce confirme la mention portée par Masenx au fo LXXXI vo de son livre : elle établit, en outre, exactement l'état civil et la profession de celui-ci.

Elle est écrite, d'une assez bonne écriture, au recto d'un carré de papier de 19 sur 14 centimètres (quart de feuille).

Jeu jotz signat coffessi a deve ha G(uillel)m Masenx, merchan de Galiac, mo(n) cosi, la soma de sinc *Ll.* p(er) ung legat que moss. Anthony Masenx, que Dieu perdo(no), li avio layssat en son testamen, la cala soma de v *Ll.* li prometi de p(a)gar de jorn en jorn a sa volontat et d'aysi a la festa de Sanct Johan Batista proda venen. Scrich l'an M(il)a v(c) caranta he lo xxi de febrie, he p(er) maior affermeta aysi de jotz me soy signat.

G(uillel)m Masenx Capp(ellanus).

III

Un fragment de compte de l'année 1545 écrit par Masenx au recto d'un morceau de papier de 17 sur 9 centimètres.

Guir(au)d Calvet, fil de Anth(on)y a pres xiii z(a)s l(a) *la* mest(u)ra ; pres l'an v(c) xlv.

Plus l(a) *la* for(me)n que mo(n)ta . . . . v *Ll.* mens ii d.
It(em) may l(a) mina f(n) et iii z(as) ordi . . iii *Ll.*
It(em) may p(er) vi z(as) for(me)n. . . . iii *Ll.* vii s. vi d.

et au dessous, en renversant le papier :

Johan Sudre, del mas des Ca(mb)es, a pres :
blat vi z(as). . . . . ii *Ll.* vi s.
Plus v z(as) f(orm)en et z(a) (*la de*) plus
(*c'est-à-dire 6 demi*-cartes) . . . . . . iiii *Ll.* v s. vi d.

IV

Deux billetas renfermées dans la poche pratiquée entre les premiers feuillets du livre. La première, sur un carré de papier de 20 sur 20 cm *plié en huit et coupé aux plis en autant de fragments, paraît avoir longtemps été portée dans la poche d'un vêtement. Elle est du notaire Antoine Cantalause, de Castelnau-de-Montmiral.*

La voici :

L'an mil v(c) xxvii et lo quart jorn del mes de novembre, a Castelnau de M(o)nalh, establit p(er)sonnalment, Ant(hon)y Repaus, de la jurid(icti)on deld(et) loc, recones a dever a

Guilhem Masenx, merchan d(e)l d(et) loc, aqui pr(esen), la soma de tres seutz petits et xx s., et so per c(om)pra de ung aze viel, pel negre, bastat. Promes de paga d'ayssi a la festa de Paschas proda venen ung seut petit et p(er) d'ayssi a la Magdalena proda venen ung autre seut petit et p(e)r d(ayssi) la festa de Sancta Cezelia proda venen de doma en c(om)pte de ung autre seut, et p(e)r la festa de l'Asencio apres la d[e] festa de Sancta Cecelia, (de paga la resta) de jorn en jorn a la volon(tat) ded(e)t Masenx ; et aital lo juree, presens Mossens Ant(hon)y Canorgue, capela, Andreu Masenx (et) Peyre Felie, passerio ded(e)t loc et jurid(ictio)n, et de jo n(otar)y.

A. Cantalauso.

La seconde, plus récente, sur un rectangle de papier de 20ᶜᵐ sur 8, n'est pas signée, mais elle est certainement aussi de Cantalause : elle est relative à une estimation de dommages.

L'an mil vᶜxlv et lo xxviᵉ de novembre Bernad Benech et Bertran Bernie, estimayres (1), per davan Jacques Barrau et Johan Alzieu consols reffierigueron (2) aver estimat ung blat de Guilhem Masenx gastat de porx de motgaduras (3) loqual (a) en una sa terra a Lucinauls (4) que se te am la vinha dels hereties de Anthoni Bru, am lo rieu de Barrayres ; estimat lo domatge una cartiera de blat, et lor drech que so dos solz.

Au dos et de la main de Masenx.

Estima de Anthony de la Cros.

---

(1) Il s'agit d'ici d'un de ces prud'hommes qui, dans les communautés, étaient chargés d'estimer les dommages.

(2) C'est-à-dire rapportèrent, déclarèrent, du latin *referre*.

(3) Paléographiquement on ne peut lire que *motgaduras* ou *motguaduras* ou *motgiaduras*. C'est probablement le mot actuel *moussegaduros* ; il signifie ici les trous ou fouillures que les porcs auraient faits en cherchant le grain dont ils auraient dévoré une cartière.

(4) Ce lieu-dit ne s'est jamais rencontré dans nos livres. La lecture du milieu du mot est douteuse.

V

Enfin nous donnons ici, telle qu'elle a été recueillie et publiée par Emmanuel Sollerille dans les Annales du Rouergue et du Quercy (Revue du Tarn. 1890. p. 137), la chanson du « Rito de Carlus »; il est probable qu'elle est l'œuvre de cet ecclésiastique qui, comme on le voit, ne manquait pas d'esprit (Cf. f° LVII r° note).

Sur une piètro mounturo
M'éri plantat un mati,
Fasio plèjo amai frescuro,
Per Carlus calio parti.
E anen dounc, ma cabaleto,
E anen dounc, moun cabaloun.

Per me garanti de l'aire,
Abioi capoto e mantèl,
Entre toutis dous, pecaire,
A peno i besioi d'un èl,
E anen dounc, ma cabaleto, etc.

Ma bestio ero acoustumado
A tourneja lou mouli ;
La fasioun, toute coufado,
Mole la grano de li,
E anen dounc, ma cabaleto, etc.

Quand fousqueren sur la plaço,
Len de siègre soun cami,
Aquelo grosso bestiasso
Pren lou pouts per soun mouli.
E anen dounc, ma cabaleto, etc.

Et la bestio biro, biro,
Biro tant que, sans menti,
A Carlus cresioi, de tiro,
Arriba de boun mati.
E anen dounc, ma cabaleto, etc.

Per hasard un home passo,
I diguèri : — Moun amic,
De Carlus, digas-m'en gracio,
S'ei abançat lou cami,
E anen dounc, ma cabaleto, etc.

El dis, en crebant de rire,
E cridant coumo un oualhè :
— Moussu, que boulès-bous dire ?
Siès al pouts de San-Julié...
E anen dounc, ma cabaleto, etc.

La fi d'aquesto abanturo,
Es que cal pas al besi
Emprunta, per sa mounturo,
Lou chabal de soun mouli.
E anen dounc, ma cabaleto, etc.

ANNEXE N° 1

UNITÉS DE SURFACES AGRAIRES

Mesures Officielles [1]

Les notes sont à la fin du Tableau.

COMMUNES	SÉTERÉE 1	ÉMINÉE 1.2	CARTERÉE 1.4	DEMI-CARTERÉE OU MESURE 1.8	CARTONADE OU PUGNÈRE 1.16	BOISSELLE	RAPPORT de la boisselée à la séterée
	h a cent	h a cent	h a cent	h a cent	h a cent	h a cent	
Aguts	0 43 967	0 21 983	0 10 991	0 05 495	»	0 01 832	1 24
Aiguefonde. . . .	0 53 153	0 26 576	0 13 288	0 06 644	0 03 322	0 01 661	1 32
Alban.	0 52 005	0 26 002	0 13 001	0 06 501	0 03 250	0 01 625	d°
Albi	0 46 701	0 23 350	0 11 675	0 05 837	»	0 01 802	1 26
Algans	1 16 134	0 58 067	0 29 033	0 14 516	0 07 258	0 03 629	1/32
Almayrac.	0 65 818	0 32 909	0 16 454	0 08 227	0 04 113	0 02 057	d°
Alos.	0 51 710	0 25 855	0 12 927	0 06 463	0 03 231	0 01 616	d°
Amarens [2] . . .	0 51 710	0 25 855	0 12 927	0 06 463	0 03 231	0 01 616	d°
Ambialet.	0 65 006	0 32 503	0 16 251	0 08 125	0 04 062	0 02 031	d°
Ambres.	0 52 109	0 26 054	0 13 027	0 06 513	0 03 256	0 01 628	d°
Andillac.	0 51 710	0 25 855	0 12 927	0 06 463	0 03 231	0 01 616	d°
Andouque.	0 65 006	0 32 503	0 16 251	0 08 125	0 04 062	0 02 031	d°
Anglés.	0 50 079	0 25 039	0 12 519	0 06 254	0 03 127	0 01 565	d°
Appelle.	1 16 134	0 58 067	0 29 033	0 14 516	0 07 258	0 03 629	d°
Arfons.	1 16 134	0 58 067	0 29 033	0 14 516	0 07 258	0 03 629	d°
Arifat	0 65 621	0 32 810	0 16 405	0 08 202	0 04 101	0 02 051	d°

COMMUNES	SÉTERÉE 1	ÉMINÉE 1/2	CARTERÉE 1/4	DEMI-CARTERÉE OU MESURE 1/8	CARTONADE OU PUGNÈRE 1/16	BOISSELÉE	RAPPORT de la boisselée à la séterée
	h a cent	h a cent	h a cent	h a cent	h a cent	h a cent	
Arthès	0 52 357	0 26 178	0 13 089	0 06 545	0 03 272	0 01 636	1/32
Assac	0 65 006	0 32 503	0 16 251	0 08 125	0 04 063	0 02 031	d°
Aussac	0 68 212	0 34 106	0 17 053	0 08 526	0 04 263	0 02 444	d°
Aussillon	0 64 203	0 32 101	0 16 055	0 08 022	0 04 013	0 02 006	d°
Banières	0 56 906	0 28 453	0 14 226	0 07 113	0 03 556	0 01 778	d°
Beauvais (3)	0 76 545	0 38 272	0 19 136	0 09 568	0 04 784	0 02 392	d°
Belcastel	1 17 245	0 58 622	0 29 311	0 14 655	0 07 327	0 01 832	1/64
Bellegarde	0 52 357	0 26 178	0 13 089	0 06 544	0 03 272	0 01 636	1/32
Belleserre	1 17 245	0 58 622	0 29 311	0 14 655	0 07 327	0 03 664	d°
Berlats	0 80 254	0 40 127	0 20 063	0 10 031	0 05 025	0 02 508	d°
Bernac	0 46 701	0 23 350	0 11 675	0 05 837	»	0 01 802	1/26
Bertre	1 16 135	0 58 067	0 29 034	0 14 517	0 07 258	0 03 629	1/32
Bez (Le)	0 41 090	0 20 545	0 10 272	0 05 136	0 02 568	0 01 284	d°
Blan (4)	1 16 660	0 58 330	0 29 165	0 14 582	0 07 291	0 03 646	d°
Blaye	0 52 357	0 26 178	0 13 089	0 06 545	0 03 272	0 01 636	d°
Boissezon	0 68 242	0 34 121	0 17 060	0 08 530	0 04 265	0 02 133	d°
Bournazel (5)	0 65 006	0 32 503	0 16 251	0 08 125	0 04 062	0 02 031	d°
Brassac	0 41 090	0 20 545	0 10 272	0 05 136	0 02 568	0 01 284	d°
Brens	0 79 800	0 39 900	0 19 950	0 09 975	0 04 987	0 02 494	d°
Briatexte	1 12 602	0 56 301	0 28 150	0 14 075	0 07 037	0 02 444	1/46
Brousse (6)	0 33 512	0 16 781	0 08 390	0 04 195	»	0 02 098	1/16
Broze	0 51 710	0 25 855	0 12 927	0 06 463	0 03 231	0 01 616	1/32
Burlats	0 53 145	0 26 572	0 13 286	0 06 643	0 03 321	0 01 661	d°
Busque	0 76 006	0 38 003	0 19 001	0 09 500	0 04 750	0 02 375	d°
Cabanès	0 52 109	0 26 054	0 13 027	0 06 513	0 03 256	0 01 628	d°
Cabannes (Les) (7)	0 65 006	0 32 503	0 16 251	0 08 125	0 04 062	0 02 031	d°
Cabannes-et-Barre	0 35 547	0 17 773	0 08 886	0 04 443	0 02 221	0 01 111	d°
Cadalen	0 52 357	0 26 178	0 13 089	0 06 545	0 03 272	0 01 636	d°
Cadix	0 65 006	0 32 503	0 16 251	0 08 125	0 04 062	0 02 031	d°
Cahuzac	1 17 245	0 58 622	0 29 311	0 14 655	0 07 327	0 03 664	d°
Cahuzac-sur-Vère	0 51 710	0 25 855	0 12 927	0 06 463	0 03 231	0 01 616	d°
Cambon-d'Albi	0 52 357	0 26 178	0 13 089	0 06 545	0 03 272	0 01 636	d°
Cambon-lès-Lavaur	1 16 134	0 58 067	0 29 033	0 14 516	0 07 258	0 03 629	1/32
Cambounès	0 41 090	0 20 545	0 10 272	0 05 136	0 02 568	0 01 284	d°
Cambounet	1 16 660	0 58 330	0 29 165	0 14 582	0 07 291	0 03 646	d°
Cammazes (Les)	1 17 245	0 58 622	0 29 311	0 14 655	0 07 328	0 03 664	d°
Campagnac	0 51 710	0 25 855	0 12 927	0 06 463	0 03 231	0 01 616	d°
Campes	0 51 710	0 25 855	0 12 927	0 06 463	0 03 231	0 01 616	d°
Carbes	0 53 145	0 26 572	0 13 286	0 06 643	0 04 321	0 01 661	d°
Carlus	0 79 999	0 39 999	0 19 999	0 09 999	0 04 999	0 02 500	d°
Carmaux	0 52 357	0 26 178	0 13 089	0 06 630	0 03 345	0 01 657	d°
Castanet	0 51 710	0 25 855	0 12 927	0 06 463	0 03 231	0 01 616	d°
Castelnau-de-Brassac	0 41 090	0 20 545	0 10 272	0 05 136	0 02 568	0 01 284	d°
Castelnau-de-Lévis	0 52 357	0 26 178	0 13 089	0 06 545	0 03 272	0 01 636	d°
Castelnau-de-Montmiral	0 79 800	0 39 900	0 19 950	0 09 975	0 04 987	0 02 494	d°
Castres	0 53 145	0 26 572	0 13 286	0 06 643	0 03 321	0 01 661	d°
Caucalières	0 53 453	0 26 576	0 13 288	0 06 644	0 03 322	0 01 661	d°
Cestayrols (8)	0 65 006	0 32 503	0 16 251	0 08 125	0 04 062	0 02 031	d°
Combefa	0 52 357	0 26 178	0 13 089	0 06 545	0 03 272	0 01 636	d°
Cordes (9)	0 63 985	0 31 992	0 15 996	0 07 998	0 03 999	0 01 999	d°
Conffouleux	0 70 554	0 35 275	0 17 637	0 08 818	0 04 409	0 01 470	1/48
Courris	0 65 006	0 32 503	0 16 251	0 08 125	0 04 062	0 02 031	1/32
Crespinet	0 65 006	0 32 503	0 16 251	0 08 125	0 04 062	0 02 031	d°
Cunac	0 52 357	0 26 178	0 13 089	0 06 545	0 03 272	0 01 636	d°
Cuq	0 33 483	0 16 591	0 08 295	0 04 147	0 02 073	0 01 037	d°
Cuq-Toulza	0 43 967	0 21 983	0 10 991	0 05 495	»	0 01 832	1/24
Curvalle	0 52 005	0 26 002	0 13 001	0 06 500	0 03 250	0 01 625	1/32
Damiatte	1 16 660	0 58 330	0 29 165	0 14 582	0 07 791	0 03 646	d°
Dénat	0 92 742	0 46 371	0 23 185	0 11 592	0 05 796	0 03 086	1/30
Donnazac	0 51 710	0 25 855	0 12 927	0 06 463	0 03 231	0 01 616	1/32
Dourgne	1 16 134	0 58 067	0 29 033	0 14 516	0 07 259	0 03 629	d°
Dourn (Le)	0 65 506	0 32 503	0 16 251	0 08 125	0 04 062	0 02 031	d°
Durfort	1 17 245	0 58 622	0 29 311	0 14 905	0 07 457	0 03 664	d°
Escoussens	0 87 624	0 42 812	0 21 906	0 10 953	0 05 476	»	»
Escroux	0 36 114	0 18 057	0 09 028	0 04 514	0 02 257	0 01 129	1/32
Espérausses	0 36 114	0 18 057	0 09 028	0 04 514	0 02 257	0 01 129	d°
Fauch	0 79 900	0 39 900	0 19 950	0 09 975	0 04 987	0 02 494	d°
Faussergues	0 65 006	0 32 503	0 16 251	0 08 125	0 04 062	0 02 031	d°
Fayssac (10)	0 83 024	0 41 512	0 20 756	0 10 378	0 05 189	0 02 594	1/48

COMMUNES	SÉTERÉE 1	ÉMINÉE 1 2	CARTERÉE 1 4	DEMI-CARTERÉE OU MESURE 1 8	CARTONADE OU PUGNERE 1 16	BOISSELLE	RAPPORT de la boisselée à la séterée.
	h a cent	h a cent	h a cent	h a cent	h a cent	h a cent	
Fénols	0 78 212	0 39 106	0 19 553	0 09 776	0 04 888	0 02 444	1/32
Ferrières	0 41 090	0 20 545	0 10 272	0 05 136	0 02 568	0 01 284	d°
Fiac	0 52 109	0 26 054	0 13 027	0 06 513	0 03 256	0 01 628	d°
Florentin	0 53 153	0 26 576	0 13 288	0 06 644	0 03 322	0 01 661	d°
Fraissines	0 65 006	0 32 503	0 16 251	0 08 125	0 04 062	0 02 031	d°
Frausseilles	0 51 710	0 25 855	0 12 927	0 06 463	0 03 231	0 01 616	d°
Fréjairolles	0 78 212	0 39 106	0 19 553	0 09 776	0 04 888	0 02 444	d°
Fréjeville	0 62 737	0 31 368	0 15 684	0 07 842	0 03 921	0 00 490	1/128
Gaillac	0 61 097	0 30 548	0 15 274	0 07 637	0 03 818	0 01 909	1/32
Garrevaques	1 17 245	0 58 622	0 29 311	0 14 655	0 07 327	0 03 664	d°
Garric (Le)	0 52 357	0 26 128	0 13 214	0 06 607	0 03 303	0 01 636	d°
Garrigues	0 52 109	0 26 054	0 13 027	0 06 513	0 03 257	0 01 628	d°
Gijornet	0 36 114	0 18 057	0 09 028	0 04 514	0 02 257	0 01 129	d°
Giroussens	0 52 109	0 26 054	0 13 027	0 06 513	0 03 257	0 01 628	d°
Graulhet	1 12 602	0 56 301	0 28 150	0 14 075	0 07 037	0 03 519	d°
Grazac	0 70 551	0 35 275	0 17 637	0 08 818	0 04 409	0 01 470	1/48
Guitalens	1 16 660	0 58 330	0 29 165	0 14 582	0 07 291	0 03 646	1/32
Itzac	0 51 710	0 25 855	0 12 927	0 06 463	0 03 231	0 01 616	d°
Jonquières	0 33 183	0 16 091	0 08 045	0 04 022	0 02 011	0 01 037	d°
Jouqueviel	0 52 005	0 26 002	0 13 001	0 06 500	0 03 250	0 01 625	d°
Labarthe-Bleys	0 63 985	0 31 992	0 15 996	0 07 998	0 03 999	0 01 999	d°
Labastide-Dénat	0 63 985	0 31 992	0 15 996	0 07 998	0 03 999	0 01 999	d°
Labastide-Gabausse	0 52 357	0 26 178	0 13 089	0 06 544	0 03 272	0 01 636	d°
Labastide-de-Lévis	0 52 357	0 26 178	0 13 089	0 06 544	0 03 272	0 01 636	d°
Labastide-Rouairoux	0 52 005	0 26 002	0 13 001	0 06 500	0 03 250	0 01 625	d°
Labastide-St-Georges	1 17 245	0 58 622	0 29 361	0 14 680	0 07 310	0 01 832	1/64
Labessière-Candeil (11)	0 79 800	0 39 900	0 19 950	»	0 04 987	0 02 494	1/32
Laboulbène	0 44 233	0 22 116	0 11 058	0 05 529	0 02 764	0 01 382	d°
Laboutarié	0 79 800	0 39 900	0 19 950	0 04 975	0 04 987	0 02 494	d°
Labruguière	0 53 145	0 26 572	0 13 286	0 06 143	0 03 071	0 01 661	d°
Lacabarède	0 41 090	0 20 545	0 10 272	0 05 136	0 02 568	0 01 284	d°
Lacapelle-Pinet	0 65 006	0 32 503	0 16 251	0 08 125	0 04 062	0 02 031	d°
Lacapelle-Ségalar (12)	0 65 006	0 32 503	0 16 251	0 08 125	0 04 062	0 02 031	1/32
Lacaune	0 36 114	0 18 057	0 09 028	0 04 514	0 02 257	0 01 129	d°
Lacaze (13)	0 45 707	0 22 853	0 11 426	0 05 713	0 02 856	»	
Lacougote-Cadoul	1 17 245	0 58 622	0 26 311	0 14 655	0 07 327	0 01 832	1/64
Lacroisille	1 16 134	0 58 067	0 29 033	0 14 516	0 07 258	0 03 629	1/32
Lacrouzette	0 52 005	0 26 002	0 13 001	0 06 500	0 03 250	0 01 625	d°
Lagardiolle	1 16 134	0 58 067	0 29 033	0 14 516	0 07 258	0 03 629	d°
Lagarrigue	0 53 145	0 26 572	0 13 286	0 06 643	0 03 321	0 01 661	d°
Lagrave	0 83 024	0 41 512	0 20 756	0 10 378	0 05 189	0 01 730	1/48
Lalbarède	0 33 183	0 16 591	0 08 295	0 04 147	0 02 073	0 01 037	1/32
Lamillarié	0 79 999	0 39 999	0 19 999	0 09 999	0 04 999	0 02 500	d°
Lamontélarié	0 50 079	0 25 039	0 12 519	0 06 259	0 03 129	0 01 565	d°
Laparrouquial	0 51 710	0 25 855	0 12 927	0 06 463	0 03 231	0 01 616	d°
Larroque	0 83 616	0 41 808	0 20 904	0 10 452	0 05 226	0 01 306	1/64
Lasclottes	2 16 857	1 08 428	0 54 214	0 27 107	0 13 553	0 03 388	d°
Lasfaillades	0 41 090	0 20 545	0 10 272	0 05 136	0 02 568	0 01 284	1/32
Lasgraïsses	0 79 800	0 39 900	0 19 950	0 09 975	0 04 987	0 02 494	d°
Lautrec (14)	0 33 572	0 16 786	0 08 393	0 04 196	»	0 02 098	1/16
Lavaur	1 17 245	0 58 622	0 29 311	0 14 655	0 07 327	0 01 832	1/64
Lédas et Penthiès	0 65 006	0 32 503	0 16 251	0 08 125	0 04 062	0 02 031	1/32
Lempaut	1 16 134	0 58 067	0 29 033	0 14 516	0 07 258	0 03 629	d°
Lescout	1 16 660	0 58 330	0 29 165	0 14 532	0 07 266	0 03 646	d°
Lescure	0 52 357	0 26 178	0 13 089	0 06 544	0 03 272	0 01 636	d°
Lisle-d'Albi	0 64 638	0 32 319	0 16 159	0 08 079	0 04 039	0 02 020	d°
Livers-Cazelles	0 51 710	0 25 855	0 12 927	0 06 463	0 03 231	0 01 616	d°
Lombers	0 79 800	0 39 900	0 19 950	0 09 975	0 04 987	0 02 494	d°
Loubers (15)	0 65 006	0 32 503	0 16 251	0 08 125	0 04 067	0 02 031	d°
Loupiac	0 70 551	0 35 275	0 17 637	0 08 818	0 04 409	0 01 470	1/48
Lugan	0 56 906	0 28 453	0 14 226	0 07 113	0 03 556	0 01 778	1/32
Magrin	1 16 134	0 58 067	0 29 033	0 14 516	0 07 208	0 03 629	d°
Mailhoc	0 52 357	0 26 178	0 13 088	0 06 544	0 03 272	0 01 636	d°
Marguès (Le)	0 50 079	0 25 039	0 12 519	0 06 259	0 03 129	0 01 565	d°
Marnaves	0 51 710	0 25 855	0 12 927	0 06 463	0 03 231	0 01 616	d°
Marsal	0 52 357	0 26 178	0 13 088	0 06 544	0 03 272	0 01 636	d°
Marssac	0 79 999	0 39 999	0 19 999	0 09 999	0 04 999	0 02 500	d°
Marzens	1 17 245	0 58 622	0 29 311	0 14 655	0 07 327	0 01 832	1/64
Masnau (Le)	0 36 114	0 18 057	0 09 028	0 04 514	0 02 257	0 01 129	1/32

Communes	Séterée 1	Éminée 1/2	Carterée 1/4	Demi-carterée ou mesure 1/8	Cartonade ou pugnère 1/16	Boisselée	Rapport de la boisselée à la séterée
	h a cent	h a cent	h a cent	h a cent	h a cent	h a cent	
Massac	1 17 245	0 58 622	0 29 311	0 14 655	0 07 327	0 01 832	1/64
Massaguel	1 16 660	0 58 330	0 29 165	0 14 582	0 07 291	0 03 616	1/32
Massals	0 51 188	0 25 594	0 12 797	0 09 398	0 03 199	0 01 600	d°
Maurens	1 17 245	0 58 622	0 29 311	0 14 655	0 07 327	0 01 832	1/64
Mazamet	0 64 203	0 32 101	0 16 050	0 08 025	0 04 012	0 02 006	1/32
Mezens	0 56 906	0 28 453	0 14 226	0 07 113	0 03 556	0 01 778	d°
Milhars	0 51 710	0 25 855	0 12 927	0 06 463	0 03 231	0 01 616	d°
Milhavet	0 52 357	0 26 178	0 13 088	0 06 544	0 03 272	0 01 636	d°
Miolles	0 51 363	0 25 681	0 12 840	0 06 420	0 03 210	0 01 605	d°
Mirandol-Bourgnounac	0 65 006	0 32 503	0 16 251	0 08 125	0 04 062	0 02 031	d°
Missècle	1 12 602	0 56 301	0 28 150	0 14 075	0 07 037	0 03 519	d°
Monestiés	0 52 357	0 26 178	0 13 088	0 06 544	0 03 272	0 01 636	d°
Montans	1 05 036	0 52 518	0 26 259	0 13 129	0 06 564	0 03 282	d°
Montauriol	0 65 006	0 32 503	0 16 251	0 08 125	0 04 062	0 02 031	d°
Montcabrier	0 56 906	0 28 453	0 14 226	0 07 113	0 03 556	0 01 778	d°
Montcouyoul	0 64 801	0 32 400	0 16 200	0 08 100	0 04 050	0 02 025	d°
Montdragon [16]	0 79 800	0 39 900	0 19 950	0 09 975	0 04 987	0 02 494	d°
Montdurausse	2 16 857	1 08 428	0 54 214	0 27 107	0 13 553	0 03 388	1/64
Montels	0 61 097	0 30 548	0 15 274	0 07 637	0 03 568	0 01 909	1/32
Montfa	0 54 145	0 27 572	0 13 786	0 06 893	0 03 446	0 01 661	d°
Montgaillard [17]	1 66 573	0 83 286	0 41 643	0 20 821	0 10 410	0 02 603	1/64
Montgey	1 17 245	0 58 622	0 29 311	0 14 655	0 07 327	0 01 832	d°
Montirat	0 51 363	0 25 361	0 12 815	0 06 407	0 03 203	0 01 605	1/32
Montpinier	0 53 145	0 26 572	0 13 286	0 06 643	0 03 321	0 01 661	d°
Montredon	0 51 849	0 25 984	0 12 962	0 06 481	0 03 240	0 01 620	d°
Montrozier	0 51 710	0 25 855	0 12 927	0 06 463	0 03 231	0 01 616	d°
Montvalen	0 58 605	0 29 302	0 14 651	0 07 325	0 03 662	0 01 831	d°
Moularés	0 65 818	0 32 909	0 16 454	0 08 227	0 04 113	0 02 057	d°
Moulayrés	0 37 534	0 18 567	0 09 383	0 04 191	0 02 095	0 01 173	d°
Mouzens	1 17 245	0 58 622	0 29 311	0 14 605	0 07 302	0 01 832	1/64
Mouzieys-Panens	0 51 710	0 25 855	0 12 927	0 06 463	0 03 231	0 01 616	1/32
Mouzieys-Teulet	0 46 701	0 23 350	0 11 675	0 05 837	»	0 01 802	1/24
Nages	0 35 547	0 17 773	0 08 886	0 04 443	0 02 221	0 01 111	1/32
Narthoux	0 51 710	0 25 855	0 12 927	0 06 463	0 03 231	0 01 616	d°
Navès	0 53 145	0 26 572	0 13 286	0 06 643	0 03 321	0 01 661	d°
Noailles [18]	0 63 985	0 31 992	0 15 996	0 07 998	0 03 999	0 01 999	d°
Orban	0 78 212	0 39 106	0 19 553	0 09 776	0 04 888	0 02 444	d°
Padiès	0 64 203	0 32 101	0 16 050	0 08 025	0 04 012	0 02 006	d°
Palleville	1 17 245	0 58 622	0 29 311	0 14 605	0 07 302	0 03 664	d°
Pampelonne	0 64 203	0 32 101	0 16 050	0 08 025	0 04 012	0 02 006	d°
Parisot	0 69 809	0 34 904	0 17 452	0 08 726	0 04 363	0 02 181	d°
Paulin	0 51 363	0 25 681	0 12 840	0 06 420	0 03 210	0 01 605	d°
Payrin-Augmontel	0 53 145	0 26 572	0 13 286	0 06 643	0 03 321	0 01 661	d°
Péchaudier	1 17 245	0 58 622	0 29 311	0 14 605	0 07 302	0 01 832	1/64
Penne	0 65 372	0 32 686	0 16 343	0 08 171	0 04 085	0 02 043	1/32
Peyregoux	0 53 145	0 26 572	0 13 286	0 06 643	0 03 321	0 01 661	d°
Peyrole	0 81 420	0 40 710	0 20 355	0 10 177	0 05 088	0 02 544	d°
Pont-de-Larn (Le)	0 53 153	0 26 576	0 13 288	0 06 644	0 03 322	0 01 661	d°
Poudis	1 16 134	0 58 067	0 29 033	0 14 516	0 07 258	0 03 629	d°
Poulan Pouzols	0 78 212	0 39 106	0 19 553	0 09 776	0 04 888	0 02 444	d°
Prades	1 16 134	0 58 067	0 29 033	0 14 516	0 07 258	0 03 629	d°
Pratviel	0 52 109	0 26 054	0 13 027	0 06 013	0 03 006	0 01 628	d°
Puéchoursi	1 17 245	0 58 622	0 29 311	0 14 655	0 07 327	0 01 832	1/64
Puybegon	1 12 602	0 56 301	0 28 150	0 14 075	0 07 037	0 03 519	1/32
Puycalvel [19]	0 33 572	0 16 785	0 08 393	0 04 196	»	0 02 098	1/16
Puycelci	0 83 616	0 41 808	0 20 904	0 10 452	0 05 226	0 01 306	1/64
Puygouzon	0 53 357	0 26 678	0 13 339	0 06 669	0 03 334	0 01 636	1/32
Puylaurens	1 16 134	0 58 067	0 29 033	0 14 516	0 07 258	0 03 529	d°
Rabastens	0 70 551	0 35 275	0 17 637	0 08 816	0 04 408	0 01 470	1/48
Ratayrens [20]	0 65 006	0 32 503	0 16 251	0 08 125	0 04 062	0 02 031	1/32
Rayssac	0 85 818	0 42 909	0 21 454	0 10 727	0 05 363	0 02 057	1/42
Réalmont	0 80 648	0 40 324	0 20 162	0 10 081	0 05 040	0 02 520	1/32
Rialet (Le)	0 53 145	0 26 572	0 13 286	0 06 643	0 03 321	0 01 661	d°
Riols (Le) [21]	0 54 892	0 27 446	0 13 723	0 06 861	0 03 430	0 00 858	1/64
Rivières	0 79 800	0 39 900	0 19 950	0 09 075	0 04 987	0 02 494	1/32
Ronel	0 80 648	0 40 324	0 20 162	0 10 081	0 05 040	0 02 520	d°
Roquecourbe	0 53 145	0 26 572	0 13 286	0 06 643	0 03 321	0 01 661	d°
Roquemaure	0 56 906	0 28 453	0 14 226	0 07 113	0 03 556	0 01 778	d°

COMMUNES	SÉTERÉE 1	ÉMINÉE 1/2	CARTERÉE 1/3	DEMI-CARTERÉE OU MESURE 1/8	CARTONADE OU PUGNÈRE 1/16	BOISSELÉE	RAPPORT de la boisselée à la séterée.
	h a cent	h a cent	h a cent	h a cent	h a cent	h a cent	
Roquevidal	1 17 245	0 58 622	0 29 311	0 14 655	0 07 327	0 01 832	1/64
Rosières	0 52 357	0 26 178	0 13 089	0 06 544	0 03 272	0 01 636	1/32
Rouairoux	0 41 090	0 20 545	0 10 272	0 05 136	0 02 568	0 01 284	d°
Roumégoux	0 63 840	0 31 920	0 15 960	0 07 980	0 03 990	0 01 995	d°
Roussayrolles (23)	0 51 710	0 25 855	0 12 927	0 06 463	0 03 231	0 01 616	d°
Saïx	1 16 660	0 58 330	0 29 165	0 14 582	0 07 291	0 03 646	d°
Saliès	0 52 357	0 26 178	0 13 089	0 06 544	0 03 272	0 01 636	d°
Salles	0 65 325	0 32 662	0 16 331	0 08 165	0 04 082	0 02 041	d°
Salvagnac	0 70 551	0 35 275	0 17 637	0 08 818	0 04 409	0 01 470	1/48
Saussenac	0 64 638	0 32 319	0 16 159	0 08 079	0 04 039	0 02 020	1/32
Sauveterre	0 41 090	0 20 545	0 10 272	0 05 136	0 02 568	0 01 284	d°
Ségur et Suech (Le)	0 51 710	0 25 855	0 12 927	0 06 463	0 03 231	0 01 661	d°
Sémalens	1 16 660	0 58 330	0 29 165	0 14 582	0 07 291	0 03 646	d°
Senaux	0 36 114	0 13 057	0 06 528	0 03 264	0 01 632	0 01 204	1/30
Senouillac	0 61 097	0 30 548	0 15 274	0 07 637	0 03 818	0 01 909	1/32
Sequestre (Le)	0 52 357	0 26 178	0 13 089	0 06 544	0 03 272	0 01 636	d°
Sérénac	0 65 006	0 32 503	0 16 251	0 08 125	0 04 062	0 02 031	d°
Serviès	0 33 183	0 16 949	0 08 270	0 04 135	0 02 067	0 01 037	d°
Sieurac	0 79 800	0 39 900	0 19 950	0 09 975	0 04 987	0 02 494	d°
Sorèze	1 17 245	0 58 622	0 29 311	0 14 655	0 07 327	0 03 664	d°
Soual-Lestap	1 16 134	0 58 067	0 29 033	0 14 516	0 07 258	0 03 629	d°
Souel (23)	0 63 985	0 31 992	0 15 996	0 07 998	0 03 999	0 01 999	d°
St-Affrique	0 53 145	0 26 572	0 13 286	0 06 643	0 03 321	0 01 661	1/48
St-Agnan	0 56 906	0 28 453	0 14 226	0 07 113	0 03 556	0 01 778	1/32
St-Amancet	1 17 245	0 58 622	0 29 311	0 14 655	0 07 327	0 03 664	d°
St-Amans-Soult	0 41 090	0 20 545	0 10 272	0 05 136	0 02 568	0 01 284	d°
St-Amans-Valtoret	0 41 090	0 20 545	0 10 272	0 05 136	0 02 568	0 01 284	d°
St-André	0 52 005	0 26 002	0 13 001	0 06 500	0 03 250	0 01 625	d°
St-Antonin-Lacalm	0 80 648	0 40 324	0 20 162	0 10 081	0 05 040	0 02 520	d°
St-Avit	1 16 134	0 58 067	0 29 033	0 14 516	0 07 258	0 03 629	d°
St-Beauzile	0 79 800	0 39 900	0 19 950	0 09 975	0 04 987	0 02 494	d°
St-Benoît-de-Carmaux	0 79 999	0 39 999	0 19 999	0 09 999	0 04 999	0 02 500	d°
St-... -de-...yrou	8 -12	0 - 106	0 49 553	0 09 776	0 04 888	0 02 444	1/32
St-Christophe	0 51 363	0 25 681	0 12 840	0 06 420	0 03 210	0 01 605	d°
St-Cirgue	0 65 006	0 32 503	0 16 251	0 08 125	0 04 062	0 02 031	d°
St-Gauzens	1 17 245	0 58 622	0 29 311	0 14 655	0 07 327	0 03 664	d°
Ste-Gemme	0 64 638	0 32 319	0 16 159	0 08 079	0 04 039	0 02 020	d°
St-Genest-de-Contest(24)	0 33 350	0 16 675	0 08 337	0 04 168	»	0 02 084	1/16
St-Germain-des-Prés	1 16 134	0 58 067	0 29 033	0 14 516	0 07 258	0 03 629	1/32
St-Germier	0 53 145	0 26 572	0 13 286	0 06 643	0 03 321	0 01 661	d°
St-Grégoire	0 61 097	0 30 548	0 15 274	0 07 637	0 03 818	0 01 909	d°
St-Jean-de-Marcel (25)	»	»	»	»	»	»	»
St-Jean-de-Rives	0 52 109	0 26 054	0 13 027	0 06 513	0 03 257	0 01 628	1/32
St-Jean de Vals	0 53 145	0 26 572	0 13 286	0 06 643	0 03 321	0 01 661	d°
St-Juéry	0 52 357	0 26 178	0 13 089	0 06 544	0 03 272	0 01 636	d°
St-Julien-Gaulène	0 65 006	0 32 503	0 16 251	0 08 125	0 04 062	0 02 031	d°
St-Julien-du-Puy (26)	0 66 067	0 33 033	0 16 516	0 08 258	0 04 129	0 02 065	d°
St-Lieux-Lafenasse	0 80 648	0 40 324	0 20 162	0 10 081	0 05 040	0 02 520	d°
St-Lieux-lès-Lavaur	1 17 245	0 58 622	0 29 314	0 14 655	0 07 327	0 04 832	1/64
St-Marcel et St-Martial	0 51 710	0 25 855	0 12 927	0 06 463	0 03 231	0 01 616	1/32
St-Martin-Laguépie (27)	0 51 710	0 25 855	0 12 927	0 06 463	0 03 231	0 01 616	d°
St-Michel-Labadié	0 65 005	0 32 503	0 16 251	0 08 125	0 04 062	0 02 031	d°
St-Michel-de-Vax	0 78 390	0 39 195	0 19 597	0 09 798	0 04 899	0 01 633	1/48
St-Paul-Cap-de-Joux	1 16 134	0 58 067	0 29 033	0 14 516	0 07 258	0 03 629	1/32
St-Pierre-de-Trivisy	0 45 707	0 22 853	0 11 426	0 05 713	0 02 856	»	
St-Salvy-de-Carcavès	0 36 114	0 18 057	0 09 028	0 04 514	0 02 257	0 01 129	1/32
St-Salvy-de-la-Balme	0 68 242	0 34 121	0 17 060	0 08 530	0 04 265	0 02 133	d°
St-Sernin-lès-Lavaur	1 16 134	0 58 067	0 29 033	0 14 516	0 07 258	0 03 629	d°
St-Sernin-lès-Mailhoc	0 33 183	0 16 591	0 08 295	0 04 147	0 02 073	0 01 037	d°
St-Sulpice-Lapointe	0 56 906	0 28 453	0 14 226	0 07 113	0 03 556	0 01 778	d°
St-Urcisse	2 16 857	1 08 428	0 54 214	0 27 107	0 13 553	0 03 388	1/64
Taïx	0 52 357	0 26 178	0 13 089	0 06 544	0 03 272	0 01 636	1/32
Tanus	0 51 363	0 25 681	0 12 840	0 06 420	0 03 210	0 01 605	d°
Tauriac	0 58 605	0 29 302	0 14 651	0 07 325	0 03 662	0 01 831	d°
Técou	0 61 097	0 30 548	0 15 274	0 07 637	0 03 818	0 01 909	d°
Teillet	0 51 363	0 25 681	0 12 840	0 06 420	0 03 210	0 01 605	d°
Terre-Clapier	0 64 785	0 32 392	0 16 196	0 08 098	0 04 049	0 02 025	d°
Terssac	0 79 999	0 39 999	0 19 999	0 09 999	0 04 999	0 02 500	d°
Teulat	0 56 906	0 28 453	0 14 226	0 07 113	0 03 556	0 01 778	d°

COMMUNES	SÉTERÉE 1	ÉMINÉE 1/2	CARTERÉE 1/4	DEMI-CARTERÉE OU MESURE 1/8	CARTONADE OU PUGNÈRE 1/16	BOISSELÉE	RAPPORT de la boisselée à la séterée.
	h a cent	h a cent	h a cent	h a cent	h a cent	h a cent	
Teyssode	1 16 134	0 58 067	0 29 033	0 14 516	0 07 258	0 03 629	1/32
Tonnac (28)	0 65 006	0 32 503	0 16 251	0 08 125	0 04 062	0 02 031	do
Travet (Le)	0 65 818	0 32 909	0 16 454	0 08 227	0 04 113	0 02 057	do
Tréban	0 65 818	0 32 909	0 16 454	0 08 227	0 04 113	0 02 057	do
Trébas	0 65 818	0 32 909	0 16 454	0 08 227	0 04 113	0 02 057	do
Trévien	0 52 357	0 26 178	0 13 089	0 06 544	0 03 272	0 01 636	do
Vabre	0 46 547	0 23 273	0 11 636	0 05 818	0 02 909	»	
Valdéries	0 65 006	0 32 503	0 16 251	0 08 125	0 04 062	0 02 031	1/32
Valdurenque	0 53 145	0 26 572	0 13 286	0 06 643	0 03 321	0 01 661	do
Valence	0 65 006	0 32 503	0 16 251	0 08 125	0 04 062	0 02 031	do
Vaour	0 78 390	0 39 495	0 19 597	0 09 798	0 04 899	0 01 633	1/48
Veilhes	1 17 245	0 58 622	0 29 311	0 14 655	0 07 327	0 01 832	1/64
Venès	0 33 572	0 16 786	0 08 393	0 04 196	»	0 02 098	1/16
Verdalle	1 16 134	0 58 067	0 29 033	0 14 516	0 07 258	0 03 629	1/32
Verdier (Le) (29)	0 78 212	0 39 106	0 19 563	0 09 776	0 04 883	0 02 444	do
Viane	0 36 114	0 18 057	0 09 028	0 04 514	0 02 257	0 01 129	do
Vielmur	0 53 469	0 26 734	0 13 367	0 06 183	0 03 091	0 01 671	do
Vieux	0 51 710	0 25 805	0 12 902	0 06 451	0 03 225	0 01 616	do
Villefranche	0 52 357	0 26 178	0 13 089	0 06 544	0 03 272	0 01 636	do
Villeneuve-lès-Lavaur	1 17 245	0 58 622	0 29 311	0 14 605	0 07 302	0 01 832	1/64
Villeneuve-sur-Vère	0 52 357	0 26 178	0 13 089	0 06 544	0 03 272	0 01 636	1/32
Vindrac-Alayrac	0 65 006	0 32 503	0 16 251	0 08 125	0 04 062	0 02 031	do
Vintrou (Le)	0 68 242	0 34 121	0 17 060	0 08 530	0 04 265	0 02 133	do
Virac	0 63 985	0 31 992	0 15 996	0 07 498	0 03 749	0 01 999	do
Viterbe	1 16 134	0 58 067	0 29 033	0 14 516	0 07 258	0 03 629	do
Viviers-lès-Lavaur	1 17 245	0 58 622	0 29 311	0 14 605	0 07 302	0 01 832	1/64

NOTES DU TABLEAU DES SURFACES AGRAIRES

(1) Il semble, au moins en ce qui concerne Gaillac, que la mesure d'usage pour l'agrimension n'était pas différente de la mesure officielle.

(2) D'après E. Rossignol (III. 161) 0.63.98 ou 0.64.000.

(3) Beauvais avait également une mesure de 2.16.85 à la séterée.

(4) La séterée de Lamothe et de Dournes, qui font actuellement partie de Blan, était de 1 hectare 16 ares 131 : le boisseau, de 3 ares 629.

(5) D'après E. Rossignol (III. 161) 0.64.000.

(6) La séterée de Brousse comprenait 1.024 cannes carrées valant $3^m 278$ (canne de Lautrec). D'après M. E. Rossignol, à Brousse comme à Lautrec, la boisselée ne valait que la 32e partie de la séterée, et non la 16e. La valeur de la boisselée devrait donc être de 1 are 049 (E. Rossignol, *Monographies*)

(7) D'après E. Rossignol (III. 161) 0.64.000.

(8) D'après E. Rossignol (*Monogr*. II. 357), 0.63.98 ou 0.64 00.

(9) D'après E. Rossignol (*Monogr*. III. 161), 0.53.51 ...

(10) D'après E. Rossignol (*Monogr*. II, 357) la sé... yssac et Bonneville valait seulement 57 ares 66.

(11) A Labessière, comme à Lautrec, la séterée était de 1.024 cannes carrées, valant 3 m. 278, d'après M. E. Rossignol, soit 33 ares 57 ; en conséquence, d'après cet auteur, la boisselée ne vaudrait que 1 are 049.

(12) D'après E. Rossignol (III. 164). 0.54.71 seulement.

(13) La séterée de Lacourtade et Corneboue valait 79 ares 81.

(14) D'après M. Rossignol, la séterée à Lautrec se divisait en 4 quarterées, la quarterée en 4 pugnerées, la pugnerée en 2 boisselées, la boisselée en 2 coups, de telle sorte que la boisselée serait la 32e partie (et non la 16e) de la séterée et vaudrait seulement 1 are 049. Cette séterée était de 1.024 cannes carrées, la canne carrée étant de $3^m 278$.

(15) D'après E. Rossignol (III. 161) 0.64.000.

(16) A Montdragon, d'après M. Rossignol, la séterée était de 81 ares ; elle se subdivisait en 8 *mesures* ou *rases*, la mesure en 4 boisseaux, le boisseau en 2 pennes, la penne en 4 quarts. En somme la boisselée était la 32e partie de la séterée.

(17) Montgaillard avait également une mesure de 2 hectares 16 ares 85 à la séterée.

(18) D'après E. Rossignol (III. 161), 0.51 710 seulement.

(19) A Puycalvel, comme à Lautrec, d'après M. Rossignol, la séterée est de 1.024 cannes carrées, qui valent en effet 33 ares 57 ; mais le boisseau n'est

que la 32e partie du setier, de telle sorte que la valeur de la boisselée serait de 1 are 019 seulement.

(20) D'après E. Rossignol (III, 282) 0.64.000.

(21) Le Riols avait plusieurs mesures : il employait celle que nous indiquons pour les terres relevant du doyen de Varen (320 perches carrées à la mesure, la perche de 18 pans, canne de Montauban) ; mais, pour les terres relevant du seigneur de La Guépie, il se servait de la mesure de Cordes (320 perches carrées, la perche de 18 pans, canne d'Albi, soit 6 ares 463 à la mesure et 51 ares 710 à la séterée). Enfin il usait aussi de la canne de Montpellier qui donne 64 ares 90 à la séterée (E. Rossignol III, 281).

(22) Il y avait 2 mesures à Roussayrolles, celle de Cordes que nous indiquons et une de 576 perches (la perche de 18 pans, canne d'Albi) donnant 93 ares 08 à la séterée. (E. Rossignol. III. 282).

(23) D'après E. Rossignol (III. 161) 0.51.710 seulement.

(24) Au lieu de Saint-Genest (autrefois Lamartinié) la cartonade (16e du setier) portait le nom de boisseau et le boisseau se subdivisait en 4 *quarts* (E. Rossignol).

(25) Bousquel ne fait pas connaître les mesures agraires de Saint-Jean-de-Marcel ; il est permis de supposer que cette communauté faisait usage des mesures d'Andouque, qui était le chef-lieu juridictionnel de Saint-Jean-de-Marcel.

(26) A Saint-Julien du Puy, d'après M. E. Rossignol, le setier se subdivisait en 8 *mesures* ou *rases* (megieyrade), la rase en 2 *boisseaux*, le boisseau en 2 *pennes* et la penne en 2 quarts ; de telle sorte que la valeur de la boisselée serait 1/16 de la séterée, soit 4 ares 129.

(27) D'après E. Rossignol (III. 161) 0.64.000.

(28) D'après E. Rossignol (III. 161) 0.64.000.

(29) D'après E. Rossignol (III. 113) 0.79.810.

ANNEXE N° 2

VOCABULAIRE

Ne pouvant donner l'orthographe très variable des désinences patoises, nous avons adopté, pour ce vocabulaire, les désinences primitives. On ne devra pas oublier en conséquence que les substantifs et adjectifs féminins terminés par *a* (*e* muet en français) peuvent prendre indifféremment la terminaison *a* ou *o*. Ex. : *agnela* ou *agnelo*, *boria* ou *borio*, *carla* ou *carlo*, etc. — Il en est de même des masculins terminés par *o* (*ou* en français), qui peuvent prendre la terminaison *o* ou *ou*. Ex. : *bo* ou *bou*, *bio* ou *biou*, *lalo* ou *lalou*, *molo* ou *moulou*, *rilo* ou *rilou*, etc.

A

ABRIAL : avril.
    Rac. lat. : *aprilis*.

ACEL (pour *aquel*) : ce, cette.
Acel an : cette année-là.

ACEST (pour *aquest*) : ce, cette.
Acest an : cette année-ci.

ACY (pour *aqui*) : là.
D'aqui al jorn presen : de là à aujourd'hui.

AFA et AFAIRE : affaire ; par extension : fermage.
Tene los afas : prendre à ferme, (on dit dans le même sens *homme d'affaires* pour *fermier*). On appelait *talha des afares* certaines taxes municipales.

AFANAYRE : manœuvre.
    Du bas lat. : *afanator*.

AGNEL : agneau.
    Rac. lat. : *agnus*.

AGNELA : brebis de moins d'un an.
    Rac. lat. : *agnus*.

AHOLLA : brebis adulte (oueille, ouaille).
    Rac. lat. : *ovis, ovilla*.

AISSADA : houe ; outil pour couper les herbes.
    Rac. lat. : *ascia*.

AISSOL et AISSOLET : esseau ; herminette ; instrument de tonnelier, de sabotier.
    Même rac.

AISY : ici.
D'aisy a la Madalena : d'ici à la Madeleine.

ALABES (pour a la ves) : alors, à la fois.
Alabes per so que : alors parce que.

ALBE : aube; aubier du bois; bois blanc; saule.
Rac. lat. : *albus*.

ANISSA : laine fine d'agneau; laine lavée servant à faire des chapeaux.
Rac. lat. : *agnus*.

ANSI et ANZI : ainsi.
Un anzi-fait : un accord.

AOST et AOUST : août.
Rac. lat. : *augustus*.

AOU : toison, laine des moutons. Se dit de la toison entière qui vient d'être enlevée et forme une sorte de manteau. Le mot ne s'emploie qu'au pluriel.
Fa las aous : faire la tonte.
D'aisy las aous : d'ici la tonte.

APOTICARI : apothicaire.
Rac. grec. : *apotheké*.

ARAIRE : araire, charrue en bois.

Un jornal d'araire : une journée de labour.
Rac. lat. : *arare*.

ARENDE : arrentement, contrat de métayage ou bail à ferme.
Du bas lat. : *arrentare*.

ARENDIE : fermier, tenancier.

ASE : âne.
Rac. lat. : *asinus*.

ASIÉ : acier.
Rac. lat. : *acer*.

ASTE : tige de fer, broche, épieu.
Rac. lat. : *hasta*.

ATAL et AITAL : de la sorte.
Rac. lat. : *a tale*.

AVE, AVER et HAVE : avoir (*a, avio, agec, agut*, etc. et *ha, havio, hagut, hagec*, etc.).
Rac. lat. : *habere*.

AYRAL : hangar, basse-cour, parc à moutons.
Rac. lat. : *area*.

AYS : ais, essieu de charrette.
Rac. grec. : *axon*.

B

BALESTA : arbalète.
Balesta d'asié garnida de ten et de trachs : arbalète d'acier garnie de cordes et de traits (1).
Rac. grec. : *ballein*.

BANC : banc.
Banc staudel : banc fixé à une table.
Du bas lat. : *bancus*.

BANDRELHA (pour *bandarelha*): banderolle, bordure.
Scudelos am bandrelhos d'estam : écuelles cerclées d'étain.
Du bas lat. : *bandarella*.

BARBIE : barbier.
Rac. lat. : *barba*.

BARGA (s'emploie au pluriel *bargas*); mâchoire, instru-

---

(1) On lit aussi dans les Comptes de l'Église Saint-Michel de Carcassonne de l'année 1448. (MAHUL : *Cartulaire*, t. VI, p. 355) : « Plus 1ª balesta d'acier de xii cayrels, am lo torn e son trayt ».

ment pour décortiquer la fibre de lin ou de chanvre.
Rac. allem. : *brechen* (se dit *bréjos* en Limousin).

BARGA (verbe) décortiquer.

BARRI : faubourg.
Du bas lat. : *barrium*.

BARRICA : barrique. D'où BARRICAT : grosse barrique et BARRICOT, petite barrique.
Du bas lat. : *barrica*.

BARRIEL et BARRIOL : sorte de hotte, cerclée de bois, servant à porter les liquides ou les grains à dos de mulet ; elles servaient généralement par paires. D'où BARRIELO et et BARRIOLO ; récipient plus gros.
Du bas lat. : *barrila*.

BASSA, balle, résidu du battage des épis de blé ou d'avoine.
Un coyssi garnit de bassa : un coussin garni de balle.

BASSI : bassin.
Bassi de barbie : plat à barbe.

BAST : bât. D'où BASTA : charger.
Rac. grec. : *bastos* (charge).

BASTIE : faiseur de bâts, bourrelier.

BATRE : battre, dépiquer le blé.
Rac. lat. : *batuere*.

BESTIAL : bétail.
Rac. lat. : *bestia*.

BIARN : Béarn.
Una capa de Biarn : une cape de Béarn.

BIGOS : bident, sorte de pioche pour les cultivateurs.
Rac. lat. : *bidens*.

BILLETA : billette ; reconnaissance de dette ou reçu.
Du bas lat. : *billeta*.

BINA : biner, donner à la terre une seconde façon.
Rac. lat. : *bis arare*.

BIO : bœuf.
Rac. lat. : *bos*.

BIRO et VIRO : vrille ; villebrequin ; foret.
Rac. lat. : *girare* et bas lat. : *virare*.

BISCAMBI : échange. D'où BISCAMBIA : échanger.
Du bas lat. : *bis cambiare*.

BLECHI (1) : récipient en fer battu ; poêlon ou seau étamé.
Rac. allem. : *blech* (tole).

BO : bon. Au féminin : BONA.
Rac. lat. : *bonus*.

BOIS et BOES : bois (pièce de).
Rac. lat. : *boscus*.

BOISSEL : boisseau, mesure de capacité.
Corrupt. de *vaissel* (vaisseau).

BOISSELADA : boisselée, mesure agraire.

BOLA et BOULA : boule ; marque, borne.
Boulas plantadas, bornes plantées.
Rac. lat. : *bulla*.

BORA : bourre ; étoupe.
Du bas lat. : *borratium*.

---

(1) Ce mot de *blechi* se trouve déjà dans l'Inventaire des biens de Sicard Alaman, le fils (1280). « *II candeiras, II blechis et I caplognier* ». CABIÉ et MAZENS : *Cartulaire des Alaman*, p. 52 et note.

BORASSA : tissu en étoffe de bourre ; gilet à manches pour domestiques ; aujourd'hui lange d'enfant.

Borassa fialadisa : gilet de tricot.

BORDA : ferme, maison des champs ; (à l'origine : maison fortifiée.)

    Rac. lat. : *burgum* et bas lat. : *borda*.

BORDIE : bordier, fermier qui cultive lui-même et qui habite la ferme.

BORIA : ferme, métairie ; (à l'origine : étable à bœufs.)

    Rac. lat. : *boaria* (1).

BORSA : bourse.

    Rac. lat. : *bursa*.

BOSC : bois.

    Rac. lat. : *boscus* (de *bos*).

BOT : voir NEBOT.

BOTA : récipient en bois (d'où le mot français *boite*).

BOTEGA : boutique (esp. *bodega*).

    Du bas lat. : *botica*.

BOTET : baril ; caque ; petit tonneau (dérive, comme les mots précédents, du bas latin *botare* : mettrer, bouter, renfermer).

BOYE : bouvier et par extens. laboureur.

    Rac. lat. : *boarius*.

BRAO, BRAU et BREO : taureau, veau mâle.

Origine de l'imitation du cri de l'animal (2).

BRASSEL : brassée ; tas.

Un brassel de fe : un tas de foin.

BRO : bord, rive ; extrémité ; fossé ; chaussée.

La bro del moli : la chaussée du moulin ; *la bro del rio* : le bord du ruisseau ; *fa las bros* : faire les fossés, travailler les bords d'un champ. (Le français *bord* en dérive par transposition).

    Du bas lat. : *brosa*.

BRONSE : bronze.

    Orig. : l'imitation du bruit du bronze (d'où le verbe *bronzina* : bourdonner.

BUFFET : soufflet.

Buffet per aluca lo fuoc : soufflet à allumer le feu.

    Rac. allem. : *püffen* (souffler).

BUGA (pour BUDA) : vider ; et **BUGO, BUGA** (pour BUDO, BUDA) : vide.

Una barrica buga : une barrique vide.

    Corrupt. de *viduare*.

BUT (pour BUC) : ruche à miel ; essaim d'abeilles.

    Radical d'origine barbare qu'on retrouve dans beaucoup de noms, *la Rocca de Buc, Laurabuc*, etc.

---

(1) La distinction originelle entre *boria* et *borda* n'existe plus aujourd'hui ; mais il y a entre ces deux mots la différence étymologique qu'il y a entre *borges* et *boye*.

(2) Dans toutes les langues primitives, en particulier dans les langues indochinoises, le nom d'un animal se forme sur son cri ; du reste *bœuf, coq*, n'ont pas d'autre origine.

C

CABAL : cabaux, le capital du cheptel ; le gros bétail d'une ferme.
Rac. lat. : *caput*.

CADIS : étoffe de laine non peignée, fabriquée en Languedoc.

CAISSA : caisse.
Rac. lat. : *capsa*.

CALEL : lampe en cuivre à trois becs.
Rac. lat. : *scala* (parce que le réservoir pentagonal qui renferme l'huile est fixé à son support par deux crémaillères appelées *escalelos*).

CAMBA : jambe.
Rac. lat. : *campa*.

CAMBE, CAMBET et **CARBE** : chanvre.
Cambe de la premiera : chanvre de la première récolte.
Rac. lat. : *cannabis*.

CAMBRA : chambre.
Rac. lat. : *camera*.

CAMELOT : Étoffe grossière de poil de chèvre ou de chameau.
Rac. grecq. : *kamelos*.

CAMY : chemin.
Du bas lat. : *caminus*.

CAMINADA : sentier ; presbytère ; maison curiale.
Du bas lat. : *caminata*.

CAMINAL : chemin pour le service d'un champ ; se dit aussi de celui qui conduit la charrette : roulier.

CAMISA : chemise.
Du bas lat. : *camisia*.

CANABAL, chenevière : terre à chanvre.
Rac. lat. : *cannabis*.

CANDELIE : chandelier.
Rac. lat. : *candela*.

CANDELLERA : chandeleur, fête de la purification de la vierge (2 février).

CANA : canne, mesure de longueur.
Rac. lat. : *canna*.

CANELA : conduit, tuyau, robinet.

CANONGE et **CANORGUE** : chanoine.
Rac. lat. : *canonicus*.

CANSELA : faire sceller, apposer le sceau à un acte ; faire enregistrer, annuler ou modifier un contrat.
Rac. lat. : *cancellare*.

CANTA (pour ENCANTA) : vendre à l'encan.
Rac. lat. : *incantare*.

CAPA : cape ; chape.
Rac. lat. : *capa*.

CAPEL : chapeau.
Rac. lat. : *caput*.

CAPELA : chapelle ; chapelain.
Rac. lat. : *capitulum*.

CAPELLANIE : chapellenie.

CAPO : chapon.

CAPUSA : émonder, étêter, décapiter.

Pigusso per capusa : hache à émonder.
> Rac. lat. : *caput secare.*

CAR : cher, élevé de prix.
> Rac. lat. : *carus.*

CARADA : charretée.
> du bas latin : *carrus.*

CARAIROLA : chemin de traverse.

CARBO : charbon ; anse de chaudron ou étrier de crémaillère. (Dans ce dernier cas s'emploie au pluriel, *las Carbos*).
> Rac. lat. : *carbo.*

CARDA : carde, instrument pour peigner les matières textiles ; d'où le verbe CARDA : peigner.
> Rac. lat. : *cardo.*

CARDAYRE : cardeur de laine.

CARDESSES : peignes à carder.

CAREJA : charrier, porter en charrette.
> Du bas lat. : *carrus.*

CARETA : charrette.
Un journal de careta : une journée de charroi.

CARMAL et CRAMAL : crémaillère à feu.
> Rac. grecq. : *kremathra.*

CARN : chair, et CARNSALADA : viande de porc salée.
> Rac. lat. : *caro.*

CAROLI : carolin, pièce de monnaie à l'effigie de Charles VIII.
> Rac. lat. : *carolus.*

CARPENTIE : charpentier ; tonnelier.
> Rac. lat. : *carpentarius.*

CART et CARTO : quart (de livre).
Dos libros mens un cart : deux livres moins un quart. — *Peso lo sac, vu carlos* : le sac pèse 7 quarts (de livre) (1).
> Rac. lat. : *quartus.*

CARTA : charte, lettre ; titre établi par un notaire.
> Rac. lat. : *carta.*

CARTA : mesure (voir CARTIERA).

CARTAYRADA : carterée, mesure agraire équivalant au quart de la séterée.
> Rac. lat. : *quarta pars.*

CARTIERA : cartière, mesure de capacité pour les grains, équivalant au quart du setier. S'emploie le plus souvent sous ses diminutifs CARTA ou CARTO : carte.
Una carta de favos : une cartière de fèves. — *Uno carto de blat* : une cartière de blé. — *Una mieja carta* : une demi-cartière.

CARTO (au masc. *un carto*) : quartou, quarteron, mesure pour les grains valant le quart de la quarterée. (C'est une mesure officielle, mais

---

(1) Fabre (f° LVII r°) n'a pas écrit par erreur, comme on pourrait le croire, *cartos* pour *carts*. Exemple, dans la charte de Moissac de 1210 : « *Discaps las taoulas dels cambiadors en qui hom esta decon cadan, las respras de Nadal, un carto de pebre caduna* » ; il est certain que c'est un quart de livre de poivre, c'est-à-dire de piment.

non usitée à cause de la confusion possible avec la *carto*, carte ou quartière). — Mesure pour le vin valant un litre environ ; — unité de poids employée pour la laine et valant 2 livres.

CARTONADA : cartonade ; quartonat, mesure agraire équivalant au quart de la cartérée.

CASSA : casse, poêlon : grande cuiller.
Cassa de blechi : poêlon en fer battu, cuiller pour puiser l'eau dans le seau.
Rac. lat. : *capsa*.

CASSOIA : casserole.
Uno cassoio de fer : une casserole en fer.

CASTEL : château.
Rac. lat : *castellum*.

CAUSA (on trouve aussi CAOSA et CHAUSA) : chose ; cause.
Rac. lat. : *causa*.

CAUSSA : chausse (employé au pluriel) ; se disait des grands bas qui se portaient alors et remontaient jusqu'au haut de la cuisse.
Orig. : *cuissa* et *queissa*.

CAUSSATIE : chaussetier, fabricant de chausses.

CERE (pour *quere*) : quérir, chercher.
Rac. lat. : *querere*.

CESTAYRADA : voir SESTAYRADA.

CESTIE : voir SESTIE.

CINTAL (pour *cental*) : quintal, poids de 100 livres.
Rac. lat. : *centum*.

CLAO : clef.

CLAVA : fermer à clef.
Una cambra clavada : Une chambre fermant à clef.
Rac. lat. : *clavis*.

CLAVEL : clou.
Rac. lat. : *clavus*.

CLAVELA : clouer.
Un martel per clavela : un marteau à clouer.

COBERTA et CUBERTA : couverture de lit ; couverture, terme commercial.
Coberta de ix pans : couverture de 9 pans de longueur. — *A la coberta de...* : sous le couvert de...
Du bas lat. : *cooperta*.

COBERTO : couvercle : moule à pétrir ; moule de cuisine.
Coberto de saliéyro : couvercle de saloir. — *Dos machs am lo coberto* : deux maies avec leur couvercle. — *Coberto per fa fogassas* : moule à pâtisserie (c'est un moule en forme de tourtière qui est appelé aujourd'hui moule à croustades).

COBRI (vieux mot, voir CURBI) : couvrir, recouvrir ; recouvrer (dans ce dernier sens, voir RECOBRA).
La balesta ha cobrida : il a recouvré l'arbalète.

CODRA : feuillard, cercle de barrique en bois de saule, de noyer ou de châtaignier.
Mola de codra : paquet de cercles (en forme de meule).

COGNAT et CONAT : beau-frère.
Rac. lat. : *cognatus*.

COGNADA et CONADA : belle-sœur.

COLA (pour *coula*) : couler, soutirer le vin de la cuve.
Tino colan quatre pipos : cuve de quatre pipes de capacité.

COLLEGI : collège ; confrérie ; réunion.
Collegi del obrado : conseil de fabrique.
Rac. lat. : *collegium*.

COLOMBA : colombe, outil de tonnelier (table à rabot).
Rac. lat. : *columba*.

COLOMBIE : colombier, pigeonnier.

COMMANDARIO : commanderie, établissement religieux et hospitalier.

COMTE et CONTE : compte.
Conte fait : règlement de compte.
Rac. lat : *contare*.

CONQUETA : bassine ; petit chaudron.
Du bas lat. : *conqueta*.

CONTADO : comptoir.

CONTEN : comptant.
En conten : au comptant.

CONTRATTE : contrat (contr'-acte).
Rac. lat. : *contractus*.

COP : coup, fois.
Dos cops : deux fois.

CORDA : corde.
Rac. lat. : *Chorda*.

CORDELAT : étoffe de laine à côtes.

CORDIE : Cordier.

CORS : cours, mercuriale des céréales.
Lo cors de Cordas : le cours (du blé) à Cordes.
Rac. lat. : *cursus*.

COSSERA : couette, coitte, matelas de plumes.
Rac. lat. : *culcitra*.

COSSOL (on trouve aussi CONSOL) : consul, magistrat municipal.
Rac. lat. : *consul*.

COST, COSTES : coût, frais, dépenses.
Totz costes : tous frais.
Rac. lat. : *costare*.

COSTO : coteau.
Jos lo costo : sous le coteau.
Rac. lat. : *costa*.

COSY : cousin.
Du bas lat. : *cosinus*.

COTA-PART : quote-part ; écot.
Rac. lat. : *quota pars*.

COTTA : cotte, vêtement de travail.
Rac. lat. : *costa*.

COYRE : cuivre, métal.
Rac. lat. : *cuprum*.

COYSSI : coussin.

CROS : croix.
Rac. lat. : *crux*.

CROSA et CROSSA : croiser, bâtonner un compte pour l'annuler.
Es crossada la billeta : le billet est annulé.

CRUVEL et CURVEL : crible.
Rac. lat. : *cribellum*.

CULIE : cullier.
Rac. lat. : *cochlea*.

CURBI : couvrir et, par extension, semer (recouvrir la semence par un labour).
Curbi lo ly : semer le lin.

D

DALHA et DALLA : faux ; faucher, couper à la faux.
Un jornal de dalha ; une journée de moisson.

DALHAYRE : faucheur, moissonneur.
 Rac. grecq. : *daïo* (je coupe).

DAMAYSELA : Demoiselle, femme de qualité.
 Rac. lat. : *domicella*.

DARAYRAGE : arrérage ; termes d'une rente en retard.

DAVIT : davier, outil de tonnelier.
 Rac. lat. : *avulsor*.

DEBASSES : bas, bas-de-chausses (la partie inférieure des chausses).

DEBORS : débours, dépenses à rembourser.
 Rac. lat. : *borsa*.

DECRET : décret, ordonnance de prise de corps, de saisie ou d'exécution.
 Rac. lat. : *decretum*.

DEIME : dime ; dimaire ?
 Rac. lat. : *decimum*.

DEISSA (pour *leissa*) : laisser.
En deisso : en diminution. — *En deisso de mage soma* : en acompte.

DEMORA : demeure, demeurer, habiter.
Fa demoras : mettre en demeure.
 Rac. lat. : *mora*.

DENAUTZ : culotte, haut-de-chausses (la partie supérieure des chausses).

DENIE et DINIE : denier, pièce de monnaie en bronze.
 Rac. lat. : *denarius*.

DERESCATS (pour *derescaps*) : surplus.
En derescats (1) : en plus.

DES : dix.
 Rac. lat. : *decem*.

DES : abréviation pour *dessus*.
Lo des : le susnommé (pour *lo dessus det*). — *L'an des* : l'an dessus.
 Rac. lat. : *de super*.

DESEMBRE : décembre.
 Rac. lat. : *december*.

DESPENS : dépens, frais de procédure.
 Rac. lat. : *despendere*.

DESPENSA : dépense, frais d'entretien.
 Même rac.

DEUTE : dette.
 Rac. lat. : *debitum*.

DEVAS et DEVES : vers.
Devas la simo : vers le sommet.

DEVE et DEVER : devoir (à l'indicatif, Masenx écrit toujours *deo* et *deon* pour *devo* et *devon*).
 Rac. lat. : *debere*.

DIJOS : jeudi.
 Rac. lat. : *dies jovis*.

---

(1) C'est un vieux mot qui, dans beaucoup de chartes romanes, remplace *Item*.

DIMENGE : dimanche.
Rac. lat. : *dies domini*.

DINIE (par corrupt. de *denie*) : denier, pièce de monnaie en bronze.
Rac. lat. : *denarius*.

DOBLA : double ou double-blanc, pièce de monnaie en argent.
Rac. lat. : *duplex*.

DOBLE : double ; copie d'un acte.

DOLSA : gousse des légumineuses, cosse ; graine.
Dolsa de sa : graine de chanvre.
Rac. grecq. : *dolichos*.

DOMATGE : Dommage.
Rac. lat. : *damnum*.

DORNA : cruche, vaisseau de terre.
Dorna per fa bugadas : lessivier en terre.
Rac. lat. : *urna*.

DRAP : drap.
Du bas lat. : *drappus*.

DRECH : droit, honoraire.

DUCAT : monnaie d'or vénitienne.
Rac. lat. : *dux*.

E

EMINA et MINA : émine, mesure de capacité pour les grains valant la moitié du setier.
Rac. grecq. : *emina*.

EMINADA et MINADA : éminée, mesure agraire équivalant à la moitié de la séterée.

ENCAN : encan ou inquant, vente aux enchères.
Rac. lat. : *in quantum*.

ENFLADURA : enflure.
Rac. lat. : *inflare*.

ENFOULIS : grand entonnoir de bois en forme de bateau, avec embout de fer, pour remplir les barriques. Synonyme : *Seilla*.
Rac. lat. : *infundere*.

ENFRUTZ : produits de la terre qui ne se consomment pas directement, comme le bois, la paille, etc.
Rac. lat. : *fructus*.

ENGRAISSA : engraisser.
Rac. lat. : *crassare*.

ERBA : herbe, foin des prairies nouvellement coupé.
Rac. lat. : *herba*.

ERITIÉ : héritier.
Rac. lat. : *hæredes*.

ESCALA : échelle (de meunier).
Rac. lat. : *Scala*.

ESCALPRE (pour *Scalpre*) : couteau ; scalpel : lancette de vétérinaire, flamme.
Escalpre que tiro de sang, flamme à saigner.
Rac. lat. : *scalprum*.

ESCAVELLA : voir SCAVELLA.

ESCLOP : voir SCLOP.

ESCOT : écot, quote-part, part de paiement.
Rac. lat. : *ex-quota parte*.

ESCUDELLA : voir SCUDELLA.

ESCUT et SCUT : écu, monnaie d'or à l'écusson de France.
Escut del Solel : écu au soleil, écu-sol. — *Escut petit* : petit écu.
    Rac. lat. : *scutum*.

ESPEHA : expliquer, signifier (un jugement).

ESSUT : essuyé, étanché ; sec, desséché.
Sa essut : chanvre sec.
    Rac. lat. : *exsiccatus*.

ESTAN : Etain.
    Rac. lat. : *stannum*.

ESTANIÉ : potier d'étain.

ESTIMAYRE : agent chargé d'estimer les dégâts faits aux récoltes.
    Rac. lat. : *estimare*.

ESTOPA et STOPA : étoupe, filasse ; se disait du chanvre ou du lin peignés et, par extension désigne quelquefois le chanvre ; tissu grossier, analogue à la bure, dans lequel il entrait de l'étoupe et de la laine ; bure.
    Rac. lat. : *stupare*.

ESTURMEN : voir ISTURMEN.

F

FABRE : forgeron.
    Rac. lat. : *faber*.

FAIS : faix, faisceau.
    Rac. lat. : *fascis*.

FARE : faire.
Fare la vinha : faire la vigne, c'est-à-dire « donner une façon », travailler la vigne.
    Rac. lat. : *facere*.

FASSO : façon.

FAUCILLA : faucille.
    Rac. lat. : *falx*.

FAUDAL : tablier de femme.

FAUS : faux.
    Rac. lat. : *falx*.

FAVA : fève, féverolle.
    Rac. lat. : *faba*.

FE : foin.
    Rac. lat. : *fenum*.

FEBRIE : février, mois de l'année.
    Rac. lat. : *februarius*.

FEDO : brebis.
    Rac. lat. : *feta*.

FEILLUL et FILLUL : filleul.
    Rac. lat. : *filiolus*.

FEMNA : femme.
    Rac. lat. : *femina*.

FENAL et AFENAL : fenil, hangar, remise à foin.
    Rac. lat. : *fenum*.

FENS : fumier.

FERRIA : chevrette ; chaîne de fer à crochet pour suspendre la crémaillère (s'emploie au pluriel : *ferrias*).
Ferrias per adobar lo manja : chevrette pour la cuisine.
    Rac. lat. : *ferrum*.

FI et FY : fin.
Pesa al fy : peser exactement.
    Rac. lat. : *fines*.

FIAL et FIOL : fil.
    Rac. lat. : *filum*.

FIERA : foire. D'où FIERAL : champ de foire, foiral.
Rac. lat. : *feria*.

FIEU : fief, terre inféodée.
Rac. lat. : *feudum*.

FLASSADA et FLESSADA : couverture de laine pour le lit.
Du roman *flissa*. (1)

FOGASSA : gâteau de farine de blé saisi au four et qu'on mangeait tout chaud : tarte, croustade, pâtisserie de ménage.
Du bas lat. : *fogarium*.

FON : fontaine.
Rac. lat. : *fons*.

FONS : fond, bas fond ; vallée basse.
Lo fons del rio : la vallée basse du ruisseau.
Rac. lat. : *fundus*.

FONSAILLA : nom donné aux douves de fond en tonnellerie ; fonçaille.
Garric de fonsailla : chêne pour douves. — *pessa de fonsailla* : douve de fond.

FORESIO : banlieue, circonscription rurale.

La foresio de Gallac : la banlieue de Gaillac.

FORN : four, et FORNIÉ : fournier.
Rac. lat. : *furnus*.

FOSSO : foussou, outil de fossoyeur : houe.
Rac. lat. : *fodere, fossa*.

FRAIRE : frère.
Rac. lat. : *frater*.

FROMATGE et FORMATGE : fromage.
Rac. lat. : *forma*.

FRUST et FRUTHA : fruits ; produits de la terre qu'on consomme directement.
Rac. lat. *fructus*.

FUST : bois de merrain, douve, et par extension futaille, fût.
Rendut lo fust : fût rendu.

FUSTA : poutre ; pièce de bois ; bois ou planche.
Dos palas de fusta : deux pelles en bois.

FUSTADA : charpente, pièce de bois.

G

GADASA : tiretoire, outil de tonnelier servant à forcer les cercles sur les tonneaux.
Synon. : *tiafo*.

GALLINA : poule, volaille, petit du coq.
Rac. lat. : *gallus*.

GANNACH : garnache, robe de

---

(1) « *Porton mantels de flissa* » (Ramonde Perilhos : Voyage au purgatoire de Saint-Patrice). Le mot usité paraît cependant avoir été *flessada*, car il existe encore à Barcelone une *calle des flessaders* et la corporation des *flessadiers* est encore mentionnée par Cayron à Toulouse, en 1630.

laine ou tunique longue que portaient les femmes.

Rac. lat. : gannacum.

GARISO (pour Guariso) : guérison.

Rac. lat. : curatio.

GAROTADO : terre pauvre plantée en chênes rabougris ; gardiage ; serre ; garrigue.

GARRIC : chêne ; bois de chêne.

GARRIGA : garrigue, bois de chênes.

GASAILLA : gazaille, cheptel : gazailler, c. a. d. bordier associé au propriétaire pour l'exploitation du bétail.

GASANHA : gagner.

No gasanho re plus : il ne gagne pas autre chose.

Du bas lat. : *guadagnum* et du roman *gasagnar*.

GASTAT : gâté.

GENDRE : gendre.

Rac. lat. : gener.

GLEISA : église.

Rac. lat. : ecclesia.

GOJAT : garçon, valet, jeune homme.

GRA : poids valant environ 0 gr. 05, usité seulement pour les monnaies et les bijoux.

Rac. lat. : grana. (1)

GRESALA : vase en terre cuite de forme évasée.

Du bas lat. : gradale.

GRESALET : diminutif du précédent.

GRESILLA : grille ; gril de cuisine.

GROSSA : grosse, expédition en grosse écriture d'un acte notarié.

Du bas lat. : grossare, grossoyer.

H

HARNESIE : fabricant de harnais de labour (jougs et charrues).

HAVE : voir AVE.

HERM : orme : voir OLM.

Sant Salvy de l'Herm, paroisse de Castelnau de Montmiral.

I

INCANT : voir ENCAN.

IO et IOU (Iooŭ) : œuf.

Rac. lat. : ovum.

ISARAPA : râpe.

Isarapa d'estan : râpe de fer étamé.

ISTURMEN : instrument, minute d'un acte public.

Rac. lat. : instrumentum.

---

(1) Le mot *gra* ne se trouve jamais, dans nos livres, employé pour céréales, récoltes, dans le sens actuel du mot *grains* ; dans cette dernière acception c'est *blat* qui est employé.

J

JANIÉ, JANVIE, JENIE, JINIE : janvier.
    Rac. lat. : *januarius*

JO : joug pour les bœufs.
Un jo am sa mejano : un joug avec sa redorte.
    Rac. lat. : *jugum*.

JORN : jour, abréviation de :

JORNAL : journée.
Jornal de araire : journée de labour. — *Jornal de carreta* : journée de charroi. — *Jornal de dalha* : journée de moisson. — *III jornals per laura* : 3 journées de labour.
    Du bas lat. : *jornada*.

JOS (pour *joc*) : jeu.
Roda de joc : la roue dentée que met en jeu l'arbre d'un moulin.
    Rac. lat. : *jocum*.

JOS et JOTZ : sous.
De jos : dessous. — *Jos lo castel* : sous le château.
    Rac. lat. : *juxta*.

JUEIA : joyau, bijoux de fiançailles (s'emploie au pluriel *las jueias*), d'où joaillerie.

JUL et JULIET : juillet.
    Rac. lat. : *julius*.

JULLA (pour *juilla* ou *julha*) : courroie de cuir, très longue, qui sert à fixer le joug sur la tête des bœufs.
    Rac. lat. : *jugum*.

JUN : juin.
    Rac. lat. : *junius*.

L

LABORA : travailler.
Labora las terras : travailler les terres.
    Rac. lat. : *laborare*.

LACAY : laquais.

LADO : voir OLADO.

LAISSA et LEISSA : voir DEISSA.

LANA : laine.
    Rac. lat. : *lana*.

LANSA : lance.
Mieja-lansa : demi-lance, pique ou épieu.
    Rac. lat. : *lancea*.

LANTERNA : lanterne.
    Rac. lat. : *laterna*.

LATO : laiton, cuivre jaune, alliage de cuivre et d'étain.

LAURA : labourer.
    Rac. lat. : *laborare*.

LAVAMEN : lotion.
    Rac. lat. : *lavare*.

LEGAT : legs.
    Rac. lat. : *legatum*.

LEGNA et LENHA : bois ; fagots de bois provenant de l'émondage des arbres.
Un ponal per trinca lenho : une hachette pour couper du bois.
    Rac. lat. : *lignum*.

LEIT, LIEIT et LIECH : lit.
    Rac. lat. : *lectum*.

LENSOL : drap de lit ; linceuil.
    Rac. lat. : *linteolum*.

LIBRA, LIVRA et LIEURA : livre. La livre-poids se distinguait en livre forte (410 gr.) et petite livre (300 gr.); la première est seule usitée dans nos livres. La livre-monnaie était l'unité du système tournois, mais la livre tournois n'était pas représentée en monnaie; on comptait seulement une livre par 20 sols tournois.
Rac. lat. : *libra*.

LOBAT et LOBET : jupon court à l'usage des femmes.

Estopa per fa lobat : bure pour jupon.

LOC : lieu.
Rac. lat. : *locus*.

LOCTENEN : lieutenant.
Rac. lat. : *locum tenens*.

LOGA : louer, prendre à gages.
Rac. lat. : *locare*.

LUS (pour *dilus*) : lundi.
Rac. lat. : *dies lunæ*.

LY : lin, plante textile.
Ly bargat et palusat : lin battu et teillé.
Rac. lat. : *linum*.

M

MA : main.
Rac. lat. : *manus*.

MACH : maie à pétrir, pétrin; huche.
Rac. lat. : *mactra*.

MADUR : mûr, se dit des récoltes et des fruits à maturité.
Rac. lat. : *maturus*.

MAGE : plus : plus grand; supérieur.
Mage soma : plus forte somme.
Rac. lat. : *magis*.

MAGISTRE : maître.
Magistre de banc : maître de banc, l'un des fabriciens d'une église.
Rac. lat. : *magister*.

MAIRE : mère.
Rac. lat. : *mater*.

MAISO : maison.
Rac. lat. : *mansio*.

MALEVA : emprunter, faire un emprunt.
Rac. lat. : *manus levare* ou *male levare*.

MANDA : mande, impôt diocésain annuel; mais il semble que ce mot désigne aussi toute rente ou contribution périodique.
Deime de mando : dîme de rente.
— *Miso de mando* : mise de rente.
Rac. lat. : *mandare*.

MANTERSA : serviette; essuie-mains.
Mantersa francesa : serviette française, c'est-à-dire grande serviette. (1)
Rac. lat. : *manus tergere*.

MAREL : moreau, châtain foncé. Se dit du poil des animaux.

---

(1) On lit, dans les comptes de l'église Saint-Michel de Carcassonne pour l'année 1448 (MEHUL. *Cartulaire*. t. VI, p. 357) : « *Plus las serrietas primas, obrage de Fransa, del long de* IV *pams.* »

Vaca de pel marel : vache de couleur brune.
Du bas lat. : *morellus*.

MARGA : manche.
Mieja-marga : demi-manche.
Rac. lat.: *marca*.

MARS : mars.
Rac. lat. : *mars*.

MARTEL : marteau.
Martel de peirie : marteau de maçon.
Du bas lat. : *martellus*.

MAS : maison.
Rac. lat. : *mansus*.

MASELLIE : charcutier, boucher.
Rac. lat. : *macellarius*.

MAY : mai.
Rac. lat. : *mains*.

MAYRAM et MEYRAM : merrain, douvain ; bois qui sert à faire les futailles.

MEDECI : médecin.
Rac. lat. : *medicus*.

MEISA ou MEISSA et MISA : mise, bladage ou boage : rente (généralement en céréales) que les gazaillers payaient annuellement aux propriétaires des bestiaux.
Du bas lat. : *meisso*.

MEISSONA : moissonner.
Rac. lat. : *messis*.

MEJANA : redorte : anneau de bois tordu ou de fer fixé sur le milieu du joug et dans lequel on engage le timon de la charrue.

MEMORIA : mémoire ; répertoire.
Mot latin.

MENUSIE : menuisier.

MERCAT : marché.
Du bas lat. : *mercatura*, rac. lat. : *marca*.

MERCHAN : marchand.
Bo et merchan : bon et marchand.
Rac. lat. : *mercator*.

MES : mois.
Rac. lat. : *mensis*.

MESA : mise ; avance : quote-part d'une association.
Rac. lat. : *missum*.

MESCA : mèche ; écheveau de fil ou de laine.
Fial per fa mesco : fil d'écheveau.

MESCALAT : mélangé ; bariolé. Se disait d'une variété de drap du pays fait avec des laines de diverses couleurs : *drap mescalat*.

MESCLADIS et MESCLO : variété de drap.

MESTRE : maître.
Rac. allem. : *meister*.

MESTURA : mixture, méteil : mélange de seigle et de froment.
Rac. lat. : *mixtus*.

METEIS : même.
El meteis : lui-même.
Rac. lat. : *medesimus* (1).

METEIS, METEISA : mitoyen, contigu.

---

(1) Le mot *meteis*, qui revient à chaque page dans les registres municipaux

Terra meteisa : terre qui confronte.
Rac. lat. : *meta*.

MIALHA : maille ou obole ; pièce de monnaie de la valeur d'un demi-denier.
Rac. lat. : *medalla*.

MIECH, MIEJA : demi, demie.
Rac. lat. : *medius*.

MIL : maïs, blé de Turquie ; millet.
Rac. lat. : *milium*.

MISA : voir MEISA.

MITAT : moitié.
Rac. lat. : *dimidia*.

MOLA : meule ; paquet de cercles de futaille en forme de meule.
Mola de codras : meule de cercles.
Rac. lat. : *mola*.

MOLHE et MOLHIE : femme, épouse.
Rac. lat. : *mulier*.

MOLIÉ : faiseur de meules.
Rac. lat. : *mola*.

MOLINIÉ : meunier.
Rac. lat. : *molinarius*.

MOLY : moulin.
Ana al moly : aller au moulin, c. a. d. faire moudre.
Rac. lat. : *molinus*.

MONEDA : monnaie.
Rac. lat. : *moneta*.

MORTIE : mortier à piler le sel.
Mortie de bronze : mortier de bronze.

MOSSOLLA : touselle, variété de froment de qualité supérieure : bladette.

MOTGADURAS : empreinte des dents dans un morceau de pain.

MOTO : mouton.

MUL et MULET : mulet, jeune mulet.
Rac. lat. : *mulus*.

N

NADAL : Noël, fête de la nativité.
Rac. lat. : *natalis (dies)*.

NADIO : nadieu, variété de drap uni, appelé aussi *nays*, *naïf* et *nadif*.
Rac. lat. : *nativus*. (Ducange).

de Gaillac, est toujours employé dans ce sens, tandis qu'on ne le rencontre jamais dans le sens de mitoyen Exemples :

« *Lo diables... mes en cor al morgue qu'el non podia rendre guazardo a nostre senhor... s'il morgue el meteys nos meses en crotz.* »
Libro dels yssamples. MSS. 25415. Bib. nat.

« *Item el comte metheis dero...*
Livres des frères Bonis.

« *Item, aquel an meteys, egal Totz Sans...* »
Petit Thalamus. 1355.

« *Lo greffe, qu'a le nas de rauso, Respoundec la metisso causo* ».
BARUTEL : Le triomphe de l'Eglantine. 1650.

NEBLA et NEPLA : nielle, maladie du blé qui accompagne les années pluvieuses et les brouillards abondants.
Rac. lat. : *nebula.*

NEBOT, NEBODA : neveu, nièce (se dit aussi BOT, BODA).
Rac. lat. : *nepos.*

NOIRISSA : nourrisse.
Rac. lat. : *nutrix.*

NOSE : noix.
Rac. lat. : *nuces.*

NOSSA : noce.
Rac. lat. : *nuptia.*

NOVEMBRE : novembre.
Rac. lat. : *november.*

NOVIA : fiancée.
Du bas lat. : *novia.*

O

OBIT : obit, fondation religieuse en vue d'obtenir des prières après la mort.
Rac. lat. : *obitum.*

OBRADO : ouvroir, atelier, établi, table en pierre à l'usage des briquetiers et, par suite, briqueterie ; par extension la fabrique d'une église. Masenx emploie ce mot dans ces trois acceptions : *l'obrado de Barutel, l'obrado de Marolet, l'obrado de lo fraire de Mossen Feral,* signifient l'atelier de Barutel, de Marolet, etc. ; — *l'obrado de Paul Mata* est la briqueterie de Palmata ; — *lo collegi de l'obrado,* le conseil de fabrique.
Rac. lat. : *operare.*

OBRAGE : ouvrage, travail de briquetier.

OCHAU et UCHAU : mesure de capacité pour les liquides, valant le huitième de la *pega.*
Rac. lat. : *octavus.*

OLADA : marmite (aujourd'hui *oula* et *oulada* ; même radical que l'espagnol *olla, olle* et que le vieux français *oille*).
Olado d'estan : marmite étamée.
Rac. lat. : *oleum.*

OLM, OM et OUM (voir HERM) : orme, ormeau.
Castel de l'Om : château de l'Orme, à Gaillac.
Rac. lat. : *ulmus.*

OME : homme.
Rac. lat. : *homo.*

ORADIO et ORADO : oratoire ; desservant de l'oratoire.
Rac. lat. : *orare deum.*

ORDI : orge.
Rac. lat. : *hordeum.*

ORT : jardin.
Rac. lat. : *hortus.*

OSTAL : maison.
Rac. lat. : *hospes.*

OSTE : hôtelier, aubergiste.
Rac. lat. : *hospes.*

OTOBRE : octobre.
Rac. lat. : *october.*

P

PA et **PO** : pain.
Lo po he lo vy : le pain et le vin.
Rac. lat. : *panis*.

PADENA : poêle à frire, poêlon.
Padena de coyre : poêlon de cuivre.
Rac. lat. : *patena*.

PAGA : payer (*pagat, pagueri*, etc.).
La paga est l'intérêt de l'argent prêté (paiement du risque ou de la peine). — *X s. de paga* : 10 sols d'intérêt.
Rac. lat. : *pacare*.

PAGES : paysan, petit propriétaire rural; tenancier d'un fief; nom propre.
Drap de pages : drap de paysan.
Rac. lat. : *pagus*.

PAGO et **PAIO** : paye, paiement.

PAIRE : père.
Rac. lat. : *pater*.

PAÏS : pays.
Rac. lat. : *pagus*.

PAÏSSE : paitre.
Rac lat. : *pascere*.

PAISSE : tisser, tramer.
Fial per paisse : fil à tisser, fil de trame.
Rac. lat. : *passare*.

PAISSEL et **PESSELL** (1) : navette de tisserand; bobine à envider le fil.
Même rac.

PAL : pieu, bâton. Mot qui a servi de racine à une foule de dérivés, tels que *pala, palis, palissada, palilha, palfeciero, palfer*, etc.
Rac. lat. : *pilum*.

PALA : pelle.
Pala de fusta : pelle de bois pour le blé.

PALFECIERA : pelle en bois, à long manche, pour enfourner le pain.

PALHA et **PALLA** : paille.
Rac. lat. : *palea*.

PALHASSA : paillasse de lit.

PALHASSO : paillasson; panier en paille tressée ou en osier, usité pour mettre la pâte.

PALILHA : voir POLILHA.

PALMOLA et **PAMELA** : paumoule ou paumelle, variété d'orge.
Du bas lat. : *pomola*.

PALUSA : teiller, briser les filaments de chanvre ou de lin en brisant la chenevette à l'aide d'un outil semblable à *las bargas* mais en différant par le manque de dents.

PAM et **PAN** : pan, paume, palme, mesure de longueur.
Rac. lat. : *palma*.

PANTO : chaîne à crochet pour

---

(1) Ce mot ne doit pas être confondu avec *payssel* ou *pessel* (échalas) dont l'étymologie est *pessa*. Du reste très divers sont les radicaux auxquels le roman et le français ont donné la forme *pas* ou *pais*; ex. : de *pascere*, (paitre), *paisse* et dépaissance; de *passare* (passer) *paisse* (tisser) et *passementerie*; id. *paissiero* (passerelle, chaussée), etc.

fixer la crémaillère ou le chaudron sur l'âtre.
Rac. lat. : *pendere*.

PAREDE et **PAREDIE** : faiseur de parois (*paret*), plâtrier.
Rac. lat. : *paries*.

PARTI : partager.
Parti al sol : partager (la récolte) sur l'aire.
Rac. lat. : *partire*.

PASCA : Pâques.
Rac. lat. : *pascha*.

PASCETAS (pour *pasquetas*) : le premier dimanche après Pâques.

PASSADOIRA : passoire.
Rac. lat. : *passure*.

PASSERIO : passeur de rivière.

PASTEL : pastel, plante tinctoriale qu'on réduisait en pâte (*pasta*) et en pains (*coquos*) pour la vendre.
Rac. lat. : *pasta*.

PASTISSERIA : local affecté au pétrissage du pain ; boulangerie, manutention, dépense.

PATE (pour *pacte*) : pacte, convention ; arrangement. Autrefois *patus*.
Rac. lat. : *pactus*.

PATIS (pour *pastis* : patis, lieu où l'on mène paître le bétail
Rac. lat. : *pastum*.

PAYROL : chaudron.

PAYROLA : chaudière.

PAYROLET : petit chaudron.

PAYROLIE : chaudronnier.

PAYSSEL (pour *pessel*) : échalas, latte de bois.
Rac. lat. : *pessa*.

PECUNIA : pécule ; argent, monnaie.
Rac. lat. : *pecunia*.

PEGA : pega, mesure de capacité pour le vin, valant un peu plus de trois litres.

PEIRIE : maçon, tailleur de pierres.

PELLURA : pillule.
Rac. lat. : *pillula*.

PENSIO : pension, rente.
Pensio annuala : rente annuelle.

PERGA : perche, mesure agraire.
Mesura de perga : mesure en perche.
Rac. lat. : *pertica*.

PERS : bleu.
Rac. lat. : *persicus*.

PERTENENSA : dépendance, juridiction.
Rac. lat : *pertinens*.

PESA (pour *pesada*) : pesée ; poise, unité de poids peu usitée valant 12 à 16 livres.
Tres pesas de ly : trois poises de lin. — *Una pesa de mil* : une poise de maïs.

PESSA : pièce.
Pessa de terra : pièce de terre. — *Pessa de vy* : pièce de vin (100 pegas). — *Pessa de moneda* : pièce de monnaie. — *Pessa de teule* : brique de four. *Pessa de mayram* : douve de merrain.
Du bas lat. : *petia*.

PESSELL : voir PAISSEL.

PIGASSA : hache.
Du bas lat. : *picassa*.

PINTA : pinte, mesure de capacité pour les liquides.

PIPA : pipe, futaille de la capacité d'une double barrique.

PITANSA : pitance, allocation journalière pour la nourriture donnée aux moines.
Du bas lat. : *pita*.

PITANSIES : pitanciers, biens affectés à la production de la pitance. Masenx les appelle ordinairement *las Pitansas*. Les pitanciers sont aussi les bénéficiaires de la pitance.

PLANCA : planche.
Rac. lat. : *planus*.

PLOMA : plume.
Rac. lat. : *pluma*.

PODA : instrument en forme de serpe pour tailler la vigne, d'où : *poda la vinha* : tailler la vigne.

POGHASO : pogèze ou pougèze, échéance de la rente des pitanciers; il y avait la pogèze de Pâques, celle de la Saint-Jean et celle de Noël.
Du bas lat. : *pogesius* (pogez).

POLET : poulet.
Rac. lat. : *pullus*.

POLILHA (par corruption de *patilha* : palis, levier) : poulie, cranequin : appareil avec lequel on tendait la corde de l'arbalète (1).
Polilhas per tendre las balestas : poulies pour tendre les arbalètes.
Rac. romane : *pal*.

PONAL (pour *poynal*, d'où on a tiré *poignard* et *poindre*) : couteau ou couperet de cuisine; hachette : hachoir.
Rac. lat. : *pugnare* et *pugnum* (poing).

PORC : porx (plu.) porc.
Rac. lat. : *porcus*.

POSTE : planche, madrier (d'où *poutre*).
Rac. lat. : *postis*.

POTICARI : voir APOTHICARI.

POTIE : potier.
Rac. lat. : *potus*.

POTS, POTZ et **POS** : puits.
Rac. lat. : *puteus*.

PRAT : pré, prairie.
Rac. lat. : *pratum*.

PRAUTIDO : fouloire (pour la vendange).
Rac. lat. : *protero*.

PRECAT : assignat d'une valeur quelconque; dot; cheptel ou cabal.
Rac. lat. : *pre caput*.

PRENSEPAL : principal; capital.
Rac. lat. : *principium*.

PRESTADO (pour *prestador*) : prêteur.
Rac. lat. : *prestare*.

PRIMA : premier; premièrement.

---

(1) On en a fait le nom propre *Polaillon*. « Dorénavant lesds consuls... payeront à la dicte ville, dedans leur année, chascun une arbalette d'acier... garnie suffisamment de quatre polaillons. »
Statuts de Moissac, 1489.

Lana prima : laine de première qualité.
   Rac. lat. : *primus*.

PRIO : prieur.
   Rac. lat. : *prior*.

PRODE, PRODA : prochain, prochaine.
La Madalena proda venen : la fête prochaine de la Madeleine.
   Rac. lat. : *proximus*.

PROFI et PROFIT : profit, bénéfice.

PROSÈS : procès.
   Rac. lat. : *processus*.

PROTESTA : protester, avouer; reconnaître une somme.
En protesten de mage soma : avouant devoir davantage.
   Rac. lat. : *pro testare*.

Q

QUEBRUSSEL : courte-pointe, couverture, couvre-pieds, dessus-de-lit (1).
Un quebrussel pintrat : une courte-pointe de couleur.
   Rac. lat : *cubrecellum*.

QUERE : voir CERE.

QUINTAL : voir CINTAL.

QULIERO et QULIEIRO : louche, grande cuiller.
Voir CULIE.

R

RAMA : rame, ramure, branchage d'arbres ; sarments.
   Rac. lat. : *ramus*.

RASO : raison.
   Rac. lat. : *ratio*.

RASSEGA : voir RESSEGA.

RAUBA : robe.

RAULA : rabot ; plane : outil de tonnelier.

RAYMACH (pour *rasclo-mach*) racloir pour le pétrin, coupe-pâte ; outil de boulanger.

RE : rien.
Sans re plus : sans rien autre.
   Rac. lat. : *res*.

RE : roi.
La festa des Res : la fête des rois.
   Rac. lat : *rex*.

REBATAMEN : diminution, déduction ; soulte.
En rebatamen : en déduction.

REBIA et REBIADERA : ramier, terre inondée et généralement plantée d'arbres au bord d'une rivière.

REBIERA : rivière.
   Rac. lat : *rivus*.

REC : filet d'eau, cours d'eau peu important.

---

(1) On lit dans les comptes de l'église Saint-Michel de Carcassonne pour 1418 (*Mahul* : Cartulaire t. vi, p. 352) : « Plus I : *sobrecel sobre lo lieyt, de tela blanqua* ».

Rec emiech : ruisseau entre les deux (terres).

RECOBRA : recouvrir ; recouvrer.

Recobra un bast : recouvrir un bât. — *Recobra una terra* : recouvrer une terre.

Voir RECURBI.

RECTO, RETO et RITO : recteur, curé.
Rac. lat. : *rector*.

RECURBI : recouvrir (se dit généralement du toit des maisons).

REFFERIGA, déclarer.
Rac. lat. : *Referre*.

RELAISSADA : abandonnée, veuve.

Molhie relaissada : femme veuve.

RELHA : soc de charrue et, par extension, charrue en fer ; q. q. f. penture ou gond d'une porte. S'emploie dans un sens figuré : *la relha* : les laboureurs, le peuple des campagnes.

REMONAIRE : ramoneur.

RENDA : rente, revenu.
Rac. lat. : *reddenda*.

RESPAL : détritus, étoupe inférieure provenant du peignage du chanvre et du lin.

RESSEGA : scie ; scier.
Ressega de una ma : scie à main.
Rac. lat. : *secare*.

RESSEGAIRE : scieur de long.

RIO : ruisseau.
Rac. lat. : *rivus*.

RISPA : pelle à feu.

RODA : roue.
Roda de jos : roue de jeu, engrenage.
Rac. lat. : *rota*.

RODIE : fabricant de roues, charron, carrossier.

ROMANA : romaine, balance à poids fixe.
Rac. lat. : *romana*.

ROMEGOS : embroussaillé, emmêlé de ronces (de *romec* : ronce).

Vaca de pel romegos : vache aux crins emmêlés.

ROS : rouge ; roux ; bai.
Rac. lat : *rosa*.

ROSSY : cheval de robe baie ; par extension cheval de selle, roussin.

Un rossy de pel gris : un cheval de poil gris.
Du bas lat. : *rossinus*.

S

SA et SAS : chanvre.
Sa sanut et bo : chanvre sain et de bonne qualité.

SABATIE : cordonnier, savetier.

SABATO : soulier, chaussure en cuir non lacée.
Du bas lat. : *Sapata*.

SAC et SACH : Sac.
Du bas lat. : *saccus*.

SAFRA : Safran, plante tinctoriale et épice autrefois très cultivée dans l'Albigeois.
Du bas lat. : *Sofferana* (couleur de soufre).

SAGEL : seel, sceau ; timbre.
Rac. lat. : *sigillum*.

SAIO : sayon, saie, sarrau ; sorte de blouse longue qu'on portait sur les autres vêtements.
Rac. lat. : *saga*.

SALCLA (pour *sarcla*) : sarcler, enlever les mauvaises herbes.
Rac. lat. : *sarculare*.

SALCLADOYRO : sarcloire, sarclette ; outil à sarcler.

SALIERA et **SALIEYRA** : Salière ; saloir.
Salieyros per sala lo porc : saloir, grande caisse remplie de gros sel où l'on mettait la viande de porc à saler.
Rac. lat. : *sal*.

SALINIÉ : mortier en pierre ou en bois dans lequel on pilait le sel.

SANUT : sain, non avarié.
Rac. lat. : *sanus*.

SARGAN et **SARJAN** : sergent ; sergent d'armes ; sergent de justice, agent de la police judiciaire.
Rac. lat. : *serviens*.

SARMEN : sarment, cep de vigne.
Rac. lat. : *sarmentum*.

SARRAILLA : serrure.

SARRAILLÉ : serrurier.

SARTRE et **SASTRE** : tailleur.
Rac. lat. : *sartor*.

SAUMA : ânesse, bête de somme ; bourrique.
Rac. grecq. : *Sagma* (charge d'une bête de somme).

SAUMILLA : petite ânesse.

SCALFO-LIECH : chauffe-lit, bassinoire.

SCAVELLA : escabelle, escabeau.
Rac. lat. : *scabellum*.

SCLOP et **ESCLOP** : sabot.
Rac. lat. : *sclopus* (bruit du sabot).

SCRIURE (pour *escriure*) : écrire.
Scrich de sa ma : écrit par lui-même.
Rac. lat. : *scribere*.

SCUDELLA : écuelle.
Rac. lat. : *scutellum*.

SCUMADOYRA : écumoire.
Du bas lat. : *schuma*.

SCUT : voir ESCUT.

SE · si. **SETAN** : sauf.
Se tan que : sauf que. — *Se tan la singla* : sauf la sangle.
Rac. lat. : *si*.

SEBO (pour *cebo*) : oignon.
Rac. lat. : *cibum*.

SEDA : soie ; par extension farine passée au tamis de soie. (*Sedas*) ou son de farine.

SEDAS : sas, tamis de soie.
Rac. lat. : *seta*.

SEGAL : seigle. Voir : SIAL.
Rac. lat. : *secale*.

SEGALA : terre à seigle.

SEGE (pour *segue*) : suivre.
S'en sec lo blat : s'ensuit le blé. — *Lo jorn segen* : le jour suivant.
Rac. lat. : *sequi*.

SELIE : cellier.
Rac. lat. : *cellarium*.

SEMA et SEMENA : semer.
Rac. lat. : *semen*.

SEMAL : comporte, récipient en bois où l'on place la vendange.
Rac. lat. : *semalis*.

SEMALO : petite comporte.

SEMENSA : semence.

SEMENTERI : cimetière.

SENHORIA et SENNORIA : seigneurie ; au pluriel : droits seigneuriaux d'inféodation.
Rac. lat. : *senior*.

SENS : cens, rente féodale ; est employé aussi dans le sens de revenu, produit de la terre.
Se la terra es laborada jo joyrey per aquel an los sens. (Masenx).
Rac. lat. : *census*.

SENSA : censive ; ensemble des droits grevant une terre.

SESTAYRADA : séterée, mesure agraire demandant, pour être emblavée, un setier de grain.
Rac. lat. : *sextarius*.

SI'STIE : setier, mesure de capacité pour les grains.

SIAL : seigle ; corrupt de *segal*.

SIMA (pour *cima*) : cime, sommet, arête.
Devas la sima : vers la hauteur.
Rac. lat. ; *culmen*.

SIMEN : outil dont la signification nous échappe.

SINA et SIGNA : signer.
Billeta sinada de sa ma : billet signé de lui. — *Jotz signal* : sous-signé.
Rac. lat. : *signare*.

SINGLA : boucle, boucle de courroie ou de sangle.

SIRVENTA : servante, signifie le plus souvent fille de ferme, employée aux travaux des champs, mais parfois aussi : domestique.
Rac. lat. : *serviens*.

SIRVISIAL : fille de service, employée surtout dans la maison ; se dit aussi du service des domestiques.

SIVADA : avoine.
Rac. lat. : *cibum*.

SOCA : souche.
Du bas lat. : *soca*.

SOGRA : belle-mère.

SOGRE : beau-père.
Rac. lat. : *socer*.

SOL : sou, pièce de monnaie.
— *Sol tolza* : sou tolza ou de Toulouse. — *Sol tornes* : sou tournois ou de Tours.
Rac. lat. : *solidus*.

SOL : sol, aire d'une ferme, lieu où l'on dépique le blé.
Paga al sol : payer sur l'aire, c'est-à-dire à la récolte.
Rac. lat. : *sol* (soleil).

SOLE : avoir l'habitude ; en vieux français *souloir*.
Que solio esse : qui avait l'habitude d'être.
Rac. lat. : *solere*.

SOLEL : soleil.
Escut del solel : écu au soleil et, par abréviation, écu-sol (parce qu'il portait un soleil en effigie).
Rac. lat. : *sol*.

SOR : Sœur.
  Rac. lat. : *soror*.

SPASA : épée.
  Rac. grecq : *spaté*.

STOPA : voir *estopa*.

STURMEN : voir ISTURMEN.

SURJ, SURJA : brut, en suint.
Lano surjo : laine en suint.

T

TABRET (pour *taboret*) : tambour, tambourin ; c'est évidemment un surnom.

TACA : on appelait ainsi les pièces de cuir qui servaient à réparer les *sabattous*. L'origine du mot est évidemment *estaca* (attache), mais il a donné naissance à un des dérivés ; synon. : *petase*.

TACO et TACONAIRE : savetier d'échoppe : ressemeleur, rapetasseur. Le nom de *tacou* est encore assez répandu en Lauraguais.

TACONA : ressemeler, raccommoder.
Sabatos taconadas dos cops : souliers ressemelés deux fois.

TALHA et TALLA : taille, impôt général ; se dit aussi de la double réglette de bois sur laquelle se marquaient les paiements par une entaille.
  du bas lat. : *taliare*.

TALHADA : taillis, bois taillé ; on dit encore *taillade*.

TALHAIRE et TALLAIRE : collecteur de la taille.

TARAVELLA : tarière, outil de tonnelier et de sabotier.
  Du bas lat. : *taravella*.

TASCA (de *tassa*, taxe) : tasque, rente foncière féodale.
  Rac. grecq : *taxis*.

TASSAIRE : taxateur, répartiteur d'impôt.

TAULA : table.
Taula del Purgatori : table du Purgatoire.
  Rac. lat. : *tabula*.

TAVELLA : latte, chevron de bois ; échalas (d'où *javelle*).

TEISSEIRE et TESSEIRE : tisserand.
  Rac. lat. : *texere*.

TELA : toile.
  Rac. lat. : *tela*.

TENAHES (pour *tenalhes*) : tenailles, outil de forgeron.
  Rac. lat. : *tenere*.

TESSO : cochon, porc mâle.
  Du bas lat. : *tesso*.

TESSONET : jeune cochon.

TESTIMONI : témoignage ; se trouve aussi employé dans le sens de : témoin.
  Rac. lat. : *testimonium*.

TESTÓ : teston, pièce de monnaie en argent.
  Rac. lat : *testa* (tête, effigie).

TEULA : tuile.
  Rac. lat. : *tegula*.

TEULADA : toiture.

TEULE : brique.

TEULIE : briquetier, tuilier.

TINA : cuve.
Rac. lat. : tinea.

TIRO-FONS : tire-fond, instrument de tonnelier.

TOALHA : couverture pour les bœufs ; toile.

TOLSA : toulousain.
Cami tolso : chemin de Toulouse.

TREJA : truie.
Rac. lat. : troja.

TRELIS : treillis, grosse toile croisée.
Rac. lat : trilix (triple tissu).

TRELISSA : faire du treillis, tresser, tisser.

TRINCA : trancher, couper.

Trinca legno : couper du bois.
Rac. lat : truncare

TROLIÉ : fouleur ; ouvrier chargé de fouler la vendange.
Du bas lat. : trolium (pressoir).

TRUEL : pressoir pour l'huile et le vin (d'où treuil).
Même rac. et truellium.

TURITAGNA et TURITAYNA : tiretaine, étoffe grossière faite par les tisserands avec les résidus de chanvre ou de lin (respal).

TUTOR tuteur.
Rac. lat. : tutor.

TYERA et TYEIRA : file, rangée ; se dit surtout des rangées de souches dans une vigne.

U

UCHAU : voir OCHAU.

URINA : urine.
Rac. lat. : urina.

V

VACA et VACCA : vache.
Rac. lat. : vacca.

VAILET : valet de ferme.
Du bas lat. : valetus.

VALAT : fossé.
Valat emiech : fossé au milieu.
Rac. lat. : vallum.

VEDEL, VEDELA : veau, génisse.
Rac. lat. : vitellus.

VEGADA : fois ; reprise. En tres vegadas : en trois fois.
Du roman vegada.

VENDA : vente.
Rac. lat. : vendere.

VENDEDO (pour vendedor) : vendeur.
Rac. lat. : venditor.

VENDEMIA : vendange.
Rac. lat. : vindemia.

VENDEMIA : vendanger.
Rac. lat. : vendemiare.

VENDRES (pour divendres) : vendredi.
Vendres Sant : vendredi saint.
Rac. lat. : dies veneris.

VERGE : vierge.
Las onse mila verges : les onze mille vierges.
Rac. lat : virgo.

VES et **VEZ** : voir VEGADA.

VESPRA : vespréo ; soir, après-midi

    Rac. lat. : *vesper*.

VIALET : violet, couleur vineuse.

VIALETA (pour *teula vialeta*) : tuile dite « violette » à cause de la couleur vineuse de son argile très compacte : demi-tuile ; carreau.

VIATGE : voyage : charge d'une charrette.

    Rac. lat. : *via*.

VICARY : vicaire.

    Rac. lat. : *vicarius*.

VINATGE : piquette, vin de presse.

VINHA : vigne.

    Rac. lat. : *vinea*.

VIRADOIRA : dévidoir ; manivelle : friquet, ustensile de cuisine.

    Rac. lat. : *giratoria*.

VRECIERA (pour *vrequiera*) : dot, douaire ; se dit aussi du verger ou de l'enclos contigu aux mas (d'où *berqueria*, bergerie).

    Du bas lat. : *verqueria*.

VY : vin.

    Rac. lat. : *vinum*.

TABLE DES MATIÈRES

INTRODUCTION 1

CHAPITRE PREMIER. — Etat matériel des Manuscrits. — Le livre d'Eutrope Fabre (1517-1538); son écriture. — Le livre de Guilhem Masenx (1518-1550); papier; composition et histoire de ce livre; son écriture. — Ce livre est-il en entier de la main de Masenx ? — Révivification de l'écriture disparue.......................... 7

CHAPITRE II. — Causes de la décadence de la langue romane au XVIᵉ siècle. — La langue et l'orthographe de Fabre et de Masenx; particularités communes. — Orthographe de Fabre. Orthographe de Masenx; signes et abréviations................................. 29

CHAPITRE III. — Eutrope Fabre, sa famille. — Les Fabre de Senouillac et les Fabre de Candastre. — Preuves de l'état ecclésiastique d'Eutrope. — Les Tables du Purgatoire. — Sa culture littéraire. Le collège de Gaillac. — La Maladrerie de Gaillac. — La fortune de Fabre; son administration; son genre de vie; sa maladie; sa mort. 43

CHAPITRE IV. — Guilhem Masenx; sa famille. — Les Masenx de Castelnau de Montmiral et les Masenx d'Albi. — La Commanderie et les Pitanciers de Saint-André. — Fermages de Masenx; son activité commerciale; son industrie; son caractère; sa retraite; sa mort... 67

CHAPITRE V. — Les transactions commerciales de Fabre et de Masenx. — La question de l'intérêt au XVIᵉ siècle; importance du capital terre. — Mécanisme des transactions; les notaires; les billettes; les livres de commerce. — Coutumes et privilèges de l'Albigeois....... 99

CHAPITRE VI. — Corruption morale du XVIᵉ siècle. — Olivier Maillard et les libres prêcheurs. — L'usure, la punition des usuriers dans les Mystères. — Causes de l'immoralité des commerçants : le milieu social, l'instruction, la multiplicité des opérations. — La comptabilité de Masenx... 121

CHAPITRE VII. — Le Banquier. — Banque de l'argent; nécessité et difficultés du commerce de l'argent; brièveté de l'échéance. — Maringes. — Prêt sur gage. — Prêt à intérêt. — Dissimulation de l'intérêt; fraudes et usure. — Bénéfices sur le change. — Banque des céréales; agiotage sur les grains; équivalence du blé et de l'argent. Opérations sur le blé, sur le vin, sur les denrées de tout genre. — Caractère particulier des transactions de l'époque; dissimulations typiques; caractère de l'intérêt 143

CHAPITRE VIII. — L'agriculteur. Conditions de la propriété au XVIᵉ siècle. — Masenx fermier. — Détail de ses fermages; Saint-Jérôme et Vors. — Masenx propriétaire. Formation de son domaine. — Mode d'acquisition de ses terres. La *pensio annuala* et la *may-calensa*. — L'exploitation agricole. Colonage partiaire ou métayage; les bordiers de Masenx. Conditions du métayage au xvi⁰ siècle. Baux de métayage.. 171

Chapitre IX. — L'agriculteur (suite). — Ouvriers à gages : valet et sirventa. Sirvicial. — Les gouvernantes des ecclésiastiques. — Petit métayage. — Ouvriers à la journée et culture au rabais. — Les gazailles et leurs conditions ; gazailles de Masenx. La mise. — Démêlés de Masenx avec ses colons : Les crompa-miseras........ 203

Chapitre X. — Le marchand : La profession de marchand. La boutique de Masenx. — Etoffes et draps en usage : la fabrication des draps en Languedoc ; les prix de vente. — Tissus et vêtements confectionnés. — Marchandises diverses : Juclas ; bâts ; barres de fer. — Caractère des opérations commerciales de Masenx. — Risques commerciaux. — Poursuites.................................... 219

Chapitre XI. — L'Industriel. — Planches et madriers. — Industrie de la tonnellerie. Merrain ; cercles de barriques : futailles. — Industrie de la brique ; briques et tuiles. — L'Homme d'affaires ; consultations légales ; procès et procédures................................. 243

Chapitre XII. — Le Régisseur ; Fermage des Pitanciers de la Commanderie de Saint-André ; le Domaine : ses charges ; relations des Pitanciers avec le fermier. — Opérations d'ensemble de Masenx ; ses relations avec Ramon et Bernard Fabre de Candastre ; comment il devint propriétaire de Pucchauzy. — Charges de l'agriculture au xvi⁰ siècle. Tailles et droits féodaux ; censives................... 261

Chapitre XIII. — Poids et mesures. Mesures de longueur ; poids ; mesures de capacité pour les liquides ; mesures de capacité pour les céréales et mesures de superficie. Etude des mesures agraires de l'Albigeois. Mesures officielles et mesures d'usage. — Monnaies.... 283

Chapitre XIV. — La culture en Gaillacois. Les céréales ; jachères et assolement. Rendement de la culture en blé. Oscillations de la mercuriale du blé. Prix de vente des céréales. — Les fourrages. — Récoltes diverses : pastel, lin, chanvre, matières textiles, miel, noix, oignons. — Elévation progressive du prix des denrées............. 313

Chapitre XV. — La culture (suite). — Le vin. Ancienneté et importance du vignoble de Gaillac. — Privilèges et coutumes. — Transport des vins ; interdiction des vins étrangers ; protection de la vigne ; surveillance du merrain : marque des vins. — Prix de vente des vins. Qualités et cépages.. 333

Chapitre XVI. Conclusion. Recherche d'un élément de comparaison. Détermination de la dépréciation de l'argent depuis le xvi⁰ siècle. La valeur marchande des choses s'est accrue 10 fois seulement en général, mais 20 fois pour la propriété et 2 fois seulement pour le blé. Conséquence de ce fait ; situation privilégiée de l'agriculture au xvi⁰ siècle. — Salaires ; situation privilégiée de l'ouvrier........... 361

Explication des signes et abréviations............................. 389

Livre de raison d'Eutrope Fabre............................... 1
Appendice... 45
Livre de raison de Guilhem Masenx............................ 49
Appendice... 227
Annexe nº 1. Unités de surfaces agraires......................... 233
Annexe nº 2. Vocabulaire.. 245

TABLE

DES

NOMS DE PERSONNES & DES NOMS DE LIEUX

ABRÉVIATIONS

Abb. — Abbaye.
Bar. — Baron.
Cap. — Capitoul.
Chan — Chanoine.
Chât. — Château.
Com. — Comte.
Conn. — Connétable.
Dép. — Département.

Ev. — Evêque.
Int. — Intendant.
Jug. — Juge.
Not. — Notaire.
N.-D. — Notre-Dame.
Parl. — Parlement.
Pri. — Prieuré.
Riv. — Rivière.

Ruis. — Ruisseau.
Sén. — Sénéchal et sénéchaussée.
Sgr. — Seigneur.
Sr. — Sieur.
St. — Saint.
Vic. — Vicomte.

NOTA. — Les chiffres placés après la lettre I indiquent la pagination de l'Introduction ; ceux qui se trouvent après la lettre T indiquent la pagination du texte des deux Livres de Raison.

A

Abbé Chevalier, I 335.
Abbeville, I 227.
Abelhe, T 213.
Achard (G.), I 10.
Affrique (St-), I 299.
Afrique, I 191.
Aïn-Ouassel, I 191.
Aix (parl. d'), I 79.
Agen, I 95, 287, 336, 313
Agenais, I 48, 95, 245, 311. T 123.
Aguts, I 299.
Alaman (Doat), T 22.
Alaman (Sicard), I 336.
Alaric, I 112.
Alauzit, I 315.
Alayrac, I 291.
Albareda et Alabreda (Johan), T 54, 115.
Albarels, Albarils et Albaris, I 57, 58, 63, 80, 178, 179, 180, 209, 217, 267. T 7, 8, 15, 24, 27, 41, 64, 70, 127, 141, 147, 194.

Albi, I 17, 67, 68, 73, 74, 91, 95, 101, 120, 196, 215, 279, 281, 285, 286, 287, 291, 299, 326, 327, 328, de 337 à 353. T 12, 14, 18, 47, 78, 81, 120, 125, 182, 214, 241, 289.
Albi (consul d'), I 30.
Albi (vic. d') I 17.
Albigeois, I 7, 11, 30, 31, 51, 55, 67, 90, 95, 96, 103, 117, 118, 120, 148, 193, 213, 227, 229, 252, 260, 266, 277, 279, 283, 294 à 299, 303, 306, 310, 315, 326, 327, 328, 334, 335, 336, de 338 a 356, 373. T 4, 16, 102, 120, 125, 129, 166, 168, 174, 178, 182, 197, 212.
Albiges (jug. d'), T 196.
Alboy (Jacme), I 66.
Albrespy (not), I 66, 105.
Albrespy (Darde), I 105. T 7, 8.
Albret (l'), I 95.
Alençon (Marguerite d'), I 31.
Alet (d'), T 139.
Algay, I 209. T 66, 93.
Algay (Anthony ou Antoine), I 116, 251. T 53, 56, 67, 76, 96, 113, 141, 173.

Algay (Anthony ou Antoine) dit Barutel, I 115. T 67, 107.
Algay (Arnaud), T 66, 76, 100.
Algay (Darde), I 165, 215. T 56, 66, 72, 96, 110, 137, 141, 225.
Algay (Étienne et Estienne). I 147. T 58, 66, 72, 100, 163, 212.
Algay (Gaillarda), T 66.
Algay (Guilhem), T 51, 52, 67, 93, 224, 225.
Algay (Guiraud). I 147, 182. T 67, 72, 99, 165, 172, 224, 225.
Algay (Jean et Johan), I 139, 147, 157, 181, 189, 198. T 53, 55, 66, 68, 72, 76, 100, 137, 192, 193, 224.
Algay (Peire et Pierre), I 198. T 66, 77, 140, 192, 225.
Algay (Ramon et Raymond), I 42, 159, 169. T 56, 66, 76, 77, 100, 102, 110, 193, 219, 225.
Algays (mas des), I 66. T 67, 68, 77, 100, 165, 168.
Algérie, I 378.
Alibert (Johan), T 66.
Allemagne, I 40, 122, 226.
Alliet, T 210.
Alphonse, I 339.
Alphonse (com. de Poitiers), T 26.
Alsio (Johan), T 136.
Alvergne, T 157, 175.
Alvergne (Alliot), T 57.
Alvergne (Anthony), T 52, 89.
Alvergne (Berengie), T 89.
Alvergne (Bernard), T 179.
Alvergne (Guilhem d'), T 75, 175.
Alvergne et del Vergne (Johan), I 12, 139. T 91.
Alvergne (Ramon), T 57, 94, 152.
Alzieu (Johan), T 229.
Amarens, I 291.
Amboise d'Aubijoux, T 22.
Amboise (Louis d'), T 63.
Ambres, I 298.
Ambres (baron d') T 6.
Ancel (Antoine), I 115.
Andebas, T 71.
Andialac. Voir Andillac.
Andillac, I 61, 63. T 46, 47, 204, 261.
Andiva (Galharda), T 138.
Andouque, T 244.
André de l'Herm (St-), I 16, 18, 19, 70.
André de l'Om ou Olm, I 171. T 75, 93, 98, 100.
Andreo et Andrio (Anthony), T 56, 110, 140, 142, 154.
Andreo (Anthony) dit Cohet, T 131.
Andrieu, T 1.
Andrieu (Anthony), T 2, 10, 11, 13.
Andrieu (Antoine) dit Cohet, I 309.
Andrieu (Jame), T 51.
Andrieu (Johan), T 51.
Andrio (St-), T 160.
Andriva (Gallarda), T 55, 81.
Ange (Romain de St-), I 32.

Angladas et Anglades, I 81, 119. T 64, 177, 183.
Anglais I 117, 338. T 73.
Anglès (d'), not, I 97.
Angleterre, I 227, 326, 338, 311, 316, 317, 355, 357.
Angos, I 262. T 54.
Angos (Falip), T 204.
Angos (Martial), T 201.
Angos (Peire), I 306 T 115, 119, 207, 210, 215.
Anjou, I 334.
Anjous, T 115.
Annas, I 55.
Ansie (Peire), T 52, 92.
Antonin (St-), I 105, 116, 117, 225, 235, 237, 253, 283, 306. T 10.
Antonin (chan. de St-), T 130.
Anvers, I 327.
Aquitaine, I 338.
Arabes, I 29.
Arfons, I 298.
Arago et Aragou (Anthony et Antoine), I 63, 82, 94, 131, 152, 218, 241, 249, 270. T 119, 121, 122, 132, 145, 148, 208, 210.
Arago (Ramon), T 212.
Aragon, T 119 123.
Arbois, I 351.
Arlen (chevalier), T 17.
Armagnac, I 95, 316.
Armagnac (com. d'), T 6, 63, 102.
Armagnac (Haut), I 316.
Armengau (Bernad), T 211.
Arnal, T 1.
Arnal (Anthony), T 13, 154.
Arnal (Galhart), T 13.
Arnaud (d'), I 338.
Arnaud (Mari), I 145. T 86.
Arrablay (Jean d'), I 310.
Astrieras. Voir Austrieras.
Astrios (d') et Austrios (d), T, 121.
Astrios (Duran d'), T 50, 51.
Astrios (Guiradela et Guiraudela d'), T 54, 115.
Astrios (Guiraud d'), T 221, 223.
Astrios (Mical d'), T 54, 220.
Astruc, I 327.
Audebal, I 44, 117, 261. T 1, 6, 115.
Audebal (Anthony), T 1, 4
Audebal (Jean et Johan), I 58. T 4, 5, 6, 11, 144, 200.
Audebal (Johan), dit Marolet, T 56, 147.
Audebals, T 71.
Audiffret, I 145.
Augustins, I 95.
Aurel (Anthony), T 119.
Aurel (Johan), T 70.
Aurela (?) (de l'), T 90
Aurillac, T 115, 152, 183.
Auriol (Blaise d'), T 32.
Aussac, I 290.
Australie, I 378.

Austrieras, Astrieras et Austrières, T 81, 121, 122.
Austrieras (Jordi), T 224.
Austrieras (Mical), T 81, 121.
Austries (Michel d'), I 169.
Austrios et Austries, T 122, 125.
Auvergne, T 32, 41.
Auvillars, I 337, 343.
Avanès, T 125.
Avenel (vicom. d'), I 363.
Avens (N.-D. d') T 91.
Avens (St-Vincent d'), T 91.
Avés, T 91.
Avés (Ste-Cécile d') I 18. T 114, 125.
Aveyron (Dép.), T 226.
Aveyron (Riv.), T 26.
Avignonet, I 326.
Aygado, T 211, 214.
Aymès (Ramon), T. 211.
Aymès (Tomas), I, 262. T. 201.
Ayral (Peire Anthony), T 140.

B

Baal, I 131.
Babec, Babecas (Anthoni et Antoine, not.), I 105, 106, 115, 266. T 13, 16, 121, 208, 220.
Bacchus, I 350.
Bachelette (la), I 331.
Badel (Johan), T 72.
Badel (Ramon), I 155, 259. T 53, 57, 73, 74, 96, 119, 151, 152, 158, 168, 209.
Badel (mas de) T 71.
Bagarados. Voir Bugarados.
Balaran (potz de), T 6.
Bâle, T 123.
Balnegro, T 92.
Barao (Franses), T 202.
Barao (Johan), T 202.
Barat, Barate et Baratier, I 131.
Barateros, Baraleras et Baratieras (Ramon), I 131, 139, 169. T 53, 77, 102, 103, 221.
Barba (Peire de), T 214.
Barbasta (Johan), T 140.
Barbier (Jean, not.), I 9.
Bareo (Anthonia), T 220.
Bareo (Anthony), T 51, 121.
Bareo (Jame), T 218.
Bareo (Johan), T 56, 142.
Bareo (Ramon), T 56.
Bario (Falip), T 72.
Bariera et Barriera (Johan), T 51, 120, 148.
Barletta ou Bareletta (Gabriel), I 126, 128.
Barnabé, T 214.
Barnabea I 208, T 210.
Barobresa (Anthony), T 111.

Barrau (mas de), T 121.
Barrau et Barreo, T 112.
Barrau (François), I 263, 279.
Barrau (Jacques), T 229.
Barrau (Jean) I 263.
Barrayres, T 229.
Barrebrise (Antoine), I 136.
Barri del Castel, I 85.
Barta et la Barthe (terre de la), I 193. T 67, 108.
Barthe-Bleys (la), I 291.
Barutel, I 96, 223. T 15, 26, 128, 212.
Barutel (Jean et Johan), I 63, 83, 263. T 9, 10, 15, 192, 201.
Barutela (la), T 210.
Basset (de), T 4, 5.
Bassette, T 23.
Bastida (Estiene), T 133.
Bastida (Jame), T 55, 133.
Bastida (Olivié), T 103.
Bastida (la), T 82.
Bastio et Bastio, I 306, T 115.
Bastiera et Bastiero, I 208, 266, T 207, 211.
Basville (Int.) I 317.
Batifol (Bernard, not.), I 86, 105, 139, 217. T 11, 14, 15, 18, 77, 102, 107, 126, 127, 148, 154, 192, 193, 194, 196, 219, 220, 222.
Batifol (Bertrand), not., T 213.
Baurie, T 23.
Baylac, not., T 124.
Bazoche (roi de la), I 331.
Béarn, I 95, 234, 316.
Beaucaire, I 334.
Beaulieu et Belliloci, I 199.
Beaumarchais (Eustache de), I 68.
Beaumont, I 331.
Beauvais, I 291, 292, T 243.
Beauzile (St-), I 174, 290. T 67, 108, 141.
Bec (Guillaume de), I 124.
Bedario ou Lodario, T 75.
Bederes, I 338.
Bégonié, I 68.
Belcastel, I 296, 298.
Belestat, T 130.
Belhe. Voir Abelhe.
Bellecombe (de), I 48.
Belle-Isle (maréch. de), T 26, 63, 150.
Belleperche, I 336.
Belpec, Belpech et Belpuech, I 237. T 75, 76, 99.
Benac (Guilhem), T 58.
Benac (Jean), I 215. T 140, 179.
Benasec et Benaset (Johan), I 81. T 50, 115, 136.
Bénébert, T 125.
Benech (Bernard), T 188, 229.
Bérenguier, Bringuier, I 211.
Berlier (C. de), I 10.
Berluc (Jean Pierre de), I 100.
Bermond (Jean-Baptiste de), not., I 5.
Bermond (de), sr de la Sandarède, I 5.

Bernac, T 12, 23, 21, 290.
Bernad (Peire), T 161.
Bernado (Peire). T 8.
Bernard (St), I 91, 125.
Bernat (Johan), T 11, 12.
Bernié (Bertran), T 51, 229.
Berniou (Johan), T 192.
Bernuy (Jean), I 327.
Béroalde, I 123.
Berry, I. 227.
Bert et Vert, T 126.
Berthomieu, T 35.
Berthomieu (François), I 218.
Bertomio, T 211, 214.
Bertrand, I 150, 213, 214.
Bertrand (vic. de Bruniquel) T 6.
Bertrand (Arnaud), I 71. T 161.
Bertrand (Duran), T 165.
Bertrand (Guiraud), I 32, 71, 210 T 57, 161.
Bertranda, I 266.
Besardio (la) et Bisardio I 35, 273, T 22, 73.
Beso ou Besoz (ruis.), T 11.
Bessol (Bruno), T 178.
Betelha (Arnaud), I 262. T 201.
Bèze, I 93.
Béziers, I 331, 351.
Biarn, T 78, 111.
Bigorra, I 355.
Bioule, I 315.
Biscarnenc, T 192.
Blaise (St-) pri., I 70.
Blan, T 213.
Blanc (Anthony), T 55, 131.
Blanc (Arnaud), I 71. T 55, 136.
Blanc (Mafre), T 211.
Blanc (Melchior), not.. I 9.
Blanc (Peire), I 237. T 7, 63, 76, 99, 172.
Blanet (Jame), T 65.
Blasy, T 115.
Blasy (Peire), T 211.
Blaze (Falip). T 129.
Blonde, I 74.
Blouyn Mathieu, I 57, 106, 265, 322. T 122, 200, 351, 356.
Bodet (Bernard), T 55.
Boduet (pour Boudet), T 136.
Boié, T 1.
Boié (Guilhem), T 50.
Boié (Guiraud), T 133.
Boié (Johan), T 3, 14.
Boing, I 283.
Bois (Jean du) ou du Bosc et de Bosco, T 122.
Boissel, I 65. T 191.
Boissel (N.-D. de), I 18. T 4, 9, 114, 121, 132, 190 a 192.
Boisset (Anne de), I 2, 75, 76.
Boissier (Gaston), I 191.
Boisso (Bernad), T 50, 91.
Boisso (Bertrand), T 91.
Bolet (pour Lobet), not., T 125.
Bonafella (Anthonia), T 128.

Bonafont (Johan), I 213.
Bonafont (Moreu), I 213.
Bonavila, T 213.
Bonavila (Alis), T 54, 121, 220.
Bonavila (Ramond), T 54, 121, 220.
Bonavila (Ramonda), T 220.
Bonet, T 1.
Bonet (Anthony), T 27, 57, 150.
Bonet (Guilhem), T 2, 7, 21, 33, 85.
Bonet del vila (Guilhem), T 2.
Bonet (Jamme), T 21.
Bonet (Johan), T 3, 8.
Bonet dit Panchi (Johan), T 11.
Bonet de Sirvals (Johan), T 3.
Bonet (Olivié), T 103.
Bonet (Ramon), T 11.
Boneto (Anno), T 26.
Boneto (Astrugo), T 27.
Bonfilh ou Bonnefille (Antoinette), I 96.
Bonfontan (de), I 152.
Bonfontan et Monfontan, sgr de Lagarde (Anthony), I 210. T 102.
Bonfontan (Bertrand de), T 102.
Bonfontan (Guillelmas et Guillaumas de), T 52, 95, 217.
Bonfontan (Guy ou Guilhem de), sgr de Mazières, I 151. T 77, 95, 104.
Bonfontan (Nicolas de), sgr de Lagarde, T 77, 102.
Bonfontan (Paul de), T 77.
Bonfontan (Philippe), cap., I 102.
Bonis (frères), I 101, 111, 115, 119, 137, 220, 221, 236, 237, 248, 253, 254, 255, 361. T 35, 152.
Bonnecombe (Abbé de), T 21.
Bonnefille ou Bonfils (Antoinette), I 207.
Bonnefoy (Johannes), I 213.
Bonnet, not., I 311.
Bonnet (Jean), I 58.
Bonnette (sgr de la), I 85, 120, 180. T 101, 102, 157, 174, 196, 197.
Bonnevile ou Bonneviale ou Bonaviolo, T 23.
Bonneville, T 121, 213.
Bonoviolo, I 35. T 23.
Bonrepaux, I 31.
Borda (la), T 121, 214.
Bordeaux et Bourdeaux, I 95, 327, 335, 336, 338, 341, 343, 344, 345, 346, 347, 348, 353, 355, 356. T 4, 26, 123.
Bordeaux (Parl. de), I 91, 328.
Bordelais, I 245, 315, 317.
Bordoncle (Grabial), T 10.
Bordos (Johan), T 33.
Borel, T 210.
Borgia (César), I 122.
Boria, Borie et Borio (la), I 81, 86. T 9, 115.
Borio d'en pe de Gaillac (la), I 80.
Borrel (Paul), I 1.

Bosca (de), T 196.
Boscaria et Boscario, I 209. T 66, 91, 92, 108, 221.
Bose redon, I 85.
Bosco ou Bosio (de), not., I 105.
Bosquet (Anthony), I 199.
Bosquet (Johan), I 199.
Bosquet (Ramon), T 199.
Bosquetz, I 200, 201.
Bossuet, I 122.
Bot (Guilhem), T 27.
Bot et Bota (Bertranda), I 208. T 207, 212, 214.
Botaric (Johan), T 125.
Botaric (Peire), T 125.
Boudet (Bernard), T 67, 225.
Boudet (Franses), T 136.
Bouloys (Simon), I 328.
Bourbon, I 95.
Bourbon (conn. de), I 31, 122.
Bourgery ou Bourguery (Nicolas), I 75, 76.
Bourgogne, T 123.
Bourgogne (duc de), T 102.
Bourgues, not., I 5.
Bournazel, I 291.
Bousquel, I 199, 284. T 214.
Bout du Pont d'Albi, I 73, 76, 328.
Bouygues (las), I 177.
Boyé (Johan), T 204, 207, 208, 215.
Boyga (la), I 177.
Boyga naulta, I, 177.
Boygos, T 1.
Boygos et Boigos (Anthoni), T 21.
Boygos (Johan), T 201.
Boygos (Peire), T 3, 27.
Boyseria (B), I 213.
Boyssel (N.-D. de), I 200.
Boysset (frères), I 10, 11, 105, 109, 113, 116, 117, 136.
Boysset, I 225, 237, 253, 306.
Boysset (Hugues), I 10.
Boysset (Jean), I 10, 120, 136, 237.
Braié (G^m), T 92.
Brantôme, I 123.
Brassac, I 285, 286, 298.
Brau et Brausi, not., I 106. T 98, 108.
Brayé, Braié et Brayer (Peire), I 83, 192, 193, 196, 210, 273, 381. T. 57, 59, 155, 156, 165, 171.
Brediera (la), T 200.
Bredit et Bredy (Johan), T 174.
Breil (Uc de), I 315.
Brens, I 107, 289. T 14, 182, 196, 221.
Brens (St-Eugène de), T 114, 182.
Bret (le) I 313.
Bretanha, I 355.
Breton (le), I 177.
Breuil (François), I 74.
Brière ou Barrière (Jean), I 210.
Brignac, voir Brugnac.
Bringuier (Pierre), I 215.
Brixiani Brixive, I 126.

Bro (mas de), T 78.
Bro (Anthoni), T 41.
Bro (Bertran), T 78, 103.
Bro (Peire), T 53, 78, 103.
Bro (Ramon), T 5, 8, 11, 164.
Bros (mas des), T 103.
Brosa, T 73, 126, 194, 196.
Broset, T 51.
Brossa, T 192.
Brossette, I 227.
Brou (Johan), T 63.
Brou et Broun (Rafael et Raphaël), I 68, 117, 212, 256. T 63, 69, 153, 166, 167, 175, 215.
Brousse, I 298. T 213.
Broze, I 151, 178, 180, 183, 187, 188, 216, 241, 299. T 71, 73, 114, 172, 179, 191, 192.
Bru (Anthony), I 139. T 51, 52, 81, 217, 229.
Bru (Arnaud), T 51, 152, 217.
Bru (Guilhem), T 200.
Bru (Guiraud), T 200.
Bru (Jame), T 152.
Bru (Johan et Jean), T 63, 87, 92, 151, 171, 200.
Bru (Paul et Pol), I 139, 159, 196. T 52, 58, 63, 87, 92, 151, 166, 171, 221.
Bru (Peire), T 87, 200.
Bru (Ramon), T 87, 92, 200.
Bruelh (Johan del) Pinto, I 199.
Brumas, I 262. T 200.
Brugallum, I 213.
Brugas (las), T 84, 227.
Bruges, I 124.
Brugnac et Brignac, I 65, 96, 165. T 67, 75, 76.
Brugnac (St-Etienne de), T 67.
Bruguets (les), I 177. T 154.
Brumarié (la), T 200.
Brumas, I 262. T 200.
Brun, I 262. T 87, 151.
Brun (Bertrand), T 112.
Brun (Falip), T 122.
Brun (Paul), I 209, 241, 244, 383. T 91, 164.
Bruna (Anthonia), T 200.
Brunac, I 244. T 57, 67, 76, 77, 97, 99, 152, 157, 159, 223.
Bruniquel, T 110.
Bruno (Anthony), T 87, 221.
Bruno (Margarida), T 84, 121.
Brus et Brous (mas des), I 63. T 87, 92, 154, 221.
Bruyère (Jean), I 218.
Bugarados et Bagarados, I 22, 175, 176, 192, 196, 197, 211, 217, 255, 266, 317. T 67, 78, 108, 109, 176, 207, 211.
Burgaud, I 202, 212.
Burgaud (comm. du), T 97.
Burgos, I 327.

C

Cabannes (les), T 141.
Cabié (Edmond), I 97, 315, 338.
Cabrol, I 96, T 210.
Cabrol (Bertomio), T 210.
Cabrol (Bertrand), T 212.
Cabrol (Johan), T 121, 213.
Cadalen, I 287, 288, 290, 302.
Cadeau (Nicolas), I 227.
Cadessona (la), I 172, 207. T 171, 181.
Cagniat, I 191.
Cahors, I 55, 74, 111, 310.
Cahusac, I 66, 105, 106, 109, 110, 114, 180, 231, 290, 298. T 17, 47, 104, 129, 139, 149, 155, 172, 192, 195, 198.
Cahusac (sgr de), T 63.
Cahusac (Mathaly), T 105.
Cahusac-sur Vère, T. 73.
Caillon, I 215, 251.
Calas ou Calés (mas de), T 121.
Calaus, voir Claus.
Calayo et Caleyo (La), I 120, 179. T 124, 125, 197, 222.
Calcel, not., I 4, 5.
Calès (Guilhaume), T 121.
Calvet, T 1, 95, 104.
Calvet (moulin de), T 195.
Calvet (Anielet), T 50.
Calvet (Anthony), T 138, 173, 183, 220, 228.
Calvet (Darde), T 89.
Calvet (Guiraud), T 228.
Calvet (Jamme), T 2, 3, 4, 8, 9, 16, 20, 26, 27.
Calvet (Jean et Johan), I 134, 149. T 55, 58, 84, 85, 138.
Calvet (Peire), I 58. T 2, 3, 4, 8, 10, 16, 69.
Calveta (Madaleno), T 173.
Calvets (mas des), T 138, 147, 173.
Calvin, I 93, 100.
Cambas (Arnaud), T 183.
Cambes, T 71, 228.
Cami ferrat, T 9.
Cami de la gleiza (le), I 177.
Cami de la Sieget, T 177.
Caminada, T 73.
Caminada (Anthony), T 73.
Caminada (Bertrand), T 73.
Caminada et Caminade (Johan et Jean), I 73. T 55, 73.
Caminada dit Jolivert (Johan), T 138.
Caminadas, T 138.
Caminade (porte), T 73.
Cami tolso, T 14.
Campagnac, I 290. T 77.
Campes, I 290.
Canals, I 41 à 47, 281, 373, 374. T. 12, 16 à 21, 41, 42.
Candastre, I 43 à 46, 56, 58, 65, 66, 81, 83, 85, 86, 96, 115, 163, 178, 180, 181, 209, 255, 265, 267, 270, 281. T 4 à 11, 13, 14, 26, 40 à 42, 65, 69, 70, 71, 81, 114, 115, 118, 131, 132, 138, 144, 145, 147, 148, 151, 154, 161, 197, 198, 219, 220, 223.
Candastre (Costa de), I 85.
Candastre (St-Maurice de), I 66, 80, 83, 200. T 1, 5, 7, 9, 13, 17, 114.
Candastre (Sementeri de), T 8.
Candeil, I 336.
Candesa et Candèze, T 67, 86, 151, 152.
Candesa (Anthony), T 81, 183.
Cange (du), I 178, T 229.
Canolas et Canoles (Andrio et André), I 68. T 69, 185.
Canonge (Anthony), T 50, 95.
Canonge (Johan), T 51.
Canorgue (Anthony), T 229.
Cantalausa, Canta Alausa, Cantalause (Anthony), not., I 139, 153. T 42, 51, 60, 61, 71, 78 à 80, 82 à 86, 88 à 91, 93 à 98, 104, 105 à 108, 112, 120, 157, 163, 165, 168, 185, 188, 190 à 192, 217 à 224, 228, 229.
Capdenac, I 180.
Capelle (la), T 86.
Capellanie, T 73.
Capus (Falip), T 221.
Capus (Marc), I 10.
Capus (Peire), T 4.
Capus (Tomas), I 81, 196, 310. T 55, 57, 137, 158, 184.
Caraman, I 91.
Carbonière, Carbonnière et Carboniéro (la), I 59, 178, 179, 193, 196, 227, 267, 316, 317, 373. T 16, 23, 25, 36, 43, 44, 70, 132, 191.
Carcassonne, I 227, 340.
Carcassonne (sén. de), I 79, 339.
Cardon (Anne de), I 73.
Careri et Carreri (Peire), I 106. T 4, 5.
Carié (Anthony), T. 31.
Cariven et Carivenc, not., I 86, 139, 221, 262, 266, 274. T 79, 81, 84, 88, 95, 98, 102, 103, 104, 106, 112, 113, 115 à 117, 120, 121, 126, 129, 201, 209, 219, 220, 222 à 224.
Cariven (Anthoni), T 11, 13.
Carivenc (Bernard), T 114.
Cariven (Guilhem), T 81, 114, 124, 197.
Cariven (Jean et Johan), I 41, 150, 210, 265. T 54, 81, 114, 121, 124, 125, 133, 197, 220.
Cariven (Peire), not., I 63, 85, 106, 114, 115. T 7, 77, 95, 114, 122, 128, 197, 210, 217.
Cariven (Ramon et Raymond), not., I 106. T 87, 92, 97, 114, 129, 139, 170, 188, 195, 197 à 199.

Carivene (mas des), T 81, 114, 124.
Cariven-Laborda (Johan), I 136, 149, 150, 179. T 81, 119, 120, 124, 197, 214, 222.
Carles, T 110.
Carlus, I 138. T 119 à 121, 203, 204, 206, 208, 230, 231.
Carlus (recto, rito et curé de), I 203, 209, 226, 263, 265, 266. T 54, 119, 120, 230.
Carmaux, I 293.
Carraby (Robin), I 215, 251.
Carrié, T 32.
Carthage, I 350.
Carton, I 191.
Cassaigne, T 123.
Cassaigne (Geoffroy), I 195.
Cassaing (Jean et Johan), dit Pico, I 215. T 164.
Cassilhac (François), sr de Milhars, T 152.
Castanet, I 290.
Castanhié et Castanié (Johan), T 1, 6.
Castanial (le), I 177.
Castel, I 318.
Castel de l'Om, I 250. T 3, 120, 207.
Castelnau (bar. de), I 2, 4.
Castelnau de Bonnafous, T 24.
Castelnau de Lévis, I 120. T 129.
Castelnau, Castelnou, Castelnouou de Montmiral et Montmiral, I, 16, 17, 18, 20, 51, 52, 60, 67 à 73, 75 à 77, 81, 82, 93, 96, 105, 106, 109, 110, 114, 117, 119, 120, 116, 117, 163, 165, 181, 189, 197, 209, 210, 215, 230, 244, 256, 280, 287 à 289, 302, 303, 305, 310, 322, 334. T 12, 17, 18, 26, 35, 42, 61 à 67, 70, 71, 73 à 80, 85, 87, 90 à 95, 102 à 104, 107, 109, 110, 112, 113, 120, 121, 125, 129, 131 à 142, 144 à 146, 149, 152, 156, 159 à 161, 163, 172, 176, 179, 182 à 186, 188, 190 à 193, 212, 215, 217, 218, 222, 227, 228.
Castelnau de Montmiral (N.-D. de) I 81, 174. T 93, 103, 110, 136, 183.
Castelnau de Montmiral (St-Michel de), I 70.
Castelnaudary, I 3.
Castelsarrasin, I 336, 339.
Castille (Blanche de), I 32.
Castres et Castros, I, 225 à 229, 285 à 288, 298, 300, 301, 319. T 100, 122, 129, 182, 201, 210.
Castres (com. de), I 4. T 182.
Castres (juge de), I 78.
Catarina, T 185.
Catus (Guiraudet), T 160.
Caussé, I 71. T 136.
Cavalier (Thomas), I 316.
Cayron (Gabriel) I 4, 91, 118, 119, 259, 318, 381. T 167.
Cayrou (Ste-Cécile du), I 17, 81, 212, 214, 290. T 67, 83, 93, 151, 168.
Cécile d'Albi (Ste), I 17.
Celié et Selié, T 205.
Celles (St-Jean de), T 114.
Cellini (Benvenuto), I 135.
Cese, T 120.
Ceset, T 120.
Ceset (Anthony), I 12, 139. T 52, 94.
Cesette, T 120.
Cestayrols, I 289. T 22.
Cévennes, I 95.
Cezerou, T 120.
Chabbert (J.), I 10.
Charles VI, I 311.
Charles VII, I 117, 303, 308, 341, 355.
Charles IX, I 79, 301.
Charles X (duc de Mayenne), I 75.
Charles-Quint, I 124.
Charlemagne, I 326, 362. T 111.
Chartreux, I 316.
Chartreux (quai des), I 315.
Chassan (Françoise de), I 74.
Chasteauneuf de Montmiral, T 188.
Chateaubriand, I 122.
Château de l'Om, I 80. T 15.
Chemin toulza, T 14.
Chesne (Joseph du), sieur de la Violette, I 316.
Cheverry (François de), sgr de Montréal, T 25.
Chevrier (Guy), I 309.
Cholet, I 334.
Christ, I 55, 101.
Christine (la), T 57.
Cicéron, Cicero, Cecero, Cesero, T 120.
Cirey, T 123.
Citeaux, I 336.
Civens et Sivens (forêt de), I 252, T 75, 98, 147, 150, 225.
Clairac, I 96, 225, 313.
Clairac (abbé de), I 95.
Clairvaux, I 336.
Clarensac (Sr de), I 115.
Clarieux (ruiss. de), I 56, T 15.
Claudin, I 126.
Claus; I 177, 373. T 22, 43, 107.
Claus (dejouts lous), I 177.
Claus (Anthony del), T 218, 221.
Claus (Ramon del), T 107, 218.
Clausel, not., I 273. T 143, 171.
Clausel (Bernad), not., I 106. T 198.
Clausets, Claussets et Clauzets, I 44, 65, 360, 373. T 6, 10 à 13, 43, 47.
Cluas pour Claus (Anthony del), T 107.
Clusel, not., I 273.
Clerc (Jordi), T 8, 151.
Clergue (Estiene), T 221.
Clergue (Jean de), T 151.
Clergue (Jean), cap. de la Linarda, T 151.
Cocagne (pays de), I 326.

Coderc (Estienc). T 203 à 206.
Coderc (Johan), T 50, 85, 96, 97.
Coderc (Ramon), T 50, 207, 219.
Cohet (Johan), T 56, 57, 145, 159, 160, 190.
Col (Falip), T. 208.
Col (Jean et Johan), I 263, 279. T 202.
Colomb (Gaillard), I 336.
Colombié (le), I 177.
Colombié (la cime del), I 177.
Colombié (Peire et Pierre), I 169, T 52, 78, 83, 219.
Colombié (mas de), T 88.
Coly (Dardé), T 221.
Coly (Johan), T 56.
Coly (Ramon), T 55, 221.
Combe et Combo (la), T 24, 42.
Combes (mas de las), T 71.
Combetas, not., T 193.
Combettas (Jame), T 201, 209.
Combettes, not., I 185, 266.
Combettes (M^e de), I 318.
Combettes (Jacques), I 262, 316.
Combettes (Roch de), T 4.
Combret (Bernard), évêque d'Albi, I 337.
Commandeur (moulin du), T 27, 195.
Commode, I 191.
Compayré, I 331, 342.
Comte (Peire), T 59.
Condé, T 23.
Condom, I 287.
Constantin, I 191.
Contard, I 213.
Contard (Guilhem), I 213.
Contard (Jean), I 202.
Corbateri (Clamens), not., T 16, 23, 24.
Cordes, Cordos et de Corduis, I 5, 6, 288, 290, 297, 298, 302, 303. T 11 a 13, 20 à 22, 27, 94, 106, 152, 207, 227, 244.
Corduriés (de), I 210.
Corduriés (chât. de), T 136.
Corduriés et Corduric (Mademaysela de), T 52, 89.
Corduriés (sgr de), I 232.
Cornaboc et Corneboue, I 289, T 25, 143, 211, 216, 243.
Corne, T 89.
Corneboue (sgr de), T 169.
Cornon, not., 226.
Corrèze, T 199, 217, 219, 247.
Cortada (la), T 169.
Costa, T 215.
Costa et Coste (Alric), T 113, 123.
Costa (Guilhem), T 50.
Costa (J. de), I 31.
Coste (la), I 2, 78.
Costo de Montmiral, T 153.
Couderc (Etienne). I 261.
Couderes del mas de Vors (les), I 177.
Couders, T 6.

Couffouleux, I 291.
Couhet (Jean), I 150.
Couly (Johan), T 111.
Couly (Darde), I 198. T 91, 131.
Couly (Estienc), 91.
Couly (Ramond et Raymond) I 71. T 86, 91, 131, 222.
Courbassier et Courbatier (Clemens, I 106. T 23.
Courduriés (Chât), T 89, 104, 120, 149.
Courtade (la), T 25, 168, 169.
Coustat de Fargues (le), I 177.
Crémalié, I 346.
Crémieux en Viennois, I 303.
Crémone, I 128.
Cressel (Jame), T 53, 71, 97, 223.
Cressotas (Anthony et Antoine), I 181. T 160.
Creuse, I 226.
Croix (de la), T 78.
Croix (Antoine de la), I 142, 151, 169.
Croix (André de Ste), I 163, 247. T 139, 117.
Croix (Pierre de Ste), I 114, 257. T 39, 61.
Cros (la), T 113, 222.
Cros (Anthony de la), T 52, 57, 78, 81, 88, 152, 156, 218, 229.
Cros (Bertran de la), T 156, 218.
Cros (Johan de la), T 52, 54, 90, 125.
Cros (Johan et Jean), I 73, 139, 180, 183, 216, 241. T 81, 86.
Cros (Ramond de la), T 90.
Cros (Uc de la), T 52, 81.
Cros et Crous (Andreo et Andrio de Sta), T 56, 138, 139, 147, 170.
Cros (Peire de Sta), T 170.
Crosarie, Crozarié et Groussarié, T 81, 150, 222.
Crosatarie et Crosatario, I 166. T 77.
Crosatario de Ribieras, T 143.
Crouchou (ruis. de), I 80, 356.
Croux (la), I 177.
Crussel St-Sulpice, T 22.
Cruveilhier (J.), I 191, 199.
Cuq-Toulza, I 299.
Cyran (abbé de St-), T 46.

D

Dabit, T 215, 216.
Dafils (Pierre), I 32.
Daires (Barthélemy), I 150, 153.
Dairos (Bertran), T 249.
Dalon (Sr de), T 73.
Damville, T 260.
Danel, T 156.

Darde, I 99, T 6.
Daros, I 251. T 85, 112.
Daros (Bertomio), T 51, 112.
Daros (Bertran), T 51.
Daros (Peire), T 112, 221.
Dastros et Dastre, Astros, Astrie, T 122.
Daumont (Galabert), T 63.
Davit (Jame), T 209.
Dayde, I 99.
Dehesol (Bernard), I 215.
Delbosc (Johan), T 189.
Delesbat pour Belestat, T 139.
Delfay (Falip), I 262. T 200.
Delforn ou Del Fron, T 27.
Delforn (Madamaysela), T 174.
Delforn, del Forn, Dufour (Hugues), T 101, 157, 171, 197.
Delforn (Johanna), T 193.
Delforn (Uc), T 57, 157, 197, 207.
Delforn (Vidal), I 372, 373. T 64, 101, 171, 196, 198, 199.
Delgavan, T 215.
Delherm (Marc), T 57, 161, 188.
Delisle (Léopold), I 99, 130, 148, 215, 251.
Delmas, T 172, 210.
Delmas (Guilhem), I 263, T 201.
Delmas (Johan), T 50.
Delmas (Peire), T 51.
Delmas (Ramon), T 172.
Delmazanas, I 199.
Delpec (Arnaud), T 56, 112, 144, 172, 186.
Delpec (Jean et Johan), I 72, T 136, 171, 219.
Delpoun (Guilhem), T 193, 208.
Delpoun (Johan), T 73, 119.
Delpy (Johan), T 130.
Delvren ou Del Vergne, I 211.
Delvren (Anthony), T 217.
Delvren et Delvrem (Gibbert), T 55, 222.
Deprats (Catarino), T 187.
Demurs (Mathieu), I 346.
Descasas (pré de), T 80.
Descases, T 80.
Descorbiac (Louis), I 66.
Despeisses, I 51.
Desplas (Johan), T 119.
Dessos et Dessous (Anthony), T 54, 126, 220.
Destavila (Anthony), T 52, 54, 79, 80, 92, 112, 113.
Destavila (Arnaud), T 112.
Destavila (Fransés), T 52, 90.
Destavila (Guilhem), T 54, 77, 80, 102, 111, 113.
Destavila (Olivie), T 67, 87, 92.
Deval (Jean et Johan), I 66. T 50.
Deval (Pierre), I 66.
Devas et Devasis not., I 107. T 113, 172.
Devas (Uc), T 215.
Devila (Ramon), I 63.

Deymier (bar. de Roquemaure), T 102.
Didot, I 51.
Dijon, T 123.
Diode, Dieudonné, Deodatus, I 99, T 33.
Doat, I 337.
Domitien, I 215.
Donnazac, I 290.
Dorde, I 99.
Douai, I 334.
Doublet (G), I 229.
Doucet (Pierre), I 79.
Dournes, T 213.

E

Eblal (Franses), T 152.
Ebral (Johan), T 218.
Edouard Ier, I 338.
Emperayre del Jouven, I 334.
Epinette, I 334.
Erisso (Estiene), T 217.
Erisso (Johan), T 91, 217.
Ermengaud, T 140.
Escachous (les), I 177.
Esclafler, not., I 213.
Escosse, I 357.
Espagne, I 31, 326.
Espagnols, I 315.
Espaillac, T 120.
Espallac, T 107.
Espallac (Anthony), T 50.
Espallac et Espalac (Johan), T 54, 120, 139.
Espentarie, T 177.
Espital (terre de l'), T 2, 20, 41.
Estaviala, I 209, T 79.
Estaviale (Antoine d'), I 165, 309.
Estaviale (François d'), I 249, 306.
Estaviale (Guilhem), I 69 T 67, 221.
Estavila et Estavilla (Dardé), T 90, 221.
Estavila (Fransés d'), T 221.
Estavila (Ramon d'), T 218.
Estefa (Guirella), T 55.
Estèfe de Brunac (St·), T 82, 98.
Estèves (Johan d'), T 215.
Estiene, T 212, 213.
Estiene (Dardé), T 222.
Estienne (Henri), I 94, 125, 129.
Etienne (d'), I 383.
Etienne (St), I 125, T 67, 80.
Etienne de Brugnac (St), I 16, 18, 19, 70, 81, 175, T 75, 82, 84, 93, 98, 100, 110.
Europe, I 100 à 102, 315, 327, 318, 355, 357.
Exupère (Ste), T 110.
Eyquem Grimond sr de Montagne, I 328.

F

Fabre, I 66, 99, 209, 267.
Fabre (les), I 43, 271. T 144.
Fabre (Anthony et Antoine), I 43, 44, 47, 51, 61, 62, 63, 65, 66, 115, 269, 270, 276, 305, 306, 308, 386. T 3, 17 à 19, 21, 32, 34, 37 à 40, 45 à 47, 56, 116, 118, 132, 144, 148, 152, 154, 187.
Fabre (Anthony), dit Pencho et Penchou, I 47. T 7, 10.
Fabre (Bernad et Bernard), I 42, 47, 66, 96, 163, 179, 188, 224 210, 260, 268 T 2, 14, 17 à 19, 21, 54, 65, 116 à 119, 145, 148, 154, 181, 184, 197, 220, 223.
Fabre (Cécile et Ceselio), I 35, 45, 59, 65 T 2, 3, 12, 17, 18.
Fabre, Fabri, Fabrus (Eutrope, Eutropius et Stropi), I 7 à 11, 29, 32, 35, 36, 43 à 66, 83 à 86, 100, 102, 105, 106, 107, 131, 140, 141, 178, 179, 193, 196, 198, 199, 204 à 207, 214, 224, 230, 234 à 239, 246, 250, 251, 265 267 à 273, 277, 279 à 281, 284, 286, 287, 297, 303 à 319, 322, 325, 328 à 330, 333, 356, 358 à 360, 368, 371 à 374, 378, 380, 381, 384, 386. T 1, 3, 11, 12, 14, 15, 18 à 20, 23, 25, 27, 36, 37, 40, 42 à 46, 59, 63, 65, 70, 101, 116, 132, 144, 151, 158, 174, 182, 195, 1.. 201, 208, 212, 217.
Fabr. (Gaudibert), I 244. T 76, 99.
Fabre (Guilhem), I 6, 43, 46, 145, 268. T, 2, 7, 8, 10, 12, 13, 19, 20, 21, 27, 34, 47, 56, 132, 144, 145, 148, 154, 187.
Fabre (Huc). T 18.
Fabre (Jamme), T 33.
Fabre (Jean et Johan), 3, 13 à 45, 47, 49, 50, 66, 115, 147, 201, 205, 306, 328, 386. T 4, 13 à 22, 26, 37, 38, 44, 47, 56, 116, 117, 141, 145, 151, 155, 184, 197, 220.
Fabre (Jean et Johan), Totet et Toutet, I 44, 117. T 56, 57, 114, 185.
Fabre (Johanna del), T 36.
Fabre (Margarido et Marguerite), I 15, 60, 65, 66, 206. T 3, 19, 38, 44, 116.
Fabre (Peire et Pierre), I 44, 45, 47, 66, T 82, 131, 144, 182, 193.
Fabre (Ramon), I 44 à 47, 58, 61, 65, 66, 81, 96, 185, 179, 182, 196, 234, 239, 252, 267 à 275, T 3, 11, 12, 17, 19 à 21, 26, 32, 36, 55, 57, 59, 65, 71, 73, 116, 131, 132, 161, 171, 186, 194, 198, 219, 220, 223.
Fabre (Thomas), I 386. T 47.

Fabre (mas des), I, 43, 44. T 144, 154.
Fage (Bertrand de la), T 77, 141.
Fago (Pérès de la), T 56.
Fajole, I 75.
Falgairac, Falgairacum et Falgayrac (Pierre), not., I 106. T 5.
Falip (Durand), I 270. T 132.
Fanneto, I 206. T 10.
Fargues, I 80, 81, 175, 177, 178, 253, 254.
Faumas (Anthony), T 224.
Fauré (Jean), not., I 4.
Favarel, not, I 6, 56, 62.
Favarel (Anthony), T 53, 62, 191.
Favarel (Jame), T 76, 101.
Favarel (Jacques), I 119, 162, 211.
Favarel (Jean et Johan), I 119, 242, T 101.
Favarel (Ramon). I 242. T 101.
Favarenca (Anthony), T 52, 94.
Favarenca (Ramon), T 94.
Faveri, T 203 à 205, 211.
Favié. T 203.
Favié (Bertomio), T 204.
Favié et Favier (Jean et Johan), I 208, 262, 264, 265. T 201, 206, 207, 215, 343.
Favyn (A). T 136.
Fayssac et Feyssac, I 66, 209. T 12, 121, 190, 200, 205, 243.
Fayssac (St-André de), T 44, 205.
Fayssac (Bonneville), I 290.
Feillet (A), I 123, 322, 327.
Felié et Felio (Peire), T 51, 52, 56, 91, 115, 219, 229.
Félix (St), T 201.
Felletin, I 225 à 227.
Fénols, I 290.
Féral, I 223, T 203 à 207, 214.
Féral (Anthony), T 225.
Féral et Ferrailh (Clément), I 89, 261, 265
Féral (Colas), I 208. T 209, 212, 213.
Fernique, I 191.
Ferran, T 210.
Fézembat (chât. de), T 73, 110.
Fézembat (Antoine), I 77.
Fézembat (Ramond), T 152.
Flandras, Flandre et Flandres, I 326, 355, 357.
Florenso (Johan), T 14, 19.
Florentin, I 290.
Floresta (Aliot), T 122, 123, 132, 201.
Floresta, Feloresta et Feloressa (Falip), T 55, 81, 128, 201.
Florestan (Alliet), I 261, 278. T 132, 173.
Florestan (Philippe), I 136, 309.
Flour (St-), I 41.
Fo (al), I 262.
Fois et Foix, I 95, 115, 225, 229, 233. T 119.
Foix (Gaston de), I 353.

Foix (Jean de), vicom. de Villemur, T 102.
Fon de la Damo et Dano, I 53, 177.
Fon de Fargues, I 177.
Fon Foyna, I 177.
Fon des prats de Fargues, I 177.
Fon de la Motte, I 177.
Fonlada I 69, 76, 80, 81, 161, 178, 259, 381. T 63, 64, 68, 69, 71, 72, 137, 140, 150, 167, 172.
Fonréal, I 348.
Fontabelle ou Fontabielle, T 191.
Fontainemarie, I 3, 100.
Fontanelo et Fontanelle (la), I 3˜3. T 24, 43.
Fontanelles (les), I 81, 178. T 63, 72.
Forestié (E.), I 11, 101, 105, 109, 113, 114, 136, 220, 221, 225, 255, 301, 306, 361. T 35.
Forn (Hugues del), sgr de la Bonnette, I 211
Fornié, not., T 186.
Fornié (Bernad), T 155.
Fornié (Johan), T 50, 51, 55, 138.
Fort (Ramon), T 110.
Fournier (Ed), I 227.
Fournier (Jean), I 165, 244.
Fraissé (Peire), T 91.
France, I 95, 108, 122, 126, 135, 226, 215, 268, 277, 281, 303, 308, 310, 315, 321, 326, 333, 334, 338, 341, 348, 361, 367, 376, 377, 381. T 216.
Franciscus, I 64.
François 1er, I 31, 32, 52, 63, 122, 213, 221, 278, 322, 327, 328, 346, 353, 362, 367, 369, 383.
François de Lavaur (St-), T 99.
Francs Saliens, I 350
Franklin (A.), I 219, 220, 227, 229, 231, 363. T 35, 46.
Franses, T 105.
Franso, T 57, 62, 150.
Frauseln (de), T 120.
Frausseilles, I 290. T 120.
Fraysset. Voir Frayssinet.
Frayssinet (Catina), I 147. T 82.
Frayssinet (François et Fransés), I 147. T 82.
Frayssinet et Fraysset (Jean et Johan), I 53, 56, 61, 63, 264, 265, 360, 385. T 16, 17, 204, 211, 215.
Frégeville, I 298, 300.
Fresquet (al), I 181. T 169.
Froissart, I 311.
Fron (del), I 174.
Front, Forn, Fronte (de et del), T 174.
Fronte (François de), jug., T 16.
Fronte (Jean de), T 16.
Fronte et Fron (Robert de et del), jug., I 179. T 16, 23, 43, 101.
Fronte, Fron et Forn (Vidal de et del), I 120, 136, 166, 179 à 182.
Frotaire, évêq., I 335.
Furetière, I 226.
Fustel de Coulanges, I 191.

G

Gaches, I 222. T 122, 129.
Gachos (Astrugo), T 7.
Gailhard (Pierre de), T 16.
Gailhac, Galhac, Gallac, I 7, 8, 10, 16 à 20, 36, 43, 52 à 56, 61, 63, 67, 69, 70, 77, 79 à 95, 105 à 107, 110, 114 à 117, 120, 134, 152, 167, 171, 179, 180, 187 à 189, 193, 197 à 201, 209, 210, 215 à 218, 221 à 223, 224, 230, 235, 236, 240, 245, 246 à 248, 260, 262, 265 à 267, 273, 278, 279, 283, 285 à 290, 297 à 303, 320 à 322, 328, 331 à 360, 380, 381, 385. T 4, 5, 7, 9 à 16, 17, 18, 22, 24, 25, 26, 32, 35, 45, 46, 51, 62, 65 à 67, 71, 73, 77, 78, 81, 87, 91, 101, 103, 108, 111, 115, 119 121 à 126, 130, 133, 136, 138 à 141, 145 à 149, 152, 154, 155, 160, 168, 169, 172, 174, 177, 178, 182 à 186, 192, 194, 196, 197, 200 à 203, 210, 212, 214, 217, 220 à 222, 225, 228, 243.
Gaillac (St-Michel de), I 17, 70. T 18, 114.
Gaillac (St-Pierre de), T 7, 9, 80, 103, 114.
Gaillacois, I 109, 215, 216, 254, 283, 287, 302, 313, 314, 315, 317, 319, 320, 325, 331, 333, 334, 337, 345, 347, 348, 352, 355, 360, 371, 380, 381, 385. T 21.
Gaillague, I 218.
Gaïaut (la), I 334.
Gaillard (Jeanne), T 35.
Gaio, T, 55, 56, 67 69, 141, 143, 184.
Gaios, I 250, 326. T 132, 159, 163, 171, 199.
Gaisso, T 124, 209.
Galabert, T 125.
Galabert et Gallabert (Anthony), T 55, 135.
Galan (Johan), T 187.
Galan (Mafre), T 56.
Galart, I 36. T 1.
Galde et Galdo, T 206, 210.
Galhart (Johanno de), T 36.
Galibert, T 215.
Galingano, T 220.
Galiot du Pré, I 126.
Gall (St), T 111.
Gallabert (Anthony), T 135.
Gallan (Guilhem), T 138.
Gallan (Mafre) T 138.
Gallarda, T 51.
Gallart (Peire), T 102.
Galvet (Anthony), T 227.
Gamasses (las), I 177.
Gambras (Alis), T 89.

Gambras (Anthony et Antoine), I 139. T 52 87.
Gambras (Arnaud), I 164, T 52, 78, 88, 224.
Gambras (Johan), T 52, 84, 90, 145, 165, 220.
Gandoul (Pierre), I 126.
Gantet (Antheny), T 78, 103.
Gantet (Peire). T 103.
Gantié, T 14.
Gao (Guilhem), T 217.
Gao (Johan), T 217.
Gaos, T 153.
Gaosot, T 213.
Garasse, T 46.
Gardana, (Gausseranda), I 208, T 207.
Gardas, T 203 à 206, 210, 215.
Garde, T 179.
Gardes, I 208, 264.
Gardes, Gardas et Gardos (Jean et Johan), I 244. T 56, 96, 223.
Gargantua, I 277.
Gargouille (la). I 334.
Garic (Anthony). T 225.
Garic (Jolio), T 217.
Gariga et Garigo (la), T 6, 16, 23, 43, 44, 81, 184, 200, 227.
Garisos (las), T 202.
Garissole et Garissolo (la), I 373. T 4, 11, 47.
Garnier, T 123.
Garonne, I 215, 218. 335 à 317. T 4.
Garonne (Haute), I 202, 315, 319.
Garrau, (Guilhem), I 263, 279.
Garric, I 56. T 32.
Garriga (la) T 60, 128.
Garrigues, I 178.
Garriguette, T 114, 124.
Gary, T 209.
Gasche (Johan), I 66.
Gascogna, Gascogne, Gasconha, I 316, 355. T 136.
Gascono (la), T 50.
Gaso et Gasou, T 179, 192, 194.
Gatenx (Sta-Maria), I 65.
Gau (Pierre), T 109.
Gaubiel (Georges et Jordi), I 73, 141, 208, 263, 265. T 68, 203 à 207, 211, 212.
Gaules, I 245, 350.
Gaulois, I 326. T 183.
Gausbert de Fumel, I 335.
Gausseranda et Gauceranda, I 266. T 208, 209.
Gauselin (Catala), I 236.
Gay, I 174, 189, 209, 584. T 66, 69, 70, 106, 110, 194.
Gay (Arnaud), T 52.
Gay (Anthony et Antoine), T 61, 93.
Gay (Darde), T 52, 53, 79, 110.
Gay (Guilhem), T 110.
Gay (Guilhem), Fito et Fitou, I 162, T 93.
Gay (Johan), T 70, 79, 110.

Gay (Peire et Pierre), I 117, 212, 258, T 50, 66, 101, 141, 153, 167, 178.
Gaye et Gayo, T 66, 70, 113, 127, 128, 173, 175, 199, 213.
Gayou, I 57, 80, 180, 181, 208 à 210, 326. T 17, 69, 70, 132, 138.
Gayso, T 194.
Gazan (Guilhem), T 202.
Gazou, I 180, 188, 215.
Gelabert (Guilhem). T 114.
Gelabert (Jean et Johan), I 71. T 55, 129.
Genebreira, I 115, 174.
Genebria, T 100.
Genest (St), T 214.
Genève, I 95, 96. T 122.
Genevrière, I 251. T 100.
Geniez (St), I 226.
Genoux (St), I 226.
Genseric, I 122.
Geoffret (Jean), I 316.
Géraud, T 17.
Germa (St). T 192.
Germain (St), I 180, 188. T 192.
Germain, not., T 85, 86, 88, 89, 103, 104, 112, 165, 217, 218, 220.
Germain (St), not., T 194.
Germain (Anthony), not., I 105, 106, 141. T 54, 80, 126, 222.
Germain (Fransés), T 126.
Geromy (St). Voir St-Jérôme.
Géry (St-), I 336.
Gilengano, T 126.
Ginebreira, T 67, 107.
Girlan (Johan), T 65.
Girolano, T 65.
Gironde, I 343, 345.
Giroussens, I 353.
Giscaro (l'ajole), I 378.
Giscet, T 142.
Gisquet, T 142.
Gleizes (En), T 100.
Gorda (Johan), T 120.
Gorse et Gorsse, I 227, 328.
Gosin (Anthony), T 52, 86, 113, 153.
Gosin (Ramon), T 86.
Got, T 212.
Gotha, T 140.
Goulesque, I 318.
Gourgue de Fargues (la), I 177.
Gouttes (de), not., I 4.
Gradille, I 252. T 66, 80.
Gradille (forêt de), T 64.
Gradille (N.-D. de), I 17. T 61, 100, 103, 114.
Grailly (Jean de), I 358.
Grand Selve, I 336.
Graniera (la), I 208, 217. T 148.
Granéjouls et Granéjoulx, T 111, 192.
Gras (Anthony), T 51.
Grassot, T 121.
Graulhet, I 119, 285, 289, 292.

Graveral, I 224.
Gravié (Peire), I 202.
Grazac, I 299.
Grèce, I 350.
Grégoire IX, I 99.
Grenade-sur-Garonne, I 213, 214, 331.
Grésigne (forêt de la), I 175. 252, 353. T 26, 70, 74, 78, 83, 89, 93, 95, 108, 126, 141, 150, 151, 175.
Gros (Johan), T 73, 194, 196.
Guérin (Eugénie de), T 46.
Guérin (Maurice de), T 46.
Guérisons (N.-D. des), T 202.
Guiche (Sébastien de la), I 265. T 4.
Guignes Liard, I 303.
Guilalmo (Anthony), T 53.
Guilhem (Ramon), I 57.
Guillamot, T 108.
Guillaumot (Anthony), T 108.
Guimbot (ort de), T 27.
Guiral (Johan), T 54, 120.
Guiraud, I 383. T 187.
Guiraud ou Guilhem, I 384.
Guiraud (Bertrand), I 384.
Guiraud (Peire), T 133.
Guirauda (Johanna), la Brédéria, T 200.
Guiraude, I 309.
Guiraudela, T 125, 131.
Guiraudo, T 37.
Guitard (Guilhem), I 57.
Guy, I 57, 161, 181, 185, 209. T 64, 172, 183.
Guy (Anthony et Antoine), I 69, 76, 139, 161, 179, 251, 259, 260. T 55, 57, 64, 67, 107, 127, 129, 135, 136, 139, 150, 152, 157, 167, 168, 172, 193, 222.
Guy (Benaset), T 72.
Guy (Benoit), T 64.
Guy (François et Fransés), I 161, 162. T 56, 63, 64, 68, 72, 107, 110, 172.
Guy (Gautié), T 135.
Guy (Grégoire et Grégory), I 69, 381. T 55, 64, 137, 141.
Guy (Guillamot et Guillaumot), T 72, 160.
Guy (Jamme), T 56, 64, 141.
Guy (Jean et Johan), I 139, 161, 162, 180, 181, 184, 189, 208, 217, 218. T 56, 64, 68, 69, 72, 110, 113, 129, 147, 148, 170, 183, 193.
Guy (Holivié et Olivier), I 69, 161, 251, 259. T 64, 68, 72, 107, 150, 167, 170, 172, 212.
Guy (Peire et Pierre), I 139, 161, 180, 181, 189, 208, 217. T 54, 56, 63, 64, 126, 127, 141, 145, 147, 148, 183, 185, 193, 222, 223, 225.
Guy et Gy (Ramon), I 58. T 3, 9.
Guyot, T 120.
Gy pour Guy, T 1, 63.
Gylingano et Galingano (Guilhem), T 216.

H

Hartro et Hartrou (Guilhem), I 69, 145, 252, 254, 256, 359. T 52, 57, 84, 85, 86, 96, 97, 150).
Hauts Murats, T 122.
Hâvre, I 327.
Hébrail, T 25, 169.
Hébrail (Anne d'), T 25.
Hébrail (Antoine d'), T 25, 161, 169.
Hébrailh (Bertrand), Sr de Dalon et de Lacourtade, T 73.
Hébrail (François d'), baron de Rivières, I 359. T 152, 169.
Hébrail (Jacques), Sr de Rouyre, T 152.
Hébrail (Jean d'), I 89. T 77, 218.
Hébrail (Othon d'), T 152.
Hébrail (Pons d'), T 25, 169.
Henri II, I 328.
Henri III, I 95, 304, 305.
Hérissou, T 91.
Hérodote, I 94, 126.
Hers (l'), I 180.
Hollande, I 227, 312.
Hôpital (terre de l'), I 44, 46, 281.
Horace, I 121.
Hort (l'), I 180.
Hortalisse, I 331.
Hortets, I 177.
Horts (dejouts lous), I, 177.
Hospital (Michel de l'), I, 123.
Hourtets (jouts lous), I 177.
Hugo, T 218.
Hugonet, T 218, 348.
Hugues, T 140.
Huteau (com. d'), T 63.

I

Igo et Igon (Johan), T 51, 218.
Igounet, T 218.
Illemado, I 339.
Innocent III, I 229.
Irissou (porta del), T 91.
Isle-Jourdain (l'), T 182.
Issel, 226, 227.
Italie, I 121, 126, 227, 277, 310, 368. T 216.
Itzac, I 290.

J

Jacobi Britannici, I 126.
Jacques de la Capelle (St), I 17, 81. T 86, 100, 108.

Jacques de Claricux (l'hôpital St-), I 51, 56, 57, 58. T 7.
Jaffet de Jaffa, I 55.
Jalguet (Jean de), I 73.
Jalguet (Marie de), I 73, 76.
Jame viel, T 51.
Jamet, T 173.
Jandes, T 130.
Jean ou Guilhem, T 126.
Jean, I 78.
Jean (le roi), I 343.
Jean (fils du roi), T 129.
Jean XXII, I 52, T 212.
Jean (Antoine), I 151, 152, 163.
Jean et Johan (St-), T 67, 110, 136, 137, 219.
Jean de Celles (St-), I 17, 80. T 9, 103, 115, 170.
Jean de Granéjouls (St-), T 192.
Jean de Marcel (St-), T 211.
Jean et Johan de Montels (St-), I 16 à 19, 81. T 62, 70, 75, 76, 81, 90, 98, 100 à 104, 110, 140, 142, 146, 159.
Jean de Rivières (St-), T 163.
Jean de Tartage (St-), I 18, 56. T 15, 114.
Jeanroy, I 53 à 55.
Jean-Vert (mas de), T 126.
Jeanne la Folle, I 121.
Jérôme et Géromy (St-), I 72, 76 à 78, 82, 86, 89, 92 à 94, 110, 117, 173 à 176, 181, 182, 189, 190, 196, 210, 216, 252, 254, 257, 267, 305, 385. T 9, 61 à 80, 85, 86, 100, 103, 104, 109, 113, 115, 125, 135, 138, 142, 146, 147, 153, 159, 163, 172, 174, 179, 186, 187, 191, 193, 219, 220, 223.
Jérôme du Tescou (St-) I 16 à 19, 22, 70, 77, 80, 81, 173. T 9, 60, 61, 66, 75, 100, 103, 110, 114.
Jésus-Christ, I 54, 64.
Jhérusalem, I 55.
Jodacus Sincerus, I 327.
Johan, I 118, 209. T 49, 51, 108, 161, 223.
Johan (Anthony), T 53, 55, 72, 81, 97, 98, 128, 219.
Johan (Arnaud), I 42. T 96 à 98.
Johan (Barnabé), T 104.
Johan (Bernad), T 96, 167.
Johan (Bertrand), T 67, 91, 222.
Johan (Guilhem), I 117. T 66, 224.
Johan (Johan), I 164. T 8, 52, 89.
Johan (Jorda), T 120, 208, 222.
Johan (Ramon), T 91, 222.
Jolibois (Émile), I 103, 120.
Jordano, T 2.
Jorlivert, T 73.
Jory (St-), I 218.
Jornés et Journés (Berenger et Beringuié), I 73, 142, 212, 256, 257. T 53, 55, 56, 61, 105, 135, 144, 117, 166, 167, 170 à 172, 186, 191.

Jornés (Bernad), T 61, 191.
Jornés et Journés (François et Fransés), I 114, 257. T 56, 61, 129, 134, 144, 146, 147, 154, 170, 174, 188, 198.
Jornés et Journés (Guiraud), I 114, 167, 257. T 56, 61, 139, 144, 146, 170, 198.
Jornés et Journés (Jean), I 73. T 61.
Jornés et Journés (Peire et Pierre), I 210, 383. T 53, 61, 105, 146, 170, 188, 198.
Jornés, Jornez, Journés (mas de), I 177, 181, 209, 257, 258, 381. T 61, 139, 186, 191.
Joseph d'Arimathie, I 55.
Josse Van Robais, I 227.
Julié (San), T 231.
Julien (St), I 309.
Julien-du-Puy (St), T 211.
Jussiet (Johan), T 57.
Justet (Dardé), T 100.

L

La Barta et Labarthe, I 217.
Labasitio pour Labastido, T 22.
Labastida et Labastide, I 66, 87, 147. T 59, 70, 129.
Labastide-de-Lévis, I 290, 317. T 22, 59.
Labastide-de-Montfort, I 57. T 22.
Labastide-Saint-Georges, I 296.
Laberia (Galhardi de), I 213.
Labessière, I 290. T 243.
Labessière-Candeil, I 118, 119.
Laborda et Laborde, T 125, 197.
Laborio (Jamme), T 37.
Laboscarié et Laboscario, I 101. T 89.
Laboutarié, I 177.
Lacapelle et la Capelle, I 17, T 81, 86, 88, 91, 100, 150.
Lacapelle (St-Jacques de la), T 98.
Lacapelle (Ste-Luce), I 291.
Lacapelle-Ségalar, I 290.
Lacay (lo), T 183.
Lacort, I 209. T 104, 133, 223.
Lacoste, I 263.
Lacourt ou Lacort, I 211. T 104.
Lacourtade, I 181, 196, 289. T 73, 213.
Lacroix, T 157, 222.
Ladres (los), I 57.
Lafage, not., I 32, 159. T 99 204.
Lafage (chât. de), T 141.
Lafaille, I 124, 224, 321, 322. T 16, 123.
Lafon (Pierre de), I 66.
Lagaio pour Algaio, T 136, 137.
Lagarda (de), T 53.
Lagarde (chât. de), T 73, 75, 80, 102.

Lagarde (Barthélemy de), T 102.
Lagarrigue, I 136, 146, 180, 261. T 7, 23, 27, 70, 195.
Lasgraïsses, I 290.
Lagrave, I 290, T. 14.
Lagrèze-Fossat, I 40, 194, 287, 296, 301, 306, 337, 352. T 146.
Laguépie, T 244.
Lalagade, I 159.
Lamartinié, T 244.
Lambert de Thurey, T 182.
Lamotte, I 290. T 217, 243.
Landes, I 348. T 204, 205, 214.
Landes (Bertomio), T 209.
Landes (Jean et Johan), I 83, 264, à 266. T 4, 5, 203, 208, 209, 211.
Langlade (Antoine de), sr de Clarensac, I 145.
Languedoc, I 31, 95, 103, 117, 120, 219, 226, 227, 234, 245, 260, 277, 281, 287, 292, 295, 298, 327, 337, 339 à 341, 345 à 350, 358, 385. T 32, 37, 93, 105, 129, 163, 194.
Languedoc (Bas-), I 351.
Lapelissarié, I 290.
Lapierre (Antoine), T 102.
Laporte (Antoine), I 192, 194, 196, 218, 249. T 169, 176.
Laroca (Durand), T 192.
Laroca (Jame), T 192.
Laroche (Jean de), T 129.
Laroche (Charles de), sr de la Trinque, T 129.
Laroche-Flavin, I 51, 52, 95, 100, 211, 279, 306, 311, 355. T 95.
Larrazet, I 350
Larroque, I 168, 296. T 71, 127.
Larroque et Larroca (Anthony et Antoine), I 151, 167, 180, 187, 188. T 126, 192, 195.
Larroque et Larroca (Guilhem), I 187. T 192.
Larroque (Jacques), I 139, 180, 187.
Larroquette, I 291.
Lasclottes, I 291, 296.
Lassalle et La Sala, I 174. T 80, 113.
Lasserre, I 174, 211, 215. T 75, 159, 170.
Lastié de Saint-Jal (Honoré), I 70.
Latrelho, T 1.
Latrelho (Duran), T 12.
Latreyne, I 291.
Latrinca et la Trinque, T 129.
Latronque, T 129.
Lauraguais, I 91, 192, 193, 204, 208, 226, 227, 215, 288, 315, 326, 327, 352, 381, 384. T 25, 32, 123.
Laurency (Jean de), I 74.
Laurency (Marguerite de), I 74, 76.
Laurac, T 182.
Laurens, T 111.
Laurent (St) T 11.
Laurent de Pompirac (St·), I 18, 114, 126.
Lausat (Arnaud), T 51.

Lausat, Lausad et Lauza (Jame), T 50. 218.
Lausat et Lauza (Johan), T 50.
Lautié, T 1.
Lautié (Anthony) T 2, 24.
Lautrec I 277, 285, 286, 300. T 182, 243.
Lautrec (Béatrix de), T 22.
Lautrec (Bertrand, vic. de), T 21.
Lautrec (Marie de), T 6.
Laval (Guilhem de), T 8, 26.
Lavaur, I 51, 97, 226, 230, 234, 235, 283, 285, 286, 292, 296, 298, 311, 339, 340, 379. T 14.
Lavigne, T 222.
Laville ou Laviolo, T 62.
Lavit (Duran), T 11.
Lavot, I 175. T 11.
Lavros, I 174, 175 T 150.
Lebru (Mafre), T 52, 87.
Lefèvre d'Etaples, I 95.
Lefort (Jordi), T 120.
Lenormant, I 284.
Léonard, sgr de Tauriac, T 102.
Léonard (Arnaud), T 102.
Léonard (Arnaud Guilhaume), T 102.
Léonard (Bernard), T 102.
Léonard (Catherine), T 102.
Lérins (Iles de), T 96.
Lescases et Lescazes, I 94, 229.
Lescussa, I 215. T 179.
Lespinas (St-Martin de), T 75, 76.
Lestang (St-Antoine de), I 343.
Lestata (Johanna), T 169.
Lettes (Jean de), I 124.
Lévis, T 22.
Liestat, I 181.
Lieux-Saints, I 56 T 15.
Lignol (Jame), T 213.
Lille, I 331.
Limousin, I 41, 229, 247.
Limoux, I 360.
Linardié (chât. de), T 150.
Linurdio, T 57, 150.
Linarié, T 23.
Lisle, I 288, 302, 303, 337, 339, 342, 351. T 81, 91, 140.
Lisle-d'Albi, I 290, 298, 338.
Lissas (las), I 189, 372. T 70, 195.
Litré (Marc), T 52, 96.
Littré, I 227.
Littré (Guilhem), T 96.
Livers, I 290.
Livrade (Ste), I 343.
Lobaressas, I 86
Lobat (Bernard), not , T 198.
Lobat (Peire), T 36.
Lobersanos (Johan), T, 221.
Lobet (Asémar), not., T 92.
Lobet (Aymar), not., I 139. T 87, 88, 156.
Lobeti, not., T 96, 153, 156, 216, 218.
Lobety (Peire), not. T 25.
Lobresas, T 227.

Lodario, T 75.
Logros (Johan), T 13.
Loire, I 11, 313.
Lom, (chât. de), I 356.
Lomagne, I 245.
Lombers (juge de), I 78.
Londres, I 311.
Lorado, l'Orado et Louradou, T 121.
Losat (Arnaud), T 112.
Loset (Maurici), T 170.
Lot, I 284.
Loubat, (Bernard), not. I 106.
Loubat et Lobati, not., I 106.
Loubat (Pierre), not., I 196.
Loubers, I 291.
Loubet (Antoine), not., I 73, 106, 310
Loubet (Aymar ou Azémar), not. I 106.
Louis IX, I 30, 303, 362.
Louis XI, I 303, 312.
Louis XII, I 313.
Louis XIII, I 305.
Louis XIV, I 100, 102, 311.
Louis XV, I 577.
Loupiac, I 292, 299.
Loys, T 7.
Luc (St), I 101.
Lucinauls, T 229.
Luco (Jean de), not., I 159.
Luman, I 174, 175, 255, T 63, 67, 78, 83, 84, 126, 138, 144, 156, 161, 165, 217, 220, 222, 224.
Lusiés (de), I 31.
Lusignan, I 334.
Luther, I 122, 126, 130.

M

Macary, T 129.
Macelot du Port, I 310.
Machiavel, I 122.
Madrid, I 31, 122.
Magry (Guil.), I 202.
Maillard (Olivier), I 50, 91, 125 à 130, 133, 161, 182.
Maladrerie, T 7.
Malamort, T 178.
Malet et Maleti, not., I 106, 168. T 75, 99, 195, 207.
Malfetas (Tomas de), I 81. T 50.
Malgouvern (abbé de), I 334.
Malholio, I 178, 179. T 15, 23, 25, 114.
Malirat, T 54, 119, 222.
Malpas, I 180, 187. T 195.
Mammon et Mamona, I 131, 132.
Mandinelli (Adhémar), T 36.
Mandinelli (Jean de), T 36.
Mandinelli (Junien), T 36.
Mandinelli (Pierre de), I 61, 328.

Mandret, I 84, 149, 158, T 187.
Mannabosque, T 122.
Mansencal, I 124, 334.
Mansencal (Jean de), I 123.
Marcassas de Puymaurin, I 227.
Marcei (St-), I 290.
Marcel (St-Jean de), T 214.
Margarida, I 231. T 38.
Margarita, I 208. T 210.
Margotet Got, T 216.
Mario (Peire), T 54, 126, 220.
Marmande, I 336, 343.
Marnaves, I 290.
Marola et Marolle, I 61, 66. T 203, 206.
Marcla (Anthony), T 221.
Marole et Marolo (Johan), T 3, 26, 42, 206, 212.
Marolet, T 208, 214, 215.
Marolet (Jean et Johan), I 83. T 6, 7, 10, 16, 117, 206, 209.
Marolle (prieur de), I 263 à 265.
Marolle (François), I 316. T 4, 26.
Marolo, T 1.
Marot, I 93.
Marti, T 1.
Marti (Durand), I 66.
Marti et Marty (Johan), Gravo, T 56, 57, 145, 149, 152.
Marti (Peire), T 3, 19, 20.
Marti (Ramon), T 16, 20, 21, 33, 42.
Marti (Salvi), T 14, 16, 20.
Marti (St-), T 143, 145, 152, 165.
Martial, T 111.
Martial (St-), I 290.
Martial de Prasiats (St-), I 17. T 82, 93, 95, 98.
Martin (Jean), I 212. T 153.
Martin (St-), T 83.
Marti-Laguépie (St-), I 291.
Martin-de-Lespinas (St-), I 16, 17, 19, 70, 81, 153, 171. T 74 à 76, 89, 93, 97, 98, 102, 110, 126, 135, 143, 217.
Martin de Mauriac (St-), I 57, 65, 66, 83. T 7.
Martin de Montans (St-), T 114.
Martin et Marty de Vilacourtés et Villecourtés, I 18. T 81, 114, 125, 194.
Masars, T 89.
Masars (Anthony), T 89.
Masars (Jame), T 165.
Masars (Ramon), T 51, 52, 89.
Mas-Cabardés, I 226.
Masel, T 8.
Mascencius et Mascensius, I 67.
Masenx, I 25, 73, 99, 131, 134, 178, 185.
Masenx, not., I 87. T 78, 81, 87, 91, 91 à 96, 101 à 104, 143, 153, 218 à 221.
Masenx (André, Andrio et Andrieu), I 68, 69, 71, 76, 77, 96. T 161, 229.
Masenx (Anthony et Antoine), not.,

I 68 à 70, 72, 76, 77, 106, 107, 139, 254, 259, 260. T 49, 51, 69, 80, 85, 90, 105, 106, 113, 146, 168, 170, 177, 180, 228, 350.
Masenx (Catherine), I 75, 76.
Masenx (François et Fransés), I 71 à 76, 207. T 171, 185.
Masenx (Françoise), I 73, 76.
Masenx (Guilhaume I), I 76.
Masenx (Guilhaume II), I 76.
Masenx (Guilhaume III), I 74, 76.
Masenx (Guilhem), I 7, 11 à 29, 32 à 36, 40 à 46, 53, 57, 59, 61, 64, 67 à 73, 76 à 78, 92, 146, 178, 210, 250, 305. T 4, 6, 8, 11, 14, 16, 18, 27, 42, 44, 47, 49, 56 à 101, 107 à 110, 115, 117 à 124, 127 à 134, 137 à 139, 142 à 148, 152 à 155, 164 à 167, 172, 229.
Masenx (Guilhem), auteur du livre, I 47, 67 à 72, 76, 81 à 96, 100, 102, 104 à 107, 110 à 120, 128 à 130, 133, 135 à 175, 179 à 199, 203, 204, 207 à 216, 219, 220, 223 à 232, 234, 236 à 241, 244 à 279, 281, 287, 288, 297, 302 à 308, 310, 314, 316 à 328, 331 à 333, 352, 356 à 360, 366 à 373, 378 à 384. T 79, 86, 89, 140, 157, 158, 160, 161, 163, 165, 166, 168 a 170, 175, 176, 179 à 181, 187 à 190, 192 à 194, 197, 199, 202, 203, 211, 212, 215 à 218, 227 à 229, 243, 249.
Masenx (Guilhem), chap., I 69. T 91, 227, 228.
Masenx (Guilhem) jove, I 72, 73, 75, 76, 96.
Masenx (Guilhem) viel, I 76, 96.
Masenx (Guilhem ou Guiraud), I 68.
Masenx (Guiraud), I 70, 71, 76, 158, 167, 174, 196. T 56, 58, 61, 142, 163, 165, 172, 179, 187, 225.
Masenx (Ignace), I 74, 76.
Masenx (Jacques), I 75, 76.
Masenx (Jean et Johan), I 69, 73, 74, 76. T 113, 199.
Masenx et Masenxca (Jeanne et Johanna), I 69, 76. T 43.
Masenx (Marguerite), I 73, 76.
Masenx (Marthe), I 75, 76.
Masenx N., I 76.
Masenx (Peire et Pierre), I 51, 69, 73 à 76, 96, 259. T 137, 168, 225.
Masenx et Masenca (Peirota et Peirotte), I 69, 76, 161, 259. T 168.
Masenx (Ramond Bernard), I 68.
Maseras et Masieras (M^{lla} de las), T 53, 77, 104.
Massabielle et Massaviella, T 61, 191.
Massel, T 27.
Massol (Géraud), not., I 5.
Massonié, not., I 202.
Massotié et Massoutier, not., I 106, 139. T 95, 222.

Mata et Matha (Paul), I 175, 181, 254. T 85, 106, 120, 193.
Matha, T 85.
Matas (Anthoine de), sgr. de Miolles, T 85.
Matha (Arnaud), juge d'Albigeois, T 85.
Matronel (?), T 156.
Maurel (Augié), T 201.
Maurel (Joseph), I 262, 264, 267, T 203 à 206, 208, 210, 213.
Mauri (Bertran), T 8.
Mauri (Guilhem), T 34.
Mauriac, I 56 à 59, 63 à 66, 107, 178, 180, 196, 279, 318, T 5 à 8, 10 à 19, 22 à 27, 36, 43, 44, 124, 126, 179, 195, 220.
Mauriac (barri de), T 8.
Maurici (gleiza de St), I 64.
Maurici de Camps (St), T. 183.
Maurinié, T 23.
Maynié (Peire), T 51.
Mazamet, I 227, 298.
Mazens, T 121.
Mazens (Guilhem), viel, I 96.
Mazens (Mlle de), I 74.
Mazens (Ambroise), I 74.
Mazéres sur Salat, I 225. T 19.
Mazières (chât. de), T 77, 104.
Mazinada et Mazinnade (Jean et Johan), I 309. T. 131.
Mélancthon, I 95.
Ménage, I 236.
Menerbés, I 337, 338.
Menonio et Menonnié, T 23, 24.
Menot, I 126 à 129, 158, 189.
Menou, T 23.
Méray (Anthony), I 126.
Mercorio, I 199.
Mercaderi (Jaques), T 16.
Méric (Anthony), T 213.
Merlarié (la), T 74.
Merle, T 74.
Merles (mas des), I 153, 209. T 74, 135.
Mersié (Anthony), T 201.
Metgé (Martianne de), I 74, 76.
Metgé (Pierre de), I 74.
Mézens, I 291.
Mézeray, I 321.
Mical (Peire), I 256. T 85.
Michel (abba. de St.), 185, 355. T. 19.
Michel (abbé de St.), I 333, 351.
Michel (cure de St), T 125.
Michel (St.), I 318.
Michel de Vax (St.), I 292.
Michelet, I 92.
Midi (le), I 71, 91, 127, 220, 229, 248, 281, 326, 344.
Mignet, I 101.
Milanois, I 310.
Milhars, I 81, 290. T 152.
Milhavet, I 81.
Millas (Peire), I 177.
Miolles, T 85.

Miramon (Antoine) I 139, 211, 214. T 53, 101, 185.
Miramon (Bertran), T 223.
Miramon (Dardé) I 147. T 139, 175, 199.
Miramon (Guilhem), T 131.
Miramon (Johan), T 133.
Mispoulet (M), I 191.
Moirissa (la), I 208.
Moissac et Moyssac, I 10. 191, 248. 287, 295, 296, 300, 301, 306. 335 à 338. 311, 313, 317 à 350, 352, 354. T 175.
Molière, I 5.
Molinal (le), I 59. T 13. 2″, 195.
Molinié (Johan), T 200, 227.
Mominsen, I 191.
Monclar, I 13, 120.
Mondinelo (Peyre de), I 286. T 36.
Mongosi, Mongosin et Mongosit (Johan). T 51, 133, 156, 190.
Mons, T 85.
Montagne-Noire, I 226, 227.
Montaigne, I 5, 6, 328.
Montans. I 50, 57, 89, 290. T 14, 125, 218.
Montauban, I 11, 104, 105, 114, 124, 220, 236, 248, 253, 255, 284, 285, 287, 291, 335 à 310, 313, 314, 318, 319. T 125, 130, 211.
Montdragon, I 300. T 213.
Mondurausse, I 291.
Montels, I 155, 290, 308 T 12, 62, 73, 130, 135, 136, 179, 192.
Montels (St-Jean et Johan de). I 174. T 142, 185.
Montels (N.-D. de). T 103, 114, 135.
Montesquieu, I 327, 311.
Montfort (Amaury de). T 22.
Montfort (Simon de), I 30. T 17.
Montgaillard, I 291, 296, 298. T 213.
Montgey, I 296.
Montmiral et Monmiral. (Voir Castelnau-de-Montmiral et T 47, 61, 141, 222.
Montmorency, I 277.
Montpellier, I 118, 144, 284, 285, 289, 291. T 211.
Montricos et Montricoux, T 130.
Montrozier, I 290.
Montvalen, I 291. T 102.
Morel, T 121.
Morel (Cl.), I 316.
Morène (la), I 66.
Moret, not., I 113.
Moret et Moreti (Bernad et Bernard), not. I 106, 113, 139 T 212.
Moreti, not., T 117, 118, 197.
Morissa (la), T 211.
Morlas, I 353.
Mosset (Johan), T 153.
Motas, T 224.
Motta (de la), I 63.
Moulin du Commandeur, I 80, 181.
Moulin des Pauvres, I 80.

Mouline St-André, I 80, 84. T 9.
Mouly des Rocas, I 181.
Mounestarié, T 23.
Mourraud, I 218.
Munster (Sébastien), T 123.

N

Nantes, I 50, 94, 126, 227, 317.
Naples I 31.
Narbonais, I 336.
Narbonne, I 305, 335, 351.
Navarre, I 31, 123 T 136.
Nègre (Alliet et Alliot), I 136, 165, 166 T 53, 57, 77, 99, 101, 119.
Nègre (Bertran), T 168.
Nègre (Johan), T 150.
Nègre (Peire), T 183, 185.
Négremal, I 374. T 14.
Négrepelisse, T 130.
Nérac, I 96.
Niceron, I 127.
Nimes, I 144, 145, 334.
Nivonière, I 177.
Noailles, I 290.
Noguères (B.). I 10.
Nord I, 220, 229, 326, 334.
Normandia et Normandie, I 130, 245, 246, 251, 355.
Nosset (Guilhem), T 96.
Nouguié miech et mieje, I 177.
Nouguié patté, I 177.
Novempopulanie, I 29.

O

Odet de St-Jean (Pierre), I 314.
Olié et Houlié (Peire et Pierre), I 262. T 201.
Olivié, T 212.
Olm (chât. de l'), I 56.
Olmières, T 149.
Orient, I 57.
Orlhac, I 318.
Oulmières, T 76, 149.
Oustrières, T 121.
Oustrières (N.-D. d'), I 17, 81, 75, 98, 100, 108.
Ouvrier de Bruniquel, T 26.

P

Pagés, Pagesso, Paieso et Pajeso (Marie), I 36, 60, 196, 205, 206, 329. T 32, 34, 36, 37, 39.
Pailhés, I 169. T 189.

Pailhès (Antoine), T 60.
Pailhès (Guiraud), I 159, 174. T 53.
Pailhès (Guiraud), dit Colet, T 60.
Pailhès (Jean). T 60.
Pailhès et Palès (Peire et Pierre), I 159, 181, 183, 309. T 60, 179.
Pailhès (Ramon), T 60.
Pairolié et Pairolio, T 70, 116.
Palastre, T 1.
Palastrino et Palastrisso, I 35. T 26, 42.
Palès et Pailhés, T 60, 66.
Palès (Anthony), T 66, 158, 189, 192.
Palès, Palhès, Paliès (Guiraud), T 53, 55, 57, 60, 105, 133, 161, 188, 192, 222.
Pales (Guiraud), dit Colet, T 106.
Palès (Johan). T 60, 109, 158, 189, 191.
Palès, Paliès et Palliès (Peire), T, 53, 55, 57, 58, 66, 72, 105, 107, 134, 158, 161, 163, 175, 188, 189.
Palès et Paliès (Ramon et Raymond). T 58, 72, 105, 107, 134, 163, 188.
Palestrisso (Johanno), T 2, 3.
Palmata, I 93, 174, 183, 210. T 85, 86.
Pamiers, I 31, 229, 311.
Panart (Johan), T 201.
Panens, I 201.
Papegeay, I 334.
Paramondié, Péramondié, Péramondio, I 81, 192, 194, 196, 218, 331. T 168.
Paris, I 11, 94, 124, 126, 144, 191, 226, 258, 281, 303, 316, 326, 336, 340, 346, 381. T 257.
Parisot, I 290. T 140, 205, 206.
Pas de Gaillac, I 177.
Pascet (Fransés), T 200.
Pascet (Peire), T 200.
Pasquet, I 96, 201.
Pasquet (Anthony), T 200.
Pasquet (Pierre), T 262.
Pasquet (Pierre), dit Lespot, T 262.
Als passes del sol et dels sols, I 87, 317.
Paul (St). I 283.
Paul (barri et faub. de St), I 262, T 201.
Paul-Cap-de-Joux (St), I 283.
Paule (Belle), I 31.
Paule (de), T 101.
Paulhe (James), T 213.
Paulhe (Jean et Johan de), I 54, 63, 85 à 87, 89, 114, 193, 195, 199 à 201, 261, 262, 265, 316, 317, 318. T 4, 7, 14, 41, 200.
Paulhe (Maître de), I 316. T 4, 26.
Paulhe (Ramon de), T 4, 5.
Paulhe (Roch de), T 4.
Paulin (vic. de), I 107, 285. T 5 à 8, 12, 27, 41, 42, 43, 63, 201.

Paulo, (Sgr de la Tour et de la Bonnette). T 101.
Pavie, I 31, 224.
Pec et Pech, T 142, 183.
Pech d'en Carles, I 177.
Pech Sarrazi, I 177.
Peire, I 250, T 34.
Peire (Bertran), T 50.
Peirotas (Augié), T 92, 167.
Peiroto, I 306. T 115.
Peiroto de la Bastio, I 115. T 115.
Peirotou, T 115.
Pélissier, Peliceri et Pericelli, not., I 106.
Pelleprat (Antoine), I 73.
Pelros (Johan), T 213.
Pelrous, I 89.
Pénard et Penardi (Jean et Johan), I 106, 263. T 10, 14.
Pendariès, T 120
Pendariès (Anthony), T 54, 120.
Pennaforti (Raymond de), I 130.
Penne et Peno, I 57, 290. T 26, 70, 74.
Penne (Bertrand de), T 26.
Penne (Olivier de), T 26.
Pérairel et Pérairol (Anthony), T 52, 90, 224.
Pérairela et Pérairola (Johana), T 78, 88, 219.
Péramon (Guiradela de), T 125.
Perbosc (Jame), T 52, 95, 217.
Perbosc (Johan), I 159. T 52, 91.
Perbosc (Mafre), I 139, 147, 211, 214. T 53, 95, 98, 218.
Pérès de la Fago, T 141.
Pérès (Jean), I 253.
Périé Bategat, I 180, 184, 185, 189. T 64, 195.
Periega, T 50.
Périers (Bonaventure des), I 123.
Perle (Jeanne la), I 31.
Perondels et Terondels, T 168.
Pérou, I 315.
Perse, I 326.
Pescaire (marq. de), I 31.
Pesquié (le), I 177.
Petit de Julleville, I 55.
Petit (Jean), I 94.
Petit Jehan de Saintré, I 123.
Petitganda, T 211.
Petri ou Pierre, T 182.
Petri (Guilhem), I 57.
Petri (Guilhaume, évèq. d'Albi), T 7, 25, 182.
Petri (Guilhaume), T 181.
Pexiora, I 326.
Peyrades (les), I 177.
Peyramonda, T 176.
Peyrole, I 289, 290, 292.
Peyrotas (Augié), T 61.
Pézénas, I 278.
Phelip, T 216.
Philippe, I 124
Philippe III, I 68.

Philippe-Auguste, I 40, 148.
Philippe le Hardi, I 335, 339.
Pibrac, I 253.
Picardia et Picardie, I 334, 355.
Pie V, T 47.
Piégas (las), T 119.
Piémont, I 310, T 200.
Pierre (abbé), T 152.
Pierre Milhas (mas de), I 80.
Pierre et St-André (St-), I 17, 18.
Pierre de Gaillac (St-), I 17, 18.
Pierre de Laval (St-), I 17.
Pierre de Sénouillac (St-), I 17.
Pierre du Verdier (St-), I 17.
Pierre de Vors (St-), I 17.
Pierre (Michel de la), T 77.
Pinnavis (Dupin) (Ramon), I 106, T 10.
Pitet, T 182.
Place, T 74.
Plan basse (la), I 177.
Plane (la), I 177.
Plassa, T 74, 151, 152, 157, 175.
Plassa (Dalfine), T 73, 96.
Plassa (Johan), T 147.
Plassarié et Plassario, I 209. T 73, 74, 168.
Pline, I 351.
Poda (roi de la), I 333, 334.
Poget, Pouget et Pougeot, T 101.
Poget et Pouget (mas de), I 209. T 101, 125, 158, 159, 191, 209.
Poget et Pouget (Anthony et Antoine), I 73, 305, 309. T 57, 158.
Poget et Pouget (Duran), I 258, 309. T 61, 158, 191.
Poget et Pouget (Guilhem), I 211, 214, 221, 321. T 53, 100, 104, 158, 219.
Poget (Johan), T 158.
Pointe (la), I 343.
Poitiers (Alphonse, com, de), I 337. T 26.
Poitou, I 334.
Polet de Ros, T 111.
Polverel, I 309. T 139.
Polverels, T 142.
Pomié (le), I 177.
Pommiers (Estienne), not., I 32.
Pompirac. Voir St-Laurent de Pompirac.
Ponche (la), I 177.
Pons (Arnaud), T 219.
Pons (Pierre), I 202.
Pons (St-), I 227.
Porcet, T 96.
Port-Sainte-Marie, I 313.
Porta (Anthony de la), T 168.
Portal (Charles), I 6, 48, 56, 62, 64, 315.
Porqué (Anthoni), I 213.
Porte (de la), I 311.
Portugal, I 326.
Pos (Arnaud del), T 51.
Pos (Ifo et al), T 160.

Pouloy, I 22.
Pourcain et Pourquin (St-), I 311. T 96.
Pradel, I 222.
Pradel (Charles), I 326. T 122.
Pradels (les), I 177, T 23, 43.
Prades, I 283.
Prat de Nivonière, I 177.
Privat (Bernad), T 90.
Privadié, T 90.
Privat I 337, 339, 340. 311, 317.
Privat et Privad (Guilhem), T 52, 90, 113, 186.
Prunelar, I 360.
Puech et Pec, T 183.
Puech-Ausy, Pech-Ausy, Pec-Ausi, I 41, 45, 47, 59, 81, 178, 179, 208, 267, 271, 273, 275, 281, 374, 378. T 13, 15, 18, 19, 22, 26, 41, 43, 47, 69, 70, 73, 116, 117, 131, 138, 154, 171, 182, 184, 197, 198, 200.
Puech et Pec de Malemort, T 67, 80.
Puget (Henri de), T 63.
Puihos, I 213.
Puihos (Ramon) dit Topi, I 212.
Puycalvel, T 213.
Puycelci et Pec-Selsy, I 171, 292. T 71, 75, 85, 91, 150, 183, 222, 224.
Puycelci (Ste-Corneille de), I 17, T 183.
Puychernier, I 201.
Puylaurens, I 225, 298, 378.
Pyrénées, I 95, 202, 212, 312.

Q

Qualquario (Fon de), T 11.
Quentis (Pierre), I 66.
Quercy, I 296, 338. T 14, 230, 301.
Quercy (Bas-), I 245.

R

Rabastens, I 120, 288, 292, 299, 302, 335, 337 à 342, 346, 349, 351. T 25, 169.
Rabastens (Bertrand de), T 5.
Rabastens (Jordan de), I 336.
Rabastens (Manfred de), T 6.
Rabastens (Marc-Antoine), T 5.
Rabastens (marquis de), T 6.
Rabastens (Philippe de), T 6.
Rabastens (Philippe-Jean de), T 6.
Rabastens (Samuel de), T 6.
Rabelais, I 30, 122, 123, 126, 130, 278.
Racine, I 5.

Rafin (Guillaume et Guilhem), I 63. T 197.
Rafin (Guillaume), I 120.
Rafini, T 196.
Ragueneau (René), I 224.
Ramades (Bernad), T 57.
Ramades (Peire), T 57, 150.
Ramadiés, T 74, 99, 150.
Ramon, I 77, 78. T 51, 91, 223.
Ramon (Anthony), T 116.
Ramon (Bertomio), T 56, 143.
Ramon (Estiene), T 165.
Ramon (Guilhem), T 165.
Ramon (Marc), T 56, 143.
Ramond (Pierre), I 196.
Ramond (Pey ou Peyre), T 168.
Ramond et Ramonda, (Falipa et Philippine), I 196. T 168, 169.
Raymond I⁰, T 146.
Raymond II (comt. de Toulouse), T 6.
Raymond VI, I 335. T 6.
Raymond VII, I 336.
Ratayrens, I 291.
Raynal (Anthony), T 65.
Réalmont, T 201.
Rebadeyras, T 169.
Rebieras, T 169, 170, 201.
Rec et Rieux, T 78, 103.
Rec (Mafre), T 56, 142.
Rec (Peire), T 56, 142.
Regado et Rengado, I 174. T 60, 72, 134, 158, 163, 175, 189, 191, 192.
Repaus et Repuos, I 142, 154, 209. T 74.
Repaus et Repuos (Anthony et Antoine), I 70, 153, 211. T 53, 97, 100, 219, 228.
Resals, I 179, 273, 281. T 11, 41, 65.
Rest, I 44. T 1, 144, 148.
Rest (Arnaud), T 154.
Rest (Guilhem de), T 51.
Rest (Peire), T 3, 5, 8.
Revel et Revello, I, 5, 97, 226, 227, 229. T 4.
Réverdy (Guilhem), I 4.
Rey (Georges), I 271.
Rey (Jean et Johan de), I 261. T 198, 200.
Rey (Paricel de), T 200.
Rey (Ramonde), T 200.
Reynier, T 6.
Reynier (Mathurin), I 227.
Ribieras et Ribieyros, T 25, 169.
Riblay (Arnaud de), I 114.
Ricard et Ricart, I 209, 262.
Ricard et Ricart (Anthony et Antoine), I 73, 218. T 148.
Ricard et Ricarda (Gailharda), I 139. T 192.
Ricard et Ricart (Guilhem), I 42, 150, 310, 384. T 53, 55 à 57, 61, 66, 69, 70, 106, 134, 135, 141, 146, 153, 158, 159, 165, 166, 168, 174, 193, 221.

Ricart (Johan), T 50, 57, 106, 135, 141, 146, 153, 174, 221.
Ricard (Peire), T 192.
Richard (Anthony), T 60.
Rieupeyroux (Pierre), not., I 106, 107.
Rigieras, Regières et Regieyros (Anthony et Antoine), not., I 106. T 74, 78.
Riol, ruiss., I 177, 178.
Riol (le), I 291.
Riols (le), I 291. T 214, 290.
Rivières, I 196. T 120, 143, 214, 218.
Rivières (bar. de), I 265. T 25, 169.
Rivières (sgrie de), I 81. T 169.
Rivières (St-Jean-de), T 114, 168.
Rivopetroso ou Rieupeyroux (Peire), not., T 11, 12, 17, 19 à 22.
Robert (Johan), T 209.
Roc, T 75, 91.
Roca (Peire de la), T 71.
Rocasera, T 199.
Roch (de), T 1.
Roch et Roc (Anthony et Antoine de), I 46, 61, 113, 139, 270. T 38, 55, 132, 227.
Roch (Arnaud de), I 146. T 60, 184.
Roch (Guilhem de), T 5.
Roch (Jean et Johan de), I 58. T 3, 5, 9, 10.
Roch (Peire de), T 5, 77.
Roch (St-), I 57, 70.
Rochette, I 95.
Rodas, T 81, 190.
Rodelas et Rodolas, I 211, 216. T 75, 190.
Rodez, I 226. T 9, 14.
Rodieras (Guiraud), not., T 211.
Rodieras (Jordi), T 213.
Rodière (G), not., I 115.
Rodières, I 266.
Rofilac, T 140.
Rofilaco (de), not, I 201. T 209.
Rofilaco (Johan), not., I 86. T 202.
Roire ou Rouyre, T 217.
Rolan (Peire), T 54, 125.
Romains, T 183.
Rome, I 95, 350.
Ronac, I 263. T 201.
Roques et Roquos, I 57, 209, 181. T 1, 27, 70, 132, 182.
Roques et Rocas (moulin des), I 180, T 196.
Roques et Rocas (Anthony et Antoine), I 217, T 146.
Roques (Roquos Caremo), T 3, 7, 8, 10.
Roques (Rocas Floresta), T 182.
Roques (Rocas Guilhem), T 70, 127.
Roques et Rocas (Jacques et Jame), I 247, 352. T 56, 70, 116, 147.
Roques, Roquos et Rocas (Johan et Jean), I 59, 179, 180, 193, 196, 208, 317, 318, 326, 329, 372, 373, 381.

T 2, 3, 7 à 9, 15, 23, 25, 36, 37, 43, 55 à 59, 69 à 71, 93, 127, 128, 132, 141, 143, 144, 158, 159, 163, 171, 173, 181, 182, 184, 194 à 196, 199, 222.
Roques, Roques et Rocas (Peire et Pierre). I 179, 210, 223, 381, 383. T 3, 7, 8, 10, 15, 23, 25, 55, 56, 70, 127, 141, 143, 148, 158, 173, 175, 184, 185, 194 à 196, 219.
Roquecourbe, I 298.
Roquefort, T 111.
Roquelaure, T 35.
Roquemaure, I 291. T 102.
Roquevidal, I 296.
Ros, Roux et Rec, T 77.
Ros (Anthony), T 147, 149.
Ros (Bertran), T 81, 137, 138.
Ros (Gaubert), T 57, 152, 154.
Ros (Guilhem), T 57, 97, 149, 157.
Ros (Johan), T 53, 97, 138, 149, 152, 154, 157.
Ros (Peire), T 53.
Rosa (Johan de la), T 215.
Rosières et Rosieras (Jean et Johan), not., I 106, 115. T 104, 119, 217, 218.
Rossel (Anthony), T 160, 182.
Rosset, T 208.
Rossignol (Anthony), T 82.
Rossignol (Elie), I 53, 96, 176, 206, 222, 289, 291, 326, 351, 353, 355. T 4, 6, 9, 14, 16, 17, 47, 80, 129, 169, 213, 214.
Rossignol (Jourdain), T 32.
Rossiholo (Jordano), T 32.
Rouen, I 100, 123, 226, 215, 216, 251, 326, 334.
Rouergue, I 41, 105, 116, 118, 225, 245, 334. T 24, 110, 146, 230.
Rouffiac (Jean), not., 106, 107, 114, 115.
Rougé ou Rouyé, I 76.
Rougé (Claire de), I 74.
Rouquet et Roquet (Jean), I 199.
Rouquet et Roquet (Pierre), I 199.
Rous (Bertomio), T 69.
Rous (Guiraud), T 69.
Roussayrolles, I 244, 290.
Rousseau, I 1.
Rousseau (Arthur), I 191.
Roussel (Antoine), I 210, 240. T 160.
Roussel (Gérard), I 95.
Rousselou, I 254.
Rousselous, I 175.
Roux (Peire), T 103.
Rouyre, I 290. T 91, 113, 152.
Rude, I 356.
Rudello (Guilhelmus), I 97.
Rueyres, I 262, 278. T 205.
Rumeau, I 212, 213.
Russie, I 378.

S

Sabuc, I 96.
Sabuc (Jacques), T 200.
Sabuc (Ramon), I 63.
Saintes, I 43.
Saisario, T 79.
Sala (la), T 113.
Salel, T 211.
Saletas, I 65.
Salicet, I 106.
Saluces, T 182.
Salvagnac, I 289, 291, 299, 302. T 102.
Salvetat (la), I 290.
Salvy (Peire), T 221.
Salvy (St-), T 136.
Salvy d'Abi (St-), I 17.
Salvy et Salvi de Combirat (St-), I 80, 89, 110, 136, 139, 149.
Sambucy, I 75.
Sans (Johan), T 83.
Santa Cros (Andrio de), T 144.
Sancta Cros (Peire de), T 82, 144.
Sarmazes, I 290.
Sarrazin (Charles), I 95.
Sartra (Johan), T 140.
Saumur, I 351.
Saussenac, I 74, 76.
Savoie, I 308, 310.
Savoyo, T 130.
Scaliger, I 95.
Scorbiac, T 1.
Scorbiac (Loys), I 61, 99, 100, 368. T 3, 32, 33.
Seau (le), I 227.
Séclié peur Sélié, T 205.
Sedan, I 227.
Ségalar (le), I 177.
Sélié et Celié, T 205.
Sélier (Antoine) et Solié, I 208.
Selier, Solier et Sélié (Barthélemy Bertomio), I 264, 267. T 204, 207, 208, 210, 214.
Sélié (Selier) (Guilhem), I 147, 224.
Séliera (la), T 212.
Senolac, Senolhac et Senouillac, 36, 46, 57, 58, 61, 65, 66, 80, 82, 86, 96, 120, 151, 174, 176, 178, 181, 189, 192, 193, 196, 208, 2, 270, 272, 290, 313. T 3, 6, 7, 9, 15, 22 à 25, 43, 59, 63, 64, 101, 113, 124 à 128, 111, 148, 155 à 157, 166, 171, 193, 195 à 199, 222, 223.
Senouillac (sgr de), I 241.
Senouillac (St-Pierre de), I 80. T 7, 9, 124.
Séré (Jean), cap., T 25.
Séré de Rivières, génér., T 2.
Sériguous (Philippe de), not., I

Sernin (Abbé de St), I 123.
Sernin de Salettes (St-), T 114, 179.
Serres (Olivier de), I 294, 295.
Sicharlus, T 17.
Sieget (la), I 177, 374. T 24, 43.
Sigolène (Ste-), T 140.
Sinolas (Georges et Jordy), I 264. T 115, 203, 212.
Sirbenti (Jame), T 110.
Sirvals et Cirvals, I 58, T 11.
Sirven (James), T 206.
Sirven (Johan), T 24, 208.
Sirven (Mafre), T 24.
Sirven (Peire), T 10, 24.
Sirven dit Combet (Peire), T 3.
Sirven (Ramon), T 24.
Sirvens, T 3.
Sirventa (Catharina), I 65.
Sirventie, T 23.
Sirvento (Johanno), T 3, 6.
Sirvento (Jordano), T 24.
Sirvento (Peirono), T 24.
Sivens et Civens, T 150.
Soulages (Jean et Johan), I 120, 181. T 124, 125, 193, 195 à 197.
Sol (le), I 177.
" ' I 215, T 179.
., .ville (Emmanuel), T 230.
Sorèze, I 226, 298.
Sotsol (Anthony), T 159.
Sotsol (Bernad), T 57, 68, 150, 167.
Sotsol (Estiene), T 98.
Sotsol (Jame), T 57, 68, 82, 150, 157.
Sotsol (Guilhem), T 57, 152.
Sotsol (Johan), I 65. T 51, 82, 98, 159.
Sotsol (Marty), I 52, 95, 217.
Sotsol (Ramon), I 65. T 212.
Soubsol, I 209. T 82, 93, 95.
Soubsol (Bernad), I 259.
Soubsol (Martin), I 244.
Soucarié, I 23.
Souel, I 290.
Souk-el-Kmis, I 191.
Souquiès (Johan), I 87.
Souquiès (Marty), I 87.
Spia (Johan), I 63.
Stephane, T 36.
Strabon, I 326.
Strozzi, I 152.
Sud-Ouest, I 48.
Sudre (Guiraud), T 71.
Sudre (Johan), T 71, 228.
Suget, I 373.
Sully, I 101.
Sulpice (St-), I 120, 337, 338.

T

Taillefer, I 209, 214, 215. T 11, 75.
Taillefer et Tallafer (Anthony et Antoine), I 154, 210. T 53, 56, 57, 71 à 76, 82, 88, 98, 99, 102, 110, 129, 143, 159, 160, 221.
Taillefer et Tallefer dit Toniot (Anthony et Antoine), T 76, 77.
Taillefer et Tallafer (Arnaud), I 96, 147, 237. T 49, 53, 75, 76, 99.
Taillefer et Tallefer (Bernad et Bernard), I 211, 216. T 55, 62, 75, 76, 129, 157, 190, 224, 225.
Taillefer et Tallafer (Estiene et Etienne), T 76, 77, 102.
Taillefer et Tallafer (Guilhem), I 18, 89, 139, 163, 211, 212, 215. T 53, 55, 72, 75, 80, 82, 110,, 112, 131, 143, 159, 160, 179, 221.
Taillefer et Tallefer dit Bigorat (Guilhem), T 75, 76, 99.
Taillefer et Tallafer (Guiraud), T 53, 75, 76, 99.
Taillefer (Philippe), I 73.
Taillefer et Tallafer (Ramon), T 49, 75, 159.
Talard (comte de), T 63.
Tallafer (Jame), T 53, 76, 97, 149.
Tallafer (Johan), T 53, 74 à 76, 98, 99, 175.
Tallafer (Loys), T 75, 98.
Tallafer et Tailhefer (Mical et Michel), I 18. T 51, 72, 75, 82, 99, 112, 159, 160.
Tallafer (Peire), T 56, 75, 98, 99, 130.
Tallemant des Réaux, T 35.
Tamisey de Larroque, I 3, 48, 100.
Tarasque, I 334.
Tarn, I 48, 56, 61, 67, 73, 74, 178, 180, 194, 199, 204, 248, 283, 284, 286, 287, 298, 300 à 302, 328, 331, 335, 338, 339, 342, 343, 345, 356. T 15, 95, 120, 169, 182, 191, 214, 230.
Tarn-et-Garonne, I 11, 105, 350.
Tartage. Voir St-Jean de Tartage.
Tauriac, I 291. T 102.
Tausiés, T 1, 63, 132.
Tausiés (Anthony), T 11, 119.
Tausiés (Bertran), T 11, 132.
Tausiés (Johan), T 2, 11, 26.
Tausiés (Ramon), I 328. T 36, 55 132.
Técou, I 290.
Teissiés (Anthony), T 107.
Terrabassa, I 337.
Terrasse (la), I 227.
Terres des Fabres, I 83, 96.
Terres des Masens, I 96, 180.
Terses, T 114.
Tescou, I 16, 177, 178, 252. T 61, 62, 66, 100.
Tescou (ruiss.), I 175, 177. T 103.
Tessonnières, T 27, 195.
Teulié, I 53.
Teysseire et Teisseire (Jean et Johan), I 263. T 215.

21

Teyssonnières, I 318.
Teyssonnières (Pierre), I 73.
Théron de Montaugé, I 319, 380.
Thiers, I 2.
Thomas, T 51.
Thomas (A.), I 11.
Thomas (Bernard), I 81.
Thusey (Aymeric de), I 3, 26.
Toigne, Toingne et Tuengne, I 191, 195, 198, 212, 215, 217. T 67, 108, 109, 129, 135, 177 à 182, 211.
Toingne Tuengne (Antoine), T 67.
Toingne et Tuengne (Guiraud), I 171. T 67, 109, 117, 152, 176.
Toingne et Tuengne (Jacques et Jame), I 163, 260. T 55, 56, 61, 67, 135, 111, 170, 179, 185.
Toingne, Tuengne (Olivier), T 67.
Toingne et Tuengne (Ramon), I 20, 22, 41, 89, 152, 171, 192, 193, 197, 198, 211, 255, 367. T 53, 63, 67, 106, 108, 109, 176, 177, 182.
Tolny, I 256. T 85.
Tolosa et Toulouse (Anthony et Antoine), I 70, 110, 195. T 54, 79, 112, 187, 220.
Tolosa (Estiene), T 113, 136.
Tolosa et Toulouse (Guilhem), I 169. T 53, 78, 79, 104, 112, 220, 223.
Tolosa (Johan), T 187.
Tolosa et Toulouse (Peire et Pierre), I 209, 383. T 54, 55, 113, 136.
Tolosa (Ramon), T 65, 69, 78.
Tolosani (J.-F. de), I 301.
Tomas (Bernad), T 54, 115.
Tonnac, I 291, 359. T 57, 152.
Tonneins, I 96, 313.
Torneri (Anthony), T 42.
Tornié (Johan), T 51.
Tornon, T 110.
Tornon (Bertran), T 111.
Tossans (Peire), T 51.
Toulousain, I 177, 193, 202, 213, 252, 319, 338, 341. T 21.
Toulouse et Tolosa, I 31, 32, 82, 91, 94, 95, 99, 117, 118, 123, 127, 131, 145, 214, 224, 227, 231, 252, 253, 259, 281, 285, 287, 288, 291, 292, 305, 306, 311, 315, 319, 321, 322, 326, 327, 335, 336, 358, 343, 344, 349, 352, 353, 378, 380. T 6, 9, 11, 16, 17, 102, 111, 122 à 125, 151, 166, 167, 183, 201, 202.
Toulouse (com. de), I 30, 338. T 63, 152.
Toulouse (Parl. de), I 55, 79, 258, 279, 331, 343. T 77, 93.
Toulouse (sénéch. de), I 68, 79, 340. T 166.
Tour (sgr de la), T 6, 101.
Tour du Pont, I 356.
Tourène (Philippe), dit cap. Barjinac, T 201.
Tournier (Antoine), T 42.
Tournon et Tornon (Jean et Johan), I 153. T 89, 111.
Tournon et Tornon (Mafre), I 153. T 89, 111.
Tours, I 303.
Trauié (Matio), T 211.
Treilhas (Johan), I 63.
Treille (la), I 193.
Trelas, T 201.
Trella et Treille, T 67, 108, 182.
Trépado et Trépadou, T 76, 77, 112.
Trésières, I 211, 215. T 111, 179.
Trésières (Johan et Jean de), I 215, 216. T 179.
Trico et Tricou, I 260. T 64, 67, 135, 111, 170, 179.
Trilha (Bernada), I 97.
Trinque (la), T 129.
Triors, I 327.
Trivas, not., T 91, 221.
Trivas (Bertran), T 100.
Trivas (Laurent et Lorens), not., I 106, 166. T 77, 101.
Tronque (la), T 129.
Tunisie, I 191.
Turala. Voir Turla.
Turgis et Turgès (Jacques), I 63. T 46.
Turla, Turlla et Turlan, not., I 107, 146, 187, 218, 268, 269, 271, 276. T 18, 81, 116, 125, 113, 168, 209, 219, 220 à 222.
Turla et Turlan (Antoine), I 51, 56, 63, 279, 385. T 18, 45, 116, 158.
Turla, Turlan et Turlo (Guillaume et Guilhem), not., I 106. T 18, 26, 158.
Turla et Turlan (Jean et Johan), not., I 106, 115, 159. T 18, 60, 62, 65, 71, 82, 121, 126, 127, 131, 141 a 143, 148, 151, 159, 163, 169, 171, 184, 187, 191, 192, 195, 196, 198, 199.

U

Ubaldis (Petrus de), I 214.
Ucay (Petrus), I 213.
Urcisse (St-), I 291, 296, 298.
Ursule (Ste), T 99.
Usseau et Dusseau, I 226, 227.
Ussel, I 226, 227.
Usserius, I 55.

V

Vaissière, I 171, 189. T 66.
Valat, I 180, 373. T 199.
Valetas, T 213.

Valiera (Jame), T 55, 130.
Valière (Pons), not., I 107.
Valières (Jacques), I 155, 307.
Valières et Valieras (Peire et Pierre), not., I 107, 183. T 73.
Valois, I 95, 102.
Vaour, I 287, 288, 298, 299, 302, 303, 315. T 26, 130.
Varelas (Anthony), T 212, 214.
Varen, T 211.
Varen (Arnaud), I 84, 196. T 55, 132, 133, 137.
Varen (Dardé), I 215. T 164.
Varen (Jean et Johan), I 215. T 144, 225.
Varen (Peire et Pierre), I 360. T 5, 133, 165.
Varenne pour Varen, I 211.
Varennes (de), I 227.
Vayre (Gibert), I 177.
Vayre (Vincens), I 177.
Vayssiera et Vayssières I 157, 181. T 85, 193.
Vayssiera (Anthony), T 150.
Vayssiera et Vayssières (Peire et Pierre), I 261. T 203, 204 à 207.
Veissiera, T 135.
Vèle (Ste-), I 69, 181. T 61, 198.
Vénès, I 298.
Venise, I 310. T 216.
Vénus, I 350.
Verdié, T 129, 222.
Verdié (Peire), T 211.
Verdier (le), I 69, 71, 296, 343. T 78, 89, 93, 107, 108, 129, 142, 193, 217.
Verdier (St-Pierre du), I 81. T 93, 110.
Vère, I 16, 252. T 17, 26, 63, 67, 74, 78, 91, 93, 95, 98, 100, 102, 107, 110, 129, 136, 139, 142, 150.
Verfoliez, T 93.
Vergne, T 111.
Vergne (del), I 215.
Vergne (Jean), I 359.
Vernas, T 91.
Verne (Alliot dal), T 157.
Verne (Jean et Johan), I 81, 147. T 58, 164.
Verne ou Delverne (Johan del), T 50, 51.
Vernière et Verniero (la), I 80, 81, 177. T 85.
Vernhos, T 33.
Verno (Lavergne) (la), T 185.
Vernyhas (Anthony), T 227.
Vernyhas (Johan), T 227.
Vert et Vret, T 126, 130.
Vert (Peire), T 54, 126, 222.
Vert (Ramon), T 126, 222.
Vialar, I 222. T 183.
Vialar (Andrio), T 174, 187.
Vialar et Vialard (Anthony et Antoine), I 210, 386. T 174.
Vialar (Barnabé), T 174.

Vialar dit Lucay (Dardé), T 55, 138.
Vialar (Fransés), T 182.
Vialar (Johan), T 138.
Vialard, I 96.
Vialaron, I 177.
Vialars, I 174. T 62, 174.
Vialet, T 175.
Viane, I 350.
Viars, T 191.
Vidal (Anthony), T 11, 50.
Vidal (Bernad), T 50, 51, 89, 98, 218.
Vidal (Guilhem), T 50.
Vidal (Mathieu), I 226.
Vidal (Raimond), T 15.
Vier (Louise de St-), T 102.
Vieux, T 91, 135.
Vigeri, T 213.
Vigeri (Bernat), not., T 19.
Vigeri (Ludovicus), not., T 27.
Vigié, T 83.
Vigié (Ramon), T 83.
Vigno (Lavigno), T 210.
Vignolles, I 328.
Vigueri (Bernat), not., T 18.
Viguié, T 1.
Viguié (Anthony), T 24, 50.
Viguié (Berthomieu), T 15, 22.
Viguié et Viguier (Jacques et Jammes), I 60. T 36.
Viguié (Guilhem), T 13, 22, 37, 51.
Viguié et Viguier (Jean et Johan), I 107, 331. T 2, 7, 10, 12, 22, 37, 42, 217.
Viguié et Viguier (Louis et Loys), not., I 56, 61, 106, 107. T 5, 7 à 13, 27.
Viguié (Peire), T 22.
Viguié (Ramon), T 13, 15, 52.
Viguier ou Viguerie (Bernard), I 106.
Viguier (Héliolas), I 66.
Viguier (Paule de), I 31.
Vila (al), T 22.
Vilar (Bernad et Bernard), I 107. T 196.
Vilar (Fransés), T 109.
Vilar, Vialar et Viral (Nicolas), T 53, 101.
Vilari (Guiraud), T 117.
Villefranche, I 119, 225, 226, 296, 298, 319.
Villegoudou, T 201.
Villemur, I 285, 292, 338. T 102.
Villeneuve, I 313.
Villeneuve (de), I 379.
Villeneuve (Louis com. de), I 352.
Villette, I 291.
Vincent-Ferrier (St-), I 91.
Vindouin (Jérôme), I 95.
Vinha, Vigne (la), T 91, 224.
Viocave, I 56, 57.
Vitalis, I 20.
Vitalis et Vital (Peire et Pierre), I 106, 107. T 11 à 13, 20 à 22, 27.

Vivius, I 214.
Voltaire, I 122.
Voquiers (les), I 177.
Vores (Guilhem), T 57, 149.
Vors et Vros, I 53, 73, 80 à 86, 149, 158, 174 à 178, 191, 196, 210, 211, 215, 266, 359. T 9, 55, 63, 64, 66, 78, 80, 109, 110, 111, 115, 120, 125, 132, 133, 137, 140, 154, 158, 161, 172, 181, 187.
Vors (St-Pierre de), I 80. T 9, 61, 80, 87, 103, 114.
Vren (Gilbert del), T 126.
Vrengie, Berengié et Bérenguié, T 161.

W

Wisigoths, I 29, 350.
Wistemberg, I 122.

Z

Zachée, I 127.
Zola, I 103.

ERRATA

INTRODUCTION

P. 61, ligne 13, supprimer le mot *marola*.
P. 131, — 19, au lieu de *faisifican*, lire *falsifican*.
P. 137, — 14, — *et on appelle*, lire *et en appelle*.
P. 147, — 12 et 13 — *Armand Taillefer*, lire *Arnaud Taillefer*.
P. 154, dernière lig. — *1576*, lire *1546*.
P. 157, — 7, — *et ces pauvres gens*, lire *et à ces pauvres gens*.
P. 171, — 13, — *12 fois*, lire *10 fois*.
P. 205, — 9, — *gananho*, lire *gasanho*.
P, 220, — 3, — *désigné*, lire *indiqué*.
P. 227, — 8, — *marcassas*, lire *marcassus*.
P. 231, — 7, — *respat*, lire *respal*.
P. 348, — 3, — *Fouréal*, lire *Fonréal*.
P. 350, note 2, lig. 3, — *abandonnaient*, lire *abandonnèrent*.

TEXTE

P. 14, note 3, ligne 4, au lieu de *30 juin*, lire *20 juin*.
P. 15, — 2, — 14, supprimer les mots *propriété de la Maladrerie*.
P. 16, — 2, — 7, au lieu de *il y avait et*, lire *il y avait eu*.
P. 23, ligne 12, au lieu de *souec*, lire *fouec*.
P. 25, — 11, — *Lobeti*, lire *Lobati*.
P. 32, note 1, ligne 3, au lieu de *1538*, lire *1539*.
P. 36, ligne 17, au lieu de *Anthony Car(i)é*, lire *Anthony Car(iva)n*.
P. 60, note 4 ligne 9, au lieu de *peut-être*, lire *sans doute*.
P. 61, — 2 — 6, — *motons*, lire *moutons*.
P. 64, lignes 10 et 11, au lieu de *et dont la sœur a épousé le bordier*, lire *où il a épousé l'une des sœurs du bordier*.
P. 67, note 1, ligne 16, au lieu de *se composait de deux frères et une sœur. La sœur mariée...*, lire *se composait de deux frères et de deux sœurs. L'une des sœurs avait épousé Antoine Guy; l'autre mariée...*

ERRATA

P. 70, note, lignes 19 et 20. Il y a là une erreur. Ce n'est pas Jean Roques, fils de Jean, qui a vendu, en 1535, la Carbonnière à Eutrope Fabre, c'est Jean Roques, fils de Pierre, plus bas nommé.

P. 73, note 2, ligne 7, supprimer les mots *consentie en 1538*.

P. 75, — 1, — 25, au lieu de f° XXV r°, XLIV v°, lire XXXV r°, XLIX v°.

P. 85, — 1, — 2 au lieu de *1572*, lire *1568*.

P. 153, lignes 7 et 8, au lieu de P^a XVII s. VI d. lo XXX de jun, presen Johan Mos(s)et p(er) Gay, lire P^a XVII s. VI d. lo XXX de j(a)niè, presen Johan Mas el P(eire) Gay.

P. 155, note 1. Supprimer cette note et mettre à la place : *Il s'agit d'une futaille vide et sans doute neuve*.

P. 181, note 1, au lieu de *Fabre*, lire *Masenx*.

P. 255, 1re col., ligne 7, au lieu de *Espcha*, lire *Esplcha*.

P. 259, note, ligne 2, au lieu de *Mehul*, lire *Mahul*.

P. 270, 1re col., ligne 13, au lieu de *à un des dérivés*, lire *à plusieurs dérivés*.

ALBI. — IMPRIMERIE G.-M. NOUGUIÈS

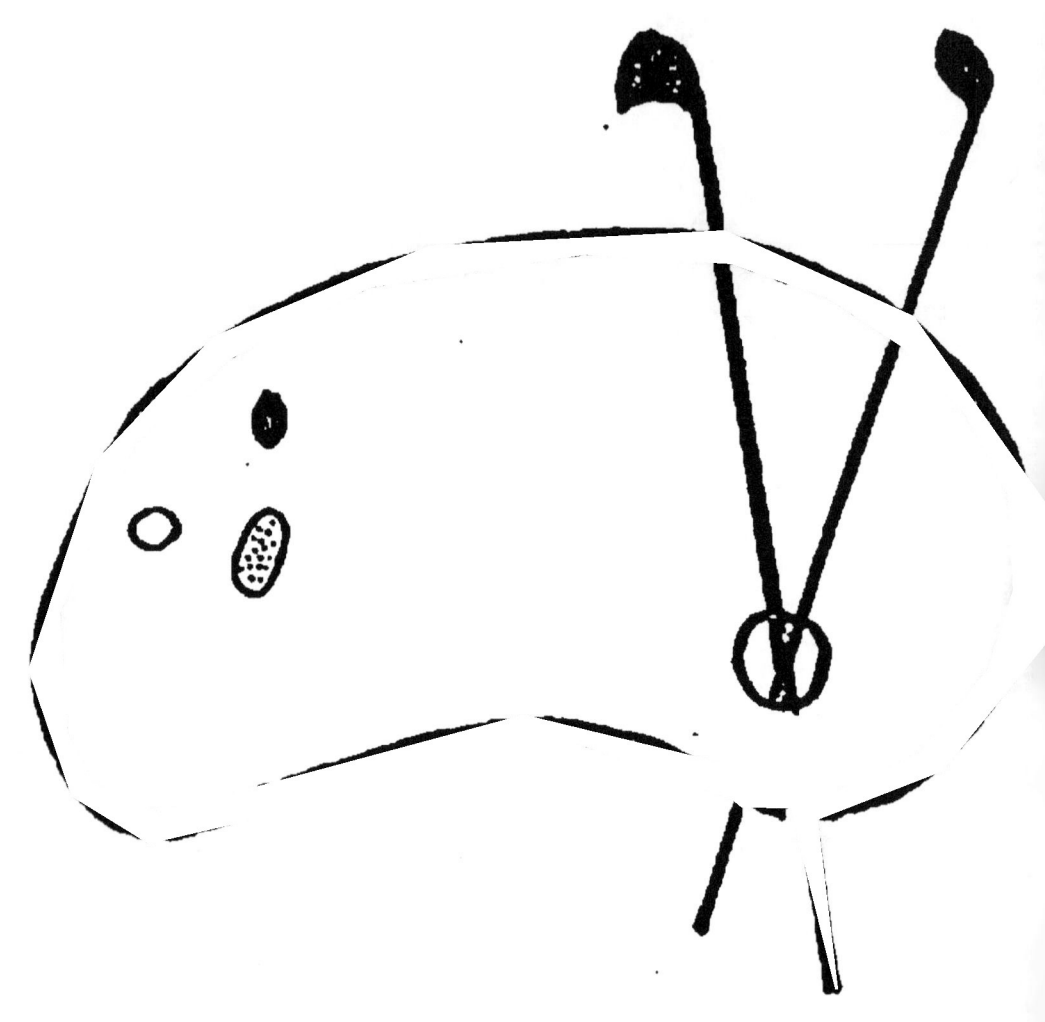

www.ingramcontent.com/pod-product-compliance
Lightning Source LLC
Chambersburg PA
CBHW050321020526
44117CB00031B/1324